HISTOIRE

DES PEINTRES

DE

TOUTES LES ÉCOLES

PARIS. — IMPRIMERIE POITEVIN, RUE DAMIETTE, 2 ET 4.

HISTOIRE
DES PEINTRES

DE TOUTES LES ÉCOLES

ÉCOLE VÉNITIENNE

PAR

M. CHARLES BLANC

ANCIEN DIRECTEUR DES BEAUX-ARTS

PARIS

Vᵛᵉ JULES RENOUARD, LIBRAIRE-ÉDITEUR

DIRECTEUR-GÉRANT : G. ÉTIHOU-PÉROU

RUE DE TOURNON, Nº 6, FAUBOURG SAINT-GERMAIN

M DCCC LXVIII

INTRODUCTION

A L'HISTOIRE

DES PEINTRES DE L'ÉCOLE VÉNITIENNE

———

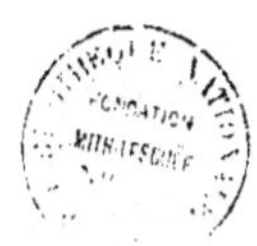
IEN que les origines de la peinture vénitienne se perdent dans les obscurités du Moyen-Age, on peut dire qu'en réalité, elle n'est pas antérieure au quinzième siècle et ne commence guère qu'aux Vivarini. Avant cette époque, c'étaient des artistes grecs d'abord, puis des artistes allemands ou florentins qui étaient chargés de la décoration des temples et des palais. Les plus anciennes peintures qui soient à Venise sont les mosaïques de Saint-Marc, qui ont été faites dans la seconde moitié du onzième siècle. Celles qui sont contemporaines de la Basilique furent commencées sous le doge Domenico Silvo, en l'année 1071, et elles portent au plus haut degré le caractère byzantin. On n'en peut pas douter quand on visite les églises grecques bâties à Athènes vers le même temps, et en particulier l'église du monastère de Daphné, qui est situé à mi-chemin d'Athènes à Éleusis. On est frappé alors de la ressemblance qui existe entre les mosaïques de Saint-Marc et celles des peintres athéniens du onzième siècle. Ce sont les mêmes figures d'une raideur solennelle, présentant toujours les lignes les plus simples, sèchement écrites, grandement tracées. Le corps humain y est réduit à une sorte de formule abrégée qui en rend l'expression sacrée et comme terrible. On sent que les traditions de l'art grec, même en traversant des siècles de barbarie, ne sont pas entièrement perdues, et

qu'il a survécu au naufrage du grand art quelque chose qui se rattache au style éginétique le plus ancien, comme si la peinture grecque, à force de vieillir, fût retombée en enfance. Et l'on éprouve la même impression en voyant, à Murano, dans l'abside du dôme, une gigantesque mosaïque du onzième siècle, une figure de Vierge à la taille démesurée, à la physionomie sauvage, qui semble grandir en épousant les formes de la voûte, et prête à dévorer les ennemis de son Fils.

Longtemps encore ce furent ou des Grecs ou des Vénitiens, disciples des Grecs, qui continuèrent à Saint-Marc la peinture en mosaïque, et il faut dire qu'ils la continuèrent en retenant toujours un peu du style byzantin. C'est ainsi que, même dans les premières années du seizième siècle, le mosaïste Petrus, l'auteur du Christ colossal qui remplit l'abside du chœur dans la basilique de Saint-Marc, imprimait à son œuvre le caractère franchement hiératique du byzantinisme, et dessinait une figure encore barbare et formidable, au moment où Giorgion et Titien se plongeaient dans les délices de la peinture mondaine, sensuelle et naturaliste.

Il est donc établi que ce fut de l'Orient que furent apportés, en même temps que l'architecture byzantine, les premiers éléments de la peinture, ou, pour mieux dire, les premiers modèles. Mais comme s'il était dit que Venise, cette nation de navigateurs, de guerriers et de marchands, ne produirait pas les grands peintres qui l'ont cependant illustrée, c'est de Florence et de l'Allemagne que vinrent à Venise les premiers souffles de la Renaissance. Tout au commencement du quatorzième siècle, Giotto est appelé bien près de Venise, à Padoue, et il y laisse ses admirables fresques de l'Arena, où, du premier coup, par le seul effort de son génie, ou plutôt par le seul élan d'un génie qui n'avait pas besoin d'effort, il s'est élevé au sublime de l'idéal chrétien. Toutefois les exemples de Giotto demeurèrent sans influence sur les Vénitiens, soit que le terrain ne fût pas suffisamment préparé, soit qu'il y eût une secrète incompatibilité entre le caractère des Vénitiens, portés au luxe matériel de tous les genres de spectacles, et la spiritualité du langage dans lequel Giotto exprimait ses pensées, en subordonnant la matière, en abrégeant l'indication des formes, enfin en simplifiant le signe au profit de la chose signifiée.

Mais bientôt un autre artiste fut conduit à Venise, qui devait y marquer sa place et y exercer un certain ascendant : c'était Gentile da Fabriano, qui fut le maître de Jacopo Bellini, père de Jean et de Gentil Bellin. Peintre mystique par le sentiment et riche dans l'exécution, austère au fond et brillant dans la forme, Gentile da Fabriano méritait le singulier éloge qu'a fait de lui Michel-Ange, lorsqu'il a dit : « Que son pinceau était gentil comme son nom. » L'on sent que dans la bouche de Michel-Ange, le mot gentil pouvait être une critique aussi bien qu'une louange ; mais ce qui était gentil pour ce fier génie, n'était pas nécessairement gentil dans le même sens pour tout le monde. Les honneurs dont le peintre de Fabriano fut comblé à Venise, la décoration de la salle du Grand-Conseil dont on le chargea au prix considérable d'un ducat par jour, en concurrence avec Victor Pisanello de Vérone, peintre et fameux graveur en médailles, les événements qu'il eut à représenter dans cette salle, entre autres la grande bataille navale livrée par le doge Ziani contre le fils de Barberousse, les tableaux d'autel qu'on lui demanda (selon Ridolfi) pour les églises San Giuliano et San Felice, tout cela prouve qu'il y avait une parenté morale entre le style opulent et mystique de Gentile da Fabriano et le caractère à la fois religieux et fastueux des Vénitiens.

Au fond, quoique les Vénètes fussent un peuple d'origine asiatique, quoique Venise fût une fille de l'Orient, et que ses plus anciens peintres, les mosaïstes de Saint-Marc, fussent élèves des Grecs, il y avait dans cette ville une sorte d'impuissance radicale à comprendre le génie antique, un éloignement absolu pour les idées et les sentiments du paganisme. C'était une ville chrétienne par excellence, et tellement chrétienne que son christianisme lui suffit, et qu'à elle toute seule, Venise eut un pape, qui fut saint Marc, *il papa Marco*, comme le disaient avec ironie les ecclésiastiques romains. Aussi rien de ce qui ressemblait à l'art antique ne put-il prendre racine dans la ville des doges. André Mantegna en est un exemple frappant. Beau-frère des Bellini, Mantegna, malgré la hauteur de son esprit et la supériorité de ses talents, n'eut cependant pas assez d'influence pour leur faire adopter le style qu'il s'était formé en étudiant de près les nombreux fragments de sculpture antique rassemblés par son maître Squarcione, et il se trouva que tous ceux qui se rattachaient à la manière de Mantegna n'eurent aucun succès à Venise [1]. Crivelli fut obligé d'aller chercher fortune en Ombrie; Bartolomeo Montagna ne vécut pas à Venise, comme l'a dit Vasari, mais à Vicence, qui n'était pourtant pas sa ville natale, et Girolamo Moceto, le peintre graveur, qui procédait de Mantegna et qui gravait de préférence les ouvrages de ce grand maître, fut si peu apprécié à Venise, que ses estampes, sans doute faute d'acheteurs, ne furent tirées qu'à un très-petit nombre.

En revanche, l'élément germanique ou flamand n'eut pas de peine à s'implanter à Venise, non pas seulement parce que les grandes affaires commerciales de cette ville et sa situation géographique la mettaient constamment en rapport avec l'Allemagne et les Pays-Bas, mais parce qu'il y avait beaucoup plus d'affinité entre l'idéal profondément chrétien d'un Memling, d'un Albert Dürer, et celui des Vénètes. Il ne faut donc pas s'étonner qu'Albert Dürer ait été si bien accueilli à Venise. Les savants le recherchaient, les gentilshommes le visitaient, et Jean

---

[1] Cette observation a été faite avec beaucoup de justesse par M. Rio, dans son dernier volume de *l'Art chrétien*.

Bellin, après avoir fait publiquement son éloge, lui commanda un tableau qu'il voulut payer. Marc-Antoine admira les gravures d'Albert Dürer jusqu'à contrefaire trente-sept morceaux de la *Passion*, en y apposant sa tablette et son chiffre à la place du monogramme original. Il ne manqua rien au triomphe du peintre allemand, pas même d'exciter la jalousie des artistes indigènes. Il est donc vrai qu'il existait une liaison facile et assez naturelle entre le génie vénitien et le génie tudesque, et cette liaison s'établissait par le côté mystique, religieux et légendaire. Même facilité pour les Flamands de s'impatroniser à Venise. Tout le long de l'histoire, nous y voyons des artistes d'Anvers, des miniaturistes de Gand, des peintres de Bruges, dont le talent s'associe parfaitement à celui des nationaux, et crée une mine d'emprunts réciproques entre l'École flamande et l'École vénitienne.

De tout cela je conclus que Venise est une ville essentiellement romantique et moderne, à l'inverse de Rome, qui est une ville essentiellement classique et antique. Aucun sentiment n'a pénétré à Venise qui n'eût sa source dans la chevalerie ou le christianisme. Rien de païen ne pouvait fleurir sur cette terre, pourtant si voisine de la Grèce. Originaire de l'Asie, la race des Vénètes en avait apporté le sentiment de la couleur, l'amour du faste et le goût des légendes, ou, si l'on veut, la prédominance de l'imagination. Ces trois choses distingueront l'École vénitienne de toutes les autres Écoles d'Italie.

Veut-on le vérifier ? il suffit de jeter un coup d'œil sur l'ensemble de cette École. On ne la voit jamais dirigée par la sage et froide raison, jamais retenue par le respect de l'histoire ou de ces convenances qui, dans une autre École, dans la nôtre, par exemple, ne seraient pas violées sans scandale. Tout y procède de la fantaisie : l'histoire y est racontée comme un roman ; les croyances les plus superstitieuses y prennent un corps, et il semble que les Vénitiens soient plus propres à se figurer l'imaginaire qu'à se représenter le réel, les choses impossibles étant celles qui leur viennent le plus facilement à la pensée. Voyez la légende de sainte Ursule par Vittore Carpaccio : quelle abondance d'imagination ! quelle liberté d'allure ! Non-seulement plusieurs actions sont réunies dans le même cadre, selon l'habitude commune, d'ailleurs, aux maîtres primitifs, mais toutes les scènes se passent dans le pays des rêves. Des architectures fantastiques s'élèvent de toutes parts, avec des galeries donnant sur la mer. Le peintre pratique dans les édifices qu'il a imaginés des coupes imprévues qui nous font voir ce qui se passe à l'intérieur en même temps que nous assistons aux scènes du dehors. Et parallèlement aux peintures de Carpaccio, des miracles dont l'invention est d'une naïveté enfantine sont mis en lumière avec une naïveté plus étonnante encore, par Mansueti, par Lazzaro Sebastiani, par Cima da Conegliano et Gentil Bellin.

Mais on pourrait croire que l'imagination ne fut une qualité dominante que dans la première période de la peinture vénitienne et, pour ainsi parler, pendant la jeunesse de l'École. Il n'en est pas ainsi toutefois, car en plein seizième siècle, ce caractère persiste, et il persiste d'une manière éclatante.

Sauf le grand Titien, dont l'esprit, comme s'il était lesté d'une haute raison, est parfaitement équilibré, tous les peintres de la seconde époque sont semblables sous ce rapport à ceux de la première. Giorgione, Paul Véronèse, Tintoret, Schiavone, Bonifazio, Pordenone, sont tous guidés par je ne sais quelle humeur poétiquement romanesque. Giorgione nous transporte dans les contrées fabuleuses d'un Décaméron vénitien, où l'on voit des femmes nues rêver sur l'herbe ou prêter l'oreille à des musiciens amoureux. Paul Véronèse représente les festins de l'Écriture dans les cours intérieures de certains palais chimériques où, par une étrange promiscuité de temps et de personnages, les enfants de Mahomet sont assis à la table de Jésus-Christ, avec François Ier et Charles-Quint, écoutant le concert que leur donnent les peintres de Venise « pourtraicts au naturel. » S'il met en scène la famille de Darius, il introduit auprès du vainqueur toute la famille Pisani, les parents dignement vêtus, comme ils l'eussent été un jour de fête au balcon de leur palais sur le grand canal, et les filles dans leurs belles robes de brocart, avec le singe de la maison, qu'elle ont amené pour égayer un peu la cérémonie et amuser Alexandre. S'il peint le *Repas chez Lévy* ou tout autre banquet, il y fait entrer des pages ou des nègres qui jouent avec de grands lévriers; il y perce des galeries en perspective pour le seul plaisir d'agrandir le théâtre de l'action ; il y met des escaliers qui ne conduisent nulle part, des colonnades inattendues, des rampes, des balcons. qui ajoutent à l'arabesque mouvementée de sa composition et à l'heureux désordre de ses figures. Ainsi les convenances philosophiques, la vérité de l'histoire, la chronologie, les habillements, les costumes, les architectures, rien ne l'embarrasse. Il lui importe peu d'être absurde, s'il est charmant, et il n'hésite pas à être extravagant pourvu qu'il soit magnifique.

Les mots caprice et fantaisie semblent créés tout exprès pour les peintres vénitiens, pour des hommes tels que Tintoret, Pordenone, Pâris Bordone et les autres. Tintoret compose comme il peint, avec une fougue qui jamais n'est disciplinée par la raison, avec une verve désordonnée jusqu'à la furie. Pordenone est aussi remarquable par l'abondance de ses idées que par la bravoure de son pinceau, et ses fresques décoratives à Udine, à Mantoue, à Plaisance, nous le montrent comme un artiste fantasque, hardi et déréglé, comme un génie sans frein et sans mesure, capable d'introduire, par exemple, dans une peinture d'église, des jeux de satyres et de bacchantes, comme il le fit à Santa Maria di Campagna. Pâris Bordone. en son fameux tableau de l'*Anneau de saint Marc*, trouve tout simple de mettre sur le premier plan un gondolier assistant, sur sa gondole, à une scène qui se passe en plein sénat de Venise, comme si le doge et les sénateurs siégeaient au bord du canal, au milieu d'une rue, dans un palais ouvert de tous côtés aux regards du passant.

Et ce qui est vrai de ces peintres est vrai aussi de tous les autres jusqu'à la fin de l'École vénitienne, jusqu'à Piazzetta et Tiepolo. A mesure que la décadence arrive et se prononce, le dérèglement de l'esprit devient plus général et plus frappant; l'étrange domine, le bizarre triomphe; la peinture n'est plus qu'une matière aux tours de force de l'improvisation, ou un machinisme derrière lequel il n'y a que du vide. Rien ne marque mieux que les plafonds peints par Tiepolo et les eaux-fortes gravées par lui, ce dévergondage d'imagination où l'École de Venise était tombée, sans que personne s'en plaignît, sans qu'on en fût choqué. Les allégories les plus obscures, des inventions que l'on croirait mystérieuses quand elles ne sont que les rêves d'un esprit malade qui se serait endormi en lisant un roman de chevalerie, des figures incohérentes mêlées à des animaux symboliques dont la présence est incompréhensible et inexplicable, enfin tout ce que peut enfanter l'élucubration d'un cerveau que la raison ne gouverne plus et n'habite plus, voilà le fond des ouvrages dans lesquels ont brillé les derniers rayons de la peinture vénitienne.

Mais une autre faculté plus apparente encore caractérise cette École célèbre, c'est le sentiment de la couleur. Nul doute que ce sentiment ne fût inné à une race dont l'origine était orientale et qui d'ailleurs entretenait de constants rapports avec l'Asie. La couleur est une science que les Chinois connaissent de toute antiquité, que les Indiens, les Persans et les peuples de l'Asie-Mineure ont de tout temps mise en œuvre dans leurs tissus, et l'on peut dire que les prétendus secrets de cette science sont essentiellement communicables, puisqu'elle a des lois sûres qui se peuvent enseigner et qui, de génération en génération, se sont transmises en Orient et ont été portées par la race arabe jusqu'au Maroc, jusqu'en Espagne. Lorsque l'on regarde un tableau bien conservé de Giorgione, je suppose, ou de Paul Véronèse, on voit clairement que la loi des couleurs leur était connue. Au lieu d'opposer le rouge au bleu, comme on le fait généralement dans les autres Écoles d'Italie, particulièrement dans l'École romaine, si rebelle au coloris, les Vénitiens opposent le rouge au vert, qui est la couleur vraiment complémentaire du rouge. Pour exalter un ton jaune, ils ne le rapprochent pas d'un brun plus ou moins sale, mais ils le surexcitent par le voisinage d'un ton violet. Et ainsi, par une application des lois connues et pratiquées de temps immémorial touchant le mariage des couleurs, les Vénitiens ont su donner à leurs peintures un charme qui les distingue au premier coup d'œil, quand on les voit mêlées à des tableaux milanais ou ferrarais, florentins, romains ou napolitains, tableaux pour la plupart acides, d'une couleur crue et dure.

Cependant le goût du coloris, la connaissance du ménagement des couleurs et de leur distribution dans le tableau, distribution qui est une partie du clair-obscur, ne sont pas les seuls caractères à observer dans l'École vénitienne, considérée sous le rapport de la peinture proprement dite. Cette École est surtout remarquable pour avoir manié mieux qu'aucune autre les ressources de la peinture à l'huile. Un tel genre de procédé convient aux artistes de Venise à tel point qu'on le dirait inventé tout exprès pour eux, comme la fresque paraît faite exprès pour ceux de Florence et de Rome. Aussi, lorsque Antonello de Messine eut appris les secrets de Van Eyck, qui, sans avoir été l'inventeur de la peinture à l'huile, l'avait au moins perfectionnée et pratiquée mieux que personne; lorsque, disons-nous, Antonello de Messine alla s'établir à Venise pour enseigner publiquement sa nouvelle méthode de peindre, cette méthode s'y propagea rapidement et y fit tout de suite des progrès notables, tant elle était appropriée au génie pittoresque des Vénitiens. Portés à voir surtout le côté brillant et décoratif de l'art, ils comprirent sur-le-champ tout le parti qu'on pouvait tirer de la peinture à l'huile pour augmenter l'effet du tableau, c'est-à-dire pour donner au jeu du clair-obscur plus de puissance, plus de richesse et plus de ressort, en même temps que pour mettre plus de suavité dans les détails, plus d'harmonie dans le tout. Une École qui recherche le style peut se contenter des douceurs de la fresque ou de la détrempe, et l'austérité même du procédé paraît être en conformité avec la hauteur des intentions et la dignité des formes ; mais du moment qu'on se préoccupe de la variété des effets, dès qu'on veut ménager des spectacles pompeux, remués et magiques, la peinture à l'huile est le procédé le plus convenable, et de beaucoup. Voilà pourquoi ce genre de peinture est celui qui devait réussir à Venise et dans lequel les Vénitiens ont été plus habiles que les autres Italiens, parce qu'il exprimait à merveille ce qu'ils désiraient exprimer.

La raison en est bien simple. La peinture à l'huile est celle qui comporte le plus les perfectionnements de la couleur, parce que, n'exigeant pas la promptitude d'exécution que demande la fresque, elle permet au peintre de colorier d'après nature, de trouver par cette étude les variétés heureuses, innombrables de la couleur locale, et de puiser ainsi dans la nature comme dans un écrin. La peinture à l'huile est aussi la seule qui puisse creuser dans la toile des ombres à la fois profondes et transparentes. C'est la seule qui se prête à la méthode des glacis, sans laquelle on ne saurait faire paraître obscures les parties ombrées, parce que leur surface réfléchit la lumière et qu'elle ne représente ainsi qu'une partie obscure, mais éclairée, tandis que les couleurs transparentes et résineuses, qui sont celles qui servent à glacer, telles que les laques, les stils de grain, le bitume ou la cendre impalpable d'outremer, absorbant les rayons de la lumière, représentent une surface réellement obscure. Il y a plus : le glacis laissant transparaître le dessous qu'il recouvre, s'interpose comme une gaze légère et colorée entre l'œil du spectateur et la couleur première, modifie cette couleur selon le goût du peintre, y ajoute ou plus de finesse ou plus d'énergie, et fait l'office d'un vernis qui en augmente le lustre. Supposez maintenant que les clairs du tableau soient rehaussés d'empâtements, c'est-à-dire chargés d'une couleur plus épaisse et par conséquent un peu saillante sur le nu de la toile ou du panneau, le peintre aura obtenu en cet endroit un surcroît de clarté, parce que les épaisseurs de la pâte accrocheront au passage les rayons du jour naturel. Cette double méthode de glacer les couleurs dans l'ombre et de les empâter dans les lumières, par ce qu'on appelle en Italie la *velatura* et l'*impasto*, constitue précisément les avantages de la peinture à l'huile, dont les grands Vénitiens, tels que Giorgion, Titien, Pâris Bordone, Zelotti, Tintoret quelquefois et Véronèse toujours, ont laissé des modèles incomparables.

Est-ce à dire que le climat des lagunes ait été plus propre qu'un autre à former des coloristes? On l'a dit, et peut-être y a-t-il quelque vérité dans cette observation. Il est certain que dans les pays secs, brûlés par le soleil, les couleurs sont plus tranchantes et que l'œil s'habitue à les supporter dures et crues. A Rome, l'âpreté du coloris est comme naturelle, non-seulement au pays, qui ne présente que des tons entiers et violents, mais aux Romains eux-mêmes et aux habitants de la campagne, qui dans leurs costumes associent les couleurs avec une crudité brutale. Là où une certaine vapeur règne dans l'atmosphère, les couleurs se rompent, se tempèrent plus facilement et s'harmonisent. D'autre part, les lignes sont plus vagues, les contours se perdent, se fondent avec l'air ambiant. La nature étant ainsi plus coloriste elle-même, pour ainsi parler, forme des coloristes parmi les peintres qui l'étudient, et amène la prédominance de la couleur sur le dessin. Par contre, dans les contrées que le soleil dévore, les lignes sont plus fièrement écrites, et l'œil s'accoutumant à la fermeté, à la prépondérance du contour, l'étude de la nature doit créer un plus grand nombre de dessinateurs. Il est à remarquer, du reste, que les contrées humides et brumeuses, comme les Pays-Bas et l'Angleterre, ont été une mine de coloristes, et que la Flandre a produit le plus brillant de tous, qui a été Rubens.

J'ajoute que les climats arides détruisent les effets naturels de la perspective aérienne en rapprochant de l'œil ce qui en est loin, par la suppression des vapeurs interposées. Il me souvient que ce phénomène se produisait chaque jour à nos regards quand nous habitions la ville d'Athènes, ou que nous parcourions les campagnes environnantes. L'air de l'Attique est si limpide, si pur de toute vapeur, que des montagnes qui sont éloignées de sept ou huit kilomètres paraissent être à cent pas, et qu'en les voyant à l'extrémité d'une rue ou au bout d'un champ, on croit pouvoir y atteindre en quelques minutes. Dans les pays humides, au contraire, les lointains sont estompés et ils conservent mieux la distance qui les sépare du spectateur. Les dégradations de la perspective aérienne sont mieux senties, et le peintre ayant devant lui une belle suite de plans qui en fuyant se succèdent, est conduit à les exprimer dans son tableau, et à donner à ses peintures les apparences de la profondeur, la vaguesse des choses éloignées et le charme qui s'y attache. Mais ce charme, le peintre ne peut guère l'obtenir lorsqu'il peint à fresque, parce qu'il répugne à la peinture murale de trouer les surfaces qu'elle recouvre et de renverser les murs par les illusions de la perspective aérienne, qui creuserait des vides là où l'architecte a voulu des pleins. C'est proprement dans la peinture à l'huile, si merveilleusement pratiquée à Venise, que l'artiste peut se promettre la plénitude des effets qu'engendrent la perspective et la grâce du lointain.

Quoi qu'il en soit, d'autres causes ont dû contribuer à la prédominance de la couleur et de l'effet dans la peinture vénitienne, et d'abord le continuel spectacle des Orientaux qui remplissaient la place Saint-Marc, la Piazzetta et le quai des Esclavons, faisant resplendir au soleil leurs somptueuses étoffes, déjà si belles par la trame des couleurs. Quand on s'est promené quelque temps dans les rues de Venise, à pied ou en gondole, — car les rues y sont pour la plupart des canaux — on est frappé, même aujourd'hui, de la variété des habits que portent les passants. Ce sont des Albanais, des Grecs, des Turcs, des Égyptiens, des Corfiotes, des nègres, chacun revêtu de son costume. Et que devait-ce être au temps de Giorgione et de Véronèse, lorsque la cité des lagunes était le rendez-vous de tous les peuples du monde, lorsque les mahométans, les chrétiens, les juifs se distinguaient par leur vêtement aussi bien que par leurs allures et leurs physionomies de race, et n'étaient pas soumis, comme ils le sont de nos jours, à cette vaste uniformité de l'habit noir qui couvrira bientôt de deuil toute l'Europe! Quelle ressource pour un peintre que d'être à chaque instant sollicité par un ajustement nouveau, intrigué par une nouvelle combinaison de couleurs, et que d'avoir constamment sous les yeux les draperies de l'Inde, les porcelaines de la Chine, les tapis de Perse, les étoffes de Smyrne, les armes de Damas! Que de conseils pour un coloriste dans la seule observation de ces richesses!

Ce n'est pas tout : l'habitude de peindre des portraits a été favorable au développement de la peinture vénitienne dans le sens de la couleur. Tous les peuples chez qui domine l'aristocratie ont vu fleurir le portrait, parce que l'orgueil des grands les porte naturellement à se faire peindre. Le pays de l'oligarchie par excellence, l'Angleterre, en offre un exemple bien connu. Tant de seigneurs ont voulu posséder leur image, que le portrait a été une des gloires de l'École anglaise et le principal mérite de tous les artistes nationaux ou étrangers qui ont brillé en Angleterre, Holbein, Van Dyck, Lely, Reynolds, Lawrence. A Venise, ce fut une mode constante que celle des portraits de famille. Aussi le portrait a-t-il été dans cette ville un des triomphes de son École et une des causes qui l'ont rendue coloriste. En effet, le peintre qui s'adonne au portrait est obligé de copier la nature, de saisir l'individualité des physionomies, de démêler en ses différents modèles les diversités de coloris qu'engendre leur tempérament, les nuances de leur carnation, et de plus, la qualité particulière des draperies dont ils s'habillent et des tons qu'ils affectionnent. Il en résulte que les peintres, lorsque d'ailleurs ils sont habiles, gagnent à faire des portraits une plus fine connaissance des teintes locales et par conséquent cette variété de tons qui est une qualité essentielle du coloris et une condition absolue de sa magnificence. Plus l'harmonie est difficile à obtenir, plus elle a de prix; plus les instruments sont nombreux, plus le concert est imposant.

Mais celui qui se passionne pour la couleur recherche par cela même l'effet, car il s'adresse à la sensation plus qu'à la pensée et c'est aux yeux qu'il veut donner une fête. Et pourquoi l'École vénitienne est-elle à ce point préoccupée de l'effet, c'est-à-dire de la magnificence optique de ses peintures? C'est qu'elle vit au milieu d'un monde fastueux, opulent et fier de son opulence, d'un monde adonné au plaisir et jaloux d'être amusé. L'art fut toujours encouragé et nourri à Venise par une noblesse luxueuse et emphatique qui lui demandait de pompeux spectacles, et qui aimait à en donner au peuple.

On peut se faire une idée de la splendeur des cérémonies auxquelles assistait le doge, non-seulement par les tableaux de Canaletti et de Guardi, mais par les descriptions écrites de témoins oculaires, entre autres de Saint-Didier, qui fut attaché à l'ambassade du comte d'Avaux, en 1672. « Lorsque le doge, dit-il, assiste aux fonctions publiques avec les ambassadeurs et la Seigneurie, il est précédé par le clergé de Saint-Marc et ensuite par les huissiers du Palais qu'on appelle commandeurs, lesquels portent des manteaux de drap bleu qui leur vont jusqu'aux talons et des barrettes rouges auxquelles sont attachés deux sequins, peu différents de deux écus d'or. Huit de ces huissiers portent huit étendards de taffetas peints et dorés, avec le lion de Saint-Marc; il y en a deux bleus, deux rouges, deux violets et deux blancs, qui signifient la paix et la guerre, la trêve et la ligue. Six autres de ces mêmes huissiers suivent après avec des trompettes d'argent, toutes droites et longues de six pieds; ceux-là sont suivis par cinq hautbois qui portent la veste de serge rouge et qui jouent par intervalles toujours la même chanson. Les écuyers du doge marchent après, deux à deux. Le capitaine grand et le cavalier du doge qui est son maître de cérémonies, marchent après les écuyers ; ils sont tous deux vêtus de robes et de vestes de satin et de damas cramoisy avec des souliers rouges. Sept ou huit capitaines des sbires suivent ces deux officiers et on les prendroit pour tout autres qu'ils ne sont, à les voir avec leurs vestes et leurs hongrelines de satin et de damas cramoisy qui leur vont jusqu'à mi-jambe. Les secrétaires de la République marchent ensuite avec la veste ordinaire de drap violet et l'étole de velours. Le grand chancelier les suit vestu de pourpre, comme tous les sénateurs qui assistent à la cérémonie. Deux écuyers du doge portent, l'un la chaise pliante de bois doré, garnie d'un riche brocart d'or, l'autre un carreau de même étoffe, et un clerc de chapelle, avec la veste violette, marche devant le doge portant le chandelier et le cierge blanc de Sa Sérénité. Le doge suit immédiatement après, entre le nonce du pape et l'ambassadeur de France ; il porte une veste à manches étroites qui descend jusqu'à terre et qui se ferme par devant avec une douzaine de gros boutons de vermeil jusqu'à la ceinture, qui est garnie de boucles dorées, et par dessus, il a un long manteau ducal, le tout de brocart d'or ou d'argent mêlé de rouge ou de blanc, conformément au jour de la solennité. Il porte la corne de la même étoffe bordée d'un large tissu d'or qui représente le diadème ; ses deux valets de chambre soutiennent la queue de son manteau et le plus ancien des écuyers porte l'ombrelle sur la tête du doge ; c'est un grand parasol élevé en pavillon garny d'un gros brocart d'or avec une campage tout à l'entour, comme est celui du pape ...[1] » Ne croirait-on pas, à lire ces descriptions, voir passer des tableaux de l'École vénitienne ?

Du reste, le goût des cérémonies pompeuses s'explique, à Venise plus que partout ailleurs, par le caractère d'un sol ingrat qui ne présente rien d'agréable à la vue. Venise n'est, en effet, qu'une agglomération de rochers plats réunis par quatre ou cinq cents ponts. La végétation y est nulle ou au moins d'une extrême rareté. La monotonie des surfaces naturelles y est accablante, et si l'on supprimait de la ville tous les travaux d'art que les siècles y ont accumulés, on n'y verrait que de l'eau, des pierres et du sable. Comment une terre aussi triste aurait-elle pu être la résidence d'une aristocratie orgueilleuse, puissante, riche et folle de plaisirs, si l'architecture, la peinture, la sculpture n'étaient venues corriger l'uniformité du sol, racheter la platitude des surfaces, égayer le regard, distraire la vie ? Pour suppléer les arbres, les plantes et les fleurs, pour prêter à la nature quelque mouvement, les architectes vénitiens ont multiplié, brisé, tourmenté les lignes de leurs monuments ; ils ont cherché l'imprévu des contours, l'effet pittoresque des acrotères les plus variés, formant sur le ciel des découpures amusantes. Ils ont construit des dômes lamés de cuivre, comme Saint-Siméon-le-Petit ; des

<hr>

[1] *La Ville et la République de Venise* par St-Didier. Paris. MDCLXXII.

coupoles aux côtes rugueuses, comme la Salute; des campaniles en brique, comme celui de Saint-Marc; des flèches coniques ou quadrangulaires, comme celles de Sainte-Justine et de San Francesco della Vigna; des aiguilles rouges, des tours blanches ou roses, des frontons aigus ou cintrés, des horloges de bronze au cadran d'azur, avec des jacquemarts mobiles, des consoles très-saillantes, des enroulements et comme des parafes en pierre, des balcons très-ouvragés, des toits plantés de statues, des terrasses bordées de balustrades élégantes, des galeries à trèfles et à colonnettes; en un mot, ils ont conçu leur architecture comme une interminable décoration de marbre ou de pierre.

La même raison qui avait rendu les monuments de Venise si gais, si brillants, si mouvementés, si décoratifs, la même raison, dis-je, poussa les statuaires vénitiens à préférer une sculpture pittoresque, à poursuivre le frémissement des formes et des draperies, les palpitations de la chair, les accents de la vie agissante. La même raison, enfin, poussa les peintres vénitiens à remplir les palais et les églises de toiles à grand spectacle, de colorations à grand orchestre. Les splendides processions de Gentil Bellin, les légendes de Carpaccio, les festins de Paul Véronèse et du Padouan, les vastes machines du Tintoret, les peintures théâtrales d'Aliense, de Vicentino, de Sébastien Ricci, les vues et les cérémonies éblouissantes de Canaletto et de Guardi, les plafonds de Tiepolo, les mascarades de Longhi, sont autant de preuves éclatantes à l'appui de nos affirmations. Et ce qui les confirme encore, c'est que le caractère de la musique vénitienne a été parfaitement conforme à celui de l'architecture et des autres arts du dessin. Venise, qui avait inventé l'opéra, c'est-à-dire un genre de spectacle qui parle à tous les sens à la fois, la sensuelle Venise eut une musique à elle, semblable à sa peinture. Une fois en possession de cet art, une fois initiée par un Flamand, Willaert de Bruges, à la haute grammaire du contre-point, elle modifia la musique à son usage; elle s'en servit pour exprimer le mouvement extérieur de la vie, l'éclat et les folies du plaisir, le rayonnement de la lumière, les accents de la passion et de l'amour, ou plutôt ceux de la galanterie, et créant une École où allaient dominer le sentiment du rhythme, la phrase dramatique, l'instrumentation, elle eut des Giorgion, des Tintoret, des Véronèse en musique aussi bien qu'en peinture, et comme l'a si bien dit M. Scudo, les Cyprien de Rore, les Gabrieli, les Monteverde, furent les coloristes de l'orchestre, les promoteurs du drame lyrique.

Ainsi, quel que soit le point de vue auquel on envisage l'École vénitienne, cette École, dans son ensemble, nous apparaît comme essentiellement pittoresque; je veux dire qu'elle est préoccupée de l'impression optique beaucoup plus que de l'expression morale; qu'elle recherche avant tout la couleur et l'effet; qu'elle est, en un mot, extérieure et décorative. Et une chose curieuse à remarquer, c'est que même à l'origine, lorsque les peintres étaient expressifs, comme le furent Jean Bellin, Carpaccio, Marco Basaïti et presque tous ceux de la première période, lorsqu'ils avaient une manière sèche, voulue et ressentie, lorsqu'ils étaient plus attentifs au dessin, qui est dans l'art le seul instrument de la pensée, leurs ouvrages n'en étaient pas moins brillants, étoffés, magnifiques et d'un riche coloris, de sorte que l'*extériorité* de la peinture vénitienne est un fait dominant, même dans la jeunesse de cette École, depuis les Vivarini jusques et y compris les Bellin. Il va sans dire que, dans la suite, l'importance des éléments matériels de l'art n'a fait que s'accroître, et que dans les ouvrages de Paul Véronèse, qui est le véritable représentant de l'École à son plus haut degré de splendeur, le sentiment le cède presque toujours à la sensation.

Un écrivain, dont l'esprit a de l'élévation et de la justesse, a dit que l'École vénitienne est à l'École de Raphaël ce que l'éloquence moderne est à l'éloquence du dix-septième siècle, en prenant pour exemples Chateaubriand et Lamartine [1]. « La parole, dit-il, a plus d'éclat que ne le comporte la pensée ; les rapprochements ingénieux, les antithèses, les paradoxes, les mots sonores, l'harmonie du style éblouissent l'esprit, comme ces miroirs que fait briller au soleil l'oiseleur qui aveugle sa proie, mais ne l'attire pas. Sous cette surface étincelante, l'homme dont le goût est pur et le jugement éclairé cherche la profondeur, et, n'y parvenant pas, il n'éprouve plus que la satiété. Il faut excepter de cette comparaison le Titien, pour qui le procédé n'a pas été un but, mais simplement un moyen, comme les mots le sont pour le véritable orateur. Montesquieu a dit avec raison : On peut comparer Raphaël à Virgile, et les peintres vénitiens à Lucain : Virgile, plus naturel, frappe d'abord moins, pour frapper ensuite plus ; Lucain frappe d'abord plus, pour frapper ensuite moins. »

Les lecteurs de l'*Histoire des Peintres* connaissent déjà par quelques passages que nous en avons cités, le livre curieux et rare de Marco Boschini, *la Carte de la Navigation pittoresque* [2], publié en 1660. C'est un poëme en dialecte vénitien et par cela même difficile à lire pour ceux qui n'ont pas l'habitude de ce patois zézéyant et doucereux. L'auteur suppose en effet une navigation pittoresque à travers les peintures de l'École vénitienne, et il commence par construire un vaisseau dans lequel les diverses fonctions nautiques sont distribuées aux plus illustres peintres de Venise. Les frères Bellin et Vittore Carpaccio fournissent le chantier, Tintoret dessine le plan et l'élévation du navire, Giorgione y applique le gouvernail, Zelotti plante le grand mât, Pâris Bordone est chargé de dorer la poupe et Schiavone de calefater les carènes. Palma

---

[1] Coindet, *Histoire de la Peinture en Italie.* Paris, Renouard, 1861.
[2] *La Carta del Navegar pitoresco. Venitia, MDCLX.*

le Vieux apporte les voiles et Paul Véronèse le fanal. Vient ensuite le grand amiral de la peinture, *el peritissimo Tician*, dont la seule présence donne du lest au bâtiment. La galère une fois lancée, le poëte parcourt toute l'histoire de l'École vénitienne, dit tous les ouvrages de chaque maître et tous les faits intéressants qui s'y rapportent, apprécie et discute chacune des peintures, des fresques et des mosaïques de Venise, décrit le Palais ducal, les églises, les monastères, les palais, les galeries, et trouve souvent, pour louer les artistes qu'il aime, des traits pleins de naïveté et de grâce. A propos des décorations exécutées par Véronèse à la Bibliothèque, et de la chaîne d'or qui lui fut donnée à cette occasion par le procurateur de Saint-Marc, Boschini compare la peinture de Paolo à ces femmes charmantes auxquelles il arrive de débaucher ceux qui veulent les convertir. Titien, dit-il, est comme l'épouse qui fait l'honneur de la maison ; mais Véronèse est la maîtresse adorée qui nous dérobe le cœur, la raison et la bourse.

> In fin bisogna dir, co' disse quello :
> Tician xe la mogier, ch'è preciosa :
> Ma Paulo, tutto vezzi, è l'amorosa
> Ch' el cuor ve roba, la borsa e 'l cervelo.

Cela peut se dire avec vérité de l'École vénitienne prise dans son ensemble, car cette École a cela de particulier, que bien qu'elle se compose de peintres presque tous étrangers à Venise, elle n'en a pas moins un caractère uniforme très-prononcé, très-facile à reconnaître. La ville des doges est sous ce rapport comme la ville des papes. Elle n'a pas produit les grands artistes qui l'ont illustrée, mais elle a eu la force de s'assimiler leur génie et de les rendre siens. Rome n'a vu naître dans ses murs qu'un seul peintre fameux, Jules Romain ; de même Venise n'en a enfanté que deux : Jean Bellin et Tintoret. Tous les autres appartenaient par leur naissance à des pays plus ou moins éloignés de Venise. Giorgione était de Castelfranco, Titien, de Cadore, Pâris Bordone, de Trévise, et Paul Véronèse, de Vérone, comme Zelotti. Pordenone naquit dans le Frioul ainsi que Marco Basaïti, Jacopo da Ponte à Bassano, Moretto à Brescia, Palma le Vieux à Bergame, Carpaccio à Capo d'Istria. Ainsi presque tous ceux qui ont jeté de l'éclat sur l'École de Venise sont originaires d'un autre pays, ou du moins d'une autre ville ; mais il faut convenir que Venise leur a imprimé à tous une physionomie vénitienne, en les transformant à son usage et selon son esprit.

Il en a été de même pour les autres arts, pour l'architecture notamment, car les grands architectes de la Renaissance qui ont construit à Venise tant de monuments : Scamozzi, Palladio, Sansovino, San Micheli, étaient de Vicence, de Florence, de Vérone ; mais ils ont parfaitement compris ce que demandait, ce que devait désirer une ville comme celle de Saint-Marc ; ils n'y ont rien élevé sans consulter le génie du lieu. Il n'est pas jusqu'à la gravure, jusqu'à l'imprimerie qui n'aient subi de pareilles influences : la gravure, lorsqu'elle reçut de Titien et de Tintoret le don de la couleur dans la personne du Hollandais Corneille Cort et du Bolonais Augustin Carrache; l'imprimerie, lorsque, apportée par un Allemand, Wenderlin, elle fut perfectionnée par le plus ancien des Manuce, au point que les beaux livres sortis de ses presses semblent être le véritable commencement de son art.

Le rapport qu'aperçoit l'écrivain cité plus haut entre la peinture vénitienne et la littérature dérivée de Chateaubriand, est si vrai que de nos jours, l'École de Venise, négligée ou même décriée par les successeurs de David, a été remise en grand honneur, surtout parmi les romantiques, et cela devait être, puisqu'elle représente tout ce qu'ils ont préconisé, tout ce qu'ils aiment : les prestiges du clair-obscur, la couleur, la touche, le côté matériel et voyant de l'art. Pendant que les réformateurs de la réforme de David, Ingres et les siens, se rattachaient à l'École florentine et à l'École romaine, c'est-à-dire au langage du dessin, aux grandeurs du style, les romantiques, à la suite d'Eugène Delacroix, ne juraient que par Véronèse et par cet illustre vénitien du Nord, qui est Rubens. Pendant que les premiers continuaient de faire le pèlerinage de Rome et de Florence, les autres partaient pour Venise et allaient y chercher le souvenir vivant de leur poëte de prédilection, car cette ville orientale a eu le privilége d'attirer la littérature romantique et de l'inspirer, de fournir à nos romanciers et à nos poëtes leurs plus brillantes pages, leurs thèmes les plus intéressants, comme elle avait fourni à leur ancêtre, Shakespeare, des drames célèbres. C'était là que Byron avait écrit *Marino Faliero*, *Sardanapale* et *Don Juan*; c'était là qu'il chevauchait sur le rivage du Lido en déclamant des vers au bruit des vagues. C'est là qu'est le théâtre des romans les plus colorés de George Sand et de son chef-d'œuvre, *Leone Leoni*. C'est là qu'Eugène Delacroix a placé la scène de ses tableaux les plus émouvants et les plus dramatiques, tels que le supplice de Foscari, la décapitation de Faliero, la mort tragique de Desdemona. Enfin les romantiques ne s'y sont pas trompés : Venise a été leur Rome.

Comment donc faut-il juger le génie de l'art vénitien, par rapport au génie d'un autre art qui lui fait contraste et qui est celui de Florence ? A peu près comme le romantisme par rapport au classique. Du côté des Florentins, c'est la dignité des formes et la sérénité du dessin; du côté des Vénitiens, c'est le ressort du clair-obscur et la grâce de la couleur. Ceux-ci peignent de préférence les étoffes orientales, les lampas, les brocarts, les tissus de telle ou telle nation; ceux-là s'attachent plutôt à la draperie dans ce qu'elle a d'expressif, de général et d'humain. Semblables à un marchand qui étale ses trésors, les Vénitiens déploient le luxe de leur palette et montrent avec complaisance les splendides accessoires dont leur tableau est enrichi, quand il n'en est pas encombré ; ils s'adressent à la sensation et ne songent qu'à flatter les regards : les Florentins parlent beaucoup plus au sentiment et à l'esprit. La forme humaine, dans sa beauté particulière mais choisie, la forme humaine, nue ou drapée, leur suffit à dire ce qu'ils ont dans l'âme. Florence a du style, Venise a du charme. L'une se plaît aux nobles austérités de la fresque, l'autre aux saveurs et aux caresses de la peinture à l'huile. La première a un idéal d'élégance et de fierté, la seconde, un idéal de somptuosité et d'abondance, et c'est proprement à l'ensemble des peintres vénitiens que s'appliquerait ce mot si connu d'un ancien Grec : « ne pouvant faire la « nature belle, ils l'ont faite riche. » Si l'on prend pour type de l'École florentine Michel-Ange, et pour type de l'École vénitienne Paul Véronèse, on sentira sur-le-champ la différence qui existe entre la pompe et la grandeur, entre la profondeur de l'expression et la magnificence du décor, en un mot, entre le peintre qui a le merveilleux talent de séduire et l'artiste qui a le pouvoir souverain de s'imposer.

CHARLES BLANC.

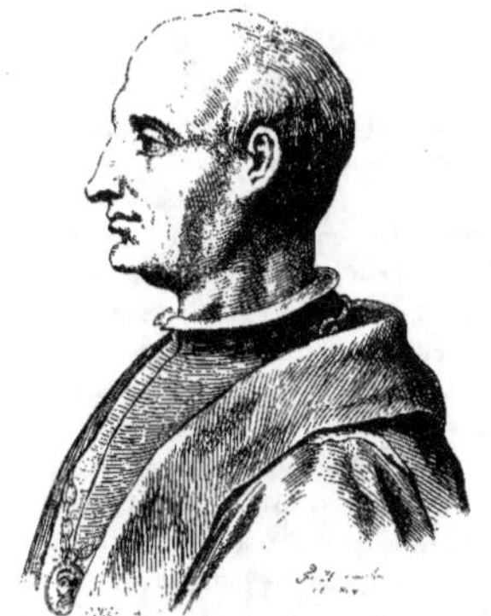

GENTILE BELLINI

NÉ EN 1421 — MORT EN 1501.

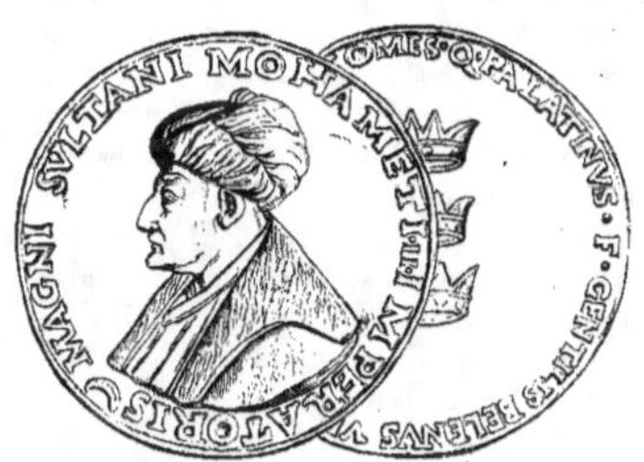

Gentile et Giovanni Bellini étaient les fils de Jacopo Bellini, peintre vénitien, d'une naissance très-obscure. qui avait été le disciple de Gentile da Fabriano et qui florissait au commencement du quinzième siècle. Jacopo était à Venise le concurrent inégal de ce Domenico Veneziano qui fut assassiné par Andrea del Castagno. Lorsque Domenico alla s'établir à Florence, Jacopo Bellini, délivré d'une rivalité redoutable, se trouva tenir le premier rang à Venise. Voyant la vive inclination que manifestaient ses deux fils pour un art qui l'avait tiré, lui, de son humble condition, il leur enseigna la peinture et leur fit apprendre la perspective par Girolamo Mattini.

De ces deux fils qui devaient donner un si grand lustre au nom de Bellini, l'aîné avait reçu au baptême le prénom de Gentile, en souvenir de Gentile da Fabriano, dont Jacopo vénérait la mémoire. Né en 1421, Gentile était de cinq ans plus âgé que son frère. Devenu habile de très-bonne heure, il fut le collaborateur de son père dans plusieurs ouvrages, notamment dans une suite de peintures que Jacopo fut chargé de faire pour la confrérie de San Giovanni Evangelista et qui devaient représenter les miracles de la sainte croix. Vasari observe, à ce sujet, que les tableaux des Bellini furent peints sur toile, car ce n'était pas, dit-il, l'usage des Vénitiens de peindre, comme l'on fait ailleurs, sur panneau d'aubier ou de bois blanc (gattice), bois qui, venant le long des fleuves et sur le bord des eaux, est tout à fait doux et semble créé tout exprès pour servir de champ à la peinture. A Venise, ou ne fabrique point de planches, ou si l'on en fabrique, c'est toujours avec du sapin, abeto, qui arrive en grande quantité dans la ville, tant des contrées allemandes.

par l'Adige, que de l'Esclavonie, par la mer. La toile d'ailleurs n'étant pas sujette à se fendre, ni à être mangée des vers, et pouvant être transportée commodément et à peu de frais, a été constamment préférée par les artistes de l'école vénitienne[1]. Toujours est-il que Jacopo et Gentile exécutèrent leurs premiers ouvrages sur toile.

Le Sénat de Venise songeait alors à décorer magnifiquement la salle du Grand Conseil au Palais-Ducal. Déjà, au quatorzième siècle, Gentile da Fabriano, Véronais, avait été chargé de cette décoration en concurrence avec Antonio Veneziano et Vivarini. Il avait retracé, entre autres événements, le combat naval livré par le doge Ziani contre Othon, fils de l'empereur Frédéric Barberousse; mais au siècle suivant, les goûts ayant changé, le style de ces peintures parut suranné, et le Sénat résolut d'en commander d'autres aux frères Gentile et Giovanni Bellini, désignés au choix de la République par leur réputation naissante[2]. Il s'agissait notamment de finir l'ouvrage commencé à fresque par Antonio Veneziano; mais sachant mieux peindre à l'huile qu'à fresque, Gentile et Giovanni demandèrent et obtinrent qu'il leur fût permis d'exécuter leurs peintures sur toile, sauf à les coller ensuite contre le mur. Vasari a décrit avec complaisance plusieurs de ces tableaux qui existaient encore de son temps, mais dont il ne reste plus rien aujourd'hui, que ces descriptions, car ils furent détruits par l'incendie qui dévora une partie du Palais-Ducal en 1577. Le sujet principal de ces décorations était l'histoire des querelles survenues au douzième siècle entre le pape Alexandre III et Frédéric Barberousse, ainsi que des combats soutenus et des négociations entamées par la République de Venise en faveur du pape. Gentile, pour son compte, avait déployé une imagination abondante, et l'art de creuser dans les toiles des perspectives profondes, d'y remuer des foules. Le morceau qui représentait les batailles navales entre les Vénitiens et les Impériaux était merveilleux, au dire de Vasari. On y voyait des multitudes de galères engagées, enchevêtrées dans le combat, avec un nombre infini de soldats et de matelots, la fureur des abordages et l'énergie de la défense, le clapotement des eaux agitées et serrées entre les navires, le sillage des barques et des galères, tous les genres d'armures, toutes les manières de se battre et de mourir, toutes les manœuvres de la marine, enfin, une diversité incroyable d'épisodes fondus dans un ensemble plein de mouvement, mais d'une composition bien massée et bien entendue.

Ridolfi, qui écrivait un siècle après Vasari, prétend que cette bataille navale était l'œuvre de Giovanni Bellini et non pas de Gentile; cependant, d'après les *Annales vénitiennes* de Malipiero, citées par les annotateurs de Vasari, dans l'édition florentine de Lemonnier, on peut croire qu'elle fut peinte en collaboration par les deux frères. Il semblerait même qu'ils se bornèrent à la restaurer, si, toutefois, le mot de restauration suffit pour désigner un ouvrage qui se détachait de la muraille et que l'on a refait. Voici le texte des *Annales* :

« 1474. On a commencé à restaurer, dans la salle du Grand Conseil, les peintures du combat naval entre la flotte de la République et celle de Frédéric Barberousse, parce qu'elles se détachaient de la muraille, détruites par l'humidité. Ceux qui ont fait l'ouvrage sont les frères Jean et Gentil Bellin, qui ont reçu pour prix de leur travail deux bénéfices, *sensarie*, dans l'entrepôt ou l'auberge (*fondaco*), avec promesse qu'ils dureraient deux cents ans[3]. » —Le mot *sensarie* qu'on ne trouve pas dans le dictionnaire, signifie sans doute un revenu fondé sur l'entrepôt, comme qui dirait un bénéfice.

---

[1] Si costuma dunque assai in Venezia dipignere in tela, o sia perchè non si fende e non intarla, o perchè si possono fare le pitture di che grandezza altri vuole, o pure per la comodità di mandarle comodamente dove altri vuole, con pochissima spesa e fatiche. *Vita dei Bellini.*

[2] Havevano quei primieri Pittori, come si disse lavorato alcune historie nella sala del maggior consiglio de' fatti egregi di quella republica le quali per lo più, furono *rifatte,* per ordine del senato, da medesimi fratelli Bellini, divenuti chiari nella pittura. Ridolfi. *Le Maraviglie.* Le mot *rifatte* peut être pris ici dans le sens de *refaire* aussi bien que dans le sens de *réparer,* puisque les peintures de Gentile da Fabriano et d'Antonio Veneziano tombaient en ruines, ayant été pourries par l'humidité.

[3] Les *Annales* de Malipiero sont écrites en dialecte vénitien. « 1474. *È sti principia a restaurar la depentura del conflitto de l'armada de la Signoria con quelli de Federigo Barbarossa, in sala del grand Consegio, perchè la era cascà del muro, da humidità e da vecchiezza. Quei che ha fatto l'opera è Zuane e Gentil Bellino, fratelli; i quali leu habù, in premio delle so fadighe, due sensarie in fontegho, e ha promesso che la durerà due centi anni.* » *Archivio storico italiano,* tome VII, p. 663.

Pendant que les frères Bellini travaillaient ensemble au Palais-Ducal, un de leurs tableaux, — c'était paraît-il. un portrait par Jean Bellin, — ayant été porté à Constantinople par des marchands vénitiens ou par l'ambassadeur de Venise, il fut présenté au sultan Mahomet II, qui en fut étonné au dernier point et ravi. Bien que la loi de Mahomet prohibe rigoureusement toute image en tant que représentation de la figure humaine, le Grand Seigneur voulut voir l'auteur de cette merveille, ou du moins posséder à sa disposition un bon peintre et il en écrivit à la République de Venise. On lit en effet dans les chroniques vénitiennes de Marino Sanuto, ce qui suit : « 1479. Le 1er août est venu un orateur juif, porteur de lettres adressées au « Sénat par le sultan. Sa Hautesse demande que Sa Seigneurie lui envoie un bon peintre, et il invite le « doge à honorer de sa présence les noces de son fils. On l'a remercié et on lui a envoyé Gentil Bellin,

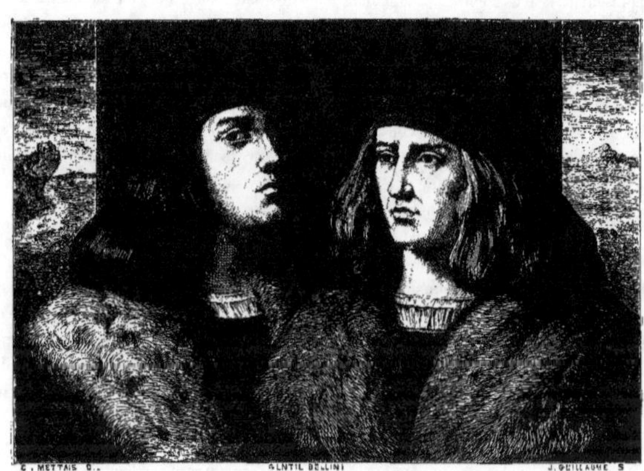

PORTRAITS DE JEAN ET DE GENTILE BELLIN (Musée du Louvre)

« excellent peintre, qui s'est embarqué le 1er septembre et voyagera aux frais de la seigneurie. » Selon Vasari. le portrait qui avait excité l'enthousiasme de Mahomet II était un ouvrage de Jean Bellin, et c'était d'abord lui que le Sénat se proposait d'envoyer à Constantinople. Mais, soit qu'on ne voulût pas priver la République des brillantes décorations qu'il avait commencées au Palais-Ducal, soit qu'il fût d'un tempérament à redouter les fatigues d'un voyage, surtout d'un voyage par mer, on convint de lui substituer son frère Gentile. Les Bellini, au surplus, sans habiter sous le même toit, vivaient dans une parfaite harmonie. chacun célébrant la supériorité de son frère, et tous les deux jaloux de se sacrifier l'un à l'autre. Ce fut donc avec le consentement de Giovanni que Gentile partit à sa place pour se rendre au vœu du Grand Turc. Gentile avait alors cinquante-huit ans.

Arrivé à Constantinople, il fut présenté par l'ambassadeur de Venise, le *Bailo*, à Mahomet II, qui le reçut

[1] Comme les annales de Malipiero. la chronique de Sanuto est écrite en dialecte vénitien : *« 1479. Adì primo agosto venne un orator Judeo del signor Turco. con lettere. Vuol la signoria li mandi un buon pittor. e invido il Dose vadi a onorar le nozze di so fiol. Lè fu risposto ringraziandolo, e mandato Gentil Bellin. ottimo pittor : qual anda con le galer di Romania : e la signoria li pago le spese. e parti a dì 3 settembre. »*

de la meilleure grâce et admira beaucoup un tableau que le maître vénitien avait apporté pour le lui offrir. L'art d'exprimer ainsi la vie et de recommencer en quelque sorte la création avec un pinceau et des couleurs sur une surface plane paraissait à ce héros barbare un vrai prodige. Peindre le portrait du sultan, ce fut naturellement le premier ouvrage de Gentile, et il s'en acquitta de façon à redoubler l'étonnement de Mahomet. Ce prince ne pouvait en croire ses yeux, il soupçonnait là-dessous quelque magie, *qualche divino spirito addosso*. Un jour il demanda au peintre s'il serait disposé à faire son propre portrait. Gentile répondit qu'il le ferait volontiers pour être agréable à Sa Hautesse, et quelques jours après, il se peignit au moyen d'une glace avec une vérité extraordinaire, qui, en raison de la difficulté vaincue, fut encore plus admirée. Ridolfi ajoute à la narration de Vasari une anecdote qui n'est pas absolument invraisemblable, mais que l'on peut regarder aussi comme un de ces contes dont les anciens biographes aimaient à assaisonner, à colorer leurs récits. « Entre autres peintures, dit-il, que Gentile montra au Grand-Seigneur, il s'en trouvait « une qui représentait la tête coupée de saint Jean-Baptiste, personnage qui, en sa qualité de prophète, « est en grande vénération parmi les musulmans. Mahomet fut charmé de ce morceau; toutefois il fit « observer à l'artiste qu'il avait commis une erreur; que la tête une fois tranchée, le cou devait disparaître « par la contraction qui s'en suivait, et comme Gentile semblait fort surpris d'une telle remarque, le sultan « fit venir un de ses esclaves, et donna ordre qu'on lui coupât la tête en présence du peintre, qui put de la « sorte vérifier sur l'heure la justesse de l'observation, et reconnaître qu'en effet, la tête étant séparée du « tronc, le cou se retire immédiatement de part et d'autre. » Encore une fois, une semblable histoire n'a rien d'impossible, eu égard au temps et au lieu; mais il est singulier qu'elle n'ait pas été connue de Vasari et qu'elle soit racontée pour la première fois par un auteur du dix-septième siècle.

Ce qui est certain, c'est que le séjour de Gentile Bellini à Constantinople ne fut pas de longue durée; cependant il en profita pour dessiner les bas-reliefs de la colonne de Théodose. Cette colonne, dont il n'existe plus aujourd'hui que le piédestal et le premier tambour, subsistait alors en entier. Les sculptures qui restent et que nous avons vues sur place, appartiennent aux plus bas temps de la décadence. Le piédestal en est surchargé, écrasé; mais la spirale de bas-reliefs contenait des particularités précieuses pour l'archéologie, des édifices, des costumes qui ne se trouvent pas ailleurs, et Gentile Bellini a rendu un véritable service en les dessinant. Nous ne savons par quelle heureuse circonstance ses dessins furent dans la suite transportés à Paris. Ils y étaient vers la fin du dix-septième siècle, puisqu'en 1702, le père Claude Menestrier, jésuite, en publia les gravures en dix-sept planches. Neuf ans plus tard, le père Banduri, bibliothécaire du Régent, les fit graver de nouveau pour les insérer dans le second tome de son ouvrage sur l'empire d'Orient, *Imperium orientale*. La longue frise dessinée par Gentile fut léguée, dit-on, à l'Académie des Beaux-Arts. Il en existe au Louvre une copie, et cette copie, d'après ce qu'en dit M. Villot, aurait été faite au seizième siècle, probablement par Battista Franco. Au Louvre se trouve aussi un des charmants et lumineux tableaux que nous a valus le voyage de Gentile à Constantinople : *la Réception d'un Ambassadeur*.

Quand il eut terminé les dessins de la colonne théodosienne, Bellini demanda et obtint la permission de retourner à Venise. Comme il prenait congé de Mahomet II, le sultan le pressa de dire quelle faveur il désirait; le peintre, dans sa modestie, ne demanda qu'une lettre de recommandation pour la sérénissime République, sa patrie. En lui donnant cette lettre, le sultan lui conféra le titre de chevalier, le combla de présents, et lui passa au cou une chaîne d'or travaillée à la turque et d'un poids de deux cent cinquante écus. Cette chaîne était encore entre les mains des héritiers de Bellini, lorsque Vasari écrivait son Histoire des Peintres, publiée en 1550.

De retour à Venise, Gentile fut reçu avec joie par son frère et on peut le dire par toute la ville, *quasi da tutta quella città*. Il rapportait un portrait de Mahomet II, qui, au temps de Ridolfi, était en la possession de la famille Zeno. S'étant présenté au Palais-Ducal pour rendre compte de sa mission à la Seigneurie, il remit au doge la lettre du sultan. Le Sénat, pour faire honneur à la recommandation de Mahomet, ordonna qu'une pension annuelle de deux cents écus serait payée au peintre sa vie durant. Gentile reprit alors les travaux qu'il avait commencés dans la salle du Grand Conseil au Palais-Ducal. Il peignit le doge et le pape

Alexandre III envoyant des ambassadeurs à Frédéric Barberousse. Ces personnages étaient costumés à la
mode du douzième siècle; le grand chancelier était vêtu d'une longue simarre rose avec des manches
pendantes, et coiffé d'un béret à crevés (*à tagliere*). L'artiste écrivit en lettres d'or sous cette peinture une
inscription qui rappelait son voyage en Turquie et son titre de chevalier.

> Gentilis patria dedit hæc monumenta Bellinus
> Othomano accitus munere factus eques.

Il serait inutile de s'arrêter plus longtemps à la description des tableaux de Gentile qui ont péri; mais il

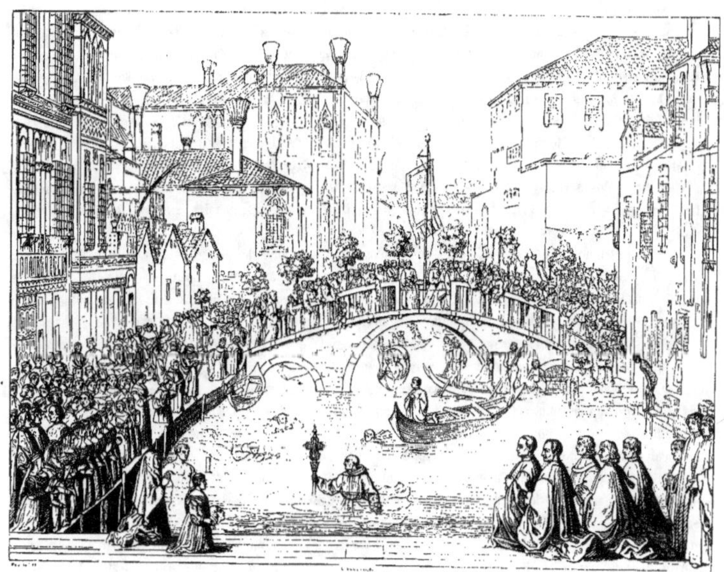

MIRACLE DE LA SAINTE CROIX (A Venise).

importe de signaler la plus belle de ses peintures conservées : *La Prédication de saint Marc* qui nous a
tant charmé au musée Bréra, à Milan.

La scène se passe dans la ville d'Alexandrie, sur la place où est bâtie, en style byzantin, l'église de
Sainte-Euphémie, qui ressemble beaucoup à la basilique de Saint-Marc. L'apôtre, élevé sur une estrade,
harangue une multitude de catéchumènes qui l'écoutent silencieusement, en plein air, au soleil. Sur le devant,
le plus près du saint prédicateur, sont rangées les femmes à convertir; ce sont des Égyptiennes voilées
jusqu'au milieu de la joue et accroupies sur leurs talons; c'est sans doute leur manière de s'agenouiller.
Les hommes se tiennent à distance, moins attentifs à la parole sacrée, et l'on voit que ce troupeau musulman
préfère encore le paradis de Mahomet. L'église du fond, surmontée de trois coupoles et de deux minarets.

s'ouvre par trois arcades en plein cintre qui retombent sur des faisceaux de colonnes, et c'est en cela surtout que l'édifice rappelle la façade de Saint-Marc. La place paraît environnée de portiques dont on ne voit que les premières arcades; on y aperçoit un chameau conduit par un Arabe. Auprès de l'église s'élèvent un obélisque et des maisons moresques, semblables à celles qu'a représentées de nos jours Eugène Delacroix dans son tableau des *Convulsionnaires de Tanger*. Aussi a-t-on pu croire que Gentile Bellini avait fait le voyage d'Égypte; mais la preuve de ce voyage est insuffisante si on ne la trouve que dans la représentation d'une église byzantine dont le peintre a pu se procurer un dessin. La variété des physionomies et des tempéraments, le naturel des attitudes, les nuances innombrables de l'attention, depuis la plus profonde jusqu'à la plus distraite, et ce que peut produire la vérité simple et simplement vue chez un peintre qui observe des multitudes, voilà par où le grand tableau de Gentile présente un intérêt vif, une valeur ethnographique, bornée sans doute à l'extérieur des choses et au matériel du spectacle, et enfin un attrait semblable à celui que peuvent offrir les descriptions d'un géographe ou les récits d'un chroniqueur. De tous ceux qui visitent le musée Bréra, nous l'ayons remarqué, il n'en est pas un seul qui ne s'arrête avec plaisir devant la *Prédication de saint Marc*, comme on s'arrêterait à voir passer une foule. Revêtus sans façon des habits du quinzième siècle, les auditeurs de l'apôtre sont de toute espèce : il y a dans le nombre des seigneurs élégants et jeunes, et des sénateurs obèses dans leurs simarres de taffetas, des Turcs indifférents et des Vénitiens intrigués, des femmes inattentives et d'autres qui semblent suspendues aux paroles de l'évangéliste. Ces paroles sont recueillies par un secrétaire qui, assis derrière l'orateur, sur l'estrade, les transcrit pieusement, et cette fois le peintre a pu sans anachronisme faire allusion à la sténographie antique.

Il est à présumer, d'après le costume des femmes, qui ont toutes le visage voilé, que la *Prédication de saint Marc* fut peinte par Gentile après son retour de Constantinople. Quant aux autres peintures mentionnées par Ridolfi, il en est beaucoup qui doivent être antérieures au voyage du maître, car il n'est pas probable qu'il ait attendu jusqu'à l'âge de cinquante-huit ans pour être employé par les confréries et les églises. Ses ouvrages, au surplus, sont presque tous signés et datés. Le *Saint Laurent Giustiniani*, qui était représenté avec plusieurs ecclésiastiques à genoux, sur la principale porte de Santa Maria del Horto (la seule église que nous n'ayons pu visiter dans nos deux excursions à Venise), porte la date de 1465. Mais ses œuvres les plus importantes dans cette ville sont postérieures à son voyage en Turquie. Nous avons dit qu'il avait travaillé avec son père pour la confrérie de San Giovanni Evangelista. Cette communauté, *scuola*, possédait un morceau du bois de la vraie croix, envoyé par Pier Tommaso, patriarche de Constantinople, au grand chancelier de Chypre, qui l'avait donné à la Scuola. Plusieurs miracles ayant été accomplis par ladite croix, les frères de Saint-Jean firent peindre ces miracles, dont un s'était passé, disait-on, sur le pont voisin de San Lorenzo (et non sur le pont de la Paille, comme le dit Vasari). La croix, portée un jour en procession, était tombée du pont dans le canal, et parmi les nombreuses personnes qui s'étaient jetées à l'eau pour la sauver, c'était Andrea Vendramino, le gardien en chef de la Scuola, qui, par une grâce réputée miraculeuse, avait eu le bonheur de la repêcher. Telle était la donnée du tableau. Gentile en tira bon parti sous le rapport du pittoresque. Il peignit naïvement et vivement tous les nageurs qui ont plongé dans le canal pour chercher la croix, Vendramino qui l'a saisie et qui l'étreint religieusement, les gondoles remplies de dévôts, parmi lesquels on remarque le prêtre de San Lorenzo, et de nombreux spectateurs qui se groupent sur le bord du canal ou se pressent aux balcons des palais. Ridolfi assure que Gentile introduisit sa propre figure dans la foule des assistants, et il ajoute que lui, Ridolfi, a fait graver ce portrait pour en orner son livre des *Maraviglie*.

Ce doit être pour les Vénitiens un morceau de prix que cette peinture, parce qu'ils y retrouvent peints au naturel les costumes de leurs ancêtres, les pompes de leurs cérémonies religieuses, les mœurs du temps, puis les bâtiments, les ponts, les quais de Venise. Mais le tableau en lui-même — nous l'avons vu à l'Académie des Beaux-Arts — est inférieur à celui que possède le même musée, et qui représente une *Procession dans la place Saint-Marc*, autre curiosité archéologique, pour des Vénitiens surtout. Voici ce

que nous en écrivions sur notre calepin de voyage[1] : « On y voit ce qu'était la place Saint-Marc à l'époque où
fut fait le tableau, en 1496. La tour de l'Horloge n'existait pas encore ; les mosaïques extérieures de
Saint-Marc ne sont pas les mêmes qu'aujourd'hui, à l'exception d'une seule. Les clochetons de la façade,
les rinceaux, les statues, les chevaux de Corinthe sont dorés. La charmante loggietta n'était pas encore
bâtie au pied du campanile ; les procuraties neuves n'étaient pas encore reconstruites à la place où elles
sont maintenant, c'est-à-dire reculées de manière à laisser le campanile isolé. » La composition, du reste,
retrace un épisode miraculeux raconté en ces termes par Ridolfi : « Un marchand de Brescia, dont le fils
s'était frappé la tête contre un pilier et se trouvait en danger de mort, fit un vœu à la croix, pendant qu'elle

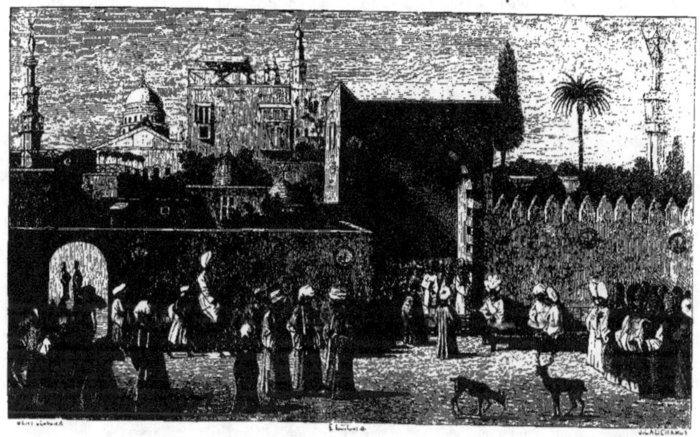

RÉCEPTION D'UN AMBASSADEUR DE VENISE A CONSTANTINOPLE (Musée du Louvre).

passait processionnellement sur la place Saint-Marc, et son fils fut guéri. Il va sans dire que les syndics de
la confrérie assistent à la procession un cierge à la main, et que la place est remplie, animée, bariolée de
costumes. Là où Jean Bellin, son frère, eût rencontré des expressions touchantes, Gentile n'a vu qu'une
vaste composition d'apparat — la toile a sept mètres de large — une décoration lumineuse qui occupe l'œil
et qui doit servir à l'histoire.

Suivant Ridolfi, Gentile Bellini serait mort en 1501 ; mais cette date a été reconnue fausse. La véritable
a été retrouvée dans une note du journal manuscrit de Sanuto, cité par Cicogna au tome III de ses *Iscrizioni
veneziane*, note ainsi conçue : « Aujourd'hui, 23 février (année vénitienne qui répond à l'année 1507 de
« la chronologie vulgaire), a été inhumé, en l'église des Saints-Jean-et-Paul, Gentile Bellini, excellent
« peintre, qui fut autrefois envoyé au père du sultan actuel, qui le créa chevalier. J'en fais mention ici à cause
« de sa célébrité. Il avait... (86) ans. Il laisse un frère, Jean Bellin, qui est le meilleur peintre de l'Italie. » Si
l'on compare l'un à l'autre les deux Bellin, on accordera certainement la préférence à Giovanni. Comme son

<hr>

[1] *De Paris à Venise. Notes au crayon.* Paris, Hachette et Renouard, 1857.

frère, Gentile a fait quelques tableaux d'autel, notamment à la Scuola dei Merciari; mais là surtout on peut voir combien il est inférieur dans l'expression de l'âme. En ce genre de tableaux, il n'est jamais ému ni touchant. Bon peintre des choses purement extérieures, il les regarde naïvement et les peint de même. Les phénomènes de la lumière, le mouvement des corps et leur apparence, leur enveloppe, c'est là ce qui le frappe, et aussi les effets de la perpective, qu'il connaissait à fond, au point de mériter les éloges de Luca Paciolo, savant mathématicien, ami de Léonard. Les personnages de Gentile ne sont pas, comme ceux de Giovanni. des êtres sensibles, ce sont plutôt des objets éclairés et vêtus. Né pour les grandes machines. il se plaît à grouper des figures moyennes dans un cadre immense, et il donne ainsi les proportions de l'histoire à la peinture anecdotique. Plein de tendresse et de recueillement, Jean Bellin s'adresse au cœur; Gentile ne parle qu'aux yeux. Ce qu'il y a de remarquable, c'est que Gentile se ressent encore, dans son exécution, de la sécheresse des Crivelli et des Vivarino, en même temps qu'on découvre en lui un précurseur de Paul Véronèse. Il possède, en un mot, deux qualités qui semblent s'exclure : l'intimité d'un peintre primitif, et le sentiment d'un décorateur.

CHARLES BLANC.

RECHERCHES ET INDICATIONS

Gentile Bellini a modelé quelques médaillons qui ont été foudus en bronze, entre autres, celui du sultan Mahomet; ce médaillon porte sur la face la légende : MAGNI SULTANI MAHOMETI II, IMPERATORIS, et au revers l'inscription : GENTILIS BELENUS VARETUS EQUES AURATUS COMES QUE PALATINUS F. On la trouve gravée selon le procédé Collas dans le *Trésor de numismatique et de glyptique* de M. Lenormant.

MUSÉE DU LOUVRE. — *Réception d'un Ambassadeur de Venise à Constantinople*. L'ambassadeur, en robe rouge, accompagné de cinq personnages vêtus de noir, est présenté à un vieillard coiffé d'un turban à cinq pointes et assis sur un divan placé devant la porte d'un palais. Sur les marches et dans la cour, un grand nombre d'Orientaux, dont un à cheval. accompagné de ses gardes. Dans le fond, le jardin et les terrasses du palais

Portraits de Jean et de Gentil Bellin. Ils sont accolés dans un même cadre. en buste. et de grandeur naturelle. Tous deux sont coiffés d'une toque; les cheveux de Jean sont noirs. ceux de Gentil sont roux. Le fond représente un paysage. Ce morceau était attribué à Jean Bellin dans les anciens catalogues. On lui a fait avec justice les honneurs du salon carré. Il en existe une répétition au Musée de Berlin, mais elle est sur fond uni. sans paysage.

Nota. Il est fort douteux que l'un des personnages représentés dans ce double portrait soit Gentile Bellini En effet. celui qui n'est pas Jean Bellini ne ressemble en aucune façon ni au portrait de Gentile Bellini. tel que nous le voyons dans Ridolfi, qui l'a tiré d'un tableau où le peintre s'est représenté lui-même, ni à la médaille que le sculpteur Vittore Camelo a gravée en l'honneur et à l'effigie de Gentile Bellini. Nous adressons particulièrement cette observation à l'auteur de la *Notice des Tableaux du Louvre*. Il y a là quelque chose à vérifier.

ACADÉMIE DES BEAUX-ARTS A VENISE. — *Procession dans la Place Saint-Marc*. C'est le tableau dont nous avons parlé. Il est signé et daté M CCCC LXXXXVI. GENTILIS BELLINI VENETI EQUITIS CRUCIS AMORE INCENSUS OPUS. Il a 3 mètres 60 de hauteur sur 7 mètres 43 de large.

Miracle de la sainte Croix. Nous avons décrit ce tableau. Il est signé GENTILI BELLINI A. M CCCCC. Il a 3 mètres 20 de hauteur sur 4 mètres 20.

Un Sanctuaire. provenant, comme les deux tableaux qui précèdent, de la Scuola de San Giovanni Evangelista. Il est signé aussi.

SANTA MARIA DELL'HORTO (ou DELL' ORTO). — *Saint Laurent Giustiniani*. Cette peinture, enlevée de l'église et transportée dans les dépôts de l'Académie des Beaux-Arts, est complétement ruinée.

MUSÉE BRERA A MILAN. — La *Prédication de saint Marc*. C'est le tableau que nous avons décrit. Il provient de la Scuola de San Marco. à Venise.

MUSÉE DE BERLIN. Madone en pied avec l'Enfant sur les bras. qui bénit deux donateurs. Il est signé GENTILI BELLINI.

Dans l'église Saint-Marc, les portes de l'orgue sont peintes par Gentile Bellini : nous ne les avons pas vues. quand nous avons visité cette basilique.

PARIS — IMPRIMERIE POITEVIN, RUE DAMIETTE, 2 ET 4.

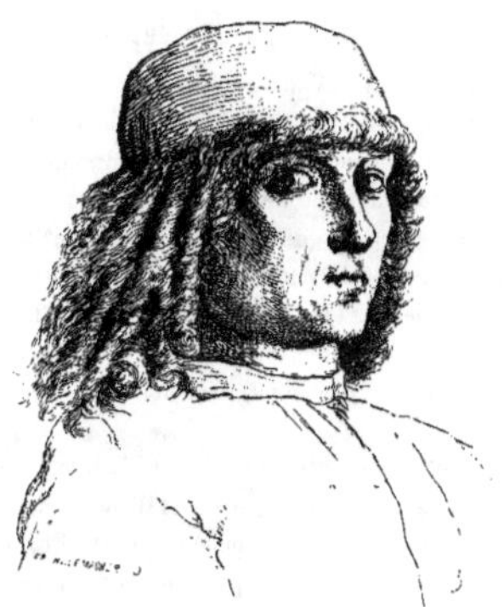

GIOVANNI BELLINI

NÉ EN 1426. — MORT EN 1516.

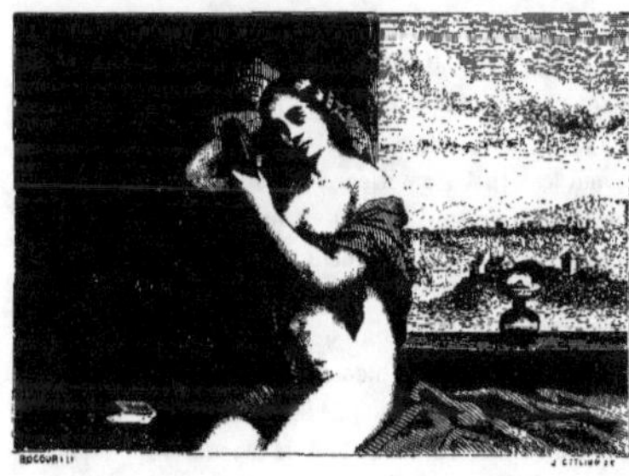

Plus jeune de cinq ans que son frère Gentile, Giovanni Bellini le surpassa en talents et en gloire; il fut à vrai dire le chef de l'école vénitienne, car après avoir été le dernier des précurseurs, il devint le premier des grands maîtres de cette école. En lui se rencontrent, par une fusion imprévue, les qualités de ceux qui l'avaient précédé et les qualités de ceux qu'il précéda. Il eut d'abord le sentiment naïf, religieux et tendre de Carpaccio, les accents énergiques des Vivarini et leur style sec; ensuite il annonça l'ampleur du Titien et il s'appropria l'exécution souple et savoureuse de Giorgione, de sorte que dans sa jeunesse il fut aussi touchant que les anciens peintres, et dans sa vieillesse aussi habile, presque, et aussi mâle que les nouveaux.

Giovanni Bellini, dont le nom a mérité l'honneur d'être francisé en celui de Jean Bellin, avait été, nous l'avons dit, l'élève de son père Jacopo Bellini, qui était lui-même le disciple de Gentile da Fabriano. D'après l'auteur anonyme qu'on appelle en Italie l'*Anonimo Morelliano*, Jean et Gentile auraient été les collaborateurs de Jacopo dans une peinture faite par lui à Saint-Antoine de Padoue pour la chapelle des Gattamelata, sur laquelle peinture, aujourd'hui perdue, on lisait l'inscription suivante : JACOBI BELLINI VENETI PATRIS AC GENTILIS ET JOANNIS BELLINI NATORUM OPUS MCCCCIX. (Il y a là sans doute une erreur d'impression, et l'on doit lire probablement MCCCCLX.) Quoi qu'il en soit, s'il faut suivre la notice de Ridolfi, Jean Bellini, comme les anciens artistes de Venise, aurait peint à la détrempe jusqu'à l'âge d'environ cinquante ans. A cet âge, il aurait appris ou plutôt il aurait surpris le secret de la peinture à l'huile, que possédait Antonello de Messine. Ayant revêtu, dit Ridolfi, la simarre vénitienne, Bellini se présenta chez Antonello comme un gentilhomme qui désirait avoir son portrait. Antonello s'étant mis à l'œuvre, Jean Bellin observa sa manière d'opérer, et voyant qu'il trempait son pinceau dans l'huile de lin, il devina tout le reste. » Ce récit est regardé avec raison comme une de ces historiettes qui abondent dans l'histoire des peintres. D'une part, il est certain que les Vivarini, qui florissaient avant les Bellini, ont peint à l'huile ; d'autre part, il est constant, selon la remarque des annotateurs de Vasari, que, loin de faire un mystère de son procédé, Antonello de Messine l'enseigna ouvertement aux nombreux élèves qui fréquentaient son école à Venise. Aussi ne trouve-t-on rien de semblable dans le récit de Vasari, qui était presque le contemporain des Bellini, et qui a été, sur leur compte, bien informé, quoiqu'il ait souvent interverti à leur égard l'ordre chronologique.

Les premiers ouvrages de Giovanni qui attirèrent sur lui l'attention furent des portraits, entre autres celui de Jean Mocenigo, qui n'était pas encore doge. Ces portraits sont d'une grande beauté ; la nature curieusement et profondément observée, l'individualité du modèle pénétrée et sentie, en font tous les frais ; je dis l'individualité morale non moins que la ressemblance physique. Le peintre s'est effacé respectueusement, religieusement même devant la nature. Ici, l'artifice des poses, l'intention du geste ou de l'attitude ne sont encore pour rien, ni cette frappante indication du caractère et des mœurs qu'un Titien trouvera bientôt dans la contenance du personnage, dans son costume et dans sa façon de le porter, dans l'*habitus*, comme auraient dit les Latins. C'est assez pour Bellini d'exprimer, s'il est possible, ce phénomène prodigieux, la vie, la vie sous son double aspect, la vie organique et la pensée. Quand on passe au Louvre devant le portrait des deux frères, qui fut peint, dit-on, par Gentile, mais que l'on a également attribué, avec plus de raison peut-être, à Giovanni, on est arrêté d'une manière irrésistible par l'expression de ces deux têtes, qui n'étaient pas plus vivantes il y a quatre cents ans qu'elles ne le sont aujourd'hui. Chose singulière, la vérité vraie n'aurait pas produit certainement une aussi vive impression, ni aussi durable, que cette vérité imitative. La rencontre, dans le monde réel, de ces deux physionomies marquées au coin d'une personnalité si distincte, n'aurait pas commandé à ce point notre attention. En traversant le génie d'un grand artiste, leurs simples images ont revêtu un prestige inattendu. Le mystère de la vie, auquel nous ne pensions pas tout à l'heure, intrigue maintenant notre esprit et provoque notre admiration. Entre le modèle et nous, il est intervenu silencieusement une autre âme, celle du peintre.

C'est une erreur, disions-nous plus haut, de croire que les artistes antérieurs à Jean Bellin, tels que les Vivarini, avaient peint à l'huile. On doit tenir pour certain que ces maîtres primitifs et Jean Bellin lui-même, avant l'arrivée à Venise d'Antonello de Messine, peignaient seulement à la détrempe. Il est vrai de dire que les vieux peintres vénitiens savaient obtenir, en délayant leurs couleurs dans l'eau avec de la colle ou de la gomme, une intensité de ton, une chaleur, une vigueur qui peuvent faire illusion sur la nature de leur procédé et qui ont en effet trompé des gens du métier aussi bien que de simples connaisseurs. Anton Maria Zanetti, qui écrivait au siècle dernier, raconte à ce sujet qu'un tableau de Giovanni Bellini ayant été envoyé de Città Nova, ville d'Istrie, à Venise pour y être restauré, tout le monde crut le tableau peint à l'huile, tant les teintes en étaient hautes et nourries. Le peintre chargé de la restauration ne s'en doutait pas non plus, lorsque, ayant appliqué sur la toile une éponge mouillée, il s'aperçut à sa grande surprise et un peu tard qu'il avait affaire à une simple détrempe [1]. De nos jours, au surplus, la gouache a été poussée, dans l'école anglaise, à un tel degré d'énergie et de solidité, et nous avons vu en France, parmi les œuvres de Decamps, des aquarelles d'une exécution si robuste, d'un si étonnant relief, que nous pouvons concevoir plus aisément ce que furent les détrempes des maîtres vénitiens aux quatorzième et quinzième siècles, alors que réduits à n'employer que la colle ou la gomme, ils durent s'étudier à corriger l'inconsistance, la limpidité, la platitude d'un tel procédé, et à mettre dans leurs peintures tout le corps et tous les rehauts possibles.

1 Zanetti. *Della Pittura veneziana*. Venise in-4°, 1771.

Il nous est arrivé à nous-même, durant notre voyage à Venise, de ne pas distinguer les détrempes de Jean Bellin, tant elles sont fermes, corsées et en apparence onctueuses. En visitant, par exemple, la fameuse église des Saints-Jean-et-Paul, (*San Zanipolo*, comme ils disent), nous y vîmes une première fois le tableau de Jean Bellin dont Vasari a parlé : la *Vierge sur un trône*, ayant à sa droite saint Dominique (ou plutôt saint Thomas d'Aquin), saint Jérôme, saint Grégoire, saint Augustin, et à sa gauche sainte Catherine de Sienne, sainte Ursule et deux autres vierges. Placé au maître-autel de l'église et peu éclairé, ce morceau nous parut admirable sans que l'idée nous vînt qu'il était peint à la gouache. Ce fut quatre ans plus tard, en 1860, à un second voyage, que, revoyant la même peinture dans la sacristie de San Zanipolo, où on l'avait transportée pour lui faire subir quelques réparations, nous crûmes reconnaître que le tableau n'était

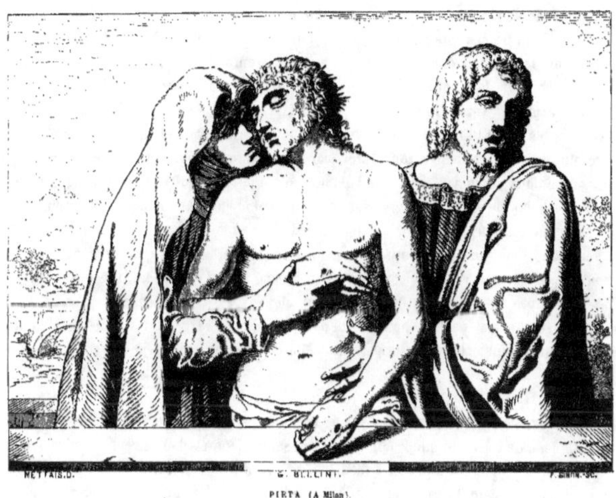

PIETA (A Milan).

pas en effet peint à l'huile. Nous aurions pu du reste en être prévenu par un passage du *Dialogo della pittura* de Ludovico Dolce, où l'Arétin, le principal interlocuteur, parle ainsi : « Cette grande toile fut « exécutée *à la gouache*, il y a bien des années (fu dipinta a guazzo molti anni sono) par Giovanni Bellino, « Vénitien. Elle est digne d'éloges parce que toutes les figures ont de belles têtes et une bonne assiette, et « qu'il y a de la vérité dans le rendu des chairs et du naturel dans les draperies. »

Il faut en convenir, c'est parler bien froidement d'un morceau capital, et l'on serait surpris d'une telle froideur si on ne connaissait l'amour exclusif de l'Arétin et de Ludovico Dolce pour leur illustre compère, Titien. Quant à nous, peu attentif au procédé, nous fûmes touché, la seconde fois comme la première, du sentiment grave, mais naïf et doux que respire cette peinture, du caractère religieux imprimé à tous les visages et sensible jusque dans la symétrie solennelle de la composition, jusque dans l'architecture; nous étions même étonné de l'empire que prenaient peu à peu sur notre âme une simplicité si forte, une austérité si aimable et si tendre. Autant les attitudes et les draperies des saints docteurs de l'Église ont de dignité et d'ampleur, autant les figures de saintes sont modestes dans leur maintien et chastes dans leur vêtement. Sainte Catherine de Sienne porte l'habit des religieuses dominicaines, qui contraste avec la robe de drap d'or que porte sainte Ursule, robe chamarrée de dessins rouges et rehaussée par un manteau de ce vert profond que nous appelons aujourd'hui vert vénitien. Et quelle innocence dans toute la personne de cette noble fille, malgré la richesse de son costume, malgré les perles qui ornent sa coiffure ! Sainte Catherine tient un lis à la main ; mais ses traits et sa contenance respirent une virginité qui s'exprimerait aussi bien sans cet inutile symbole. Tout ce tableau est plein de charmes, et il s'en exhale comme un parfum de sainteté. Les trois enfants qui chantent au pied du trône n'ont qu'une beauté d'expression, celle que recherche l'art chrétien, et qui lui suffisait alors, celle que poursuivaient, à Florence, les della Robbia, les Donatello. Faut-il le dire ? Quand nous vîmes ce tableau pour la seconde fois, il se trouvait en regard du *Martyre de saint Pierre*, temporairement déposé dans cette même sacristie de San Zanipolo, et ce magnifique chef-d'œuvre du Titien ne faisait point pâlir la tranquille et profonde peinture de son maître !

La grande toile de l'église Saints-Jean-et-Paul fut peinte, dit Zanotto, peu après 1464[1] et l'on peut croire que c'était là un de ses premiers ouvrages, puisqu'en 1460 il travaillait encore avec son père à Padoue. Or, comme la peinture dont nous parlons est en détrempe, il est assez probable qu'il n'avait pas encore appris le secret de la peinture à l'huile, ou qu'il n'était pas encore assez habile pour la pratiquer dans une œuvre capitale. Antonello de Messine, cependant, était à Venise depuis 1445 environ, et il n'en partit que vingt après, en 1465, pour y retourner en 1473. C'est à son retour, selon toute apparence, que le Sicilien résolut de faire connaître son secret, car il paraît que dans le principe il l'avait tenu caché, puisqu'il le communiqua seulement à son ami Domenico Veneziano, qui l'exploita quelque temps à Venise et le porta ensuite à Florence, où il fut assassiné. Soit qu'Antonello crût inutile de celer plus longtemps un procédé qui lui avait été surpris par Bellini (si l'anecdote et vraie), et qui, en tous cas, était connu de Domenico Veneziano, soit qu'il fût pensionné par la République, *salariato dal pubblico*, dit Lanzi, pour divulguer son secret, on peut regarder comme certain qu'une fois sa résidence fixée à Venise, il y enseigna ouvertement la peinture à l'huile et y fit de nombreux élèves. Il existe au surplus à Venise un tableau de Bartolommeo Vivarini qui est peint à l'huile et qui porte la date de 1473[2], date incontestable qui prouverait que le procédé flamand importé en Italie par Antonello de Messine avait déjà transpiré avant son second voyage à Venise.

Quoi qu'il en soit, Vasari, que l'on peut suivre, sinon quant à l'ordre chronologique des événements, du moins quant aux événements eux-mêmes, Vasari raconte que les premiers ouvrages des frères Bellini, entre autres le tableau de Giovanni qui ornait l'église des Saints-Jean-et-Paul, firent une vive sensation parmi les nobles vénitiens, et donnèrent à penser qu'il fallait mettre à profit les rares talents de ces deux maîtres pour décorer magnifiquement la salle du Grand-Conseil au Palais-Ducal. Déjà, nous l'avons dit dans la vie de Gentile Bellini, Antonio Veneziano et Gentile da Fabriano avaient commencé d'y représenter la guerre soutenue par les Vénitiens contre l'empereur Frédéric Barberousse ; mais ces peintures n'avaient pas été achevées, et la plus grande partie de cette salle du Conseil, qui devait être immense, à en juger par ce qu'elle est aujourd'hui, restait à peindre. Les frères Bellini furent donc chargés de la décoration et on leur adjoignit un des Vivarini (Vasari ne dit point lequel). Les morceaux qui échurent à Giovanni furent partagés entre lui et Vivarino. Ce dernier peignit l'histoire du prince Othon venant offrir au pape Alexandre III et aux Vénitiens de leur procurer la paix avec son père Frédéric Barberousse. On y voyait dessiné en une juste et belle perspective un temple ouvert, et, sur les escaliers de ce temple, nombre de personnages ; puis, devant le pape entouré de sénateurs, Othon à genoux jurant sa foi. Dans le tableau suivant, où l'architecture jouait aussi un rôle très-pittoresque, ce même Othon était représenté à genoux

---

[1] Zanotto, *Pinacoteca veneta illustrata*.

[2] Cette date nous est fournie par les *Mémorie de'Pittori messinesi*, Messina, 1821, 8°. Elle est aussi adoptée par MM. Crowe et Cavalcaselle dans les *Old flemish Painters (Anciens peintres flamands)* traduit par M. O. Delepierre.

aux pieds de l'empereur, qui lui donnait affectueusement la main, en présence des Vénitiens les plus
illustres du temps, dont les portraits avaient été soigneusement peints d'après nature. Mais pendant qu'il
travaillait à ces décorations, Vivarino mourut et Jean Bellin dut terminer la besogne de son concurrent et
mettre la main aux parties qui étaient restées imparfaites[1]. Lui-même avait rempli quatre compartiments,
qui n'existent plus, mais qu'il importe de décrire sommairement pour montrer que Jean Bellin savait

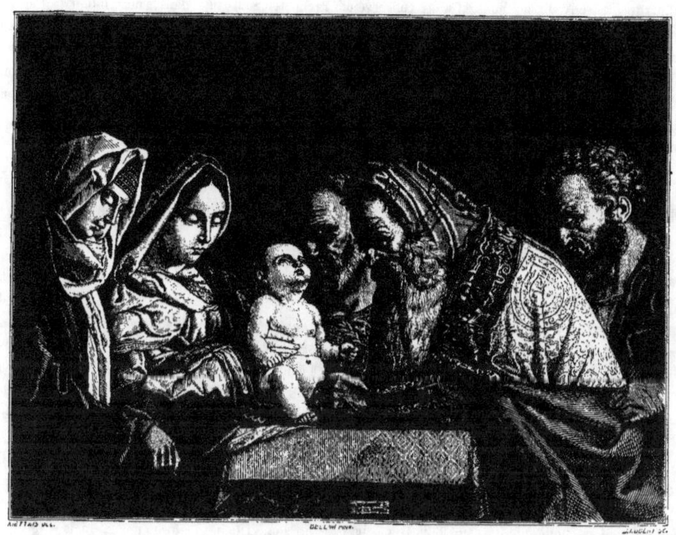

LA CIRCONCISION.

animer, et, au besoin, varier et compliquer ses ordonnances, lui dont on ne connaît aujourd'hui que des
madones, symétriquement assistées de saints, suivant la méthode traditionnelle des compositions gothiques.

Le premier tableau de Bellin, dans la salle du Grand-Conseil, représentait l'empereur Frédéric
Barberousse baisant la mule du pape sur le seuil de la basilique de Saint-Marc. Cette peinture, on ne
sait pourquoi, avait été refaite, du temps de Vasari, par Titien, qui avait su y mettre plus de vie, plus
d'entrain et y faire voir la supériorité naturelle de son génie *molto più vivace e, senza comparazione,
megliore*. La messe du pape dans l'église de Saint-Marc était le sujet du second tableau. Le Saint-Père
ayant auprès de lui l'empereur d'un côté, le doge de l'autre, concédait une indulgence plénière à ceux
qui visiteraient la basilique à certaines époques de l'année, et particulièrement le jour de l'Ascension. La
pompe des cérémonies pontificales, la présence des cardinaux et des seigneurs vénitiens faisait de ce

[1] Anzi, perchè nè anco questo aveva la sua perfezione, bisogno che Giovanni Bellini in alcuni luoghi lo ritocasse. *Vasari.*

morceau une des plus brillantes et des plus riches toiles que l'on pût voir. La troisième retraçait le fait du parasol donné par Alexandre III au doge et à l'empereur. Dans la quatrième, ces mêmes personnages se retrouvaient aux portes de Rome, devant le clergé et le peuple romain, venant offrir au souverain pontife huit étendards de couleurs variées et huit trompettes d'argent, que le pape offrait à son tour au doge pour qu'il les gardât comme marque de leur alliance et qu'il les transmît à ses successeurs. On remarquait dans ce dernier tableau une foule innombrable de piétons, nombre de cavaliers, des bannières flottantes, et au fond, la ville de Rome en perspective et le château Saint-Ange pavoisé en signe d'allégresse.

Un incendie ayant détruit le Palais-Ducal en 1577, il ne reste plus maintenant, des peintures de Jean Bellin, que le souvenir qui nous en a été conservé par Francesco Sansovino, dans la description *du Palazzo Ducale*, et par Vasari. Ridolfi, qui a suivi ces écrivains en ajoutant à leurs dires ses propres informations, mentionne encore d'autres peintures de Giovanni exécutées dans la salle du Grand-Conseil, et il lui fait honneur, sur l'autorité de Sansovino, de la *Bataille navale* que Vasari attribue à Gentile ; mais, comme nous l'avons observé en écrivant la vie de ce peintre, la *Bataille* si chaleureusement décrite par Vasari ne fut pas plus l'ouvrage de Gentile que celui de Giovanni ; les deux frères ne firent que la restaurer, ainsi qu'en témoignent les *Annales vénitiennes* de Malipiero, dans la note suivante, où nous trouvons la date précise de cette restauration[1] : « 1474. On a commencé à restaurer la peinture du combat naval de la flotte » vénitienne contre celle de Frédéric Barberousse, dans la salle du Grand-Conseil, parce qu'elle se détachait » de la muraille, étant pourrie par l'humidité et la vétusté. Ceux qui ont fait la besogne sont Jean et » Gentil Bellino, frères, qui ont reçu pour salaire deux rentes (*sensarie*) dans le *Fondaco* (hôtellerie) » avec la promesse qu'elles dureraient deux cents ans. »

Aux notes si précieuses que renferment les *Annales* de Malipiero se joignent encore, en ce qui touche les peintures du Grand-Conseil, les documents, non moins précieux, publiés par Gaye sous le titre de *Carteggio inedito d'artisti*. On y lit à la page 70 du deuxième volume : *Maître Bellin commence à travailler le 25 mars 1492 au prix de cinq ducats par mois, soit soixante ducats par an*[2]. Ainsi se trouve confirmée l'assertion de Vasari, que Jean Bellin fut employé à deux reprises aux décorations du Palais-Ducal. Ce fut probablement la seconde fois, en 1492, qu'il peignit le pape Alexandre III fugitif et recueilli par les chanoines réguliers de Saint-Augustin dans le monastère della Carità, où les chroniqueurs prétendent qu'il fit l'office de cuisinier.

Quelle autre idée on concevrait de Jean Bellin si on pouvait le voir développer son génie dans ces vastes compositions où il fut le premier à mettre en scène, avec du mouvement et de l'éclat, l'histoire de son pays et les grandes figures de son temps ! Placé à la limite dernière des traditions gothiques, il inaugura la peinture moderne telle que devaient l'illustrer à jamais Giorgion, Titien, Tintoret même, mais il le fit, on peut le croire, avec une certaine discrétion, sans trop s'écarter du naturalisme naïf qui se traduisait par des portraits et lui faisait mêler l'effigie de ses contemporains aux événements et aux personnages du treizième siècle. Une chose à remarquer, c'est que, forcé par l'invitation de la Seigneurie à fournir une carrière historique, il y demeura un peintre chrétien, n'y donnant jamais place à l'antique mythologie et sachant se maintenir dans ce milieu juste où la peinture peut triompher, par un sentiment élevé et profond des choses représentées et de leur esprit, comme aussi par une exécution serrée, chaleureuse, montée en couleurs, sans avoir besoin ni de ces allégories qui, au siècle suivant, deviendront si banales et si fades, ni de ces figures de remplissage qui, en occupant, en amusant le regard, se dispensent d'être expressives.

Ordinairement, les chefs d'école sont des hommes entiers, des artistes convaincus, tranchants, exclusifs. Jean Bellin, au contraire, tout en restant fidèle à son humeur, se laissa modifier par les divers génies

---

[1] 1474. Està principia a restaurar la depentura del conflitto de l'armada de la Signoria... Quei che ha fatto l'opera è Zuane e Zentil Belino, fratelli.., *Annali ceneti*, dans l'*Archivio storico italiano*, tome vii.

[2] Maiestro Zuan Bellin depentor in gran Consoio, comenza a dì 25 mazo 1492 : à ducati 5 al mese, à l'anno ducati 60. *Carteggio inedito d'artisti dei secoli* xiv, xv, xvi. Firenze, 1840.

qu'il rencontra sur son chemin. Il, fut successivement épris du style héroïque d'Andrea Mantegna, qui était
son beau-frère, de l'imagination tudesque d'Albert Dürer et de son âpreté à poursuivre la nature au fin
fond de ses mystères ; ensuite de la manière succulente de Giorgion, *succoso colorire*, comme disent les
Italiens ; mais il resta toujours rempli d'ingénuité, rempli de cœur, et, à travers ses transformations diverses.
uniquement voué à la peinture des affections de l'âme. Il nous souvient qu'à la fameuse Exhibition de
Manchester, en 1857, nous eûmes la bonne fortune de voir un tableau de Jean Bellin, appartenant au
révérend Davenport Bromley, le *Christ au Jardin des Oliviers*, tableau évidemment conçu sous l'influence
d'André Mantègne. Voici ce que nous en écrivions sur notre calepin de voyage : « J'ai passé une heure
« entière à contempler le *Christ aux Oliviers* de Bellin (malheureusement endommagé un peu par la
« restauration). Sous des formes empruntées du paganisme sublime de Mantegna, on y sent palpiter

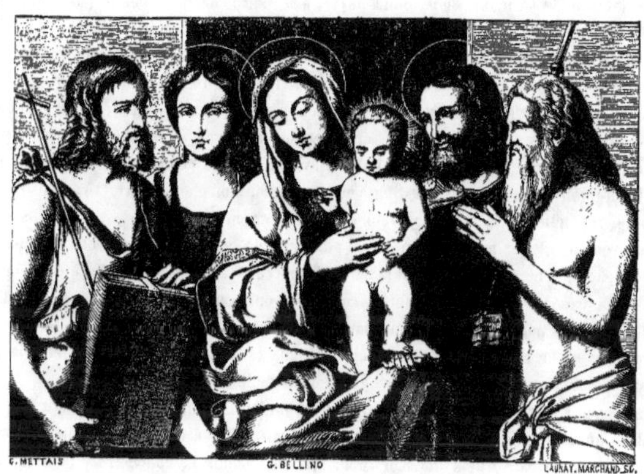

LA VIERGE, JÉSUS ET LES QUATRE SAINTS (Venise).

« l'émotion d'un chrétien. Le Dieu agonisant voit apparaître un ange consolateur dans un ciel qui déjà
« s'allume aux feux de l'aurore, tandis que les disciples, ignorant les angoisses du maître, se sont endormis
« çà et là, au pied du rocher, dans un chemin où passent de petits animaux réveillés par le premier souffle
« du matin. Chose étrange ! Bellin se tient toujours rapproché de la nature et il s'y attache avec amour :
« il la rend avec les tons les plus riches, il n'est jamais plus généreux de couleur que dans le paysage, et
« pourtant ce qui nous frappe constamment chez lui, c'est une ardente spiritualité, c'est une tendresse
« religieuse qui va au cœur. »

Pour ce qui est des relations de Bellini avec Albert Dürer et de l'admiration que ces deux maîtres
ressentirent l'un pour l'autre, il en existe des preuves écrites par Albert Dürer lui-même, sans parler de
quelques tableaux où l'influence du maître allemand est sensible. Que Dürer ait connu Jean Bellin dès le
premier voyage qu'il dut faire à Venise en 1494, cela est probable, mais il n'est trace dans ses lettres que
de son second voyage, celui qu'il fit à la fin de l'année 1505. Durant son séjour à Venise, où ses talents
supérieurs et sa qualité d'étranger excitaient de nombreuses jalousies, Albert Dürer n'eut d'autre soutien.
d'autre ami véritable, en fait d'artistes du moins, que Jean Bellini. Lui seul reconnut un peintre de premier

ordre dans l'homme que les Vénitiens affectaient de regarder comme un simple graveur, et dont ils ne vantaient les estampes que pour se dispenser de regarder à ses peintures. Voici du reste la lettre d'Albert Dürer : « J'ai beaucoup d'amis parmi les Velches qui m'ont averti de ne pas manger et boire avec leurs « peintres, parmi lesquels j'ai de nombreux ennemis. Ils contrefont mes ouvrages dans les églises et partout « où ils peuvent les voir ; ensuite ils les ravalent et disent que ce n'est pas antique et ne vaut rien. Mais « Gian Bellini m'a loué en présence de beaucoup de gentilshommes. Il est venu lui-même chez moi et m'a « prié de lui faire quelque chose. Tout le monde me dit que c'est un homme pieux, de sorte que je suis « plein d'affection pour lui. Il est très-vieux et il est encore le meilleur dans la peinture. — Donné à Venise « à neuf heures de la nuit du samedi après la Chandeleur, en l'an 1506. Albrecht Dürer [1]. »

A l'époque où cette lettre fut écrite, Bellini avait quatre-vingts ans. Son âme simple, honnête et droite, étant inaccessible à l'envie, il allait malgré son grand âge rendre visite à Dürer dans son atelier, et après avoir admiré et loué les ouvrages du peintre de Nuremberg, il lui adressa le plus aimable de tous les éloges en demandant un tableau de sa main, qu'il voulut payer. Cette circonstance n'était pas indifférente, vu la situation où se trouvait le maître allemand, qui, dans ses lettres à son ami Pirckeimeir, se plaignait de l'avarice des Vénitiens, et qui s'était endetté, faute d'avoir auprès de lui sa terrible femme, sa *maîtresse de calcul*, comme il l'appelait. « Les deux grands maîtres se lièrent d'amitié, dit un de nos jeunes critiques [2] : « Ils se visitaient souvent, et Bellini ne cessait de s'extasier sur la merveilleuse adresse avec laquelle peignait « Albert Dürer. Camerarius rapporte à ce sujet une anecdote qui, vraie ou fausse, est curieuse parce qu'elle « donne bien l'idée du genre d'estime que les Italiens avaient pour le peintre de Nuremberg : un jour que « Bellini était venu voir notre artiste, il lui dit : Voudriez-vous, mon cher Albert, faire plaisir à votre ami ? « — Sans doute, répondit Dürer, si ce que vous désirez est en mon pouvoir. — Eh bien ! reprit Bellini, je « voudrais que vous me fissiez présent d'un de vos pinceaux, de celui avec lequel vous exécutez les cheveux « de vos personnages. Albert Dürer prit une poignée de pinceaux en tout semblables à ceux dont se servait « Bellini, et les lui présentant : Choisissez, dit-il, celui que vous voudrez ou prenez-les tous. Bellini, croyant « à une méprise, insista pour avoir un des pinceaux avec lesquels il faisait les cheveux. Pour toute réponse, « Dürer traça avec un de ces pinceaux la chevelure longue et bouclée d'une femme, et il la peignit avec « une telle sûreté de main, que Bellini resta stupéfait de sa facilité. »

Qui ne serait surpris de voir une telle curiosité, un tel amour de son art et une si grande ambition de mieux faire dans un vieillard de quatre-vingts ans ! Mais Jean Bellin à cet âge avait conservé toute la force de son exécution, toute la verdeur de son génie robuste, calme et concentré. Déjà il était presque octogénaire lorsqu'il fut frappé du talent extraordinaire et nouveau de son élève Giorgione ; il ne dédaigna point, lui depuis si longtemps passé maître et grand maître, de s'approprier la manière d'un tout jeune homme, cette manière généreuse qui exprime au plus haut degré les *pastosités* de la chair, et la rondeur c'est-à-dire le relief des formes, et qui dramatise et passionne en quelque sorte le spectacle de la nature par un clair-obscur plus contrasté, par des échos de lumière, par des harmonies de couleur plus violentes, par l'intervention du paysage et par la présence, parfaitement sentie, de l'air ambiant, d'un air tiède, plein de langueur et de volupté. Mais le côté sensuel de la pratique giorgionesque, ce côté qui devait captiver Titien, ne fut point ce qui séduisit Jean Bellin. Tout entier à ses pieuses peintures, il mit à profit l'exemple de son élève ; il donna plus de corps à ses empâtements, plus de fierté à son coloris, et d'une main qui, loin d'être sénile, paraissait au contraire plus rajeunie et plus ferme que jamais, il peignit le fameux tableau de San Giobbe, *la Vierge et les six saints*, qui est aujourd'hui à l'Académie des Beaux-Arts, à Venise, et que Vasari a décrit en peu de mots comme une chose admirable dont le succès devait toujours durer. L'impression que nous fit cette peinture ne s'effacera point de notre mémoire ; elle est exprimée dans les lignes suivantes : Une

[1] *Les Trésors de l'Art à Manchester*, Paris, Pagnerre, 1857.

[2] M. Emile Galichon, dans une fort bonne étude sur Albert Dürer qu'il a publiée en brochure après l'avoir insérée dans la *Gazette des Beaux-Arts*, dont nous lui avons cédé la direction.

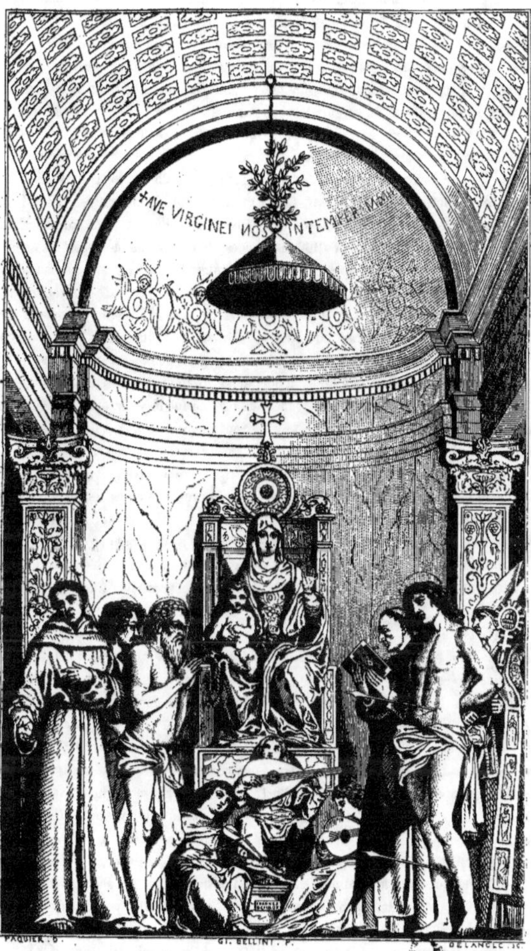

LA MADONE ET LES SIX SAINTS (Musée de l'Académie, à Venise)

religieuse symétrie préside à l'arrangement de ces personnages tranquilles mais doucement et intérieurement
émus. Deux figures sont nues, une de chaque côté du trône où la Vierge est assise : saint Sébastien à droite,
saint Job à gauche ; les autres sont drapées, deux en moines, une cinquième en évêque (saint Augustin).
Au pied du trône sont groupés trois petits anges d'un caractère profondément individuel, et tudesque plutôt
qu'italien. Ce sont de jeunes paysans qui ont mis leurs habits du dimanche pour aller chanter l'office. Jésus
les a fait recevoir comme enfants de chœur dans le Paradis. Ils jouent de la viole et du luth d'une main
grêle et délicate. L'un d'eux a une expression séraphique; mais les figures de la Vierge et de l'Enfant sont
impassibles jusqu'à l'inertie, comme si le peintre eût craint de leur donner une physionomie trop humaine.
Le type des têtes de Jean Bellin est court et par cela même sans distinction; mais ce qui est charmant
dans sa peinture, c'est l'intimité du sentiment. Chose remarquable, le coloris est riche, intense, varié, et
cependant le tableau parle bien moins à l'œil qu'à la pensée. Au milieu du tapage de l'école vénitienne, ce
doux murmure va au cœur. Parmi tant d'attitudes forcées, tant d'habillements de théâtre, cette opulence
discrète de la couleur devient plus sensible ; cette calme simplicité des figures me touche et m'attendrit .

Il est rare qu'une certaine tristesse ou plutôt une mélancolie douce ne se fasse pas sentir dans les tableaux
de Jean Bellin. Il est encore plus rare qu'il ait représenté d'autres sujets que ceux de la religion. On cite
de lui par exception une figure de femme nue ou presque nue; c'est une jeune Vénitienne qui est occupée
à se peigner devant un miroir dans une chambre dont la fenêtre donne sur un paysage. Il peignit aussi
quelques nudités dans une *Bacchanale* que lui avait demandée Alphonse Iᵉʳ, duc de Ferrare, et où l'on voit le
vieux Silène ivre, soutenu sur son âne par de jeunes faunes; ce fut la seule fois qu'il emprunta un motif à
la mythologie, et il le fit sans doute à la prière du duc. Nous avons vu à Rome, dans la galerie Aldobrandini,
ce tableau d'un vieillard dont la pensée s'est égarée un instant dans les bois sacrés de la Grèce antique.
La *Bacchanale* étant restée inachevée — elle fut peinte à l'âge de quatre-vingt-huit ans, — Titien la termina
en y faisant un paysage héroïque aux arbres touffus, aux ombres profondes et mystérieuses[1]. Mais alors
même qu'il représente les nudités de la Fable, Jean Bellin est toujours grave; il n'est jamais gagné par la
sensualité vénitienne. Il exprime pourtant la nature et la chair avec beaucoup de vérité, de suavité et de
charme; mais, en peinture comme ailleurs, c'est de l'esprit que tout émane, c'est de l'intention que tout
dépend, c'est le caractère de l'artiste qui donne à la beauté son expression. Là où un Giorgion laisse voir
la langueur d'un amoureux, Bellini reste digne et chaste dans l'image de la volupté même. Encore une fois,
son œuvre, qui fut considérable, se compose presque entièrement de tableaux religieux, de Madones sans
cesse répétées avec de légères variantes, de saints en adoration, mais qui ne vont point jusqu'à l'extase, et
de quelques scènes tirées de l'Évangile, telles que la *Circoncision*, qui est ou qui était à Vicence, dans
l'église Santa Corona, et le *Baptême du Christ*, qui lui fut demandé par les seigneurs Muselli de Vérone, et
dans lequel il introduisit son portrait.

La mort de Gentile Bellini, survenue en 1501, fut pour son frère, qu'il aimait tendrement, une grande
douleur. Jean Bellin en resta isolé et comme veuf, suivant le mot de Vasari, *rimaso vedovo.* Cependant il
avait à Venise de nombreux amis et des plus illustres, surtout parmi les hommes de lettres. En toute
occasion, il s'était plu à les faire figurer en effigie dans ses tableaux, et avant que le Palais-Ducal eût été
détruit par le feu, on y montrait parmi les personnages peints par Bellini les portraits de ses amis. De ce
nombre furent Marco Antonio Sabellico, auteur de l'*Histoire de Venise;* Giorgio Amaseo, Giovanni Merula,
les Loredan, les Mocenigo, enfin le cardinal Bembo et l'Arioste. Ce poëte a encadré le nom de Bellini, avec
ceux de Léonard de Vinci et de Mantegna, dans les vers de son immortel poëme l'*Orlando furioso*, et cela
seul eût rendu ce nom impérissable. La liaison de Giovanni avec Bembo datait d'une époque où cet aimable
écrivain n'était pas encore cardinal. L'artiste, pour lui complaire, avait peint une Morosina, maîtresse de
Bembo, *una sua favorita*, et Bembo lui avait payé le portrait de son amie en cette monnaie de poëte, qui,

---

[1] *De Paris à Venise, Notes au crayon, par M. Charles Blanc;* Paris, Hachette et Renouard, 1856.

[2] Cette *Bacchanale* de Bellini a été gravée dans un ouvrage dont nous avons écrit le texte, les *Galeries de l'Europe.*

après tout, en vaut une autre. « Ce sont bien là, dit le futur cardinal, les beaux yeux où je ne puis mirer les
« miens sans être perdu ; c'est bien là le regard auquel j'ai si souvent, dans ma langueur, en vain demandé
« grâce ; ce sont bien là ces cheveux qui m'ont noué le cœur et le font mourir... Il me semble que son visage
« est le siége même de l'amour ; de sa bouche s'échappent l'espérance, le plaisir, la douleur[1]... »

Pierre Bembo, qui exhalait ainsi les soupirs de son amour, avait des accointances dans les diverses cours
des princes italiens ; il était en correspondance avec la duchesse de Ferrare, la célèbre Lucrèce Borgia, dont
il fut aussi amoureux qu'il l'avait été de Morosina, et il faisait les commissions de la marquise de Mantoue,

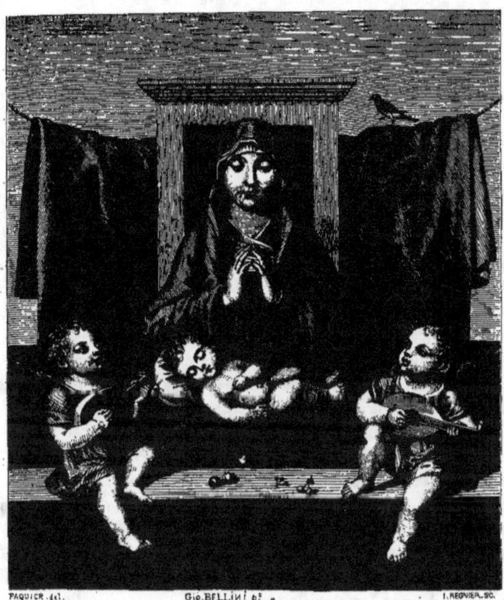

MADONE ET L'ENFANT (à Saint-Pétersbourg)

Isabelle de Gonzague, en même temps qu'il entretenait des relations avec les Médicis, notamment avec le
cardinal Jean, qui le prit pour secrétaire quand il fut Léon X. Chargé par Isabelle de lui obtenir un tableau
d'Andrea Mantegna et un tableau de Gian Bellini, il s'entremit auprès de ces deux grands peintres, dont il
était l'ami, et il reçut leur engagement. Mais après être convenu du prix, Mantegna refusa de s'exécuter,
sur ce qu'il avait commis une erreur dans l'appréciation du travail qu'on lui demandait. Quant à Bellin, il
se disait prêt à tenir parole. C'est ce que nous apprend une lettre précieuse qui nous a été conservée et dont
voici le texte publié par Gaye dans le *Carteggio inedito d'artisti* : « Pietro Bembo à la dame Isabelle, marquise
« de Mantoue : — Le Bellino, avec lequel je me suis trouvé ces jours-ci, est disposé de tout cœur à servir

[1] Di Pietro Bembo prima che fosse cardinale, per lo cui fece anco il ritratto d'una sua favorita, che dalla penna di quel chiaro
scrittore fù in tale guisa celebrato. *Ridolfi.* Nous ne donnons des vers de Bembo qu'une traduction libre.

« Votre Excellence, dès qu'on lui aura envoyé les mesures ou le châssis. Votre Seigneurie m'écrit que je
« dois fournir l'idée du tableau ; mais il est nécessaire avant tout que l'invention soit d'accord avec l'esprit
« de celui qui doit la mettre en œuvre. Or, notre peintre tient beaucoup à n'être point gêné par un programme,
« car il a, dit-il, l'habitude, quand il fait ses peintures, de s'abandonner à sa fantaisie, de manière qu'elles
« puissent le satisfaire lui-même autant que le spectateur. Toutefois, nous chercherons à concilier les deux
« choses. » Puis, à propos d'Andrea Mantegna, qui avait promis un tableau, mais qui ne veut plus le faire au
prix convenu, Bembo ajoute : « J'espère aussi que la courtoisie et la générosité de messer Andrea feront que
« vous aurez peu de peine à le convaincre. Néanmoins je lui promets que tout ce qui pourra aider Votre
« Seigneurie, en ce qui touche l'accomplissement des conventions, sera continué ici par messer Francesco
« auprès de maître Andrea, et que messer Francesco s'emploiera pour votre service à l'expédition des
« peintures avec maître Zuan Bellino, outre que lui et moi nous restons les obligés de Votre Illustrissime
« Seigneurie, à la bonne grâce de laquelle l'un et l'autre nous baisons la main. A Venise, en janvier 1505. »

Cette lettre, on le voit, ne dit point à quelle invention s'arrêtèrent le peintre et le poëte, et l'on ne sait
pas non plus si Jean Bellin exécuta le tableau qu'il avait promis de peindre, à la prière de Bembo, pour la
marquise. Mais on sait qu'Isabelle de Gonzague avait accepté, en attendant, un tableau de la *Nativité*
(*un Presepio*) auquel elle attachait un grand prix.

Les sujets de dévotion étaient bien ceux qui convenaient au génie grave et tendre de Jean Bellin (ou de
Zuan Bellin, comme l'appellent les Vénitiens, qui, par euphonie, donnent à tous les mots une prononciation
mielleuse). En cette même année 1505, à la veille d'avoir quatre-vingts ans, il peignit un de ses chefs-d'œuvre,
la *Madone aux quatre saints*, que nous avons vue à Sainte-Zacharie et qui, transportée au Louvre en 1797,
fut restituée aux Vénitiens en 1815. Combien elle nous toucha, cette peinture suave, tranquille et recueillie !
Je vois encore aux pieds de la Vierge un petit ange qui joue du violon, motif charmant qui revient toujours
sous des formes diverses dans les madones de Bellin, et qui toujours intéresse par une expression
incomparable de naïveté séraphique et d'innocence. Une jolie fille blonde, vue presque de profil et richement
vêtue, sainte Agathe, offre une bourse à l'enfant Jésus. La Vierge est sur un trône ; sa figure est empreinte
d'une mélancolie concentrée et prophétique. Ici encore, la profondeur, l'intimité du sentiment sont
admirables. Et quelle originalité dans le caractère du tableau, quand on le compare à tous ceux des
Vénitiens ! La tristesse en est gracieuse et la grandeur ingénue. Malgré ses quatre-vingts ans, Bellin peignit
sa toile avec une intensité et un relief surprenants, dans la manière savoureuse de Giorgion ; mais l'excellence
du faire, la morbidesse, la rondeur du modelé, la chaleur ambrée du ton n'empêchent point que la poésie
religieuse ne soit le côté le plus frappant de ce tableau sublime.

Avant de clore la biographie de Jean Bellin, nous sommes allé voir à la *National Gallery* de Londres
les quatre tableaux de ce maître que possèdent les Anglais, plus heureux que nous. De ce nombre est le
portrait de Leonardo Loredano en son costume de doge, portrait qui ne peut être antérieur à 1501, puisque
c'est l'année où Loredan fut élu. La pâleur bronzée, le visage émacié, la peau sèche de ce vieillard en qui
la vie s'est cramponnée, pour ainsi dire, et persiste encore avec énergie malgré son grand âge, sont rendus
avec une volonté, avec une attention religieuse, avec un art que personne n'a surpassés. Sous la toge dont il
est revêtu, on sent la maigreur de sa nature osseuse et de ses épaules pointues. Ses yeux, au regard fixe
et pénétrant, sont caves, retirés en dedans et rapetissés par la vieillesse ; le peintre en a compté les cils, il
a détaillé les plis des paupières, il a regardé au fond de la rétine. Il a fait sentir l'aridité de la peau, ici
collée sur les os du front et des pommettes, là, ridée par l'absence des dents et par le retrait du tissu
cellulaire. Il a montré combien ces lèvres serrées durent être avares de paroles. Le fond n'est pas d'une
teinte unie, mais d'un bleu vert qui, variant d'intensité, devient vibrant par l'artifice du ton sur ton. Les
ramages du manteau, argent et or, et ses boutons bruns, les chamarrures de la corne ducale, tout est accusé
d'un pinceau délicat, précis et précieux, incisif parfois comme un scalpel, et qui, toujours mince dans les
ombres, ne s'épaissit un peu que dans les lumières. Rien ne manque, en un mot, à la vérité de l'imitation,
qui est scrupuleuse, et pourtant le caractère du personnage, son invincible opiniâtreté, indiquée par le

développement des mâchoires et par la fermeté, par la carrure du menton, son intelligence, dont il ne reste plus qu'un éclair au fond de l'œil, sa pensée, qui paraît concentrée sur un seul point, rivée à un souvenir unique, voilà ce qui frappe, voilà ce qui reste, non pas gravé seulement, mais sculpté dans la mémoire, de telle façon que ce buste si étonnamment imité, modelé, scruté, rendu, exprime avant tout la vie interne, la vie de l'âme survivant à la pétrification du corps.

La même galerie renferme un autre chef-d'œuvre attribué à Bellini, mais qui est peut-être de Marco Basaïti : *Saint Jerôme in his study* (Saint Jérôme dans son cabinet d'étude). On ne croirait pas, en vérité, que par le moyen d'un art qui s'adresse aux yeux, un peintre puisse nous communiquer à ce point l'idée,

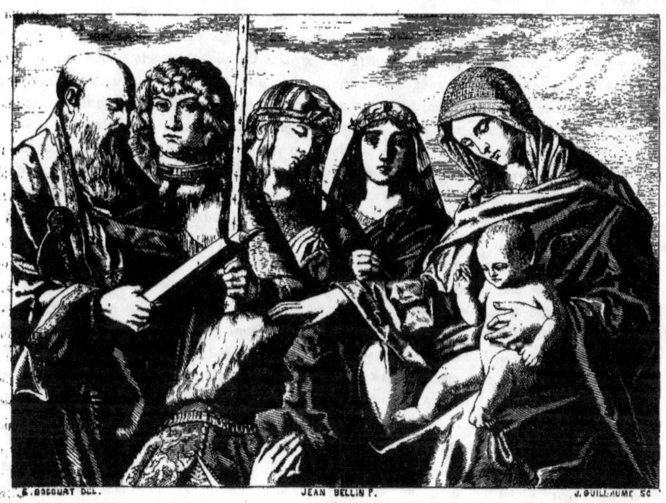

MADONE (Galerie Pourtalès).

j'allais dire l'impression du silence. Le docteur de l'Eglise, vu de profil, est assis devant un prie-Dieu qui lui sert de pupitre et il est plongé dans la lecture des livres saints. Sa main étendue sur son crâne semble y retenir une méditation profonde que rien ne saurait troubler. Son lion est couché à quelque distance sur le pavé de la cellule. A ses pieds est un chapeau de cardinal d'un ton bleu clair, sans doute parce que la pourpre n'était pas encore la couleur affectée aux princes de l'Eglise. Un banc de bois règne autour du pupitre, qui se continue en équerre jusqu'à une ouverture par laquelle on aperçoit des montagnes éloignées et une ville bâtie au bord de la mer, d'une mer calme, unie, immobile. Devant le spectateur, au-dessus du pupitre, qui porte un crucifix, sont ménagées dans la muraille des armoires dont les portes plus ou moins ouvertes laissent voir des livres à fermoirs, des calices, des chandeliers de cuivre et une gourde vêtue d'osier. La tête du saint n'est pas encore amaigrie par le jeûne, ridée par la vieillesse; il ne paraît guère que soixante ans. Sa barbe est blanche; sa figure est reposée, douce et vénérable. Sa robe, d'un rouge cerise, présente des plis cassés et anguleux comme ceux d'Albert Dürer, dont l'influence est ici clairement visible. Tout le tableau, simplement peint, d'une couleur égale et sans aspérités, d'une lumière tranquille et sans accidents, respire je ne sais quoi de saint et de grand, une pureté évangélique, et la sérénité, la majesté de la solitude. J'ai vu des visiteurs rester une heure en contemplation devant ce tableau. L'œil fixe et pensif, la bouche close, les bras croisés sur l'appui de fer, ils paraissaient gagnés, envahis, comme nous l'avions été nous-même, par une rêverie austère mais délicieuse, qui les avait transportés loin du monde, dans les lieux solitaires et muets où cet anachorète pense, où ce lion dort.

Toutes les fois qu'il a eu à peindre le paysage, Jean Bellin l'a fait avec un charme infini. mais toujours très-naïvement, selon son cœur, je veux dire sans y mettre encore les libres allures d'un Titien et ses accents fiers. Il existe à Venise un morceau de lui qui est surprenant. On y voit, dans la partie inférieure, saint Christophe et saint Augustin debout devant un autel. Au-dessus d'eux, à travers une arche qui se relie à l'architecture de l'église, s'ouvre une lumineuse échappée de vue sur le désert, et ce même saint Jérôme apparaît — c'est le mot — à demi nu, au milieu d'une montagne escarpée et sauvage, et il produit l'effet d'une vision, ainsi aperçu par cette fenêtre percée dans la toile. Quelquefois aussi des paysages lointains remplissent le fond des tableaux de Giovanni, de ses madones et de ses portraits, notamment de celui qui le représente, lui et son frère, dans le même cadre, et qui est au Louvre, sous le nom contestable de Gentile. Quant aux portraits, ce fut lui Jean Bellin, selon le dire de Vasari, qui introduisit à Venise, parmi les gentilshommes, la mode de se faire peindre. Auparavant, les artistes avaient coutume de donner les traits de leurs amis aux personnages sacrés ou profanes qui figuraient dans leurs compositions, et c'était leur seule manière de faire des portraits. Il est vrai de dire, cependant, qu'Antonello de Messine en a laissé quelques-uns, qui par parenthèse sont tout à fait admirables. Mais lorsque Jean Bellin fut arrivé au plus haut point de sa réputation, le portrait, qui n'avait été jusque-là qu'une exception, devint un genre à part. Tous les nobles se firent peindre au moins en buste ou à mi-corps; de sorte qu'au bout de quelque temps, chaque maison fut une galerie où l'on conserva l'effigie des aïeux. Le Sénat, à son tour, voulut avoir le portrait de ses doges et de toutes les personnes qui s'étaient distinguées au service de la République. De là l'étonnante perfection à laquelle atteignit à Venise le genre du portrait.

Aimant son art comme il l'aimait, d'un amour infatigable, Jean Bellin ne cessa de peindre jusqu'à la fin de sa vie. Il ne cessa non plus de faire des progrès. Son dessin, d'abord sec, timide et ligneux dans les extrémités, jusqu'à donner aux mains l'aspect du bois, acquit plus de souplesse et d'ampleur, en même temps que sa couleur devenait plus riche, plus abondante et plus empâtée. Un de ses tableaux, la *Bacchanale*, qui est à Rome et qui fut peinte pour le duc de Ferrare, porte la date de 1514; un autre, celui qui représente une jeune fille à sa toilette devant un miroir, est daté de 1515; c'est l'année suivante que mourut Jean Bellin, à l'âge de quatre-vingt-dix ans. Divers biographes avaient indiqué l'année 1512 et l'année 1514; mais toute incertitude a cessé depuis qu'on a retrouvé dans le journal manuscrit de Marino Sanuti, *Diario veneto*, à la date du 15 novembre 1516, la note qui suit : « On « annonce ce matin la mort de Zuan Bellini, excellent peintre (il avait quatre-vingt-dix ans). Sa réputation « s'est répandue dans le monde, et vieux comme il était, il n'en peignait pas moins dans la perfection. « On l'a enterré à San Zanipolo (à Saints-Jean-et-Paul) dans la chapelle où avait déjà été inhumé son « frère Gentil Bellin, excellent peintre aussi. »

Tout ce qui devait illustrer l'école vénitienne, le portrait, le paysage, la richesse et la variété des couleurs, l'éclat de la lumière, le luxe matériel de l'exécution, se trouvait en germe dans les œuvres de Jean Bellin et de son frère. Gentile sembla deviner le style décoratif, les multitudes et les costumes de Paul Véronèse; Giovanni, moins superficiel, plus intime, plus profond, plus maître, pressentit la manière abondante et généreuse des disciples qu'il avait lui-même formés, mais il conserva la naïveté des précurseurs. Ce naturalisme qui, bientôt sensuel et splendide, allait caractériser les Giorgion, les Titien, les Véronèse, les Palma, les Bonifazio, les Pordenone, les Paris Bordone, les Tintoret, Jean Bellin le fit servir à exprimer les sentiments les plus élevés de l'âme. Parmi ses disciples, les illustres, tels que Titien et Giorgion, penchèrent vers le matérialisme de l'art. Les autres, moins forts, mais cependant remarquables, démeurèrent plus ou moins fidèles à la tradition du maître et s'attachèrent comme lui à l'expression. On peut citer dans le nombre Cima da Conegliano, Catena, Bissolo, Rondinello de Ravenne, Giovanni Mansueti, Bellin Bellino, parent et imitateur très-habile du peintre, Marco Belli, artiste gracieux, Girolamo di Santa Croce, et Girolamo Mocetto, qui fut le premier en date des graveurs de Venise Quant à Jacopo Montagna

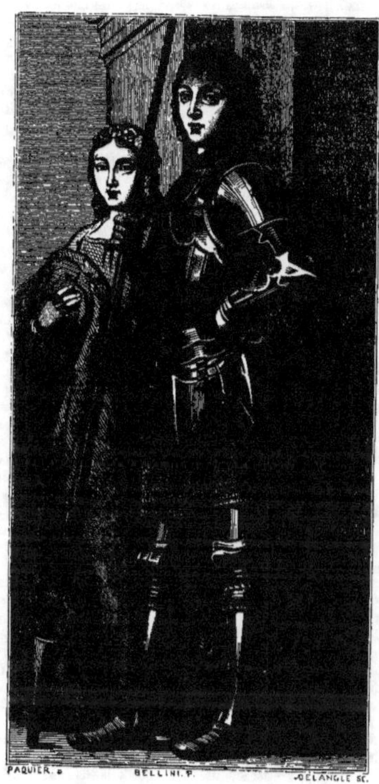

SAINT GEORGES ET SAINT ETIENNE

ou Montaguaua, il fut séduit par la manière de Giorgion et suivit ses traces. En somme, Jean Bellin ne fut pas entièrement remplacé. En lui périt la fine fleur de ce spiritualisme qu'il avait su concilier avec un ardent amour de la nature, et sans lequel une école ne saurait vivre longtemps. Aussi verrons-nous, dès la fin du seizième siècle, la peinture vénitienne se précipiter dans la décadence, se complaire à de vaines décorations, remplacer l'éloquence de l'art par des phrases pittoresques, et devenir semblable à ces édifices qui conservent encore une façade imposante, mais qui ne renferment au dedans que du vide ou des ruines.

CHARLES BLANC.

Jean Bellin a fait quelques miniatures. Il a illustré entre autres un petit livre de prières latines qui appartenait à la famille Capello. Ce petit livre, écrit en 1486 par Victor Capello, est passé dans les mains de l'abbé Tommaso de Luca à Cadore.

Un artiste contemporain des Bellin, Vittore Camelo, a gravé en leur honneur deux médailles qui sont rares. Celle de Gentile porte autour de la face la légende : *Gentile Bellinus venetus eques comesque*, et au revers : *Gentili tribuit quod potuit viro natura hoc potuit Victor et addidit*. Sur la médaille de Jean Bellin on lit autour de son portrait : *Joannes Bellinus venet. pictor. op*. Au revers, une chouette avec ces mots : *Virtutis et ingenii*, et au-dessous : *Victor Camelius faciebat*.

Musée du Louvre. — Aujourd'hui que les portraits des frères Bellin sur la même toile sont attribués à Gentile, il n'existe rien en somme sous le nom de Jean Bellin. Aussi peut-on dire que la France ne connaît pas ce grand maître.

Venise, Académie des Beaux-Arts. — La *Madone et les six saints*, tableau qui provient de l'église San Giobbe et qui est mentionné par Vasari. Il est décrit et gravé dans la présente notice.

San Zaccharia. — Dans la chapelle de Saint-Jérôme. La *Madone aux quatre saints*; c'est le tableau dont nous avons parlé. Nous en donnons également la gravure. Ce tableau et le précédent sont considérés comme les chefs-d'œuvre de Jean Bellin.

San Giovanni Crisostomo. — Tableau représentant *saint Christophe et saint Augustin* (ou *saint Louis*) et au-dessus d'eux, dans un paysage rocheux, *saint Jérôme*. Signé Joannes Bellinus P. MDXIII. Il est gravé comme les précédents dans la *Pinacoteca* de Zanotto.

Église des Frari. — La *Madone avec saint Nicolas, saint Benoît, deux autres saints et deux petits anges qui font de la musique*. Vasari fait mention de ce tableau et le vante ; il est signé et daté de 1488, et il est également gravé dans la *Pinacoteca*.

Église du Redentore. — *Madone avec saint Jérôme et saint François*. Dans la sacristie du couvent, on nous montra un tout petit tableau de Bellin tout à fait admirable : *la Madone adore l'Enfant Jésus endormi*, deux anges souriants jouent de la viole « comme pour embellir les songes du jeune Dieu et le bercer de célestes mélodies. » Cette peinture, qui est presque une miniature, est conservée dans une armoire. — Autre *Madone avec saint Jean et sainte Catherine*.

San Francesco della Vigna. — Une *Madone avec saint Jean-Baptiste, saint Jérôme, saint Sébastien et un portrait*.

Scuola San Girolamo. — On y voit les restes de deux ouvrages de Jean Bellin faits en 1464.

San Giovanni a la Giudecca. — *Saint Martial et saint Romuald avec saint Jean-Baptiste*. En haut, la *Visitation*, et en bas quelques épisodes de la vie de saint Jean-Baptiste.

Palais-Ducal. — Dans l'Avogeria, à la gauche du tribunal, *le Christ mort* avec la Vierge, saint Marc, saint Nicolas ; dans le fond, un paysage. Ce morceau date de 1472.

On voit encore des Madones de Bellin : à Santa Maria dell' Orto (elle est signée), aux Carmelitani Scalzi, à San Gervaso e San Protaso, a San Fantino dans la sacristie, à Santa Maria Maggiore. Cette dernière est peinte dans une gloire.

San Salvatore. — Le *Christ à Emmaüs* avec un portrait.

Ile de Murano. — Dans l'église des Anges, *le doge Agostino Barbarigo à genoux devant la Vierge*. Il est assisté de saint Marc, de saint Augustin et de deux anges qui font de la musique.

Dans l'église de San Cristoforo, un tableau endommagé représentant *saint Jérôme, saint Pierre et saint Paul*.

Vicence. — Dans l'église Santa Corona, le *Baptême du Christ*, tableau signé.

Ferrare. — Dans le couvent de San Bernardino, il existe une *Madone avec l'Enfant*, petit tableau également signé.

Milan. — Dans la galerie Brera, une *Pietà*, demi-figures plus petites que nature, provenant de la galerie Sampieri de Bologne.

La *Madone avec l'Enfant*, qui cueille une violette dans un vase placé à la gauche. On lit au bas : *Joannes Bellinus*.

Autre *Madone avec l'Enfant*, un peu plus qu'en demi-figure. On lit : *Joannes Bellinus*, MDX. Ces trois morceaux sont gravés dans la *Pinacoteca di Milano*.

Florence. — Dans la galerie des Offices, *Un Christ mort* dans les bras de sa mère, avec les trois Maries et quelques autres pieux personnages. Il est peint en clair-obscur. Ce tableau avait appartenu à la galerie Aldobrandini, à Rome. Il fut perdu en 1798 et racheté par un gentilhomme vénitien qui en fit cadeau au grand-duc Ferdinand III. Il est gravé dans la *Galleria degli Uffizi* et dans la *Storia* de Rosini, planche 64. La collection de dessins de cette galerie renferme une belle étude à la plume de la tête de Joseph d'Arimathie pour le tableau dont nous venons de parler. —

Le portrait de Jean Bellin, signé. Il est gravé dans Ridolfi.

Un autre portrait de lui-même en trois quarts, en longs cheveux, avec un béret sur la tête. C'est un dessin à la sanguine. Il est signé et de la plus grande beauté. Ces deux portraits ne ressemblent point à celui qui est donné par Vasari. — Une tête d'apôtre.

Naples, Musée Bourbon. — La *Transfiguration*, petites figures et couleur merveilleuse. Il est signé et gravé dans le *Museo Borbonico*, planche 34 du tome III.

Vienne, Galerie du Belvédère. — *Jeune fille à sa toilette*. Elle est assise, presque nue, sur un banc couvert d'un tapis de Turquie. A travers une fenêtre, on aperçoit un paysage. Sur un papier est écrit : *Joannes Bellinus faciebat* MDXV. Gravée dans le *Théâtre des Peintres* de Teniers.

Musée de Berlin. — Plusieurs tableaux y sont attribués à Jean Bellin. Un de ces tableaux, la *Madone avec l'Enfant* qui bénit d'une main et tient de l'autre une poire, est signé.

Autre *Madone* avec saint Jean, la Madeleine, Joseph d'Arimathie et Nicodème.

Une *Déposition de Croix* avec la Vierge et saint Jean. Une des deux toiles paraît être celle dont Vasari a parlé et qui avait été peinte pour Giorgio Cornaro. — Les portraits de Gentile et de Jean Bellin en béret noir et pelisse.

Londres. National Gallery. — *Portrait de Leonardo Loredano*, en son costume de doge.

Saint Jérôme dans son cabinet d'étude. C'est l'admirable tableau que nous avons décrit. Mais quelques connaisseurs le croient de Marco Basaïti.

La *Vierge et l'Enfant*. Ce tableau, acheté par le gouvernement en 1856, avait passé d'abord pour être d'un imitateur de Léonard de Vinci. Il est en tous cas de la première manière de Bellin et de ses commencements.

Le *Christ au jardin des Oliviers*, dans la manière de Mantegna. Ce tableau ressemble beaucoup à celui que possède le Révérend Davemport Bromley.

Vente lord Northwick. — Le *Repos en Egypte*.

Vente Pourtalès, 1865. — La *Madone*, 10,600 fr.

Il existe encore des Bellini dans les collections privées de l'Angleterre. M. Vaagen les a mentionnés.

PARIS. — IMPRIMERIE POITEVIN, RUE DAMIETTE, 2 ET 4.

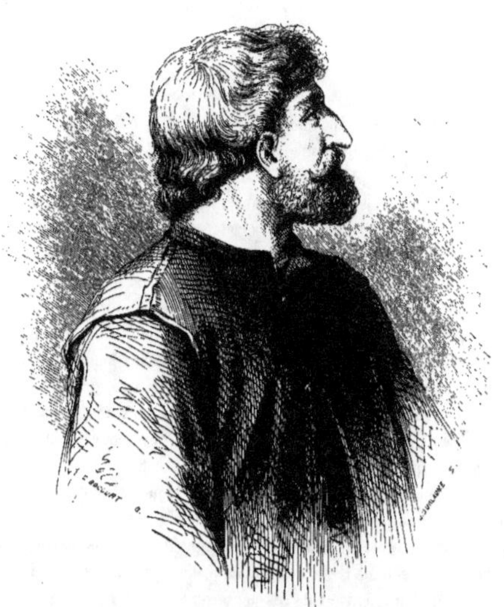

VITTORE CARPACCIO

NÉ VERS 1455. — MORT VERS 1523?

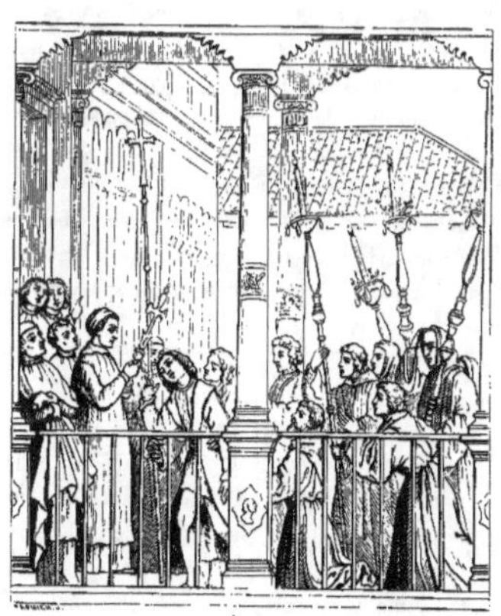

Vittore Carpaccio, que Vasari appelle *Scarpaccia*, florissait vers 1490 et appartenait tout entier par son style, par sa manière de voir et de sentir, à ce quinzième siècle dont la dernière moitié fut pour la peinture le commencement de l'âge d'or. Quand on a vu les œuvres de ce peintre naïf, ingénieux et charmant, voué à l'expression de l'âme et toujours délicat dans ses inventions comme dans son faire, on regrette vivement de ne rien savoir touchant sa biographie et de ne pas être aujourd'hui plus avancé que ne l'était Vasari, lorsqu'il disait en parlant de vingt-cinq peintres vénitiens ou lombards, et notamment de Scarpaccia : « Pour ne point passer sous silence un « grand nombre d'artistes qui ont laissé le monde orné de « leurs ouvrages et qui ont tous marqué, presque dans le « même temps et dans la même province, je dirai « quelque chose de leur mérite et de leurs peintures, « n'ayant pu rien connaître de particulier sur leur vie, « même me procurer leurs portraits, excepté celui de Scarpaccia, qui, pour cette raison, donnera « son nom à ce chapitre. »

Il y a trente ans environ, un critique vénitien, Luigi Correr, membre honoraire de l'Académie de Venise, composa un Éloge de Carpaccio qu'il lut à cette Académie, le jour de la distribution des prix, et il commença par dire que la vie de Carpaccio était enveloppée de ténèbres impénétrables, *ravvolta in invincibile tenebre*. On ne sait en effet ni l'année de sa naissance ni la date de sa mort, et quelques biographes, entre autres le chanoine autrichien Stancovich, le disent originaire de Capo d'Istria en Illyrie, bien que le peintre ait signé lui-même un de ses tableaux, qui se trouve dans la cathédrale de cette ville : Victor Carpathius venetus pinxit 1516. Les seules dates certaines, en ce qui concerne Carpaccio, sont celles qu'il a inscrites sur ses toiles : la plus ancienne à notre connaissance est 1490, et la dernière 1522[1]. On peut donc présumer qu'il naquit vers 1455, et comme il mourut vieux, selon Ridolfi, on peut placer vers 1525 le temps de sa mort. Quoi qu'il en soit, les premiers travaux de Carpaccio ayant été faits en concurrence avec les Bellini tant à la confrérie de Saint-Jean (Scuola di San Giovanni) qu'au Palais-Ducal dans la Salle du grand Conseil, il est peu probable qu'il ait été l'élève de Jean ou de Gentil Bellin, et nous sommes disposé à croire qu'il eut plutôt pour maître un des Vivarini ; car si, d'une part, il a quelques traits de ressemblance avec Gentile, lorsqu'il se plaît à réunir comme lui, dans ses tableaux, des multitudes de personnages diversement vêtus, et à compliquer ses compositions en y ménageant des perspectives, des architectures et des fonds de paysage, d'autre part sa peinture, ordinairement timide, sèche et mince, ne rappelle guère la manière bellinesque, plus empâtée, plus mêlée, plus nourrie, et dans laquelle le coloris a toujours plus de profondeur. Mais, sur ce point encore, nous en sommes réduit aux conjectures. En somme, notre besogne de biographe étant supprimée par l'absence totale de faits et de renseignements, nous n'avons à étudier que les œuvres de Carpaccio. Heureusement, comme il y a mis son âme, nous connaîtrons la meilleure partie de lui-même, c'est-à-dire un choix de ses sentiments et de ses pensées.

La première peinture de Carpaccio, en ne parlant que de celles qui portent une date, est l'*Arrivée de sainte Ursule à Cologne ;* elle est marquée : Op. Victoris Carpatii veneti mcccclxxx. M. Septembris , et elle fait partie d'une suite de neuf tableaux qui sont aujourd'hui dans l'Académie des Beaux-Arts à Venise et qui frappent d'étonnement tous les étrangers. Il est impossible du reste, si l'on n'est pas allé à Venise, de connaître, de soupçonner même les talents de Carpaccio, sa riche imagination, la délicatesse avec laquelle il sentait et il exprimait les choses du cœur, ni le soin religieux qu'il apportait à rendre les innombrables objets qui entrent dans ses vastes compositions. La légende de sainte Ursule et des vierges, cette légende qui a si bien inspiré Memling lorsqu'il a peint la fameuse châsse de l'hôpital Saint-Jean à Bruges, a aussi porté bonheur à Carpaccio. Il ne pouvait choisir, en effet, ou l'on ne pouvait choisir pour lui une donnée plus heureuse, plus conforme à son génie, qui était à la fois expressif et décoratif. Par une alliance singulière et qui, je crois, ne s'est jamais rencontrée dans toute l'histoire de la peinture, au moins à un tel degré, Carpaccio a réuni deux qualités qui paraissent incompatibles : l'intimité du sentiment et le goût des magnificences extérieures, justement les deux qualités qui caractérisent les frères Bellini, dont l'un, Giovanni, peignait si volontiers la dévotion recueillie et appartenait tout entier au spiritualisme de l'art, tandis que l'autre, Gentile, se plaisait à développer sur une grande échelle les scènes décoratives, celles qui creusent la toile, et qui, chargées d'épisodes nombreux et variés, soutiennent longtemps l'intérêt du spectacle et amusent longtemps le regard.

Ces deux aptitudes de Carpaccio, elles se montrent avec une égale intensité dans l'histoire de sainte Ursule, dès la première toile, qui représente les ambassadeurs du roi d'Angleterre venant demander au roi Deonato. père d'Ursule, la main de sa fille pour le fils de leur roi. Le tableau est divisé en trois parties par une colonne semblable à un candélabre et par un mur que décorent deux pilastres de ce style lombard que nous appelons en France le style *roman*. Dans la composition du milieu, qui est une magnifique tribune à degrés et à balustrade, toute resplendissante d'or et vue de profil, le roi breton est assis sur son trône et il reçoit les hommages des ambassadeurs anglais, qui sont à genoux sur les degrés, et dont l'un remet respectueusement au roi le diplôme de la demande en mariage. En dehors de la tribune, et au delà, se tiennent les ministres et les courtisans du roi, tous richement vêtus comme les ambassadeurs, qui portent des colliers de joyaux, des chaînes d'or et des manteaux chamarrés. Derrière eux s'ouvre une vaste et lumineuse perspective dans

[1] M. Villot donne 1479 comme la plus ancienne date connue, sans dire sur quel tableau de Carpaccio elle est inscrite.

laquelle s'élèvent, à l'extrémité d'une grande place, de belles fabriques et une église surmontée d'une coupole qui rappelle le Baptistère de Pise, mais dont le peintre a pu trouver des modèles à Venise même, où il en existait de son temps, sans parler des coupoles de Saint-Marc. A la droite du spectateur, sous un ciel bleu qui s'évanouit dans le lointain, une mer verte aux ombres profondes porte les vaisseaux qui ont amené les ambassadeurs et qui attirent sur le port, où ils ont jeté l'ancre, une multitude de peuple.

Le compartiment de droite offre une suite d'arcades en perspective formant le vestibule du palais, sous lesquelles on voit passer et parler entre eux des gardes, des valets, des pages au costume élégant qui attendent la sortie des ambassadeurs, et d'autres personnages de leur suite. Cette partie du palais n'étant

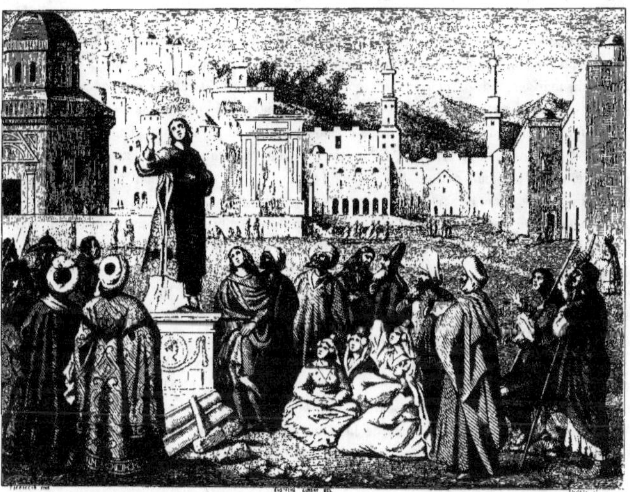

PRÉDICATION DE SAINT ÉTIENNE A JÉRUSALEM (Musée du Louvre).

séparée de la tribune que par des colonnes et une balustrade, quelques-unes des figures avancent leurs têtes dans les entre-colonnements pour assister au spectacle de la représentation royale. Les deux tableaux se trouvent ainsi reliés l'un à l'autre, non-seulement sur le premier plan, mais dans le fond, car, à travers les arcades, on aperçoit encore la mer. Le troisième compartiment présente une scène tout à fait distincte, une scène d'intérieur. On y voit, ou plutôt, on y revoit le roi breton assis dans la chambre de sa fille et se concertant avec elle sur la réponse qu'il fera aux envoyés du roi d'Angleterre. Chose remarquable, voilà un tableau très-animé, très-rempli et dont le cadre est splendide; l'architecture y joue un grand rôle; le fond de ciel, les lointains de la ville, les navires qui mouillent sur le rivage de la mer en font un vrai décor, et pourtant le spectateur est encore plus touché qu'il n'est ébloui. Ce qui le charme surtout dans cette pompeuse ordonnance, ce qui en constitue l'intérêt véritable et le véritable nœud, c'est l'intime entretien du roi avec sainte Ursule. Tandis que là, sur son trône, ce père couronné dissimule son émotion et conserve devant les ambassadeurs une dignité calme, ou, pour dire mieux, une contenance de parade, ici, retiré dans l'appartement de sa fille, il est en proie aux tourments de l'incertitude; accoudé sur une table et attristé, il écoute les réponses d'Ursule, mais il semble ne prêter attention qu'à ses propres pensées... Il nous en souvient, quand nous vîmes ce tableau pour la première fois, le groupe du roi et de la jeune fille nous parut un morceau digne de Fra Angelico pour la grâce mystique et l'ineffable sainteté de l'expression. Avec quelle ingénuité sainte Ursule plaide la cause du célibat devant son père ! Elle y met autant de chaleur qu'une autre fille en mettrait à solliciter la promesse d'avoir un époux. Comme elle est gracieuse, énumérant sur ses doigts les motifs qui s'opposent à son mariage avec un prince païen ! Au pied de l'escalier qui mène à la chambre d'Ursule est assise une vieille femme (la nourrice peut-être) peinte d'après nature, avec une draperie blanche sur les épaules : Titien s'en est évidemment souvenu, car on la retrouve dans son célèbre tableau de la *Présentation de la Vierge* qui est aussi à l'Académie de Venise. Cette figure isolée est comme le pendant d'une autre qui occupe le coin opposé de la toile et qui est sans doute le portrait du donateur, à en juger par sa barrette et sa simarre de gentilhomme vénitien.

Le second morceau de la suite représente le roi breton qui congédie les ambassadeurs, et le troisième, ces mêmes ambassadeurs venant rapporter au roi d'Angleterre la réponse qu'on a faite à leur demande et les conditions du mariage. Ici, de nouveau, la composition est ornée de palais en perspective, enrichie de costumes variés et, suivant l'expression flamande, *étoffée* de figures et d'objets accessoires qui occupent l'œil et remplissent l'espace, car cet espace est considérable eu égard à la dimension des personnages. Selon les habitudes des maîtres primitifs, Carpaccio n'hésitait pas, comme nous l'avons vu, à réunir dans un seul et même cadre plusieurs actions différentes. La loi des trois unités n'était pas encore appliquée aux drames de la peinture. Tant de science n'entrait pas dans ces âmes naïves. Le but suprême auquel on aspirait alors était de parler au cœur, et c'était l'unité morale qui rachetait tous les morcellements de la composition. Ce qui est certain, c'est qu'en dépit de ces anachronismes ou plutôt de ces synchronismes impossibles, on ne peut regarder les toiles de Carpaccio sans une agréable émotion, particulièrement la quatrième, où le prince anglais, après avoir pris congé de son père, reparaît dans la même toile, au moment où, monté sur un esquif garni de beaux tapis, avec un cortége de gentilshommes, il rencontre sainte Ursule qui, elle aussi, est escortée de demoiselles, toutes jolies, blondes, élancées, remplies de charme, et quelques-unes animées d'une douce malice. L'entrevue des deux fiancés est vraiment touchante. Ils se jurent la chasteté comme d'autres se jureraient l'amour. Quelle foi sévère et tendre ! quelle grâce dans l'ascétisme ! Jamais l'ardeur, jamais la sincérité du sentiment chrétien n'ont été exprimés avec plus de cœur. Carpaccio semble avoir tout ensemble quelque chose de la douceur séraphique de Fra Angelico et quelque chose du naturalisme délicat de Memling. Eh ! qui sait si Memling et Carpaccio ne se sont point connus à Venise? Qui sait si les adorables miniatures du peintre flamand sur le bréviaire du cardinal Grimani n'ont pas été une source d'inspirations pour Carpaccio ? Qui sait enfin s'il n'y a pas autre chose qu'une coïncidence pure et simple, dans ce fait que le Vénitien et le peintre flamand ont illustré tous deux la légende de sainte Ursule, et de la même manière, avec le même sentiment de pudeur, de naïveté et de grâce ?

La cinquième composition se rapporte au voyage que sainte Ursule fit à Rome pour visiter les tombes des martyrs. Cette fois encore, Vittore Carpaccio a saisi complaisamment l'occasion de montrer son goût pour l'architecture, pour le paysage et la pompe des représentations. Une procession religieuse et solennelle, sortie des murs de Rome, accompagne le pape, qui est allé au devant de la princesse bretonne, et qui est suivi d'une foule de peuple. Arrivés aux pieds du Saint-Père, Ursule et son fiancé se prosternent pour recevoir la bénédiction pontificale. Sur cette riche ordonnance brillent les mitres des évêques, les banderoles des bannières, les croix d'or enrichies de diamants, et pour achever la magnificence et le pittoresque du tableau, c'est le château Saint-Ange qui ferme majestueusement la perspective. Eh bien ! malgré sa propension à déployer les splendeurs de la peinture, Carpaccio, nous aimons à le répéter, reste admirable surtout par l'expression. Le plus charmant tableau de cette charmante suite, le sixième, est celui où sainte Ursule, couchée sur son lit de jeune fille et endormie du sommeil des vierges, paraît plongée dans le ravissement d'un songe. Elle se croit dans le paradis; elle voit entrer dans sa chambre immaculée un ange qui entre, en effet, d'un

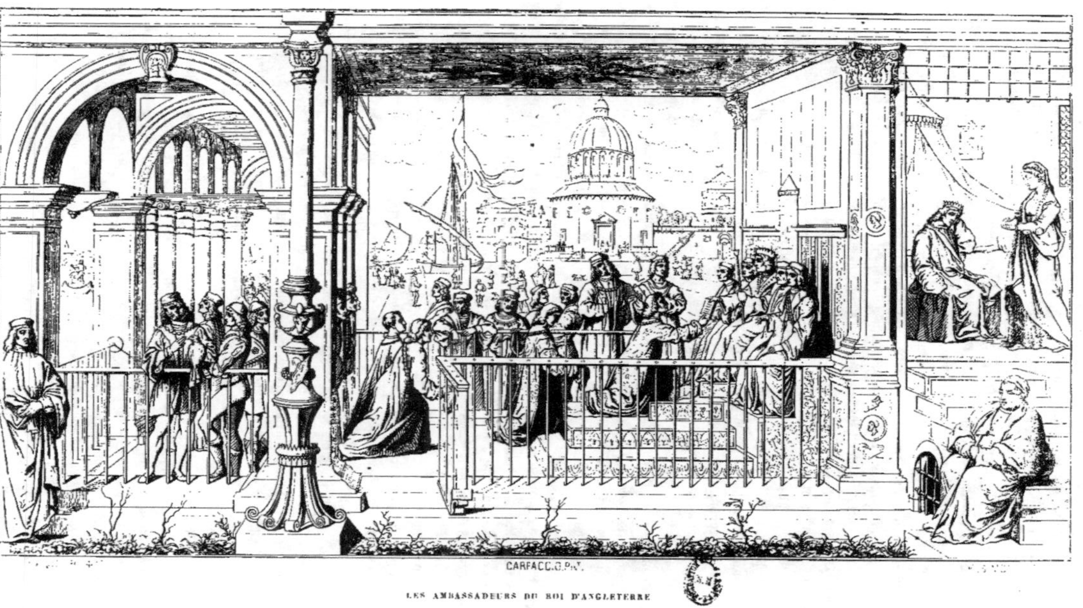

CARPACC. G. Pnx.

LES AMBASSADEURS DU ROI D'ANGLETERRE

pas léger sans réveiller par le frôlement de ses ailes un petit chien qui dort près de la sainte, sans déranger les jolies petites mules qui attendent ses petits pieds. Comment dire le parfum de modestie et d'innocence qui s'exhale de cette peinture? Comment décrire dans sa délicatesse le chaste mobilier de cette épouse de Dieu, dont la demeure virginale n'est visitée que par des anges?

C'est grand dommage en vérité que des restaurations indiscrètes aient altéré cette peinture exquise et qu'on y lise le nom du restaurateur, bravement, effrontément inscrit à côté du nom de Carpaccio : *Cortinus R. (restaurarit)* 1752 ! D'autres retouches, exécutées en 1623, ont endommagé quelques-unes de ces toiles, notamment la septième, qui représente l'arrivée à Cologne de sainte Ursule et des vierges ses compagnes, et la huitième, où l'on voit leur martyre et la sainte tuée à coups de flèches, tandis que, sur un autre compartiment du même cadre, l'artiste a peint les funérailles d'Ursule et son cercueil entouré de prélats sous un superbe baldaquin. Ce morceau est comme le dernier de la suite et le plus mal conservé, mais une autre composition s'y rattache qui provient aussi de la *Scuola di Sant'Orsola* et qui est datée de 1491 : c'est la glorification de sainte Ursule recevant du Père Éternel le prix de son martyre. La confrérie en avait orné le maître-autel de sa chapelle... Telle est l'œuvre capitale de Carpaccio. Il y a mis tout son amour, tout son cœur, et pour en être ému, il n'est pas nécessaire de se connaître en peinture; le plus ignorant des hommes en serait touché. Zanetti raconte que dans le temps où ces tableaux légendaires ornaient la chapelle de la Scuola, près de l'église San Zanipolo (Saints-Jean-et-Paul) il allait se cacher, lui, Zanetti, dans un coin de la chapelle pour y observer les bonnes gens qui venaient y faire leurs dévotions, et qu'après une courte prière, et souvent même avant de l'avoir terminée, ils demeuraient ébahis et comme en extase devant les figures du Carpaccio, *restano sospese il volto e la mente.*

En ce qui regarde l'exécution, la légende de sainte Ursule n'est pas le plus bel ouvrage du peintre; elle est traitée avec un peu de sécheresse et une certaine dureté de contours. Carpaccio ne connaît pas le secret de la perspective aérienne, c'est-à-dire l'art de faire fuir les lointains par l'indécision progressive de la touche. La dégradation des plans n'est donc pas mieux sentie dans ses tableaux qu'elle ne l'est en général dans les peintures du quinzième siècle, et ce défaut d'air et de profondeur, commun à toutes les œuvres de Carpaccio, leur donne à toutes une physionomie et une date. On reconnaît aussi le *quattro-centista* aux vives cassures, aux plis anguleux de ses draperies, et à sa prédilection pour l'architecture lombarde ou si l'on veut byzantine, pour les cintres, les coupoles et les fenêtres géminées — ce sont des fenêtres à deux baies cintrées, séparées au milieu par une colonnette qui reçoit la retombée des deux arcs. — Mais si Carpaccio est toujours resté de son temps pour ce qui concerne la perspective aérienne, le goût des draperies et le caractère de l'architecture, il a su, vers la fin de sa vie, améliorer son style en adoptant une manière moins sèche, une touche plus savoureuse et plus tendre. *La Présentation de Jésus au Temple*, considérée comme son chef-d'œuvre, témoigne de ce progrès notable : c'est le tableau dont parle Vasari, qui l'avait vu dans l'église San Giobbe. On l'a transporté depuis à l'Académie de Venise. Vasari vante à ce propos le coloris agréable de Carpaccio, et son exécution, qui lui paraît être celle d'un maître praticien, *pratico maestro.* Ajoutons que les mêmes qualités sont tout aussi remarquables dans une autre peinture de Vittore : *La Rencontre de saint Joachim et de sainte Anne avec saint Louis, roi de France, et sainte Élisabeth de Hongrie.* Carpaccio y arrive à la pastosité de Jean Bellin, et il lui ressemble même d'assez près pour que le tableau ait été attribué à Bellin par ceux qui n'y avaient pas encore lu la signature : VICTOR CARPATHIUS VENETUS OP. MDXV.

Mais la faculté dans laquelle l'artiste vénitien ne fit pas de progrès, ce fut l'expression. Il y avait été du premier coup un maître, et d'autant plus estimable que cette qualité, la plus précieuse de toutes, est aussi la plus rare dans l'école vénitienne, école brillante, dont le génie est presque tout entier à la surface. Les autres dons du peintre, la science de l'effet, l'harmonie optique, l'art de distribuer les lumières et les ombres et d'orchestrer les couleurs, pour ainsi parler, Carpaccio ne les posséda point : cependant il serait injuste d'en juger d'après le tableau que nous avons au Louvre : la *Prédication de saint Étienne à Jérusalem,* composition relativement faible et mal entendue sous le rapport du clair-obscur. Malgré son antériorité, Gentile Bellini paraît en cela bien supérieur à Carpaccio, surtout si l'on compare la *Prédication de saint Étienne* avec le tableau de Gentile qui représente la *Réception d'un Ambassadeur à Constantinople*. Ici les figures se détachent nettement l'une sur l'autre et toutes ensemble sur le fond, qui est une muraille grise dont le ton neutre fait valoir le clair vif d'un turban aussi bien que la robe noire d'un cheval, les bruns vigoureux aussi bien que les rouges tendres, tandis que les édifices de la ville turque se détachent en masse sur un ciel lumineux. Là, au contraire, les figures se mêlent, n'étant séparées par aucune couche d'air. Les groupes sont embrouillés, la lumière s'éparpille, et l'effet général est confus, parce que les tons, quoique différents, conservent à peu près la même valeur. Un peintre mieux rompu aux artifices du métier aurait opposé en vigueur au fond clair de la perspective et aux fabriques blanches de Jérusalem le groupe des Cyrénéens, des

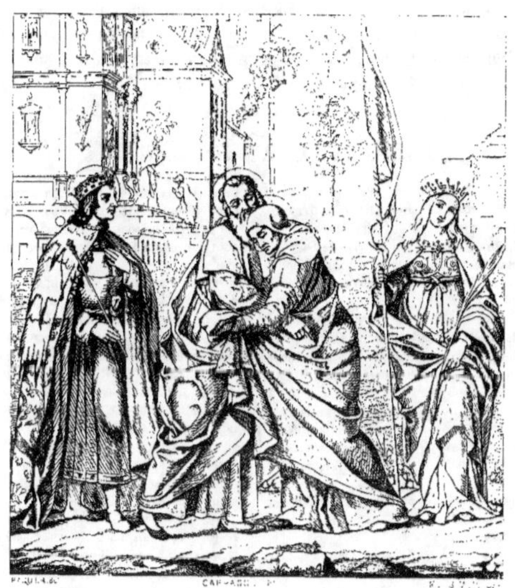

SAINT JOACHIM, AVEC SAINTE ANNE, SAINT LOUIS ET SAINTE URSULE.

Alexandrins, des Juifs et des Juives qui écoutent la prédication du saint, groupe remarquable d'ailleurs, car on y remarque de jolies femmes, gracieusement accroupies et naïvement attentives, des personnages drapés avec un grand goût, des attitudes choisies et des costumes très-curieux. Pour le dire en passant, les costumes présentent chez Carpaccio beaucoup d'intérêt; aussi Bonnard et Mercuri ont-ils emprunté de ce peintre, pour leur grand ouvrage, les très-élégants costumes des deux compagnons de la Calza. Le premier a des chausses collantes dont l'une est blanche et rayée de noir, l'autre écarlate et unie; il porte un toquet de velours violet brodé d'or, une jaquette de velours vert et des gants jaunes. Le second est vêtu d'un pourpoint de satin blanc à broderies noires, orné de galons d'or et de petits velours en bande et en épaulettes, le tout recouvert d'un manteau écarlate brodé en blanc sur le bord du capuchon, qui est garni de glands noirs.

Si nous avons bonne mémoire, ces costumes sont tirés d'un tableau de l'Académie qu'on appelle *Il Patriarca di Grado*, et auquel les Vénitiens attachent un grand prix, non pas tant parce qu'il se rattache à un certain miracle opéré par le patriarche sur un possédé du démon, qu'à raison du plaisir qu'ils éprouvent à y voir la vieille Venise et les terrasses de ses vieux palais, et le pont du Rialto tel qu'il était au quinzième siècle, construit en bois et formé de planches, et les gondoles de leurs ancêtres, qui n'étaient pas alors closes et vêtues de noir comme des tombes flottantes, mais ouvertes à l'air et au jour, ornées de guirlandes, peintes de vives couleurs et toujours parées comme pour une fête. A ces traits ils reconnaissent avec certitude que Vittore Carpaccio était bien réellement un Vénitien, ainsi qu'il affectait de l'écrire lui-même sur ses tableaux, *Venetus*. On sait, du reste, qu'il fut choisi en 1508 avec Lazzaro Sebastiani, son élève, pour estimer les peintures à fresque exécutées par Giorgione sur la façade de l'hôtel des Allemands (Fondaco de' Tedeschi) et qu'ils en fixèrent le prix à 150 ducats. Ridolfi, de son côté, affirme, sans en donner de preuves, que Carpaccio appartenait à une famille d'ancienne bourgeoisie, *antica cittadinanza*, et que sa mort fut à Venise un deuil public. Mais ce n'est pas aux Vénitiens seulement que ses œuvres sont précieuses; elles ont un charme infini pour tout le monde, car on y découvre l'imagination d'un artiste, on y admire l'ingénuité d'un précurseur, on y sent l'âme d'un poëte, et rien n'est plus vrai que le mot de Zanetti : « Carpaccio portait la vérité dans son cœur » *aveva in cuore la verità*.

CHARLES BLANC.

RECHERCHES ET INDICATIONS

MUSÉE DU LOUVRE. — Il s'y trouve un seul tableau de Vittore Carpaccio: la *Prédication de saint Étienne à Jérusalem*. Ce tableau fait partie d'une suite de cinq compositions faites pour la *Scuola di San-Stefano* (la Confrérie de Saint-Étienne) à Venise, pendant les années 1511-1524; il provient du musée Bréra, qui en fit l'objet d'un échange avec le musée du Louvre.

VENISE, à l'Académie des Beaux-Arts. — Neuf tableaux relatifs à la légende de sainte Ursule; ils sont peints sur toile et proviennent tous de la chapelle de Sainte-Ursule dans la *Scuola* de ce nom à Venise. Ils ont tous été gravés par Giovanni del Piau et Galimberti. Les tableaux de cette suite ont environ trois mètres de long sur autant de large (en moyenne). Ils ont été endommagés par le temps et par des restaurations peu habiles. Plusieurs sont signés et datés comme nous l'avons dit; les dates sont: 1490, 1491, 1493, 1494, 1495.

Il Patriarca di Grado. Il délivre un possédé du démon au moyen des reliques de la sainte Croix. Zanotto dit que ce tableau a été peint en 1494.

La *Présentation de Jésus au Temple.* C'est le tableau dont Vasari a parlé; il provient de l'église San Giobbe à Venise. Il est signé VICTOR CARPATIUS MDX, et gravé dans l'ouvrage de Zanotto, *Pinacoteca delle belle arti.*

Le *Martyre de dix mille chrétiens* sur le mont Ararat en Arménie. Ce tableau provient de l'église Sant'Antonio di Castello. Il est signé CARPATIUS MDXV.

Saint Joachim, sainte Anne et saint Louis, avec sainte Ursule, d'autres disent avec sainte Elisabeth de Hongrie. Ce tableau provient de l'église supprimée de San Francesco de Trévise, et il est gravé aussi dans l'ouvrage de Zanotto.

Dans l'église San Giorgio degli Schiavoni, diverses fresques exécutées de 1502 à 1511 et relatives à la vie de saint Georges et à celle de saint Jérôme. La *Mort de saint Jérôme* est signée VICTOR CARPATHIUS PINGEBAT MDII.

Dans l'église San Vitale. La *Vierge et l'Enfant* dans une composition dont le bas est rempli par les figures de saint Vital à cheval, de saint Jacques, saint Jean, saint Paulin, saint Georges, saint Gervais et saint Protais, avec un ange qui joue d'un instrument de musique. Ce tableau est signé VICTOR CARPATHIUS MDXV.

CAPO D'ISTRIA, dans la Cathédrale. — Une peinture de Carpaccio représente la Vierge assise sur un trône magnifique, tenant l'Enfant debout sur ses genoux. Elle est entourée des six patrons du lieu, diversement vêtus; quelques petits anges font de la musique et ils regardent le spectateur avec une joie naïve. Une circonstance particulière et curieuse, c'est que dans le tableau est figurée une colonnade qui conduit au trône et qui était continuée autrefois hors de la toile, par une colonnade véritable, ce qui formait une perspective très-profonde et une illusion. La colonnade de pierre a été enlevée depuis. Ce morceau était daté de 1516.

Dans la Rotonde de Capo d'Istria, un *Couronnement de la Vierge*, signé BENEDETTO CARPATHIO VENETTO PINGEVA 1537, et dans la même ville, aux Observants, un autre tableau portant la même signature avec la date 1541. Le peintre qui a signé ainsi ces deux morceaux était-il le fils ou le neveu de Victor Carpaccio? On l'ignore complètement.

Dans l'église San Francesco di Pirano, une autre peinture signée aussi et datée de 1519.

FERRARE, dans le musée de la commune. — La *Mort de la Vierge* au milieu des apôtres. Signé et daté de 1508.

MILAN, au musée Bréra. — On y compte sept toiles de Carpaccio, dont la *Dispute de saint Étienne avec les docteurs.* C'est un morceau de la suite de cinq tableaux dont l'un est au Louvre.

La *Présentation de la Vierge au Temple*, tableau à trois étages, dont l'ordonnance a été imitée par Titien. Gravé dans la *Pinacoteca di Milano* et dans *Rosini*, tome IV.

NOTA. — C'est par erreur que Vasari attribue à Scarpaccio un tableau qui est à Milan aux Frères-Mineurs, dans la chapelle Saint-Ambroise. Ce tableau, peint en détrempe, et qui représente le Couronnement de la Vierge avec plusieurs saints et deux anges musiciens, est de Vivarini et de Marco Basaïti, ainsi que le prouve une inscription qui avait échappé à Vasari.

BERLIN, au Musée royal. — *Saint Pierre bénit saint Étienne* et dix autres fidèles agenouillés sur un escalier avec un diacre; derrière eux quatre autres apôtres. Signé et daté de 1511. Ce morceau fait aussi partie de la suite des cinq dont nous avons parlé, et dont un est au musée Brera et l'autre au Louvre. On ne sait ce que sont devenus les deux autres.

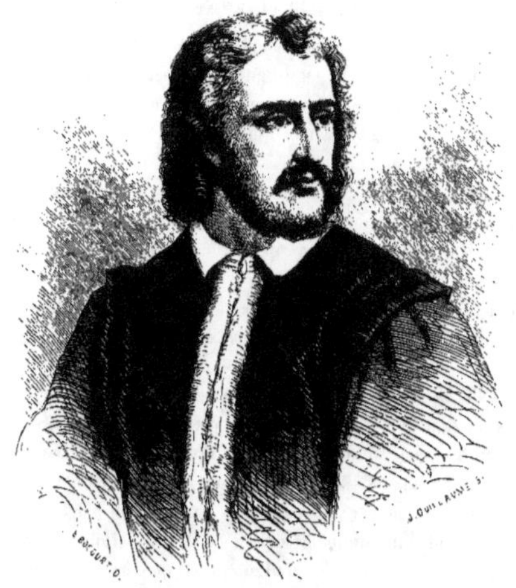

JEAN BAPTISTE CIMA DA CONEGLIANO

NÉ VERS 1760. — MORT APRÈS 1517.

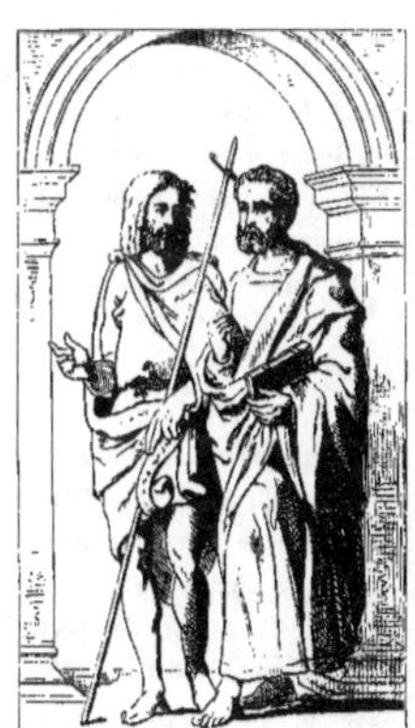

« Il faut tendre sans cesse, dit Joubert, à ramener l'art à son âge viril, et mieux encore, à son adolescence. » Cette pensée d'un écrivain qui a eu tant d'excellentes pensées est elle-même excellente. Malheureusement, le vœu qu'elle exprime ne pourra jamais se réaliser. Jamais, du moins, on n'a ramené un art quelconque à son adolescence, pas plus qu'on n'a rajeuni un vieillard. Les nouvelles adolescences sont celles d'une vie qui ressuscite, celles qui brillent à l'aurore des arts lorsqu'ils entrent dans une phase de renaissance pour courir une carrière toute nouvelle et fleurir aux rayons d'un autre soleil. Mais de telles résurrections ne s'accomplissent qu'après l'épuisement de la vie qu'un art a vécu. — ce n'est, par exemple, qu'après avoir expiré avec le monde païen que l'art renaît dans le christianisme; — elles sont l'œuvre des siècles, et il n'y faut rien moins que cette force immense qu'on appelle la force des choses : il y faut toute l'histoire, non pas l'histoire des faits seulement, mais l'histoire de toutes les âmes. Le mot de Joubert est cependant profond, et s'il n'est pas utile aux arts, parce qu'ils ne sauraient retourner aux naïvetés de l'enfance ni à la fraîcheur de la jeunesse, il est pour l'esthétique un bon conseil; il nous fait comprendre pourquoi la critique en Italie, en France, en Angleterre, partout, témoigne une prédilection si vive pour les peintres du quinzième siècle. Dans ces maîtres, en effet, s'épanouit la jeunesse de la peinture. Ils arrivent quand tous les moyens ne sont pas trouvés encore; de là une application naïve, mais forte, une volonté persistante et pieuse, une recherche passionnée du mieux, et s'ils restent au-dessous de leur art, il y a dans leur manière de s'exprimer une certaine gaucherie aimable qui séduit, comme fait cette langue ingénue qui pour nous est la vieille langue, mais qui est au contraire la langue jeune, celle des peuples enfants.

A cette belle époque du quinzième siècle appartient Jean-Baptiste Cima. Il était né à Conegliano, petite ville du royaume lombard-vénitien, à quelque distance au nord de Trévise. Par amour pour sa patrie, non-seulement il ajouta le nom de Conegliano à son propre nom, mais il se fit un plaisir de représenter dans presque tous ses tableaux une vue de la contrée pittoresque où il était né. Son fond de paysage, qui est comme un certificat d'authenticité, comme une signature, nous fait voir un château-fort, qui est aujourd'hui en ruine et qui avait au quinzième siècle tous ses créneaux, toutes ses tours; le pays environnant est montagneux, accidenté, riche de végétation, alternativement boisé et rocheux, arrosé enfin par deux rivières, la Piave et le Montegnano. C'est là qu'il naquit en 1460, ou plutôt vers 1460, car cette date est incertaine, et, faute de renseignements biographiques, nous ne savons pas non plus précisément la date de sa mort. Sa vie d'artiste s'écoula entre les années 1489 et 1517. La première de ces deux années est inscrite sur un tableau de Cima qui est à Conegliano, dans l'église San Bartolommeo; la seconde est indiquée par Ridolfi comme marquant la fin de sa carrière de peintre. « Cima, dit-il, peignit jusqu'en 1517, ainsi que nous l'apprennent les mémoires qui sont aux mains de ses héritiers. Bartoli a prétendu prouver que Cima peignait encore en 1541 à Rovigo; mais Lanzi a fait observer que ce millésime, écrit *au-dessus* de la peinture, se rapporte à la construction de l'autel que décore le tableau, construction postérieure au tableau lui-même. »

Le Vénitien Ridolfi n'a consacré qu'une page à Cima, et Vasari ne lui avait accordé que quelques lignes dans la notice de Scarpaccia (Carpaccio). « A peu près dans le même temps, dit Vasari, Jean-Baptiste Cima da Conegliano, élève de Jean Bellin, fit beaucoup d'ouvrages à Venise. Il existe un morceau de sa main dans l'église Santa Maria Corpus Domini, à l'autel de saint Pierre martyr. Le saint y est représenté en compagnie de saint Nicolas et de saint Benoît sur un fond de paysage; on y voit un ange qui accorde une viole et plusieurs petites figures plus qu'estimables, et si le peintre ne fût pas mort jeune, on peut croire qu'il aurait égalé son maître, *arebbe paragonato il suo maestro*. » Ce jugement a paru injuste aux savants commentateurs de la dernière édition florentine de Vasari. « C'est bien à tort, disent-ils, que le style de Cima est assimilé à celui de Jean Bellin, car il y a entre ces deux styles une sensible différence. La manière de Bellin est plus *naturaliste*, plus succulente dans la couleur (*succosa*), plus étudiée dans les beaux accidents des draperies; celle de Cima, plus idéale, plus noble dans les têtes, plus correcte dans les nus, plus libre dans la composition. Cima est le Masaccio de l'art vénitien, et conséquemment le plus grand artiste qu'ait eu l'école de Venise au quinzième siècle. *Egli è il Masaccio dell'arte veneta.* »

Sans avoir vu d'autres ouvrages du peintre trévisan que ceux de Milan, de Venise et du Louvre, nous croyons devoir protester à notre tour contre une telle appréciation. Dire que Cima est le Masaccio vénitien, c'est trop dire. Le mettre au-dessus de Jean Bellin, c'est trop l'estimer. La supériorité de Jean Bellin consiste précisément en ceci, qu'il est plus près de la nature sans être plus loin de l'idéal; qu'il est plus peintre, plus généreux dans sa manière et plus robuste, sans avoir moins de sentiment, moins de tendresse, moins de poésie religieuse. Ingénu et délicat, Cima da Conegliano a aussi les défauts de sa délicatesse et de son ingénuité. Il est trop minutieux; il manque de cette ampleur à laquelle est arrivé Jean Bellin dans son fameux tableau de l'église Saint-Zacharie et dans celui qui est à l'Académie de Venise, *la Madone aux six saints*. Ses chairs sont plus pauvres, plus sèchement peintes; ses têtes sont des portraits comme celles de Bellin, mais les modèles n'en sont pas toujours bien choisis. En somme, si l'on peut dire que Bellin a été le précurseur du Titien, comme Pérugin fut le précurseur de Raphaël, il nous paraît exagéré de prononcer le nom de Masaccio à propos de Cima, car le Florentin a déjà deviné la dignité du style, la haute généralisation qui sera trouvée et fixée par Raphaël. Dans sa finesse, il touche souvent à la grandeur et il pressent la majesté. Cima, au contraire, demeure à égale distance de la manière gothique et de l'épanouissement final de la peinture. Il ne va pas, comme Masaccio, jusqu'au seuil du grand art.

En dehors de ces comparaisons d'école à école, qui sont toujours dangereuses parce que l'exacte vérité y trouve rarement son compte, Cima da Conegliano a été un peintre plein de sentiment et de jeunesse et un coloriste initié aux secrets des harmonies et des contrastes. La jeunesse est même sa qualité

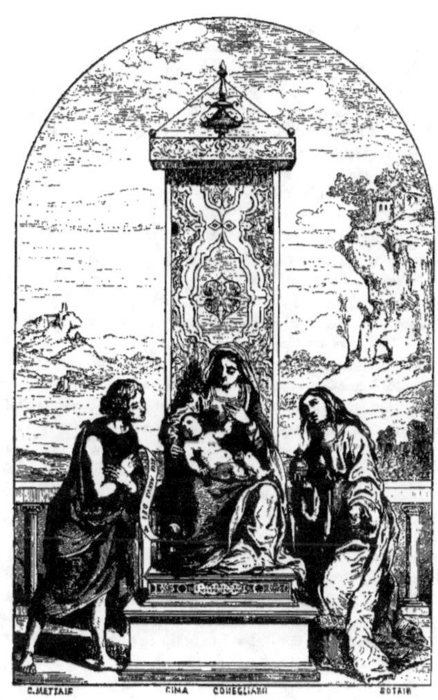

LA VIERGE ENTRE SAINT JEAN ET SAINTE MADELEINE (Musée du Louvre).

distinctive, car il en conserve toujours la naïveté, le caractère aimable et timide. Sa prétendue indépendance dans les compositions supposerait une humeur plus hardie et plus libre que la sienne. Tout ce que nous connaissons de lui, au contraire, — et on ne peut le connaître que par des gravures, car Cima n'a été un peu gravé que de nos jours[1], — se rattache, pour la disposition des figures, aux anciennes ordonnances. La symétrie y est presque toujours respectée ; une symétrie un peu enfantine, celle des

<hr>

Pour savoir combien les opinions changent de siècle en siècle en matière de peinture, et quelles sont celles qui ont régné à telle ou telle époque, il suffit de jeter un coup d'œil sur l'œuvre des graveurs. C'est en consultant leurs estampes qu'on se rend

maîtres primitifs, qui n'ont cherché l'équilibre que dans la similitude des parties droites avec les parties gauches, et qui n'ont pas connu cette pondération des masses, cet ordre caché, ou, si l'on veut, ce beau désordre inauguré par les grands maîtres. Nos observations, du reste, peuvent se vérifier sur le tableau

compte du peu d'estime que l'on a professé pendant trois siècles pour les peintres qui florissaient avant Michel-Ange, Léonard, Titien et Raphaël.

Il ne faut pas s'étonner que Cima da Conegliano, antérieur à Titien par son style et par son âge, n'ait pas été gravé à Venise, où Jean Bellin lui-même ne l'était pas. Venise était cependant, dès le seizième siècle, une ville remplie de graveurs. Déjà, au siècle précédent, l'art de la gravure y avait été inauguré par Girolamo Mocetto, qui, d'un burin rude encore mais conduit par le sentiment des plans et des formes, avait traduit quelques dessins de Giovanni Bellini et de Mantegna plutôt que de s'attacher aux grands tableaux de ces maîtres. Après Mocetto, ce furent des étrangers pour la plupart qui cultivèrent la gravure à Venise. Sans parler d'Albert Durer, qui ne fit qu'y passer et qui d'ailleurs ne traduisait que ses propres pensées, ce furent des Allemands, des Hollandais ou des Français, tels que Jean et Egidius Sadeler, Lucas et Wolfgang Kilian, Corneille Cort, Jacques Mathan, Valentin Lefebvre, Brebiette et plus tard Jean-Baptiste Jackson et Joseph Wagner, qui s'employèrent à graver la majeure partie des tableaux vénitiens. Mais celui de tous les graveurs qui a rendu le plus de services à l'école de Venise et qui a le plus contribué à en populariser les chefs-d'œuvre est sans contredit Valentin Lefebvre, dont les estampes méritaient bien les honneurs d'un catalogue. Ce catalogue, ébauché par Zanetti, a été dressé avec soin par M. Villot, dans l'ancien *Cabinet de l'Amateur*, et nous croyons que c'est chose utile que d'en donner ici un abrégé. Né à Bruxelles en 1642, Lefebvre passa la plus grande partie de sa vie à Venise, où il se maria vers 1700 et où il mourut en 1710. Peintre, il forma son style sur celui de Véronèse, et le peu de peintures qu'on a de lui tiennent de la manière de ce grand maître, notamment celles du soffite du grand escalier à Saint-Georges-Majeur, où Lefebvre a représenté le songe de Jacob. Il eût été plus naturel sans doute que ce catalogue fût inséré de préférence dans les notices de Titien ou de Paul Véronèse ; mais là nous n'avions pas assez d'espace ; ici nous en avons trop. L'essentiel, après tout, c'est que le lecteur trouve quelque part, dans le volume consacré aux Vénitiens, le catalogue de l'artiste qui les a le plus et le mieux gravés.

Les estampes de Valentin Lefebvre sont au nombre de 53, non compris le titre. Elles parurent réunies pour la première fois en corps d'ouvrage, non pas en 1680, comme le disent Huber et Rost, mais en 1682, sous ce titre : *Opera selectiora quæ Titianus Vecellius Cadabriensis et Paulus Calliari Veronensis inventárunt et pinxerunt, quæque Valentinus Lefebre Bruxellensis delineavit et sculpsit ; Christianissimo Ludovico Magno Franciæ et Navarræ regi invictissimo sacrat, vovet Jacobus van Campen MDCLXXXII.* Les 53 estampes de l'œuvre sont toutes gravées en contre-partie des originaux ; mais il existe de toutes ces estampes des contre-épreuves, en général fort belles, qui ont été faites avec les épreuves du premier tirage, lesquelles sont rares et tirées sur grand papier très-fort, au lieu que le second tirage a été fait sur un papier inconsistant et mince. Les nᵒˢ 1 à 28 sont gravés d'après le Titien ; les nᵒˢ 29 à 50 sont d'après Véronèse ; les nᵒˢ 51 à 53 d'après Tintoret.

1. *Caïn et Abel.* — 2. *Le Sacrifice d'Abraham.* — 3. *David vainqueur de Goliath.* Ces trois morceaux sont ceux qui ont été placés à Venise dans la sacristie de la Salute, où ils sont encore. — 4. *Tobie et l'Ange.* D'après la peinture de Titien qui est dans l'église Sainte-Catherine. Cette peinture est attribuée par Boschini à Santo-Zago. Il existe un autre tableau du même sujet exécuté par Titien à San Marziale ; celui-là a été gravé par Rosaspina et par Zucchi. — 5. *L'Annonciation.* C'est le tableau que le maître avait peint pour la confrérie de San Rocco, où il est encore, dans l'escalier. — 6. *Couronnement d'épines.* Ce morceau, exécuté pour l'église delle Grazie de Milan, fut apporté en France, et il orne aujourd'hui le Musée du Louvre. Il en existe une autre gravure en contre-partie de celle de Lefebvre, et conséquemment dans le sens de l'original, par Luigi Scaramuccia. — 7. *Sainte Famille.* L'enfant, debout sur une table, présente à sa mère des cerises. Cinq figures. Il y en a une autre gravure à l'eau-forte, mais en plus petit et en contre-partie de celle de Lefebvre, par Vostermann Junior ; elle est dans la Galerie de l'archiduc Léopold gravée et publiée par les soins de Téniers. — 8. *Autre Sainte Famille.* C'est le tableau qui est à Boisène. Il contient quatre figures. Il en reste une gravure au burin par Bonasone dans le sens opposé à celui de l'estampe de Lefebvre. — 9. *Autre Sainte Famille.* La Vierge tient l'Enfant, qui tend les bras à saint Jérôme agenouillé. A droite, sainte Dorothée. — 10. *Autre Sainte Famille.* La Vierge donne le sein à l'Enfant, qu'adorent saint André et saint Titien, évêque, celui-ci assisté d'un acolyte. Tableau exécuté pour l'église paroissiale du peintre, à Cadore, sa patrie. Il a fait le portrait de son frère François Vecellis dans le personnage de saint André, et le sien propre dans la figure de l'acolyte. — 11. *Ex-voto de la famille Pesaro.* C'est le magnifique tableau qui est dans l'église des Frari à Venise. Cochin l'a gravé aussi en petit et en contre-partie. — 12. *Autre Sainte Famille.* En haut, la Vierge et l'Enfant dans une gloire, entre deux anges ; en bas, sainte Catherine, saint Nicolas, saint Pierre, saint Antoine, saint François et saint Sébastien. *Titianus faciebat.* Lors de la suppression de l'église San Niccoletto de' Frari, ce tableau fut vendu à un consul anglais, M. Smith, qui le coupa en deux, garda la partie supérieure et vendit l'autre au pape Clément XIV, qui le plaça dans le Quirinal. Aujourd'hui, les deux parties ont été réunies au Vatican. — 13. *Saint Jean dans le désert.* Il est debout, le bras droit levé, et il tient de la main gauche une longue croix. A ses pieds est un agneau couché. Ce tableau, peint pour

de Cima que nous avons au Louvre. La Vierge, assise sur un trône à baldaquin qui occupe le milieu du

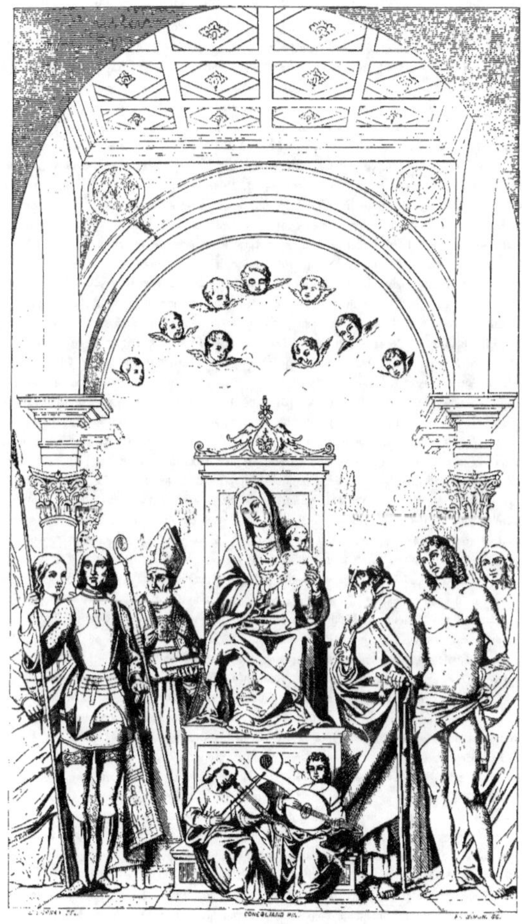

LA MADONE AUX SIX SAINTS (Académie de Venise).

panneau, tient l'Enfant Jésus sur ses genoux, entre saint Jean-Baptiste, qui présente ses hommages au

l'église Santa Maria Maggiore, est aujourd'hui à l'Académie des Beaux-Arts. — 14. *Saint Jean enfant*, assis par terre

jeune dieu, et la Madeleine, qui vient lui offrir un vase de parfums. Le fond est une vue de Conegliano, paysage rocheux d'une végétation intermittente et tout hérissé d'accidents pittoresques. On le voit, l'arrangement du tableau est traditionnel. Le peintre se représente la scène comme s'étant passée à

tenant un agneau, dans un grand paysage. Ce morceau fut envoyé par l'Arétin au comte Massimiliano Stampo. — 15. *Saint Jérôme au désert.* Il est à genoux devant un crucifix et va se frapper avec une pierre. Ce tableau se trouve à Venise, à Santa Maria Nuova. — 16. *Miracle de saint Antoine.* Il semble ressusciter un jeune homme étendu par terre. Composition de douze figures, dans un paysage. C'est une des fresques qui ont été gravées dans le recueil de Caroline Patin, publié en 1691. — 17. *Martyre de saint Pierre.* C'est le fameux tableau qui est à San Zanipolo. Il a été gravé aussi par Martin Rota, par Fontana, par Cochin en petit, par Jackson en camaïeu, par Denon à l'eau-forte. — 18. *Femme nue couchée.* Elle est sur un lit: au-dessus d'elle pend une tablette avec cette inscription : *Omnia vanitas.* — 19. *Femme nue couchée,* sur un fond de paysage où l'on aperçoit deux figures assises au pied d'un arbre. — 20. *Femme nue présentant une flûte à un jeune homme.* Le fond est un paysage où l'on aperçoit au loin deux petites figures. Gravé aussi par Ravenet. — 21. *Le Concert champêtre.* Une femme nue, assise et vue de dos, tient une flûte; près d'elle un berger tient une basse. — 22. *Les Compagnes d'Europe.* Elles sont assises sur le bord du fleuve, qui est traversé à la nage par le taureau qui porte Europe; au fond, un village avec tour et pont de bois. — 23. *Le Berger endormi.* Il dort la tête appuyée sur une main, et son corps est à demi caché par un arbre. Sur le devant, moutons et chèvres; au fond, fabrique, pont et rivière. — 24. *Autre Berger endormi.* Il est vu de dos, assis sur un rocher dans un paysage où l'on voit un cochon, une chèvre, des moutons, et deux hommes accroupis et endormis. — 25. *Le Vielleur.* Il est assis par terre auprès d'une femme; à gauche, un grand arbre; au milieu du fond, un rocher pointu. — 26. *Les Laveuses.* Deux femmes courbées lavent du linge; une autre porte deux seaux; fond de paysage avec pont à deux arches, figures et fabriques. — 27. *Le Berger jouant de la flûte.* Il marche en tête d'un troupeau que chasse un autre berger armé d'un bâton. Il en existe une autre eau-forte attribuée au Titien lui-même. — 28. *L'Écuyer.* Il descend une rivière, tenant un cheval par la bride; par terre est assis un jeune homme en chapeau à plume. 29. *La Visitation.* La rencontre a lieu sur un perron. Huit figures, celles de devant à mi-corps sous l'arcade qui porte l'escalier. — 30. *La Présentation.* Composition de quatorze figures sous les arcades d'un portique orné de sculptures. C'est le tableau qui décore les orgues de l'église Saint-Sébastien, à Venise, église où Véronèse est enterré. — 31. *La Samaritaine.* Elle est debout contre la margelle à laquelle s'appuie Jésus assis. — 32. *Le repas chez Simon.* C'est le grand tableau du Louvre qui fait face aux *Noces de Cana.* — 33. *Saint Jérôme au désert.* Il est à genoux dans un paysage et avec son lion. Tableau de l'église degli Angeli, à Murano. — 34. *Saint Luc.* Il est assis sur son bœuf et lit dans un livre. — 35. *Saint Matthieu* et son ange dans les nues déroulent l'Évangile. Ce morceau et le précédent furent peints pour l'église San Niccoletto de'Frari; on ne sait pas ce qu'ils sont devenus. — 36. *L'Éloquence.* A genoux, les bras sur un écusson; elle tient un caducée. — 37. *Le Destin,* symbolisé par une femme assise près d'un palais et qui tient un vase plein de mitres, de sceptres et de couronnes. — 38. *La Pureté.* Une femme assise tient un lapin enveloppé dans sa draperie. — 39. *La Fidélité.* Une femme assise tient une lampe et pose une main sur un chien. — Ces quatre figures allégoriques décorent la salle du Collège au Palais-Ducal. Elles ont été gravées aussi par Barry en 1668. — 40. *Le Génie.* Une femme pose la main droite sur la tête d'un aigle et tient de l'autre une plume. Fragment d'architecture. — 41. *Sacrifice à la loi.* Un grand prêtre debout implore la déesse en faveur de plusieurs personnes agenouillées sur les degrés d'un temple. En haut, la Foi élève le calice de l'Eucharistie. Pièce ovale dans un carré, plafond du Conseil des Dix. — 42. *Neptune traîné par des chevaux marins.* Estampe ovale enfermée dans un carré, d'après le tableau de Bazacco (et non de Paul Véronèse). Bazacco, de Castelfranco, abandonna la peinture pour se faire prêtre et devint *monsignore.* — 43. *Vieillard assis près d'une femme couronnée et tenant un sceptre.* Ce morceau n'est pas de Véronèse, mais de Zelotti. Il décore, comme le précédent et les trois suivants, le plafond de la salle du Conseil des Dix. — 44. *Autre vieillard assis près d'une jeune fille vue de face, qui retient sa draperie sur son sein.* — 45. *Junon et Vénus.* En haut, Junon tient des couronnes, des vases, des joyaux et la corne ducale, qu'elle laisse tomber sur Venise, laquelle est assise, appuyée sur son lion. — 46. *Venise sur un globe.* Elle montre le ciel et tient un sceptre. Ce morceau est de Zelotti, et non de Véronèse. — 47. *Le Triomphe de Venise.* On la voit, en haut, couronnée par la Gloire entourée de figures allégoriques, l'Honneur, la Paix, l'Abondance, et de divinités, telles que Junon, Hercule, Mercure. Plafond de la salle du Grand Conseil, au Palais-Ducal. — 48. *La Géométrie et l'Arithmétique.* Deux femmes nues, l'une vue de dos, l'autre lisant. Pièce ronde dans un carré. — 49. *Enlèvement d'Europe.* Elle est assise sur son taureau. Deux de ses compagnes la parent. Deux amours lui jettent des couronnes. Salle de l'Anti-Collège, à Venise. Douze figures, y compris les petites figures du fond. — 50. *Autre enlèvement d'Europe.* Elle est assise sur le taureau; une de ses compagnes la couronne. Sept figures, dont deux amours; plus un aigle et une vache. — 51. *Sacrifice d'Abraham.* L'ange lui retient le bras. Ovale dans un carré. — 52. *Jonas sortant de la baleine.* Il est délivré et se prosterne devant le Père éternel. Plafond: ovale dans un carré. — 53. *Jésus guérissant les malades.* On remarque à gauche, parmi une trentaine de figures, un homme qui emporte ses couvertures. La scène se passe sous un portique.

quelques pas de sa ville natale, dans les prés où, enfant, il s'ébattait. Le Messie n'est pas ici le Dieu qui
est venu racheter le monde; c'est une divinité locale, pour ainsi dire. Chaque peintre, au commencement,
veut avoir le Christ de sa race et de sa nation, la Vierge de son pays, de son village. Il semble que

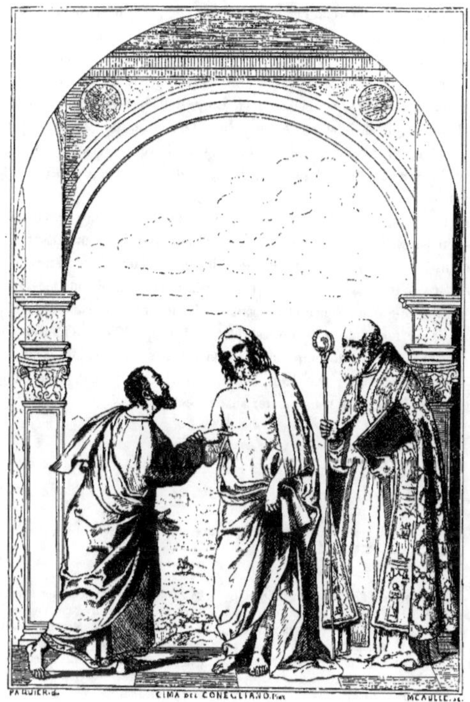

LE RÉDEMPTEUR ENTRE SAINT THOMAS ET SAINT MAGNE (Académie de Venise)

Cima, comme la plupart des autres, a vu passer la Vierge aux environs de sa demeure, que son image
s'est encadrée dans les souvenirs du pays natal, et il faut convenir que cette bonhomie a quelque chose
de gracieux et de touchant. Cette Vierge, que le peintre veut peindre pour soi et pour les siens, et à

Toutes les gravures ci-dessus portent V. LE FEBRE, le nom du peintre, en grandes capitales; plus, d'un côté: *del. et sculp.*
et de l'autre, *Van Campen F (ou Formis) Venetiis.*

Les estampes de Valentin Lefebre, sans avoir la richesse et la variété de tons que comportaient les peintres vénitiens, sont
gravées avec beaucoup d'habileté, d'esprit et de largeur, d'une pointe fière et libre, qui, épargnant les travaux et laissant ainsi
jouer la lumière sur le papier, y produit un ton gai et argentin, dont l'aspect, dans les belles épreuves, est tout à fait séduisant.

laquelle il donne pour habitation le paysage de Conegliano, cette Vierge, il n'est rien de trop beau pour elle. Le trône sera porté sur un soubassement de marbre, varié de mosaïques; le baldaquin sera d'une étoffe richement ouvrée d'un beau rouge, dont le tissu est traversé par des ramages verts; tout le tableau sera coloré des tons les plus précieux et les plus éclatants; la draperie de saint Jean, d'un vert tirant sur l'émeraude, et la robe de la Madeleine, d'un rouge voisin de l'écarlate, contrasteront violemment, de manière que ces tons opposés s'exalteront l'un et l'autre et l'un par l'autre, bien qu'ils soient séparés par le ton clair et reposé du soubassement, dont la première assise est en marbre blanc veiné et légèrement jauni. Au vert intense du paysage, à l'azur lumineux du ciel, s'oppose de nouveau le rouge franc du baldaquin, qui trancherait trop durement si les fleurons verts que le peintre y a semés ne conciliaient l'harmonie avec le contraste. La tunique bleue de la Vierge fait écho aux montagnes du fond, qui sont d'un bleu décidé. L'azur clair du ciel se retrouve sur le manteau de Madeleine, et quelques nuages blancs, qui correspondent au soubassement de marbre, servent de repos au milieu de ces couleurs qui se combattent et se rappellent, s'aigrissent et se réconcilient, et atteignent enfin sans discordance le maximum de leur intensité et de leur éclat.

Coloriste initié aux traditions orientales, paysagiste amoureux de la nature parce qu'il voit dans toute campagne celle de son pays, habitué à composer ses tableaux avec des portraits peu choisis, Cima da Conegliano est donc aussi près du naturalisme que Jean Bellin, et il n'a ni plus d'idéal ni plus de noblesse. Dans ce tableau du Louvre, le type de ses têtes est lourd, et la seule distinction de ses physionomies, assez communes, c'est leur air d'innocence et de candeur. La tendresse qui anime ces visages les relève et les ennoblit. Mais, pour nous, Jean Bellin est plus maître que Cima. Celui-ci n'est qu'un peintre aimable, intime et ingénu, qui reste toujours un peu enfant dans ses expressions, toujours un peu gothique dans ses draperies anguleuses, tandis que Jean Bellin, sérieux et imposant, n'aurait qu'un pas à faire pour atteindre à la maturité du style, pour monter aux cimes de l'art.

CHARLES BLANC.

RECHERCHES ET INDICATIONS

Musée du Louvre. — *La Vierge et l'Enfant*, entre saint Jean et sainte Madeleine. La Madone est assise sur un trône appuyé à une balustrade d'où l'on découvre la campagne de Conegliano. On lit : Joanis Bapt. Coneglianeso opus.

Conegliano, dans l'église San-Bartolommeo, tableau daté de 1489. — Dans la cathédrale, autre tableau.

Musée Brera, a Milan. — *Saint Pierre l'inquisiteur*. Ce tableau est celui dont Vasari a parlé. Il appartenait aux religieuses du Corpus Domini, à Venise. (Petite nature.)

Saint Pierre, saint Paul et saint Jean-Baptiste.

Une *Vierge* et deux autres tableaux, divisés en compartiments, renfermant chacun une figure de saint ou de sainte.

Académie de Venise. — *La Vierge sur un trône*. Ce tableau provient de l'église *Della Carità*.

Saint Jean-Baptiste entre Pierre et Marc, Jérôme et Paul. Provient de l'église Della Madonna dell' Orto.

Madone avec plusieurs saints.

La Justice. Provient de la commanderie de Malte.

Le Rédempteur, entre saint Thomas et saint Magne.

Saint Christophe. — Madone dans un paysage.

Déposition de croix, signée.

Parme. — *Sainte Famille*, avec saint Joseph et l'archange Michel en armure.

Vierge sur un trône, avec sainte Catherine et autres saints.

On trouve encore des ouvrages de Cima dans quelques églises de Venise et de Murano, dans les musées d'Allemagne et d'Angleterre; à Munich, un tableau daté de 1493.

Madone, entre saint Jérôme et la Madeleine; — à Vienne, une *Sainte Famille* entre saint Jérôme et saint Louis; — à Dresde, une *Madone* avec des saints; — à Berlin, une *Vierge glorieuse*; le *Miracle de saint Anien*; — à Londres, à la National Gallery, *la Vierge et l'Enfant*, sur un fond de paysage

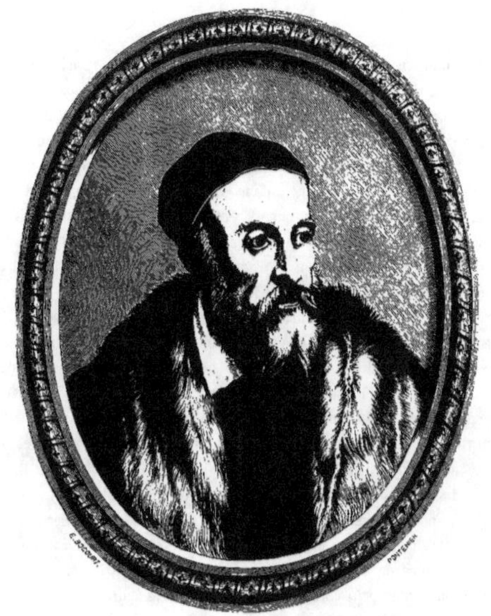

TITIEN VECELLI

NÉ EN 1477. — MORT EN 1576.

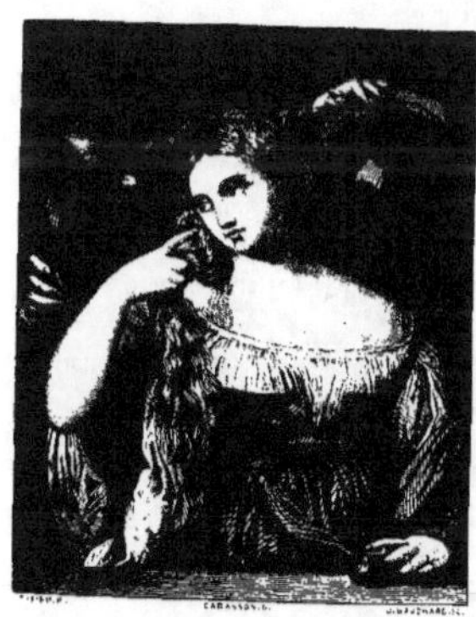

Giorgion disait, en parlant du Titien, qu'il avait été peintre dès le ventre de sa mère, *in sino nel ventre di sua madre era pittore*[1]. Titien est en effet, si l'on peut s'exprimer ainsi, le plus peintre de tous les peintres. Sans parler de leurs autres qualités, qui sont éminentes, ses tableaux peuvent être regardés comme le dernier mot de l'exécution, comme le triomphe et le modèle de l'art de peindre. Il est certain qu'à l'âge de dix ans, Titien, montrant du goût pour le dessin, fut envoyé à Venise, chez un de ses oncles, Antoine Vecelli, qui le mit à l'école de Sébastien Zuccato, maître mosaïste. Celui-ci, voyant le génie naturel de cet enfant, le confia aux soins de Gentil Bellin, qui peignait alors, avec son frère Jean, dans la salle du Grand-Conseil. Sous la discipline de ce professeur dont tout l'enseignement se réduisait à dire : « Faites comme moi, » Titien commença par l'imiter : il fut compassé dans son dessin, aride dans ses contours ; mais bientôt la manière sèche, patiente et fatiguée de Gentil, ne s'accordant plus avec la vivacité de son humeur, il se mit à dessiner plus facilement, avec une vigueur et

[1] Ludovico Dolce. *Dialogo della pittura, intitolato L'Aretino*, Venise, 1557.

une liberté tout à fait imprévues : « *Gagliardamente e con molta prestezza,* » dit Ludovico Dolce, son ami. Là-dessus Gentil Bellin ne manqua pas de dire à son élève qu'il ne ferait pas son chemin; mais celui-ci, convaincu du contraire, s'en alla travailler quelque temps chez Jean Bellin, qu'on estimait bien supérieur à Gentil.

Titien, né à Cadore, dans le Frioul, en 1477, avait dix-huit ou vingt ans lorsqu'on vit éclater à Venise la peinture d'un obscur jeune homme, nommé Giorgion de Castel-Franco. Titien, qui l'avait connu dans l'atelier de Jean Bellin, n'avait encore qu'un pressentiment de la grande peinture; mais les ouvrages de son condisciple lui ouvrirent les yeux, et achevant alors de secouer la poussière de l'art gothique, il s'éprit de cette manière large, puissante, pleine et fière que l'on appela *giorgionesque,* et à laquelle Titien devait donner plus tard l'autorité de son exemple et de son propre nom. Il essaya ce nouveau style dans le portrait d'un gentilhomme de la famille Barbarigo, son ami, et il y poussa si loin la vérité des carnations, le rendu d'un pourpoint de satin, l'imitation des cheveux, que ce portrait aurait passé pour un ouvrage de Giorgion, si l'auteur ne l'eût signé. À ces brillants débuts du Titien se rapportent une peinture en détrempe qu'il exécuta pour la famille Génova de Cadore et le portrait de la célèbre Catherine Cornaro, reine de Chypre, qui après la mort de Lusignan, son mari, vint se fixer à Venise. Pierre Bembo l'a chantée dans ses poésies; mais le portrait du Titien, dont on fit plus tard d'innombrables copies, contribua plus encore à la célébrité de cette princesse que les vers gracieux du poète.

Le Titien commençait à faire parler de lui et venait de terminer quelques ouvrages remarquables pour un marchand florentin nommé Danna, quand il fut question de décorer les murailles de l'Entrepôt des Allemands (*Fondaco de' Tedeschi*). La façade principale, qui regarde le Grand-Canal, échut à Giorgion, et Titien, à la sollicitation de Barbarigo, son protecteur, fut chargé de celle qui regarde la Mercerie. Les fresques de Giorgion firent voir un génie ardent, original, une manière ressentie, de fortes ombres et une sorte de rude élégance dans les attitudes. Les fresques de Titien montrèrent un style tout aussi mâle, mais plus sage déjà, plus tranquille et plus grandiose. On en peut voir la trace dans une belle figure de *Judith,* seul reste à peu près de ces peintures détruites par le temps. C'est un morceau de chair vive où le sang circule, dit l'auteur italien qui a fait graver ces précieux fragments[1]. Lorsque les deux peintres eurent découvert leurs ouvrages, cette *Judith* parut si admirable que des gentilshommes vénitiens qui ne savaient pas que Titien eût travaillé à la décoration de l'Entrepôt, félicitèrent Giorgion des peintures de son concurrent, lui disant avec naïveté qu'il avait montré encore plus de talent dans la façade du côté de la Mercerie, que dans celle qui regarde le Grand-Canal. Giorgion répondit modestement que la façade dont on voulait bien le complimenter était l'œuvre d'un disciple nouvellement passé maître. Mais il était blessé au vif : il se retira dans sa maison et s'y enferma quelque temps pour dévorer son dépit. Depuis, il ne voulut plus entendre parler du Titien.

Ces fresques de l'Entrepôt, que Titien peignit en 1507, à l'âge de trente ans, révélèrent pour la première fois les nouvelles tendances de l'école vénitienne et le véritable caractère de celui qui allait en devenir le chef. Mais là où Titien se montra tout entier, ce fut dans les grands dessins qui furent gravés sur bois et qu'il publia l'année suivante sous le titre de *Triomphe de la foi.* Il introduisit dans cette vaste composition, remplie de vie et de chaleur, tout ce qui pouvait faire briller son génie sous ses divers aspects. Il y montra le savoir d'un praticien consommé et, sinon cette grandeur auguste à laquelle atteignit André Mantegna dans *le Triomphe de Jules César,* du moins une certaine ampleur majestueuse et pesante qui était déjà le trait distinctif du Titien et qui ne devait plus changer.

Il est en effet d'observation que les grands peintres sont ordinairement presque tout de suite ce qu'ils doivent être un jour. Titien n'a certainement rien fait qui le caractérise mieux que *l'Assomption* de l'église des Frères-Mineurs (*de' Frari*), qui cependant, eu égard à son existence de centenaire, peut passer pour une œuvre de sa jeunesse. Tout le monde en connaît la composition par la belle estampe de Schiavone, qui a fait revivre ce grand morceau, resté longtemps éteint et noirci, mais aujourd'hui rendu à sa primitive splendeur. C'est un tableau à trois étages, au sommet duquel resplendit dans une gloire le Père-Éternel ouvrant les bras pour

---

[1] Zanetti, *Varie pitture a fresco de' principali maestri Veneziani, Venezia,* 1760, petit in-folio. Vasari s'est trompé en attribuant *la Judith* à Giorgion.

recevoir la vierge Marie, qui s'élève aux cieux, modeste et triomphante, environnée d'une auréole de
chérubins. En bas sont groupés les apôtres, dont les figures, de grandeur colossale, présentent les plus beaux
airs de tête et un caractère puissant qui a dû s'affaiblir dans la traduction du graveur. De l'idéal, ce n'est pas
là sans doute qu'il en faut chercher. Le type commun de la Vierge, sa taille courte, ses draperies épaisses la
font apparaître au sein des nues comme une servante radieuse. Mais il y a dans l'ordonnance un certain
grandiose et dans le redoublement des coups de lumière une verve d'invention qui étonne, — sans parler

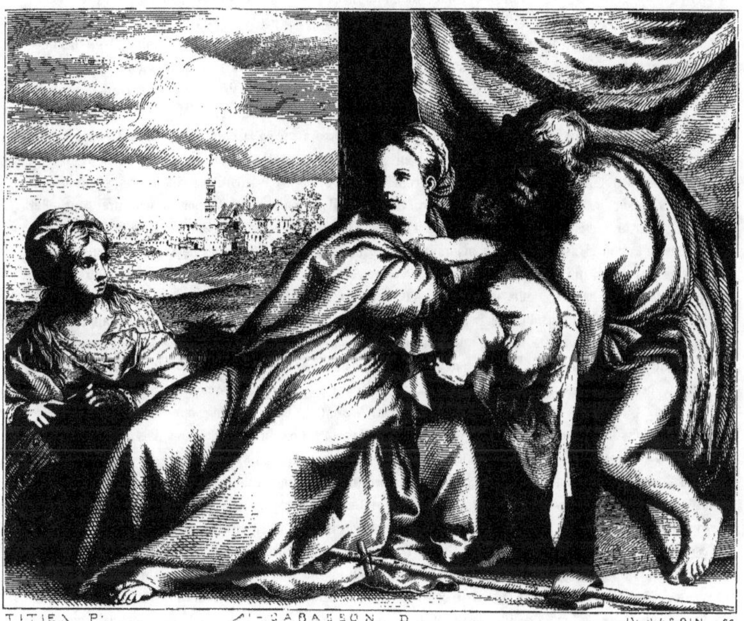

SAINTE FAMILLE.

de l'exécution, qui est ici d'une hardiesse que Titien n'avait pas encore montrée. Son pinceau, habituellement
suave, qui fond grassement les couleurs l'une dans l'autre et fait perdre insensiblement les lumières, a procédé
cette fois par touches heurtées et libres, calculées pour être vues à distance. Les peintres grossiers et le vulgaire
des amateurs, qui s'étaient accoutumés, dit Dolce, aux peintures froides, compassées et mortes des Gentil Bellin
et des Vivarino, se montrèrent scandalisés de cette façon de peindre qui leur paraissait brutale; les Frères
Mineurs furent même sur le point de refuser l'œuvre du Titien, et ils ne se décidèrent à l'accepter que sur
l'offre que fit un des ministres de Charles-Quint, de leur racheter le tableau pour une somme considérable. —
La même église renfermait le tableau votif de la famille Pesaro, dont l'auteur de *l'Aretino* fait un si vif éloge.

D'un sujet insignifiant par lui-même et sans aucun ressort, Titien a su tirer un parti merveilleux, tout d'inspiration et de génie. Quel charme en effet dans cette composition, que l'on dirait arrangée par un heureux hasard! Au lieu de siéger majestueusement sur un trône symétrique placé au centre du tableau, la madone, descendue d'un nuage, s'est doucement posée avec l'enfant sur une corniche du palais des Pesaro, comme ferait une volée de colombes..... Le Corrége, en vérité, n'eût pas trouvé mieux.

La mort de Giorgion, arrivée en 1511, acheva de mettre le Titien au premier rang de l'école vénitienne. Sa renommée, déjà bien établie à Venise, commençait à se répandre au dehors. La ville de Vicence, qui voulait faire décorer son Palais-de-Justice, en chargea l'artiste vénitien, qui peignit à fresque, dans la petite galerie, *le Jugement de Salomon*, où il mit une grande diversité de figures et d'habillements, et l'on put juger alors, à sa pratique large et résolue, de l'assurance qu'il avait acquise en exécutant les peintures de l'Entrepôt des Allemands. De Vicence, il fut mandé à Padoue et y fit encore, dans l'École de Saint-Antoine, trois fresques dont il emprunta les sujets à l'histoire du saint patron de la cité. Le temps a respecté ces glorieux ouvrages, qui firent le désespoir de Campagnola et de Jean Contarini, quand ils eurent à décorer les murailles voisines, et qui plus tard furent copiés par des maîtres tels que le Josépin et le Padouan, ainsi que nous l'apprend Marco Boschini, qui eut la bonne fortune de les copier lui-même, après avoir eu la bonne fortune de les voir[1]. Mais des travaux importants attendaient le Titien à Venise, notamment la décoration du palais Grimani. Il avait alors trente-quatre ans. Son frère François Vecelli, après s'être enrôlé parmi les volontaires vénitiens qui combattirent avec les troupes de Sforze contre Charles VIII, venait d'abandonner la peinture pour aller à Cadore gérer les biens paternels et se mêler à la vie publique. Titien, se trouvant seul, se maria avec une jeune fille de la bourgeoisie vénitienne, nommée Lucie, qui devait mourir jeune et de laquelle il eut plusieurs enfants : Pomponius, qui se fit prêtre et devint chanoine au chapitre de Milan; Horace, qui fut peintre comme son père, et des plus habiles; enfin, une fille que Titien maria en son temps à Cornelio Sarcinelli.

Vasari, qui a commis plus d'une erreur au sujet de Vecelli, raconte que ce grand maître fut appelé par le sénat de Venise à terminer le tableau qui représente l'empereur Frédéric Barberousse baisant les pieds du pape Alexandre III, tableau, dit Vasari, que Jean Bellin avait laissé inachevé dans la salle du Grand-Conseil. Il paraît constant que ce n'est pas Jean Bellin, mais Giorgion qui avait commencé l'histoire de Frédéric Barberousse. Quoi qu'il en soit, Titien en changea l'invention et le dessin pour se donner l'occasion d'introduire dans le cortége de l'empereur et dans celui du pape, les personnages célèbres de son temps, poètes, artistes, guerriers et grands seigneurs : Bembo, Sannazar, l'Arioste, André Navagero, frère Joconde l'architecte, Gaspard Contarino, Dominique Trevisan, Marco Grimani (fils du prince Antoine, procurateur de Saint-Marc), Gonzalve de Cordoue, surnommé le grand capitaine, et George Cornaro, qu'il représenta vêtu de drap d'or. Heureuse fantaisie qui nous vaudrait tant de portraits intéressants, réunis en un même cadre, tous pleins de vie et respirant le même souffle, si la salle du Grand-Conseil n'eût été consumée par un incendie, en 1576, avant que le burin d'un Corneille Cort ou l'eau forte d'un Valentin Lefebvre eussent retracé sur le cuivre d'aussi précieuses peintures! Le sénat de Venise récompensa le Titien en lui donnant l'office de la *Senseria* dans ce même Entrepôt des Allemands qu'il avait orné de ses fresques. A cet office, que la seigneurie conférait d'ordinaire au peintre le plus éminent de la ville, étaient attachés un revenu annuel de 300 écus, et l'obligation de faire, à chaque élection, le portrait du nouveau doge moyennant 8 écus seulement, — portrait qui était ensuite exposé dans une salle publique du palais de Saint-Marc.

Depuis ce moment, la vie du Titien n'est qu'une suite de triomphes. Les villes, les princes, les souverains et, ce qui vaut mieux, les grands hommes, se disputent les œuvres de son pinceau, se partagent sa vie. Le duc de Ferrare, Alphonse d'Este, l'ayant appelé à sa cour pour mettre la dernière main aux ouvrages que Jean Bellin avait laissés imparfaits dans le palais *del Castello*, Titien acheva la décoration du cabinet d'Alphonse en y peignant ces fameuses *Bacchanales* qu'Augustin Carrache proclamait les premiers tableaux du monde. Quelle verve, en effet, quelle abondance! quel génie de peintre! Ici, c'est Bacchus que l'on mène en triomphe sur un

---

[1] *Ed io pure ebbi fortuna di vederle e di ricopiarle ancora. Ricche miniere della pittura Veneziana*, 1674.

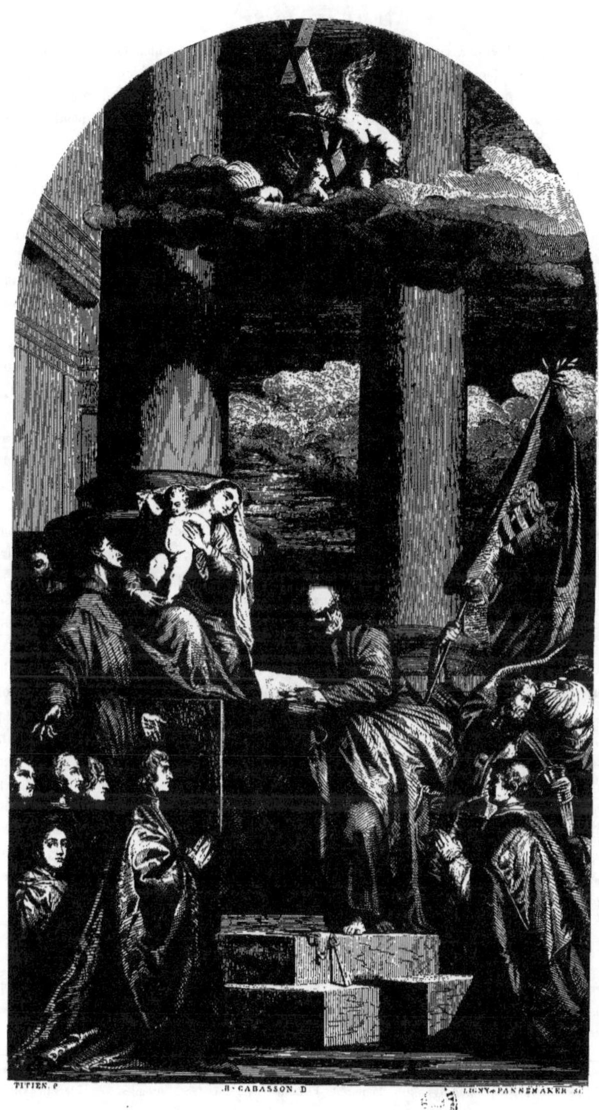

TABLEAU VOTIF DE LA FAMILLE PESARO.

char traîné par des panthères. Arrivé sur le bord de la mer, où Thésée vient d'abandonner Ariane, il s'élance de son char avec toute la fureur d'un héros amoureux, et tandis que les ménades, les satyres et les faunes qui lui font cortége sont ivres de vin, lui, le dieu du vin, il est ivre d'amour. La mer où l'on aperçoit le navire de Thésée, le ciel où brille la constellation d'Ariane, et les beaux arbres que le Titien a plantés de sa main d'artiste dans l'île de Naxos, servent de cadre à ce tableau prodigieux, ruisselant de couleur, où flottent des chevelures d'or et des draperies de pourpre, où palpitent les opulentes carnations de la prêtresse avinée et les chairs tombantes du vieux Silène [1]. Là, c'est un ruisseau de vin au bord duquel folâtrent des bacchantes légères et court-vêtues, dont les unes dansent au son d'une musique champêtre, les autres s'enivrent de la liqueur que leur versent, dans des coupes transparentes, des sylvains en gaîté ou d'élégants gentilshommes mêlés à la troupe de Bacchus. Parmi ces voluptueuses créatures, on en distingue une qui est tout le portrait de la maîtresse du peintre, superbe femme appelée *la Violante* [2] et dont la beauté reparaîtra souvent dans l'œuvre du Titien. Au premier plan est cette bacchante lascivement couchée sur le dos et endormie, qui a fait l'admiration de tant de peintres.

Il était dit que le duc de Ferrare posséderait les plus beaux fruits du génie de Titien. C'est pour lui que ce maître peignit, dans le même cabinet, *le Triomphe de l'Amour,* autre merveille que plus tard le Dominiquin étudiait, que Rubens copia, et qui servit de modèle à François Flamand et au Poussin. Ces grands artistes ne se lassaient point d'admirer la grâce de ce morceau, oui la grâce, car ce fut un des côtés du génie de Titien; et il est bien remarquable qu'un peintre si mâle, si robuste et si fier, ait été justement le premier qui ait bien représenté les enfants. Ceux qu'il a groupés dans ce tableau célèbre composent un adorable essaim d'amours, fraîche et riante famille de Vénus, dont la statue préside à leurs jeux. On les voit voler aux branches des arbres pour y cueillir des pommes d'or, danser, rire, pleurer, se battre, s'embrasser, se jeter des pommes, se tirer des flèches, porter des paniers de fruits, lutiner des chèvres, et former enfin, malgré la variété de leurs heureux groupes, un tableau plein d'harmonie, où les tons, en se dégradant, accusent la présence de l'air, et conduisent l'œil jusqu'aux objets les plus éloignés. C'est à Madrid qu'il faut aller maintenant pour contempler ce chef-d'œuvre, qui de Ferrare fut envoyé à Rome, lors de la réunion de ce duché aux États de l'Église, en 1617, et que le cardinal Ludovisi donna au roi d'Espagne, avec une des deux *Bacchanales,* au grand regret des amateurs de Rome, et particulièrement du Dominiquin, qui ne put retenir ses larmes en les voyant partir.

A la cour de Ferrare brillait alors une femme célèbre par son esprit autant que par ses crimes, Lucrèce Borgia. Après bien des aventures tragiques, elle avait épousé Alphonse Ier et cherchait à faire oublier les noirceurs de sa vie par la politesse de ses manières et par la distinction de son goût pour la peinture, la musique et la poésie. Ayant achevé le portrait du duc de Ferrare, qu'il représenta la main appuyée sur une pièce d'artillerie, par allusion aux perfectionnements que ce prince avait apportés dans l'art de fondre les canons, Titien fit le portrait de la duchesse, ce beau portrait qui fut copié tant de fois et qui a été gravé par Egidius Sadeler. Il peignit ensuite un poète fameux, Louis Arioste, qu'il avait déjà connu quelques années avant, et qu'il venait de rencontrer à la cour de Ferrare, lisant à Lucrèce les derniers chants de l'*Orlando furioso,* dont il préparait l'impression. Titien fit le portrait d'Arioste, de grandeur naturelle, en habit de velours noir, doublé d'une fourrure de loup-cervier; il prit ensuite la peine de dessiner en petit un second portrait que l'on fit graver en tête de la première édition de l'immortel poème. A son tour, l'Arioste y burina le nom du Titien :

> . . . . e Tizian che onora
> Non men Cador, che quei Venezia e Urbino.

Les deux grands hommes se lièrent en peu de temps d'une étroite amitié, peut-être à cause de la secrète parenté qui existait entre leurs génies; car, si l'un et l'autre ils s'élevèrent rarement à l'idéal, tous deux ils furent des

[1] Ce tableau est aujourd'hui à Londres, dans la *National Gallery.*

[2] Titien aima deux femmes de ce nom. La première est celle qui figure dans ce tableau; la seconde était la fille de Palma le Vieux, un de ses élèves, à laquelle il fit donner ce nom de *Violante* en mémoire de la première; mais lorsque Titien devint amoureux de la fille de Palma, il était déjà dans un âge très-avancé.

coloristes brillants, d'étonnants paysagistes; tous deux ils surent voir la nature par un côté noble, et l'on a pu dire que si la Vénus du Titien n'était pas déplacée à côté d'une Vénus grecque, l'Alcine et l'Olympia de l'Arioste pouvaient aller de compagnie avec Hélène et Didon. On assure, du reste, que l'Arioste consulta Titien sur les parties de son poëme qui touchaient à ses héroïnes et à la description de leur beauté. L'on peut, en effet, reconnaître les indications du peintre de Venise dans ce portrait d'Alcine, si discret et si beau, dont toutes les couleurs sont empruntées, comme celles du Titien, à la nature : « Elle avait, dit le poëte, des flancs relevés, de

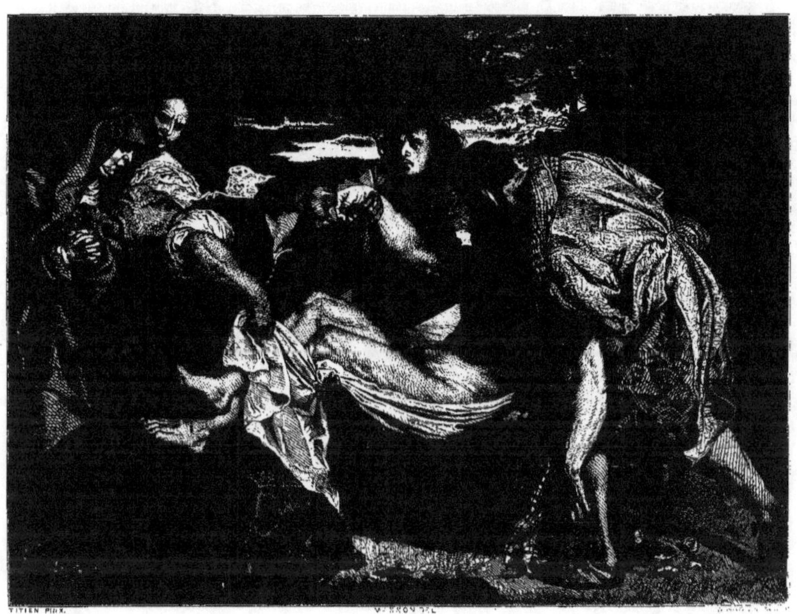

LA MISE AU TOMBEAU.

belles hanches, des bras blancs et forts, comme ceux que modelait Phidias, et le corps d'une chair unie et compacte, plus polie qu'un miroir, *e netto più che specchio il ventre piano.* »

De retour à Venise, Titien y reprit la place que personne ne pouvait plus désormais lui disputer. Déjà cependant s'éveillaient autour de lui des envieux. On reconnaissait qu'il n'avait point de rival dans l'imitation de la vie; sans doute, il atteignait à une vérité surprenante; il maniait le pinceau avec une vigueur sans égale; mais il n'avait point le secret de parler au cœur, d'y produire ces nobles émotions que nous font éprouver le Laocoon, les Niobé et les autres antiques. Il savait modeler les corps, mais non pas exprimer l'âme... Ces critiques jalouses ne firent que stimuler le Titien. Les Frères Mineurs l'ayant chargé d'un tableau pour leur petite église, dite *San*

Niccoletto de'Frari, le peintre y accumula tous les trésors de son génie, et, voulant montrer qu'il n'avait pas eu besoin d'aller à Rome pour étudier l'antique, il rappela les traits du Laocoon dans la tête du saint patron de l'église; mais cette belle tête, au lieu d'exprimer la douleur contenue, s'illuminait des ravissements de l'extase. Tous les prestiges du coloris et du clair-obscur, toutes les ressources de cette manière savoureuse et giorgionesque, devenue maintenant la sienne, Titien les réunit dans ce tableau merveilleux, où la composition même, qui est le côté faible de son talent, est cette fois des plus heureuses. Une muraille circulaire tombant en ruines est le fond sur lequel s'enlèvent la dalmatique de saint Nicolas et les graves figures de plusieurs saints qui contemplent la Vierge apparue dans les airs. Parmi eux, on remarque, d'un côté, une sainte Catherine qu'on prendrait, à sa beauté sévère, pour une divinité de Sparte; de l'autre, ce fameux saint Sébastien, percé de flèches, dont les membres nus et délicats semblent moulés sur nature, suivant le mot de Vasari, *stampati dal vivo*, et qui arrachait au Pordenone cette exclamation : « Ce n'est pas là de la peinture, mais de la chair [1]. »

Lié dès sa première jeunesse avec Pierre Bembo, Titien avait fait le portrait de ce littérateur aimable, à qui ses poésies galantes valurent le chapeau de cardinal. Bembo ayant montré son portrait à Léon X, le pape, qui s'y connaissait, en fut charmé, et, jaloux d'attirer à sa cour un si grand peintre, il chargea Bembo lui-même d'en écrire au Titien, en lui offrant les conditions les plus honorables. L'occasion était tentante : voir Rome et ses antiques, Rome où florissait alors le sublime Michel-Ange, où le divin Raphaël vivait encore! Titien résista pourtant, et ce fut, dit-on, par les conseils de son ami André Navagero, noble vénitien, poète et orateur célèbre de son temps. Aussi bien, le séjour de Venise avait pour Titien un charme irrésistible : il y était comblé d'honneurs, recherché par des savants tels que Bolzanio, Paul Jove, Navagero, Dolce, entouré de toutes les muses italiennes, et en commerce avec les plus illustres patriciens de la République, les Barbarigo, les Loredano, les Grimani, les Gritti. Le sénat, comme pour le dédommager d'avoir refusé les offres du pape, lui donnait à représenter, dans la salle du Grand-Conseil, cette *Bataille de Cadore* qu'il peignit d'un pinceau si mâle, et l'on peut dire avec autant de vaillance qu'en avaient mis les Vénitiens à combattre les Impériaux. Le duc de Ferrare, qui venait souvent à Venise, ne manquait jamais de rendre visite au Titien, et, plus d'une fois, il lui arriva de l'emmener avec lui à Ferrare, sous prétexte de quelque décoration à finir dans son palais, ou d'un portrait à faire de la charmante Laura Eustochio, qui était la maîtresse du duc, et qui devint sa femme après la mort de la terrible Lucrèce. Enfin, le roi François Ier, venu en Italie en 1515, avait voulu conduire le Titien en France, et n'avait pu obtenir de lui que son portrait. Il ne manquait donc rien au bonheur de Vecelli, ni les grands travaux, ni la fortune, ni le bruit de la gloire, ni les joies paisibles de la famille. Sa femme lui avait donné un second fils, nommé Horace, celui qui fut peintre, et ses parents du Frioul l'appelaient chaque année au pays natal, dans cette ville de Cadore, située au bord d'un torrent, au milieu d'une contrée pittoresque et sauvage, hérissée de roches alpestres et couronnée de forêts. Chaque année, il allait respirer l'air salubre de ses montagnes, se retremper l'âme, comme il disait, et enrichir son esprit des riantes images de la vie des champs. Là, sans doute, lui vint pour la première fois ce goût du paysage que n'aurait pu lui inspirer la ville tout artificielle des lagunes. Les maîtres allemands, desquels on prétend qu'il apprit son métier de paysagiste, lui donnèrent assurément de moins bonnes leçons que les montagnes du Cadorin.

Il y parut surtout dans le magnifique tableau de *Saint Pierre martyr*, qu'il fit bientôt à Venise pour l'église San Giovanni e San Paolo. La scène se passe à l'entrée d'une forêt. Le saint est renversé à terre par son bourreau, qui l'a déjà frappé et qui va redoubler ses coups, tandis que le compagnon de saint Pierre, frappé lui aussi à la tête, prend la fuite et semble pousser des cris épouvantables. Cependant, le glorieux martyr, au moment d'être égorgé, lève les yeux au ciel et en voit descendre, la palme à la main, deux petits anges qui sont bien les plus beaux enfants qu'on puisse voir sur la terre, les plus gracieux chérubins qu'on puisse imaginer dans le paradis. Titien en puisa, dit-on, les motifs dans certains bas-reliefs antiques de l'église de *Santa Maria de'miracoli*, près de laquelle il demeurait; bas-reliefs attribués à Phidias, et qui représentent deux amours portant le sceptre de Jupiter et l'épée de Mars. Jamais, du reste, le dessin du maître ne fut plus ferme en ses contours, ni plus fier

---

[1] Lo stimo che Tiziano v'abbia posto carne et non colori. *Dialogo della pittura*...

ni d'un plus grand caractère; jamais sa composition ne fut mieux entendue pour produire un grand effet avec un

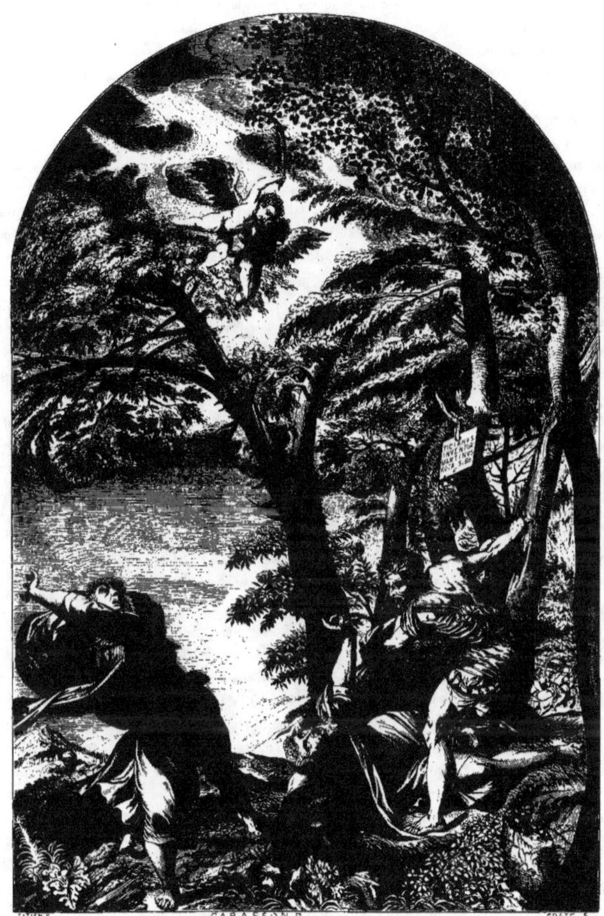

MARTYRE DE SAINT PIERRE. (D'après l'Eau-forte de Martin Rota.)

petit nombre de figures; enfin c'est le tableau où Titien a le mieux jeté ses draperies, et poussé le plus loin tous les genres d'expression, et les plus opposés : la férocité, la terreur, la foi, la béatitude, la grâce. Et quelle couleur! comme le ton local des draperies détermine bien celui des chairs et leur donne du relief! De même que la blanche tunique de la victime fait valoir la peau basanée de l'assassin, de même, sur la draperie noire du Dominicain en fuite, se détachent le raccourci de ses bras et le ton clair de son froc. Quant au paysage, à la fois héroïque et agreste, qui encadre cette émouvante peinture, il suffirait pour placer le Titien au premier rang des paysagistes, et il peut leur servir de modèle pour le grand goût des arbres et pour la touche du feuillé, qui rend si bien ici l'écorce rugueuse du chêne et les feuilles du sureau. Aussi l'enthousiasme des Vénitiens fut-il à son comble. Un certain Daniele Nil ayant offert de racheter le tableau aux frères Dominicains, moyennant dix-huit mille écus, le sénat défendit, sous peine de mort, qu'on fît sortir ce chef-d'œuvre du territoire de la République [1]. Il n'en sortit, en effet, que par droit de conquête, trois siècles plus tard, et compris parmi les objets d'art qui de l'armée d'Italie furent envoyés au Louvre, en 1798, il y resta jusqu'en 1816, époque où il fut restitué au gouvernement autrichien et rétabli dans l'église des Saints-Jean-et-Paul.

En 1527, Titien vit s'établir à Venise deux hommes qui allaient devenir ses amis les plus intimes, influer sur son destin et changer sa manière de vivre : c'étaient un sculpteur renommé, Jacopo Sansovino, et un poète plus renommé encore, Pierre l'Arétin. Esprit vif, pétulant, mais souple et aussi propre aux morsures de la satire qu'aux caresses de la flatterie, l'Arétin était un ami précieux autant qu'un ennemi redoutable. Les princes d'Italie craignaient sa plume; le pape, qui ne l'aimait point, le ménageait, et des souverains tels que Charles-Quint le traitèrent avec les plus grands égards, lui donnant dans leur faveur la place qu'ils voulaient avoir dans ses écrits. Quant aux artistes, l'Arétin les aimait sincèrement; il recherchait leur compagnie, et les vantait constamment dans son infatigable correspondance, mais c'était à la condition d'en obtenir de temps à autre des dessins, des esquisses, des répétitions, des maquettes, tous ces petits cadeaux qui entretiennent la bienveillance du critique et la verve du prôneur. Bientôt liés avec Titien, l'Arétin et Sansovino qui avaient contracté à Rome, parmi les princes de l'Église, des habitudes de luxe, forcèrent leur nouvel ami à changer sa façon de vivre. Ils lui firent prendre un nombreux domestique, et transformèrent sa maison en une sorte d'académie aimable, ouverte aux amis de l'art. Fréquemment ils dînaient ensemble, tantôt chez le poète, tantôt chez Titien, dont la maison était tenue par sa sœur, Orsa Vecelli, depuis qu'il avait perdu sa femme. A ces dîners venaient quelquefois prendre leur part le célèbre graveur Eneas Vico, les sculpteurs Cataneo Danese et Alessandro, Leone Leoni, graveur en médailles, des gens de lettres ou des amateurs, tels que Ludovico Dolce, Priscianese, l'abbé Vassalo, François Marcolino, savant imprimeur de Venise, Nicolo Pigna, écrivain distingué, et Luigi Anichino. L'un d'eux, Priscianese, nous donne à ce sujet quelques détails précieux dans une lettre citée par Ticozzi, et dont voici la substance : « Je fus invité, au mois d'août, à un grand festin, chez Messer Tiziano Vecellio, grand peintre, comme chacun sait, et amphitryon des plus charmants, pour célébrer cette manière de fête qu'on appelle, je ne sais pourquoi, ferrer l'août, *ferrare agosto*. Nous étions dans un jardin délicieux, situé à une extrémité de Venise, sur le bord de la mer, du côté d'où l'on aperçoit la jolie petite île de Murano. En attendant que la table fût dressée sous les ombrages, et que la chaleur du jour fût tombée, nous visitâmes la maison du peintre, remplie des plus merveilleux tableaux du monde. Puis, quand vint la fraîcheur du soir, nous vîmes tout à coup la mer se couvrir de gondoles chargées de musiciens et de chanteurs, qui, mêlés aux plus belles filles de Venise, commencèrent une sérénade qui se prolongea jusqu'au milieu de la nuit. Quant au festin, il fut aussi délicat que bien ordonné; les vins fins et les gais propos n'y manquèrent point... et, comme on me remit inopinément au dessert votre bonne lettre, où vous vantez la langue latine aux dépens de la langue toscane, l'Arétin s'emporta, et fit en paroles une sortie des plus brillantes, en attendant de confier à l'encre et au papier son courroux littéraire. Enfin tout se passa en joie et en liesse. »

Par l'Arétin, Titien avait connu le cardinal Hippolyte de Médicis, et ce fut à la recommandation du poète, que ce personnage appela le peintre à Bologne sur la fin de 1529, pour y faire le portrait de Charles-Quint, que le pape Clément VII allait couronner. Titien peignit le monarque dans toute la fierté de sa contenance espagnole, revêtu de son armure et monté sur un superbe cheval bai qui mâchait son frein. Enchanté d'une

---

[1] Marco Boschini, *Carta del navegar pittoresco. Vento I*.

ressemblance que tout le monde trouvait frappante, et qui était vue, comme toujours, par le côté le plus noble, l'empereur fit compter à Titien mille écus, mais celui-ci dut les partager avec le sculpteur Alphonse Lombardi, qui s'étant caché dans un coin de l'atelier du Titien, avait modelé un buste de Charles-Quint et s'était arrangé de manière à être surpris par l'empereur. Dès ce moment les seigneurs de la cour impériale voulurent avoir leur portrait de la main du Titien, et par exemple deux généraux de Charles-Quint, Antoine de Leva et Alphonse d'Avalos, marquis du Guast. Ce dernier même prit le Titien en amitié et lui fut attaché toute sa vie.

À son retour le peintre trouva son confrère le Pordenone, que certains gentilshommes vantaient comme son égal, en possession de peindre un tableau pour l'église de Saint-Jean du Rialto, où lui, Titien, avait représenté

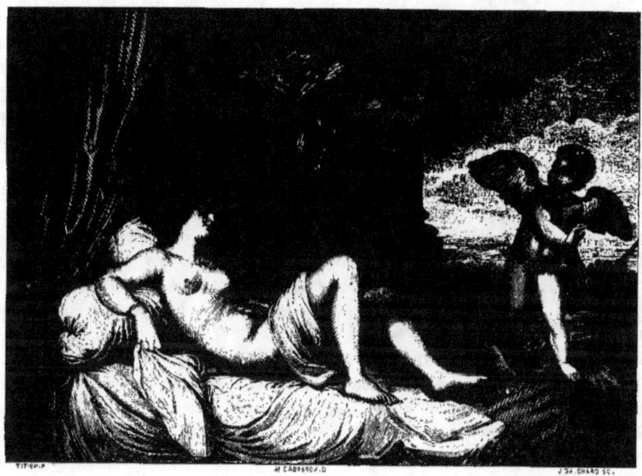

DANAÉ.

le patron de cette église distribuant des aumônes, mais cette rivalité ne servit qu'à mettre dans un plus grand jour la supériorité du Titien. Le Pordenone fut bientôt le seul à ne pas la reconnaître, et poussant jusqu'au ridicule le scandale de sa vanité, il affecta d'avoir toujours sur son échafaud l'épée et la rondache, comme pour donner à entendre que son génie lui faisait courir des dangers de mort. Le grave Titien, peu occupé de ces sottises, se mit à peindre tranquillement pour l'église de Santa-Maria de Angeli, à Murano, une *Annonciation* dont il demanda cinq cents écus. La somme parut très-forte aux fabriciens de l'église, à qui le Pordenone offrait pour deux cents écus un tableau de même dimension. Ils refusèrent donc le prix demandé, et Titien reprit son œuvre. Vasari dit qu'il en fit présent à Charles-Quint; mais ce fut à l'impératrice Isabelle qu'il l'envoya. Elle en fut ravie au point qu'elle gratifia le peintre de deux mille écus. Sur ce, l'Arétin félicitait son ami d'avoir envoyé « l'image de la reine du ciel à l'impératrice de la terre. »

À la seconde entrevue que le pape Clément VII et Charles-Quint eurent à Bologne en 1532, Titien fut encore appelé dans cette ville. On l'y reçut avec les plus grands honneurs, et il dut faire un nouveau portrait de Charles-Quint. C'est une tradition bien connue, que ce prince se plaisait à voir travailler le Titien et qu'un jour le peintre ayant laissé tomber son pinceau, l'empereur le lui ramassa en disant que « *Titien était bien digne d'être servi par César.* » L'empereur ne s'en tint pas à ces marques d'estime : il lui donna le titre d'écuyer et lui assigna une pension de deux cents écus sur la chambre de Milan. L'Arétin, qui avait accompagné son ami à Bologne, voulut être aussi présenté à l'empereur, et ce fut très-facile, car il avait là trois personnages qui étaient de ses amis, le duc de Mantoue, le duc d'Urbin et le cardinal Hippolyte de Médicis. Ce dernier, légat du pape, commandait les troupes pontificales et avait du goût pour le métier des armes plus encore que pour la pourpre romaine. Il se fit donc peindre par le Titien de grandeur naturelle en costume hongrois, couvert d'une armure étincelante. Il voulut ensuite avoir un portrait de son poète favori l'Arétin, et Titien se fit un plaisir de peindre son ami, alors dans la maturité de l'âge, portant une barbe courte, une chaîne d'or sur la poitrine et tenant à la main une paire de gants. De son côté l'Arétin fit connaître l'artiste à Frédéric Gonzague, duc de Mantoue.... Mais laissons parler Vasari : « Titien suivit ce seigneur dans « ses États et fit son portrait ainsi que celui de son frère, le cardinal. Il représenta ensuite avec une rare « perfection les *douze Césars* à mi-corps, dans une salle qui se trouve au milieu de celles que Jules Romain « a décorées dans le palais du duc de Mantoue. Au-dessous de chacun des Césars, on voit une de ses principales « actions retracée par Jules Romain. »

Quelle existence que celle du Titien! Et à supposer même qu'il n'eût pas été un des plus grands peintres du monde, comment imaginer que son nom pût jamais tomber dans l'oubli, ce nom associé à celui de tant de grands hommes, inscrit au bas de tant de portraits fameux, qui sont peut-être les pages les plus intéressantes de l'histoire? On comprendra qu'il nous est impossible, dans ces courtes pages, de décrire l'œuvre immense du Titien, de nous arrêter à tous les détails de sa vie, si pleine et si longue, de le suivre pas à pas dans ses relations avec tous les personnages illustres de son temps et dans ses continuels voyages : tantôt à Cadore, où il se peignit lui-même, avec son frère François Vecelli, agenouillé aux pieds de la Vierge, à côté de saint Titien évêque; tantôt à Bellune, où il laissa une *Adoration des mages* dans l'église de San Stefano; tantôt à Ferrare, où il présenta au duc Girolamo da Carpi, son confrère; tantôt à Parme, où il apprit aux indolents chanoines de Saint-Jean que la coupole du Corrège était une des merveilles de l'art; tantôt enfin dans la ville d'Asti en Piémont, où l'avait mandé Charles-Quint, au retour de son expédition d'Afrique, et où il obtint pour son fils Pomponius un canonicat au chapitre de Milan, et pour lui-même une pension nouvelle sur la chambre de Naples. Un volume entier suffirait à peine pour parler convenablement des innombrables portraits du Titien. En faire l'énumération, c'est nommer tout ce qu'il y avait alors d'hommes de marque en Italie, et d'abord les doges Grimani, Gritti, Pietro Lando, Marc Antoine de Trévise et Francesco Venerio, que Titien dut peindre successivement pour remplir les devoirs de sa charge; ensuite le cardinal de Lorraine, le cardinal de Trente, le cardinal de Médicis; le général Antoine de Leva, qui tint tête aux armées françaises à Milan et à Pavie, le brave marquis du Guast, le même qui perdit la bataille de Cérizoles, et que Titien peignit une autre fois, haranguant ses troupes, dans le tableau connu sous le nom de l'*Allocuzione;* Don Diego Urtado Mendoza, ambassadeur de Charles-Quint à Venise, le marquis de Pescaire, François Sforce, duc de Milan, Vincenzo Capello, sénateur, grand ami du peintre, Pierre l'Arétin dont il fit trois fois le portrait, l'historien Paul Jove, l'illustre et infortuné André Vésale, le savant littérateur Daniel Barbaro, qui fut le commentateur de Vitruve, et le roi François 1er, et le grand turc Soliman, et l'empereur Charles-Quint avec son terrible fils Philippe II et son terrible lieutenant le duc d'Albe, enfin, François Marie della Rovere duc d'Urbin, la duchesse Eléonore et leur fils Guidibald, dont les portraits, d'une beauté rare, inspirèrent à l'Arétin deux sonnets assez médiocres où il s'écrie : « Quelle haine doit porter la mort au génie qui relève ainsi vivants ceux qu'elle a frappés! César connait bien le prix de cette peinture, lui qui s'y voyant revivre, s'en est encore plus félicité que de ses immortelles victoires[1]. »

[1] Bottari, *Lettere pittoriche.* tome 1er, page 533.

C'est une chose digne de remarque, que pour les critiques italiens, comme pour les Pausanias de l'antiquité,

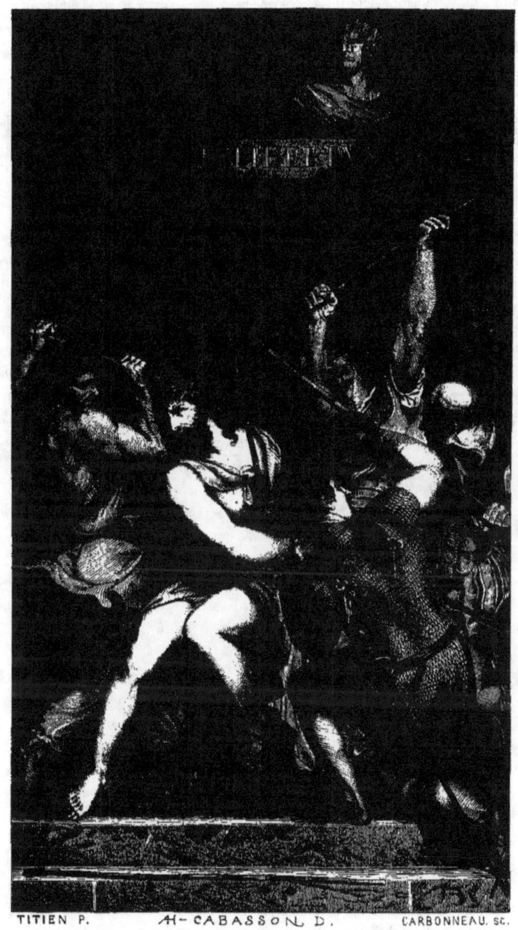

TITIEN P.   H.-CABASSON D.   CARBONNEAU. SC.

LE CHRIST AU ROSEAU.

l'imitation de la vie semble avoir été l'unique but de la peinture. Chez eux, le blâme ou l'éloge portent toujours sur ce point. Il n'est pas un portrait du Titien dont on n'ait dit, sous toutes les formes, qu'il était en vie, qu'il voyait, parlait et respirait. Les sonnets de l'Arétin, ses lettres familières aussi bien que les louanges de Ridolfi, de Dolce, de Zanetti, de Boschini et des autres, roulent constamment sur l'illusion que produit le pinceau du maître. Et cependant, cette illusion n'est pas à beaucoup près la qualité première des portraits du Titien. Ce qui les distingue, ce n'est pas la vie dans ces phénomènes grossiers qui peuvent tromper l'œil des serviteurs de la maison ou arracher un cri aux enfants, c'est la vie intérieure, latente, la présence voilée de l'âme, l'éloquence de la pensée, le caractère. Avant de se heurter à leur corps, on est frappé de la distinction de leur esprit. Ils vous appellent du plus loin qu'on les aperçoit et cependant ils vous tiennent encore à distance : leur beauté vous attire en même temps que leur dignité vous impose; ils sont parlants, mais silencieux.

Titien venait d'achever dans la salle du grand conseil la *Bataille de Chiaradadda* dont il ne reste plus aujourd'hui que la brève description du Vasari, lorsqu'il fut mandé à Rome par le pape Paul III, qui, six ans auparavant, s'était fait peindre par lui à Bologne. L'artiste n'avait pas à se louer de la magnificence du souverain pontife, qui, pour tout paiement, lui avait offert l'office *del Piombo*, c'est-à-dire du sceau de la chancellerie apostolique. Titien l'avait refusé parce que cet office était alors possédé par son compatriote Fra Bastiano, communément appelé Sébastien del Piombo. Il se rendit cependant à l'invitation que lui adressa, de la part du pape, le cardinal Alexandre Farnèse, et il partit pour Rome, en septembre 1545, accompagné de son fils Horace. A son passage à Urbin, il fut magnifiquement reçu par le duc, qui le fit escorter jusqu'à Rome où l'attendait un logement dans le Belvédère. Vasari fut chargé par le cardinal de faire au Vénitien les honneurs de la ville et de le mener voir les monuments. Après quelques jours de repos, Titien commença le portrait en pied du pape, et ce portrait fut peint avec une telle vigueur, un tel relief, une vérité si prodigieuse, que le peintre ayant placé sa toile au soleil sur une terrasse, pour y mettre le vernis, eut le plaisir de voir les passants saluer l'image du pape, comme ils auraient salué le pape lui-même. Le cardinal Farnèse et le duc Octave étaient placés dans ce portrait à côté de leur oncle, mais Titien les peignit séparément; il fit ensuite pour ce même duc Octave Farnèse, la fameuse *Danaé* qui est aujourd'hui à Naples, et que tout le monde connaît par la gravure de Strange et par un mot célèbre de Michel-Ange. « Un jour Michel-Ange et Vasari (c'est Vasari lui-même qui parle) étant allés voir le Titien au Belvédère, remarquèrent dans son atelier une Danaé dont ils le complimentèrent, comme cela se fait toujours en présence de l'artiste. Lorsqu'ils eurent pris congé, Michel-Ange vanta le coloris du Titien et sa manière, mais il dit que c'était grand dommage qu'à Venise on n'apprît pas dès le principe à bien dessiner et qu'on n'y fît pas de meilleures études. « Cet homme, ajouta-t-il, qui a un beau génie et un style agréable, n'aurait point d'égal, particulièrement pour l'imitation de la vie, si l'art eût fait pour lui autant que la nature. » C'est sans doute un grave reproche que celui de mal dessiner, quand il est dans la bouche d'un tel dessinateur, mais, quoi qu'en dise le sauvage Michel-Ange, le rendu de la chair et l'expression de la volupté étaient ici les qualités essentielles du tableau, et la fierté, la finesse du dessin devaient beaucoup moins occuper le peintre, que ces délicieux empâtements qui dévorent les contours pour mieux faire tourner la forme, qui achèvent le modelé, font sentir doucement les méplats, et imitent si bien la morbidesse des carnations, le grain de l'épiderme et les luisants de la peau. L'artiste a voulu que le spectateur fût averti de la présence de Jupiter et qu'il partageât un instant pour Danaé l'amour passionné de l'invisible dieu de l'Olympe.

Le Titien fut de retour à Venise au mois de mai 1546. Il y retrouvait des amis impatients de le revoir, et cette belle patrie, qui lui était d'autant plus chère maintenant, qu'elle paraissait fière de son génie, car c'était en considération de l'éclat qu'il jetait sur la République que le sénat l'avait dispensé d'une taxe imposée à tous les citoyens. Les trois amis, je parle de Titien, de l'Arétin et de Sansovino, eurent bientôt repris leurs réunions familières, et ces dîners intimes que l'Arétin faisait tourner aisément à la galanterie, mais où l'aimable et grave Titien conservait toujours une certaine tenue. Tandis que ses deux amis se laissaient entraîner aux

---

[1] Vasari, *Vita des pittori*, tome III, édition Bottard.

charmes des Aspasies de Venise, il se contentait, lui, de leur adresser des propos gracieux et caressants, et ne leur donnait que le baiser de Socrate.

Titien avait alors soixante-dix ans et plus ; mais il avait encore quelque trente ans à vivre, et sa verte vieillesse lui permettait de tenir vaillamment le pinceau et de supporter les fatigues d'un voyage. Deux fois, en 1548 et en 1550, il fut appelé à Augsbourg, auprès de Charles-Quint, et deux fois il s'y rendit, accompagné de son fils Horace et d'une suite brillante et nombreuse. Son premier soin fut de parler en faveur de l'Arétin, et d'obtenir

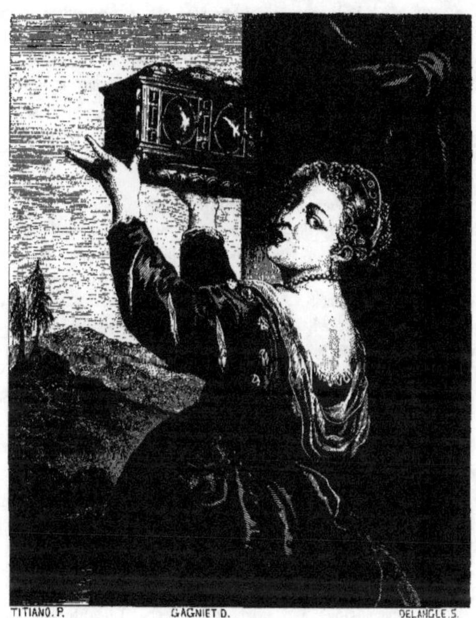

LA FILLE DU TITIEN.

une dot pour la jeune Austria, fille du poète ; il essaya même de le faire nommer cardinal, et il l'espéra un instant. L'Arétin nous apprend lui-même, dans une de ses lettres, qu'avant d'aller rejoindre l'empereur, auquel il portait un *Christ couronné d'épines* et une *Vénus*, comme pour flatter en lui tout à la fois la dévotion et la volupté, Titien fit cadeau à son ami d'une répétition de ce même Christ, tableau d'expression que le licencieux poète plaça dans sa chambre à coucher, pour la purifier sans doute, *per convertire i piaceri, ed in onestà la lascivia.* A en juger par la description qu'il en donne, ce tableau n'était peut-être qu'un fragment du *Couronnement d'épines* que nous possédons au Louvre. Tout ce que le grand peintre a pu donner ici à l'exécution matérielle, au détail des armures, à l'imitation des cottes de maille, n'ôte rien à la beauté de l'expression, à l'énergie des figures de bourreaux, ni au sentiment de cette belle tête de Christ, qui est un Laocoon adouci et tout aussi noble. Titien a jeté un coup-d'œil sur l'antique, mais un coup-d'œil seulement ; il semble qu'il ait craint de perdre dans une telle étude son originalité native, son accent moderne, cette manière de sentir, grave et contenue sans doute, mais si humaine et si vraie, qui devait faire de lui un peintre sans analogie avec ce qui l'avait précédé. Le buste de Tibère, placé au-dessus de la porte, achève le tableau d'une manière admirable ; quelle ingénieuse et digne façon de rappeler la date du supplice de Jésus-Christ !

A son second voyage à Augsbourg, Titien peignit de sa main de septuagénaire, mais vigoureusement encore, le portrait du jeune prince qui fut plus tard Philippe II. Fier, élégant et mince, la tête découverte, le front déjà sombre, serré dans son pourpoint recouvert d'une courte pelisse, et l'épée au côté, le fils de Charles-Quint apparaissait dans l'œuvre du peintre tel que l'histoire nous le montre, mais plus vivant encore, plus lui-même. Et une autre fois, Titien le représenta offrant à la Renommée, qui descend des nues, ce petit enfant qui devait un jour mourir empoisonné, par l'ordre de son père, et qui s'appelait Don Carlos. Il fit ensuite, entre autres ouvrages, un troisième portrait de Charles-Quint, dont le duc de Toscane et le duc de Saxe, prisonniers de l'empereur, voulurent avoir des répétitions ou des copies. Charles n'avait guère alors que cinquante ans ; mais il était vieux déjà, fatigué et triste. Après avoir rêvé la monarchie universelle, il était tombé dans le dégoût de la vie. La gloire l'avait conduit à la mélancolie. Il aspirait au silence et à descendre dans quelque solitude pour y attendre la mort. Titien, qui était entré plus avant que personne dans le secret de ses pensées, et que l'empereur avait emmené avec lui à Inspruck, Titien, dis-je, ébaucha dans cette ville une vaste composition de la *Sainte Trinité*. On y voit Charles-Quint, sa femme, son fils et les autres membres de la maison d'Autriche, tous en habit de lin, priant à mains jointes, dans la plus humble attitude. L'Église, sous les traits d'une femme sévèrement drapée, mais d'une beauté éclatante, les présente à la Trinité comme des hôtes dignes du Paradis. Charles déclara au Titien qu'il entendait que ce tableau fût placé en Espagne dans le monastère où il comptait finir ses jours. En effet, ce précieux morceau, comme l'appelle Vasari, terminé à Venise cinq ans après seulement, fut envoyé en Espagne et suivit le cercueil de l'empereur, du monastère de Saint-Just à l'Escurial. Mais, sans attendre l'envoi de ce tableau cher à son cœur, Charles-Quint, par lettres patentes données à Barcelonne en 1553, créa Titien comte palatin, chevalier de l'Éperon-d'Or, et lui conféra la noblesse pour lui et pour tous ses descendants [1].

L'abdication et la mort du roi de toutes les Espagnes n'interrompirent point les relations du Titien ni avec Ferdinand, roi des Romains, ni avec Philippe II, qui, non moins attaché au peintre que l'avait été son père, ne cessait de tenir occupé ce valeureux pinceau que rien ne pouvait lasser ni ralentir. Mais tandis que le palais de Madrid se remplissait, par la volonté du roi, de toutes les images de l'amour, la catholique Marie, reine d'Angleterre, épouse de Philippe II, commandait au Titien une *Sainte Famille* que nous verrons figurer un siècle plus tard dans la vente de Charles Ier, et Philippe II lui-même ornait son palais de l'Escurial d'une *Sainte Catherine*, semblable à celle qui se voit à Florence, gracieux tableau, où tout est plein de charme, le mouvement de la sainte qui caresse l'Enfant Jésus, la naïveté d'un autre enfant qui la regarde, et la tendresse de la Vierge, et la beauté du lointain paysage qui sert de fond.

La mort de l'Arétin, survenue en 1557, fut un coup terrible pour Titien. Il perdait un ami de trente ans, presque un frère. Pour distraire sa douleur, il fit un voyage dans le Frioul, visita Nicolo Frangipane à Trecento, et à Spilimberg le seigneur da Ponte, dont il aima et instruisit la fille, cette Irène de Spilimberg, que tous les poètes italiens ont pleurée, et qui avait pris le goût de la peinture en voyant peindre la célèbre Sophonisbe Anguisciola. De retour à Venise, il eut le bonheur de connaître un jeune gentilhomme fort lettré, nommé Marie Verdizotti, qui fut l'ami de ses vieux jours. Il faudrait une plume aussi infatigable que le pinceau du maître, pour dire tout ce qu'il fit de tableaux après avoir passé l'âge de quatre-vingts ans. Il en avait quatre-vingt-dix quand Vasari l'alla voir à Venise, et le trouva la palette en main, devant son chevalet. Car, bien qu'il eût renoncé aux décorations de la salle du Grand-Conseil, et que le Sénat l'eût chargé de choisir les artistes qui

---

[1] On a dit et répété que Titien était allé en Espagne ; mais il est parfaitement prouvé, par la correspondance de l'Arétin, que le peintre n'a jamais fait ce voyage. Faute d'espace, nous renverrons pour les preuves, à l'*Histoire des Amateurs italiens*, par M. J. Dumesnil, Paris, J. Renouard et Cie, 1853.

devaient le remplacer — ce furent son fils Horace, le Tintoret et Paul Véronèse, — il faisait encore des cartons
pour les frères Zuccato, mosaïstes, des dessins pour les fresques que ses élèves devaient exécuter dans l'église
de Cadore, et trouvait le temps de diriger le burin de Corneille Cort, jeune graveur flamand, qu'il avait logé
dans sa maison, et à qui nous devons de si belles estampes d'après Titien.

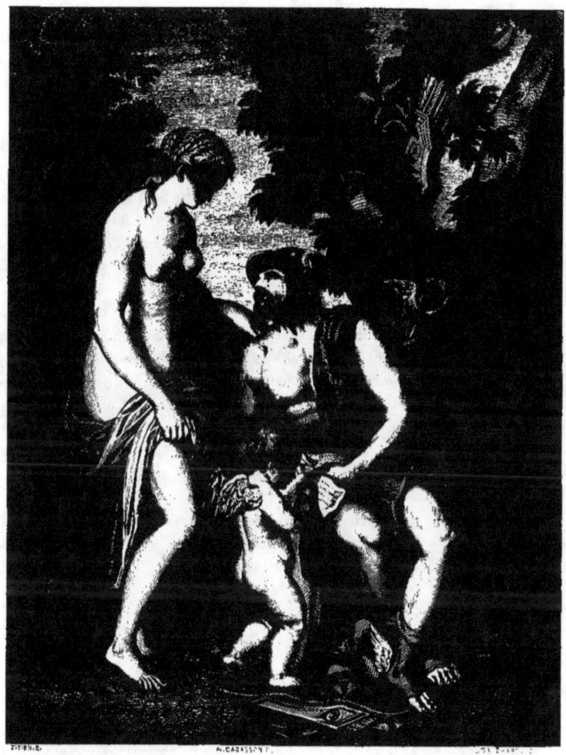

Le nom de ce grand peintre, on peut dire de ce grand homme, était la gloire de Venise. Henri III, roi de
Pologne, passant par cette ville lorsqu'il eut déserté son trône, rendit visite au Titien, qui, à quatre-vingt-dix-sept
ans, eut la force de faire le portrait de son royal visiteur. Ce fut deux ans après qu'il mourut de la peste, au
moment où il s'occupait à peindre, non plus avec sérénité, mais d'une main refroidie et avec un douloureux

...

pressentiment, *le Christ déposé de la croix*, tableau d'une tristesse infinie, qui fut respectueusement achevé par Palme le Vieux. Le Sénat permit qu'il fût dérogé en faveur du Titien à la loi qui interdisait de rendre les honneurs funèbres aux pestiférés. Ses restes furent déposés dans l'église *de' Frari*. Quarante-cinq ans après sa mort, un monument lui fut élevé, par Palme le Jeune, dans l'église des Saints-Jean-et-Paul.

Titien est un des sept astres qui composent la grande constellation de la peinture. Ce qu'il représente au plus haut degré dans l'art, c'est l'exécution, le maniement du pinceau, le procédé même. Il a cependant excellé dans quelques autres parties, surtout dans le choix, la distribution et l'éclat des couleurs. L'opposition des tons clairs aux tons bruns est le moyen par lequel il enlève ses figures les unes sur les autres, et c'est en cela que consiste presque toute sa science du clair-obscur. Il est très-rare, en effet, qu'il introduise dans son tableau de grandes masses d'ombres, et qu'il se résigne aux sombres sacrifices que sut employer si bien le génie de Rembrandt. Pour trouver que Titien dessine mal, il faut être Michel-Ange. Assurément ce n'est pas le caractère qui manque à son dessin, ni la connaissance des proportions, ni la justesse des principales attaches, ni le mouvement; mais il y manque la finesse du contour : le trait est pesant. Titien n'a que le sentiment général de la forme; il n'en poursuit pas les délicatesses, il n'en indique pas les nuances. Il voit toujours le corps humain à travers une enveloppe charnue. Il ne fait pas sentir les muscles, comme Michel-Ange, ni les tendons, comme Raphaël; mais on peut dire que le dessin du Vénitien est précisément ce qu'il devait être pour un coloriste. La composition est d'ordinaire le côté faible du Titien; souvent aussi l'expression de ses figures est insuffisante, et il s'en faut bien qu'il ait toujours été sous ce rapport à la hauteur de son fameux tableau de *Saint Pierre martyr*. De la noblesse, de la grandeur, il y en a beaucoup dans le style du Titien, et rien n'est sorti de son pinceau qui ne soit plein de caractère. Mais si tant de fois il a été sublime dans les figures vulgaires, parfois il a été vulgaire dans les figures qui devaient être sublimes. Par exemple, le Christ du *Portement au tombeau*, que l'on voit au Louvre, est un peu trop de la nature grossière de ceux qui le portent, et, par cela même, il paraît plus grossier qu'eux. Là où Titien est vraiment admirable, c'est dans l'art de peindre les femmes et les enfants. Les enfants, il les a peints riants, gracieux, pleins de vie, et y a mis sans doute moins de style que Raphaël, mais plus de naturel et de charme; quant à ses figures de femmes, elles sont je crois, après les statues antiques, ce qu'on peut imaginer de plus beau. Le type qu'il affectionnait est un type calme, majestueux, un type de volupté sans fureur et sans mollesse, d'amour sans mystère. Chez lui, aucune intention provoquante, aucune pensée de libertinage, comme en ont les peintres de décadence. Les Bacchantes du Titien, ses Danaé, ses Vénus se montrent avec tant de sérénité, qu'elles sont presque chastes dans leur abandon. Elles se font voir sans gêne, mais sans impudeur, dans la plénitude de leurs formes, dans tout l'éclat de leur nudité puissante; elles laissent briller au soleil ces larges flancs qui portent les nations, ces seins de marbre sur lesquels s'étendent comme une caresse les rayons d'une lumière dorée, et ces belles épaules qui appelleraient les baisers d'un dieu.

CHARLES BLANC.

RECHERCHES ET INDICATIONS.

Le Musée du Louvre possède vingt-deux tableaux du Titien :

La Vierge, l'Enfant Jésus, Saint Etienne, Saint Ambroise et Saint Maurice. — Dans la galerie de Vienne se trouve une composition semblable du Titien, avec la seule différence que la tête du saint Ambroise est nue. — Cette composition a été gravée par Pierre Van Leysebetten, dit Lisbetins, dans le cabinet de l'archiduc Léopold-Guillaume, publié en 1660, à Bruxelles, sous la direction de Teniers.

Sainte Famille, comme sous le nom de *la Vierge au lapin.* — L'enfant Jésus est dans les bras de sainte Catherine.

La Vierge, l'Enfant Jésus, Sainte Agnes et Saint Jean.

Sainte Famille. — Saint Jean apporte un agneau à l'Enfant Jésus; deux anges dans un nuage tiennent une croix. — Ce tableau fut estimé 1,500 livres dans l'inventaire de Mazarin. Il figure dans le catalogue de Lépicié de 1752. Une composition semblable qui existait dans la galerie du Palais-Royal a passé à Londres dans la galerie William Wilkins, puis dans celle de M. Holford; elle a été gravée par Tessier. Une troisième répétition ou copie, plus faible que celle du Louvre, se voit à Berlin.

Les Pèlerins d'Emmaüs. — Gravé par Masson. L'estampe

est connue sous le nom de *la Nappe de Masson*. F. Chauveau
a aussi gravé ce sujet. — Une tradition veut que le pèlerin
de droite soit Charles-Quint, celui de gauche le cardinal
Ximénès, et le page Philippe II. — Ce tableau était passé de
la collection du duc de Mantoue dans celles de Charles Ier,
de Jabach et de Louis XIV.

Le Christ entre un soldat et un bourreau. — Attribué
quelquefois à Bordone, plus souvent à Schiavone.

Le Couronnement d'épines. — Peint vers 1553. Tintoret en
possédait une esquisse. Ce sujet a été gravé par Luigi Scaramuccia, par Valentin Lefebvre, par Ribault.

Le Christ porté au tombeau. — Le corps est soutenu par
Joseph d'Arimathie, Nicodème et un troisième disciple; saint
Jean est auprès de la Vierge. — Ce tableau a été gravé par
G. Rousselet. Il est venu au Louvre par la même voie que *les
Pèlerins d'Emmaüs*. Le palais Manfrini, à Venise, possède
une composition semblable, et il en existe une esquisse à
l'académie des Beaux-Arts de Vienne.

Saint Jérôme à genoux devant un crucifix. — Le paysage
est un désert; le lion, compagnon de la solitude du saint,
est placé à droite; on y voit un chapeau de cardinal.

Une session du concile de Trente. — Ce tableau fut donné
à Louis XV par M. de La Châtaigneraye. Quelques critiques
l'attribuent à Bonifazio, d'autres à Schiavone.

Jupiter et Antiope. — Tableau connu sous le nom de *la
Vénus del Pardo* et gravé par Bernard Baron dans le cabinet
Crozat. On y voit sept figures, un cerf et des chiens. — Cette
composition échappa à l'incendie de 1608 qui dévora le palais
du Pardo, fut donnée à Charles Ier par Philippe IV, achetée
1,500 francs par Jabach après la mort tragique de Charles Ier
et enfin cédée au cardinal Mazarin.

Portrait de François Ier. — Le prince est vu de profil,
tourné à droite. — Ce portrait a été gravé par Gilles-Edme
Petit, par B. Massard et par M. Leroux.

*Portraits d'Alphonse d'Avalos, marquis de Guast, et d'une
jeune femme, accompagnés de trois figures allégoriques*. —
Ce sujet a été gravé par Natalis. — Les trois figures sont
peut-être l'Amour, Flore et Zéphyre, et la jeune femme
Marie d'Aragon, épouse du guerrier. Quant à Alphonse, il
était né à Naples en 1502; il perdit la bataille de Cérizoles
en 1544 et mourut en 1546.

*Portraits d'une jeune femme à sa toilette et d'un homme
tenant deux miroirs*. — Ils ont été gravés par Forster et
Henri Daneken. — On a souvent désigné cette composition
sous le nom de *Titien et sa maîtresse*. Cette dénomination
n'est justifiée par rien. Ce seraient plutôt les portraits de
Alphonse Ier, duc de Ferrare, et de Laura de' Dianti. —
Christine, reine de Suède, avait de ce sujet une répétition qui
passa dans la galerie d'Orléans. En 1815, à Ferrare, on
trouva un troisième tableau, mais avec quelques différences
dans les accessoires, qui fut acquis par lord Stevar.

Portrait d'homme. — Il a la tête nue, tournée à gauche,
porte barbe et moustaches. — Rien n'autorise à croire que
ce soit l'Arétin, ainsi qu'on l'a prétendu.

Portrait d'un jeune homme. — Tête nue, tournée à droite,
une main gantée, vêtement noir, connu sous le nom de
l'Homme au gant.

Portrait d'homme dont la main droite est appuyée sur la
garde de son épée.

Portrait d'un commandeur de l'ordre de Malte. — Il est
vu de trois quarts; la barbe est rousse.

Deux autres portraits d'hommes attribués à Titien. — L'un
a la main droite ouverte et la gauche posée sur son genou;
le second a la main gauche gantée.....

Portrait du cardinal Hippolyte de Médicis, d'après Titien.

La Vierge et l'Enfant adorés par deux anges, d'après Titien.

À ROME. — Le palais Borghèse, entre autres peintures du
Titien, renferme un de ses chefs-d'œuvre, *l'Amour sacré et
l'amour profane*, tableau célèbre dont il existe à Paris, chez
M. Cottini, une superbe répétition avec de notables changements. Dans celle-ci, par exemple, il n'y a qu'une figure de
femme avec un enfant qui agite l'eau.

À FLORENCE. — Portrait du sculpteur *Sansovino*. — *Notre-
Dame* environnée de séraphins, l'Enfant Jésus debout,
et en bas le petit saint Jean. — *Le duc d'Urbin et sa
femme*. — *Esquisse* d'une bataille entre les troupes impériales et l'armée vénitienne. — *La Vierge*, l'Enfant Jésus et
saint Antoine. — Portrait du capitaine *Jean de Médicis*, père
de Côme Ier. — *La Vierge* en habit rouge, son fils entre les
bras; sainte Catherine lui présente une grenade. — Le
portrait d'une femme en chemise, avec des fleurs à la main
gauche, appelée communément *la Flore*. — Une *Vénus*, avec
l'Amour. — *Sainte Catherine des prônes*, portrait de la reine
de Chypre.

À VENISE. — Les principaux ouvrages sont au palais Ducal,
entre autres un *Saint Christophe* tenant l'Enfant Jésus. —
Dans diverses églises se trouvent : un *Christ* à la croix;
Saint Jean dans le désert; un *Portement de croix*; une
Assomption de la Vierge; *la Descente* du Saint-Esprit; *Caïn
tuant Abel*; *David* coupant la tête à Goliath; *Saint Marc*
entre plusieurs saints; *le Martyre* de saint Laurent; *Saint
Pierre martyr*, fameux tableau pour le paysage......

À BRESCIA. — Un *tableau* divisé en cinq parties : le Sauveur
ressuscité au milieu, l'Annonciation, l'ange Gabriel, saint Nazaro et saint Sébastien; *Cérès*; *les Cyclopes*; *la Femme adultère*.

À MILAN. — Un *Couronnement d'épines*; *Saint Nicolas*
évêque et un ange; une *Sainte Famille*: *Jules III*; le portrait de *Titien*: une *Adoration* des mages; une *Madeleine*:
un *Ecce homo*.....

À PARME. — Plusieurs *portraits*.

MUSÉE DE TURIN. On y voit plusieurs beaux tableaux du
Titien, et entre autres : *l'Adoration des Bergers*; — *l'Incendie de Troyes*; — *le Jugement de Pâris*; — *l'Enlèvement
d'Hélène*: — le *Sacrifice d'Énée en Italie*: — *la Cène à
Emmaüs*; — le *Portrait de Paul III*, etc.

À MUNICH. — Un *Ecce homo*: un *portrait*; une *Vierge*:
Saint Antoine; *Saint François et Saint Jérôme*; une *Sainte
Famille*; une *Nativité*.....

Le MUSÉE DE DRESDE contient douze tableaux du Titien;
les plus remarquables sont : *le Tribut de César*. Ce tableau,
d'un fini extraordinaire, est connu sous le nom de *Il Christo
della Moneta* et passe pour un chef-d'œuvre; — *la Sainte
Mère et saint Jean-Baptiste* tenant l'enfant Jésus; devant elle
une jeune femme; saint Jérôme et saint Paul font partie de
ce groupe; — *Alphonse Ier, duc de Ferrare*, avec son épouse
et son fils, adorant la Vierge et Jésus; — *Pierre Arétin*; au
pied du portrait se trouve l'inscription : *MDLXI Ism. Petrus
Aretinus, ætatis suæ XXXXVI — Titianus Pictor et Aeques
cæsaris*, — *Vénus* couchée sur un lit de repos, couronnée de
fleurs par l'amour.

À VIENNE, à la galerie du Belvédère, on compte plus de
trente tableaux du Titien, représentant soit des personnages
célèbres du temps, soit des compositions souvent traitées par
le maître, comme : *la Danaë*: un *Ecce Homo* dans lequel
Titien a introduit son propre portrait, ceux de Charles V, du

sultan Soliman et de l'Aretin avec cette inscription : TITIANUS EQUES CAES. F. 1543; — *le Christ mis au tombeau*, signé TITIANI; — *la Vierge et l'enfant Jésus*; — *l'Adoration des Mages*; — *la Femme adultère*; — *Lucrèce*; une allégorie où se retrouvent le portrait d'Alphonse d'Avalos et celui d'une jeune femme, et qui paraît être une répétition du sujet qu'on voit au musée du Louvre; — un portrait de *Charles V* en costume espagnol, avec cette inscription : CAROLUS V IMP AN. ÆTA. LMDL. T.

A LONDRES. — Dans la GALERIE NATIONALE : *Le Triomphe de Bacchus*, qui avait été fait pour le duc de Ferrare. — Dans la GALERIE BRIDGEWATER : *les Quatre ages de la vie; Diane et Actéon; Diane et Calisto; la Vénus dite à la Coquille;* le portrait de *Clément VII*, — tous tableaux provenant de la GALERIE D'ORLÉANS. — GALERIE GROSVENOR : *Jupiter et Ganimède.* — GALERIE ASHBURTON : *Hérodiade; Vénus et l'Amour; la Madeleine.* — GALERIE DE LANSDOWNE : un *portrait* d'homme; une *Madeleine;* une tête de *Danaé.*

MUSÉE DE STOCKHOLM. — Un *paysage* et quelques *portraits* dont l'un est inscrit au catalogue comme représentant le comte d'Alba ou le duc d'Urbin.

MUSÉE D'ANVERS.—*Présentation à Saint-Pierre.*—Un membre de la famille vénitienne des Pesaro est présenté à saint Pierre par Alexandre VI. — Tableau donné à la ville d'Anvers par Guillaume Iᵉʳ. — *Vue des Pays-Bas en* 1823, signé TITIANO F.

LE MUSÉE DE MADRID, qui passe pour le plus riche du monde, ne contient pas moins de quarante tableaux du Titien, dont les plus beaux proviennent de l'Escurial. Nous ne pouvons en donner ici la longue nomenclature ; nous devons cependant mentionner *l'Offrande à la fécondité,* charmante composition enrichie d'une multitude de petits enfants, représentés dans les attitudes les plus variées. *Diane et Actéon.* — *Diane et Calisto.* Ces deux pendants dont on retrouve la répétition à Londres, ont été peints par Titien à l'âge de 84 ans. — *Vénus et Adonis,* sujet traité plusieurs fois par Titien. — *La Foi catholique* se réfugiant sous la protection de l'Espagne (allégorie). — *Allocution du marquis del Vasto à ses soldats.* — *La Victoire de Lépante,* grande composition peinte par Titien à 94 ans. — Pour plus de détails on peut consulter avec fruit l'ouvrage de M. Viardot sur les *Musées d'Espagne.*

A L'ESCURIAL. — *La Cène;* une *Descente de croix; Sainte Marguerite; les Douze empereurs romains: Charles-Quint* à cheval; *Philippe II* offrant à Dieu son fils; *les Quatre furies; la Marquise de Pescara; la Gloire;* un *Saint Laurent; Saint George* avec la Vierge; *Saint Jérôme* en pénitence; *l'Adoration des rois; le Sauveur* (demi-figure); *le Christ au tombeau;* un *Ecce homo* suivi de la cour de Pilate.

Nous donnons ici les prix des tableaux du Titien qui ont paru dans quelques ventes célèbres; ces prix sont quelquefois insignifiants; les derniers sont plus en rapport avec la valeur réelle des œuvres du maître.

VENTE CARIGNAN. 1743.—*Portrait* d'homme tenant un livre et une plume. 1,006 liv. — Une *dame* vénitienne et sa fille. 1,000 liv.—*Vénus et Adonis.* 4,500 liv.

VENTE DUC DE TALLARD.1756.—*Portrait* en pied de Dieudonné de Gozon, 27ᵉ grand-maître de l'ordre de Malte, possédé d'abord par MM. de La Châtaigneraye et de Carignan. 1,110 livres. — Une *duchesse de Parme* tenant sa fille par la main. 301 liv. — Un tableau allégorique où se voient trois têtes

que l'on croit être celles du duc de Ferrare, du pape Jules II et de Charles-Quint; une tête de lion sous le premier personnage, de loup sous le second et de chien sous le troisième, emblèmes de la force, de la cruauté et du dévouement. 660 livres.

VENTE DE M. DE JULIENNE. 1767.—*La Vierge* assise tient l'Enfant Jésus. 330 liv. 19 s.—Autre *Vierge* assise tenant l'Enfant Jésus; le petit saint Jean s'avance avec un agneau; trois chérubins sont dans un nuage. 202 liv. — Un *enfant* jouant de la guitare. 96 liv.

VENTE GAIGNAT. 1768. — *Le pape Adrien VI et Charles-Quint enfant.* 2,410 liv.

VENTE PRINCE DE CONTI. 1777.—*Diane* surprise au bain par Actéon. 6,951 liv. — Deux *portraits :* une Femme tenant une pomme et un Homme portant un faucon. 1,635 livres.— *L'Arétin et l'Arioste.* 800 livres. — *Vénus* assise mettant un bandeau à l'Amour. 1,000 liv. — *François Iᵉʳ* chassant le cerf. 73 liv. — *Charles-Quint* dans son enfance, vêtu d'une robe blanche, présente un échaudé à un petit chien qui est sur une table. 202 liv. — Un pendant qui représente *Sixte-Quint* la main gauche posée sur un chien. 170 liv. — Un *Amour* ayant un genou à terre. 400 liv. — *Le Repas des dieux.* 60 livres. — Un *dessin* de paysage. 77 fr.

VENTE CRAUFURD. 1820. —*Danaë* (galerie du Luxembourg, livret de 1803), 5,000 fr.

VENTE ERARD. 1833.— *Le Denier de César,* 1,080 fr.

VENTE A. GEDDES (*Londres*). 1845. — *Jeune Vénitienne* richement vêtue. 180 liv. sterl., 4,500 fr.

VENTE KNIGHT (*Londres*). 1845. — *Tarquin et Lucrèce.* 1,050 liv. sterl., 26,250 fr. (Ce magnifique tableau a paru il y a quelques années à Paris, dans une exhibition publique).

VENTE CONINGHAM (*Londres*). 1849. — *Tarquin et Lucrèce.* 520 liv. sterl., 13,000 fr.

VENTE SOULT. 1852.—*Le Denier de César.* 62,000 fr.

VENTE LOUIS-PHILIPPE (*Londres*). 1853.—Portrait de *Philippe II.* 210 liv. sterl., 5,250 fr.

Les dessins de Titien sont très-rares. Il ne nous reste guère de lui que des croquis. Ces croquis sont faits à la plume maniée librement, avec des pâtés d'encre qui leur donnent du relief; plusieurs sont à la pierre noire, mêlée de sanguine et rehaussée de blanc. La négligence n'empêche pas d'y découvrir une grande pensée. On lui attribue la gravure de quelques morceaux et notamment de trois eaux-fortes : *la Mort habillée en chevalier; un Homme endormi au clair de la lune, dans un paysage, une Pastorale,* où se voit au bord d'un ruisseau un berger qui marche à la tête de son troupeau en jouant de la flûte.

L'œuvre de Titien se monte à plus de 600 pièces, dont quelques-unes ont été gravées sur son propre trait. Ses meilleurs graveurs sont Martin Rota, Corneille Cort, Augustin Carrache, Valentin Lefebvre, Corneille Bloëmaert, Carle Audran.....

Titien a souvent signé ses tableaux comme il suit :

T. V. EQUES CÆSAREUS.

Ticianus. — tician.
F

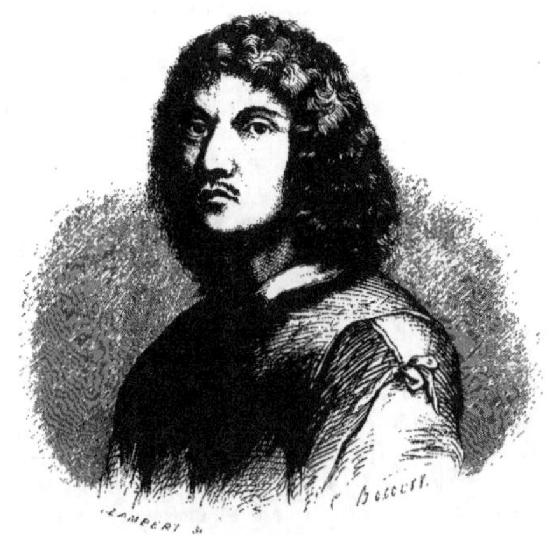

Ecole Italienne.   *Histoire, Portraits.*

LE GIORGIONE (GIORGIO BARBARELLI)

NÉ EN 1478 — MORT EN 1511

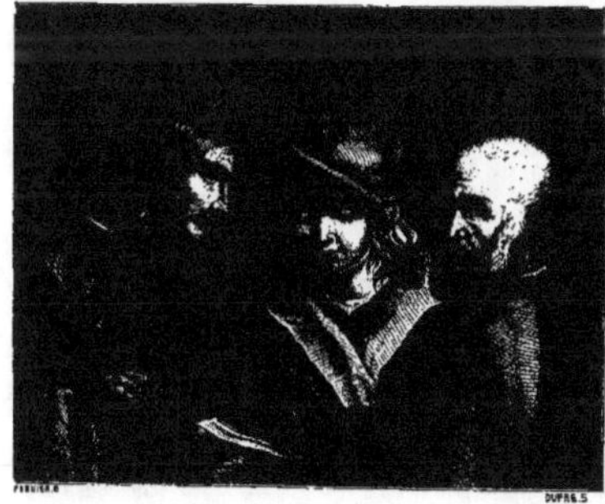

L'école vénitienne, encore hésitante, allait cherchant partout son idéal et sa méthode, lorsqu'un génie vigoureux et charmant vint résoudre tous ses doutes et lui montrer le chemin où devaient l'entraîner ses aspirations jusqu'alors mal comprises. Les deux Bellini avaient déjà, il est vrai, rompu avec les pratiques de l'art du Moyen-Age, mais venus au monde l'un en 1421, l'autre en 1426, ils appartenaient au quinzième siècle par l'éducation de leur esprit, par la timidité de leur pinceau, et aussi par la précision un peu sèche de leur manière. — Artistes sincères d'ailleurs et déjà sur la pente d'un prochain affranchissement, il ne leur manquait pour atteindre le but qu'un initiateur qui le leur montrât. Ce guide aventureux, ce génie enthousiaste et libre, ils le trouvèrent au sein de leur propre école, dans Giorgione, qui était venu prendre des leçons chez l'un d'eux et qui bientôt devint leur maître.

Giorgio Barbarelli, à qui son grand air et sa haute taille ont fait donner le surnom de Giorgione[1], était né en 1478[2] à Castelfranco, petite ville de la Marche Trévisane. Conduit enfant à Venise, il entra dans l'atelier de Giovanni Bellini, qui avait alors plus de soixante ans, mais qui étonnait encore ses contemporains par l'ardeur de sa vigoureuse vieillesse. Giorgione se fit bientôt distinguer dans Venise, autant par la fougue de son caractère entreprenant et batailleur que par la hardiesse d'un talent, qui, à l'heure où la plupart des artistes s'ignorent eux-mêmes, avait déjà une manière personnelle de voir la nature et l'audace de l'interpréter librement. On ne sait pas quand et comment le jeune peintre de Castelfranco sortit de l'atelier de Bellini; mais tout fait supposer qu'il n'y resta pas longtemps, car son esprit, de bonne heure affranchi, montra dès les premiers pas une précocité singulière et un indomptable besoin de liberté.

Giorgione avait d'ailleurs tout ce qu'il fallait pour faire du bruit dans le monde, et surtout dans Venise, qui, mieux que toute autre cité italienne, était alors la ville des aventures amoureuses, des concerts sous les balcons et des promenades galantes. Cavalier de bonne mine, musicien excellent, esprit emporté par toutes les passions et séduit par toutes les élégances, Giorgione avait sa place et sa part dans les plus belles fêtes, et on l'appelait souvent pour jouer du luth dans les plus hautes compagnies. On conçoit que bien des heures, bien des nuits surtout, devaient appartenir à l'amour dans cette existence menée à grandes guides.

Et cependant, aux jours de sa plus folle jeunesse, Giorgione demeura un intrépide travailleur et chacun put le voir aussi assidu à son œuvre qu'il était ardent au plaisir. Au premier temps de ses débuts, il fut d'abord à la solde de peintres peu connus qui l'employaient à des travaux vulgaires, coffres de mariage, meubles et *cabinets* qu'il décorait de fines allégories. Mais il ne se borna pas à faire des ouvrages de ce genre. Pendant un voyage que, lors de sa première jeunesse, il fit dans sa patrie, il exécuta pour l'église de Castelfranco une importante composition religieuse, *la Vierge accompagnée de saint Georges et de saint François*. De retour à Venise, il commença à peindre des madones et surtout des portraits, détail très-important dans son histoire, car c'est devant la nature vivante que Giorgione se reconnut et qu'à l'heure où les Bellini peignaient encore avec quelque sécheresse, il apprit cet art merveilleux du modelé dont il a poussé si loin la perfection délicate.

La finesse du modelé, c'est en effet un des secrets de Giorgione. Vasari, ne sachant comment expliquer cette science exquise chez un Vénitien des premières heures du seizième siècle, a éprouvé le besoin de supposer que si Giorgione a si bien connu le charme mystérieux de la lumière et ce qu'il appelle la *freschezza della carne viva*, c'est qu'il en a étudié le principe dans les œuvres de Léonard. Il nous semble que Vasari, moins sympathique, on le sait, aux maîtres de Venise qu'à ceux de Florence, va chercher bien loin une explication peu vraisemblable. Nul doute — à ne prendre la question qu'au point de vue des dates — que Giorgione n'ait pu, dès sa première jeunesse, voir quelque peinture du Vinci; nul doute aussi que si cette joie lui a été donnée, il n'ait eu le cœur pris de l'admiration la plus vive devant ces merveilles qui inauguraient si brillamment dans l'art la séduction d'un idéal nouveau; mais il n'est pas croyable qu'il y ait jamais eu de la part du peintre de Castelfranco une étude assidue, une imitation systématique des procédés de Léonard. Plus on y réfléchit, plus on voit éclater de différences entre le maître et son prétendu

---

[1] *Per certo suo decoroso aspetto fù detto Giorgione.* (Carlo Ridolfi, *Le Maraviglie dell'arte*, p. 77.)

[2] Dans la première édition de son livre, Vasari avait indiqué l'année 1477 comme la date de la naissance de Giorgione, et ce millésime a été adopté par un grand nombre d'historiens; mais, dans la seconde édition, il se corrigea et substitua à cette date celle de 1478, qui a été admise par les savants éditeurs du Vasari de Florence (1851, VII, p. 80). Le lieu de naissance de Giorgione a été aussi l'objet de quelques doutes; mais s'il est né à Castelfranco ou à Vedelago, un acte authentique pourra seul le dire. Quant à la vie et à l'œuvre de l'artiste, il faut lire, indépendamment de Vasari et des précieuses notes de ses derniers commentateurs, Ridolfi, qui en a longuement parlé dans *Le Maraviglie dell' arte* (1648), et un *Essai sur le Giorgion*, publié en 1852, par M. Rigollot, dans les *Mémoires de l'Académie d'Amiens*. Voyez aussi quelques pages lumineuses et vives de M. Alfred Dumesnil, l'*Art italien*, 1854, p. 285.

imitateur. Ces finesses de modelé qu'on admire dans l'auteur de la *Joconde* — et ce portrait le dit assez
haut — il les obtient au détriment de la couleur et par une combinaison infiniment patiente des noirs et
des blancs, de l'ombre et de la lumière. Giorgione procède autrement. Amoureux avant tout de ces
carnations ambrées et parfois un peu brûlées dont il a enseigné le secret à Venise, il se préoccupe bien
moins du clair-obscur que de la coloration, et il modèle largement dans la pâte sans s'exposer à fatiguer,
à salir ses nuances par la poursuite acharnée du détail. Le principe du talent spécial de Giorgione, c'est

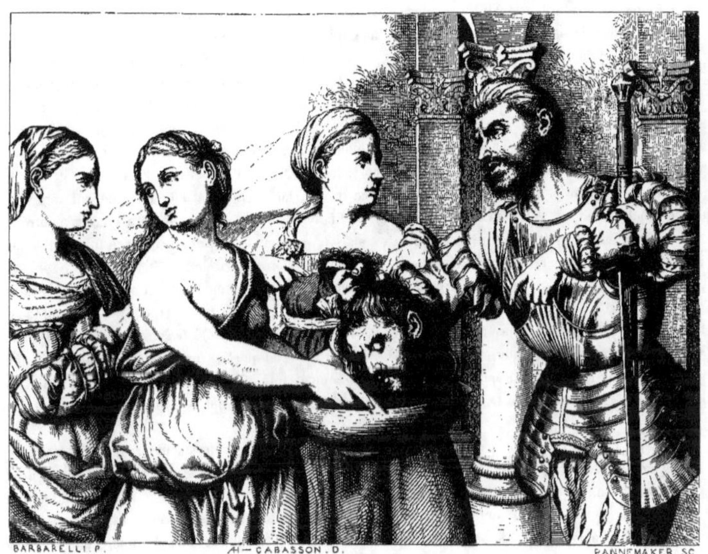

HÉRODIADE.

dans Bellini qu'il le faut chercher ; le germe est là, un peu caché sans doute, mais visible à ceux qui savent
regarder, et l'honneur de Barbarelli c'est d'avoir admirablement développé et fécondé ce germe par l'étude
intelligente de la nature. Son pinceau a une simplicité large et sûre, un *maestria* qui font croire que
Giorgione n'a jamais connu les hésitations et la peine. Dans l'unité parfaite de sa coloration, de son modelé,
de sa lumière, il semble que tout soit d'une venue et comme le produit d'une éclosion simultanée : noble
méthode qu'il enseigna à son maître et presque en même temps à un jeune peintre, Tiziano Vecelli, qui était
alors son camarade et devint bientôt son rival.

L'histoire du talent de Giorgione présente une autre particularité qui dût exercer une grande influence,
non-seulement sur sa propre manière, mais aussi sur celle de tous les peintres de l'école. Barbarelli, l'un
des premiers, s'avisa de couvrir de vastes peintures à fresque les murailles extérieures des palais et des

maisons de Venise. Hélas! pourquoi a-t-il dépensé tant de talent et de sève dans des décorations qui devaient être admirables, mais qui, décolorées par un soleil trop vif ou rongées par le vent de l'Adriatique, ont malheureusement péri et n'existent plus pour nous que par le témoignage de l'histoire et le regret que leur perte nous cause. Entre autres compositions de ce genre, Giorgione avait décoré de gracieux motifs de fantaisie la façade de la maison qu'il habitait et celle de la Casa Soranza, sur la place Saint-Paul. Vasari remarque, à propos de cette dernière peinture, qu'un groupe peint à l'huile sur la muraille était encore bien conservé de son temps, tandis qu'une figure allégorique du *Printemps*, exécutée à fresque, avait déjà presque complètement péri. Ainsi menacée dès le seizième siècle, l'œuvre dura peu. En 1648, Carlo Ridolfi ne parle plus que d'une femme tenant des fleurs dans sa main et d'un Vulcain fouettant un petit Amour. Plus tard, Boschini a pu encore y admirer quelques personnages; Lanzi en retrouva les dernières traces lorsqu'il composait son livre; aujourd'hui tout est détruit [1].

Toutefois, et bien qu'il leur fût aisé de comprendre combien peu devaient durer ces merveilles, les Vénitiens prirent goût à ce genre de décoration, et Giorgione trouva bientôt une occasion meilleure de montrer sa force et sa grâce. Vers 1504, un terrible incendie détruisit près du Rialto un vaste édifice, l'entrepôt des marchands allemands (*Fondaco de' Tedeschi*). La seigneurie de Venise entreprit aussitôt de le reconstruire, et mettant l'accident à profit, elle remplaça l'ancien entrepôt par une construction d'un luxe merveilleux. L'édifice achevé, on songea à en décorer les murailles, et les deux meilleurs élèves de l'atelier de Bellini, Giorgione et Titien, furent chargés de ce travail. Le premier peignit la façade qui regarde le grand canal, le second, celle qui fait face au pont du Rialto. Une lutte d'amour-propre s'engagea entre les deux artistes et les excita à faire de leur mieux; mais le résultat de cette concurrence fut fatal à leur première amitié, car, bien que Giorgione y eut fait paraître, selon l'expression de Ridolfi, *quanto egli fosse pratico nel maneggiar colori a fresco*, les meilleurs juges donnèrent la préférence aux peintures exécutées par le Titien. Barbarelli en conçut un secret dépit et ne voulut plus voir qu'un rival dans le camarade de la veille. On a longtemps ignoré la date exacte des fresques du *Fondaco de' Tedeschi;* mais un document authentique cité par les derniers éditeurs de Vasari nous apprend qu'elles furent terminées en 1508; nous savons aussi par le même acte que, pour une œuvre si importante, Giorgione se contenta de 130 ducats, bien que les experts chargés d'apprécier le travail eussent proposé de lui accorder une rétribution plus généreuse.

Rien n'est curieux comme le passage où Vasari, qui put voir dans leur fraicheur première les peintures du *Fondaco de' Tedeschi*, avoue avec une parfaite bonhomie qu'il n'en a pas compris le sujet, et qu'il n'a rencontré personne qui l'entendit assez pour le lui expliquer. La faute en est-elle à l'imagination trop bizarre de Giorgione, ou à l'intelligence trop paresseuse de Vasari?... Les pièces nous manquent pour pouvoir le dire, puisque les fresques de l'entrepôt des Allemands n'ont pas duré davantage que celles de la Casa Soranza. Il paraît toutefois que l'artiste trévisan s'était plus préoccupé de l'aspect pittoresque de sa composition et du charme de la couleur et des costumes que du sens philosophique ou moral que les beaux esprits comme Vasari et ses successeurs pouvaient être tentés d'y chercher. A vrai dire, nous hésiterions beaucoup à condamner Giorgione sur un si mince grief : une peinture n'est point un livre, et les lettrés ont parfois une tendance fatale à juger les œuvres d'art au seul point de vue du sujet.

Nous n'avons d'ailleurs aucune peine à le reconnaitre : Giorgione peint pour peindre et non pour prouver. Quelle adorable toile que le *Concert champêtre*, — et à regarder les choses avec les yeux de Vasari — quelle absence de sujet! Deux jeunes hommes, revêtus de ces pittoresques costumes de la Renaissance que Giorgione portait lui-même, sont assis sur le gazon au milieu d'un paysage aux splendeurs verdoyantes; l'un tient un

---

[1] Les fresques dont Vasari fait mention ne sont pas les seules que Giorgione paraît avoir exécutées à Venise. Il avait décoré dans le même goût la façade de la Casa Grimani. Boschini nous a aussi conservé dans *Le Minere della Pittura* (1664) le souvenir des peintures de deux maisons de la place San Stefano: on y voyait, dit-il, plusieurs personnages vêtus à l'ancienne mode, et il ajoute : *Ma il vorace dente del tempo distrugge la virtù del penello.*

luth dont il caresse les cordes d'un doigt distrait; l'autre, inattentif aux chansons de son ami, se penche
vers lui sans l'écouter. Auprès d'eux est assise une femme qui, une flûte à la main, prend part à leur
causerie, et montre aux spectateurs un dos jeune et doucement modelé. A droite, une autre femme, à
demi-nue aussi et debout dans le charme robuste de la grâce vénitienne, verse dans une sorte de
réservoir de pierre l'eau que contient un vase de cristal. Au fond, un berger descend la colline avec
son troupeau. Comment ces personnages sont là, pourquoi ils paraissent si indifférents à ce qu'ils
semblent faire, on ne le sait pas et l'on n'a pas besoin de le savoir, car Giorgione n'est point un docteur

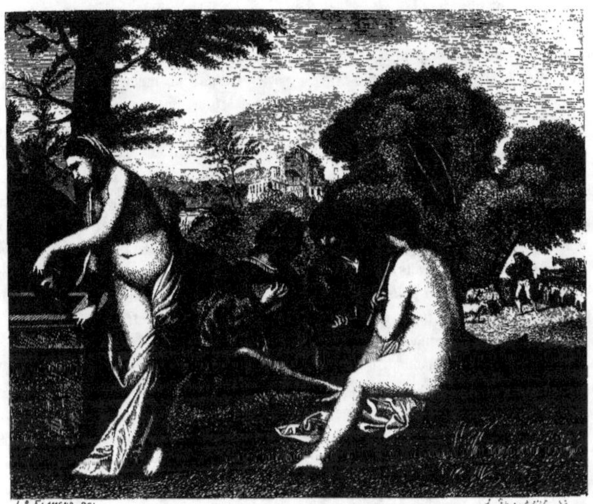

CONCERT CHAMPÊTRE.

en quête de subtilités nuageuses, il est peintre, et il l'est même à un tel point, qu'on ne conçoit pas qu'on
le puisse être davantage. Des costumes étranges et bariolés, des types d'un caractère nettement écrit, des
carnations chaudes ou d'un blond roux se détachant gaiement sur les vertes teintures d'un paysage, voilà
ce qu'il aime, voilà ce qui lui suffit pour faire une admirable peinture, car le *Concert champêtre* n'est
pas moins que cela. Ce tableau est d'ailleurs, sous bien d'autres rapports, un magnifique objet d'étude.
« On peut, dit De Piles[1], à propos du maître charmant dont nous racontons l'œuvre et la vie, on peut
regarder comme une chose étonnante le saut qu'il a fait tout d'un coup de la manière de Jean Bellin au

---

[1] De Piles, *Abrégé de la Vie des peintres*, p. 257. — Le même écrivain prétend, d'après Ridolfi, que Giorgione « ne se servit
pour ses carnations que de quatre couleurs capitales, dont le judicieux mélange faisoit toute la différence des âges et des sexes.
Mais dans ces quatre couleurs, on ne doit vraisemblablement y comprendre ni le blanc qui tient lieu de la lumière, ni le noir qui
en est la privation. »

degré suprême où il a porté le coloris, en joignant à une extrême force une extrême suavité. » De Piles a raison : le *saut* est considérable en effet, et le *Concert champêtre* en est un évident témoignage. Il y a dans les chairs de la femme qui tient le vase une chose que les Bellini n'ont point connue et qui manqua même à Titien débutant, je veux dire la morbidesse attendrie et vivante, le frémissement de l'épiderme, la grâce fondante du contour qui se baigne dans la lumière et des courbes qui se modèlent doucement et presque sans ombre. Voilà en quoi Giorgione est un artiste éminent. Joignez à ces mérites, si nouveaux alors pour Venise, la vigueur harmonieuse d'une coloration puissante et les molles transparences d'une atmosphère qui enveloppe les corps d'un tel charme qu'elle fait presque oublier, je ne dirai pas les incorrections, mais la réalité parfois un peu banale des modèles qui ont posé devant le maître. Détail remarquable en effet, et qui éclaire tout un côté du talent de Barbarelli! On raconte que Bellini, austère et peut-être timide, ne peignit jamais une seule femme qu'elle ne fut complètement vêtue. Giorgione n'eut pas ces terreurs; la nudité ne l'effraya point, et, peu satisfait du type traditionnel que ses devanciers avaient si longtemps reproduit, il alla se retremper à la source toujours nouvelle et toujours jaillissante, la nature. Sans doute il s'est parfois inspiré de modèles dont la forme n'était pas constamment parfaite; mais le spectacle de la vie suffisait à Giorgione, et il a cherché avant tout la réalité extérieure, la couleur et sa magie, l'élément pittoresque et ses splendides enchantements.

Pour bien connaître le jeune peintre, il suffit d'avoir vu l'un de ces portraits, effigies à la fois si fantasques et si vraies, où il a représenté les personnages de son temps, avec le vif accent de leur physionomie et de leur caractère individuel. Giorgione aime à affubler ses modèles des accoutrements les plus fastueux et quelquefois les plus bizarres. Il leur prête volontiers des cuirasses reluisantes ou de riches fourrures, et projette sur leur front l'ombre d'un chapeau aux bords élargis ou d'un flottant panache. Lui-même, il se peignit sous les traits du David biblique, revêtu d'une armure et tenant à la main la tête tranchée de Goliath[1]. Il vit tour à tour poser devant lui Gonzalve de Cordoue, le doge Léonard Loredano, Catherine Cornaro, reine de Chypre, et bien d'autres dont l'histoire a oublié les noms. A tous, il a donné un éclat dans le regard, une apparence austère et grave, un caractère enfin qui, de si loin qu'on aperçoive ces portraits, y font aussitôt reconnaître la puissance d'une main magistrale. Il a surtout animé ses carnations d'une chaleur de coloris qui n'appartient qu'à lui, et que les Italiens, inventant pour une chose nouvelle un nouveau nom, ont si bien appelée *il fuoco Giorgionesco*.

Ainsi, l'homme pittoresque tint plus de place que l'homme moral dans les préoccupations de Giorgione. Amoureux de la couleur et des accidents de la forme, il ne devait pas réussir tout-à-fait dans les sujets religieux qui exigent une certaine tendresse d'âme, l'intimité du sentiment, l'émotion pénétrante. Ses madones, ses saintes, sont adorables, mais — sauf le costume — ce sont les femmes du *Concert champêtre*. La *Sainte famille* du Musée du Louvre est une peinture de la plus séduisante valeur : toutefois on ne saurait dire par quelles attaches elle tient aux idées catholiques. Morin a gravé d'après Barbarelli un *Christ à la colonne*, qui, malgré son attitude au premier abord douloureuse, garde une sorte de tranquillité et semble réfléchir paisiblement sous l'épine qui déchire son front. Ce n'est pas non plus par l'émotion religieuse que se recommande le fameux tableau de Giorgione qu'on admire aujourd'hui à l'Académie de Venise, la *Tempête apaisée par l'intercession de saint Marc, de saint Nicolas et de saint Georges*. Que dirai-je encore ? Avec ses belles Vénitiennes laissant traîner sur l'herbe leurs robes aux chatoyants reflets, avec son armée de pages tenant en laisse des chiens impatients, avec ses musiciens assis à l'ombre et faisant doucement babiller leurs guitares, le *Moïse sauvé des eaux* ressemble moins à une scène biblique qu'à un conte de Boccace. Ce tableau, sans doute, n'est pas catholique, mais il est charmant.

Qu'en faut-il conclure, sinon que pour faire vibrer dans le cœur de l'homme la corde des tendresses saintes, c'est peu d'avoir la science du pinceau et les qualités pittoresques : il faut savoir la vie, il faut avoir conquis, au prix de ses larmes, une maturité d'esprit et de sentiment que ne possède pas la jeunesse.

---

[1] Ridolfi nous apprend que Giorgione s'est représenté deux fois sous les traits de David.

Qui sait si, dans un âge plus avancé, alors qu'il eût mieux connu le côté amer de choses humaines, Giorgione n'eût pas senti s'ouvrir en lui la source des inspirations tendres et n'eût pas appris à ses dépens que la douleur aussi est une muse? Mais une fatalité impitoyable ne lui permit pas de recevoir de la vie l'austère enseignement qu'elle donne. Giorgione était dans la force de l'âge et dans la pleine fleur de son

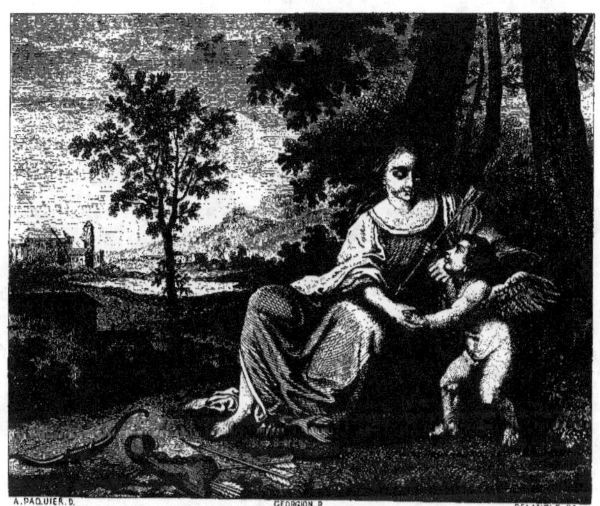

L'AMOUR PIQUÉ.

talent, il touchait à sa trente-quatrième année, lorsque, vers la fin de 1511, il fut soudainement emporté par la mort. Deux traditions différentes ont eu cours à propos de cet événement. Vasari raconte qu'une maîtresse que Giorgione aimait de toute l'énergie de son cœur fut atteinte par la peste, et que, sans songer qu'il exposait sa vie, l'artiste demeura auprès d'elle et prit, dans un baiser suprême, le germe de la maladie dont il devait périr. D'après le récit de Ridolfi, un des élèves de Giorgione, un de ses amis, Pietro Luzzo de Feltre, celui-là même qui l'avait aidé dans les peintures du *Fondaco de' Tedeschi*, lui enleva traîtreusement sa maîtresse et s'enfuit à Rome avec elle. Cette double infidélité plongea Barbarelli dans une douleur profonde; dès ce jour, sa santé devint languissante; il ne voulut ni se consoler ni guérir, et il mourut bientôt, tout entier au deuil de son cœur deux fois trahi.

L'école vénitienne perdait en Giorgione un maître qui avait déjà fait beaucoup pour elle, et qui, s'il eût vécu, aurait puissamment contribué à sa gloire. « Il a cessé de travailler, dit assez justement Félibien, lorsqu'on ne fait quasi que commencer à bien juger des choses. » Et cependant, même à ne considérer que cet œuvre incomplet, quel impétueux élan n'a-t-il pas imprimé à Venise dans ces années hésitantes de la fin du quinzième siècle où l'art avait encore dans le passé des racines si profondes ! Ridolfi le dit nettement, et il a raison de le dire : *Giorgio fù senza dubbio il primo che dimostrasse la buona strada nel dipingere.* Aussi l'influence de Giorgione fut-elle considérable. Son maître, le vieux Bellini, attendrit sa manière en l'élargissant; Lorenzo Lotto, dont les premières œuvres sont sèches et petites, subit à son tour son autorité et donna à ses carnations une morbidesse plus onctueuse; enfin le plus grand de tous, Titien, en voyant peindre son camarade, apprit lui-même les beaux secrets de la largeur et de la puissance. Plusieurs autres, Pordenone, Jérôme Savoldi, Torbido, doivent aussi être comptés parmi les imitateurs du jeune maître. Un immense honneur restera donc attaché à son nom. Si Venise, attardée dans les sentiers étroits de l'imitation byzantine, a eu l'audace de s'affranchir et de marcher librement dans sa voie, n'est-ce pas Giorgione qui lui a montré le chemin ?

PAUL MANTZ

RECHERCHES ET INDICATIONS.

Les graveurs de tous les temps et de toutes les écoles W. Hollar, Morin, P. Aveline, Van Kessel, Pistrucci, Troyen, Nicolas Dupuy, Vercruys, etc. — ont essayé de reproduire l'œuvre de Giorgione, mais bien peu ont su conserver le caractère du maître.

Il n'est guère de collection publique qui ne prétende posséder un Giorgione. Malheureusement cette prétention n'est pas aisée à justifier, et il s'en faut de beaucoup que toutes les œuvres qu'on lui attribue soient vraiment sorties de sa main. Cette réserve faite, nous indiquerons les peintures suivantes :

MUSÉE DU LOUVRE. — *Sainte Famille.* (Ce tableau, acheté par Louis XIV aux héritiers de Jabach, provenait de la galerie des ducs de Mantoue, acquise par Charles Ier.)

Le Concert champêtre. (Cette toile, qui a également fait partie du cabinet de Charles Ier, fut vendue au roi de France par Jabach.)

VENISE. ACADÉMIE DES BEAUX-ARTS.—*Tempête apaisée par saint Marc, saint Nicolas et saint Georges.* (On prétend que le groupe des rameurs a été repeint par Paris Bordone.) *Portrait d'un noble vénitien.*

PALAIS MANFRIN.—*Une dame tenant une guitare; les Trois portraits* (tableaux mentionnés par A. Quadri dans le livre intitulé *Otto giorni a Venezia).*

CASTELFRANCO. — (ÉGLISE PAROISSIALE). *La Vierge et l'Enfant Jésus, accompagnés de saint Georges et de saint François.* — Au dire de Ridolfi, le saint Georges serait le portrait de Giorgione; le saint François serait celui de l'un de ses frères.

TRÉVISE (MONT-DE-PIÉTÉ). — *Le Christ mort porté par les anges.*

FLORENCE (PALAIS PITTI). — *Le Concert* (C'est dans ce tableau, qui a figuré au Louvre sous le premier empire, qu'on a voulu, en dehors de toute possibilité historique, reconnaître les traits de Luther, de Calvin et de Catherine de Bore. — Cette peinture, que Ridolfi signale comme l'un des chefs-d'œuvre du maître, appartenait de son temps à Paolo del Sera). *Nymphe poursuivie par un satyre; Moïse sauvé des eaux; Portrait de femme.*

LES UFFIZII. — *Le général Gattamelata. Moïse. Jugement de Salomon. Réunion de plusieurs saints. Un chevalier de Malte; Portrait du peintre.*

GALERIE DE MONACO. — *Un membre de la famille des Fugger.* A l'époque où Ridolfi publiait son livre, ce portrait était à Anvers, chez Jean et Jacques Van Voert.

ROME (PALAIS BORGHÈSE). *David.* Ridolfi fait également mention de ce tableau.

MADRID (MUSÉE DEL REY). — *David vainqueur de Goliath. La Vierge, sainte Brigitte et plusieurs saints.*

VIENNE (GALERIE DU BELVÉDÈRE). — *David tenant la tête de Goliath; Saint Jean; Un homme armé et tenant une hallebarbe; les Géomètres.*

GALERIE DU PRINCE LICHTENSTEIN. *Un portrait d'homme.*

MUNICH. — *La Vanité* (allégorie); *Portrait de Giorgione.*

BERLIN. — *Deux portraits d'homme.*

DRESDE. — *Jacob saluant Rachel; l'Adoration des pasteurs; Une femme qu'un homme presse contre lui.*

SAINT-PÉTERSBOURG. — *Saint Antoine,* et *un portrait,* daté de 1511. M. Viardot croit y reconnaître les traits de Giorgione (*Musées d'Allemagne et de Russie.* p. 478).

LA HAYE. — D'après les annotateurs de Vasari, le roi de Hollande possède dans sa galerie privée un précieux tableau de Giorgione, dont le sujet est emprunté à un conte de Bandello et représente deux hommes et une femme évanouie. En 1845, cette peinture appartenait au comte Cassi, gonfalonier de Pezaro. Elle a donné lieu à une dissertation publiée par le duc Benedetti da Montevecchio, sous le titre de *Lettera pittorica sopra un interessante quadro di Giorgio Barbarelli da Castelfranco.* Spolete. 1826; in-8°.

LONDRES (NATIONAL GALLERY). — *Mort de saint Pierre martyr* (esquisse).

HAMPTONCOURT. — *Saint Guillaume embrassant la vie monastique, divers portraits, un guerrier, Diane et Actéon, sainte Famille, Adoration des bergers, la Vierge et plusieurs saints, un berger.* (Il est superflu d'ajouter que l'authenticité de la plupart de ces œuvres aurait besoin d'être constatée.)

CABINET SOLLY. — *La Vierge et l'Enfant Jésus entourés de quatre saints.* Ce tableau est décrit par le docteur Rigollot dans son *Essai sur le Giorgion.*

Lors de l'inventaire dressé après la mort de Charles Ier, la *Sainte Famille* (aujourd'hui au Louvre) fut estimée 100 livres sterling.

VENTE CHARLES COYPEL. 1753. — *Un petit paysage,* peint sur bois, 101 livres.

VENTE DU PRINCE DE CONTI. 1777. — *Portrait de Gaston de Foix,* peint sur bois, 500 livres; *Diane sortant du bain,* peint sur cuivre (sur le revers, il y a un portrait), 520 livres.

GALERIE JUSTINIANI, 1812. — *Décollation de saint Jean-Baptiste, une Sibylle, portrait de Giorgione.*

Impr. Benard et Comp., rue Damiette, 2

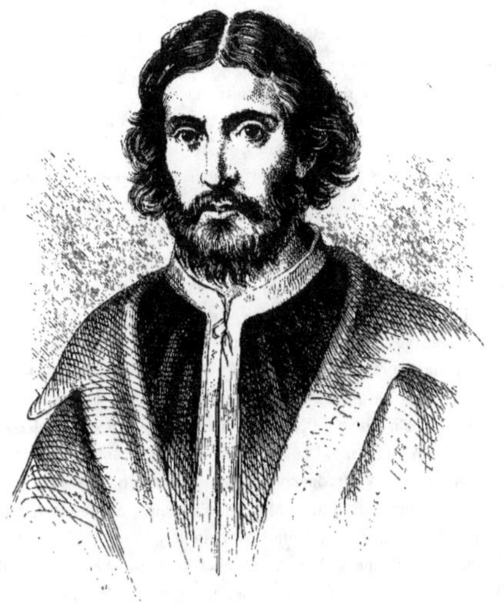

JACOPO PALMA DIT PALMA IL VECCHIO

NÉ VERS 1480 — MORT VERS 1548.

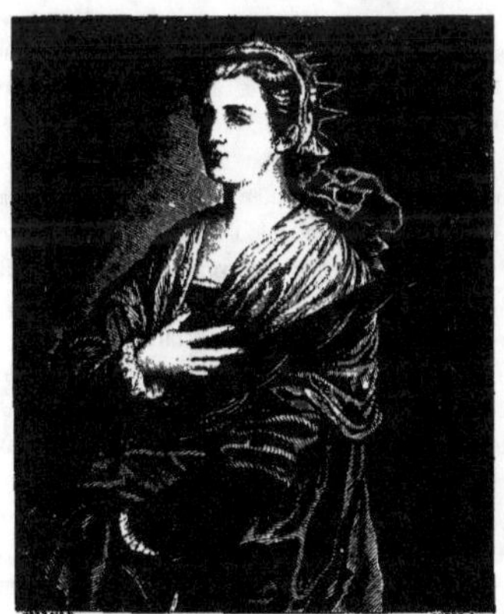

Pour distinguer Jacopo l'alma d'un de ses petits-neveux qui portait le même prénom que lui et qui était peintre, on l'a nommé *Palma il Vecchio*, Palme le Vieux, on aurait dû dire plutôt Palme l'Ancien, car on ne sait point s'il a été vieux puisque l'on ne connaît, au juste, ni l'année de sa mort ni la date de sa naissance. On a seulement la certitude qu'il naquit à Serinalta, village de la vallée de Brembana, dans le Bergamasque, et qu'il appartenait à une famille modeste. Il quitta son pays encore jeune, ayant déjà reçu à Bergame une teinture de son art, et il alla s'établir à Venise, au moment où grandissait la gloire du Titien, dit Ridolfi, *nel tempo che Tiziano era nell' auge della perfettione*, ce qui doit signifier à la fin du quinzième siècle ou aux premières années du seizième, lorsque Titien avait environ vingt-cinq ans. Palma fut-il l'élève du grand maître? on doit le croire. De toute manière, il est évident qu'il débuta par étudier les ouvrages du Titien et qu'il s'appropria, dès le principe, quelques-unes de ses qualités, le gras de l'exécution, la douceur et l'onctuosité du pinceau. Vasari le dit bien:

Palma était plus habile coloriste que vaillant dessinateur. Amoureux de sa peinture, attentif, patient, il finissait beaucoup ses tableaux, fondait ses couleurs, et il fut un des premiers à pratiquer cette manière tendre, effumée, *sfumata*, dont le véritable inventeur fut Léonard de Vinci, mais qui, dans l'école vénitienne, ne commença réellement qu'à Giorgion, et comme Giorgion était à peu près du même âge que Palma, on peut vraiment dire que celui-ci fut des premiers, parmi les Vénitiens, à exprimer en peinture la présence de l'air et cette heureuse indécision qui fait tourner les formes en dévorant la sécheresse des contours.

Au début de sa carrière pittoresque, suivant Zanetti, Palme le Vieux fut chargé de peindre pour l'église San Cassiano un tableau de sainteté : Saint Jean-Baptiste entre saint Pierre et saint Paul, saint Marc et saint Jérôme, et ce qui fait croire à Zanetti que ce tableau fut un des premiers ouvrages exécutés à Venise par Jacopo Palma, c'est qu'il y retrouve, dans le style un peu sec du dessin et dans la symétrie de l'ordonnance un reste du goût primitif, bien que le coloris soit déjà chaleureux, vif et giorgionesque. Vient ensuite une peinture pour l'église San Moise, voisine de la place Saint-Marc. C'était une Vierge dans les nues, avec deux figures de saints au-dessous ; sur le premier plan, saint Jean et saint Jérôme. Cette toile a péri. Le même sort, ou à peu près, était réservé à un autre tableau que mentionne Vasari et qui représentait le *Mariage de la Vierge*. Il avait été peint pour l'église de Sant'Antonio di Castello, et déjà, au dix-septième siècle, la toile était endommagée au point qu'il fallut, non pas la restaurer, mais la recommencer, et l'héritier des donateurs, le sieur Marino Querino, la fit refaire par Jacopo Palma le Jeune, qui garda par devers lui, comme une précieuse relique de son grand-oncle, les fragments qui n'avaient pas souffert, notamment le groupe du grand-prêtre avec la Vierge et saint Joseph, qui était resté intact.

Heureusement pour la gloire de Palma le Vieux, son chef-d'œuvre existe encore dans un état parfait de conservation à Santa Maria Formosa, où il frappe d'admiration tous les voyageurs. Je veux parler de la *Sainte Barbe* qui fut commandée à l'artiste par la confrérie des Bombardiers, dont elle est la patronne. On ne trouverait pas dans tout Venise un plus beau morceau de peinture ni une figure plus grandiose et plus noble. Titien ne l'aurait pas plus fièrement conçue ; Giorgion ne l'aurait pas plus fièrement peinte. Elle est debout, grande, gracieuse et imposante, aimable et majestueuse. Elle tient une palme d'une main et pose le pied sur des bombardes, qui sont les armes parlantes des donateurs. Son front, encadré par deux touffes de cheveux blonds recouvertes d'un léger voile, est couronné d'un diadème d'or. Il y a une telle vie dans ses carnations abondantes et fermes, dans son œil bleu, sur ses joues fraîches et rosées, sur ses lèvres rouges, que la nature seule a pu fournir un tel modèle, et cependant la figure a tant de style qu'elle semble idéalisée. Elle l'est en effet par la fierté de sa désinvolture, son air de tête, l'ampleur de sa tunique pourpre et les plis de grand goût que fait son manteau. Il me souvient qu'au moment où nous entrâmes, mon compagnon de voyage et moi, dans l'église Santa Maria Formosa, un prêtre disait la messe à l'autel où resplendit cette magnifique peinture. Oubliant la tenue que devaient nous inspirer la cérémonie et le lieu, nous laissâmes échapper l'un et l'autre un tel cri de surprise et d'admiration, que tous les assistants en furent scandalisés, et ce bruyant témoignage de notre dévotion à l'art faillit nous faire inviter publiquement au silence par les dévots en prière. Le tableau, du reste, est divisé en six compartiments de dimensions inégales. Un saint Sébastien nu, un saint Antoine abbé, d'une mine vénérable, qui s'appuie gravement sur un bâton, accompagnent à droite et à gauche la figure principale. Mais cette figure, plus grande par les proportions, plus grande aussi par le style, subordonne les autres au point qu'on les regarde à peine. On voit aussi très-peu les trois compartiments supérieurs : le Christ mort dans les bras de sa mère, entre saint Jean-Baptiste et saint Dominique, parce que la chapelle est insuffisamment éclairée, et que ces peintures, obscurcies par le temps, sont entourées de marbres blancs qui les font paraître encore plus obscures. Mais aux rayons d'une lumière concentrée, la figure de sainte Barbe n'en est que plus frappante par l'intensité de ses tons, par l'éclat de ses draperies et de ses chairs ; elle ressort avec d'autant plus de force, au milieu de ces tableaux sombres dont les dimensions moindres l'agrandissent et la font mieux triompher.

La jeune femme qui sert ici de modèle au vieux Palma était sa fille, la belle Violante, qui fut passionnément aimée de Titien. Ce grand peintre aima deux femmes de ce nom : la première est celle qu'il a représentée en 1514 ou 1516 dans son fameux *Triomphe de Bacchus*, marchant parmi les bacchantes, une violette au sein, une *viola*, par allusion à son nom. Lorsque Palma formait sa manière sur celle de Titien, soit comme élève, soit comme imitateur, sa fille était toute jeune, *fanciulla*, et il est probable que ce fut Titien qui lui fit donner le nom de Violante, en mémoire de la première femme qu'il avait aimée [1]. Il est certain que la fille de Palma fut la maîtresse du Titien, qui en devint amoureux dans un âge très-avancé, c'est-à-dire vers 1545, et qui ne la posséda sans doute qu'après la mort de Palma, arrivée, selon toute apparence, vers 1548. Sans parler des nombreux tableaux où Titien se plut à représenter la Violante en divinité mythologique, Flore,

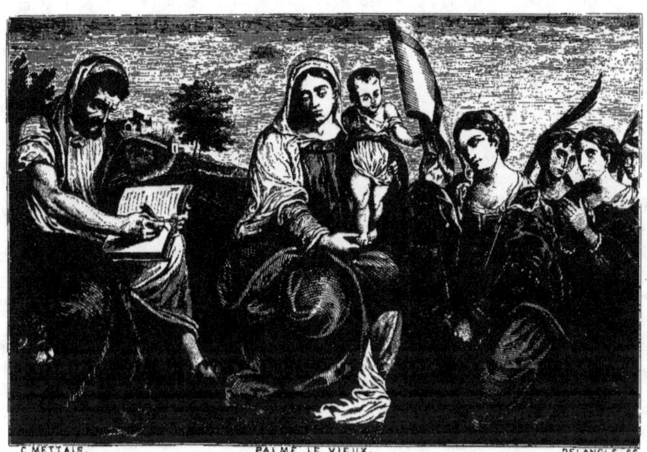

VIERGE, JÉSUS, SAINT ET SAINTES (Belvédère à Vienne).

Antiope ou Danaé, Palma fit plusieurs fois le portrait de sa fille, et il en existe trois ou quatre estampes gravées par Vorsterman et par Troyen. Elle est reconnaissable à ses grands yeux ouverts et limpides, à ses joues pleines, à sa bouche épanouie et voluptueuse, à son nez tendineux, dont le bout est comme taillé à facettes et finit à peu près en losange. C'est une blonde robuste aux carnations nourries, aux larges épaules; elle est vue tantôt en déshabillé à sa toilette, sa belle poitrine à demi nue, tantôt dans ses riches atours, avec chaînes, nœuds de rubans, bouffantes et crevés.

Ce type de femme, plus ou moins modifié, mais toujours puissant, charnu, et à tête un peu courte, reparaît dans les meilleurs tableaux de Palma, notamment dans l'*Adoration des Mages*, qui de l'île Santa Elena des Lagunes, où elle était placée chez les moines Olivétains, a été transportée à Milan, au musée Brera. Sainte

---

[1] Ticozzi dans les *Vite de' Pittori Vecelli* met en avant cette conjecture, qui nous paraît, à nous, bien justifiée, et sans laquelle on ne pourrait concilier deux faits également établis, car la Violante peinte en 1514 ou en 1516 ne saurait être la même femme que Titien aima dans ses vieux jours. *Conviene dunque dire che due Violanti amasse il nostro artefice; anzi inclino a credere che in memoria di questa prima Violante, facesse così nominare la fanciulla del suo discepolo, di cui fu Tiziano invaghito in età molto avanzata.* Ticozzi.

Hélène debout, tenant le bois de la vraie croix qu'elle avait, dit-on, découvert, assiste à la scène et semble même y présider. Les mages sont des modèles très-individuels, peints d'après nature avec beaucoup de vérité, le roi nègre surtout, et leur pieux amour est exprimé à merveille par leur pantomime, leur physionomie et leurs regards. Pressée dans un cadre en hauteur, la composition se détache sur les ruines d'un monument païen, et le tout s'enlève sur une bande de ciel; mais, cette fois, les teintes, au lieu d'être passées et fondues l'une dans l'autre, sont tranchantes dans certaines parties et manquent de la suavité naturelle au Palma; cela tient à l'imprimiture de la toile, qui, étant préparée au plâtre, s'est opposée à la parfaite union des couleurs. A part cette exception, la peinture de Palma Vecchio est remplie de douceur et de morbidesse; elle est très-finie, très-précieuse, très-caressée, sans minutie pourtant, de sorte qu'elle reste agréable de près autant que de loin. En s'approchant, on apprécie les finesses d'une exécution qui a tout rendu; à distance, on ne compte plus les cheveux, on n'aperçoit plus les menus plis de la draperie ni les accidents de la peau, et l'on embrasse d'un coup d'œil les grandes lumières et les grandes ombres, le peintre ayant su ramener à des masses les détails les plus soignés. Voilà comment la manière de Palma le Vieux, bien qu'il soit très-vénitien, se distingue des autres manières vénitiennes. Tintoret, par exemple, et Titien lui-même dans sa vieillesse, visant à l'effet décoratif, exagéraient souvent leurs touches et les frappaient avec une négligence apparente et calculée, de façon qu'elles ne produisent leur effet que de loin, lorsque, tempérées par l'interposition de l'air, elles conservent néanmoins en partie leur accent et leur fermeté. Palma, au contraire, frottant ses couleurs et procédant par glacis, ne laisse pas voir les coups de pinceau, conformément à la manière délicate que pratiquait Titien dans sa première jeunesse. Ses couleurs présentent moins d'empâtement que celles de Giorgion; elles n'ont un peu d'épaisseur que dans les clairs.

Une qualité à laquelle on reconnaît sûrement les peintures de Palma, comparées à celles des Vénitiens, c'est l'expression religieuse. Elle est intime, ingénue et touchante chez Bellini; elle est, chez Palma, plus vivement rendue et plus expansive. Il n'y a peut-être pas, dans toute l'école de Venise, une tête qui exprime l'amour divin avec plus de profondeur, de naïveté et de tendresse que la tête du jeune pâtre agenouillé aux pieds de l'enfant Jésus dans l'*Annonce aux bergers*, du Louvre. Avec quelle effusion, avec quelle ardeur ce pâtre en haillons adore le Dieu des pauvres, qui, d'une grâce si adorable, lui tend sa petite main! Quelle onction dans les autres figures, et combien elle est aimable aussi, cette Vierge placide qui ne s'étonne point et s'émeut à peine des pieux hommages rendus à son Fils, comme si déjà elle s'habituait à la divinité de l'enfant! Les ignorants ou les faussaires qui ont écrit deux fois le nom de Titien, mal orthographié, sur cette toile charmante et magistrale, n'ont commis, après tout, qu'une faible erreur ou un mensonge peu nuisible, car je n'hésite pas à dire que cet admirable morceau est digne des plus grands maîtres, et que si Louis XIV en l'achetant crut avoir un Titien, il fut en somme bien peu trompé. Nous avons vu à Venise d'autres têtes de Palma, divinement expressives, particulièrement celle du Christ dans la *Cène* de l'église Santa Maria Mater Domini. En général, ses têtes sont variées, bien choisies et vivantes, parce qu'elles sont toujours empruntées, il est vrai, directement de la nature commune; mais le peintre, les voyant en maître, c'est-à-dire les transfigurant sans en altérer les formes, leur imprime le caractère de sa pensée, leur communique le sentiment qu'il porte au fond de son âme.

Une chose singulière, c'est la façon dont Vasari a parlé de Palma Vecchio. Après avoir commencé son éloge assez froidement, disant qu'il ne fut ni excellent ni rare dans son art, et n'eut que le mérite de bien peindre d'après nature, il s'échauffe tout à coup et s'élève à l'enthousiasme en décrivant l'horrible tempête de mer, *Tempesta di mare*, qui se voit maintenant à l'Académie de Venise, et qui malheureusement a subi tant et de si pesantes retouches qu'elle en est devenue méconnaissable. Disons d'abord la tradition miraculeuse de cette *Tempête*. Les chroniqueurs vénitiens racontent que, dans la nuit du 25 février 1340, pendant qu'un affreux ouragan éclatait sur les lagunes, un pauvre pêcheur fut sommé par trois inconnus de les conduire à Saint-Georges-Majeur, ensuite à Saint-Nicolo du Lido, ensuite à la mer. Comme ils arrivaient au Castello, une galère parut, chargée de démons, qui s'avançait avec la vitesse d'un oiseau pour exterminer Venise. Les trois inconnus firent le signe de la croix, les démons furent conjurés, la mer s'apaisa et la galère disparut. Le trois compagnons firent connaître alors au pêcheur qu'ils étaient saint Marc, saint Georges et

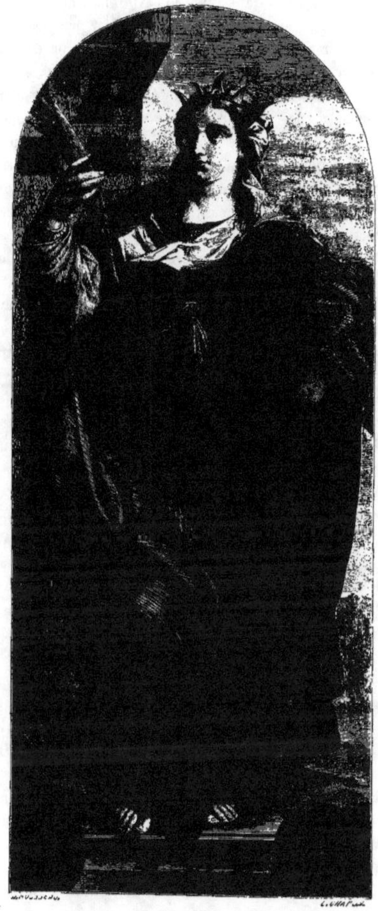

SAINTE BARBE (A Venise).

saint Nicolas, venus du ciel pour sauver Venise du péril qui la menaçait depuis qu'un maître d'école, qui avait
donné son âme au diable, s'était étranglé de ses propres mains. Tel est le sujet de Palma le Vieux. Le

peintre a représenté la rencontre de la galère infernale avec la barque des trois saints. Le milieu de la composition est occupé par la galère maudite toute en flammes. Quelques démons se précipitent dans l'abîme ; d'autres sont tremblants ; d'autres résistent encore et menacent. Quatre d'entre eux se sont jetés tout nus dans un esquif et tentent, à force de bras, de porter secours au navire. Ils font tous les mouvements que peuvent faire des gondoliers, et aussi tout ce qui peut mettre en relief leur musculature vigoureuse. L'un d'eux se raidit avec sa rame contre la fureur des vagues ; un autre, monté sur un dauphin, lève une massue pour frapper. Au loin, on aperçoit sur le Lido quelques habitants épouvantés de ce terrible spectacle.

Vasari, ordinairement si bref dans ses éloges, s'arrête à ce tableau (dont le sujet ne lui a pas été bien expliqué), le décrit avec complaisance et en parle avec une chaleur inaccoutumée. Il signale surtout certaines figures de démons qui volent dans les airs et qui soufflent avec rage sur les barques près de s'engloutir. « En somme, dit-il, cet ouvrage est si beau, par l'invention et autrement, qu'il semble impossible « que le pinceau, même le plus habile, rende jamais d'une manière plus saisissante et plus vraie la fureur « des vents, la vigueur et la souplesse des hommes, les emportements de la mer, les nuages déchirés par « la foudre, les vagues brisées par les rames, les rames ployées par les flots et par les efforts des rameurs. « Que dirai-je encore ? Je ne me souviens pas d'avoir vu une peinture plus terrible. Elle est conduite avec « une telle verve de dessin, une telle imagination et une si fière couleur, que la toile en tremble, comme si « les choses qu'elle représente étaient la vérité même. L'auteur de cette œuvre, Jacopo Palma, a su « conserver jusqu'au bout l'ardeur qui l'animait, bien différent en cela de beaucoup d'autres peintres qui « jettent d'abord tout leur feu sur leur esquisse, et qui, en finissant, détruisent peu à peu le fruit de « leur première inspiration, parce que, leur âme refroidie, perdant sa première fougue, ils s'attachent au « détail et cessent d'embrasser l'ensemble [1]. »

Après Vasari, Sansovino, Lomazzo, Sandrart et Scannelli ont attribué ce tableau à Palme le Vieux ; mais il est remarquable que Ridolfi n'en dit pas un mot, et que Zanetti, si fin connaisseur, l'attribue à Giorgione, disant que Palma n'était pas capable de trouver d'aussi fières attitudes, de peindre avec tant de chaleur, et qu'il n'a jamais donné aucun indice d'une pareille vigueur pittoresque [2]. Il est enfin des auteurs qui croient reconnaître dans ce morceau la main de Paris Bordone, lequel en effet a pu être chargé de le restaurer une première fois, puisque, après l'incendie de la Scuola di San Marco, qui avait sans doute endommagé la peinture, il eut à peindre, au même endroit, la suite de cette histoire miraculeuse. L'observation en a été faite par Francesco Zanotto dans la *Pinacoteca veneta illustrata ;* mais le savant écrivain persiste à penser que Palma est l'auteur de la *Tempête* décrite par Vasari, et que l'illustre biographe n'avait pas dû facilement se tromper sur un ouvrage aussi considérable, exécuté de son vivant, ouvrage dont lui, Vasari, avait été d'ailleurs si fortement préoccupé et si vivement ému.

Il nous paraît, à ce propos, que l'autorité de Vasari est trop souvent mise en doute de nos jours. Malgré les erreurs qu'il a pu commettre, en fait de chronologie surtout, son témoignage doit être respecté, au moins jusqu'à preuve contraire. Pour en citer un nouvel exemple, Vasari décrit comme un chef-d'œuvre le portrait que Palma fit de lui-même, en se regardant à la glace, *guardandosi in una spera.* Or, un portrait tout à fait semblable à celui-là se trouve aujourd'hui à Munich, où il est attribué à Giorgion par les conservateurs de la Pinacothèque, sans doute parce qu'il a été acheté comme tel, et que le nom de Giorgion est plus retentissant que celui de Palma. Le peintre bergamasque s'y montre vêtu d'une fourrure en poil de chameau, dit Vasari, « et certains toupillons de cheveux sont exprimés avec tant de vérité et « d'adresse qu'on ne peut rien imaginer de mieux et que, parmi tous les ouvrages des artistes vénitiens, il « n'y en a pas d'aussi parfait. On y remarque un certain tournoiement de l'œil (*un girar degli occhi*) que ni

---

[1] ... Che pare che tremi la tavola, come tutto quello che vi è dipinto fosse vero... Vasari, *Jacopo Palma et Lorenzo Lotto.*

[2] Palma, è vero, fu imitatore di questi (Giorgione) ; ma in niuna delle opere sue un solo principio di questo pittoresco vigore dimostra. Zanetti, *Della Pittura veneziana*, Venise, 1771.

« Léonard de Vinci ni Michel-Ange n'auraient pas mieux rendu. Si la destinée eût voulu que l'artiste fût
« mort après avoir achevé ce portrait, Palma surpasserait tous ceux que nous célébrons comme des génies
« rares et divins; mais sa vie s'étant prolongée, il ne sut pas se maintenir à cette hauteur, et sa gloire diminua,
« au lieu de s'accroître. »

Si c'est Vasari qui dit vrai, Palma Vecchio aurait eu plus d'une manière, car il est certain que la
Tempête apaisée par saint Marc n'est pas traitée comme l'*Annonce aux bergers* du Louvre. La première
est aussi hardiment peinte et aussi fière que la seconde est précieusement touchée et délicatement finie;
mais le tendre du pinceau, la fraîcheur et la morbidesse des carnations et cette fonte des couleurs qui
arrondit les formes et les fait tourner, n'en sont pas moins les traits caractéristiques de sa peinture.

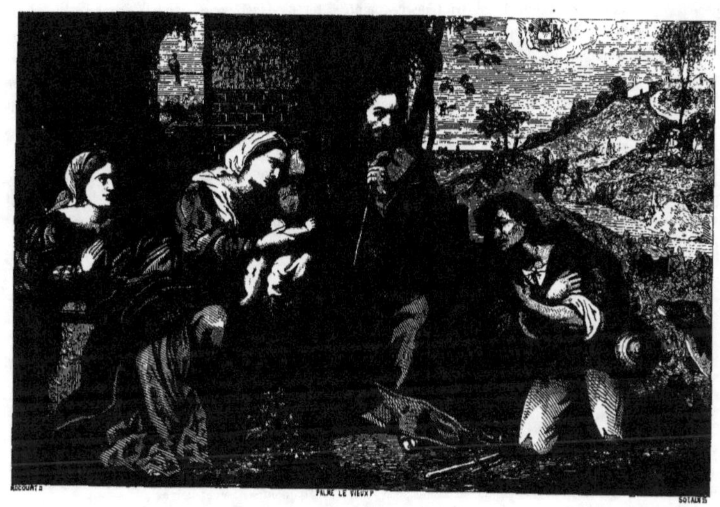

ADORATION DES BERGERS (Musée du Louvre)

Ajoutons que ses rouges tirent sur le rose et que ses bleus fins n'ont pas la banalité qui parfois se remarque
dans les Tintoret de pratique et même chez Bonifazio. Au surplus, Palma le Vieux, tout charmant qu'il est
par le coloris et par l'exécution, est encore plus habile à toucher le cœur et à plaire par une qualité
vraiment sienne et dominante, l'expression. Sa personne, d'ailleurs, était aussi agréable que sa peinture,
et, suivant Ridolfi, ses mœurs et ses habitudes furent celles que peut faire supposer le caractère de ses
œuvres. Il fut le maître du vaillant coloriste Bonifazio, et il fut le compagnon, l'ami, de Lorenzo Lotto,
peintre aimable, moins jaloux de la vérité et de la nature et plus porté vers l'idéal.

Vasari et, après lui, Ridolfi disent que Palme le Vieux mourut à Venise, à l'âge de quarante-huit ans :
mais à quelle année se rapporte sa mort? C'est une question qui n'a pas encore été résolue. D'une part,
Paolo Pino, dans ses dialogues *Della Pittura*, publiés en 1548, cite Palma au nombre des artistes morts
récemment, et il n'y a aucune raison pour révoquer en doute un pareil témoignage; mais, d'autre part, il

existe une peinture du maître citée par Mundler (une Madone avec saint Pierre, saint Jacques et un donateur) qui est signée JACOBUS PALMA A. M. D. Il faut donc que Palma ait vécu plus de quarante-huit ans. Or, en supposant qu'il eût une vingtaine d'années lorsqu'il peignit le plus ancien tableau que l'on connaisse de lui, on doit reporter sa naissance vers 1480, comme l'a fait M. Villot dans la *Notice des tableaux du Louvre*. Quant à l'assertion de Vasari, lequel est assez inexact en matière de dates, il n'est pas impossible qu'on lui ait dit à Venise que Palma était mort en 1548, et qu'il ait confondu dans sa mémoire l'âge du siècle avec l'âge du peintre. Il devait arriver souvent dans ce temps — comme il arrive tous les jours dans le nôtre — qu'en énonçant une année du seizième siècle, on supprimait les deux premiers chiffres du millésime ; qu'au lieu de dire, par exemple : « Un tel est mort en 1548, » on disait : « Un tel est mort en 48, » et voilà peut-être l'explication de l'erreur commise par Vasari. Je dis l'erreur, car il n'est pas admissible que Paolo Pino, Vénitien, se soit trompé en parlant de Palma comme d'un artiste qui venait de mourir à Venise. Nous ferons observer, du reste, que le portrait de ce peintre, tel qu'il est gravé dans la seconde édition de Vasari, le représente courbé, vieux, et, en tout cas, plus âgé qu'un homme de quarante-huit ans. Toutefois, les très-habiles annotateurs de l'édition Lemonnier s'en tiennent à l'assertion de Vasari, et font remonter la naissance de Palma jusqu'en 1473, pour lui donner quarante-huit ans en 1521, parce qu'en cette année s'arrête, suivant eux, toute notion biographique touchant le vieux Palma. Il résulte, en effet, des documents découverts par Cicogna (*Iscrizioni veneziane*) que pour le tableau de Sant' Antonio di Castello, dont nous avons parlé, l'artiste reçut cent ducats d'or en quatre paiements, les 21 mai, 3 septembre et 22 novembre 1520, et le 22 juillet 1521. Mais si Palma était mort en cette dernière année 1521, il devient bien difficile de comprendre que sa fille, qu'il a pointe déjà grande et nubile, et qui est encore si éclatante de jeunesse et de beauté dans tous les tableaux du Titien, ait été la maîtresse de ce grand peintre *sur ses vieux jours*.

CHARLES BLANC.

RECHERCHES ET INDICATIONS

MUSÉE DU LOUVRE. — Il ne s'y trouve qu'un tableau de Palma, mais un chef-d'œuvre : l'*Annonce aux bergers*, ex-voto. Les figures sont un peu plus petites que nature. Signé deux fois TITIANO et TICIANNO ; mais ces signatures sont fausses.

VENISE, à l'Académie des Beaux-Arts, quatre tableaux : — 1° L'*Assomption*, provenant de l'ancienne église Santa Maria Maggiore ; 2° la *Veuve de Naïm* ; 3° *Saint Pierre dans une chaire*, environné de plusieurs saints et saintes. Ce morceau provient de l'église paroissiale di Fontanella di Odezzo ; 4° *Portrait* d'une dame de qualité.

Il faut ajouter à ces tableaux celui de la *Tempête apaisée par saint Marc*, que le catalogue attribue à Giorgione.

A Santa Maria Formosa, *Sainte Barbe*.

A San Cassiano, *Saint Jean-Baptiste* au milieu, avec saint Pierre et saint Paul, saint Marc et saint Jérôme.

A Santo Stefano, une *Madone*, avec saint Joseph, sainte Marie Madeleine et sainte Catherine.

A Santa Maria Mater Domini, la *Cène*.

A San Silvestro, une *Cène*, qui a été, dit Zanetti, altérée en quelques parties, mais qui est plus magistrale que l'autre.

MUSÉE BRERA, à Milan. — L'*Adoration des mages*. C'est le tableau qui se trouvait autrefois dans l'île Sainte-Hélène des Lagunes. Gravé dans la *Pinacoteca di Milano*.

Hélène et Constantin, avec saint Sébastien et saint Roch. Ces quatre figures sont dans trois compartiments d'un même cadre. Elles étaient attribuées à Lorenzo Lotto.

PINACOTHÈQUE DE MUNICH. — *Saint Jérôme* méditant.

La *Sainte Parenté*. Les figures sont prises, dit le catalogue, dans la famille de l'artiste. Sur bois.

La *Flagellation* ; petites figures.

Le portrait de l'artiste, attribué par le catalogue à Giorgione.

Il y avait beaucoup de tableaux du maître dans la galerie de l'archiduc Léopold. Ils ont été gravés : la *Résurrection de Lazare* (très-mal), par Lisibetius ; la *Visitation*, par le même un peu mieux) ; *Saint Jean*, *Saint Sébastien* et *Saint Roch*, par Popels. *Saint Théodore* a été gravé par Franco Vénitien (dans la Frezzaria à l'enseigne du Soleil) ; le saint met le pied sur le dragon.

Mogalli a gravé une *Sainte Famille* de Palma le Vieux, et Picart le Romain a fait une très-belle estampe, d'après la *Sainte Famille* de Bonifazio, celle du Louvre, qu'il attribue à Palma. Scacciato a gravé un dessin de Palma en clair-obscur, plume et bistre.

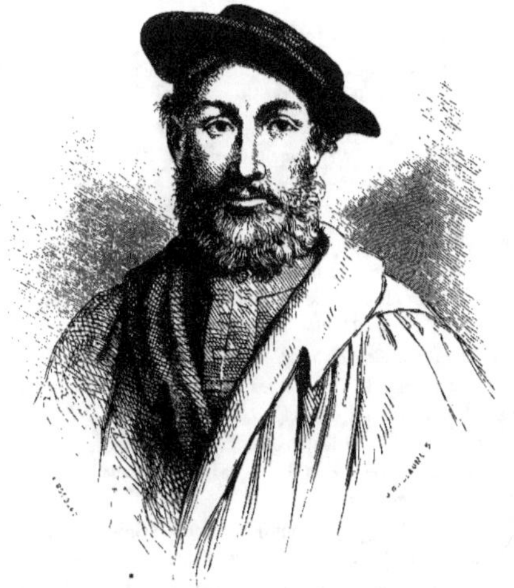

LORENZO LOTTO

NÉ VERS 1480. — MORT VERS 1555.

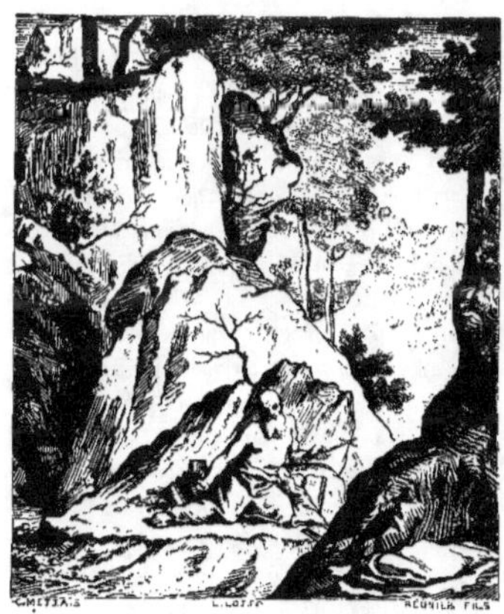

Les erreurs d'un esprit systématique et convaincu font quelquefois avancer les questions plus que ne feraient les justes visées d'un esprit modéré et circonspect. Les systèmes sont des lunettes grossissantes qui rapprochent les objets inaperçus et portent plus loin les vues de l'intelligence. C'est ainsi que, dans le domaine spécial de l'art, nous devons beaucoup de lumières à un écrivain qui pousse jusqu'à l'exagération, pour ne pas dire jusqu'à la manie, le goût des peintures mystiques et l'amour de l'idéal religieux et même dévotieux. Cet écrivain est M. Rio. Le tour exclusif de ses idées nous a valu certaines explorations très-utiles à l'histoire, et que personne peut-être n'aurait tentées sans y être conduit par cette passion de l'ascétisme qui a été son mobile. Les investigations pieuses de M. Rio ont profité à la mémoire de plusieurs peintres éminents, en particulier de Lorenzo Lotto, qui auraient été à la longue perdus de vue parce qu'ils ne se trouvaient point dans les courants historiques, et que leurs plus beaux ouvrages ne se rencontraient pas sur les chemins battus par les voyageurs.

La vie de Lorenzo Lotto ne laisse pas d'être encore, sur certains points, fort obscure; en revanche, ses œuvres nous sont maintenant mieux connues, et les renseignements que donne Vasari sont rectifiés, éclaircis ou complétés, autant que possible, par les recherches récentes de l'écrivain que nous avons nommé et par les savantes annotations qui accompagnent la dernière édition florentine de Vasari. Sans savoir exactement en quelle année ni en quel lieu naquit Lorenzo Lotto, nous avons tout lieu de croire que sa naissance doit être placée vers 1480 et que sa patrie fut Trévise. La première de ces probabilités s'appuie sur un tableau du Louvre ayant appartenu à M. George, l'expert, et qui porte la date de 1500, tableau dont l'exécution fait supposer un artiste âgé au moins de quelque vingt ans. La seconde est fondée sur ce fait certifié par le P. Affi et cité par le P. Federici (*Memorie Trevigiane*), que Lorenzo aurait signé une de ses toiles : Lorrus, *Tarvisianus* (Trévisan), et que la famille Lotto existait à Trévise depuis l'an 1400. D'autres documents, il est vrai, disent Lorenzo Vénitien, notamment une pièce mise au jour par Beltramelli[1], dans laquelle est mentionné « *Laurentius Lottus*, Vénitien, peintre célèbre qui habite maintenant Bergame. » A ce témoignage il convient d'ajouter celui de Vasari et les signatures du peintre lui-même, qui a écrit quelquefois au bas de ses tableaux ou dans les actes publics : *Laurentius Lottus* (ou *Lotus*), *venetus pictor ;* mais ce mot *venetus* peut signifier et signifie sans doute natif des États vénitiens. Trévise appartenant alors à Venise, et n'étant située qu'à trente kilomètres de cette ville, les Trévisans devaient se dire Vénitiens à une époque où la république était dans toute sa gloire.

Quoi qu'il en soit, Lorenzo, selon Vasari, apprit son art à Venise en étudiant d'abord les ouvrages de Jean Bellin, ensuite en s'attachant à la manière de Giorgion. Dans cette manière, il exécuta plusieurs portraits dont la trace est perdue, nommément celui d'Andrea Odoni, qu'il avait représenté à mi-corps contemplant des morceaux de marbre antiques[2]. A Venise, il se lia d'amitié avec Palma Vecchio, et le choix de cet ami s'explique tout naturellement par une ressemblance de caractère. Palma et Lotto avaient l'un et l'autre une âme douce et tendre qui inclinait à la grâce et qui les portait de préférence vers l'expression. Aussi le naturalisme giorgionesque fut-il bientôt tempéré, chez Lorenzo Lotto, par d'autres influences qui changèrent plusieurs fois son style au point de dérouter souvent les connaisseurs. Parmi les tableaux de sa main qui ont une date certaine, le plus ancien est celui daté de 1500, qui est au Louvre, après avoir figuré dans la collection George et dans la vente Moret. C'est un *Saint Jérôme au désert*, petit panneau de cinquante-huit centimètres sur quarante. Le saint, à demi nu, entouré de livres, tient d'une main le crucifix, de l'autre une pierre dont il va se frapper. Il est au milieu d'un paysage rocheux, escarpé et sauvage. On y voit un autre ermite auprès d'une caverne, et le compagnon inséparable du saint anachorète, le lion du désert. Ce morceau, ouvrage d'une main encore inexpérimentée, accuse une imitation timide de Jean Bellin, ou, pour dire mieux, de Marco Basaïti, qui fut le rival de ce grand peintre. Le dessin est délicat, mais il est maigre ; la figure de saint Jérôme paraît aplatie et collée contre les rochers. La nature est vue par son côté intime. Les roches nues, luisantes et à pic, sont rendues en détail avec tous leurs accidents et toutes leurs fentes ; quelques habitations cachées dans les arbres, au sommet d'une montagne, annonceraient que le paysage a été peint par Lorenzo d'après nature. Déjà se révélait en lui ce goût de la miniature qu'il montra plus tard en peignant des manuscrits précieux pour les communautés religieuses.

Vient ensuite, dans l'ordre des temps, une peinture que Vasari n'a pas connue, et qui, étant signée et datée, atteste la présence de Lotto à Trévise en l'année 1505. C'est un tableau allégorique représentant les armoiries de l'évêque de Trévise, Bernardo de' Rossi, avec diverses figures faisant allusion au génie de cette famille, entre autres un satyre qui contemple des vases grecs, et un enfant qui ramasse à terre des instruments de mécanique. Ce tableau, mentionné par le P. Federici, existait à Parme au commencement de ce siècle. L'année suivante, Lotto est encore dans le Trévisan. Il y fait deux peintures : l'une à Sainte-Christine, pour l'église paroissiale, l'autre pour la chapelle du baptistère d'Asolo, petite ville peu éloignée de Trévise, et, selon M. Rio, il donne à ces peintures un caractère de grâce naïve. Ici se trouve

---

[1] *Notizia intorno ad un quadro esistente nella cappella della prefettura di Bergamo.* Bergamo, 1806 ; in-8°.

[2] C'est l'Anonyme de Morelli qui nous donne ce précieux détail, à l'aide duquel on pourra peut-être retrouver la peinture.

une lacune de six années pendant lesquelles nous perdons la trace de Lotto. Il est assez vraisemblable que
dans cet intervalle se place quelque voyage qu'il aura fait à Milan pour connaître Léonard de Vinci, dont
la renommée remplissait alors la haute Italie, et qui, de 1507 à 1511, ne quitta point le Milanais. Toujours
est-il que Lotto, dans la seconde moitié de sa vie, laissa voir une incontestable tendance à imiter Léonard,
et fut désigné par Lomazzo comme un de ceux qui suivaient la manière léonardesque, particulièrement pour
le clair-obscur. Mais Lorenzo Lotto est-il le même Lorenzo qui est nommé deux fois dans les manuscrits de
Léonard? C'est une question à examiner.

Le volume atlantique des manuscrits de Léonard porte une première note ainsi conçue : « 1505. *Martede
sera, a di 14 aprile, venne Lorenzo a stare con mecho; disse essere d'età d'anni 17 :* mardi soir, 14 avril,

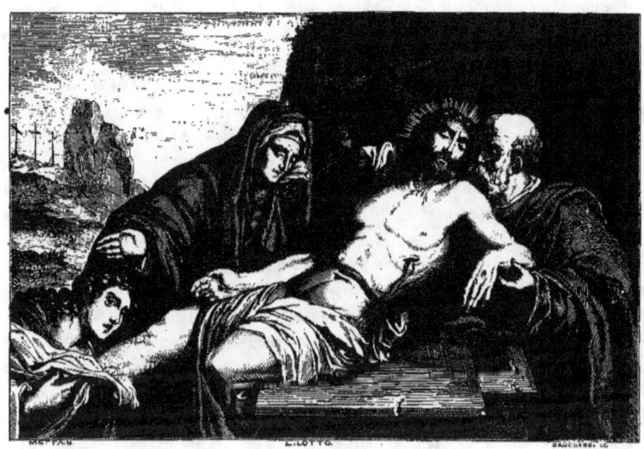

LA MISE AU TOMBEAU.

Lorenzo est venu demeurer avec moi; il se dit âgé de dix-sept ans. » Amoretti[1], en citant la note de Léonard.
avait supposé que peut-être elle se rapportait à Lorenzo Lotto, et cette supposition, qui nous avait séduit
nous-même, s'était changée en affirmation positive sous la plume de Rosini. Cependant, si Lorenzo se
disait âgé de dix-sept ans, en 1505 — à cet âge on n'est guère tenté de se rajeunir — il était né en 1488; mais
comment concevoir alors qu'il eût peint à douze ans le petit tableau du Louvre, qui est bien authentique, et qui
est signé : *Lotus*, 1500? La précocité naturelle aux Italiens ne suffit pas évidemment à expliquer un tel fait.
D'un autre côté, lorsque Léonard écrivait la note du 14 avril, il était à Florence, où il venait de terminer
son fameux carton en concurrence avec Michel-Ange. Il n'est donc pas possible que Lorenzo Lotto soit allé
s'établir avec lui, puisque, en cette année-là, il travaillait à Trévise, et qu'il se trouvait encore en 1506 dans
la Marche Trévisane. Il nous semble donc hors de doute que la première note de Léonard ne s'applique pas
à Lorenzo Lotto. Quant à la seconde, il n'en est peut-être pas de même. La voici : « 1514, *le 24 septembre.
Je suis parti de Milan* (pour Rome) *avec François Melzi, Salaï, Lorenzo et Fanfoja.* » Bien qu'il soit naturel
de penser que ce Lorenzo qui accompagna Léonard dans son voyage à Rome était le même qui était venu

---

[1] *Memorie storiche sulla vita di Leonardo da Vinci.*

s'établir avec lui en 1505, rien n'empêche non plus que ce Lorenzo — le nom de Lorenzo est très-commun en Italie — ne soit un autre que celui mentionné dans la première note. En tous cas, il est remarquable, comme l'a observé M. Rio, que Lorenzo Lotto, appelé en 1513 à Bergame, pour y peindre un grand tableau dans l'église des dominicains, après avoir commencé son travail par une prière à la Vierge, interrompit sa peinture, qui ne fut terminée qu'en l'année 1517. Or, cette interruption inexpliquée coïncide justement avec le départ du Vinci pour Rome, et une telle coïncidence est assurément notable. S'il ne faut pas y voir, avec M. Rio, un argument sans réplique, nous croyons qu'on en doit tenir compte, en attendant des preuves décisives.

Mais avant ce voyage, qui reste encore problématique, Lorenzo Lotto en fit un autre, qui est certain, dans la Marche d'Ancône. « Il est probable, dit M. Rio, que la terreur répandue par les armes françaises dans les villes lombardes, après le massacre de Brescia, ne fut pas étrangère à la résolution que prit Lorenzo, en 1512, d'aller chercher dans quelque couvent de la Marche d'Ancône le calme nécessaire à sa pieuse et timide imagination. Jamais on n'avait vu hors du cloître un artiste si antipathique aux passions du siècle et aussi dévoré du besoin des aspirations ascétiques. Cela explique pourquoi, pendant ses divers séjours dans cette partie de l'Italie, qui paraît avoir eu pour lui un attrait tout particulier, on le trouve toujours travaillant chez les moines de Saint-Dominique ou de Saint-François, s'inspirant de leurs prières et des siennes, et suppléant par ces aspirations à ce qui pouvait lui manquer encore du côté de l'enseignement positif. Pour se faire une idée de l'essor que prit alors son talent, il faut voir dans la petite ville d'Iesi, près d'Ancône, les peintures qu'il exécuta pour les Frères Mineurs, dans l'église Saint-Florian, où il représenta le martyre de sainte Catherine avec cette verve pleine d'onction qu'on retrouve dans toutes ses compositions légendaires, surtout dans celles de petite dimension, qui, se rapprochant plus de la miniature, ouvraient un champ plus libre à sa mystique imagination. Aussi a-t-il voulu reproduire sur la *predella*, dans des proportions extrêmement réduites et avec une incomparable finesse de pinceau, la scène imposante qui fait le sujet du tableau principal : sainte Catherine miraculeusement immobile quand on veut la traîner vers un lieu de prostitution. Les compartiments où elle est représentée priant au tombeau de sainte Agathe, et devant le préfet de la ville, ne sont pas moins admirables, et nous aurons occasion de signaler d'autres ouvrages non moins parfaits du même maître, dans lesquels, grâce à l'exiguïté des dimensions, il a pu réaliser son idéal sans tomber dans ses défauts habituels, qui sont l'indécision et la mollesse des poses et une certaine maigreur dans la ligne du dessin. »

Nous l'avons dit plus haut, le peintre vénitien — on pourrait l'appeler aussi peintre lombard — fut attiré à Bergame en 1513 par Alexandre Martinengo Coleone, petit-fils par adoption de ce terrible Barthélemy Coleone auquel la reconnaissance des Vénitiens et le génie de Verrochio ont élevé la fameuse statue équestre qui est à Venise. Il s'agissait de décorer le maître-autel de l'église San Bartolommeo, appartenant aux Pères Dominicains. Cette décoration fut inaugurée par une prière publique. Suivant les papiers retrouvés par Tassi aux archives locales[3], on invoqua le Rédempteur, la Vierge et toute la cour céleste pour faire descendre sur le peintre les inspirations d'en haut. Le pieux Lorenzo peignit la Vierge sur un trône que surmontent des anges aux formes élancées. Elle est entourée des saints protecteurs de la cité, Étienne, Sébastien, Dominique et Thomas d'Aquin, parmi lesquels on distingue deux figures, saint Alexandre et sainte Barbe, qui sont les portraits vivants d'Alexandre Martinengo et de sa femme. L'artiste s'est représenté lui-même dans le personnage qui est auprès de saint Dominique. Une fois la peinture achevée et découverte, le peuple, pour la voir, se rendit à l'église en procession, et ce fut à Bergame une fête semblable à celle qui avait été célébrée à Florence, au treizième siècle, lorsqu'on y porta la fière Madone de Cimabuë, qui est encore à Santa Maria Novella. Le peintre reçut en récompense cinq cents écus d'or.

Tassi nous a conservé des documents curieux, touchant les ouvrages exécutés par Lorenzo à Bergame — ouvrages dont Vasari ne dit pas un mot — notamment la convention passée entre l'artiste et la confrérie

---

[1] M. Mundler, dans son *Analyse*, avait déjà judicieusement combattu l'assertion de Rosini et l'hypothèse d'Amoretti, mais sans apporter autre chose que des présomptions, puisqu'il ne connaissait pas le tableau peint pour l'évêque de Trévise en 1505.

[2] *De l'Art chrétien*. Nouvelle édition, 1861; tome III, page 276.

[3] *Vite de' Pittori, Scultori ed Architetti bergamaschi*. Bergamo, 793.

de la Miséricorde pour la décoration du maître-autel de l'église Saint-Étienne. Quarante ducats d'or et une
voiture, *un carro*, de bon vin de Bonello étaient le prix convenu. Cette convention porte la date du
26 juillet 1521. A cette même année se rapportent des fresques et des peintures en détrempe faites par
Lorenzo dans les églises de San Bernardino, de Sant'Alessandro in Colonna ; puis, dans quelques villes ou
villages du Bergamasque, telles que Santo Spirito, San Martino, Celana. Les décrire serait fastidieux pour
le lecteur et pour nous. C'est toujours une Madone entourée de saints avec des anges, qui tantôt relèvent
gracieusement un rideau de soie, tantôt jouent du violon ou du luth. Quelquefois, comme à Sant'Alessandro,
c'est une *Déposition de croix*. Le tableau de l'église du Saint-Esprit est remarquable par certains motifs

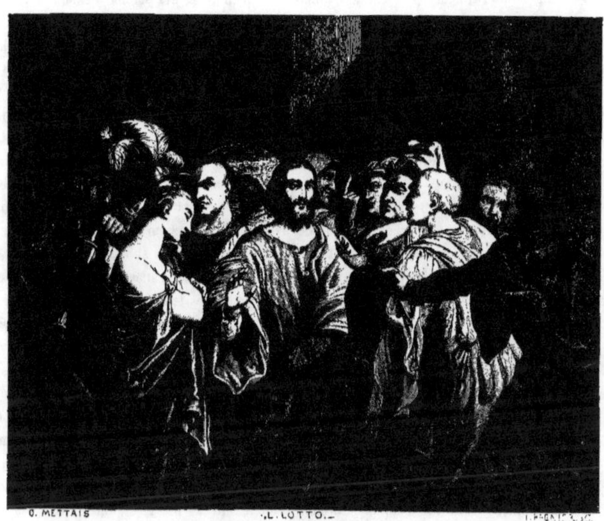

LA FEMME ADULTÈRE (Musée du Louvre)

qui trahissent évidemment une imitation de Léonard. Au pied du trône de la Vierge, saint Jean tient
embrassé un petit agneau et lui sourit avec une grâce enfantine et un air d'innocence que le Corrège n'aurait
pas mieux exprimés, au dire de Ticozzi (*che meglio non avrebbe potuto fare lo stesso Correggio*).
    Malgré ces réminiscences, et bien que l'originalité ne soit pas le caractère frappant de Lorenzo Lotto, il
ne laisse pas que d'innover un peu dans la composition de ses Madones, tant répétées par les autres et
par lui-même. La symétrie consacrée, mais fatigante, que les peintres y avaient observée jusqu'alors, Lotto
cherche à la rompre par le contraste des attitudes et l'opposition des mouvements. C'est ainsi que dans le
grand tableau qui lui fut commandé par Alexandre Martinengo Coleone, il a représenté la Vierge parlant à
un saint placé à droite, tandis que l'Enfant Jésus parle à un autre saint placé à gauche. Les effets de
perspective lui furent aussi une ressource pour varier l'intérêt optique de ces ordonnances traditionnelles
et en corriger la monotonie. Où il n'imita personne, ce fut dans ses figures d'anges, dont le type lui
appartient vraiment, type suave et gracieux, exempt de ce maniérisme auquel n'ont pu échapper les derniers

élèves de Léonard. Les formes en sont sveltes sans affectation; les chairs ont de la plénitude et comme une santé radieuse; les raccourcis, naturellement trouvés, ne sentent ni la recherche, ni le tourment, ni l'effort. Toutes les fois, d'ailleurs, qu'il est inspiré par sa dévotion naïve et tendre, surtout dans les sujets légendaires, Lorenzo Lotto prend une physionomie, et lui qui n'est pas original par la manière, il le devient par le cœur. Mais lorsqu'il s'agit d'une peinture qui ne se prête pas à l'expression des sentiments intimes, son art n'est plus qu'une réunion de qualités vénitiennes et lombardes, un mélange de Giorgion, de Corrège et de Léonard, mélange dans lequel domine pourtant l'élément vénitien.

La Femme adultère de Lotto, qui est au Louvre, ne fait voir qu'une des faces de son talent; elle n'en montre que le côté extérieur. La plus vive lumière, et par suite l'attention du spectateur, se portent sur la figure de la femme adultère, figure pâle, blonde, aimable et distinguée, qui semble demander grâce par ses charmes autant que par son repentir. Le Christ, sans avoir un grand caractère, est noble, doux et beau. Tous les autres personnages sont des modèles dont l'individualité aurait pu être mieux choisie. Léonard de Vinci les aurait marqués à l'empreinte d'une vérité typique: Lorenzo n'en sait faire que des portraits. Par la distribution de ses figures, qui sont trop entassées et qui remplissent la toile au point de l'obstruer, par la distribution des clairs et des ombres, il reste inférieur; il ne sait pas envelopper suffisamment son tableau, le modeler d'ensemble, comme font les peintres qui conçoivent le tout d'un seul jet. La composition n'est intéressante que tout près du cadre. Le reste est sacrifié dans une demi-ombre, et cependant, par un singulier instinct de pondération, le peintre a opposé aux épaules blanches de la femme adultère le pourpoint noir du mari trompé. Cette opposition inusitée rétablit une sorte d'équilibre, et l'ordonnance paraît ainsi moins décousue. Du reste, le morcellement du coloris et le rapprochement des tons les plus contraires donnent à ce tableau une vibration, un remuement, un jeu qui le font tout de suite remarquer. Dans la figure de la femme, le vert émeraude de la robe est exalté par le voisinage de la manche rouge du Christ. Plus à droite, le noir tranche sur du jaune, mais sans violence, et toutes les teintes chaudes sont coupées par le froid d'un manteau bleu. L'espèce de mouvement obtenu par la variété des tons est encore augmenté par des taches d'un clair vif, ménagées çà et là, sur le bonnet d'un juif, sur l'aigrette d'un casque, et formant des effets qui appartiennent aux seuls coloristes. Le blanc et le noir ne sont bien employés en Italie que par l'école vénitienne, qui s'en sert tantôt pour surexciter l'effet, tantôt pour reposer l'œil et le rafraîchir là où une extrême magnificence l'aurait fatigué, tantôt pour que le spectateur, ayant à parcourir la gamme entière des tons lumineux et des tons sombres, sente mieux la valeur et la saveur de chacun. En somme, ici et ailleurs, Lorenzo Lotto est plus vénitien qu'autre chose. Il l'est, comme l'a dit Lanzi, par l'intensité du coloris, par la richesse des costumes, par ses fonds de paysage, par le sang qu'il met dans les chairs, à l'exemple de Giorgion. Son exécution un peu timide, adoucie encore par les demi-teintes, n'a pas, sans doute, la liberté, la fierté giorgionesques; mais elle n'en est que plus d'accord avec la douceur de ses pensées, la béatitude de ses personnages, l'idéalité de ses anges.

C'est un malheur pour la mémoire de Lotto que ses plus beaux ouvrages ne soient pas dans une de ces grandes villes que traversent tous les voyageurs. Si Bergame était visitée autant que le sont Venise, Milan et Florence, Lotto serait connu par ses chefs-d'œuvre, qui sont presque tous dans le Bergamasque et, qui plus est, dans des localités obscures, comme Alzano, où il peignit pour les Dominicains la légende de saint Pierre martyr, ouvrage ravissant, s'il en faut croire M. Rio, toujours un peu suspect de partialité envers *les siens*. Il paraît certain que Lorenzo fit plus d'un voyage dans la Marche d'Ancône, où l'attirait sa dévotion à Notre-Dame de Lorette. Déjà, nous l'avons vu, en 1512, il avait peint à Iesi, dans l'église Saint-Florian, la légende de sainte Catherine pour les Frères Mineurs, et peut-être, dans le même pèlerinage, la légende de saint Dominique, à Recanati, près de Lorette; car, selon Vasari, ces tableaux furent exécutés par Lorenzo quand il était jeune encore. Vasari admirait beaucoup sur la *predella* (le gradin) de cette église des miniatures qui n'existent plus, entre autres une *Prédication de saint Dominique*, dont les figurines, dit-il, sont les plus gracieuses du monde; mais on y admire encore la *Maison de Lorette transportée par des anges*, avec saint Dominique en prière, morceau plein d'expression, amoureusement travaillé,

religieusement peint. Selon les Mémoires de Ricci [1], cette dernière toile fut peinte à Venise et envoyée de
là aux Dominicains de Recanati vers 1525. Voilà donc attestée la présence du peintre à Venise en cette
année. D'autre part, un portrait d'Andrea Odoni, Vénitien, daté de 1527, et le tableau de Santa Maria di
Carmini, signé et daté de 1529, certifient que Lorenzo dut demeurer à Venise au moins durant ces quatre
années. La toile des Carmini est d'une invention singulière. L'évêque saint Nicolas, revêtu de ses habits
pontificaux, apparaît dans une gloire d'anges qui lui tiennent un livre, des boules d'or, la crosse pastorale ;
plus bas, saint Jean-Baptiste et sainte Lucie, sur une autre couche de nuages ; plus bas encore, un paysage

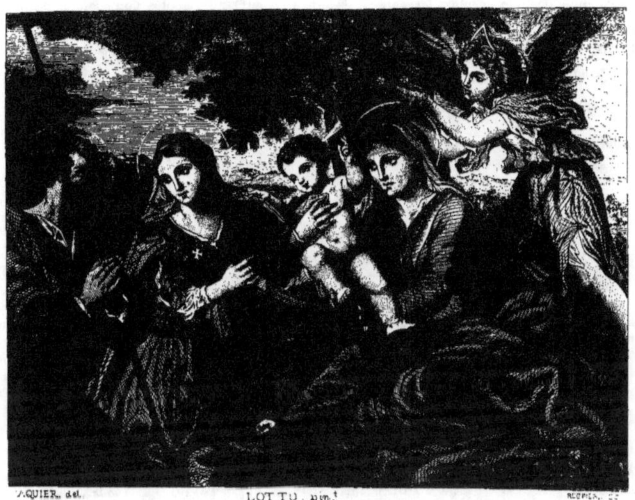

SAINTE VIERGE ET JÉSUS, SAINTE CATHERINE ET JACOB (Musée de Vienne)

profond et charmant où l'on aperçoit un saint George à cheval qui tue le dragon ; plus loin, la jeune fille
que le héros chrétien a sauvée, enfin une ville et une échappée de vue sur la mer.

Une partie de sa vie, nous l'avons dit, Lorenzo a dû la passer dans la Marche d'Ancône, où il a beaucoup
travaillé, tant à Lorette qu'aux environs, et dans le Trévisan, où il retourna en 1544, suivant les documents
cités par Federici. Qu'il ait visité, en traversant la ville de Parme, les peintures du Corrège, cela est clair
par les imitations qu'il en fit. Son *Mariage de sainte Catherine*, qui est à Bergame, dans la galerie Carrare,
y est regardé comme une œuvre excellente, tout imprégnée du sentiment corrégesque. Plus flagrante
encore est l'influence de Corrège sur Lorenzo dans la *Nativité* que Vasari a décrite ; le corps lumineux de
l'Enfant qui éclaire toute la scène, est évidemment une réminiscence de la fameuse *Nuit*, qui est maintenant
à Dresde. Entre Lorenzo et Corrège il existait un lien d'affinité naturelle, qui était la grâce. Mais celle
de Lorenzo était pure de tout alliage mondain. Ses sentiments le portaient de plus en plus vers l'ascétisme.

---

[1] *Memorie dell'Arte e degli Artisti della Marca d'Ancona.*

Son idéal de volupté était l'extase. L'extrême douceur de son âme était bien connue, si j'en juge par une lettre que lui écrit l'Arétin, en 1528 : « O Lotto, vous qui êtes bon comme la bonté et vertueux comme la « vertu[1], Titien m'écrit d'Augsbourg, où il nage dans les faveurs, qu'il vous salue et vous embrasse. Il dit que « le plaisir qu'il éprouve à savoir l'empereur (Charles-Quint) si content de ses peintures redoublerait si « vous pouviez y jeter un coup d'œil et en dire votre sentiment... La jalousie n'est jamais entrée dans votre « cœur, et, au contraire, vous vous réjouissez de voir chez les autres des qualités de pinceau que vous « croyez ne pas avoir. » Bien éloigné, en effet, de connaître l'envie, Lotto vivait alors dans le détachement du monde. En 1550, il retourna dans les Marches, et il fit à Ancône une *Assomption* pour les Frères Mineurs, après quoi il se retira définitivement à Notre-Dame de Lorette, où, d'une main défaillante, sénile, mais toujours conduite par une dévotion fervente, il décora de peintures les stalles du chœur. A partir de 1554 les biographes perdent sa trace, et l'on suppose que sa vie ne se prolongea guère au delà de ce terme. En tout cas, il mourut, comme il avait désiré mourir, dans le ravissement de cette paix intérieure, voisine de l'extase, qui est le privilége des croyants.

CHARLES BLANC.

[1] *O Lotto, come la bontà buono e come la virtù virtuoso!* (Ici, le mot *virtuoso*, nous le croyons, ne signifie pas habile. *Lettres de l'Arétin*, tome IV.

RECHERCHES ET INDICATIONS

MUSÉE DU LOUVRE. — *Saint Jérôme au désert.* Ce petit tableau, peint sur bois et signé *Lotus* (1500), fut acheté à la vente Moret, en 1857, au prix de 995 francs.

La Femme adultère, figures à mi-corps de grandeur naturelle. Ce tableau, qui appartenait à Louis XIV, a été rehaussé de 35 centimètres et élargi de 30. Gravé par Marc Duval.

BERGAME. — Dans l'église San Bartolommeo, une *Vierge couronnée par des anges* et entourée de saints, parmi lesquels figurent les portraits du comte Martinengo Coleone et de sa femme, et le portrait de Lorenzo lui-même.

A Sant' Alessandro in Colonna, une *Déposition de croix,* peinte en détrempe.

A Santo Spirito, un tableau d'une Madone où l'on voit saint Jean embrasser un agneau ; groupe imité de Léonard. 1521.

Dans l'église San Bernardino, une autre Madone entourée de saints ; sur le devant un ange qui écrit. Daté de 1521.

Dans la galerie Carrare, une *Nativité.*

Il existe d'autres peintures de Lotto dans le Bergamasque, à Celana, à San Martino et à Trescone, où des fresques, aujourd'hui fort endommagées, furent peintes par lui pour la famille Suardi.

VENISE. — A San Zanipolo (Jean-et-Paul). *Saint Antonin,* évêque, avec deux anges.

A Santa Maria di Carmini. *Saint Nicolas,* évêque.

A San Jacopo dell' Orio, *Vierge couronnée,* avec des saints.

TREVISE. — Ridolfi mentionne chez les Pères réformés une *Vierge qui adore l'Enfant :* dans la maison Pola le portrait d'un médecin : chez le P. Galdini, un *Mariage de sainte Catherine :* chez la comtesse Collalta, un portrait d'homme ; chez le P. Agostino, le portrait d'un prêtre, et dans l'église de Porto-Bufale, un *Christ en croix* avec la Vierge et Madeleine.

ANCÔNE. — Dans l'église des Frères Mineurs une *Assomption.*

JESI. — Dans l'église Saint-Florian, une *Déposition de croix,* et dans la même église un *Miracle* arrivé à sainte Catherine, des figures peintes sur la *predella,* et relatives à la légende de cette sainte ; signé *Laurentius Lottus.* MDXII.

SAN FRANCISCO IN MONTE. — Une *Visitation* signée *Lott s,* et une Madone avec saint Joseph et saint Jérôme.

NOTRE-DAME DE LORETTE. — Plusieurs peintures de Lorenzo, entre autres le *Combat de l'archange contre Lucifer.*

SAN GIUSTO. — Dans l'église Santa Maria, un *Calvaire,* et au-dessous les *Trois Maries.*

CINGOLI. — Chez les Dominicains, un *Rosaire,* signé et daté. Ricci, qui mentionne cet ouvrage, n'en dit pas la date.

PARME. — Federici indique un tableau qui s'y trouvait de son temps et dont nous avons parlé. Signé et daté de MDV.

A Amsterdam, dans la galerie de Jean Rheinst, se trouvait une *Nativité* éclairée par l'Enfant.

A Anvers, chez les Van Buren, se trouvait, au temps de Ridolfi, un *Christ mort* soutenu par des anges.

Il y avait deux Lotto dans la galerie de l'archiduc Léopold.

FLORENCE — Les *Trois âges,* bustes d'un jeune homme, d'un homme et d'un vieillard.

LONDRES. Galerie nationale. — Les portraits à mi-corps, dans un même cadre, d'Agostino et de Nicolo della Torre. Signé *L. Lotus,* P. 1515.

BERLIN. galerie royale. — Le *Christ* prenant congé de sa mère. Signé et daté de 1521. Le portrait du peintre avec un paysage au fond. Signé. *Saint Sébastien lié à un arbre et saint Christophe portant l'Enfant Jésus.* Signé et daté de 1531.

MUNICH. — *Mariage de sainte Catherine,* sur bois.

VENTE POURTALÈS. — *Vierge dans un paysage.* 1,000 fr.

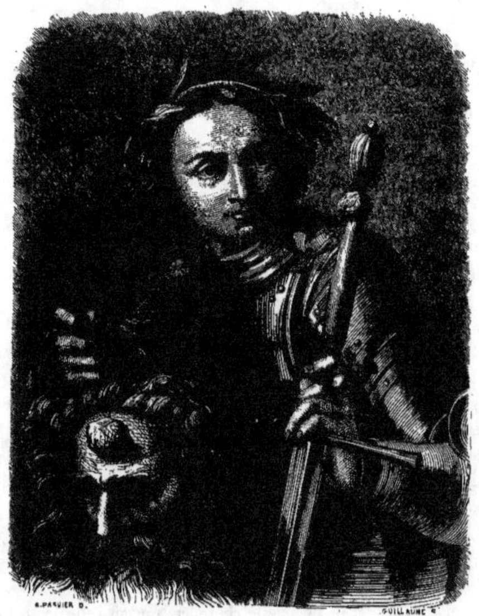

GIOVANNI ANTONIO LICINIO DIT PORDENONE

NÉ EN 1483 — MORT EN 1540

Trois bourgs obscurs du Trévisan et du Frioul, Castelfranco,
Pieve di Cadore et Pordenone, ont donné le jour à trois grands
peintres de l'école vénitienne, Giorgion, Titien et Pordenone.
Ce dernier, en prenant le nom de la petite ville où il était né,
lui a communiqué sa propre gloire, et, bien qu'il ait porté trois
ou quatre noms différents, c'est celui de son pays natal qu'il a
illustré. Giovanni Antonio de Pordenone appartenait à l'ancienne
famille des Sacchi, ce qui ne l'empêchait pas de l'appeler Licinio
et quelquefois Cuticello. Mais une circonstance extraordinaire
lui fit abandonner ces trois noms. Un de ses frères, qui avait
conçu contre lui de l'inimitié, s'emporta un jour jusqu'à lui
tirer un coup d'arquebuse chargé de menu plomb ; Gio-Antonio
ne voulut plus avoir rien de commun avec son frère, pas même
le nom, et il prit celui de Regillo, qui ne lui était pas du reste
plus étranger que le nom de Licinio, car il était fils d'Angelo
Maria de Lodesani, de la famille Sacchi, dite aussi Cuticello.

Né en 1483, il avait six ans de moins que Titien et Giorgione.
D'après Vasari, c'est à l'école de Giorgione que Pordenone aurait appris cette belle manière onctueuse et

savoureuse qui avait fait révolution à Venise; mais il est probable, et c'est l'opinion de Ridolfi, qu'avant de s'attacher à Giorgione, Licinio avait reçu ies premiers principes de son art de Pellegrino da San Daniello, qui florissait alors à Udine, non loin de la petite ville de Pordenone. Quoi qu'il en soit, il est certain qu'il acquit de très-bonne heure une facilité rare à exprimer ses pensées, un dessin ferme et vrai, un coloris plein de relief et cette bravoure de pinceau, *bravura*, qui plus tard fit de lui le rival du grand Titien. Quand il revint, jeune encore, à Pordenone, Licinio était déjà rompu à la pratique de la fresque; et il en donna tout de suite une preuve éclatante sur la porte d'une boutique où on lui avait demandé de peindre une Madone. Ayant couché l'enduit sur le mur, il attendit le moment où le boutiquier allait à la messe, et il se mit à l'œuvre d'une main si hardie et si prompte, qu'il eut fini sa peinture avant que le marchand ne fût de retour. Il n'en fallait pas davantage pour le mettre en vogue; mais une mortalité étant survenue dans la ville, le jeune peintre se hâta d'en sortir pour se retirer à la campagne. Il parcourut les villages des environs, travailla pour les paroisses et pour les riches fermiers, et devint à leurs dépens, par un exercice de tous les jours, un des plus habiles peintres à fresque de son temps et de son pays. On voit encore quelques-uns de ses ouvrages aux environs de Pordenone, à Rorai, à Villa-Nuova, à Torre, à Cordenone et à Fontanella, dans le diocèse de Ceneda.

Appelé à Trévise par le chanoine Brocardo Malchiostro, Pordenone eut à se mesurer avec Titien, qui avait peint dans le chœur de la cathédrale une *Annonciation*. Pordenone y représenta Dieu le Père soutenu par une gloire de petits anges, et sans s'élever à la hauteur d'un tel maître, il parut au moins digne d'affronter son voisinage. Il fut ensuite employé par le chevalier Rovignino à décorer les murs extérieurs de sa maison. Les sujets qu'il eut à peindre étaient l'*Enlèvement d'Iphigénie par Diane*, *Vénus apportant le bouclier à son fils Enée*, puis de grandes figures de *Bacchus*, de *Vulcain* et de *Mars*. Pour tous ces travaux, il ne demandait que cinquante écus; mais comme le chevalier trouvait cette somme exorbitante, les parties convinrent de s'en rapporter à l'arbitrage du Titien, qui, s'étant rendu tout exprès à Trévise, fit l'éloge des peintures de Pordenone et conseilla au chevalier Rovignino de s'en tenir prudemment au prix demandé.

Ridolfi, qui tenait à compléter les renseignements sommaires donnés par Vasari sur les peintres du Frioul, décrit avec complaisance les nombreuses fresques exécutées par Pordenone à Ceneda pour le cardinal Marino Grimani, notamment *Daniel qui reconnaît l'innocence de Suzanne*, le *Jugement de Salomon* et la *Justice de Trajan*. Ce dernier tableau était rempli de mouvement et de ressort. On y voyait une veuve dont le fils a été foulé aux pieds des chevaux, crier justice et arrêter la marche pompeuse de l'empereur suivi de ses officiers et de ses aigles, et l'on admirait surtout la figure expressive d'un jeune garçon qui, apercevant dans les bras de la veuve l'enfant mort, prend la fuite en montrant du doigt les chevaux émus du cortége. Mais la plume la plus alerte et le style le plus incisif ne sauraient montrer clairement aux yeux de l'esprit ce qui est fait pour les yeux du corps. Une méchante gravure en un instant dirait tout.

Cependant, comme on ne peut exiger d'un biographe qu'il ait visité toutes les églises, toutes les maisons de campagne et tous les villages d'un pays étranger, et qu'il ait toujours pris connaissance par lui-même de ce qu'il raconte, on nous pardonnera de combiner ici les jugements de Vasari et ceux de Ridolfi touchant les ouvrages de Pordenone que nous n'avons pu voir. Aussi bien, la plupart de ses fresques ont été en partie détruites par l'injure du temps ou par des restaurations barbares, par exemple, celles qu'il fit à Udine sur la façade du palais Tinghi. Comme tous les grands peintres de son siècle, Pordenone possédait l'architecture et il se plaisait à lui assigner un rôle dans ses compositions. La décoration du palais Tinghi fut divisée en compartiments et ornée de divers ordres, avec des niches feintes occupées par des figures dont la couleur tranchait sur la grisaille de l'architecture. Trois grands espaces vides furent également remplis de sujets décoratifs. Celui du milieu, qui était de forme carrée et flanqué de deux bandes étroites, fut consacré aux armes parlantes de Pompeo Colonna, l'ami intime des seigneurs Tinghi. Sur un autre espace, Pordenone peignit Jupiter qui foudroie les géants, dont quelques-uns, nus et étendus morts par terre, offrent des formes bien modelées et de beaux raccourcis. Enfin le troisième compartiment représentait dans le haut les dieux effrayés et en fuite, et dans le bas la lutte de Diane contre deux géants. Ceux-ci veulent frapper

la déesse de leurs bâtons; mais Diane se défend avec courage en les menaçant d'un flambeau allumé
qu'elle agite vivement et fièrement. Exposées pendant plus de trois siècles aux intempéries de l'air, ces
fresques ont été, disons-nous, grandement endommagées; il est même extraordinaire qu'elles n'aient pas
entièrement péri comme celles de Giorgion à Venise. Aujourd'hui d'ailleurs que le palais Tinghi est devenu
l'auberge de la Croix de Malte, les décorations de Pordenone n'ont plus aucun sens. Elles ont perdu avec
leur fraîcheur tout l'intérêt de leur appropriation à une demeure seigneuriale.

Les peintres du seizième siècle connaissaient à fond l'anatomie du corps humain. Ils se la rendaient
familière par de fortes études avant de se croire maîtres et de se donner pour tels. Le nu était l'objet

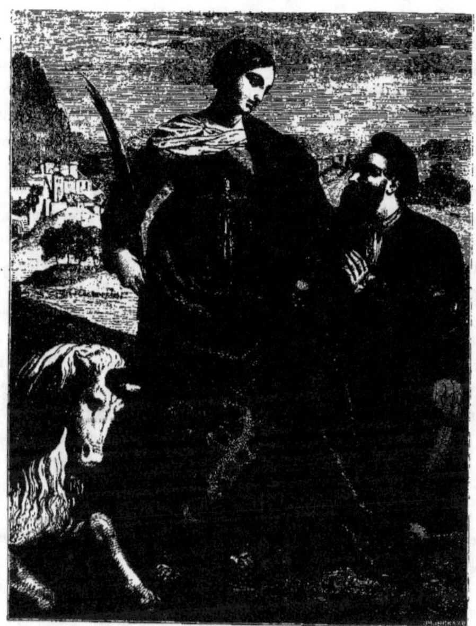

principal de leurs décorations mythologiques, et tous leurs tableaux se remplissaient de figures humaines, le
paysage n'ayant alors qu'une importance tout à fait secondaire. Rompu à l'étude du modèle, Pordenone le
savait par cœur et il en employait les formes comme il eût fait d'une arabesque. Lorsqu'il eut peint
à Udine les géants foudroyés par Jupiter, les Tinghi se plaignirent qu'il eût exposé sur le devant un
personnage étendu par terre et dont les nudités leur paraissaient indécentes. Là-dessus Pordenone efface à
l'instant même le géant et en improvise un autre dans un raccourci tout différent. L'abondance des idées et
des fantaisies était du reste une de ses facultés les plus saillantes. Il aimait à entrelacer, dans ses peintures
murales, les figures qu'on appelle *grotesques*, et cela dans un temps où ces sortes de figures venaient d'être
mises en honneur à Rome par Jean d'Udine, qui était son compatriote et qui, selon toute apparence, avait

été son condisciple à l'école de Giorgion. Vasari parle d'une façade, celle de la maison Ceresari à Mantoue, que Pordenone décora, moitié en couleur, moitié en camaïeu, avec un grâce imprévue. Il y avait peint l'*Assemblée des Dieux* et les *Muses sur le Parnasse*, puis des statuettes en grisaille qui semblaient soutenir le cadre de ces compositions; mais on y remarquait surtout, dans le haut de la façade sous la corniche, une frise d'enfants qui étaient représentés portant des lettres hautes d'un brasse et demie. Les *bambini* se jouaient capricieusement dans ces lettres, passaient leurs têtes au travers, faisaient mine de s'y cramponner, de s'y suspendre. Chaque lettre était le motif d'un mouvement singulier, d'une posture bizarre dont les contours ondoyants contrastaient avec la rigidité des caractères alphabétiques. A distance, toutes les lettres de la frise formaient l'inscription CERESARIORUM DOMUS ET AMICORUM, rappelant celle de quelques reliures fameuses.

Pordenone s'était marié non pas à Plaisance, ainsi que le dit Vasari, par une erreur aujourd'hui manifeste, mais dans sa ville natale. Sa première femme, car il fut marié deux fois, s'appelait Elisabetta Quagliata, la seconde, Elisabetta Frescolina. L'une et l'autre étaient du Frioul. Les parents de Frescolina figurèrent dans la rixe de Pordenone avec son frère. Maniago, qui a retrouvé dans les archives locales les preuves de ces deux mariages et beaucoup d'autres pièces curieuses, a pu rectifier les dires erronés de Vasari, nous donner quelques dates précieuses touchant les travaux de Pordenone et jeter une lumière inattendue sur certains points d'une biographie restée jusqu'à présent fort obscure. Toujours est-il que Pordenone ayant acquis un grand renom dans la haute Italie, fut appelé à Plaisance pour y décorer l'église Santa Maria di Campagna[1]. On admire aujourd'hui encore, dans cette riche église, une belle figure de saint Augustin assis, lisant dans un livre que lui tiennent des anges, et deux chapelles couvertes en coupole et entièrement peintes par Pordenone, tant à l'huile qu'à fresque. La *Nativité de la Vierge* et l'*Adoration des Mages* sont les principaux sujets de la première chapelle et en occupent les deux faces. Le peintre y a donné carrière à son imagination essentiellement pittoresque. Ici, la composition est mouvementée par un grand nombre de serviteurs et de chevaux formant le pompeux cortége des rois Mages, dont l'arrivée émerveille les habitans de Bethléem, qui se pressent aux fenêtres pour les voir passer. Là c'est aussi une scène remplie d'animation. Les femmes qui ont assisté à la naissance de la Vierge vont et viennent, les manches retroussées jusqu'aux coudes, les unes occupées à laver l'enfant nouveau-née, les autres à faire chauffer du linge, ou à servir des viandes à l'accouchée, qui est assise sur un beau lit à baldaquin. L'*Adoration des Bergers* et la *Fuite en Égypte* remplissent les lunettes de la coupole et achèvent la décoration de la chapelle avec une admirable suite d'enfants qui jouent entre les pilastres, portant des agneaux, des cartels, des habits militaires et autres attributs de fantaisie. La seconde chapelle, dédiée à sainte Catherine, est aussi bien décorée et mieux encore, car il est arrivé souvent aux connaisseurs d'en attribuer les peintures au Titien. Le *Mariage mystique de la Sainte*, entre saint Pierre et saint Paul, est un morceau d'un relief extraordinaire et d'une beauté rare. L'enfant Jésus, que Pordenone a toujours représenté entièrement nu, se penche vers la sainte avec une grâce inexprimable pour lui offrir d'une main l'anneau nuptial et la ceinture dorée, tandis que de l'autre main il semble se retenir à un voile qui tombe sur les épaules de sa mère. Pordenone a peint le portrait de sa seconde femme dans la personne de la Vierge et s'est peint lui-même sous les traits de saint Paul. Au bas du tableau sont groupés trois enfants qui soutiennent un violoncelle. Toutes les figures s'enlèvent sur le fond d'une manière si prestigieuse qu'elles semblent ne pas tenir à la toile. Le temps a respecté cette peinture, digne des grands maîtres. Malheureusement, il a été permis à un vandale de mutiler une des figures pour faire place à une pierre sépulcrale.

Le *Mariage de sainte Catherine* et sa *Dispute* avec les philosophes, dont elle confond la science, étaient exécutées, nous l'avons dit, d'une manière pleine de ressort; mais l'artiste peignit plus vigoureusement

---

[1] *Storia de' Belli Arti friulani, dal conte Fabio di Maniago*. Udine, 1823. Cet écrivain prouve que Pordenone était déjà maître peintre à vingt ans, en 1504; qu'il peignait en 1520 à Crémone dans la cathédrale, et avant cette année, à Mantoue; qu'il travaillait à Udine, en 1527; qu'il était en 1528 à Venise; qu'il se trouvait en 1529 à Plaisance, occupé à peindre à Santa Maria di Campagna; qu'il fit en 1530, à Saint-Jean du Rialto, et vers 1532, à San Stefano, les peintures décrites par Ridolfi.

encore, dans la *Tribuna maggiore*, huit sujets de l'Ancien Testament, entre autres la *Création du monde*, *Dieu animant le premier homme*, le *Sacrifice d'Isaac*, *Judith cachant dans un sac la tête coupée d'Holopherne*, compositions de forme ovale qui ont été gravées par Oliviero Gatti, d'une pointe aussi

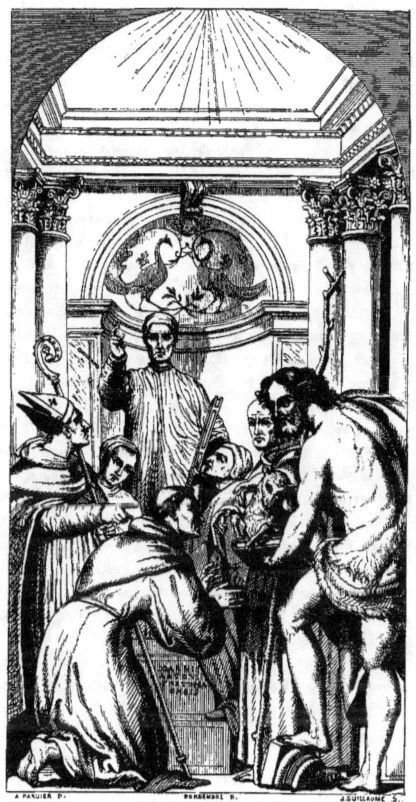

SAINT LAURENT GIUSTINIANI, SAINT JEAN-BAPTISTE, SAINT AUGUSTIN ET SAINT FRANÇOIS (Académie de Venise).

résolue, aussi ferme que la peinture du maître. Par son amour pour l'énergie des ombres et le rehaut des lumières, Pordenone peut être considéré comme un prédécesseur de Caravage et de Guerchin, mais ses types ont moins de vulgarité que les leurs, et lors même qu'il les puise dans la nature commune, il les relève par un certain caractère de fierté qui n'est pas sans rappeler de loin Michel-Ange. A l'exemple de ce grand homme, que cependant il connaissait à peine, n'étant jamais allé à Rome ni à Florence, il a horreur de ce qui est simple et ordinaire ; cherchant moins à plaire qu'à étonner, il choisit toujours parmi les mouvements et les attitudes qu'il observe ceux qui présentent le plus d'imprévu et qui sont le plus difficiles à rendre. Il est moins jaloux de montrer la grâce de la nature que son propre savoir. Son dessin n'est pas ondoyant et souple : il est mâle, ressenti et anguleux. Il dessine *carrément*, comme l'on disait en France un siècle plus tard, et il se distingue de tous les Vénitiens par un goût prononcé des raccourcis. Son coloris est animé, chaud et giorgionesque. Ses draperies restent toujours plus sombres que les chairs ; les ombres en sont faites avec le beau rouge de la laque et les clairs sont tout au plus d'un jaune cuivré. Enfin, un des traits qui caractérisent son style, c'est une humeur capricieuse, fantasque et hardie : n'est-il pas singulier, par exemple, que dans l'église Santa Maria di Campagna, les ovales dont nous venons de parler soient mêlés à des jeux de bacchantes et de satyres!

Que Michel-Ange ait goûté le talent robuste et fier de Pordenone, cela est très-vraisemblable, sans qu'on soit obligé de croire qu'il fit tout exprès le voyage de Venise pour voir les ouvrages de ce peintre, comme Ridolfi le donne à entendre, et il est très-probable, du reste, que lorsque Michel-Ange vint à Venise, en 1526, Pordenone avait déjà travaillé une première fois dans cette ville, où l'avait conduit un marchand originaire de la Flandre, Martino d'Anna. Les peintures dont il décora la maison de ce marchand, sur le grand canal, aujourd'hui détruites par le vent du nord, la *tramontana*, furent tellement vantées, que jamais artiste, au dire de Vasari, n'avait reçu à Venise de pareils témoignages d'admiration (*Più lodato che altro uomo che in quella città avesse insino allora lavorato*). Deux des trumeaux de la façade existaient encore du temps de Ridolfi : l'un représentait un *Mercure volant dans les airs*, l'autre le *Dévouement de Curtius* qui court à cheval se précipiter dans l'abîme. Cette figure, d'un raccourci violent, se détachait de la muraille avec une magie d'illusion extraordinaire. Il est à remarquer que Pordenone se plaisait à peindre les chevaux, parce qu'il en connaissait l'anatomie, les proportions et les allures, supérieur en cela aux autres peintres de Venise, qui avaient eu bien rarement occasion d'étudier le cheval dans une ville où tous les transports se font en gondole. Il nous souvient à ce sujet qu'ayant visité en détail la Scuola di San Rocco, remplie de peintures fameuses, et, bien que nous fussions fatigué déjà par un étonnement prolongé, nous fûmes frappé vivement d'un superbe *Saint Martin à cheval* que Pordenone avait peint dans l'ancienne église San Rocco, et qui a été transporté depuis à une autre place, dans l'église rebâtie à neuf. La grande tournure de ce morceau nous saisit, et nous fit comprendre que Pordenone eût conçu la pensée de se comparer au Titien.

Mais c'est à l'Académie de Venise qu'il faut voir maintenant un des plus étonnants ouvrages du maître, le *Saint Laurent Giustiniani*, tableau à l'huile qui ornait jadis l'autel des Renieri à la Madonna dell' Orto. Placé à côté du chef-d'œuvre de Pâris Bordone, l'*Anneau de saint Marc*, et en parallèle avec le Bonifazio et les Bassan, il se distingue entre tous par une exécution magistrale et surtout par des airs de tête où respire une intelligence élevée. Pordenone tient là son rang, même en présence des Paul Véronèse et des Titien. La figure de saint Laurent est une de celles qui se gravent à jamais dans l'esprit, figure ascétique, parcheminée, inquisitoriale et terrible ; figure de jésuite concentré qui, nous rappelant un personnage de roman bien connu, nous fit écrire sur notre calepin de voyage ces mots : « Un Rodin du seizième siècle. » Encadré dans un motif d'architecture, saint Laurent est représenté bénissant les trois personnages qui sont devant lui, sans qu'une action pareille adoucisse l'expression de sa mine austère ; saint François à genoux regarde avec une dévote affection et le saint titulaire et un agneau que leur présente saint Jean-Baptiste, admirable figure en pied, dont les chairs sont modelées avec une science profonde et un coloris plein de morbidesse. Le peintre y a mis toute la sève de son talent. Il semble aussi avoir voulu faire un tour de force dans la figure de saint Augustin, dont le bras étendu sort du tableau avec le prestige d'un trompe-l'œil. Cette fois la manière de Pordenone est plutôt tendre et caressée qu'elle n'est fière. Ses ombres ont conservé de la transparence, sa couleur est moins sévère et moins rembrunie. Au milieu des peintres vénitiens, qui ne brillent pas en général par l'expression, ce tableau paraît émané d'un artiste supérieur dont la main est toujours conduite par l'esprit.

Pénétré du sentiment de sa force, Pordenone, loin de fuir le voisinage de Titien, mettait de l'affectation à le rechercher. Il n'était jamais plus content que lorsqu'il pouvait obtenir une fresque ou un tableau à peindre dans les églises que Titien avait déjà décorées. A Saint-Jean l'Aumonier du Rialto, pour entrer directement

en concurrence avec ce grand maître, il peignit une *Sainte Catherine* avec saint Sébastien et saint Roch, et
s'étant piqué d'honneur, il approcha de son rival sans pouvoir cependant l'égaler. Ayant appris que Titien
venait d'achever pour les religieuses de Murano une *Annonciation* qu'il allait retirer faute d'en avoir le prix
qu'il en demandait, Pordenone s'offrit à remplacer le tableau du Titien, et il fit en effet une *Annonciation* dans
laquelle apparaît Dieu le Père avec les archanges Michel et Raphaël; c'était une variante de celle qu'il avait
peinte à Udine, dans l'église Saint-Pierre martyr, et où éclatait aussi une gloire d'anges. Qu'on le regardât
comme le rival du Titien, il en était charmé et il faisait tout pour accréditer cette opinion. Dans le temps où
il travaillait à Venise aux belles fresques de Santo Stefano, à ces fresques maintenant effacées dont Vasari
admirait tant les raccourcis terribles, *terribili scorti*, on le voyait passer armé d'une épée et d'une rondache,
comme s'il eût craint qu'une rivalité haineuse ne mît ses jours en danger.

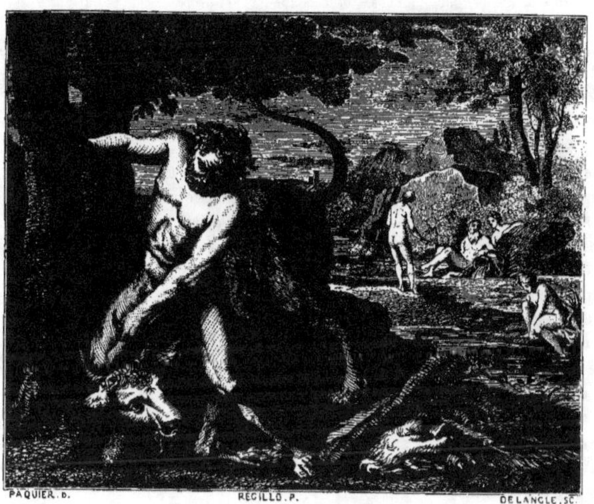

HERCULE ET ACHELÄUS

Jusqu'à présent les biographes avaient laissé dans l'ombre une circonstance de sa vie qui, en révélant l'âpreté
de son caractère, explique aussi la fière énergie de sa peinture. Des documents judiciaires découverts
aux archives de Pordenone, par le comte Fabio di Maniago, il résulte que Licinio et son frère Balthasar
nourrissaient l'un contre l'autre une irréconciliable inimitié, dont la cause était une misérable question
d'héritage. Il s'agissait de quelques biens meubles indivis entre eux et dont chacun se prétendait seul héritier
légitime. Pordenone, profitant d'une absence momentanée de son frère, voulut s'emparer de ces effets et les
transporter à Venise. Il fit donc venir secrètement de cette ville une barque conduite par des hommes capables
de faire au besoin un mauvais coup. C'étaient des gens habitués à manier le couteau et de mine féroce,
spaventevoli di ciera. Mais Balthasar, qui sans doute eut vent de ce projet, le fit échouer. Furieux qu'on les eût
démasqués, les trois coquins embauchés par le peintre résolurent de se venger sur la personne de Balthasar.
Celui-ci, ne soupçonnant point qu'on en voulût à sa vie, passait seul un soir dans la rue, lorsque Pordenone,
après avoir aposté ses bandits, — du nombre était un Frescolini, parent de sa femme, — parut tout à coup

menaçant et armé, et donna le signal de l'attaque en apostrophant son frère, sans aller toutefois jusqu'à le frapper. Balthazar tira d'abord son épée et se mit en défense, mais se voyant serré de près par des bandits qui débouchaient de tous côtés, l'espingole ou le stylet à la main, il prit la fuite en poussant des cris horribles. A ces cris accoururent des habitants qui du premier coup étendirent par terre un des agresseurs, sur quoi les autres, épouvantés, se dispersèrent et disparurent. Cette scène, qui nous transporte en plein moyen-âge, se passait le 9 janvier 1534, et la plainte de Balthazar, appuyée du témoignage de deux Vénitiens, se trouve tout au long dans les archives de la ville. Peu de temps après, la querelle recommença entre les deux frères, et cette fois, Balthazar ayant lâché la détente de son arquebuse, blessa le Pordenone à la main.

Tels sont les faits qui amenèrent le peintre à changer de nom et à quitter pour toujours sa province. Il faut croire d'ailleurs que l'affaire fut étouffée et que l'on n'en sut rien hors du pays. Ce qui est certain, c'est que le roi de Hongrie ayant ouï parler, par le nonce apostolique Rorario, des talents supérieurs de Pordenone, lui accorda des lettres de noblesse pour lui et ses descendants. Il est probable que ce fut après ces événements qu'il se rendit à Gênes, où l'appelait le prince Doria, pour concourir, avec Pierino del Vaga, aux décorations du palais qui donne sur la mer, *su la marina*. Pordenone y commença l'histoire de Jason partant pour la conquête de la toison d'or. Il fit aussi une de ces arabesques où il excellait: c'était une frise d'enfants curieusement occupés à vider une barque remplie de denrées et d'attributs maritimes. Mais le prince, peu satisfait d'une manière qui tranchait si fort avec la délicate élégance de Pierino, congédia Pordenone et le remplaça par Domenico Beccafumi de Sienne. Licinio, qui s'appelait alors Regillo, reprit la route de Venise. Là du moins on rendait justice à son rare mérite. Quelque martiale que fût son humeur, il avait des amis et souvent il menait joyeuse vie avec eux, les amusant par son habileté à jouer du luth. Il était instruit, du reste, et versé dans la langue latine. Sa conversation était celle d'un lettré. Ce fut un deuil presque général à Venise lorsqu'on apprit sa mort et dans quelle circonstance elle était survenue. Pordenone avait été appelé à Ferrare par le duc Hercule II pour fournir les dessins d'une suite de tapisseries façon de Flandre, qu'il voulait faire exécuter. Avant de partir, l'artiste avait commencé déjà la série de ces dessins, dont il avait pris les sujets dans l'Odyssée. Arrivé à Ferrare, il y reçut un accueil digne de sa renommée, et il allait se mettre à l'œuvre quand il ressentit les atteintes d'une maladie mystérieuse et imprévue qui l'enleva au bout de trois jours. On le crut empoisonné, et cela n'est pas invraisemblable si l'on songe non-seulement aux jalousies locales qu'il dut inspirer, mais aux haines sanglantes qu'avait laissées derrière lui l'homme violent dont nous avons dit l'histoire. Il mourut en 1540, dans sa cinquante-septième année. Son style fut continué par Pomponio Amalteo, son élève et son gendre; style robuste, original et fier, remarquable par le caprice des inventions autant que par la puissance et la nouveauté du relief, et qui fut en somme assez élevé, assez fort pour porter ombrage au grand Titien.

CHARLES BLANC.

RECHERCHES ET INDICATIONS

Il n'existe au Musée du Louvre aucun tableau de Pordenone.

VENISE. — A l'Académie, *Saint Laurent Giustiniani* avec *saint Jean-Baptiste, saint Augustin et saint François*, morceau capital du maître. Ce tableau était autrefois à la Madonna dell'Orto. Il est gravé dans la *Pinacoteca Veneta de* Zanotto.

A Santo Stefano, douze morceaux peints à fresque dans le cloître, mais mal conservés.

A San Rocco, un *Saint Martin à cheval* donnant aux pauvres son manteau; *Saint Christophe* portant le Christ sur l'épaule.

A Murano, au monastère Degli Angeli, une *Annonciation*.

PLAISANCE.— A Santa Maria di Campagna, deux chapelles et une coupole. Les ovales ont été gravés par Oliviero Gatti.

Ridolfi et Maniago ont mentionné toutes les peintures faites par Pordenone à Crémone, à Mantoue, à Trévise, à Ceneda, à Conegliano, à Udine, à Pordenone, sa patrie, et dans les villages qui sont situés sur les deux rives du Tagliamento.

PINACOTHÈQUE DE MUNICH. — Un *Concert*.

BELVÉDÈRE A VIENNE. — *Sainte Justine*, morceau capital et magistral, attribué par quelques-uns à Moretto.

MUSÉE DE BERLIN. — *Vierge glorieuse; la Femme adultère*.

MUSÉE DE MADRID. — La *Vierge entre saint Antoine et saint Roch*. La *Mort d'Abel*.

VENTE CROZAT. 1741. — Vingt dessins parmi lesquels *Joas proclamé Roi*, provenant de Jabach; 12 livres.

VENTE PRINCE DE CARIGNAN. 1742.—Le *Baptême de Jésus-Christ*, faisant pendant à la *Madeleine aux pieds de Jésus-Christ*, de Bassan, 42 pouces sur 32; les deux, 2,000 livres.

PARIS. — IMPRIMERIE POITEVIN, RUE DAMIETTE, 2 ET 4

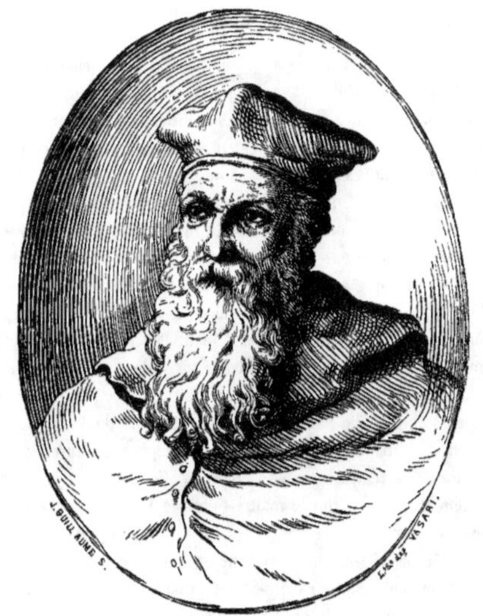

SEBASTIANO DEL PIOMBO (SEBASTIANO LUCIANI, DIT)

NÉ EN 1485. — MORT EN 1547.

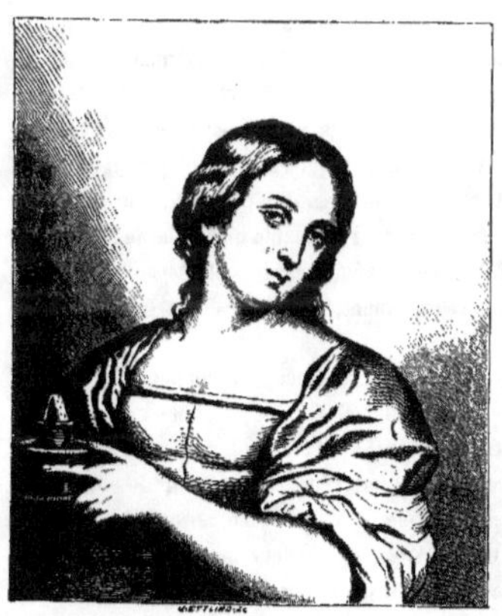

Vasari a écrit avec sa grâce accoutumée une courte biographie de Sébastien del Piombo, et l'on peut s'en rapporter à lui avec une entière confiance, car il l'a vu et connu de près. Sa notice, d'ailleurs, a un caractère frappant de vérité. La physionomie physique et morale du personnage y est peinte à merveille en peu de mots, et quand on a sous les yeux son portrait gravé sur bois dans la seconde édition de Vasari, celle de 1566, on connait Sébastien del Piombo, son tempérament et son esprit, comme si l'on eût vécu à Rome de son temps. On l'entend parler, on le voit agir, j'allais presque dire : on le voit peindre. C'est un homme robuste, sanguin et replet, qui aime la bonne chère, tient fort peu à la gloire, surtout à celle qu'il faut acheter par le travail. Son intelligence n'est pas subtile ni son imagination bien féconde; mais il saisit fortement et il possède clairement les idées sur lesquelles il a prise, et dans ce cercle restreint, il se meut à l'aise, il est puissant, il est quelquefois maitre ; il est tout près d'être un grand maitre.

Ce furent des années sublimes pour l'Italie que les cinquante dernières années du quinzième siècle ! Pour ne parler ici que des peintres, combien de belles natures et de riches organisations se produisirent alors :

en Toscane, Léonard de Vinci et Michel-Ange; à Urbin, Raphaël; à Parme, le Corrége; à Venise, Titien, Giorgione et Sébastien del Piombo! Celui-ci, avant d'apprendre la peinture, était un excellent musicien dont la compagnie était fort agréable aux gentilhommes vénitiens, qui le recevaient familièrement et qui aimaient à l'entendre chanter et jouer du luth. Sur cet instrument il savait faire à lui seul toutes les parties, et il n'était pas moins habile sur les autres instruments. A quel âge avait-il déjà ce talent aimable et recherché? Il faut croire que c'était avant l'âge de quinze ans ou environ, puisqu'il n'avait encore aucune notion de peinture, et qu'à vingt-cinq ans, il était un peintre célèbre en Italie. Né en 1485, deux ans après Raphaël, il était tout jeune, dit Vasari, lorsqu'il eut l'idée de se faire peintre et qu'il entra dans l'école de Jean Bellin. Ce grand artiste, alors plus que septuagénaire, avait formé deux élèves à jamais illustres, Titien et Giorgione, qui avaient développé, agrandi, élargi le style de leur maître. Giorgione, en particulier, s'était fait une manière généreuse et savoureuse que le vieux Jean Bellin lui-même s'efforça d'imiter. Il avait aussi deviné ou connu, mieux que les autres, les secrets de la couleur; il savait en réveiller l'harmonie par des dissonances; il osait rapprocher les tons contraires et les exalter l'un par l'autre. La pastosité de ses peintures et son coloris en quelque sorte flamboyant, selon le mot de Vasari, *un certo fiammeggiare di colori*, séduisirent Sébastien, qui abandonna son premier maître pour prendre les leçons de Giorgione, dont il s'appropria la manière en peu de temps. Elle est visible, en effet, dans ses premiers ouvrages, notamment dans un tableau qui orne encore aujourd'hui le maître-autel de l'église Saint-Jean-Chrysostôme, à Venise. On y voit le saint titulaire en compagnie de Jean-Baptiste et de quelques autres saints et saintes. Cette peinture, récemment restaurée, a été souvent prise pour un Giorgione. Cependant, plus habile à rendre la nature avec les ressources de la couleur et du clair-obscur qu'à inventer et agencer de grandes compositions, Luciani excella dans le portrait, et tous ceux qu'il a laissés sont en effet d'une beauté rare, entre autres le portrait d'un musicien qui était alors maître de chapelle à Saint-Marc et qui s'appelait Verdelotto Franzese. Dans le même cadre était représenté son compagnon, le chanteur Ubretto.

Un tableau et quelques portraits avaient donc suffi à Sébastien pour acquérir à vingt-cinq ans une réputation qui avait porté son nom jusqu'à Rome. C'était le temps où Agostino Chigi, fameux banquier siennois, — nous en avons parlé plus d'une fois dans le cours de cette histoire — ayant élevé à Rome le charmant petit palais qu'on appela depuis la Farnésine, songeait à le faire décorer par les plus grands artistes de l'Italie. Sur son invitation, le jeune peintre vénitien se rendit à Rome avec l'empressement qu'on peut imaginer, *più che volontieri*, dit son biographe. Selon toute apparence, ce fut au commencement de l'année 1512. Déjà Balthasar Peruzzi avait peint dans le palais Chigi, dont il était l'architecte, la voûte de la belle galerie qui ouvre sur le jardin. Il restait à peindre les lunettes de cette voûte. Sébastien y représenta quelques sujets tirés de la Fable, qui furent exécutés dans sa manière nourrie, empâtée et giorgionesque, toute différente de la manière sèche et lisse que pratiquaient alors les maîtres de l'école romaine. On juge avec quelle émulation il travaillait, ayant à soutenir une concurrence aussi redoutable que celle de Balthazar Peruzzi et même de Raphaël! Bientôt, en effet, il vint peindre dans cette même galerie sa fameuse *Galathée*, ce qui, du reste, ne découragea point Sébastien, car il peignit bravement, tout près de la *Galathée*, un *Polyphème* dont la fresque n'existe plus.

Par caractère, le Vénitien avait bonne opinion de lui-même, mais les circonstances développèrent en lui ce sentiment naturel. A l'époque où il fut appelé à Rome par Augustin Chigi, Michel-Ange et Raphaël s'y disputaient la souveraineté de l'art, et l'admiration des artistes, partagée entre ces deux grands hommes, avait divisé la ville en deux camps. La plupart donnaient l'avantage à Raphaël, comme réunissant à un très-haut degré les diverses parties de la peinture : de belles inventions, des airs de tête pleins de grâce, un coloris agréable et un dessin correspondant à ces qualités. Ils disaient que Michel-Ange, dessinateur incomparable, n'était pas autre chose, et que, pour cette raison, Raphaël, s'il ne le surpassait point, devait au moins marcher de pair avec lui. Ces propos se répétaient dans les ateliers de Rome, lorsque Sébastien y arriva; mais lui, invité à se prononcer entre les deux rivaux, il se rangea sans hésitation du côté de Michel-Ange, préférant le génie profond et terrible du Florentin au génie gracieux de Raphaël. Michel-Ange fut très-sensible à cette

préférence. Il crut voir sur-le-champ qu'un aussi puissant coloriste, s'il était soutenu par un dessin mâle et
de grand goût, serait capable d'entrer en lutte avec Raphaël, de telle sorte que lui, Michel-Ange, pourrait
battre son rival sans avoir besoin de s'en mêler et, pour ainsi dire, par procuration[1]. Ce parti, d'ailleurs,
convenait à son orgueil immense et farouche, car il n'eût pas consenti à se mesurer en personne avec le
peintre d'Urbin. Il commença par vanter publiquement les ouvrages de Sébastien, sachant bien que, dans sa

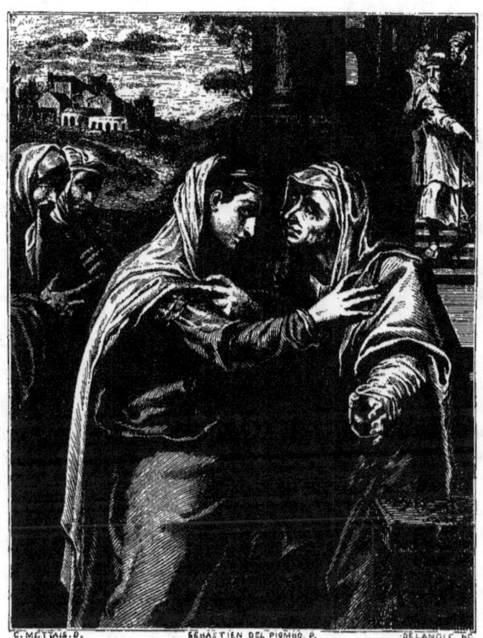

LA VISITATION (Musée du Louvre)

bouche, de tels éloges feraient autorité ; et une fois qu'il l'eut pris sous sa protection, il l'aida secrètement de
ses dessins pour le rendre encore plus digne du rang qu'il lui assignait et du rôle qu'il désirait lui voir jouer.

Sur ces entrefaites, un habitant de Viterbe dont Vasari ne sait pas le nom, un *messer non so chi*, mais
qui était dans les bonnes grâces du pape, voulant orner une chapelle à Saint-François de Viterbe, vint
demander à Sébastien un tableau qui représenterait la Vierge pleurant sur le Christ mort. — ce qu'on
appelle en Italie une *pietà*. — Michel-Ange ayant fourni l'idée et le carton de cette composition. Sébastien
la revêtit de ses plus belles harmonies de tons ; il détacha la scène sur un paysage sombre et triste,

____

[1] ... Pensando che se egli usasse l'aiuto del disegno in Sebastiano, si potrebbe con questo mezzo, senza che egli operasse,
battere coloro che avevano si fatta opinione, ed egli, sotto ombra di terzo, giudicare quale di loro fosse meglio. *Vasari.*

d'un effet surprenant, et son tableau enleva tous les suffrages, les uns admirant le haut style du dessin, les autres l'expression poétique d'une couleur rembrunie, étouffée et mélancolique. Le Christ de ce tableau est une figure dont les nus ne présentent qu'un seul ton extrêmement basané qui, partout ailleurs que dans le milieu où il est placé, serait hors nature... A vrai dire, cependant, il y a une sorte d'incompatibilité entre le dessin d'un Michel-Ange et le coloris giorgionesque de Sébastien del Piombo. A ce degré d'élévation, les deux éléments ne peuvent plus être équilibrés ; ils deviennent inconciliables, comme le seraient les mâles accents d'un Bossuet et le style fleuri d'un Fénelon. On ne saurait à la fois imposer et plaire. Le même tableau ne peut produire en même temps une impression de terreur et un effet de séduction. C'est là pourtant ce que doit engendrer l'association d'un dessin fier comme celui de Michel-Ange avec un coloris attirant, onctueux et savoureux comme celui des Vénitiens. Supposons que le *Jugement dernier* soit recouvert d'une coloration vénitienne, au lieu de présenter une espèce de monochromie sauvage, le spectateur sera partagé entre deux sensations, et quand bien même le coloris serait aussi terrible que le dessin, la terreur sera beaucoup moindre, parce que l'un effacera l'autre. D'abord les contours ressentis, d'une violence si expressive, seront débordés par la couleur, dont les harmonies ou les contrastes exigent souvent le sacrifice partiel de la forme ; ensuite, le spectateur ne pouvant apporter une attention égale au lyrisme des tons et à l'hyperbole du dessin, restera suspendu entre deux admirations dont une seule eût été décisive et l'eût terrassé. Chez les grands dessinateurs comme Michel-Ange, la pensée est dans le dessin, et la couleur n'est qu'un vêtement; or, si j'admire le vêtement, je ne vois plus la chose revêtue. Chez les grands coloristes, au contraire, toute l'éloquence est dans la couleur. Leurs harmonies, au lieu d'être l'accompagnement d'une pensée, sont leur pensée même. Ils pensent en couleur, pour ainsi dire, et il leur suffit alors d'un dessin vraisemblable et de bonne construction.

Voilà, ce nous semble, comment on peut expliquer l'espèce de malaise qui vient déranger intérieurement notre admiration, quand nous sommes en présence d'un tableau de Sébastien del Piombo qui a été peint sur des motifs fournis par Michel-Ange. Ce malaise de l'esprit, nous l'avons éprouvé à Rome lorsque nous avons vu, dans l'église San-Pietro-in-Montorio, la chapelle qui est à main droite en entrant, et qui fut décorée aux frais d'un marchand florentin nommé Borgherini. En confiant la décoration de sa chapelle à Sébastien del Piombo, Borgherini avait compté que Michel-Ange en dessinerait toute l'ordonnance (*il disegno di tutta l'opera*), et Michel-Ange, en effet, dessina en petit chacune des compositions de la chapelle; mais Sébastien, pour sa commodité, en refit les dessins en grand, et Vasari mentionne le fait avec complaisance pour avoir l'occasion de nous dire qu'il possédait dans sa collection un de ces dessins. On comprend que, digérées et pratiquées par le peintre vénitien, les inventions de Michel-Ange ont dû subir une certaine altération. A part l'inévitable désaccord dont nous avons parlé et que doivent produire, dans leur collaboration, deux génies d'une trempe aussi différente, les peintures de Sébastien, la *Flagellation du Christ*, entre autres, manquent d'élévation dans le choix des formes. Les quatre exécuteurs qui frappent de verges le Christ attaché à une colonne — un des quatre paraît-être le portrait de Michel-Ange — sont des figures d'une vulgarité athlétique au lieu d'être les images d'une vigueur idéale, le Christ lui-même est dépourvu de noblesse. Il subit son supplice comme un Hercule vaincu, au lieu d'offrir, au milieu de ses bourreaux, le contraste si naturel d'une âme douce et résignée Justement, cette figure du Christ ne fut pas dessinée par Sébastien sur un simple croquis de Michel-Ange; Vasari paraît croire que ce grand homme le dessina de sa main sur la muraille ; aussi faut-il reconnaître que les extrémités en sont fort belles et que la figure tout entière révèle une science consommée de l'anatomie. Sous ce rapport seulement, on peut dire avec Vasari que Sébastien mériterait l'immortalité, quand même il n'aurait enfanté que cette figure, à supposer qu'elle fût de lui.

Une circonstance qu'il ne faut pas oublier, au sujet de la *Flagellation*, c'est qu'elle fut peinte à l'huile sur le mur. Sébastien del Piombo passe pour avoir été l'inventeur de ce procédé, et de fait on n'en connaît pas d'exemple antérieur. Dans le crépi des murs il incrusta un enduit de sa façon sur lequel purent être appliquées les couleurs à l'huile [1]. C'était substituer à la fresque, si convenable pour les décorations

---

[1] E perchè si credeva Sebastiano avere trovato il modo di colorire a olio in muro, acconciò l'arricciato di questa capella con

murales, un genre de peinture qui, comportant des qualités plus développées de vigueur et de clair-obscur.
risque par cela même de nuire à l'architecture en rompant la grandeur de ses lignes, en troublant la
tranquillité de ses surfaces, et de tromper ainsi les prévisions de l'architecte, qui a calculé sur le jeu des
pleins et des vides. Mais la peinture à l'huile a un autre inconvénient : à l'inverse de la fresque, dont l'aspect
conserve toujours de la transparence et du blond, elle noircit aussi bien sur la muraille que sur la toile :
de sorte qu'avec le temps, le tableau tout entier s'étant assombri, ce qui était de l'ombre devient de
l'encre, et fait un trou dans le mur. Encore une fois, rien de plus contraire aux principes de la décoration.
dont le premier devoir est de ne pas renverser l'architecture. Sébastien del Piombo n'a pas échappé aux

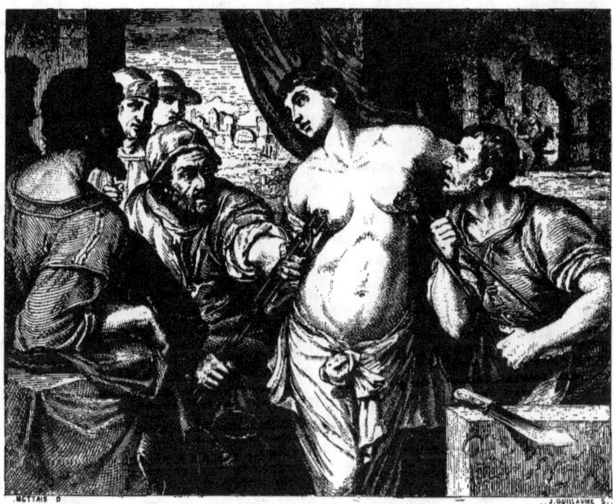

MARTYRE DE SAINTE AGATHE (Galerie Pitti, à Florence.

conséquences de son procédé. La *Flagellation* a poussé au noir, tandis que les autres peintures pratiquées
à fresque dans la même chapelle n'ont encore rien perdu de leur qualité primitive.

Un morceau de lui où l'on retrouve clairement, à ne pas s'y méprendre, la manière terrible de Michel-
Ange, c'est une *Transfiguration*, qui est précisément une des fresques bien conservées dont nous parlons et
qui est peinte dans la voûte. Malheureusement, il ne nous reste aucun souvenir précis de cette composition,
car il y a tant et tant de peintures admirables à Rome, qu'à moins d'avoir passé dans cette ville unique une
partie de son existence, il est impossible de se rappeler tout ce qu'on y a vu. Sébastien avait mis six ans à
terminer cet ouvrage, qui n'est pourtant pas considérable; mais, comme dit le proverbe « le temps respecte
peu ce que l'on fait sans lui. » La chapelle étant découverte, on l'admira, et les mauvaises langues se

una incrostatura che a ciò gli parve dovere essere a proposito. e quella parte dove Cristo e battuto alla colonna. tutta lavoro a
olio nel muro. *Vasari.*

turent, dit Vasari. Toutefois, les partisans de Michel-Ange n'en furent que plus actifs à entretenir l'esprit de rivalité qu'ils prétendaient susciter entre Sébastien del Piombo et Raphaël. Peu de temps après, c'est-à-dire sur la fin de 1519, le cardinal Jules de Médicis fit peindre par Raphaël cette *Transfiguration*, qui devait être sa dernière œuvre, et qui fut placée après sa mort au grand autel de San-Pietro in Montorio. C'était pour Sébastien un bien redoutable voisinage ; mais loin d'en être effrayé, il entreprit, à l'instigation de Michel-Ange, d'entrer pour ainsi dire en concurrence ouverte avec Raphaël en peignant la *Résurrection de Lazare* sur une toile de la même grandeur que la *Transfiguration*. La composition fut arrêtée avec l'aide et les conseils de Michel-Ange, qui en dessina même quelques figures[1]. Le tableau fini, on l'exposa publiquement en regard de la *Transfiguration* dans la salle du Consistoire, et tout le monde en fit de magnifiques éloges, bien que la grâce divine et, cette fois, majestueuse de Raphaël ne souffrit aucune comparaison. Le cardinal Jules de Médicis, évêque de Narbonne, avait destiné les deux peintures à la décoration de son église épiscopale, et il devait les envoyer en France, mais la *Transfiguration* de Raphaël fut conservée à la chancellerie d'abord, ensuite à Saint-Pierre in Montorio. Le cardinal n'envoya que la *Résurrection de Lazare*, qui demeura environ deux siècles dans l'église de Narbonne. Le duc d'Orléans, régent, l'ayant achetée 24,000 liv. aux fabriciens de cette église, en fit un des plus beaux ornements de sa fameuse collection. Aujourd'hui le tableau de Sébastien est à Londres dans la Galerie Nationale : c'est là que nous l'avons vu.

Le dire de Vasari, que Michel-Ange assista secrètement Sébastien de sa puissante collaboration, est confirmé par quelques dessins connus, notamment par celui qui appartenait à sir Thomas Lawrence et qui a évidemment servi pour la figure de Lazare. Aussi ce tableau célèbre est-il beaucoup moins remarquable par l'ensemble que par les morceaux. Il nous semble même que les grandes tournures du peintre de la Sixtine, son dessin fier et chargé contrarient l'impression que devait produire une telle scène. Il est trop clair que le sujet du tableau n'a été que l'occasion d'une joûte, le prétexte, pour un dessinateur sublime, de faire étaler son savoir, son génie, et de combattre Raphaël, non pas directement, mais sous le couvert d'un autre. L'art se montre ici avec trop de complaisance et même d'ostentation. Ce n'est pas la résurrection d'un mort qui étonne le spectateur ; ce qui l'étonne, ce qui l'émeut vivement , c'est un pur ouvrage d'art. On ne pense pas à Lazare ni au Christ, ni au miracle qui les met en présence l'un de l'autre ; on pense à l'artiste ; on est tout entier au sentiment intérieur qui lui a dicté ces lignes imprévues, ces raccourcis à la fois violents et faciles ; on admire un spectacle qui est moins fait pour toucher le cœur que pour surprendre les yeux. Les attitudes des personnages, leur désinvolture, leur pantomime sont calculées uniquement pour mettre en relief les formes les plus saisissantes, les plus fières que puisse offrir le corps humain, nu ou drapé. Le Christ n'est pas le moins du monde dans le mouvement que commanderait la scène représentée et qui est d'ailleurs si bien indiqué par les paroles de l'Évangile. Le geste de ses bras est contrasté sans raison et de manière à contrarier l'expression voulue. Les assistants , hommes et femmes, prennent pour s'émouvoir du miracle les postures les plus favorables à la recherche ou au grandiose des contours. En somme, ce tableau tant vanté, produit par l'association de Michel-Ange et de Sébastien, est une preuve éclatante de cette vérité que le génie est incorrigible et incommunicable ; qu'il est impuissant à se combiner avec des éléments pris en dehors de sa sphère et que sa loi rigoureuse est l'isolement, c'est-à-dire l'unité.

Raphaël étant mort au moment où il venait d'achever la *Transfiguration*, Sébastien del Piombo, prôné par Michel-Ange, fut mis au premier rang des peintres romains. Pierino del Vaga, Maturino de Florence, Polidore de Caravage, Francesco Penni , Balthasar Peruzzi et Jules Romain lui-même restaient tous en arrière (c'est Vasari qui parle), *rimasero tutti addietro*. Sous l'empire de cette opinion, Augustin Chigi, qui avait fait construire une chapelle à Santa-Maria del Popolo, sur les dessins de Raphaël, en confia la décoration à Sébastien ; mais ce peintre était né indolent, et après la mort de celui dont il osait se croire le rival, il en revint de plus belle à son goût pour le plaisir et pour le repos. Dans la décoration de la

---

[1] *Fece anche egli un'altra tavola della medesima grandezza, quasi a concorrenza di Raffaello, un Lazzaro quatriduano e la sua resurrezione, la quale fu contraffatta e dipinta con diligenza grandissima, sotto ordine e disegno in alcune parti di Michelagnolo.*

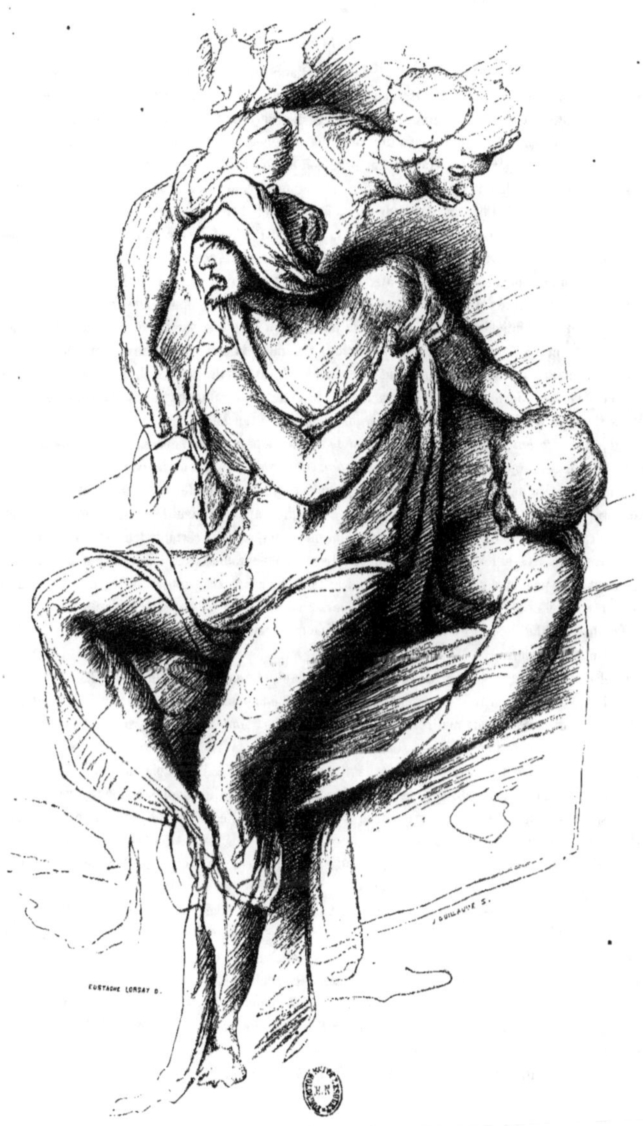

LAZARE (Fac simile d'un dessin de Michel Ange.)

chapelle des Chigi, il n'avait qu'à suivre les cartons de Raphaël, car ce grand peintre, à la sollicitation du banquier siennois, avait tout préparé, jusqu'au modèle des ornements qui devaient être exécutés en mosaïque, et cependant vingt-sept ans se passèrent sans que Sébastien terminât son ouvrage, peut-être parce qu'il lui répugnait de peindre sur les cartons d'un autre, alors même que cet autre s'appelait Raphaël. En vain le très-riche financier, à qui la générosité était facile, paya-t-il à Sébastien, pour une petite partie de son travail, plus d'argent que n'en valait le travail tout entier; le Vénitien reçut l'argent et laissa périr sa besogne, si bien que les héritiers de Chigi durent s'adresser à Francesco Salviati pour l'achèvement de cette chapelle, qui ne fut découverte que trente-quatre ans après la mort de Raphaël. La même chose arriva aux chanoines réguliers de Latran, à qui appartenait l'église Santa-Maria della Pace. Le maître-autel de cette église devait être orné d'un tableau de Sébastien aux frais d'un ecclésiastique de la chambre, Filippo Sergardi de Sienne; mais l'artiste, après avoir commencé d'y peindre une *Visitation*, abandonna sa peinture et ne la finit jamais. Les chanoines, fatigués de voir leur église inutilement obstruée par un échafaud, le firent enlever, et couvrant la peinture d'un rideau, ils attendirent patiemment la mort du peintre pour découvrir sa toile. On vit alors, à moitié peintes ou seulement ébauchées, de très-belles figures de femmes étudiées d'après nature avec beaucoup de morbidesse, et gracieuses de cette grâce robuste, majestueuse et un peu pesante qui est particulière à l'école vénitienne, à Giorgione, surtout, et au Titien.

Du reste, la *Visitation* commencée dans l'église della Pace a péri; mais nous savons comment Sébastien a pu traiter un pareil sujet, par une autre *Visitation* que nous avons au Louvre et qui fut peinte pour François Ier. La main de Michel-Ange s'y trahit jusqu'à l'évidence dans les trois figures du fond; celles du premier plan, au contraire, qui sont quatre figures de femmes, appartiennent bien en propre à l'auteur. On y reconnaît le caractère ample et magistral de son talent mâle, qui, par une certaine lourdeur, tranche fortement avec les fières élégances et les superbes raccourcis de son collaborateur complaisant et anonyme. Quant à la couleur, nous n'en pouvons guère juger, puisque le tableau, ayant subi toutes sortes d'avaries, a dû être soumis au régime d'une restauration, régime toujours plus funeste à un coloriste qu'à un dessinateur. C'est donc à Londres, à Florence, à Rome qu'il faut aller pour se faire une idée juste de la valeur de Sébastien del Piombo comme coloriste.

Travailler d'après nature, c'était le vrai talent de Luciani, et quand on ne lui demandait pas autre chose qu'un portrait, il s'y montrait supérieur et il prenait la peine de le finir. Il est permis de comparer ses portraits à ceux des plus grands maîtres. Ses attitudes sont fort simples et n'ont rien de remarquable; mais il excelle à rendre l'animation et le gras des chairs, à exprimer la vie. Là comme ailleurs, son exécution est admirable. Ses rehauts sont d'un empâtement superbe, lorsqu'à l'exemple de son maître Giorgion, il enlève des linges d'un blanc résolu sur des carnations basanées par la longue insolation des pays chauds. On cite parmi ses plus beaux portraits ceux de Marc Antonio Colonna, de Ferdinand, marquis de Pescaire, et de cette Vittoria Colonna qu'ont immortalisée l'amour et les poésies de Michel-Ange. De son temps, du reste, il n'y avait à Rome aucun peintre qui eût la main aux portraits, car les élèves de Raphaël ne s'adonnaient qu'à la grande décoration. Ce fut donc Sébastien del Piombo qui peignit le pape hollandais Adrien VI lorsqu'il vint prendre possession du Saint-Siége, et le cardinal hollandais Enckenvoirt, d'Utrecht (Vasari l'appelle Nitonfort). Ce cardinal voulant fonder une chapelle à Santa-Maria dell' Anima, en demanda les peintures à Luciani; mais comme le peintre, avec sa nonchalance accoutumée, le renvoyait toujours au lendemain, le prélat s'entendit avec son compatriote Michel Coxie, de Malines, qui lui peignit à fresque la vie de sainte Barbe dans cette manière de Raphaël qu'il savait imiter si bien, en y mêlant toutefois un soupçon de goût flamand. Personne, au surplus, ne pouvait triompher de l'incurable paresse de Sébastien, pas même le roi de France, qui avait déjà un morceau de sa main, *La Vierge visitant sainte Elisabeth*, et qui lui avait demandé un *Saint Michel terrassant le démon*. Luciani commença mais

---

¹ Nous avons rapporté dans le second volume du *Trésor de la Curiosité* toutes les négociations relatives à cette affaire; e récit en est puisé dans les curieux *Mémoirs of Painting* de Buchanan.

n'acheva point le tableau destiné au roi, de sorte que François Ier ne put se donner le plaisir de comparer

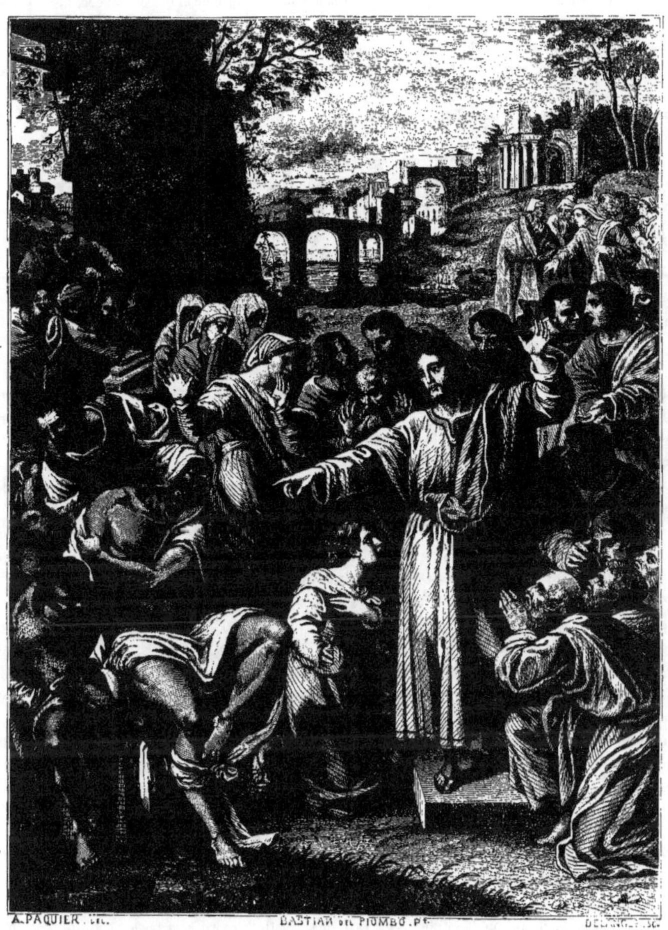

LA RESURRECTION DE LAZARE (National Gallery).

le *Saint Michel* de Sébastien avec celui de Raphaël qu'il possédait, et que nous avons aujourd'hui au Louvre.

Le rêve du Vénitien était de mener une vie de chanoine, en faisant de temps à autre un peu de peinture, mais seulement à ses heures, sans y être obligé par les besoins de la vie. Ce rêve fut accompli. Lorsque le cardinal Jules de Médicis fut élevé au pontificat sous le nom de Clément VII, l'évêque de Vasona, intendant de sa maison, fit savoir à Sébastien que le pape lui voulait toujours du bien et que dans l'occasion il songerait à lui. Pour entretenir ces bonnes dispositions, l'artiste sollicita la faveur de peindre le portrait de Sa Sainteté, et il le peignit deux fois, la première pour l'évêque de Vasona (Vaison), la seconde pour lui-même. Dans le portrait que Sébastien garda, le pape était vu jusqu'aux genoux; dans l'un et l'autre il était sans barbe. Ce que sont devenues ces peintures, nous l'ignorons, et Vasari n'en ayant rien dit, nous n'en pouvons rien dire. En revanche, l'aimable biographe donne quelques détails sur les autres portraits de Sébastien, particulièrement sur ceux du Florentin Anton Francesco degli Albizzi, et de Pierre Arétin, le fameux poëte, portraits qu'il décrit comme des merveilles. L'Arétin est représenté tenant à la main une branche de laurier et un papier sur lequel est écrit le nom de Clément VII. Devant lui sont deux masques qui symbolisent la Vertu et le Vice par leurs expressions de beauté et de laideur. « Dans ce portrait prodigieux, dit Vasari, *stupendissimo*, on admire entre autres choses cinq variétés de noir : velours, satin, taffetas (*ermisino*) damas et drap, et sur tous ces noirs, une barbe plus noire encore dont le poil peigné au pinceau, pour ainsi dire, est rendu avec une vérité qui le dispute à la nature. » L'Arétin et Luciani étaient deux bons amis que la conformité de leurs goûts avait liés étroitement, et le peintre s'était plu à faire un chef-d'œuvre. Mais bientôt, à cause des sonnets licencieux dont nous avons parlé dans la vie de Jules Romain, le poëte fut obligé de fuir la colère de Clément VII, et Sébastien, resté à Rome, attendit les bonnes grâces du Saint-Père.

En 1531, le frère Mariano Fetti, scelleur de la chancellerie pontificale, étant venu à mourir, Sébastien demanda (ou l'évêque de Vaison demanda pour lui) l'office vacant. Un autre candidat se présentait : c'était le peintre d'arabesques Jean d'Udine, qui avait servi le pape dans les menus emplois, *in minoribus;* mais l'évêque, à force de prières, obtint la préférence pour son protégé, qui ne fut nommé cependant qu'à la charge de payer à Jean d'Udine une redevance de trois cents écus. Sébastien, au comble de ses vœux, en écrivit à l'Arétin une lettre qui nous a été conservée, et qui mérite d'être rapportée ici, car le peintre y exprime naïvement sa joie et y peint son caractère en peu de mots.

« *Rome, le 4 décembre* 1531. *A Pierre Arétin.* — Je crois, mon très-cher frère, que vous serez étonné de
« ce que j'ai passé autant de temps sans vous écrire : la raison en est que je n'avais rien à vous dire qui valût
« un port de lettres; mais à présent que le pape m'a fait moine, je ne voudrais pas vous laisser croire que
« mon nouvel état m'a gâté, et que je ne suis plus ce même Sébastien, peintre et bon compagnon, que j'ai
« toujours été. J'ai cependant du regret de ne pas être avec mes chers amis à jouir de ce que Dieu et notre
« pape Clément m'ont donné. Je crois que ce n'est pas le moment de vous raconter le comment et le pourquoi ·
« vous saurez tous ces détails par messer Marco, notre ami; il vous dira que j'ai eu cet emploi sans en rien
« savoir et sans le demander. Enfin, je suis *frère du plomb :* c'est la place qu'avait frère Mariano. Et vive le
« pape Clément ! Plût à Dieu que vous m'eussiez cru ! Patience, mon frère... je crois bien, et très-bien, et
« cela est le fruit de ma foi. Maintenant, dites à Sansovino que l'on pêche à Rome des emplois, des plombs,
« des chapeaux et autres choses, comme vous le savez, tandis qu'à Venise on ne prend que des anguilles et
« du fretin. Vous voudrez bien me recommander à notre très-cher compère Titien, à tous nos amis, ainsi
« qu'à Giulio, notre musicien. Monseigneur de Vaison en fait autant. *Frère Sébastien, peintre.* »

Le scelleur ou plombeur des bulles pontificales devait revêtir l'habit monastique, et on l'appelait frère du plomb, *fra del Piombo;* c'est de là qu'est venu à Sébastien ce surnom, sous lequel il est resté célèbre. Il va sans dire qu'une fois investi de son office, fra Bastiano en prit à son aise et ne fit plus guère de peinture que par reconnaissance ou par goût. S'étant fait bâtir une maison près de la porte du Peuple, il y menait une existence d'épicurien, disant qu'il était bien peu sage de se mettre l'esprit à la torture dans le seul but de laisser un nom après sa mort, et, fidèle à sa théorie de l'indifférence en matière d'art et de gloire, il se procura les meilleurs vins et ne songea qu'à faire bonne chère en compagnie de ses amis, particulièrement avec le Molza, messire Gandolfo Porrini, et le Florentin Francesco Berni, qui échangeait avec lui des poésies légères, car Sébastien tournait avec facilité sonnets et madrigaux, et il les écrivait, non pas dans son patois vénitien, mais en pure langue toscane. A ceux qui lui reprochaient sa paresse, il répondait : « Nous avons aujourd'hui des jeunes gens pleins de génie qui font en deux mois ce que je faisais en deux ans ; si je vis longtemps (et je ne vivrai jamais trop), nous verrons qu'il ne restera plus rien à peindre. Il convient donc que quelques-uns se croisent les bras pour que les autres aient d'autant plus d'ouvrage.» Avec ces gais propos, Sébastien éconduisait les grondeurs et gagnait l'amitié de tout le monde, étant lui-même au demeurant le meilleur compagnon qui fut jamais.

Cependant, il fallait bien, de temps à autre, mettre la main à la besogne pour obéir à des convenances impérieuses. La nièce du pape, Catherine de Médicis, qui n'était pas encore reine de France, étant venue à Rome, frère Sébastien commença un portrait d'elle qu'il n'acheva point. Mais il eut plus de courage pour servir la passion du cardinal Hippolyte de Médicis, qui était devenu amoureux de la belle Julie de Gonzague et voulait avoir son portrait. Comme la dame demeurait alors à Fondi, Sébastien, pour être agréable à Son Éminence, fit le voyage avec une escorte de quatre chevau-légers, et dans l'espace d'un mois il termina cette fois un portrait de toute beauté, un morceau divin, comme dit Vasari, *riusci pittura divina*, et il en fut magnifiquement récompensé par le cardinal.

Sébastien del Piombo, nous l'avons dit, avait inventé le moyen de peindre à l'huile sur muraille, et il l'appliquait également sur des carreaux de pierre en guise de toile. Cette nouveauté avait beaucoup plu, parce qu'une telle matière étant à l'épreuve du feu et des vers, devait durer éternellement. De tous côtés on venait demander au frère del Piombo des peintures sur pierre, et afin de compromettre sa nonchalance, on lui donnait des arrhes; mais le peintre, qui aimait mieux raisonner de son art que le pratiquer, ajournait constamment les solliciteurs et se ruinait en promesses. Néanmoins, don Ferrante Gonzaga obtint de lui une *pietà* qu'il voulait envoyer en Espagne, et qu'il lui paya cinq cents écus. Sébastien avait imaginé d'embordurer ses peintures avec des pierres de diverses couleurs, qui, une fois polies, formaient un encadrement à souhait pour le plaisir des yeux. Malheureusement, des tableaux sur pierre, avec leur cadre de pierre, étaient d'un tel poids, qu'on ne pouvait les mouvoir et les transporter que très-difficilement; aussi la mode en passa-t-elle bientôt. Quant à la peinture à l'huile sur mur, voici en quoi consistait le procédé de Sébastien, supérieur à celui qu'avaient inventé avant lui Andrea del Castagno et les frères Pollaiuoli. Il faisait le gros du crépi avec de la chaux et un mélange de mastic et de poix-résine qui, fondus ensemble au feu et couchés sur le mur, y étaient aplanis à la truelle avec de la chaux rouge ou rougie au feu. On espérait que l'humidité n'aurait aucune prise sur une composition de ce genre, et en effet, les peintures de Sébastien, à San-Pietro in Montorio, conservèrent leur fraîcheur pendant plus d'un siècle; mais du temps de Bottari, au commencement du dix-huitième; le Christ à la colonne (*la Flagellation*) avait déjà noirci. Il est vrai de dire qu'il existe au musée de Berlin un tableau sur pierre de Sébastien, une *pietà*, qui est encore dans un bon état de conservation. Son procédé, fra Bastiano le pratiqua sur toutes sortes de pierres, le *peperino*, le marbre blanc ou tacheté, le porphyre et les dalles les plus dures; il enseigna aussi le moyen de peindre sur argent, sur cuivre, sur étain; mais rarement il se résignait à expérimenter lui-même ses inventions. Le cardinal d'Aragon eut beaucoup de peine à lui faire peindre le *Martyre de sainte Agathe*, qui est maintenant une des œuvres capitales de la galerie Pitti et dont se souviennent tous ceux qui ont visité cette galerie célèbre. La sainte est représentée à peu près nue, un peu plus qu'à mi-corps, martyrisée par deux bourreaux qui lui arrachent les seins avec des tenailles, en présence de quelques témoins étonnés de son courage. Les grands Vénitiens n'ont pas fait de plus beaux nus, ni une peinture plus robuste, plus ferme, plus généreuse. Sébastien a mis là tout son talent, qui était fort et un peu lourd, et qui brillait dans l'exécution et dans le rendu des corps, non dans l'expression de l'âme.

L'amitié de Michel-Ange pour Sébastien del Piombo, qui s'était maintenue pendant plus de vingt ans sans nuages, se refroidit vers 1533, lorsqu'il fallut décorer le fond de la chapelle Sixtine, où devait être représenté le *Jugement dernier*. Michel-Ange le voulait peindre à fresque, mais Sébastien ayant persuadé au pape qu'il convenait d'y appliquer la peinture à l'huile, le mur fut préparé pour recevoir ce genre de peinture. Pendant plusieurs mois, Michel-Ange ne disant ni oui ni non, se tint à l'écart et ne mit pas le pied à la chapelle. Cependant, pressé par le pape, il répondit brusquement qu'il entendait user de la fresque, seule convenable en pareille circonstance; qu'au surplus, le coloriage à l'huile était un art bon pour les demoiselles, ou bien pour les paresseux comme fra Bastiano. Il fit donc jeter par terre le crépi qu'on avait donné à la muraille selon la nouvelle invention, et il disposa le mur pour le peindre à fresque, non sans garder contre Sébastien une rancune qui ne s'éteignit guère qu'à la mort de son ancien ami. Cette mort arriva au mois de juin de l'année 1547. Replet et sanguin, le frère du Plomb avait *l'oreille rouge et le teint bien fleuri*, sans compter que la bonne chère avait développé en lui ce tempérament naturel. Il fut emporté en quelques jours par une fièvre inflammatoire, à l'âge de soixante-deux ans. Suivant sa dernière volonté, il fut inhumé sans pompe, sans pénitents et sans cierges, dans l'église del Popolo, voisine de sa demeure, et l'on distribua aux pauvres l'argent qu'aurait coûté la cérémonie.

CHARLES BLANC.

RECHERCHES ET INDICATIONS

Musée du Louvre. — La *Visitation de la Vierge*. Figures jusqu'aux genoux, grandeur naturelle : Un groupe du fond semble avoir été dessiné par Michel-Ange. Signé : Sebastianus venetus faciebat Roma, MDXXI. Ce tableau, long-temps relégué dans un grenier, dit M. Villot, a été restauré sous le premier empire

Galerie Nationale, a Londres. — La *Résurrection de Lazare*. Peint en 1519, sur panneau, et signé : Sebastianus venetus faciebat ; gravé par Delaunay, par Vendramine et par Lighsfoot pour la *National Gallery* de Jones. Transporté sur toile en 1771.

Portrait de Sébastien del Piombo et du cardinal Hipp. de Médicis. Le cardinal est assis à une table; le peintre est debout, tenant à la main les sceaux de son office. Gravé par Fry dans la *National Gallery* de Jones. — *Portrait d'une femme en sainte Agathe* Deux figures de proportion colossale; gravé par Stocks. *Ibid.* — C'est à tort qu'on regarde ce portrait comme étant celui de Julie Gonzague qui, selon Vasari, fut donné à François Iᵉʳ et placé à Fontainebleau. On ne sait ce qu'est devenue la Julie Gonzague de Fontainebleau; mais si elle eût été représentée en sainte Agathe, il est probable qu'une telle circonstance eût été mentionnée par Vasari. Le portrait est signé d'ailleurs : Sebastianus venetus faciebat Roma ; or, ce n'est pas à Rome qu'il fut peint, mais à Fondi, royaume de Naples.

Galerie Bridgewater, a Londres. — La *Mise au tombeau*. On suppose que ce morceau a été également dessiné par Michel-Ange. Il avait appartenu au duc d'Orléans et il est gravé dans la *Galerie du Palais-Royal*.

La Farnésine. a Rome. — Sébastien y avait peint les lunettes de la loge où se trouve la *Galathée* de Raphaël; mais une de ces peintures, le *Polyphème*, a péri.

San-Pietro in Montorio, a Rome. — La *Flagellation* et d'autres sujets. parmi lesquels une *Transfiguration*.

Santa Maria del Popolo, a Rome. — Sébastien y avait commencé. sur les cartons de Raphaël, les décorations de la chapelle des Chigi: mais il ne les acheva point: elles furent terminées par Salviati.

Villa Médicis. a Rome. — Le soffite du second étage est peint par Sébastien.

Galerie Doria. a Rome. — Le *Portrait d'André Doria*. Les annotateurs du Vasari disent qu'il est fait mention d'un portrait de Sannazar qui aurait été peint par Sébastien. non d'après nature, mais d'après un autre portrait.

Galerie Pitti, a Florence. — Le *Martyre de sainte Agathe*. Il est gravé ici. Morceau capital.

Arezzo. — Dans la maison commune. le *Portrait de l'Arétin*, donné par le poëte à ses concitoyens.

Musée de Berlin. — Un *Christ en croix*. peint sur pierre et bien conservé : plus un portrait de l'Arétin une répétition?

Pinacothèque de Munich. — *Saint André, saint Nicolas et saint Jean-Baptiste*. Ce groupe de trois bienheureux est une grande composition, puissante et noble (dit M. Viardot), où se montre le vigoureux clair-obscur de Giorgion. uni au sévère dessin de Michel-Ange.

Le Belvédère, a Vienne. — *Portrait du cardinal Polus* (Poole), qui fut exilé par Henri VIII, et qui présida le concile de Trente. Il en existe une répétition à Saint-Pétersbourg.

Venise. — Dans l'église Saint-Jean-Chrysostôme, on voit un tableau qui représente le saint titulaire avec saint Jean-Baptiste et d'autres bienheureux. Cette peinture a été récemment restaurée par M. Corniani d'Algarotti. Elle est gravée en tête de l'ouvrage intitulé : *Sàggio soprà la vita e i dipinti di Sebastiano Luciani*, par l'avocat Pietro Biagi, inséré dans le premier volume des actes de l'Athénée de Venise.

Dans l'église San-Bartolomeo, à Venise, on voit aussi quatre figures de Sébastien : deux près de l'orgue; ce sont : saint Louis, roi de France, et saint Sinibald, pélerin; deux aux côtés de l'autel : saint Barthélemy et saint Sébastien. Elles ont subi aussi quelques retouches.

Naples, Musée Bourbon. — *Sainte Famille*. L'Enfant Jésus couché sur un lit, dort, les deux bras ramenés sur l'oreiller. La Vierge, vue de face à mi-corps, et légèrement inclinée, contemple le sommeil de l'Enfant et tient une draperie dont elle va le couvrir. Saint Joseph est à gauche, dans l'ombre, et saint Jean à droite, dans la lumière. Figures de grandeur naturelle. Ce tableau est resté à l'état d'ébauche; il n'y a que les têtes. — Un autre tableau de la même composition a été vendu à Paris en vente publique, en août 1860. Celui-là est terminé et de la plus grande beauté. Nous en avons écrit la description dans une notice imprimée pour la vente, et nous avons exposé les raisons qui nous font penser — et c'est l'avis des connaisseurs les plus autorisés — que ce tableau est parfaitement original, et que celui de Naples n'est qu'une répétition restée inachevée. Une troisième *Sainte Famille* du même dessin se trouve à Paris, chez M. Gatteaux, membre de l'Institut. Au moment où nous écrivons ces notes (février 1864), le tableau de Sébastien, vendu en 1860, et adjugé au prix de 40.000 francs, est exposé à Paris dans le Grand-Hôtel, sur le boulevard des Capucines, et il fait l'admiration de tous ceux qui aiment la grande peinture. La Vierge est fière comme une Junon, l'Enfant est peint avec une pastosité délicieuse; le tableau est supérieurement dessiné, et peint d'une touche superbe.

A Naples. — Dans le palais de la famille Sant' Angelo se trouve, à ce qu'il paraît, le portrait de Vittoria Colonna. Il est gravé dans l'Appendice à l'opuscule intitulé : *Ritratto di Vittoria Colonna, dipinti da Michel Angelo Buonarotti. Londra*, 1853, in-8°.

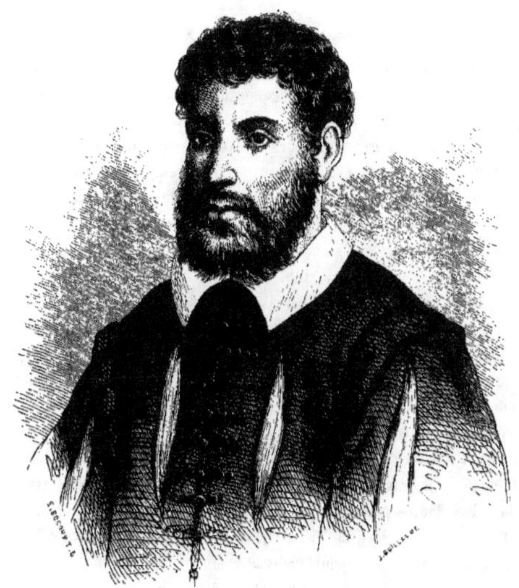

ALESSANDRO BONVICINO, DIT MORETTO

NÉ VERS 1498. — MORT EN 1560.

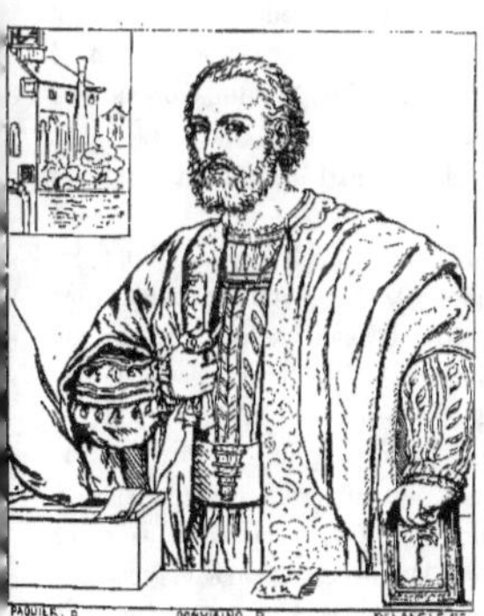

Il n'y a aucune proportion entre la faible renommée du Moretto et la supériorité de son talent. Cela tient à ce qu'au lieu d'avoir pour théâtre une de ces villes capitales telles que Venise, Milan, Parme, Florence, où les voyageurs de toutes les nations vont admirer les grands peintres, Moretto a laissé la plupart de ses plus belles œuvres dans une ville moins importante et moins visitée, à Brescia. C'est depuis quelques années seulement que les Français s'occupent de Bonvicino, encore le connaissent-ils imparfaitement, par les deux tableaux peu considérables que nous avons au Louvre, où ils ne sont entrés qu'en 1812, par suite d'un échange avec le musée de Milan. Les amateurs compétents qui ont vu à Brescia les grandes peintures de Moretto sont en très-petit nombre; aussi n'est-il parlé de ce maître en connaissance de cause que dans le livre de M. Rio sur l'*Art chrétien*, et dans la brochure publiée il y a quinze ans par M. Otto Mündler sur la Notice des tableaux italiens du Louvre. Vasari avait accordé, il est vrai, une mention de quelques lignes à la mémoire de Bonvicino; mais, loin de mettre en relief le peintre brescian, un tel laconisme était de nature à l'amoindrir. Il est temps de rendre hautement à Moretto la justice qui lui est due.

Ce maître grave, sévère, éminemment expressif, distingué et digne, est ordinairement rangé dans l'école vénitienne, et par sa naissance comme par son éducation première, il semblerait appartenir à cette école, mais par ses tendances il se rapproche de Raphaël, ou, pour dire mieux, du Pérugin. Né tout à la fin du quinzième siècle, à Brescia ou aux environs, peut-être au bourg de Rovato, comme on le dit, il entra dans la peinture au moment où, devenue puissante par ses moyens d'expression et riche de procédés, elle ne s'était pas encore matérialisée; il se trouva donc placé à égale distance de la naïveté gothique et du maniérisme, c'est-à-dire entre les précurseurs et les corrupteurs de l'art. Selon Ridolfi, Moretto, envoyé fort jeune à Venise, y eut d'abord le Titien pour maître. Mais il paraît certain qu'il avait déjà pris les leçons d'un peintre de Brescia, de ce Fioravante Ferramola, qui, ayant tout perdu à la prise de Brescia par les Français, eut recours à la générosité du vainqueur, Gaston de Foix, et reçut, en guise de dédommagement, une forte somme pour le portrait qu'il fit de ce héros. En 1516, Ferramola ayant à peindre l'extérieur de l'orgue, dans la vieille cathédrale, *Duomo Vecchio*, admit à sa collaboration Alexandre Bonvicino, qui, à cette époque, avait sans doute quelque dix-huit ans. Celui-ci fut bientôt chargé de peindre une bannière pour la confrérie du gonfalon, après quoi il serait allé à Venise étudier les derniers secrets de son art, sous la direction du Titien. A vrai dire, ce voyage à Venise, ou du moins ce temps d'apprentissage qu'aurait passé Moretto dans l'école de Titien, n'est pas fort bien prouvé. Sans doute, un de ses tableaux, représentant saint Nicolas de Bari, évêque, le tableau qu'il peignit pour l'église *dei Miracoli*, à Brescia, porte l'empreinte du style titianesque, surtout dans les figures-portraits qu'on y remarque; mais cette analogie ne suffit pas pour faire considérer Moretto comme un élève de Titien, je veux dire comme un imitateur. A mes yeux, les différences sont plus frappantes que les ressemblances.

Ce qui est très-probable, c'est que le véritable initiateur d'Alexandre Moretto fut Sacchi de Pavie, dont nous possédons au Louvre un chef-d'œuvre, *les Docteurs de l'Église*. Ainsi que l'a observé très-judicieusement un des hommes qui savent le mieux la peinture italienne, M. Mündler, l'influence de Sacchi sur Bonvicino est claire jusqu'à l'évidence, pour peu que l'on compare ce tableau des *Docteurs* avec les œuvres d'Alexandre, sans même sortir du Louvre. Ce sont les mêmes airs de tête, finement et un peu sèchement accusés; c'est la même richesse dans l'exécution; c'est la même prédilection pour certaines nuances bronzées dans les tons de chair, et pour le bleu et le blanc; c'est aussi le même goût pour les dorures, les damas, les bijoux, si bien qu'on se rappelle, en présence des deux maîtres, ce que dit Vasari de Bonvicino : « Il se plaisait à imiter des draperies d'or et d'argent, les velours, les damas et toutes les sortes d'étoffes dont il habillait avec soin ses personnages [1]. » Ainsi les similitudes abondent entre Sacchi et Bonvicino; et que le premier ait été le maître du second, cela s'explique facilement par ce fait que deux peintres du nom de Moretto, probablement les parents d'Alexandre, peut-être son père et son oncle, florissaient à Crémone, de 1486 à 1498, alors que des relations fréquentes existaient entre cette ville et Pavie, où la célèbre Chartreuse, qu'on ne finissait point de décorer, attirait des artistes de toute la haute Italie.

Il est donc juste de dire que Bonvicino est plutôt un peintre lombard qu'un véritable vénitien. Ce qui, en effet, donne un caractère décidé à son style, et ce qui nettement le distingue des élèves de Titien, c'est le sentiment religieux qui domine dans tous ses ouvrages. Il peut paraître singulier que ce sentiment, qui d'ordinaire conduit à l'austérité, ait été si vif chez un peintre qui avait du goût pour l'opulence des draperies et le luxe des accessoires; mais il faut dire que ce goût, très-prononcé d'abord, finit par s'affaiblir et se modérer, sans néanmoins disparaître complétement. Bien qu'il n'eût jamais fait le voyage de Rome, du moins que l'on sache, il s'éprit du génie de Raphaël, soit en voyant quelques tableaux du grand maître, soit en l'étudiant à travers les estampes de Marc-Antoine, et il dut comprendre alors que les broderies, les dorures et les richesses du costume ne sont guère compatibles avec la dignité du grand art, qui drape ses figures plutôt que de les costumer, et qui, sachant les concevoir belles, s'abstient de les faire riches. Au surplus, le Raphaël qui séduisit Moretto ne fut pas, ce me semble, celui des dernières années :

[1] « Si diletto molto costui di contraffare drappi d'oro e d'argento, velluti, damaschi e altri drappi di tutte le sorte... » VASARI.

ce fut plutôt le Raphaël encore jeune et encore un peu péruginesque. L'artiste qui avait été, selon toute apparence, élevé par Sacchi, ou qui du moins avait été si directement soumis à son influence, devait aimer la manière attentive et incisive de Raphaël, cette manière qui précise le contour au profit de l'expression. plutôt que l'ampleur facile, élégante, déployée et libre de son dernier style; plutôt, dis-je, que la plénitude de ses formes et le paganisme de sa grâce.

Ces observations peuvent se vérifier sur les deux tableaux de Bonvicino qui sont au Louvre, et qui représentent, l'un, saint Bonaventure et saint Antoine de Padoue ; l'autre, saint Bernardin de Sienne et saint

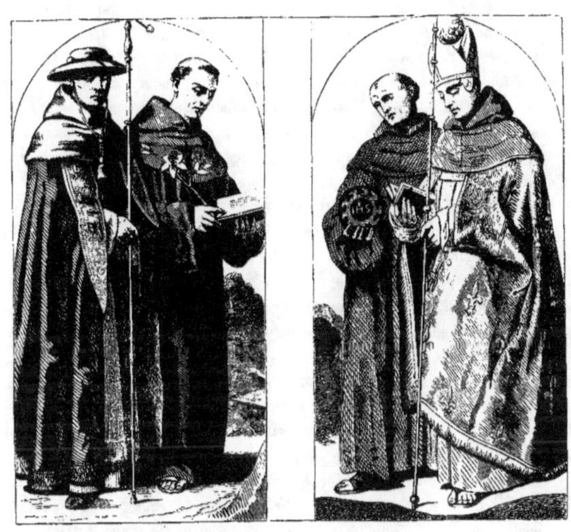

SAINT BONAVENTURE ET SAINT ANTOINE, SAINT BERNARDIN ET SAINT LOUIS (Musée du Louvre).

Louis, évêque. Moretto y a peint l'ascétisme, un ascétisme sans âpreté, sans rudesse, par le caractère des physionomies et des attitudes, à peu près comme Raphaël l'aurait exprimé dans sa seconde manière, avec des traits ressentis, des plis arrêtés et une certaine sécheresse tout à fait favorable à l'expression du sentiment chrétien. La majesté du style y est conciliée d'une façon imprévue avec l'individualité intime des figures, qui sont des portraits en même temps que des types, types de mansuétude et de charité dans le *Saint Antoine*, d'humilité dans le *Saint Bonaventure*, qui porte le modeste capuce du franciscain par-dessus son manteau de cardinal. La noble simplicité des habits pontificaux ou monastiques, je veux dire la grandeur de leurs lignes peu rompues, n'empêche pas l'artiste d'apporter ses soins à tels ou tels ornements de l'étoffe, par exemple à la chape fleurdelisée de saint Louis, évêque de Toulouse ; de sorte que, la dignité des camelots apostoliques se mariant avec la délicatesse des broderies qui les couvrent, le vêtement, au lieu de se généraliser, se particularise. Saint Bonaventure est revêtu d'une chape de velours pourpre. C'est là une nuance de goût qui ne se rencontre point chez les très-grands maîtres. Michel-Ange à la Sixtine,

Raphaël dans les Chambres et les Loges, Léonard dans la *Cène*, n'ont pas spécialisé leurs vêtements. Ils ont enveloppé leurs figures avec des draperies : Moretto habille les siennes avec des *étoffes*, et c'est une infériorité, car l'étoffe appartient au genre plutôt qu'à la grande peinture. L'étoffe est à la draperie ce que l'anecdote est à l'histoire, ce que la réalité est à l'idéal.

Cependant les deux tableaux du Louvre ne donnent qu'une idée imparfaite de Moretto. C'est à Milan, à Vérone, à Bergame, c'est à Brescia surtout qu'il faut aller voir les ouvrages où il s'est affirmé comme un grand peintre, différent des vénitiens de son temps et plus semblable par certains côtés aux milanais, par d'autres aux florentins. Les peintures de Moretto que nous avons vues au musée de Milan nous ont donné de lui une assez haute idée pour que nous l'ayons comparé à Fra Bartolommeo. On y admire la finesse d'un florentin, unie à la pastosité de Schiavone. C'est l'impression qui nous en est restée dans une visite assez rapide, et cette impression s'est traduite fidèlement en quelques mots sur notre calepin de voyage. Il nous souvient, entre autres, d'une *Assomption de la Vierge*, ou plutôt d'une *Apparition de la Madone à saint Jérôme, saint François et saint Antoine ermite*, qui est un morceau d'une beauté élevée et rare. Le vieux cénobite à genoux, courbé par les ans, appuyé sur un bâton et tenant la cloche qui le désigne, je crois, comme le patron des incendiés, est une figure que ne désavouerait point Raphaël, tandis que le saint Jérôme, agenouillé aussi et vieux, mais conservant encore la vigueur de l'âge mûr et l'énergie du corps dans l'exaltation de l'âme, se frappe la poitrine avec une pierre et présente dans sa nudité des formes robustes que le vieux Titien lui-même n'eût pas mieux modelées, et qui rappellent, du reste, son *Saint Jérôme* du Louvre.

Où le Moretto est inférieur, c'est dans les figures de Vierges, qu'il n'a pas su idéaliser. Je parle seulement de ses airs de tête, qui manquent de distinction humaine et, à plus forte raison, de beauté divine. Toujours majestueuses par le mouvement ou par l'attitude, et nobles par l'heureuse ampleur de leurs chastes draperies, elles ne le sont point toujours par la dignité du type, et ce défaut se faisait remarquer dans la fameuse Madone de la galerie Fesch, qui est aujourd'hui au musée de Francfort. Moretto y a représenté la Vierge avec ces mêmes docteurs de l'Église, si merveilleusement peints par Sacchi de Pavie, son maître présumé, et si l'expression de la Vierge laisse à désirer plus de poésie, plus de style, en revanche, les saints docteurs, dans leurs habits pontificaux, forment un groupe magnifique, digne des plus grands noms, dit M. Viardot. « C'est l'ample et magistrale touche de Titien avec la teinte argentée de Véronèse. » Mais ajouter, comme le fait M. Viardot, que Moretto n'est qu'un peintre de portraits, c'est le juger, selon nous, trop rigoureusement. Il y a chez lui plus que le talent d'imiter la nature visible et palpable; il y a le talent d'exprimer les contemplations intérieures et la force de s'élever à l'idéal mystique, à l'invisible. Les deux tableaux du Louvre, il est vrai, peuvent seulement faire pressentir cette qualité, qui est de premier ordre; elle ne brille de tout son éclat, avec d'autres qualités supérieures, que dans les grandes peintures de Brescia; à Saint-Clément, église des Dominicains, où son *Assomption* du maître-autel, solennelle et grandiose, passe pour une œuvre accomplie; à Saints-Nazaire-et-Celse, où l'on admire son *Couronnement de la Vierge;* à Sainte-Marie-des-Grâces, où son *Adoration des Bergers* rappelle, dit M. Rio, les créations si suaves et si poétiques des artistes chrétiens de l'Italie centrale; à Saint-Jean-l'Évangéliste, où il a traité des sujets tirés de l'Ancien et du Nouveau-Testament, en abandonnant cette fois les figures méditatives et le côté mystique pour le mouvement des scènes vivantes. N'ayant pu, à notre grand regret, visiter la ville de Brescia dans nos trois excursions en Italie, nous laisserons parler ici un écrivain compétent, M. Otto Mündler, qui a très-bien apprécié le peintre brescian dans son *Analyse critique de la Notice des tableaux italiens du Louvre*.

« Moretto est à Brescia ce que le Sodoma est à Sienne : presque inconnus ailleurs, ce n'est que dans leurs villes natales, remplies de leurs œuvres et illustrées de leurs noms, que l'on peut connaître, en les comparant à eux-mêmes, ces maîtres incomparables. Ceux qui ont eu le bonheur de voir à San Domenico de Sienne l'*Évanouissement de sainte Catherine*, et à San Francesco la *Déposition de Croix* du Sodoma, en conservent un souvenir ineffaçable. Une journée passée à Brescia est un point lumineux dans le voyage

---

1 *De Paris à Venise. Notes au crayon*. Paris. Hachette et Renouard. 1857.

d'Italie; quand bien même vous y arriveriez rassasié de peinture et encore tout rempli des souvenirs de
Rome, de Florence et de Venise, en parcourant les principales églises de Brescia et une demi-douzaine de
collections particulières, vous sentiriez renaître et redoubler votre ardeur; vous marcheriez de surprise en
surprise, d'admiration en admiration… Tout ce que Moretto a créé dans sa longue carrière d'artiste respire
une ferveur, une simplicité et un calme touchants, réunis à une grandeur de style, une grâce, une pureté
de formes et d'expression, une noblesse et une élévation de sentiment dont Raphaël seul peut donner une
idée. Et en parlant de Raphaël, je n'entends nullement suggérer que Moretto ait imité le grand maître; ils
ont tous les deux puisé à la même source : la nature et leur propre génie.

« En dehors de Brescia et de Milan, et en exceptant un tableau à Venise, qui n'est pas à l'Académie, un autre

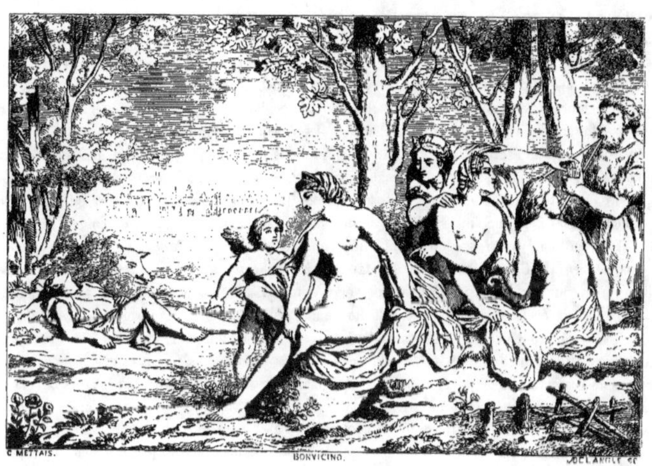

VÉNUS PLEURANT ADONIS (Florence).

à Venise, deux aux *Uffizi* (aux Offices de Florence) et enfin un dans la collection de feu M. Solly, à Londres,
l'Allemagne possède presque seule un assez grand nombre d'ouvrages importants de ce maître. A Berlin,
on en voit aujourd'hui cinq; à Dresde, j'en ai trouvé un très-beau chez M. de Quandt; le musée de
Francfort possédait déjà une grande composition de Moretto, avant d'acquérir, au prix de quatre-vingt
mille francs, le célèbre tableau de la galerie Fesch, *la Vierge et l'Enfant avec les quatre Docteurs de
l'Église*, tableau vendu, en 1843 encore, sous le nom de Pordenone. On connaît généralement sous le même
nom, qu'il portait jusqu'en ces dernières années, le tableau de la galerie du Belvédère, la *Sainte Justine* à la
licorne, ayant à ses pieds le duc Ercole de Ferrare, à genoux. La parole est impuissante à donner une idée,
même éloignée, de la majestueuse beauté de cette figure de sainte, de ce mélange de sévérité et de douceur,
de la pureté d'âme qui se peint dans ces traits et de la profondeur du regard que la sainte fixe sur le
donataire, dont l'humble requête est exaucée. A ces beautés de l'ordre le plus élevé viennent se joindre
toutes les qualités pittoresques, toutes les séductions de la couleur, les charmes mystérieux du clair-obscur
et une exécution suave et moelleuse. L'harmonie générale du tableau est de ce beau et vigoureux ton argentin,

particulier à Moretto, et qui seul suffirait à le faire distinguer, à première vue, de Titien et de tous les maîtres de l'école vénitienne . »

Voilà une appréciation bien sentie. Sur le dernier point, cependant, nous avons à faire une petite réserve. Il est très-vrai que Bonvicino se distingue de Titien par une prédilection marquée pour les tons froids, pour les variantes du bleu et pour les fonds clairs, mais on ne peut pas nier qu'il n'ait des rapports avec l'école vénitienne dans sa manière d'opérer, qui, si je ne me trompe, — et si j'en puis juger à la distance où sont élevés les tableaux du Louvre, — est une préparation en clair-obscur, à la détrempe, voilée de frottis et de glacis à l'huile, frottis et glacis assez légers pour laisser transparaître la grisaille de dessous, et c'est bien là le procédé vénitien, particulièrement celui de Véronèse. Si Moretto se sépare de Titien, de Giorgione, de Tintoret par la gamme froide de ses tons où domine le gris, qui en est la base, il est certain qu'il se rapproche de Véronèse en employant plutôt des gris d'argent et des blancs nuancés que les couleurs dorées et cuites de l'école giorgionesque ou titianesque. Lanzi fait erreur lorsqu'il dit en parlant de Moretto, et après avoir vanté la nouveauté de son coloris : « Ce maître emploie rarement le bleu dans ses draperies; il aime mieux unir ensemble diverses espèces de rouge et de jaune et d'autres couleurs, ainsi que je l'ai observé chez les autres peintres de Brescia et de Bergame contemporains de Bonvicino. » Au contraire, les tons bleus, particulièrement un bleu pâle, délavé, qui s'évanouit en gris de ciel, se retrouvent presque toujours dans les peintures de Moretto, et j'en prends à témoin, à l'encontre de Lanzi, le critique dont je viens de citer l'opinion si bien motivée et si ferme. En dehors de cette particularité, qui a échappé au judicieux Lanzi, on peut dire que son jugement sur Bonvicino est un de ceux qu'il a formulés avec le plus de soin, en s'abstenant de ces termes élastiques et sans caractère qui, dans leur vague généralité, se peuvent appliquer à vingt maîtres différents.

Alexandre Moretto a peint à fresque dans la villa des Martinengo, à Novarino, près de Brescia, et à Brescia même, dans l'église Saint-Jean-l'Évangéliste, sur le mur latéral du chœur, du côté de l'épître. Sur ce mur il a représenté *la Manne au désert*, *Élie endormi réveillé par l'ange*, et dans une demi-lune au-dessus, *la Cène du Christ*, sans parler du *Massacre des Innocents*, qu'il a peint dans une autre chapelle. Ces divers morceaux furent exécutés « avec une verve d'improvisation commandée par le procédé même, » dit M. Rio (de *l'Art chrétien*), en concurrence du Romanino, peintre brescian, qui fut encore le compétiteur de Moretto à Santa Maria di Calchera, où, s'étant piqué d'honneur, et stimulé par le voisinage d'un chef-d'œuvre de Moretto, *la Madeleine aux pieds du Christ*, il sut égaler son rival et se surpasser lui-même en peignant les patrons de Brescia : Apollonius, Faustin et Giovita, dans une peinture distinguée par le choix des modèles, riche et montée en couleurs, pleine de charme et de ressort. Sans avoir vu les peintures murales de Moretto, et quoi qu'en dise M. Rio, qui se trouve ici en contradiction avec Lanzi et qui est toujours partial pour les peintres religieux, nous sommes disposé à croire que le peintre de Brescia était peu fait pour la fresque. Ce genre de peinture veut un autre tempérament que le sien; il y faut une verve, une prestesse, une rapidité d'exécution qui ne se rencontrent guère dans un maître aux pensées profondes, aux sentiments intimes, qui, loin de s'arrêter à la surface, définit les expressions, creuse les caractères, insiste sur l'âme. Le feu pittoresque n'est pas, d'ailleurs, ce qui distingue ses autres ouvrages, plutôt remarquables par la dignité, la délicatesse et la tenue que par les qualités purement extérieures, car son goût pour le luxe des draperies et sa peinture quelquefois grasse et empâtée, *pastosa*, comme celle de Schiavone, par exemple, ou de Pordenone, n'empêchent pas que le trait distinctif de son talent ne soit l'expression. A ce trait l'ont reconnu ou ont cru le reconnaître les juges habiles qui ont rétabli sous son nom, au musée du Belvédère, à Vienne, la fameuse *Sainte Justine* à la licorne, qui avait été si longtemps attribuée à Pordenone, à cause de la manière robuste et savoureuse dont elle était peinte. Aussi, quand on considère l'ensemble des œuvres de Bonvicino, n'est-on pas étonné d'apprendre que c'était un homme de mœurs douces, d'une piété sincère et tendre. Un jour il fut chargé par le bourg de Paitone, à douze milles de Brescia, de peindre une bannière où devait figurer une certaine Vierge miraculeuse, apparue, disait-on, à un berger sur le haut de la montagne. Après avoir plusieurs fois recommencé la figure de la Vierge, à laquelle il s'efforçait en vain d'imprimer un air de pureté divine, il s'imagina que ses péchés étaient la cause de son impuissance, et il chercha des inspirations nouvelles dans le jeûne, la prière et l'eucharistie, comme l'avait pratiqué avant lui Fra Angelico da Fiesole. Il réussit alors à représenter la Madone telle que prétendait l'avoir vue le pâtre du mont Paitone, et il peignit, au-dessous, ce même pâtre avec une touffe de mûrier à la main.

Comment un maître aussi dévot fut-il lié d'amitié avec l'Arétin? C'est ce que nous ignorons; mais il est certain qu'il fit le portrait du licencieux poëte, car, dans une lettre à Vasari écrite de Venise en septembre 1543, l'Arétin parle de ce portrait, qu'il a envoyé au duc de *** et qui est, dit-il, l'œuvre du très-intelligent et

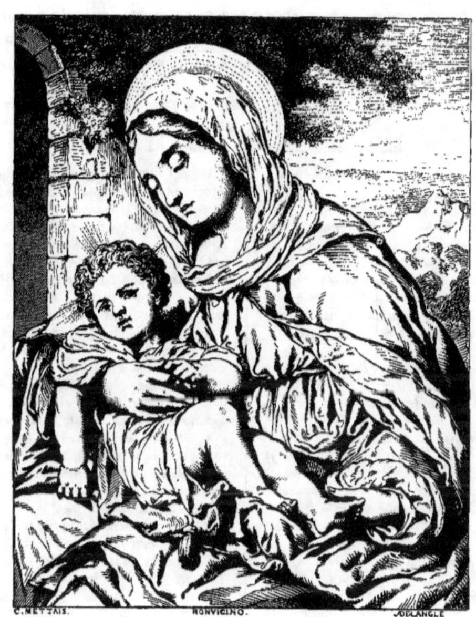

VIERGE ET JÉSUS (Galerie de Leuchtemberg).

très-habile artiste Moretto de Brescia [1]. Comme peintre de portraits, du reste, Moretto est d'une force supérieure. Ridolfi a donné une liste de ceux que le peintre a laissés et qui se conservaient précieusement, au dix-septième siècle, comme des ouvrages dignes des plus illustres vénitiens. Moretto s'est peint lui-même avec un pourpoint à crevés de diverses couleurs, *di più colori*, et c'est d'après ce portrait que Ridolfi a fait graver celui qu'il a donné dans le premier volume des *Maraviglie dell' Arte*. Pour lui, la peinture d'un portrait n'était pas seulement le miroir de la vérité. La simple imitation ne suffisait pas à un artiste tel que Bonvicino, habitué à penser et à subordonner la pratique matérielle au sentiment. Ses effigies sont composées, réfléchies; il s'y trouve un aliment pour l'esprit. On en voit un exemple, à Londres, dans la National Gallery, le portrait du comte Sciarra Martinengo Cesaresco, de Brescia. Il est assis, la tête appuyée sur sa main

(1) E con la lettera... aggiunsi un ritratto di me stesso, opra del Moretto Bresciano, nella pittura spirito diligentissimo.

droite. Dans le haut est tracée une inscription grecque qui se rapporte, dit le catalogue de la National Gallery, à une pensée de vengeance qu'entretenait le comte Martinengo, dont le père avait été assassiné. Quoi qu'il en soit de cette interprétation, on reconnaît ici un artiste qui, au lieu de s'élever, par exception et avec effort, du portrait à la peinture religieuse ou historique, a quitté au contraire les hauteurs de l'histoire pour s'attacher momentanément au portrait. Au surplus, si l'on veut bien se rappeler que Jean-Baptiste Morone, qui fut en ce genre un second Titien, avait été l'élève de Moretto, on pourra juger de l'excellence du maître par la célébrité du disciple.

Alexandre Bonvicino fut, sans doute, un de ces peintres contemplatifs qui vivent retirés dans leur art, et dont la vie uniforme ne présente aucun accident notable. Toujours est-il que l'histoire ne connaît de lui que ses ouvrages. La date précise de sa mort nous est inconnue comme celle de sa naissance; mais, selon toute probabilité, sa vie ne se prolongea point au delà de 1560. Nous savons seulement qu'il mourut à Brescia et qu'il fut enterré dans le cimetière de l'église Saint-Clément, qu'il avait décorée de ses peintures.

CHARLES BLANC.

RECHERCHES ET INDICATIONS

Musée du Louvre.— *Saint Bonaventure et saint Antoine de Padoue* ; figures petite nature, sur bois cintré.

Saint Bernardin de Sienne et saint Louis de Sicile, pendant du précédent. Ces deux tableaux sont entrés au Louvre, en 1812, par suite d'un échange avec le musée de Milan.

Musée Brera, à Milan. — *Apparition de la Vierge à saint Jérôme; Saint François et saint Antoine ermite.—Assomption de la Vierge*; elle s'élève dans les airs entourée de quatre petits anges.— *Sainte Claire et sainte Catherine*. Tableau semblable à ceux du Louvre —*La Vierge et l'Enfant avec des chérubins.*

A Brescia, dans le Duomo Vecchio. — *Le Repos du père de famille* et le *Sacrifice d'Isaac; le Prophète Élie à qui l'ange apporte le pain*, et *l'Offrande de Melchisedech.*

Au Palazzo della Città, *le Christ couronné d'épines*, avec un ange; en regard, *Saint Nicolas de Tolentino.*

A San Giuseppe, *l'Arrivée du Saint-Esprit; la Vierge avec saint Jean-Baptiste, saint Appollonius, saint Mathias apôtre; la Vierge avec saint François qui soutient la croix.*

A l'église de la Carità, *les Pèlerins d'Emmaüs.*

A San Giovanni Evangelista, église des chanoines réguliers, sur le mur du chœur du côté de l'épître (le côté droit), *la Manne dans le Désert, Élie endormi réveillé par l'ange*, et *la Cène du Christ* dans une demi-lune au-dessus. Dans une autre chapelle, *le Massacre des Innocents.*

A l'église dei Miracoli, *Saint Nicolas de Bari*, évêque, un des chefs-d'œuvre du peintre.

A Saints-Nazaire-et-Celse, *le Couronnement de la Vierge*, un des plus beaux morceaux du maître ; plus une bannière : d'un côté *la Vierge en pleurs avec saint Jean et Madeleine; de l'autre, des Martyrs assistant à la Résurrection.*

A San Francesco des Frères-Mineurs, au douzième autel, *Marie avec les saints Jérôme et François*, daté de 1525.

A Sainte-Agathe, deux tableaux en face de l'autel. *saint Jean et un autre Prophète.*

A San Lucca, église de l'hôpital, *le Christ à Emmaüs.*

A Santa Maria di Calchera, *la Madeleine convertie.*

A la Madonna delle Grazie, *Saint Antoine de Padoue avec saint Antoine abbé et saint Nicolas de Tolentino*, un des meilleurs ouvrages de Moretto.

A Sainte-Euphémie, *la Vierge dans les nues avec des saints et un évêque de Brescia.*

A Saint-Clément, église des Dominicains, le tableau du second autel, *l'Offrande de Melchisedech*; au grand autel, *l'Assomption de la Vierge*, un des chefs-d'œuvre de Moretto; au dernier autel, les *Saintes Lucie, Barbe, Cécile, Agathe et Agnès*; à un autre autel, *Saint Thomas d'Aquin*. On voit au bas les *Saints Dominique et Florian*, les *Saintes Catherine et Madeleine*. Ce tableau est daté de 1546.

A San Pietro in Oliveto, *Marie dans une gloire*; en bas, *saint Pierre et saint Paul ; entre eux, la Justice et la Paix.*

A Sant' Alessandro des Servites, un *Saint Roch.*

Il existe encore des tableaux de Moretto dans quelques galeries privées de Brescia.

Vérone, dans l'église Saint-Georges. — *Sainte Cécile avec les saintes Lucie, Barbe, Catherine et Agnès.*

A Santa Eufemia, *Sainte Ursule, entre Pierre et Paul.*

A la Giara, les portraits de Bartolommeo Arnoldi et de son neveu, en adoration devant la Vierge.

Bergame, dans l'église Saint-André. — Un tableau où sont réunis plusieurs saints qui sont, au dire de Ridolfi, des figures admirables et divines.

Dans l'église Saint-François, *le Martyre de saint Pierre.*

Castel Sonico, dans le Vicentin. — *Les Noces de Cana.*

San Felice della Riviera. — *L'Incrédulité de saint Thomas.*

Venise, à l'hôpital della Pietà. — *La Madeleine aux pieds du Christ*. Ce tableau avait été peint pour les Pères Humiliés de Castel di Monselire.

Ridolfi donne une liste des personnages peints par Moretto.

Vienne. — A la galerie du Belvédère se trouve la *Sainte Justine* longtemps attribuée à Pordenone, et dont le lecteur verra la gravure dans la notice de ce maître.

Dresde, chez M. de Quandt. — *La Vierge miraculeuse.*

Francfort-sur-le-Mein. — *La Vierge dans une gloire et les Quatre docteurs de l'Église*. Un chef-d'œuvre du maître.

Musée de Berlin. — *Saint Augustin; la Sainte Vierge et Jésus, sainte Anne et saint Jean enfant.*

Londres, à la National Gallery.— *L'apparition de la Vierge à divers saints*. Acheté en 1859, à la vente Nortwich.

Portrait du comte Sciarra Martinengo, de Brescia.

Bonvicino a signé le tableau qui est à Venise : *Alex. Morettus Brix* (*tensis*). F. MDXLVIIII.

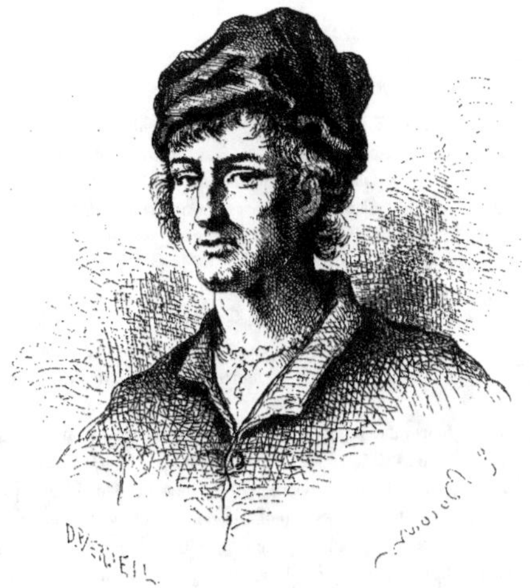

JEAN DE CALCAR

NÉ EN 1499. — MORT EN 1546.

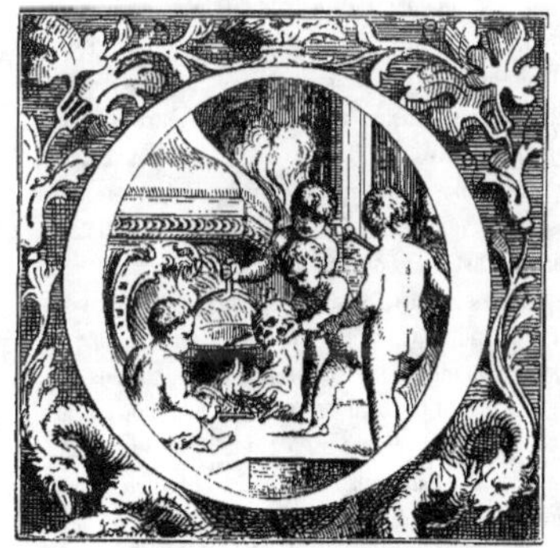

C'est une opinion répandue parmi les amateurs, que Jean de Calcar a dessiné les portraits gravés en bois dans la seconde édition du Vasari. Cependant Vasari, dans la biographie de Marc Antoine, affirme que ces portraits ont été dessinés par lui, Vasari, ou par ses élèves..... « Il suffira, dit-il, de voir dans notre livre les portraits des peintres, sculpteurs et architectes dessinés par Giorgio Vasari ou par ses disciples, *creati*, et gravés sur bois par maître Cristofano (Coriolano) — le nom laissé en blanc dans les premières éditions a été rempli plus tard et l'on y a mis celui de Coriolano — lequel a travaillé et travaille encore à Venise, où il fait quantité d'ouvrages dignes de mémoire. »

Le premier, je crois, qui ait attribué à Jean de Calcar les portraits du livre de Vasari, est Joachim Sandrart, qui florissait un siècle après le biographe italien. A laquelle de ces deux affirmations donner créance? De prime abord, il semble que l'on doive ajouter foi bien plutôt à Vasari, parlant de lui-même et de son livre, qu'à un écrivain qui n'a pu savoir ce qu'il raconte que de seconde ou de troisième main. D'autre part, il est difficile d'imaginer que Sandrart ait inventé ce qu'il dit de Calcar, sans compter qu'il était naturel que le soin de dessiner tant de portraits fût confié à un peintre supérieurement habile en ce genre et formé à l'école de Titien, le portraitiste par excellence. Ce qui est très-probable, c'est que les encadrements historiés, c'est-à-dire les figures de femmes et autres ornements, en manière d'arabesques, dont les portraits sont embordurés, ont été en effet dessinés par

Vasari, car on y retrouve tout à fait ses désinvoltures tourmentées et contrastées, et son style de décadence, tandis que les portraits ainsi encadrés sont caractérisés, à peu de frais, par des accents rudes, abrégés, mais décisifs, et semblent émanés d'un peintre qui aurait étudié de plus près la construction infiniment variée de la tête humaine. Mais quel est ce peintre? Il n'est guère possible que ce soit Jean de Calcar, d'abord parce que les estampes que nous connaissons pour être certainement gravées d'après lui sont dessinées dans un autre goût, dans un autre esprit; ensuite, parce qu'il est improbable qu'un artiste qui est mort en 1546 ait pu être employé à réparer les portraits du Vasari qui ne devaient servir que pour la seconde édition, publiée en 1563, la première édition ayant paru sans portraits, en 1550. Il est clair que si les bois eussent été dessinés avant 1546, ils auraient orné la première édition, car, assurément, il ne fallait pas quatre ans pour les graver. Il est donc pour nous à peu près certain que les portraits gravés dans Vasari ne sont ni de Vasari ni de Jean de Calcar.

Quoi qu'il en soit, ce peintre a fourni des preuves encore plus remarquables de son talent à dessiner sur bois : ce sont les planches dont il a illustré le traité d'anatomie de Vésale, *De Humani Corporis Fabricâ*, *Basileæ*, 1543. Cette fois il n'y a point de doute possible, bien que pendant longtemps le dessin de ces planches ait été attribué au Titien. Je dis qu'il n'y a point de doute, non-seulement parce que Vasari le dit formellement, mais parce qu'André Vésale lui-même, dans sa lettre à Oporin, qui fut l'imprimeur de son livre, à Bâle, fait honneur de ces dessins à Jean de Calcar, qu'il appelle *Johannes Stephanus calcarensis*. Le biographe toscan le nomme, lui, *Giovanni Fiammingo*, Jean le Flamand, suivant l'habitude qu'avaient les Italiens de joindre au prénom des artistes le nom de leur ville natale ou de leur pays. Calcar est une ville de Westphalie, qui fait partie du duché de Clèves. Jean de Calcar était donc un Allemand, un *Tedesco* plutôt qu'un *Fiammingo*. Mais Vasari n'y regardait pas de si près quand il s'agissait d'un artiste étranger.

Les planches de l'*Anatomie* de Vésale sont dessinées avec fermeté et résolution. Les parties écorchées de la figure humaine, laissant voir tous les muscles avec leurs attaches, sont modelées avec une précision qui fait toucher du doigt la myologie de l'illustre maître. Le frontispice, véritable tableau, représente Vésale donnant une leçon d'anatomie à ses nombreux disciples. Le cadavre, étendu sur une table de dissection et vu en raccourci, présente ses talons au spectateur. A l'extrémité de la table se dresse un squelette. Trois rangées d'étudiants sont étagées dans l'amphithéâtre, dont l'entablement repose sur des colonnes engagées. Quelques jeunes gens distraits font épisode sur le premier plan, l'un s'amusant avec un singe, l'autre menant un lévrier à longs poils. Ce frontispice et les figures anatomiques du livre ont été souvent attribués à Titien. La vérité est que tous ces morceaux sont dessinés dans son goût, mais peut-être avec quelque chose de plus pesant, qui appartient justement au génie tudesque. Les enfants qui se jouent dans les lettres initiales, ont aussi le caractère titianesque, et ils ajoutent une intention d'art à ces pages savantes.

Cependant, Jean de Calcar n'était pas seulement un dessinateur sur bois, un artiste propre à l'illustration des livres. c'était aussi un peintre, et des plus habiles , puisqu'il parait être l'auteur d'un magnifique portrait d'homme qui a si longtemps passé au Louvre pour le chef-d'œuvre du Tintoret. Il est admirable, ce portrait; il est élégant, il est fier; il est peint avec la tenue, la force et l'autorité de la belle école d'où Calcar était sorti. Les développements du front, le nez retroussé, la barbe rousse, l'œil intelligent et ferme, le gonflement des tempes , les cheveux coupés court et droit, tout cela est rendu librement sans rudesse, et finement sans fatigue. Les mains surtout, des mains de gentilhomme, sont dessinées avec une élégance heureuse et elles achèvent de caractériser le personnage, d'en dire la distinction et la race, d'en exprimer la vie.

Mais ce personnage, quel est-il? C'est là une question intéressante qui a préoccupé bien des amateurs, et que nous avons cherché à résoudre. Et d'abord, en parcourant l'*Anatomie* de Vésale, nous avions été frappé de la ressemblance incontestable qui existe entre le portrait de Vésale, gravé sur bois dans son ouvrage, sur le dessin de Calcar, et le portrait peint du Louvre. Sans doute , il n'y a pas une similitude complète; mais les principaux traits sont les mêmes. Dans la gravure, le nez se retrousse également pour finir par un méplat de forme carrée. On y retrouve l'enchâssement de l'œil, la hauteur du sourcil,

l'évasement du front légèrement bombé avec ses saillies près de la tempe, la lèvre inférieure
proéminente et se terminant en bas par un pli profond, la même coupe de barbe. Enfin les cheveux
sont plantés de la même manière, sauf qu'ils paraissent, dans l'estampe, plus crépus que dans le

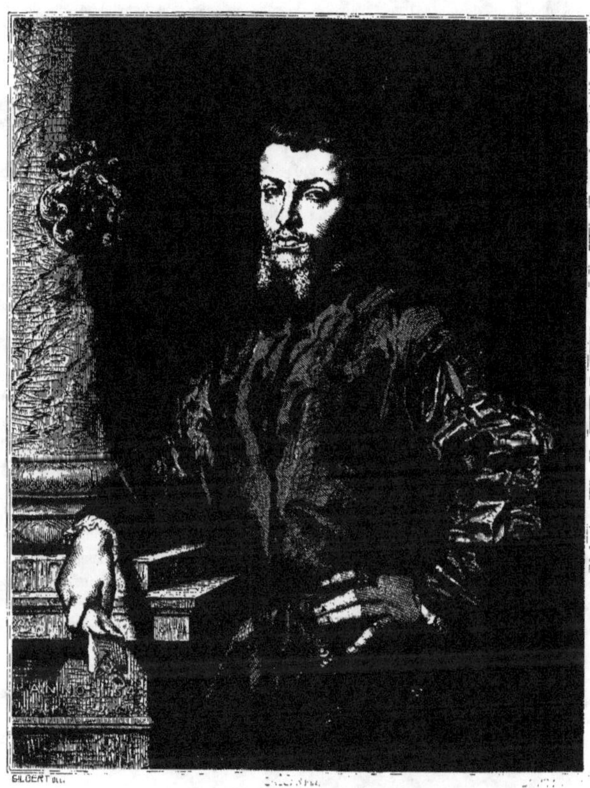

PORTRAIT   Musée du Louvre).

tableau, où ils sont ramenés sur le front en ligne horizontale, et taillés, comme l'on dit, à la
malcontent. Cette première comparaison nous ayant fait soupçonner qu'il y avait identité entre le
personnage peint au Louvre et celui qui est gravé dans le livre, en d'autres termes, que le tableau
du Musée était aussi le portrait de Vésale, nous avons poussé plus loin nos investigations et nous
avons fait plusieurs remarques, sinon décisives, du moins importantes et assez fortes par leur concordance.

D'une part, on lit sur le tableau 1540, *ætatis* XXVI, et sur la gravure, 1542, *ætatis* XXVIII. Les deux personnes ont donc le même âge, l'une ayant vingt-six ans en 1540, l'autre vingt-huit ans en 1542. D'autre part, dans la peinture du Louvre, on voit sur une des bagues de la main gauche les lettres initiales parfaitement lisibles M. V. B. (et non pas N. V. B., comme il est dit dans la notice de M. Villot); or ces initiales M. V. B., on peut les traduire : *Magister Vesalius Bruxellensis*, maître Vésale Bruxellois.

Il est donc probable que Jean de Calcar, ami de Vésale, aura peint une première fois son portrait et l'aura dessiné une seconde fois, deux ans plus tard, pour en illustrer le beau livre *De Humani Corporis Fabricâ*. Et s'il y a quelque autre différence du premier au second de ces portraits, cela tient aussi à ce que, dans l'estampe, Vésale est représenté étudiant les muscles sur le bras d'un homme, ou bien que l'original de la peinture est simplement dans l'attitude d'un modèle qui pose en s'appuyant sur le piédestal d'une colonne. Reste à vérifier si les armoiries qui sont peintes sur la colonne sont bien celles de Vésale. Ces armoiries sont d'azur à trois pavots d'or, deux en chef et un en pointe; ne seraient-ce pas là des armoiries de professsion, de corporation, et ces plantes médicinales n'indiquent-elles point la qualité d'un savant qui était médecin et fils d'apothicaire? En voilà bien assez, pensons-nous, pour appuyer notre hypothèse et lui donner au moins de la vraisemblance.

Toujours est-il que Jean de Calcar fut un peintre habile et fier, un très-digne élève du grand Titien, et si le portrait que nous possédons au Louvre n'en était pas à lui seul une preuve éclatante, nous en pourrions trouver d'autres dans ces deux faits rapportés par Sandrart : Il y avait dans le cabinet de Rubens un petit tableau de Calcar, qui faisait son admiration et qu'il conserva précieusement toute sa vie. C'était une *Nativité*, dont la lumière paraissait sortir du berceau de l'enfant. La collection de Rubens ayant été vendue après sa mort, Sandrart acheta la *Nativité* de Calcar, et la céda, en 1652, à l'empereur Ferdinand III, qui plaça ce tableau dans le Musée de Prague. Un autre fait à l'honneur de Jean de Calcar, c'est que le peintre-graveur Henri Goltzius, passant à Naples, y vit plusieurs portraits de Calcar qu'il prit pour des Titien, *ut visis quibusdam istuis iconibus, Titiani manu eas elaboratas diceret*. Cette habileté dans l'imitation des manières, l'artiste allemand la poussa tout aussi loin quand il voulut changer de modèle; ainsi, suivant Sandrart, Calcar imitait Raphaël à s'y méprendre.

Quelles furent les circonstances qui amenèrent Jean de Calcar à s'établir à Naples, où il demeura trois ou quatre ans? nous l'ignorons. Vasari dit qu'il mourut dans cette ville, et Sandrart nous apprend que ce fut en 1546. Si Calcar est mort en cette année-là, Mariette a fait une supposition sans fondement lorsqu'il a pensé qu'une lettre écrite par l'Arétin, en 1550, à un maître Jean l'Allemand qui gravait le portrait de Titien, pourrait bien être adressée à Jean de Calcar. Il est clair qu'aucune lettre n'a pu être écrite à ce peintre en 1550. Sans compter que ce peintre n'a pas été graveur mais dessinateur sur bois. Aussi, n'est-ce pas lui qui a entaillé dans le bois des figures pour l'*Anatomie* de Vésale, mais bien un certain Valverde que Vasari a nommé, et qui écrivit sur l'anatomie, après Vésale.

Voilà le peu que nous savons sur un peintre qui est resté longtemps obscur, mais dont le nom ne peut plus périr, depuis qu'il est regardé comme l'auteur d'un portrait qui le place à côté de Tintoret et d'Antoine More, et non loin de Titien lui-même.

CHARLES BLANC.

RECHERCHES ET INDICATIONS

MUSÉE DU LOUVRE. — *Portrait d'homme*. C'est celui qui est gravé ci-contre. Ce portrait, attribué par Lépicié à Tintoret, paraît avoir été avec raison restitué à Calcar, sous le nom duquel la peinture avait été cataloguée par Bailly.

CALCAR. — Dans la cathédrale, un tableau du maître.
MUNICH. — *La Mère des Douleurs*, grandeur demi-nature.
BERLIN — Portrait d'homme.
VIENNE — Portrait d'homme.

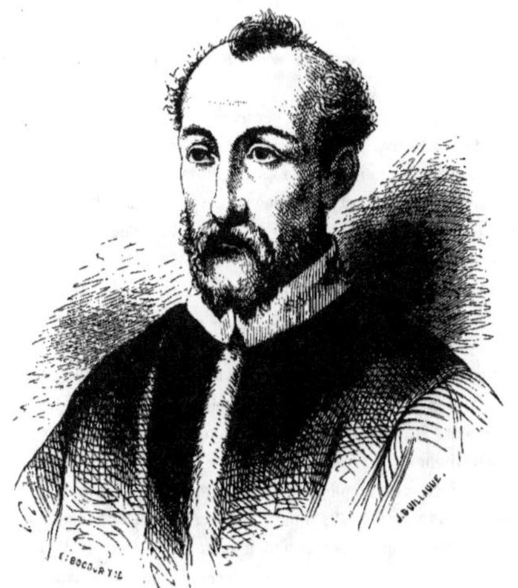

Ecole Italienne.   *Tableaux d'église, Mythologie.*

BONIFAZIO VENEZIANO

NÉ VERS 1500. — MORT VERS 1562.

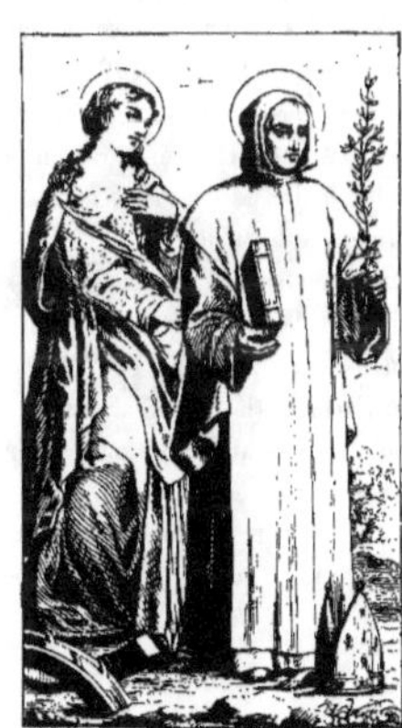

Il y a dans l'école de Venise quelques hommes tellement illustres qu'ils absorbent à eux seuls toute l'attention et remplissent toute la mémoire des amateurs. Dès qu'il est question de la peinture vénitienne, les noms des Bellini, de Giorgion, de Titien, de Véronèse, de Sébastien del Piombo, de Tintoret viennent à l'esprit, et l'on ne songe plus à des artistes qui sont tout près d'eux et qui brilleraient d'un vif éclat s'ils n'étaient éclipsés par de telles gloires. Ces artistes sont entre autres Pordenone, Pâris Bordone et Bonifazio. Pour ce dernier, son peu de célébrité, comparativement à son mérite, s'explique d'abord par la rareté de ses ouvrages en dehors de Venise, ensuite par le laconisme ou le silence des biographes, qui n'ont rien connu de sa vie. On ne sait pas même si Bonifazio ou Bonifacio était Vénitien ou Véronais. Vasari, Carlo Ridolfi et, après eux, Marco Boschini et Zanetti le nomment Bonifazio *Viniziano* (ou *Venetiano*). Mais l'auteur anonyme du seizième siècle que l'on appelle l'*Anonimo Morelliano*, parce que ses manuscrits ont été publiés en 1800 par Morelli, bibliothécaire de Saint-Marc, indique un tableau de *Bonifacio Veronese* comme se trouvant en 1532 dans le palais de Messer Andrea Odoni. C'est aussi comme peintre véronais que Bonifazio est mentionné par Lomazzo dans son *Traité de Peinture*, par Sansovino dans sa

Description de Venise, par Biancolini dans son supplément à la *Chronique de Vérone*, par Bartoli dans son ouvrage sur les peintures de Rovigo.

Cependant, on peut mettre d'accord tous ces écrivains en admettant, comme l'ont fait Zanotto[1] et M. Villot[2], qu'il a existé deux peintres portant le même nom, et travaillant à Venise dans le même temps, l'un vénitien, l'autre véronais. « Sur un ancien registre de la Compagnie des peintres de Venise on trouve « l'inscription d'un Bonifazio de Vérone, et sur le nécrologe de l'église de Santo-Ermagora l'enregistrement « du décès d'un Bonifazio, peintre, mort le 19 octobre 1553. Ces deux mentions se rapportent très- « probablement au même artiste véronais dont parle Sansovino, son contemporain, artiste qui peignait « dans la sacristie de Saint-Sébastien et à l'*Uffizio della Zecca*, en 1547, d'un style si sec et si peu « vénitien, que Zanetti attribuait ces ouvrages à un maître de l'école florentine. Quant au Bonifazio « donné comme vénitien par Vasari, également son contemporain, il y a tout lieu de croire que c'est « celui dont on a des toiles datées de 1530 (c'est la plus ancienne date connue), de 1556, 1558 et 1562, « d'un style tout à fait giorgionesque, et qui ne ressemble en rien à celui des peintures authentiques du « Bonifazio cité précédemment. Suivant Ridolfi, le Bonifazio vénitien mourut en 1562, âgé de soixante-deux « ans, ce qui concorde parfaitement avec un tableau du palais ducal daté de cette même année 1562 et « d'une exécution tout à fait analogue à celle du Titien. Ajoutons cependant que Moschini cite un portrait « de Gritti daté du mois de septembre 1579, d'où il résulterait que Bonifazio aurait vécu plus de soixante- « deux ans... » Nous ne ferons qu'un amendement à cette notice de M. Villot : Ridolfi ne dit point que Bonifazio soit mort en 1562; il dit seulement qu'il mourut à l'âge de soixante-deux ans[3].

En ce qui touche l'existence de deux peintres portant le même nom dans la même ville, nous ajouterons que les qualifications de *Viniziano* et de *Veronese* données à Bonifazio par Vasari et par l'anonyme de Morelli sont une preuve ou du moins une présomption de plus, car autrement il n'y aurait pas eu de raison pour appeler *Vénitien* tel peintre de Venise plutôt que tel autre. Il est à remarquer aussi que les toiles de Bonifazio décrites par Sansovino ne sont pas les mêmes que celles décrites par Vasari.

Celui-ci mentionne des morceaux vraiment titianesques, hardiment brossés et d'un coloris plein de chaleur, comme le tableau des *Servites;* l'autre, au contraire, cite des peintures d'une manière étroite et sèche qui font paraître les figures longues parce qu'elles sont grêles et minces. Il y a plus : ces peintures sont postérieures à celles que Vasari trouvait si bien touchées. Dès lors comment croire, par exemple, qu'un artiste capable de peindre en 1533 à la scuola de' Sarti (à la confrérie des tailleurs) avec le feu giorgionesque, *con tanto fuoco giorgionesco*, dit Zanotto, ait pu quatorze ans plus tard, en 1547, décorer la sacristie de Saint-Sébastien dans un goût si différent et si analogue à celui des maîtres plus anciens qu'on les croirait ou antérieures ou d'une autre main? Il nous paraît donc à peu près certain qu'il a existé deux Bonifazio qui ont exercé la peinture à Venise au seizième siècle; mais, de ces deux artistes, le Vénitien est le seul qui mérite de figurer dans notre *Histoire* et d'y figurer avec honneur.

Malheureusement, l'intérêt de sa biographie sera borné à la description de ses ouvrages, car sa vie nous est absolument inconnue. Vasari, qui, dans sa première édition, n'avait rien dit de Bonifazio, s'en excuse dans la seconde en ces termes : « Bonifazio, peintre vénitien, duquel je n'avais pas eu d'abord connaissance, est digne, lui aussi, d'être compté au nombre de tant d'excellents artistes (il s'agit d'architectes et de sculpteurs éminents, tels que Palladio, Cattaneo Danese, l'Ammanati et Alessandro Vittoria) pour avoir été un praticien très-habile et un vaillant coloriste. Sans parler des nombreuses compositions et des portraits de sa main qui sont à Venise, il a fait dans cette ville pour l'église des Servites un tableau qui est placé sur l'autel des Reliques, et qui représente le Christ entouré de ses apôtres, au moment où Philippe

---

[1] *Pinacoteca dell' Academia veneta delle belle arti illustrata.*

[2] *Notice des tableaux du Louvre*, Paris, 1852.

[3] Cangiò le bellezze de' colori terreni co' splendori del cielo d' anni 62. (Il changea la beauté des couleurs terrestres contre les splendeurs du ciel à l'âge de soixante-deux ans.) *Le Maraviglie dell' arti, del cavalier Carlo Ridolfi*, in Venetia. MDCXLVIII.

lui dit : *Seigneur, montrez-nous le Père*, tableau qui est bien entendu et d'une fort belle touche. Bonifazio
a peint encore dans l'église des religieux du Saint-Esprit, à l'autel de la Madone, une autre toile de la même
beauté où l'on voit un grand nombre de figures, hommes, femmes et enfants de tout âge, qui tous ensemble
avec la Vierge adorent le Père éternel, apparu dans les cieux au milieu d'une gloire d'anges [1] »

    N'ayant pas visité à Venise, au premier ni au second voyage que nous y avons fait, toutes les églises qui
renferment des peintures — il y en a cent soixante environ — nous n'avons point vu tous les tableaux de
Bonifazio; quant à celui que possédaient autrefois les religieux de Santo-Spirito, dont l'église a été démolie,
nous n'avons pas eu même la curiosité de demander à la voir, parce que les guides de Venise, Boschini,
Albrizzi, Bassaglia, malgré l'indication si précise de Vasari, attribuent ce tableau à un certain Polidore,

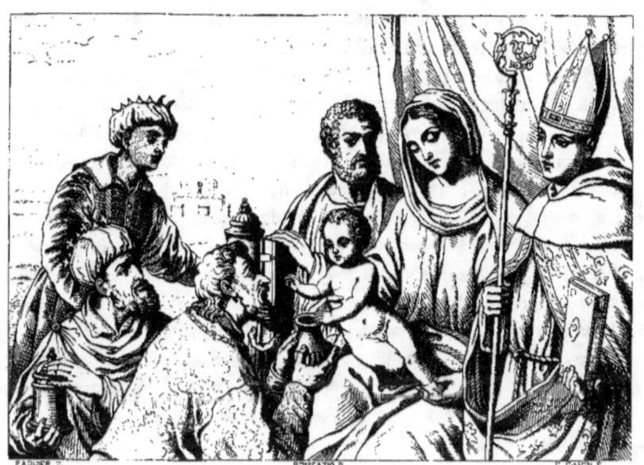

L'ADORATION DES MAGES.

vénitien, peintre de troisième ordre et faible imitateur du Titien ; mais, en revanche, nous avons vu et regardé
longtemps à l'Académie le *Christ parlant aux apôtres*, celui qui provient des Servites, et c'est un morceau
vraiment magistral, de nature à laisser dans l'esprit une impression vive et forte. Le cadre est entièrement
rempli par des figures qui en paraissent d'autant plus grandes, et qui, posées sur une marche de pierre,
la dépassent de leurs pieds nus avec un relief saisissant. Les apôtres et le Christ sont tous des personnages
vivants et parlants, tous des modèles pris dans le peuple, mais sans vulgarité. Les chairs sont exprimées

[1] Il est important de rapporter ici les propres paroles de Vasari, et de dire qu'elles se trouvent à la fin de la Notice consacrée
à Jacopo Sansovino. L'éditeur Felice Lemonier, qui a publié naguère une si bonne édition de Vasari à Florence, a
malheureusement négligé d'y ajouter une table, ce qui rend incommode l'usage cette édition, parce que Vasari a mentionné
quantité de peintres dans certaines biographies où l'on ne s'aviserait point de les chercher : *Bonifazio, pittore viniziano, del
quale non ho prima avuto cognizione, è degno anch'esso di essere nel numero di tanti eccellenti artefici annoverato per
essere molto pratico e valente coloritore. Costui, oltre molti quadri e ritratti che sono per Vinezia, ha fatto nella chiesa de'
Servi della medesima città, all'altare delle Reliquie, una tavola, dove è un Cristo con gli apostoli intorno, e Filippo che par che
dica : Domine, ostende nobis Patrem; la quale è condotta con molta bella e buona maniera : e nella chiesa delle monache dello
Spirito-Santo, all'altare della Madona, ha fatto un'altra bellissima tavola con una infinità d'uomini, donne e putti d'ogni età,
che adorano insieme con la Vergine, un Dio Padre che è in aria con molti angeli attorno. Vasari.*

par des empâtements fermes, d'une couleur solide et mêlée. Les plans particuliers des pieds et des mains sont rendus avec une précision qui ne va point jusqu'à la petitesse et qui reste dans la convenance de la peinture historique. Bien que les draperies soient amples et de grande manière, les plis en sont nettement formulés; on en touche du doigt les reliefs; on en mesure les creux; le tissu, sans être grossier, a suffisamment de lourdeur et de souplesse pour ne pas se rompre en menues cassures. En somme, cette réunion de figures qui vont sortir de leur cadre et dont les pieds sont déjà en saillie sur les degrés du temple, produit un effet aussi imposant que si l'on était en présence d'un Titien, et l'on comprend à merveille ce que rapporte Lanzi en parlant de Bonifazio: « Souvent, du temps de Boschini, on entendait dire à Venise et on entend dire aujourd'hui même de certains tableaux douteux : Cela est-il du Titien ou de Bonifazio? »

D'après Ridolfi, cependant, Bonifazio fut l'élève de Palme le Vieux, mais il ne put échapper, comme la plupart des Vénitiens d'alors, à l'ascendant irrésistible du Titien. Il y parut surtout dans la *Cène* qui décorait autrefois le réfectoire des Chartreux à Saint-André-en-l'Ile, et dont les parties latérales seulement, celles qui accompagnaient le tableau à droite et à gauche, sont maintenant à l'Académie de Venise. On trouve en effet quelque chose de la dignité robuste qui caractérise Titien, et de ses allures grandioses, dans les deux figures de *saint Bruno* et de *sainte Catherine*, qui sont encore présentes à notre esprit et pour ainsi dire devant nos yeux. Les lignes droites et simples de la première figure contrastent avec les lignes rompues de la seconde. Sur les draperies d'un vert émeraude et d'un ton rosé qui habillent sainte Catherine ressort avec force la robe de Bruno, en laine blanche, et le tout se compose dans un beau paysage accidenté de collines et florissant de végétation. Toutefois cette tendance à imiter le Titien ne fut pas exclusive ni persistante. Bonifazio s'en dégagea bientôt pour se former une sorte d'originalité avec des éléments divers, en combinant les manières de Giorgion, de Palme le Vieux et de Lorenzo Lotto. Il emprunta de Giorgion son goût pour les costumes italiens du temps, et sans la moindre hésitation il en revêtit les héros de la Bible et de l'Évangile. Dans un *Massacre des Innocents*, par exemple, il introduit comme spectateurs des gentilshommes vénitiens avec des toques de velours et des simarres, ou bien avec des pourpoints à manches bouillonnées de satin cerise, et des chausses collantes. En étudiant les ouvrages de Palme le Vieux, son maître, il adoucit un peu les mâles expressions du Titien, et ses airs de tête puissants, quelquefois bourrus. Il fit aussi attention aux figures sveltes et aux pensées délicates de Lorenzo Lotto, qui semblait avoir tempéré la liberté fière de Giorgion par un reflet de Léonard.

Ces différentes manières se corrigeant l'une l'autre, et fondues en une seule, constituèrent le meilleur style de Bonifazio, celui du moins qui le fait distinguer et reconnaître parmi les trois ou quatre Vénitiens auxquels il ressemble. A ce style mixte et original tout ensemble, appartient le chef-d'œuvre du maître, son tableau du *Mauvais riche*, tableau superbe, qui fait une brillante figure à l'Académie de Venise, où il tient tête aux plus illustres. Le riche est à table, entre deux belles Vénitiennes, blondes et voluptueuses. Il presse dans sa main la main de la plus belle; mais celle-ci, indifférente à cette caresse, se retourne vers des musiciens qui exécutent un morceau près de la table en suivant des yeux un cahier de musique tenu par un petit nègre à la Véronèse. Lazare est au coin du tableau à droite. Il est à genoux et se tient humblement à distance. Personne ne prend garde à lui, si ce n'est le chien du logis, qui vient le flairer. Des épisodes de la vie opulente remplissent le reste du tableau et ses plans successifs. Dans la cour du château, pavée de marbre, s'agitent des varlets, des pages, un fauconnier, un majordome à cheval qui donne des ordres, et l'on aperçoit, par delà du mur peu élevé de la cour, un beau jardin où des promeneurs richement vêtus s'arrêtent à regarder un paon. A la gauche du tableau, sur le premier plan, dans l'ombre, on distingue deux jeunes serviteurs baissés sur un bassin à rafraîchir et dont l'un boit à une coupe. Une colonne de marbre sépare ce groupe de celui que forment au centre le mauvais riche et ses convives, qui sont eux-mêmes séparés de Lazare par une colonne semblable. Ainsi rejeté dans un compartiment du tableau, le pauvre se trouve plus éloigné du festin, plus isolé, plus en vue, plus intéressant, et le sens de la parabole est mieux exprimé.

Quelque attrayante, quelque chaleureuse que soit la couleur de ce morceau, il y manque une qualité que les grands coloristes possèdent toujours, je veux parler de cette heureuse intelligence du clair-obscur qui, subordonnant le ton local au ton général, fait jouer à chaque couleur son rôle dans la distribution des lumières et des ombres. C'est devant les toiles de Bonifazio qu'il faut distinguer entre le ton et la valeur : le *ton*, qui est la couleur naturelle et propre de chaque objet, la couleur qu'on nomme locale, et la *valeur*, qui est la somme de clarté ou d'obscurité que cette couleur apporte dans le concert. Les coloristes de pur-sang n'hésitent jamais à sacrifier le ton local en tant qu'ils le jugent nécessaire pour

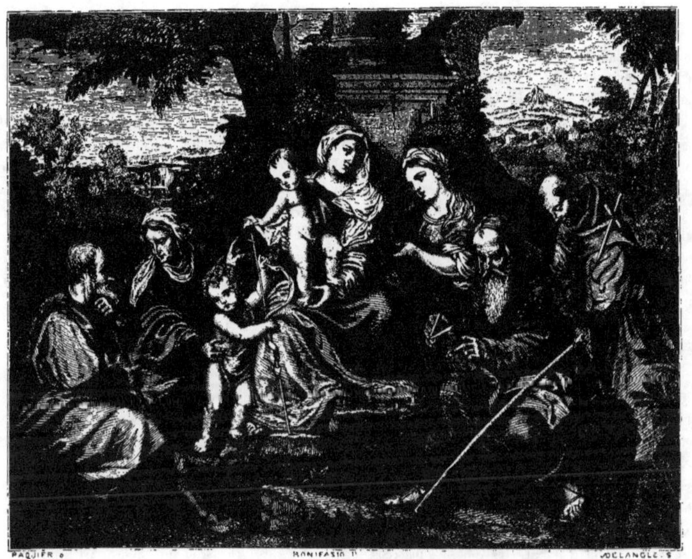

LA SAINTE FAMILLE, AVEC LA MADELEINE, SAINT FRANÇOIS ET SAINT ANTOINE (Musée du Louvre).

hausser ou baisser la lumière dans tel ou tel endroit, pour attirer l'œil sur tel point de la décoration plutôt que sur tel autre. Il n'en est pas du peintre qui ordonne et mesure ses couleurs comme du musicien qui compose les parties d'orchestre. Celui-ci, devant développer successivement ses motifs, peut ménager à chaque instrument, violon, flûte ou basse, son instant de triomphe; il peut même en faire entendre un seul au milieu du silence momentané de tous les autres. Mais le peintre, qui doit tout dire en une fois, qui doit nous faire embrasser d'un coup d'œil toutes ses pensées, fondre toutes ses couleurs dans un effet unique, débrouillé, facile à saisir, ne saurait permettre que tel ou tel ton exécute, pour ainsi parler, un solo dans son orchestre. Ce ciel, par exemple, qui était préparé d'un bleu intense, il s'adoucira, il verdira, au besoin, pour plus d'harmonie, et pour la montre d'un ton plus essentiel, parce qu'il est celui d'un objet plus important. Cet arbre, qui était d'un vert franc, pâlira sous un glacis de jaune pour

le mieux du clair-obscur; chaque ton enfin sera modifié, rompu, éteint ou ravivé, brillanté ou sali pour
la plus grande gloire de l'ensemble ; de sorte que le sacrifice partiel de toutes les couleurs produira le
triomphe de tout le spectacle. Voilà ce qu'un Véronèse et un Titien entendent beaucoup mieux que
Bonifazio, et s'il est moins célèbre qu'eux, c'est qu'après tout, la postérité ne se trompe guère quand il lui
est possible de comparer.

Oui, le défaut le plus ordinaire de Bonifazio, c'est l'éparpillement de la lumière. Les clairs chez lui ne
se font pas équilibre; ils sont d'ailleurs trop souvent jetés près du cadre : il en résulte que la composition,
au lieu de se résumer, se morcelle, et, au lieu de se concentrer, se disperse. Parfois même elle semble
coupée sur une toile plus grande. La chose est sensible non-seulement dans le tableau du *Mauvais Riche*,
non-seulement encore dans la *Résurrection de Lazare*, qui est au musée du Louvre—toile délavée maintenant,
désaccordée, et que l'on dirait peinte par teintes plates — mais dans la belle *Sainte Famille* du même
musée, qui appartenait au cardinal Mazarin, et qui tient si noblement sa place parmi les Vénitiens dans
la galerie dite des *Sept-Mètres*. Si on le compare à ses contemporains, Bonifazio est un Titien adouci,
quelquefois affaibli, et un Palme moins expressif, moins ému, moins délicat, mais aussi plus varié et
plus imprévu. Quelle que soit d'ailleurs la beauté de la grande *Sainte Famille* que nous possédons, ce n'est
pas d'après cette peinture qu'il faut juger Bonifazio, car elle ne renferme pas toutes ses qualités en
contenant tous ses défauts. On y trouve sans doute la grâce élevée et sans manière qu'il savait mettre
dans ses figures d'enfants; la nature y est serrée de près; l'exécution est solide et corsée, et cependant
souple et libre ; la couleur est avenante et suffisamment harmonieuse quoique vive et montée; mais tout
cela parle aux yeux bien plus qu'à l'âme, et l'on voit que les tableaux religieux de Bonifazio ne sont pas
le meilleur de son œuvre, parce qu'ils demandent surtout du sentiment,

La *Cène* et le *Repas d'Emmaüs*, que nous avons vus il y a quelques années à Milan, au musée Brera,
et dont les personnages sont d'ailleurs assez vulgaires, trahissent la faiblesse de Bonifazio dans l'expression.
Le côté optique, le côté pittoresque le séduisaient davantage; aussi met-il à contribution toutes les
ressources de son art : le paysage, les animaux, l'architecture, les effets piquants de la perspective, la
richesse des costumes et des armures, le luxe des détails complaisamment rendus et supérieurement
touchés, la recherche et la rareté des tons, l'intérêt des épisodes. Ici c'est un enfant qui joue avec un
chien; là, c'est une porte qui s'ouvre pour laisser entrevoir un serviteur qui va disparaître, ou bien ce
sont des figures secondaires qui passent sous une colonnade et dont les mouvements contrastent avec les
verticales et les horizontales de l'architecture. Pour donner un fond agréable à une *Annonciation* qu'il
peignit dans la chambre des *Imprestiti*, il y figurait naïvement la place Saint-Marc, et les Vénitiens étaient
charmés de voir les scènes de l'Évangile se passer chez eux, dans leur ville même. L'*Adoration des
Mages*, qu'il fit plusieurs fois, lui plaisait moins comme sujet de dévotion que comme un prétexte pour peindre
des vases d'or et d'argent, des robes chamarrées, des nègres, des turbans, et un paysage avec des ruines
tapissées de plantes grimpantes et de fleurs. Lanzi vante beaucoup un tableau que nous n'avons point vu, parce
qu'il était sans doute en réparation, les *Vendeurs chassés du temple*, tableau donné par la maison Contarini à
la République, et placé au palais ducal. Cette fois, il paraît que c'est l'expression qui est surtout remarquable,
mais l'expression de la vie réelle, celle qui résulte de la pantomime, du mouvement, des attitudes et qui
tient plus à l'observation extérieure qu'au sens intime du peintre. Les tables couvertes de monnaies d'or et
d'argent, la fuite et l'épouvante des changeurs qui sauvent leurs trésors comme s'ils les dérobaient, la
cohue des femmes et des petits enfants qui se précipitent sous le fouet menaçant du Christ, et enfin le
geste de la colère divine, tout cela est exprimé avec tant de feu, tant d'esprit, et d'une si belle couleur,
qu'il n'en faudrait pas davantage, dit Lanzi, pour immortaliser le peintre, *basterebbe a farlo immortale*.

Il y eut un moment où Bonifazio et Palme le Vieux partagèrent avec Titien le premier rang et
formèrent le triumvirat de la peinture à Venise : c'est du moins ce qu'ont dit quelques biographes. Toujours
est-il que les rares talents de Bonifazio ne furent point sans emploi. Il eut à couvrir de ses peintures
des édifices entiers tels que les palais occupés par les *Governatori all' Entrate* et le *Magistrato del Sale*.

La confrérie des tailleurs, les églises de Sainte-Marie-Majeure, de Saint-Jean-du-Rialto, de San-Zanipolo, de Saint-Antoine abbé, les religieuses de Sainte-Claire à Murano, les pères Franciscains de Campo-San-Piero, dans le Padouan, possédaient de ces peintures. On en trouvait aussi chez les patriciens de Venise, les Ruzzino, les Zeno, les Navagieri, et chez Van Veerle d'Anvers, et dans la fameuse galerie de Reinst. Ridolfi. qui en a dressé la liste, n'a pas tout connu. Nous savons par une lettre de l'Arétin à Bonifazio que ce peintre avait décoré l'appartement du cavalier de Legge, et le peu de renseignements que nous avons sur l'artiste vénitien rend cette lettre du poëte encore plus intéressante. En voici la traduction, ou plutôt le sens, car elle est intraduisible.

« Quand j'ai vu chez le cavaliere da Legge des peintures de votre main, très-aimable maître, j'ai senti la

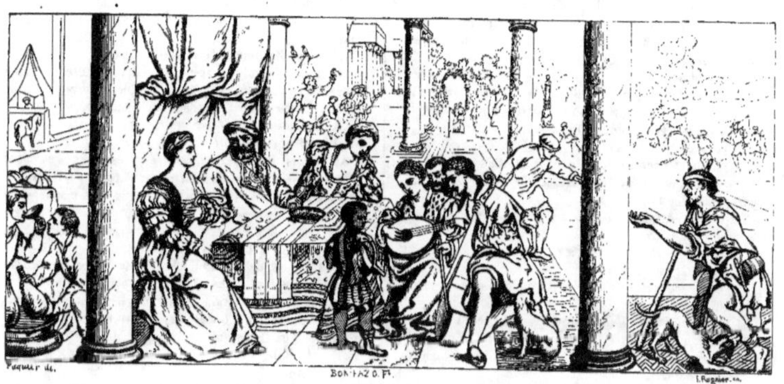

LE MAUVAIS RICHE (Académie de Venise).

« rougeur me monter au front en me rappelant combien j'étais grossier de ne jamais vous rendre visite
« et de manquer ainsi aux devoirs de l'amitié et aux égards que mérite votre renommée. Ma honte
« cependant ne m'a pas empêché d'admirer le bel ordre de vos petites figures, la poésie et la grâce de
« vos inventions, et je suis assuré que si elles étaient gravées, elles rempliraient avec infiniment
« d'honneur les portefeuilles des amateurs et des marchands. Le très-illustre procurateur attachait déjà
« un grand prix à la décoration de son appartement ; mais depuis qu'il m'a entendu louer votre ouvrage
« avec cette compétence que me reconnaissent tous les maîtres de votre art, sa chambre est devenue pour
« lui le plus précieux des joyaux. Je sais bien que d'un autre éclat brillent encore les tableaux que vous
« peignez chez vous pour les églises, et c'est pourquoi je vous prie de me les montrer sans rancune, et
« de permettre que j'aille demain dans l'après-midi vous confesser mes torts et régaler mes yeux de ce
« qu'il vous plaira de me faire voir, à condition, toutefois, que si j'amène avec moi l'ami que vous savez :
« vous me direz, non pas à l'oreille, mais à haute voix, qu'il a une figure de bois coloriée à sec. J'irai
« donc sans faute, et si vous m'envoyez contre-ordre, je me consolerai en allant au palais contempler vos
« belles frises. — Du mois de mai, à Venise, 1548. »

Cette curieuse lettre, qui n'avait pas été traduite, et qui était à peu près inconnue, mettra peut-être les chercheurs sur la voie de quelque découverte touchant la vie et les œuvres de Bonifazio. Mais pour passer à la postérité et garder sa place dans l'histoire, le peintre du *Mauvais riche* et de tant d'autres toiles n'avait pas besoin des certificats de son ami l'Arétin : il pouvait laisser pour toute biographie ces œuvres robustes, d'une touche solide et fière, d'une coloration chaleureuse et mâle qui font de lui un émule du vieux Palme, un digne descendant de Giorgion et un assez proche parent du grand Titien.

CHARLES BLANC.

RECHERCHES ET INDICATIONS

MUSÉE DU LOUVRE. — La *Résurrection de Lazare*. Ce grand tableau, de douze ou quinze figures un peu plus petites que nature, était placé autrefois dans l'église Saint-Louis-des-Français à Rome. Il a beaucoup souffert.

La *Sainte Famille* avec la Madeleine, saint François et saint Antoine; les figures, au nombre de huit, sont un peu plus petites que nature. Ce morceau, un des plus beaux du maître, appartenait au cardinal Mazarin et fut acheté à ses héritiers par Louis XIV. On lit sur la colonne, derrière la pierre, une inscription grecque ΙΔΟΥ ΗΔΟΥΛΗ ΚΥΡΙΟΥ signifiant : Voici la servante du Seigneur, et non pas : voici l'*image* du Seigneur.

La *Vierge et l'enfant Jésus*, avec sainte Catherine, sainte Agnès et le petit saint Jean. Musée Napoléon. Ce tableau nous paraît douteux.

VENISE, à l'Académie des Beaux-Arts. — Vingt-deux tableaux de Bonifazio :

1. Le *Mauvais Riche*, chef-d'œuvre du maître. Il appartenait à la famille Grimani, de Venise.

2. La *Femme adultère*, provenant du Magistrato del Sale (des Officiers du sel).

3. L'*Adoration des Mages*, provenant du Conseil des Dix.

4. Le *Jugement de Salomon*. Ce tableau appartenait autrefois aux Officiers du sel. Il fut donné à l'Académie par le vice-roi Ranieri.

5. Le *Christ sur un trône*. Il est entouré de saints; à ses pieds un ange accorde son luth. On distingue parmi les saints, sainte Justine avec sa licorne et saint Marc avec son lion. Ce beau tableau provient des Magistrats dell' *Entrate*.

6. La *Nativité de la Vierge*.

7. Le *Massacre des Innocents*.

8. La *Vierge dans une gloire*; en bas plusieurs saints, Pierre et Paul, et Jacques, roi d'Aragon. Provenant de Sainte-Marie-Majeure.

9. Autre *Adoration des Mages*, provenant du Mont-de-piété.

10. Le *Christ avec ses apôtres*. C'est le tableau dont Vasari a parlé et qui fut peint pour l'église des Servites.

11. *Trois saints*, provenant du Monte-Novissimo.

12. *Madone avec l'enfant* et plusieurs saints, provenant de la Scuola de San-Pasquale.

13. *Saint Sébastien et saint Benoît*, provenant du Mont-de-piété.

14. *Saint Jacques et saint Dominique*, provenant des Governatori dell' Entrate.

15. Les *mêmes saints*, venant de l'Office du Rialto.

16. *Saint Jérôme et sainte Marguerite*, provenant de l'église (détruite) de la Chartreuse-en-l'île.

17. *Saint Bruno et sainte Catherine*, même provenance.

18. *Saint Marc*, provenant du Magistrato del Sale.

19. *Saint François et saint Paul, apôtres*; même provenance.

20. *Saint Antoine abbé et saint Marc*.

21. *Saint Barnabé et saint Sylvestre*; celui-ci, quoique pape, est représenté en apôtre. Ce tableau porte la date de 1562. Il provient des Governatori dell' Entrate.

22. *Adoration des Mages*, provenant de l'ancienne confrérie de Saint-Théodore.

Au palais ducal, *Saint Marc* présentant l'étendard à Venise — *la Paix couronnée par l'Adria* — le *Miracle de la multiplication des pains* — la *Pluie de manne* — le *Rédempteur assis* — *saint Jérôme* et Ubalde — *Notre-Dame* avec sainte Barbe et un pauvre : c'est le tableau qui fut peint pour la Confrérie des tailleurs.

Dans l'église de San-Zanipolo (Saints-Jean-et-Paul), l'archange Michel qui chasse Lucifer du paradis.

PADOUE, à San-Giorgio, église des Bénédictines. — La *Décollation de sainte Catherine*, tableau retouché et endommagé. — Aux Ognissanti, autre église des Bénédictines, la *Vierge et l'Enfant* ayant à leurs pieds saint Maur, abbé, et sainte Agnès.

CAMPO SAN-PIERO, dans le Padouan. — Ridolfi mentionne un tableau qui représentait saint Antoine de Padoue prêchant, et les principaux habitants de la commune peints d'après nature.

Ridolfi nous apprend aussi que sept longs morceaux représentant les triomphes de Pétrarque furent envoyés en Angleterre. La mythologie, l'histoire et les personnages illustres de l'antiquité jouent un rôle dans ces compositions remplies de figures et toutes pleines d'invention, si l'on en juge par la description de l'auteur vénitien.

MILAN, Musée Brera. — La *Cène*, figures de grandeur naturelle, sur toile. — La *Cène à Emaüs*, figures un peu plus que demi-nature. — *Moïse tiré du Nil* est présenté à la fille de Pharaon, avec quantité de figures un peu plus petites que le naturel.

VIENNE, Galerie du Belvédère. — Trois tableaux représentant les figures isolées de divers saints.

Il existe encore plusieurs tableaux de Bonifazio, à Rome, dans la galerie Borghèse, à Berlin, dans le Musée royal, et en Angleterre, dans les collections particulières, mais non dans la *National-Gallery*.

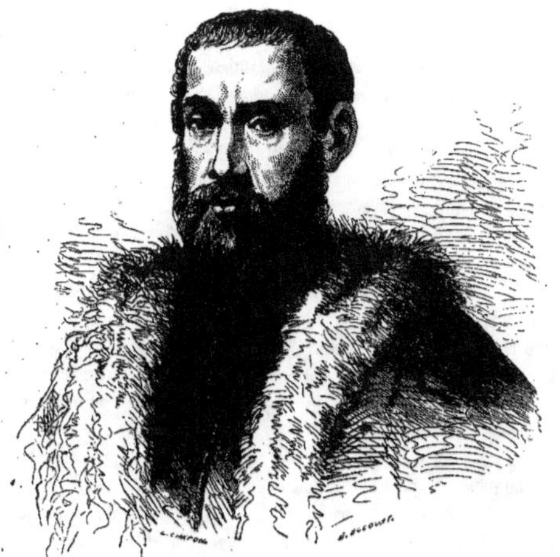

PARIS BORDONE

NÉ EN 1500. — MORT EN 1570.

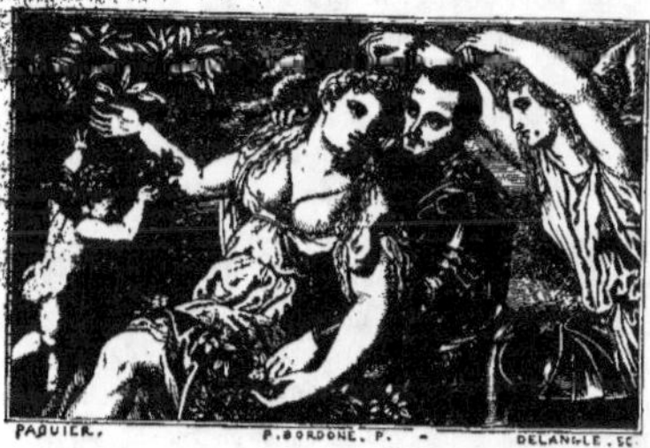

Si l'on n'a point vu à Venise le chef-d'œuvre de Páris Bordone, l'*Anneau de saint Marc*, on ne connaît pas le maître, on ne sait pas toute la force, toute la distinction de son talent. Placé dans le musée de l'Académie, au milieu des plus célèbres morceaux de l'école vénitienne, ce tableau n'est éclipsé par aucun autre : il tient son rang avec dignité parmi les œuvres choisies de Titien, de Paul Véronèse, de Tintoret, de Bonifazio, de Pordenone. La scène est vue de profil. Le pauvre pêcheur, conduit devant le doge, qui est assis sur son trône au milieu du conseil, s'avance d'un pas timide, et n'osant franchir les deux marches qui le séparent encore d'un si grand personnage, il lui tend l'anneau de saint Marc. La lumière, une lumière dorée, vénitienne, traverse en diagonale la chambre du conseil, éclairant le doge et une partie des sénateurs qu'il préside, laissant une moitié du tableau dans une ombre égayée par des reflets. Des seigneurs, richement vêtus, se tiennent aux pieds de l'escalier de marbre à cinq degrés, sur lequel sont exhaussés le trône du doge et les siéges des grands dignitaires de la République, dont les costumes sont aussi d'une opulence merveilleuse. L'architecture est superbe, et bien que les lignes et le ton en soient fermes, elle paraît baignée dans un fluide d'or. En ménageant un repos sur le devant de la composition, où il n'a placé qu'un petit gondolier qui ouvre de grands yeux à la vue des robes rouges, le peintre a forcément concentré tout l'intérêt sur les deux figures principales : le pêcheur et le doge. La seule importance des autres personnages consiste dans la splendeur de leurs simarres en satin pourpre ou en taffetas bleu clair. A travers une grande arcade qui s'ouvre dans la partie obscure du tableau, l'on aperçoit les cours intérieures et dallées d'un palais imaginaire, car toute l'architecture de ce morceau fameux est de l'invention de Pâris Bordone. Le coloris en est si charmant et si riche, si curieux dans ses localités, si éclatant dans son harmonie, qu'il peut supporter le voisinage des plus beaux Titien. Quant à la touche, elle est mâle et suave tout ensemble, nourrie et ferme comme un Giorgione, fondue, estompée comme un Corrége. Les plans se dégradent à merveille par l'amortissement successif des mêmes teintes, et l'illusion est telle qu'en l'absence du cadre, on se croirait dans le palais ducal au milieu de la seigneurie, sous un rayon de soleil.

Ce tableau est l'œuvre d'un homme qui avait évidemment l'esprit ouvert et une certaine gentilhommerie dans l'éducation. Pâris Bordone était gentilhomme, en effet; il était né à Trévise, en 1500, d'un Trévisan et d'une Vénitienne. Dès l'âge de huit ans, il fut envoyé aux écoles, à Venise, pour y faire ses études de grammaire et y apprendre la musique, où bientôt il excella. Il fut ensuite l'élève du Titien; mais ce grand maître, jaloux de son art, l'enseignait à contre-cœur : c'est Vasari qui le dit, *non essendo molto vago d'insegnare a suoi giovani*. Pâris le quitta au bout de quelque temps pour étudier les ouvrages de Giorgione, dont la manière lui plaisait infiniment. A dix-huit ans, il était déjà si connu et si estimé qu'on lui demanda un tableau pour l'église San-Niccolò des Frères mineurs; mais Titien, qui ne l'aimait point et qui semble avoir eu contre lui quelque sentiment de jalousie, lui ôta des mains ce travail et se le fit donner.

Sur ces entrefaites, Pâris Bordone, appelé à Vicence, s'y rendit avec empressement. Il s'agissait de peindre à fresque, dans la salle du Palais-de-Justice, un pendant au *Jugement de Salomon* du Titien. Pâris y représenta l'*Ivresse de Noë*, et, stimulé par l'émulation, peut-être aussi par une pointe de vengeance, il exécuta sa fresque dans le goût de son maître, avec une pareille vigueur et si bien, que les étrangers attribuaient au Titien les deux fresques. De retour à Venise, il eut à peindre quelques figures nues au bas du Rialto et quelques façades de maisons. C'était la mode alors de décorer jusqu'à l'extérieur des édifices. L'Italie, dans le temps de cette nouvelle jeunesse que nous appelons la Renaissance, étalait partout les merveilles de l'art et les prodiguait, sans s'inquiéter de leur durée. A Venise, toutes les décorations murales exposées à l'action du plein air ont péri, notamment celles de la maison Tiretta, dans la *contrada di Due Passi*. La fable d'*Atalante*, que le Bordone y avait peinte, était déjà fort endommagée au dix-septième siècle; elle a disparu aujourd'hui.

Cependant la réputation du peintre s'étant répandue, ses compatriotes l'invitèrent à venir pratiquer son art à Trévise, où il aurait des façades à décorer et des tableaux à peindre pour les églises de la ville. Il y peignit, en effet, à la cathédrale, dans les compartiments d'un autel, l'*Annonciation*, la *Nativité*, l'*Adoration des Mages*, la *Montée au Calvaire*, l'*Ascension de la Vierge*; à San-Girolamo, le saint titulaire qui présente le chapeau de pourpre à l'Enfant-Jésus, accompagné de saint Jean-Baptiste et d'un petit ange qui joue de la viole en regardant avec admiration le saint cardinal; à San-Paolo, trois chapelles; enfin au monastère d'Ognisanti, plusieurs tableaux de dévotion et un *Paradis* pour le maître-autel. Ce couvent lui était particulièrement cher, parce qu'une de ses filles venait d'y prendre l'habit. Tous ces ouvrages eurent du succès et l'auteur fut regardé comme fort habile homme, *un valentuomo*; mais ce qui plut surtout, ce fut sa manière de peindre les portraits. Vasari mentionne ceux du magnifique Alberto Unigo, de Marco Seravalle, de Francesco da Quer, du chanoine Rovere et de monsignor Alberti. Si le faire en était plus robuste et la touche plus fière, les portraits de Pâris Bordone pourraient passer pour des Titien. L'empâtement en est plus doux et l'exécution un peu plus caressée. Là, comme dans ses tableaux, le coloris de Bordone est toujours remarquable par quelque ton rare. Tantôt c'est le velours d'un pourpoint ou le satin d'une doublure, tantôt c'est un manchon qui lui fournissent une *localité* précieuse. On peut dire avec Lanzi, que Pâris, désespérant d'être un coloriste plus vrai que Titien, a voulu être du moins plus curieux, plus varié. Il faut reconnaître aussi la justesse de cette observation de Ridolfi, que les portraits de Bordone sont souvent particularisés par un trait épisodique dont l'invention paraissait neuve de son temps, et si ingénieuse qu'on les prenait plutôt pour des œuvres de fantaisie que pour des imitations de la nature. Il se plaisait à les animer, à les mettre en action : par exemple, il représentait un chevalier au moment où un jeune page lui agrafe son armure; un maître de musique s'apprêtant à jouer de divers instruments que lui apporte son élève; une jolie fille se mirant dans une glace que lui tient une vieille matrone; une dame qui promène sa main fine sur les fines soies d'un épagneul.

Vasari et Ridolfi racontent que Pâris Bordone vint à la cour de France et qu'il y fut invité à l'occasion de quelques peintures de sa main qu'on y avait vues et dont le roi François avait été charmé ; mais à quelle époque eut lieu ce voyage de Bordone? Est-ce François Ier qui le fit venir à sa cour ou François II? Les biographes italiens désignent, l'un et l'autre, François Ier, puisque l'un place le voyage en 1538, et que l'autre qualifie le roi de France de roi magnanime, épithète qui, dans la bouche d'un artiste, s'applique évidemment

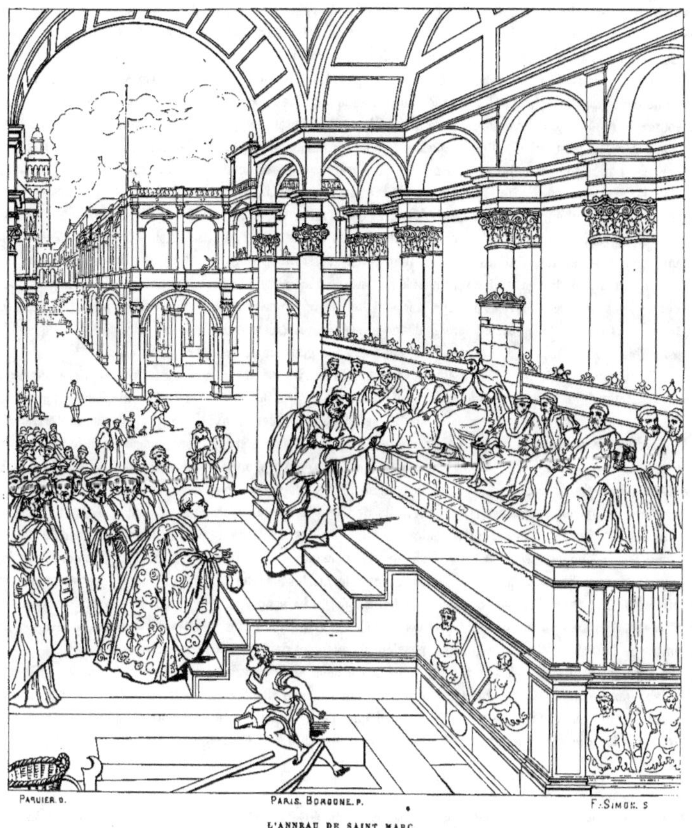

L'ANNEAU DE SAINT MARC.

à François Ier. Toutefois il y a de fortes raisons, des raisons décisives même, pour croire que Pàris ne vint en France que sous le règne de François II, en l'année 1559. D'une part on a retrouvé et publié en 1803 un discours imprimé qui fut lu dans une réunion littéraire, tenue à Trévise en 1559, par un certain Prospero Approvini, discours duquel il résulte que Pàris Bordone était à ce moment-là sur le point de quitter l'Italie, puisque l'auteur, après l'avoir complimenté, lui souhaite un heureux voyage. D'autre part, il est question dans Vasari de tableaux commandés à Bordone par le médecin de *la reine Marie*; or, cette reine Marie ne peut être que Marie Stuart, aucune reine du nom de Marie n'ayant été contemporaine, ni de François Ier, ni de François II, car Marie Tudor qui gouverna en Angleterre de 1553 à 1558, ne fut reine qu'après la mort de François Ier et avant l'avénement de François II. Ce serait donc en 1559, lorsque François II venait de monter sur le trône, que Pâris aurait été appelé à la cour de France. Ce qui est hors de doute, c'est qu'il peignit, pour un Milanais nommé Candiano, médecin de la reine Marie, une *Madeleine au désert* et un *Bain de Diane*, qui furent envoyés en présent à la gouvernante des Pays-Bas. Le cardinal de Guise et son neveu le cardinal de Lorraine employèrent aussi les talents de Bordone, et c'est une preuve de plus que son voyage n'eut pas lieu en 1538, puisque le cardinal de Lorraine, n'ayant alors que onze ans, ne commandait certainement pas de tableaux. Le premier lui demanda une Madone avec des Saints et une Vénus avec des Amours; le second, un *Ecce Homo* et la fable d'Io et de Jupiter; les princes de l'Église avaient alors autant de goût pour les galanteries mythologiques que pour les tableaux de sainteté. Du reste, par la délicatesse de sa touche, par le tour aimable de son esprit et le caractère de ses inventions, Bordone était plus propre à traiter le gracieux que le terrible. Il excellait à modeler le nu, surtout les carnations de femme; il en exprimait avec bonheur la tendre morbidesse, et quant au rendu des étoffes, il y était aussi habile que les plus habiles Vénitiens, ce qui n'est pas peu dire. Dans ses *Madones*, il ressemble quelquefois à Palme le Vieux, bien que ses têtes, moins courtes, aient plus d'élégance. L'Arétin, toujours hyperbolique en ses louanges, il est vrai, lui écrivait de Venise à la date de décembre 1548 : « J'ai vu dans le cabinet du bon « Fugger les peintures qu'il tient de vous et il peut vous dire, même par serment, combien je les ai admirées. « Je ne crois pas que Raphaël ait jamais donné à ses figures célestes des airs de tête plus angéliques. Je « trouve dans les vôtres de la beauté, de la mine et de la nouveauté, *vaghezza, aria e novitade.* »

Les Fugger dont parle ici l'Arétin étaient, on le sait, de richissimes négociants d'Augsbourg, comme qui dirait les Rothschild du seizième siècle. Ils avaient acheté à Pâris Bordone pour trois mille écus de peintures, et ils en avaient orné leur galerie. Ces peintures furent exécutées à Augsbourg, ainsi que le portrait de *Jéronimo Crofft*, qui est au Louvre et qui est daté d'*Augusta*. D'autres grands personnages de cette ville eurent des ouvrages de sa main, tels que les Prenner et le cardinal d'Augsbourg. Bordone avait donc pris le chemin de l'Allemagne pour retourner à Venise. Là était sa patrie adoptive. Il n'en sortit plus que pour retourner à Milan faire, entre autres morceaux, les portraits de Carlo Roma et de sa femme Paolina Visconti. Mais on voyait de ses tableaux dans presque toutes les autres villes de la haute Italie. On recherchait beaucoup ses nudités. Le duc de Savoie, le roi de Pologne, lui demandaient de préférence des histoires ou des fables lascives : Mars et Venus surpris dans les filets de Vulcain, les Aventures de Jupiter avec les nymphes, ou Vénus endormie avec l'Amour, ou bien une Bethsabée au bain aperçue par le roi David. Mais ses figures gracieuses, Bordone savait au besoin les convertir au christianisme; les naïades devenaient des anges et les divinités de l'amour, vêtues et repenties, posaient dévotement pour les plus chastes images.

Les dernières années de sa vie, le peintre les passa dans un doux repos. Il était riche et, comme dit le bon Félibien, *fort accommodé des biens de la fortune*. Il ne peignait plus que pour son plaisir ou par amitié. Il mourut, non pas à soixante-quinze ans, ainsi que le dit Ridolfi, mais à soixante-dix ans, le 19 janvier 1570, selon le registre mortuaire de l'église San-Marziale, dite San-Marcelliano, où il fut enterré.

CHARLES BLANC.

NOTA. — L'espace nous manque pour détailler ici la mention des tableaux de Bordone qui existent dans les diverses galeries de l'Europe. Sans parler de ceux du Louvre et de Venise, on en trouve à Munich, à Vienne, à Dresde, à Berlin, à Londres, à Milan, à Florence, à Bellune, à Trévise, à Crême, à Gênes et à Madrid.

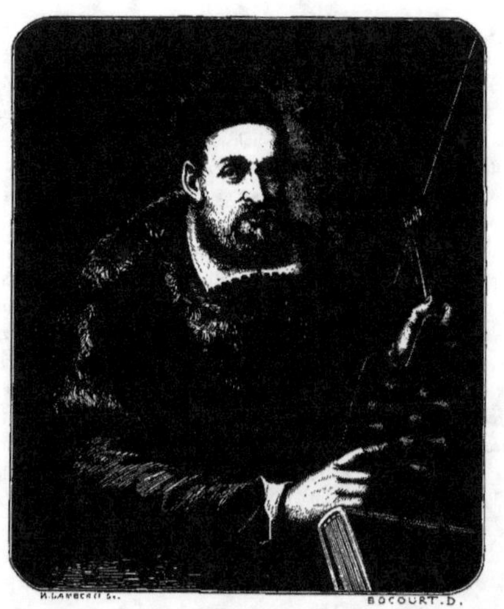

JACQUES BASSAN (GIACOMO DA PONTE, DIT)

NÉ EN 1510. — MORT EN 1592.

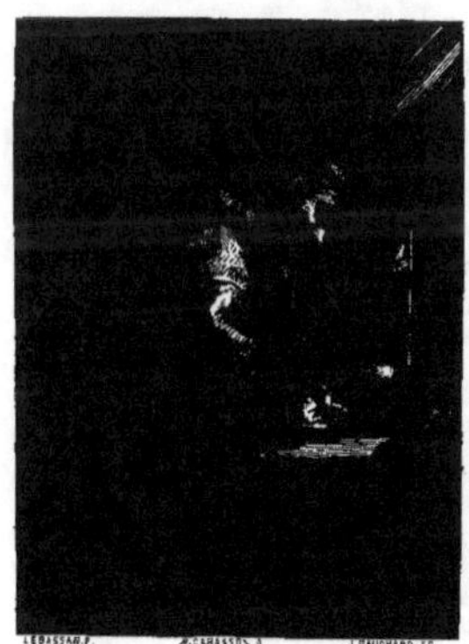

ÉCOLE
Vénitienne.

Annibal Carrache, dans ses remarques sur Vasari, raconte qu'étant un jour entré dans la chambre du Bassan, il lui arriva d'avancer la main pour prendre un livre que l'artiste vénitien avait peint sur une table. Ce trait nous fait tout de suite toucher du doigt le talent d'un homme qui excellait surtout dans la pratique de l'art. Bassan, au milieu d'une école qui fut célèbre par son amour pour la nature, était plus *naturaliste*, comme on dit, que tous les autres. Le spectacle des réalités de la vie, que Véronèse voyait par le côté éclatant, et Titien par le côté puissant et fier, Jacques da Ponte le regarda de plus près, sous un aspect tout aussi vivant, mais plus grossier. Auprès du Titien qui donne tant de caractère à la vulgarité même, Bassan n'a plus l'air que d'un paysan ; mais ce paysan fut le premier peintre de genre qu'ait eu l'Italie, et à ce titre il mérite toute l'attention de l'histoire.

Fils de François da Ponte, qui était lui-même un peintre de quelque mérite et un élève de Jean Bellin, Giacomo reçut de son père les premiers éléments de l'art.

en même temps qu'une légère teinture des lettres. Il fut ensuite envoyé à Venise pour y apprendre la peinture chez Bonifazio Bembi, un des émules du grand Titien. Assurément, pour le genre où il devait se faire un nom, le Bassan ne pouvait être à meilleure école, Bonifazio étant un praticien consommé. Posséder à fond tous les secrets du métier, est indispensable à quiconque doit rester dans les régions inférieures de la peinture, ou du moins s'y complaire, car il est bien simple que l'exécution acquière de l'importance, à mesure que le style en perd. Que serait, par exemple, un peintre de nature morte, s'il n'avait pas même l'exécution, s'il n'était pas maître de sa palette et sûr de sa main? Chez Bonifazio, Jacques Bassan dut apprendre à merveille tout ce qui tient particulièrement au procédé, je veux dire ce bel empâtement de couleurs, cet art de les faire briller par des oppositions et de les voiler par des glacis qui était, du reste, le propre de l'école vénitienne depuis Giorgion. Mais, par une singularité qui se rencontre quelquefois dans l'histoire des artistes, le disciple de Bonifazio eut tout d'abord des velléités de haut style. Quelques dessins du Parmesan, qu'il eut occasion de copier à Venise, lui inspirèrent le goût de ces grandes et fières tournures que le peintre de Parme avait renouvelées de Michel-Ange, et il laissa voir dans ses premiers ouvrages une certaine tendance au grandiose. « Il existe encore, dit Lanzi, sur la façade de la maison des Micheli, quelques fresques du Bassan qui semblent annoncer d'heureuses dispositions pour le style; on y admire, entre autres morceaux, un Samson qui tue les Philistins; les figures ont quelque chose de la grandeur imposante de Michel-Ange. » Toutefois, en dépit de ces nobles aspirations, le naturel du peintre reprenant le dessus, il rentra dans une sphère plus modeste, celle des tableaux de petites proportions et des sujets familiers. C'est là que vraiment il allait devenir remarquable au point d'être remarqué par les grands peintres qui florissaient alors à Venise, Tintoret, par exemple, et Titien.

Dans sa notice sur l'école bassanesque, l'historien Verci, qui a eu connaissance et a fait usage des précieux manuscrits de Jean-Baptiste Volpato, nous apprend que Jacques Bassan fut aussi l'élève du Titien; qu'il travailla pour le compte de ce grand maître, sous ses yeux, et pour preuve, il rapporte le fait suivant. Titien avait promis depuis longtemps un tableau à un noble Vénitien de ses amis; mais n'ayant pas eu le temps d'y mettre la main, il en abandonna le soin à un de ses disciples qui était précisément Jacques da Ponte. Celui-ci était occupé à peindre le tableau dans l'atelier du maître, lorsque le grand seigneur entra, venant réclamer l'accomplissement d'une promesse déjà ancienne. Titien lui montrant la toile commencée par son élève : « Voilà, dit-il, le tableau que je vous destinais, » et comme le Vénitien paraissait un peu blessé qu'on jugeât digne de lui la besogne d'un écolier. « C'est, au contraire, reprit Titien, pour que votre seigneurie fût plus satisfaite du tableau, que j'en ai confié l'exécution à ce jeune homme [1]. »

Quoi qu'il en soit de cette anecdote, il est certain que le Bassan était d'une adresse surprenante dans le maniement du pinceau, et qu'il fut le premier qui introduisit dans la peinture italienne ce que nous appelons le genre, c'est-à-dire la mise en scène de la vie réelle. Jusqu'alors, l'art italien avait été purement religieux ou historique. Il n'avait représenté que les habitants du paradis ou ceux de l'Olympe, et ses héros terrestres n'étaient guère que les martyrs du christianisme ou les personnages merveilleux de la fable antique. Jamais encore il ne lui était arrivé de descendre à l'observation de la nature vulgaire, des modèles pris dans la vie commune, au hasard. Jacques Bassan, qui avait des idées assez bornées et peu d'élévation dans l'esprit, fut le premier à peindre des scènes familières. Poussant jusqu'au bout le culte de la nature, il trouva dignes de son mâle pinceau, non-seulement les travaux rustiques dans toute leur simplicité, mais les plus humbles ustensiles du ménage. Il devinait ainsi et devançait l'école flamande. Ce qui n'avait été avant lui qu'un accessoire dans la peinture, Bassan voulait en faire au besoin le principal. Aussi étudia-t-il avec le plus grand soin les animaux, le paysage, les objets inanimés, s'appliquant à exprimer fortement le caractère particulier de chaque bête et à rendre sous leur aspect le plus vrai les arbres, les fruits et les fleurs, les instruments de labour et de jardinage, toutes les choses, enfin, dont se compose le mobilier d'une maison

[1] ..... Parve che quegl' s'alterasse alquanto per aver dato l'incarico ad uno scolaro, ma il saggio pittore, che fin d'allora avea conosciuto di qual valore fosse il pennello di Giacomo, soggiunse tosto : *anzi perchè ella resti maggiormente sodisfatta, ho addossata a questo giovine una tal fattura.* Verci, *Notizie intorno alla vita.... de' pittori di Bassano. Venezia, 1775.*

rustique, jusqu'à la batterie de cuisine. Cette nouveauté fit plaisir. Et comme la fidélité de l'imitation est le premier mérite d'un peintre d'animaux et de nature morte, chacun remarquait et vantait, dans les tableaux du Bassan, l'excellence du modelé, l'énergie du rendu, la vérité poussée jusqu'à l'illusion, la vie, le relief. Il ne manquait à ses bœufs que de mugir, à ses chevaux que de hennir, à ses moutons que de bêler [1]. Voilà ce que disaient les Vénitiens, accoutumés cependant à admirer les paysages du Titien, et les accessoires merveilleux qui se rencontraient parfois dans ses tableaux.

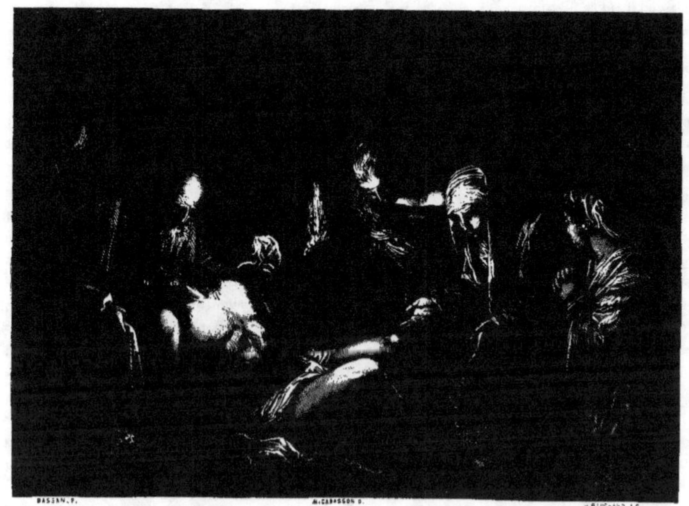

ENSEVELISSEMENT DE JÉSUS.

Fort de son habileté à peindre les animaux, Jacques Bassan chercha désormais à les introduire partout. Il se proposa de choisir dans l'histoire, sacrée ou profane, les sujets où il pourrait donner place à ses modèles favoris ou même leur assigner le premier rôle. La Bible étant à peu près son unique lecture, il s'arrêtait de préférence à tous les endroits du livre où il voyait passer des animaux : la création, le déluge, l'arche de Noé, le retour de Jacob. Il savait par cœur toutes les bêtes de l'Écriture, depuis l'âne de Balaam jusqu'à celui qui porta Jésus triomphant dans Jérusalem, et l'Évangile même, aussi bien que l'Ancien Testament. lui fournissait mille prétextes de montrer son talent par un côté original et imprévu. Si les églises ou

[1] « Seppe formar la propria sua maniera. la quale è sempre piaceiula a' professori non solo; mà all' universale. per una tale proprietà che egli arrecò alle cose tutte. che prese a dipingere ed in particolari a gli animali, si che al Bue non manca che il mugire, alla Pecora il bellare. al Cavallo il nitrire. al Leone il rugito,... » Ridolfi. *La Miraviglia dell' arte. in Feartia*. 1648.

les communautés religieuses de Venise lui demandaient une peinture, il leur offrait aussitôt une *Annonciation aux bergers* pour avoir occasion d'y représenter l'épouvante d'un troupeau éclairé par des lueurs surnaturelles, ou bien une *Nativité* dans laquelle on apercevrait les doux animaux de l'étable à la clarté mystérieuse d'une lampe, car il avait aussi une grande prédilection pour les drames nocturnes. Préoccupé de l'effet, il aimait à éclairer ses compositions de la lumière des flambeaux, comme s'il eût voulu racheter par le charme du clair-obscur ce qui lui manquait du côté de l'expression morale. Ces lumières artificielles, d'ailleurs si convenables à la peinture des scènes intérieures, lui servaient à montrer l'énergie de son pinceau et à faire valoir, même dans l'ombre, par des touches résolues, ces ustensiles de cuivre qu'il savait rendre avec tant d'art, et dont la présence était si bien justifiée, soit dans une cabane de pauvres paysans soit dans l'humble demeure où se passa l'enfance de Jésus-Christ.

Bien qu'il eût de l'occupation à Venise, Bassan ne voulut point s'y fixer. Il aima mieux s'établir dans sa ville natale où le rappelait d'ailleurs la mort de son père. Il y fut reçu, quoique fort jeune encore, comme un homme qui déjà donnait du lustre à la cité, et les magistrats de Bassano l'exemptèrent de l'impôt royal et de l'impôt personnel. Quelque temps après, il fut élu échevin, ou, comme on disait alors, *consul* de la ville ; mais il déclina cet honneur, voulant vivre tout entier pour son art. Il habitait une jolie maison située sur la Brenta, proche d'un pont, fameux dans le pays parce qu'il fut bâti sur les dessins de Palladio. C'est là qu'il commença de mener une vie paisible, indépendante et laborieuse. Après avoir marié deux de ses sœurs, il épousa lui-même Élisabeth, fille de Jean-Baptiste Merzari, bourgeois de Bassano, de laquelle il eut beaucoup d'enfants, entre autres quatre garçons qui tous furent peintres.

On peut dire que, dans l'école vénitienne, personne ne possédait les qualités de touche et de clair-obscur à un plus haut degré que Jacques Bassan. Les plus illustres maîtres de Venise semblaient au surplus lui reconnaître ce genre de supériorité, car le Tintoret s'efforça plus d'une fois d'imiter sa méthode pour la distribution des lumières et des couleurs, sa manière d'exprimer certains détails, et Paul Véronèse lui rendit le plus flatteur de tous les hommages en lui donnant pour élève son fils Carletto, qu'il voulait instruire particulièrement dans l'art d'enlever les divers objets les uns sur les autres, par le seul ménagement des clairs et des ombres. Pour former, du reste, de bons praticiens, je veux dire pour enseigner plus particulièrement le métier de la peinture, Jacques Bassan était un excellent maître. Il avait ouvert chez lui une école, dont les meilleurs élèves furent ses propres enfants : François et Léandre, qui le suivirent de près, et Giam—Battista et Girolamo qui n'eurent d'autre talent que celui de copier les ouvrages de leur père, de façon à tromper tous les regards. Pauvre d'invention, Jacques Bassan avait recours à l'imagination de François pour trouver des sujets nouveaux ou pour rajeunir les anciens, et il empruntait volontiers la main de Léandre, quand il avait à peindre un portrait. Au sein d'une famille qui était presque une école à elle seule, le peintre vénitien multipliait ses compositions, les répétait sans cesse, les faisait copier sous ses yeux, quelquefois avec de légères variantes, et les envoyait vendre à Venise, à Vérone, à Vicence, et dans les foires les plus fréquentées du pays. De là vient que les mêmes tableaux du Bassan se rencontrent à la fois dans diverses galeries de l'Europe, sans qu'on puisse dire à coup sûr lequel est véritablement l'original, et s'il en est un qui le soit complètement.

Parmi ces compositions tant de fois reproduites, il en est qui paraissent avoir eu les préférences du maître, ou du moins celles des acheteurs, ce sont les *Quatre Saisons*. Là se trouve réuni tout ce que Bassan excellait à peindre, les fabriques, le paysage, les bestiaux, les instruments aratoires, ceux de la moisson, ceux de la vendange. On y voit de rudes paysans conduire la charrue, couper le blé, serrer les récoltes, et de fortes jeunes filles qui entassent le foin en se jouant, qui tondent les troupeaux ou qui préparent le dîner des moissonneurs, à deux pas de l'étable dans laquelle vont rentrer les animaux de la ferme. Mais ces représentations de la vie rustique sont beaucoup moins naïves qu'on ne s'y attendrait. Le Bassan a trouvé le moyen d'être maniéré, dans le genre de tableaux qui comporte le moins la manière. Tantôt ses figures sont pour lui tout simplement des corps lumineux ou des corps sombres; tantôt ce sont des objets employés à faire triompher une combinaison optique. Telle villageoise qui s'avance vers le spectateur n'est placée là

que pour recevoir à propos un rayon de soleil sur ses joues pleines et colorées, sur ses larges épaules; telle
autre se retourne uniquement pour que son attitude contraste avec celle de sa compagne. A l'insignifiance
des physionomies et des mouvements, à l'affectation de certains raccourcis, on comprend tout de suite
que le peintre n'a voulu parler qu'aux yeux. Un autre, et par exemple un artiste allemand, eût rencontré
l'expression dans la seule étude de la nature naïvement observée : Bassan ne la cherche même point, et le
plus souvent ses figures, dont il invente les gestes pour les besoins du clair-obscur, s'agitent comme des corps

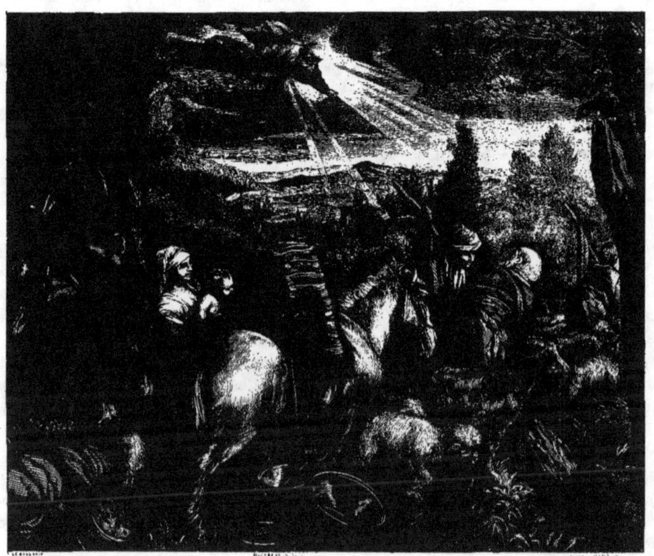

RETOUR DE JACOB EN CHANAAN.

sans âme qui seraient mus par d'invisibles ressorts. Ce défaut d'animation et d'esprit a été remarqué du
reste par ceux qui ont dit que chez le Tintoret les vieillards même étaient pleins de feu, tandis que chez le
Bassan les jeunes gens même étaient sans vie [1].

Cependant comme l'art vivait alors sous la dépendance de l'institution catholique, seule ou à peu près
seule en possession de commander de grands ouvrages aux peintres et aux sculpteurs, le Bassan, malgré ses
goûts pour la peinture familière, dut se vouer à la composition des tableaux d'église; mais, pour ne pas
abandonner les sujets où les animaux et les objets matériels devaient occuper une grande place, il aima
mieux les répéter constamment, et de même qu'il peignait pour tous les amateurs de l'Europe les *Quatre
Saisons*, il peignit pour toutes les églises d'Italie la *Création*, le *Déluge*, et les autres scènes dont nous

---

[1] Sicché altri disse esser nel Tintoretto spiritosi anche i vecchi, nel Bassano esser inclensi anco i giovani. *Lanzi.*

avons déjà parlé. A Sainte-Marie-Majeure, de Venise, il envoyait le *Sacrifice de Noé*, où il avait rassemblé pour le triomphe de sa palette, tous les quadrupèdes, tous les volatiles qu'il avait dispersés dans ses autres tableaux, et celui-ci fut exécuté avec tant d'énergie, d'une couleur si vigoureusement empâtée et si vraie, d'une touche si vaillante, que le grand Titien voulut en avoir une copie dans son atelier. Pour le séminaire de Padoue, Bassan peignit, ou fit peindre sous sa direction par ses élèves, l'*Ensevelissement du Christ*, tableau d'un clair-obscur imposant, où la lueur sépulcrale d'une lampe suspendue à la voûte produit une impression lugubre et ajoute à la forte expression que l'artiste a su mettre cette fois dans les traits de ses personnages, dans leur pantomime. Pour la ville de Brescia, il exécuta une variante de cette composition de la *Reine de Saba*, qu'il s'était plu à retourner de vingt manières, parce qu'il avait occasion d'y étaler de pompeuses draperies, particulièrement ces belles étoffes d'un vert émeraude que l'on vit briller, depuis, dans presque toutes les peintures des Vénitiens. Plus jeune que Bassano, Véronèse lui emprunta peut-être ce goût pour les draperies éclatantes qui le distingue, même parmi les coloristes de leur école. Ce qui est certain, c'est que Bassan fut admiré de Cagliari et que ces deux artistes ayant eu quelquefois à travailler en concurrence, furent excités par l'émulation de bien faire. Zanetti parle de Jacopo Contarini comme ayant voulu tout exprès confronter les deux maîtres en leur commandant deux tableaux, dont l'un, celui de Véronèse, représentait l'*Enlèvement d'Europe*, l'autre, celui de Bassano, le *Retour de Jacob*. Il semblait que le Mécène eût pris plaisir à opposer la peinture de Paul, si légère, si charmante et si gaie, à la vigueur du pinceau de Jacques et, selon l'expression de Zanetti, à sa couleur savoureuse, *saporito colore* [1].

Il n'est certainement pas un amateur qui n'ait présent à l'esprit le beau groupe de musiciens que Véronèse a placé sur le devant de sa composition, dans les fameuses *Noces de Cana*. Parmi ces concertants qui s'appellent Titien, Tintoret, Cagliari, et dont on ne saurait oublier les nobles airs de tête, les attitudes si naturelles et pourtant si pittoresques, il en est un qui joue de la flûte : c'est le Bassan. Et il ne faut pas croire que ce soit un pur caprice du peintre, qui lui ait fait grouper ainsi autour d'un pupitre les grands artistes de Venise. Tous alors connaissaient, aimaient la musique. Ils se reposaient d'une fresque par une symphonie, et l'art qui était leur fatigue était aussi leur délassement. Jacques Bassan en particulier avait un goût très-vif pour la musique et lui-même il jouait de plusieurs instruments. Sa maison, remplie d'élèves, était ainsi devenue comme une académie familière ouverte à toutes les muses. C'est là que le chef d'école trouvait des modèles dans ses propres enfants. Là ses filles robustes posaient tour à tour pour la Madeleine éplorée ou pour la magnifique reine de Saba. La même figure qui avait tenu l'enfant Jésus dans une *Nativité*, reparaissait ailleurs portant des poules à la crèche ou ramassant des gerbes de foin en compagnie de garçons de ferme qui eux-mêmes étaient les fils du Bassan. Tantôt le peintre faisait un tableau du concert d'instruments dans lequel il venait de jouer sa partie, et l'on peut voir un de ces *Concerts* à la galerie de Florence; tantôt il peignait ses filles occupées aux travaux du ménage, dans l'intérieur du logis, à la clarté d'une lampe, et l'on reconnaît si bien alors ses modèles favoris, qu'on appelle ces sortes de tableaux *la famille du Bassan*. Le palais d'Ambroise Durazzo, à Gênes, renferme un morceau de ce genre, et des plus remarquables. C'était aussi une récréation pour le Bassan que de cultiver un petit jardin attenant à sa maison, et son goût pour les plantes était si connu, qu'Alphonse, duc de Ferrare, et d'autres grands seigneurs lui avaient fait présent de la plupart des simples qu'il avait semés dans ce jardin; mais comme il était artiste toujours et avant tout, il s'amusait à peindre sur des morceaux de carton des vers, des insectes, des serpents, et avec tant d'art, que l'imitation était prise pour la réalité même, au point d'effrayer les promeneurs.

Ces singularités, et plus encore la réputation du vieux Bassan, — on le nommait ainsi déjà pour le distinguer de ses fils, — attiraient chez lui tous les hauts personnages qui passaient par la ville de Bassano. L'empereur Rodolphe II, auquel il avait envoyé les *Douze Mois de l'année*, c'est-à-dire douze peintures représentant les travaux champêtres correspondant à chacun de ces mois, voulut l'engager à son service et le faire venir

---

[1] « Forse quel dottissimo gentiluomo volle porre a confronto questi due insigni pennelleggiatori, l'uno felice nella leggerezza, nella grazia, nel brio : pronto l'altro nella forza, e nel saporito colore..... » *Della pittura Veneziana*, p. 274. 1792.

à Vienne, mais il ne put l'arracher au séjour de sa ville natale, *la petite Venise*, comme il l'appelait.
Naturellement casanier, Bassan ne quittait ses pénates que pour aller de temps à autre revoir la grande
Venise, et alors il emmenait avec lui ses deux fils François et Léandre, qui, du vivant même de leur père,
faisaient parler d'eux. Là il était reçu par Véronèse, par Tintoret, qui étaient plus encore ses amis que ses
rivaux. Jean-Baptiste Volpato raconte que Tintoret ayant un jour invité le Bassan à dîner, les deux peintres
s'entretinrent longtemps des ouvrages et du génie des grands maîtres, de Raphaël, de Michel-Ange, de Corrége,
du Titien, et qu'à la fin Tintoret ajouta, dans son langage familier : « Vois-tu, Giacomo, si tu avais mon dessin
et que j'eusse ton coloris, du diable si Titien, Raphaël et les autres pourraient se faire voir à côté de nous. »

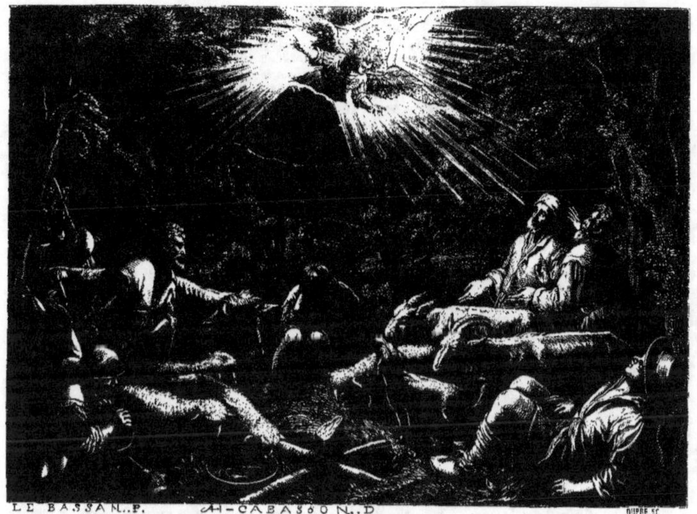

L'ANNONCIATION AUX BERGERS.

Jacques da Ponte mourut à Bassano, d'une fièvre pourprée, en 1592. Ses funérailles furent pompeuses
et honorables : on y vit accourir, un cierge à la main, tous les pauvres de la cité, que le peintre avait
secourus avec une charité inépuisable. Après avoir cultivé la peinture toute sa vie, Bassan parlait de son talent
avec une modestie qui est bien rare quand elle est sincère. Il est toutefois bien peu d'artistes qui aient possédé
mieux que lui ce que j'appellerais la triture de l'art. Rien qu'en décrivant ses diverses manières de peindre,
on formerait un traité des procédés matériels de la peinture. Il avait commencé par fondre ses couleurs et
par unir l'ombre et la lumière sans aucune apparence de reflet comme l'avaient pratiqué avant lui Giorgion,
Palme le Vieux et Titien, se contentant de rehausser les plus grands clairs pour donner aux objets toute la
rondeur désirable. Plus tard, il adopta une manière plus libre, plus heurtée, pleine de savoir et de feu. Ses tons

y étaient à la fois distincts et d'accord; ses touches fières, posées avec une rudesse calculée, se débrouillaient à distance et produisaient un effet merveilleux. Il fut remarquable dans le rendu des chairs qui ont de la morbidesse dans les parties molles, et qui sont polies là où se fait sentir la présence des os. Il semblerait aussi que Bassan eût un secret pour purifier les couleurs, car ses verts brillent comme les élytres d'un scarabée; ses étoffes de satin ont tout l'éclat de la réalité même. Rien de plus beau que ses manteaux rouges, rien de plus flatteur pour l'œil que ses draperies jaunes, qui sont éclairées avec du jaune de Naples, ombrées avec du *giallo santo*, et qui, dans les profondeurs du pli, sont glacées avec un mélange de laque et de bitume... Enfin le Bassan fut, dans la pratique de son art, d'une habileté consommée, ce qui ne l'empêcha pas de dire, à son lit de mort : « *C'est à peine si je commençais à apprendre la peinture.* »

CHARLES BLANC.

RECHERCHES ET INDICATIONS.

Les ouvrages du Bassan sont innombrables, et pour de grandes galeries, il y a plus de honte à n'en pas avoir que de gloire à en posséder. On y retrouve presque toujours, comme nous l'avons dit, les mêmes sujets, les *Mois*, les *Saisons*, les *Festins de Marthe* ou du *Pharisien*, l'*Arche de Noé*, l'*Annonciation aux bergers*, la *Nativité*..., etc.

LE MUSÉE DU LOUVRE renferme dix tableaux du vieux Bassan, dont huit faisaient partie de la collection de Louis XIV et sont décrits dans le catalogue des tableaux du roi, dressé par Lépicié; ce sont l'*Arche de Noé*, où l'on voit, entre autres animaux, deux lions gravissant une planche qui mène à l'arche; le *Frappement du rocher* (Moïse n'y est vu que dans le lointain; sur le devant un homme à cheval à qui l'on présente un vase d'eau); l'*Adoration des bergers*, toile primitivement octogone. que Bassan peignit pour entrer en concurrence avec Véronèse, suivant Ridolfi; les *Noces de Cana*, qui faisaient partie de la collection léguée au roi par Mazarin; *Jésus sur le chemin du Calvaire*; l'*Ensevelissement de Jésus-Christ*; la *Moisson*, la *Vendange*; les *Pèlerins d'Emmaüs* et enfin le *portrait de Jean de Bologne*, qui fut acquis à Florence par le musée Napoléon. Ce portrait est probablement celui que possédait l'historien Baldinucci et dont il parle en ces termes à la fin de sa biographie de Jean de Bologne : « *Dico finalmente che un ritratto al vivo di Gio Bologna, dipinto per mano del Bassan Vecchio..... conserva fra le sue piu care cose quegli che scrive.* »

Nous citerons maintenant les tableaux du Bassan qui sont placés dans les églises d'Italie.

A BASSANO, dans l'église Saint-François. où le peintre fut enterré, on voit une Vierge avec l'enfant, *saint Antoine abbé et saint Jérôme*; une *Fuite en Egypte*: et dans l'église du même nom un *saint Jean* assis: au palais public, dans les lambris. des fresques en camaïeu représentant tous les arts: dans la salle d'audience, une *Suzanne*, la *Femme adultère*, les *Trois jeunes gens* sortant des flammes devant Nabuchodonosor; dans l'église de San-Giuseppe, la *Nativité*, dont Lanzi parle comme d'un chef-d'œuvre d'exécution et de clair-obscur; aux pères *delle Grazie* le tableau de *saint Valentin*; dans l'église Sainte-Catherine. *saint Martin à cheval*.

A VENISE, dans l'église de l'Humilité : *saint Pierre et saint Paul*, tableau exécuté dans la manière heurtée et strapassée qui est la dernière du peintre; à Sainte-Marie-Majeure, l'*Arche de Noé*, et sur les pilastres de l'église les *Quatre-Saisons*, à Saint-George-Majeur. une *Nativité* où l'on voit les pasteurs en adoration, éclairés par la lumière qui émane de l'Enfant-Jésus; au palais Ducal, le *Retour de Jacob*, qui fut peint pour Jacob Contarini et dont il est parlé; enfin dans l'église de Saint-Cristophe à Murano (petite île proche de Venise) un tableau à trois compartiments qui représente *saint Christophe* au-dessous de la *Madone*, entre *saint Étienne* et *saint Jérôme*, *saint Nicolas* et *saint François*.

A VICENCE, au maître-autel des pères de *saint Roch*, le saint qui guérit les pestiférés; dans la salle du conseil de la ville, la *Vierge sous un dais*; à ses genoux sont deux recteurs qui ont d'un côté leurs gens de livrée, de l'autre des archers qui ouvrent les prisons.

A BRESCIA, dans la sacristie des Dominicains, les *Quatre-Saisons* en petit; au collège des nobles, *saint Antoine abbé* et neuf morceaux en forme de frise retraçant la *Passion*.

A PADOUE, dans l'église du Séminaire, dite Santa-Maria-in-Vanzo, un *Ensevelissement du Christ*, tableau touchant et expressif éclairé par des torches. Le peintre a signé cette fois : *Iac. Bassanen. faciebat* MDLXXIV. On trouve encore des tableaux du Bassan à Trévise, à Parme, à Florence, à Milan, à Turin, sans parler des musées d'Allemagne.

Voici quelques prix de vente; mais nous devons prévenir le lecteur que les imitateurs du Bassan ayant multiplié les copies de ses ouvrages, cette circonstance bien connue explique la défiance des acheteurs.

VENTE RANDON DE BOISSET, 1777. — L'*Adoration des Rois*, peinte sur cuivre; 9 pouces de hauteur sur 6; 450 livres.

VENTE PRINCE DE CONTI, 1777. — L'*Adoration des Mages*. Les figures ont 2 pieds de proportion; peint sur toile; 2,440 l.

L'*Enfant prodigue*. Il est prosterné devant son père, qui le reçoit à l'entrée de sa maison; une femme fait la cuisine. Composition de 11 figures de petites proportions; 530 liv.

VENTE DUC DE TALLARD. — Les *Noces de Cana*. Très-belle composition, et capitale, sur toile de 4 pieds de haut sur 6 pieds et demi de large. Le peintre a représenté le moment où Jésus-Christ change l'eau en vin. 11.430 liv. (Il y a erreur peut-être dans ce chiffre, qui nous semble bien considérable comparativement aux autres prix des tableaux de l'école italienne, à l'exception d'un Véronèse, qui est vendu 15,401 l.)

Le *Repas du mauvais riche*. Deux chiens, sur le devant, lèchent les plaies de Lazare; 23 pouces sur 16; 602 liv.

VENTE DIDOT, 1814. — Le *Portement de croix*. Composition très-riche de figures. Sur le premier plan sont les saintes femmes. Petite dimension. 445 francs.

Les tableaux de Bassan qui sont au musée du Louvre ne sont pas signés.

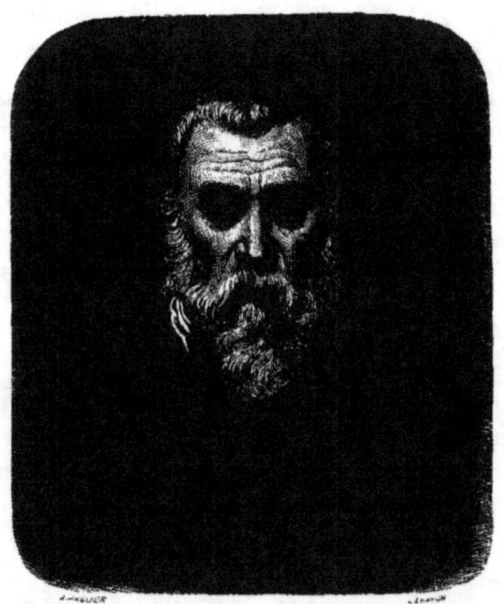

TINTORET (JACOPO ROBUSTI, DIT) ET MARIE TINTORETTA

NÉ EN 1512. — MORT EN 1594. NÉE EN 1560. — MORT EN 1590.

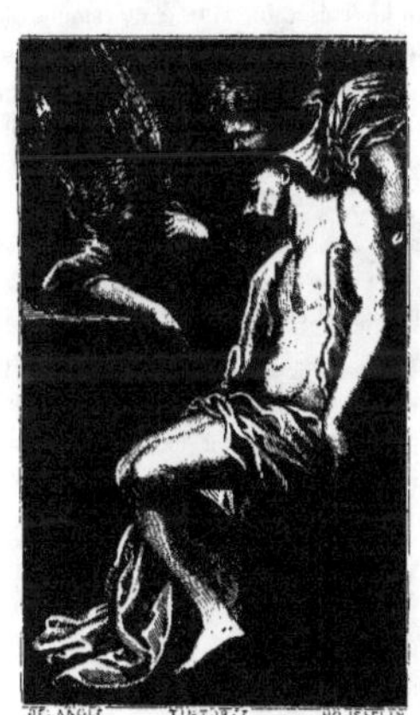

Les Vénitiens disent qu'il y a trois Tintoret : un de bronze, un d'argent et l'autre d'or. C'est exprimer et caractériser on ne peut mieux l'étrange diversité qui se remarque dans l'œuvre de ce maître illustre. Si quelquefois il fit mal, pouvant très-bien faire, ce fut beaucoup de sa faute et un peu l'effet de son tempérament, dont l'ardeur l'entraînait. Toutes les fois qu'il se rendit maître de lui-même, il approcha de la perfection ou du moins il fut un peintre surprenant, ce qui prouve que la réflexion, ou, si l'on veut, la connaissance et le respect des principes, appris ou devinés, est aussi nécessaire au peintre que le génie. Jacopo Robusti, né à Venise en 1512, était le fils d'un teinturier, et c'est de là que lui vint le surnom de *Tintoretto*. Les couleurs dont se servait son père pour la teinture, il les employait, enfant, à peinturer les murailles. Comme il y montrait une aptitude naturelle et une certaine grâce, ses parents consentirent à ce qu'il suivît son inclination et l'envoyèrent à l'école du Titien. Mais, au dire de Ridolfi, ce grand peintre, pressentant un rival futur dans ce jeune homme extraordinaire, le vit de mauvais œil et le renvoya au bout de quelques jours. Resté sans maître à un âge où il ne pouvait encore s'en passer, il résolut d'achever tout seul son éducation en continuant d'étudier les ouvrages du Titien, regardés comme les merveilles de la couleur, et en se formant, pour le dessin, sur les statues de Michel-Ange. Voulant exprimer cette double prédilection, il écrivit sur le mur de sa chambre : « Le dessin de Michel-Ange et le coloris du Titien. » Ce fut désormais sa devise.

Ridolfi, qui a raconté fort au long la vie du Tintoret, nous apprend que ce peintre, tout jeune encore, fit venir à grands frais, de divers endroits, des moulages d'après l'antique, et, de Florence, les réductions modelées par Daniel de Volterre d'après les fameuses statues de Michel-Ange, l'*Aurore et le Crépuscule*, *la Nuit et le Jour*, qui décorent les tombeaux des Médicis à San-Lorenzo. Éclairant à la lampe ces rondes bosses, il se plaisait à les dessiner dans toute l'énergie du relief que produit une telle lumière, et il en contracta une manière forte et ressentie[1]. Il pratiquait ses dessins à la pierre noire et au lavis, rehaussés de blanc, et, sans négliger l'étude de la nature qui n'est jamais belle que par morceaux, dit Ridolfi, il cherchait à combiner les beautés qu'elle lui présentait avec celles que les maîtres ont trouvées ou qu'enseignent les marbres antiques. C'est ainsi qu'il étudiait sur le modèle vivant toutes sortes de mouvements et d'attitudes, surtout les raccourcis, dont il recherchait les variétés à l'exemple de Michel-Ange. Il travaillait également sur le cadavre écorché, pour bien connaître l'insertion des muscles et leurs fonctions et tout le système anatomique du corps humain. Il s'exerçait aussi à modeler des figurines en cire ou en terre, qu'il drapait de chiffons, adaptant les plis de ces draperies aux différents membres ; quelquefois même il construisait avec du bois et du carton de petites chambres percées de fenêtres, et il y groupait ses figurines, observant ainsi le jeu des lumières et des ombres dans un lieu fermé, la dégradation des plans, la perspective. Enfin il attachait à des fils ses modèles de plâtre et il les suspendait aux poutres de son atelier pour les dessiner, vues de bas en haut, dans les postures les plus bizarres, et apprendre à les faire plafonner. L'esprit plein de pensées ou plutôt traversé par toutes sortes d'images, il courait après les occasions de manier le pinceau ; tantôt il s'attachait aux peintres qui décoraient les *banche* à la place Saint-Marc, tantôt il suivait les maçons à la citadelle, espérant trouver à promener ses couleurs sur quelques pans de mur ; et en effet on le vit un jour improviser, autour de l'horloge de la citadelle, des figures de son invention, ou, pour mieux dire, de sa fantaisie. Un artiste dont il aimait la manière de peindre presque autant que celle du Titien, c'était Schiavone. Il lui offrit sa collaboration à titre gratuit, se disant et se croyant assez récompensé par les enseignements qu'il en tirerait.

Le commencement du seizième siècle était l'âge d'or de la peinture à Venise. La ville était remplie de jeunes artistes qui, par émulation, exposaient leurs ouvrages en public, dans la *Merceria*. Tintoret voulut se montrer, lui aussi, à cette exposition : il y envoya deux portraits, l'un de lui-même tenant un morceau de sculpture à la main, l'autre, de son frère jouant de la guitare. Ces portraits avaient été peints la nuit, à la lampe ; ils étaient d'un aspect rembruni et terrible, qui inspira ce distique à un des spectateurs :

> Si Tinctorettus noctis sic lucet in umbris,
> Exorto faciet quid radiante die ?

Malheureusement, il manquait de travaux importants et vastes, et il ne pouvait déployer les ressources de son bouillant génie, les grands ouvrages étant départis à Pordenone, à Palma le Vieux, à Bonifazio et principalement au Titien, qui était alors dans tout l'éclat de sa renommée. Il ne restait au jeune peintre que ce dont les autres n'avaient pas voulu. Les Servites, par exemple, lui donnaient à décorer les portes de leur orgue. Il peignait à Saint-Benoit l'*Annonciation*, la *Samaritaine au puits ;* à Sainte-Anne, la *Sibylle Tiburtine qui montre du doigt à l'empereur la Vierge dans une gloire ;* à la Madeleine, une *Prédication du Christ ;* au Carmine, une *Circoncision* que l'on croyait de Schiavone, tant il s'était bien assimilé la manière de cet habile coloriste ; à la Trinité, quatre morceaux relatifs à la création du monde, enfin dans la *Casa dei Fabri*

---

[1] L'Aurore, il Crepusculo, la Notte e il Giorno, sopra quali fece studio particolare, traendone infiniti disegni a lume di lucerna, per comporre, mediante quelle ombre gagliarde, che fanno que' lumi, una maniera forte e rilevata. Ridolfi, *Delle Maraviglie dell' arte in Venetia*, 1648.

[2] Si Tintoret brille ainsi dans les ombres de la nuit, que sera-ce à la clarté radieuse du jour ?

à l'Arsenal, un *Festin de Balthazar* qui passait pour une de ses plus belles fresques et même pour « un miracle de l'art, » si l'on prend au pied de la lettre les exagérations si naturelles aux biographes italiens.

Pour lui, Tintoret, il attachait du prix à ses peintures de la Trinité. Il y avait représenté, entre autres sujets, *Caïn tuant Abel*, et il expliquait lui-même comment il avait ajouté à la vérité des membres, copiés sur nature, une certaine grâce de contours empruntée des sculptures antiques. Ces attentions délicates étaient chez lui d'autant plus louables, qu'il était tout feu et flamme. Jamais tempérament de peintre n'avait été plus ardent, plus impétueux que celui du Tintoret. Impatient de jeter sa verve sur la toile ou sur le plâtre, il montait aux échafauds des maçons et se recommandait à eux pour qu'on lui confiât la décoration des murailles neuves; car c'était alors la coutume à Venise de peindre à fresque l'extérieur des palais, même des maisons, et souvent c'étaient les maçons qui avaient charge de choisir le peintre[1]. Voyant construire un bâtiment au pont

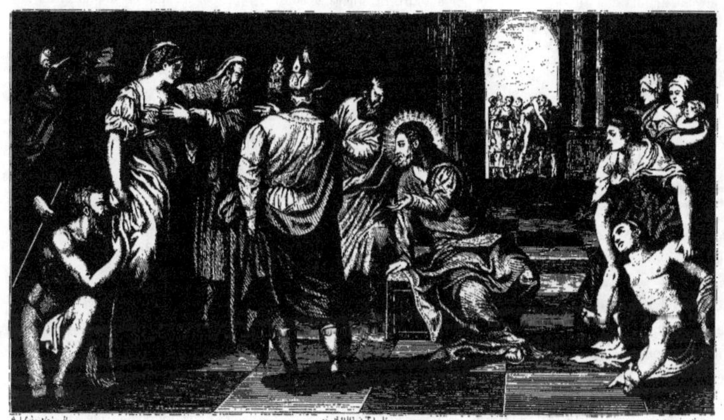

LA FEMME ADULTÈRE.

de l'Angelo, il proposa de le peindre pour le seul déboursé de ses couleurs, et, le croirait-on? il n'obtint cette faveur qu'à grand'peine. Il avait dans la tête une bataille de cavalerie et il voulait se soulager de cette pensée; les doigts lui en brûlaient. Il représenta avec furie des chevaux furieux se précipitant, se mordant et bondissant tout le long d'une frise qui remplissait le bas de la maison et que surmontait une corniche soutenue par des mains feintes en bronze; plus haut, dans le trumeau des fenêtres, il peignit, par un ingénieux contraste, des figures de femmes richement parées et d'une agréable désinvolture.

Comme un athlète qui a besoin d'exercer ses forces continuellement et qui a aussi l'ambition d'en faire montre, Tintoret ne songeait qu'à obtenir des travaux, fût-ce à un prix misérable, et, en dépit de ses confrères, qui l'accusaient avec raison d'avilir la peinture aux yeux du monde, lequel n'estime excellent que ce qu'il paye très-cher, il allait partout offrant ses services là où ils n'étaient pas demandés. C'est ainsi qu'il se présenta au

---

[1] Ragionandone co' muratori, a quali veniva spesso (come alla vita di Schiavone toccammo) dato il carico di provedere del pittore. (Ridolfi.)

prieur de la Madonna dell' Horto, lui proposant de peindre dans la grande chapelle de l'église deux grands tableaux qui devaient couvrir une surface de cinquante pieds en hauteur. Le prieur répondit que le revenu de toute une année ne suffirait pas à une telle dépense. Mais Tintoret, n'exigeant pas autre chose que le remboursement de ses frais matériels, n'eut pas de peine cette fois à décider le prieur, qui, dans la crainte de laisser échapper une aussi belle occasion, fit marché sur-le-champ pour cent ducats. Il fut convenu que les deux tableaux représenteraient l'*Adoration du veau d'or* et le *Jugement dernier*. Ces deux sujets, l'un pompeux, l'autre terrible, lui convenaient à merveille. Ridolfi et Boschini les ont décrits avec complaisance, les trouvant dignes d'une égale admiration. Ici, on promène le veau d'or en grande cérémonie, sur un autel portatif enrichi de pierres précieuses, que suivent une troupe d'hommes en habits de fête et les femmes et les filles des Hébreux portant des rameaux ou frappant sur des cimbales. Parmi elles, on distingue à sa robe d'azur, à son noble port, à sa beauté, une matrone qui montre du doigt l'idole d'or. Il en est qui se dépouillent de leurs bijoux, de leurs pendants d'oreilles, de leurs bagues, pour en faire hommage à la divinité nouvelle, tandis que Moïse, sur un rocher entouré de nuées obscures, reçoit la loi que lui donne l'Éternel, descendu sur un groupe d'anges plein de grâce. Là, au contraire, c'est un horrible spectacle de morts qui ressuscitent et de cadavres qui surnagent sur un fleuve soulevé ; c'est la barque mythologique de Caron remplie de damnés poussés en enfer par une bande de diables monstrueux, pendant que, sur le rivage, sortent de terre des trépassés à demi vivants, dont les bras avaient déjà végété en branches d'arbres, et que d'autres ressuscités, luttant corps à corps contre les démons, sont précipités dans l'abîme... Mais ces inventions d'un cerveau échauffé, ces images enfantées par une verve désordonnée jusqu'à la furie, échappent à toute description, et, s'il faut en croire l'auteur vénitien, l'imagination du lecteur ne saurait les lui représenter telles que les a conçues l'imagination du peintre.

Après avoir visité à Venise le palais ducal, les églises des Saints Jean et Paul, des Frari, du Rédempteur, de San Giorgio Maggiore, et Saint Zacharie, et Saint Sébastien et la Salute, nous nous fîmes conduire à Santa-Maria dell' Horto pour y voir ces peintures de Tintoret qui avaient laissé une trace au fond de notre esprit depuis que nous avions lu les *Maraviglie* de Ridolfi. Mais il nous fut impossible d'entrer dans l'église, qui était fermée en ce moment pour réparations, et qui, du reste, paraissait abandonnée et presque en ruines. Située à l'endroit le plus solitaire et le plus triste du Canareggio, au milieu d'une place où l'herbe poussait depuis longtemps, cette église, bâtie dans le style byzantin par des moines de Citeaux, renferme encore d'autres peintures de Tintoret ; malheureusement toutes ont souffert, toutes ont noirci, et quelques-unes ayant subi l'injure de lourdes restaurations, n'existent plus guère que dans les estampes gravées à Venise par Zanetti et Zucchi, à Paris par Desplaces. Notre guide nous fit savoir que Tintoret et Marie Tintoretta sa fille, avaient été enterrés à Santa Maria dell' Horto. Cela ne fit qu'ajouter au regret que nous éprouvions de trouver les portes closes.

Marie Tintoretta, qui fut si habile dans le portrait et qui eut de son vivant presque autant de renom que son père, n'était pas la fille unique du peintre. Il eut un fils nommé Dominique, qui fut son imitateur et dont les ouvrages abondent à Venise. A en juger par le peu d'argent qu'il demandait de ses peintures, on peut croire que Tintoret avait quelque fortune. Sa femme, du reste, ménagère attentive, y mettait bon ordre. Toutes les fois qu'il sortait, elle lui mettait dans son mouchoir quelques petites pièces de monnaie, et il fallait qu'à son retour l'artiste rendît ses comptes ; mais lui, peu soucieux de son argent, se trouvait toujours l'avoir dépensé. Puis, pour apaiser la terrible Faustina — c'était le nom de sa femme — il lui contait quelque histoire de pauvres gens qui lui avaient demandé l'aumône, d'amis besoigneux qu'il avait assistés ou de prisonniers qu'il était allé voir pour soulager leur misère. Quant à l'argent que devaient lui rapporter ses œuvres, il continuait à faire preuve d'un désintéressement dont se plaignaient tous les autres peintres de Venise. Il n'en était plus toutefois à offrir sa peinture pour rien, et les confréries, les églises, les nobles l'accablaient maintenant de travaux. Des parents qu'il avait dans la confrérie de Saint-Marc, *la Scuola di San Marco*, lui procurèrent la commande d'un tableau qui fut son chef-d'œuvre.

Il s'agissait de représenter en grand (sur une toile de vingt pieds en carré environ) le miracle de saint

Marc délivrant des tortures un esclave chrétien à qui on allait arracher les yeux et rompre les os pour un acte de dévotion envers saint Marc lui-même. Tous ceux qui ont vu Venise se rappellent et n'oublieront jamais ce tableau célèbre, qui est aujourd'hui glorieusement exposé dans les salles de l'Académie, vis-à-vis l'*Assomption*, plus célèbre encore, du Titien. Sans rien perdre de sa verve entraînante, le bouillant Tintoret a mesuré cette fois son élan et calculé très-habilement son audace. La composition, quoique

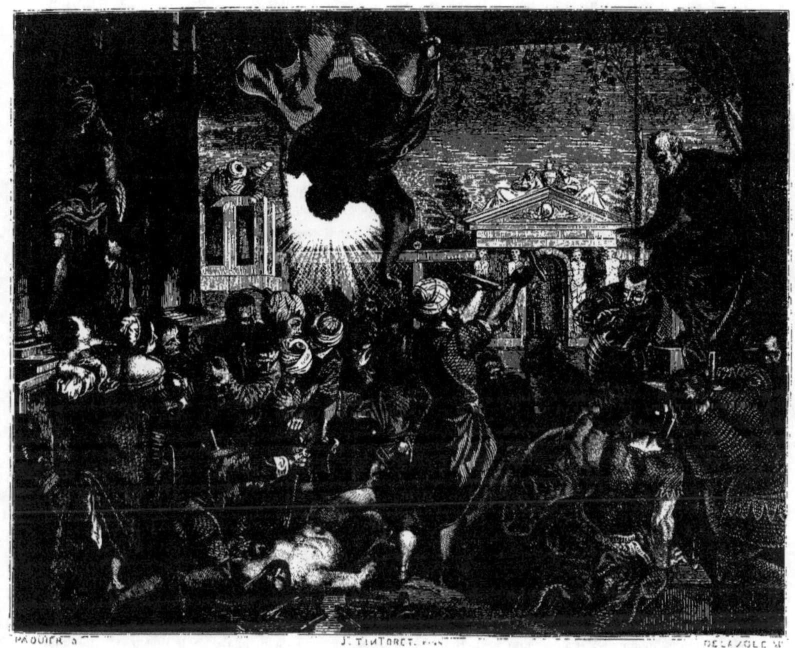

LE MIRACLE DE SAINT MARC.

désordonnée et extravagante en apparence, est fort bien entendue. L'esclave nu, qui est l'objet du miracle, prend la plus vive lumière du tableau, et l'étonnante figure de saint Marc, qui semble tomber des cieux, en est la masse d'ombre la plus vigoureuse, d'autant plus qu'elle est environnée d'une auréole éclatante comme le soleil. Ainsi, les deux principaux personnages du tableau sont ceux que l'on voit les premiers, l'un étant le plus clair, sur un champ de couleurs foncées, l'autre le plus sombre, sur un fond éblouissant. Tintoret a mis là tout son savoir, tout son amour. C'est une œuvre de coloriste qu'aucune autre, même à Venise, ne ferait pâlir. Les tons des étoffes sont fins, rompus et rares. De toutes les figures orientales qui s'approchent pour voir le miracle d'un homme que ses bourreaux ne peuvent martyriser, il n'en est pas une qui n'offre des localités curieuses dans son turban, sa draperie ou sa simarre de soie. Un portique à cariatides donnant sur un jardin, et un ciel lumineux et tendre dont le ton de saphir, glacé d'or, tourne à l'émeraude, complètent ce brillant et délicieux concert de couleurs. L'artiste y a prodigué la vie et le soleil; il y a épuisé l'écrin de sa palette.

Par cette éclatante peinture, Tintoret venait de se placer au premier rang, et il n'était plus possible qu'on ne pensât point à lui pour les grandes décorations du palais ducal. Depuis quelque temps, le sénat de Venise faisait remplacer par de nouvelles peintures celles des anciens artistes, les Guariento, les Gentile da Fabriano, les Vivarini, les Pisanello, dont la manière sèche tenait du style gothique et avait cessé de plaire. Paul Véronèse et Tintoret furent choisis pour peindre en concurrence quelques parties de la salle immense du grand conseil. L'histoire de Frédéric Barberousse, couronné d'abord et ensuite excommunié par Alexandre III, échut à Tintoret. Le premier de ces morceaux lui fut une occasion de déployer toute la pompe de la cour romaine, et d'introduire dans la grande peinture, sans lui ôter sa dignité et sa grandeur, les portraits de quelques personnages contemporains, tels que Stefano Tiepolo, procurateur de Saint-Marc, Daniel Barbaro, l'illustre commentateur de Vitruve, Grimani, patriarche d'Aquilée, et autres seigneurs vénitiens. Mais le tableau de l'*Excommunication* était beaucoup plus selon son goût, parce qu'il y fallait du mouvement, de la violence et du terrible. Entouré de ses cardinaux, le pontife irrité fulminait son excommunication en jetant par terre des chandeliers éteints que la plèbe rassemblée en tumulte se disputait au milieu des coups et des cris; car Tintoret était peintre avant tout, et dans la représentation d'une rixe populaire, il avait vu une ressource supérieure à toutes les convenances. Par malheur, ces décorations de la Salle du grand conseil et un *Jugement dernier*, qu'il avait exécuté dans la Salle du scrutin, furent réduites en cendres par l'incendie qui détruisit une partie du palais ducal en 1577[1].

Mais les ouvrages de Tintoret ne sont pas rares, Dieu merci, surtout à Venise, et une chose bien remarquable, c'est qu'en produisant d'une verve inépuisable un si grand nombre de tableaux à l'huile ou de fresques, le peintre ne laissait pas de s'y préparer en silence, avec beaucoup de soin et d'application. Enfermé dans son atelier, qui était le lieu le plus secret de sa maison, et où la lumière était allumée en tout temps, il employait ses heures de repos à modeler en terre les figures des compositions qu'il projetait; il en cherchait le mouvement, les formes, le relief, et durant son travail il ouvrait rarement sa porte, même à ses amis, ayant une égale aversion pour les importuns et les curieux, et ne voulant ni qu'on troublât ses méditations, ni qu'on surprît les secrets de sa manière. Puis, au sortir de sa retraite, plein de son sujet, tout entier aux images qui avaient pris possession de son esprit, on le voyait peindre avec la fièvre des toiles de vingt pieds, couvrir en quelques jours, comme par enchantement, les plus vastes murailles. Ridolfi raconte qu'un noble vénitien ayant demandé au Tintoret de lui décorer à fresque une maison de campagne, l'artiste, avant de faire son prix, étendit les bras sur le mur pour en prendre la mesure. « Combien y a-t-il de pieds? dit le gentilhomme. — Il y a trois Tintoret, répondit le peintre. »

C'était, en effet, un simple badinage pour un tel homme, du moins en apparence, que d'improviser les plus grandes machines. Il en donna un jour une preuve étonnante à la Scuola di San Rocco. On nomme *scuole*, à Venise, des confréries de dévotion et de charité. Celle-ci, étant immensément riche, avait fait construire par Sansovino un palais magnifique, et elle entendait décorer somptueusement de sculptures en bois et en marbre et de peintures, non-seulement les galeries et les chambres de ce palais, mais les parois d'un escalier auquel on ne peut comparer que les plus beaux du monde. Un concours fut ouvert, et l'on y appela les peintres les plus fameux de Venise, Paul Véronèse, Andrea Schiavone, Guiseppe Salviati, Federico Zuccaro et Tintoret. La chose se passait en l'année 1560 : le vénérable Titien, âgé alors de quatre-vingt-trois ans, était, on le pense bien, hors de concours. Chacun des concurrents devait présenter un dessin et chacun

---

[1] Vasari, qui n'a consacré à Tintoret que deux ou trois pages, parle avec chaleur de l'*Excommunication de Barberousse*. Il la décrit en quelques lignes dans lesquelles se retrouve toute la vivacité de son style toscan.

s'en occupait, lorsque Jacopo, s'étant procuré secrètement la mesure de l'ovale qu'il fallait décorer, en exécuta la peinture avec une prestesse prodigieuse. Dieu le père y recevait saint Roch dans le ciel, au milieu d'une gloire d'anges qui portaient les attributs du bienheureux pèlerin. Le tableau achevé, l'artiste s'entendit avec un servant de la confrérie pour mettre la toile en place, et ils eurent soin de la cacher derrière un grand carton. Le jour indiqué, Paul Véronèse, Schiavone et les autres apportèrent leurs dessins, et comme on demandait le sien au Tintoret : « Voilà, dit-il, ce que j'ai dessiné pour mon compte, » et il découvrit sa peinture, en ajoutant que si elle n'était pas agréée par la corporation de Saint-Roch, il en faisait don au saint

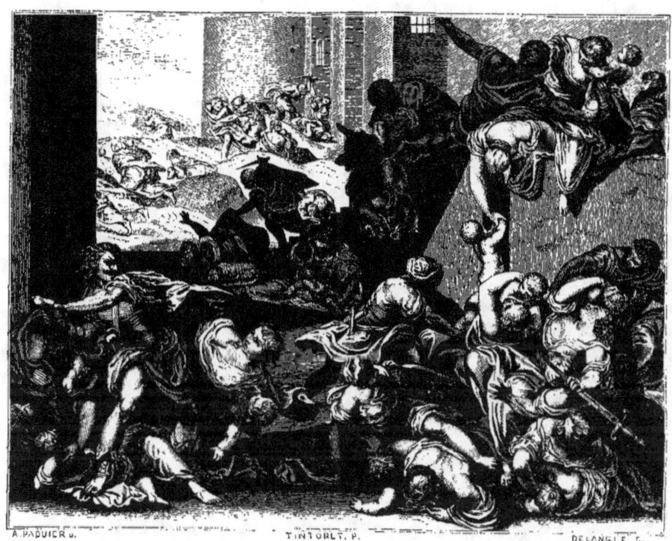

LE MASSACRE DES INNOCENTS.

titulaire, auquel il avait depuis longtemps une particulière dévotion. A la vue d'une toile aussi chaudement brossée et toute brillante de fraîcheur, les peintres retirèrent leur dessin et s'accordèrent pour abandonner le prix à un concurrent qui l'avait si vaillamment emporté et de haute lutte. Cependant, quelques-uns des frères, mécontents d'avoir la main forcée, prétendaient enlever la peinture qu'on avait placée là sans leur ordre; mais comme ils n'avaient pas le droit, selon leurs statuts, de refuser un don fait à saint Roch, ils finirent par accepter le tableau du Tintoret, en lui constituant une rente viagère de cent ducats, à la charge par lui de terminer les décorations qui restaient à peindre dans la Scuola. C'est par allusion à cette rente viagère que l'artiste disait quelquefois dans sa vieillesse : « Je voudrais bien encore avoir mille ducats à vivre ! »

Le temps, il faut le dire, a beaucoup diminué le lustre des décorations de ce palais. Dans la galerie du rez-de-chaussée soutenue par des colonnes, un gondolier qui nous servait de guide à Venise, nous montra huit grandes toiles de Robusti, qui sont maintenant si détériorées et si noires qu'elles n'offrent plus aucun intérêt. Le clair-obscur en est complétement détruit : la lumière manque ou abonde. On nous fit monter ensuite par un escalier royal, dont toutes les marches sont sculptées, pour nous faire voir dans un large palier deux morceaux de prix : une *Annonciation* du Titien, tableau gracieux et délicat, ouvrage de sa jeunesse, et une *Visitation* du Tintoret, un peu rembrunie, mais d'une agréable et vigoureuse couleur. La seconde rampe de l'escalier présente sur ses parois de grandes toiles en forme de trapèze, peintes par deux artistes de mérite, Antonio Zanchi et Pietro Negri, qui ressemblent, chose singulière, à nos Jouvenet et à nos Restout. Vient ensuite une vaste et belle salle, entièrement peinte par Tintoret, l'universel, l'infatigable et le fatigant Tintoret. Mais le voyageur est dédommagé en entrant dans une grande pièce carrée qui est en retour d'équerre ; là est le *Crucifiement*, peinture célèbre, qui occupe tout le mur faisant face à la porte. Elle est datée de 1565 : l'artiste avait alors cinquante-trois ans. Voici les notes que nous écrivîmes sur le lieu même, en présence du tableau :

« L'ensemble de ce grand drame est une masse sombre, rayée de lumières blafardes. Il y a du Michel-Ange dans certaines désinvoltures fières, surtout dans les figures de bourreaux qui se tourmentent eux-mêmes pour tourmenter les victimes, et Rubens s'en est souvenu lorsqu'il a peint le pendant de sa *Descente de croix*. Une multitude de personnages remplissent les premières places aussi bien que les lointains de cette grande machine, où Tintoret a su ménager un large espace dans la partie supérieure, de manière à augmenter encore le mouvement de la foule par le contraste que forme la tranquillité d'une montagne spacieuse et nue. Parmi tant de figures improvisées de pratique, et dont les gestes, les attitudes, les airs de tête, présentent fort peu de choix, il est un groupe d'une beauté tout à fait admirable, c'est le groupe des saintes femmes au pied de la croix. Celle qui est couchée de profil et sur laquelle s'appuie la Vierge évanouie, est une figure qui ferait honneur aux plus grands maîtres. L'aspect du *Crucifiement*, d'ailleurs, est sinistre, comme devait l'être celui d'une pareille tragédie. Quant à l'exécution, elle est fougueuse, fiévreuse, violente : c'est l'ouvrage d'un Titien qui serait ivre de couleurs[1]. »

Du vivant de Tintoret, le *Crucifiement* de la Scuola di San Rocco fut gravé par Augustin Carrache, qui, en sa qualité d'académicien bolonais, ne manqua point d'altérer un peu le caractère du tableau. Pour traduire fidèlement cette composition compliquée et terrible, il aurait fallu en graver d'une pointe mâle une rapide eau-forte, vigoureusement mordue par places et d'un travail libre, sans trop de propreté ni de pureté dans le contour. Mais Augustin, dont le talent était correct et consciencieux comme celui de son frère, a reproduit le *Crucifiement* au burin, d'une taille ferme, précise, qui change un peu la physionomie du peintre. Il est probable que les toutes premières épreuves tirées de la planche, quand elle n'était pas encore ébarbée — je n'en ai jamais vu de pareilles — répondaient mieux à la coloration et au faire du Tintoret. Il faut dire, au surplus, que si la gravure de Carrache ne donne pas une idée de l'exécution entraînante du peintre, elle rend du moins très-heureusement ce qu'il y a de savoureux, de *gustoso*, comme disent les Vénitiens, dans la peinture du maître, circonstance remarquable, parce qu'il est extrêmement difficile, avec un burin très-coupant et très-poli, dont toutes les indications sont nettes, d'imiter la chaleur des coups de pinceau, l'onction et les rehauts de l'empâtement. D'autres estampes d'Augustin, d'après Tintoret, sont encore meilleures. On y sent bien que le graveur a rectifié ce qu'il y avait de trop lâché dans l'original et de bavocheux ; mais, au premier coup d'œil, on reconnaît que le modèle appartenait à l'école vénitienne. Sans tomber dans les extravagances et les tournoiements prétentieux de Goltzius, le graveur bolonais a su donner à ses cuivres, par des travaux précieusement choisis qui enveloppent les formes et ne tournent qu'à propos, un intérêt optique et matériel qui est l'équivalent de la belle manière de Tintoret, de celle qui est d'*argent* ou d'*or*. Quand l'estampe du *Crucifiement* fut achevée, Augustin en porta naturellement une épreuve au peintre, qui, transporté de joie, sauta au cou du graveur. La vérité est que celui-ci n'a jamais rien fait de mieux que ses planches d'après Jacopo.

[1] *De Paris à Venise, Notes au crayon*, par M. Charles Blanc. Paris. Hachette et Renouard. 1856.

La Scuola di San Rocco touche à l'église de ce nom. Çà et là on y voit apparaître des taches de clair dans la nuit. Ce sont encore des morceaux du Tintoret, mais pour le coup, de son pinceau de bronze. Ces peintures, comme celles de la vaste salle qui précède le *Crucifiement*, et qui est remplie des étonnantes sculptures en bois de Pianta et du fameux Brustolon, ces peintures, dis-je, sont un peu trop faites à la grosse, et le métier vraiment y tient plus de place que l'art. Du reste, les censures ne manquèrent pas à l'auteur. Il était particulièrement dénigré par les amis du Titien, qui conservait toujours contre son ancien élève une jalousie secrète, ou, pour dire mieux, un sentiment d'antipathie prononcé, car un peintre de sa force ne devait être jaloux de personne. Tintoret, sensible à la louange, l'était plus encore aux railleries de ses critiques, dans lesquels il affectait de voir les flatteurs de son maître. Il était surtout irrité contre l'Arétin,

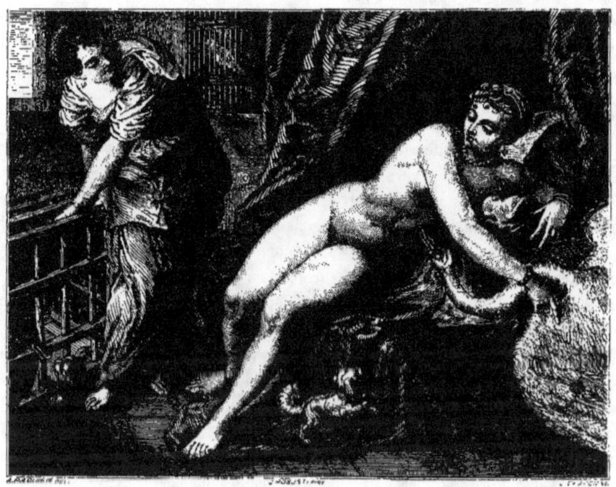

qui l'avait mordu plus d'une fois de ses satires après avoir été son admirateur. Au sujet du *Miracle de saint Marc*, il avait partagé l'enthousiasme des Vénitiens et s'en était exprimé vivement dans une lettre qui nous a été conservée. « Votre tableau, disait-il au peintre, a arraché les applaudissements de tout le monde. Il n'y a point de nez, si enchifrené qu'il soit, qui ne sente la fumée de l'encens qu'on brûle pour lui : tout dans cette toile paraît animé et vrai, plutôt que feint et imité... Que vous seriez heureux si vous pouviez tempérer l'ardeur de votre génie et modérer par un peu de patience votre vitesse dans l'exécution[1]. » Si depuis, l'Arétin changea de langage, cela se conçoit et s'explique, sans qu'on ait besoin d'en accuser la bassesse de son âme. Il est certain, en effet, que le peintre du *Miracle de saint Marc* ne s'éleva jamais plus à la hauteur de cet éblouissant ouvrage, et que souvent, au contraire, il descendit jusqu'à la peinture de pacotille. Quoi qu'il en soit des prétentions de l'Arétin, il s'était rangé parmi les censeurs de Tintoret, et, du reste, il n'était pas homme à négliger cette façon de plaire au Titien, qui sollicitait pour le licencieux

---

[1] Lettre soixante-cinquième du tome III du *Recueil des lettres sur la Peinture*, publiées d'abord en italien, traduites plus tard en français.

poëte, le croirait-on? un chapeau de cardinal! Un jour, Tintoret ayant rencontré l'Arétin, l'aborda d'un air souriant et lui proposa de lui faire son portrait, disant qu'il espérait ainsi aller à l'immortalité en compagnie de son modèle. La proposition fut accueillie sans défiance, et l'Arétin se rendit à l'atelier du peintre. A peine fut-il en place pour la pose, que l'artiste, d'un air furieux, tira de dessous sa veste un grand pistolet... « Ciel! que faites-vous, Jacopo? s'écria le poëte épouvanté, qui voyait le moment de rendre ses comptes. — Rassurez-vous, dit Tintoret, je veux seulement prendre votre mesure; et, après l'avoir toisé de la tête aux pieds : Vous avez deux pistolets et demi. — Ah! je vous reconnais bien là, reprit l'Arétin, un peu calmé, vous en faites toujours à votre tête. » Mais, depuis ce jour-là, il se le tint pour dit, et, coupant court désormais à ses médisances, il jugea prudent d'être l'ami de ce terrible homme, lui, l'Arétin, si redoutable et si redouté.

Pour ce qui est du Titien, il ne revint jamais de ses préventions contre Tintoret et souvent il fut injuste envers lui. Les procurateurs de Saint-Marc voulant faire peindre le soffite de la Bibliothèque bâtie par Sansovino, avaient chargé Titien de choisir les artistes à qui on devait confier ces décorations et de leur distribuer les travaux. Le peintre octogénaire partagea la besogne entre Véronèse, Schiavone, Battista Zelotti, Battista Franco, Salviati et d'autres, mais il prononça l'exclusion du Tintoret. Ce jugement sembla si dur aux procurateurs, que plus tard ils accordèrent à Jacopo de peindre autour des murs, en concurrence avec Salviati et Véronèse, quelques figures de philosophes grecs. Lui, il se piqua d'honneur, et, pour faire honte au Titien de sa partialité, il mit toute son application à un *Diogène*, qu'il représenta nu et assis, les jambes croisées, le menton appuyé sur un bras qui s'appuie lui-même sur la cuisse, et comme un penseur plongé dans une méditation profonde. Le dessin en était serré, la couleur fière et le personnage était modelé avec tant de force, si bien éclairé et d'un tel relief, qu'il ne paraissait pas tenir à la niche dans laquelle il était peint.

Inégal autant que possible, tantôt négligé jusqu'au scandale et maniant le pinceau comme un balai, tantôt amoureux de son œuvre et capable d'atteindre par moments à la perfection, Tintoret est un de ces hommes de qui l'on peut dire, sans injustice, beaucoup de mal et beaucoup de bien. L'histoire doit condamner à l'oubli les toiles de pacotille qu'il a multipliées, celles qui, devenues lourdes et noires, se cachent d'elles-mêmes dans les ténèbres; mais elle doit mettre en lumière ses belles peintures, celles dont la couleur moins roussie, moins cuite, laisse voir des nudités savantes, un dessin osé, des lignes un peu recherchées et capricieuses, suggérées par l'horreur de la platitude, une manière généreuse et franche qui est exquise quand elle est contenue. La France a possédé quelques morceaux précieux peints par Tintoret dans les heureux moments de son âge d'or : c'étaient, entre autres, une *Léda* et la fable de Junon et Hercule enfant, ou la *Voie lactée*, qui appartenaient au duc d'Orléans, régent, et qui sont maintenant en Angleterre. Du même faire sont les *Neuf Muses* de la galerie de Charles Ier, conservées aujourd'hui dans le palais de Hamptoncourt. Nous avons vu, à l'exhibition de Manchester, en 1857, ces immenses toiles, peintes de grande manière, avec une science facile et une fierté sans négligence. Recouvrir d'une couleur titianesque des figures dessinées dans le goût de Michel-Ange, aux contours ressentis, aux attitudes contrastées et tourmentées, revêtir de lumière et d'ombre des personnages qui présentent d'un côté de grandes lignes, de l'autre beaucoup de mouvement, telle fut la pensée du Tintoret, telle fut, nous l'avons dit, sa devise, noble devise, qui lui inspira ses meilleures œuvres et qui a éclaté quelquefois en magnificences pittoresques. Je vois encore la Junon de la *Voie lactée*. Élégante et superbe, elle est jetée en diagonale dans le tableau. De ses mamelles gonflées jaillissent des fontaines de lait qui vont inonder le ciel et y former des myriades de mondes. « La *Voie lactee*, disions-nous alors, est une peinture qui touche à l'excellent. Elle est sans doute bizarre de lignes et maniérée en haine du trivial; mais grand Dieu! la belle couleur! Elle est nourrie et néanmoins riche et toutefois transparente, discrète, claire et cependant profonde[1] ».

Quelle que soit la place qu'on assigne au Tintoret, il est un maître et même de premier ordre dans un genre où Titien l'avait précédé, il est vrai, et où il a quelquefois égalé ce grand homme, le portrait. C'est la pierre de

---

[1] *Les Trésors de l'art à Manchester.* Paris, Pagnerre, 1857.

touche des maîtres, le portrait, car il s'agit là de se mesurer avec la nature vivante pour y saisir non-seulement les
accents de la vie, mais les secrets de la pensée; d'y voir tout ensemble la ressemblance réelle et la physionomie
morale; d'y retrouver l'essence primitive à travers les alliages qui l'ont altérée ou les accidents qui la
défigurent; il s'agit enfin d'en dégager un caractère et, s'il se peut, d'y découvrir ou d'y imprimer l'image de
la beauté. Tintoret a été sur ce point, en quelques rencontres, comparable aux plus forts. Par exemple, son
portrait du doge Mocenigo, qui est à Venise dans le musée de l'Académie, est un chef-d'œuvre. Le doge
respire une dignité naturelle et simple. L'imitation des chairs y est voulue et frappante, mais poursuivie sans
petitesse. L'exécution, quoique serrée, conserve de l'ampleur; la couleur est d'une richesse contenue et sans
tapage. On est en présence d'un homme qui va parler, d'un esprit qui pense. Il en est, au surplus, des portraits

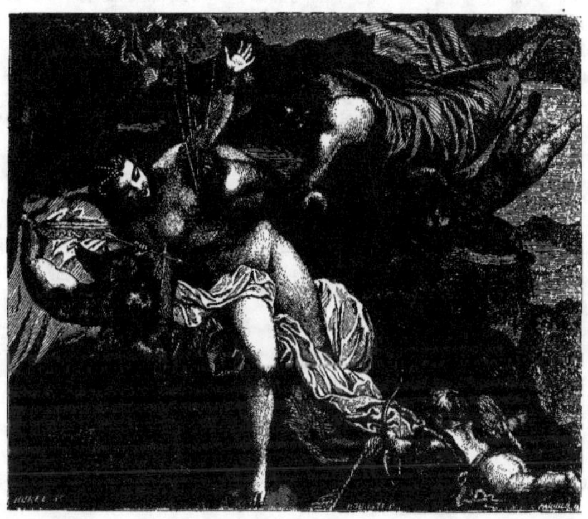

LA VOIE LACTÉE.

de Robusti comme de ses toiles religieuses ou mythologiques : bien qu'il y ait apporté plus de soin qu'à ses
autres ouvrages, on l'y trouve parfois un peu banal et inférieur à lui-même. Mais un portrait comme celui
de Mocenigo, qui était doge lorsque Tintoret le peignit, suffisait à établir la réputation de l'artiste en ce genre.

En 1574, lorsque Titien, âgé de quatre-vingt-dix-sept ans, ne maniait plus le pinceau que d'une main
tremblante, *senescente manu*, Tintoret, vaillant encore, était en possession de peindre les personnages
importants ou illustres qui vivaient ou qui passaient à Venise, et il n'avait plus de concurrent à redouter dans
la personne de Paris Bordone qui était mort depuis quatre ans et qui avait excellé aussi dans le portrait. Or,
en cette année-là, Henri III, qui venait d'abandonner le trône de Pologne pour la couronne de France, vint à
Venise et y fut reçu avec toute la magnificence que déployait en pareil cas l'opulente et sérénissime
république. Un arc de triomphe, érigé sur le Lido par Andrea Palladio, le célèbre architecte, dut être orné de
peintures en camaïeu, pour lesquelles furent choisis, entre autres peintres, Paul Véronèse et Tintoret. Celui-ci,
qui avait résolu de saisir au passage le portrait du roi, ne prit pas le temps d'achever ses figures, et pria

Véronèse d'y mettre la dernière main ; puis il dépouilla sa robe, revêtit le costume des écuyers du doge et se glissa parmi eux sur le *bucentaure* qui s'avançait à la rencontre du royal visiteur. Muni de pastels, il fit au vol, pour ainsi dire, un petit croquis du roi, et, revenu chez lui, il transporta le croquis sur la toile, mais de grandeur naturelle, et il en prépara la peinture. Quelques jours après, devenu l'ami du commandeur de Bellegarde, trésorier du roi, il fut introduit par ce courtisan, qu'on appelait le *torrent de la faveur*, dans la chambre du roi, qui permit au peintre de retoucher et de finir son portrait d'après nature. Cependant, comme le roi se plaisait à le voir travailler, la porte s'ouvrit tout à coup et un ouvrier de l'arsenal entra hardiment, tenant à la main un portrait de Henri III, qu'il avait pris, disait-il, pendant que Sa Majesté dînait à l'arsenal Sur ce, un des chambellans, blessé d'un tel manquement à l'étiquette, ayant saisi la toile de l'ouvrier, la déchira d'un coup de poignard et la jeta par la fenêtre dans le canal ; et cela fut l'occasion d'une scène qui interrompit la séance et empêcha le peintre de terminer son portrait de Henri III comme il l'aurait voulu [1].

A cette occasion, Tintoret avait observé que le roi, à mesure qu'on lui présentait tels ou tels gentilshommes, les frappait légèrement sur l'épaule du plat de l'épée avec certaines cérémonies. « Que signifient ces cérémonies, dit l'artiste à Bellegarde ? — Cela signifie que chacun des personnages ainsi touchés de l'épée est créé chevalier du roi, et vous pouvez vous attendre à recevoir le même honneur, car j'en ai parlé à Sa Majesté, qui connaît votre renommée et votre talent. » Mais, soit modestie, soit fierté, Tintoret ne voulut pas d'un titre qui lui semblait compromettre son indépendance, ou le tirer de sa condition de plébéien au sein de laquelle il avait pu, sans croix ni titre, se faire un grand nom.

Tout le bonheur qu'il pouvait désirer, le fils du teinturier Robusti le trouvait dans son art et dans sa famille. Spirituel, humoriste, prompt à inventer des facéties, il aimait à plaisanter la donna Faustina sa femme, et il trouvait un malin plaisir à inquiéter son avarice. D'ordinaire il s'habillait comme les gentilshommes vénitiens, en simarre de taffetas. Les jours de pluie, sa femme le suppliait de ne pas promener dans la boue de si beaux habits qui seraient bien vite usés si on ne les ménageait. « J'en aurai soin, disait le peintre, et s'il vous plaît de vous mettre à la fenêtre, vous verrez, quand je passerai le pont, comme je sais marcher proprement (*mi vedrete caminar pulito*). Et, en effet, en montant le pont, il relevait sa robe par derrière et la laissait traîner par devant. « Que fais-tu, malheureux ? criait Faustine de sa fenêtre, ta simarre est déjà toute crottée. » Alors, Tintoret relevait sa robe par devant et la laissait traîner par derrière, de sorte qu'il arrivait au logis sale des deux côtés, et c'était un continuel sujet de désespoir pour la pauvre dame Faustine. Quant à la fille du peintre, Marietta Tintoretta, elle faisait la joie de son père par sa grâce et aussi par son talent, car elle avait appris à peindre, et elle savait faire un portrait aussi bien que les meilleurs artistes de son temps. Habillée en garçon jusqu'à l'âge de quinze ans, elle accompagnait son père partout où il allait, et personne ne la croyait fille. Avant de se marier, elle avait déjà peint des portraits remarquables, notamment celui de Marco de Vescovi et de son fils Pierre, et celui de Jacob Strada, antiquaire, attaché à la cour de l'empereur Maximilien. L'empereur, à qui Strada offrit ce portrait comme un morceau précieux, en fut ravi, si bien qu'il fit proposer au Tintoret d'envoyer sa fille exercer son art en Allemagne sous la protection impériale. Mêmes instances lui furent faites de la part de Philippe II, roi d'Espagne, et de l'archiduc Ferdinand ; mais le peintre ne voulant à aucun prix se séparer de sa fille, préféra la marier à Venise avec un joaillier nommé Mario Augusta.

Marietta avait appris la musique et le chant d'un excellent professeur de musique, Giulio Zacchino, et elle s'accompagnait sur le clavecin de manière à charmer les dames vénitiennes, qui recherchaient sa compagnie et venaient poser dans son atelier. Les orfèvres du Rialto, qui étaient les confrères de son mari, lui avaient fait peindre leurs portraits, et du temps de Ridolfi, on en voyait encore quelques-uns à Venise, mais beaucoup ont été perdus au dix-septième siècle, par la faute des familles qui n'en avaient pas connu le prix. Tintoret, à l'âge de soixante-dix-huit ans, en 1590, eut l'affreuse douleur de voir mourir dans ses bras cette charmante

---

[1] Le portrait de Henri III dont il est fait mention dans ce passage du biographe italien fut donné par le roi au doge Louis Mocenigo, et il fut longtemps conservé dans la famille de ce nom. Nous ne savons si cette famille existe encore.

fille qu'il adorait et qui n'avait encore que trente ans; il la fit ensevelir à Santa Maria del Horto et y

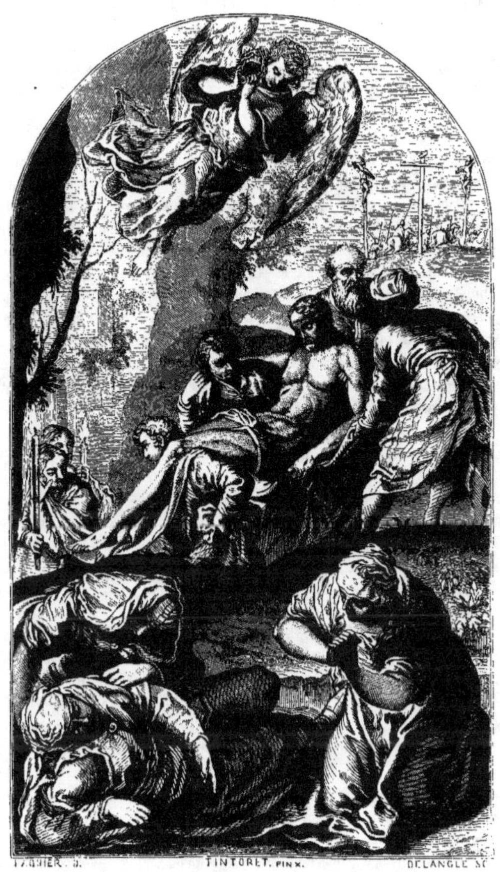

LE CHRIST PORTÉ AU TOMBEAU

prépara lui-même sa sépulture à côté d'elle. Ceux qui ont vu à Gênes ou ailleurs des peintures de Sophonisbe
Anguisciola, peuvent se faire une idée assez juste des portraits peints par la fille du Tintoret. En général et
en tout pays, les femmes qui ont tenu le pinceau, l'ont manié avec mollesse et n'ont produit que des ouvrages

cotonneux, sans vigueur, sans caractère. Il n'en est pas de même de Marietta Tintoretta : elle a eu quelque chose de l'énergie paternelle; elle l'a imité, non pas dans sa furie, mais dans sa force modérée; elle a été, en un mot, un bon peintre au milieu d'une école qui, sur la fin du seizième siècle, conservait encore de la séve et de l'éclat.

Venise, en ce beau siècle, était pour les artistes un séjour de délices, et Tintoret y était le plus heureux des hommes avant la mort de sa fille. Prospère, opulente et victorieuse, la République élevait partout des monuments d'architecture qu'il fallait décorer, la Salute, San Giorgio Maggiore, le Rédempteur. La ville · était riche, brillante, sensuelle; l'existence y était facile et tous les talents y étaient employés, honorés; aussi, les peintres vénitiens de ce temps-là n'eurent-ils jamais envie d'émigrer. Le seul voyage que fit Tintoret durant sa longue vie fut celui de Mantoue. Le duc Guillaume, qui le connaissait et qui avait obtenu de le voir travailler à son chevalet, avait eu la pensée de lui commander, pour son palais ducal à Mantoue, huit grandes peintures décoratives où seraient représentées la journée de Taro, gagnée par François de Gonzague, à la tête des Vénitiens, et d'autres victoires remportées par la République, enfin la cérémonie dans laquelle l'empereur Charles-Quint avait érigé le marquisat de Mantoue en duché. Les peintures achevées, l'artiste fut invité, de la part de Gonzague, à les venir placer dans le palais ducal. Mais Tintoret s'excusa, disant que sa femme avait l'habitude de le suivre partout et qu'il lui serait impossible de voyager sans elle. « Qu'à cela ne tienne, répondit le représentant de Gonzague, vous pouvez amener à Mantoue votre femme et les vôtres. » En effet, un petit *bucentaure*, bien muni de munitions et de vivres, vint prendre Tintoret avec sa famille et le conduisit à Mantoue. L'accueil qu'il y reçut fut magnifique. Le duc, après l'avoir consulté sur les édifices qu'il projetait (car les grands peintres d'alors étaient tous entendus en architecture) voulut le retenir à sa cour; mais l'impatient Jacopo ne pouvait souffrir aucune chaîne, fût-elle d'or et de pierres précieuses, *benche fregiate d'oro, e di gemme*. Ses travaux, d'ailleurs, rappelaient le peintre à Venise.

La République avait encore des victoires à célébrer, anciennes ou récentes. La salle du scrutin attendait les *batailles* qu'on y devait peindre, la *Prise de Zara*, qui avait été le grand fait d'armes de Marino Faliero, et la *Bataille de Lépante*, que les Vénitiens, commandés par don Juan d'Autriche, venaient de gagner contre les Turcs, en 1571. Le vieux Titien Vecelli s'était chargé de ces peintures avec l'aide de Salviati. Tintoret, qui aurait voulu brosser à lui seul toutes les toiles et couvrir tous les murs de Venise, eut recours à un moyen qui déjà lui avait réussi. Il se rendit au palais ducal, obtint une audience du doge et du conseil et leur offrit ses services, disant qu'il n'ambitionnait pas d'autre récompense que la gloire d'être utile à son pays; qu'un an lui suffirait pour mener à fin les décorations projetées, et qu'à l'expiration de ce délai, augmenté d'une année, il enlèverait ses toiles si un autre en apportait de meilleures [1]. Ce délai d'un an, qui était une évidente allusion aux lenteurs qu'il faudrait subir avec un artiste accablé sous le poids des années, comme l'était Vecelli, décida sans doute les impatients sénateurs. A peine Tintoret eut-il l'adhésion du conseil, qu'il se mit à l'œuvre et donna le jour aux innombrables figures qui obsédaient sa pensée, depuis qu'il avait ouï raconter la bataille de Lépante. Les soldats furieux, la mer agitée, les éclairs de la mousqueterie et du canon qui servaient à marquer les plans du tableau, les galères turques prises à l'abordage, les costumes orientaux formant une variété pittoresque dans cette mêlée terrible, écumante, sous un ciel orageux, dont les nuages semblaient continuer la bataille; enfin, les portraits au naturel de don Juan d'Autriche, commandant la flotte, de Sébastien Veniero, général des Vénitiens, d'Augustin Barbarigo, qu'on voyait pleurer du sang par un œil crevé d'un coup de flèche, tout cela fit l'admiration du sénat et l'étonnement du Titien; mais il n'en reste que les pages animées de Carlo Ridolfi depuis l'incendie de 1577. Ce qu'on peut voir encore dans la salle du scrutin, ce que nous y avons vu, c'est la *Prise de Zara*, l'une de ces toiles compliquées et bruyantes, dont l'action, l'entrain, l'emportement ne se peuvent guère décrire ni par la parole, ni par la plume. On peut dire que dans ces sortes de représentations, Tintoret, possédé par le génie des batailles, met sa peinture à l'unisson et semble, lui aussi, monter à l'assaut. Cette *Prise de Zara* est pleine de mouvement, de feu, d'élan et de

Ne haverebbe levato prontamente il suo quadro, se un migliore ne fosse riposto. (Ridolfi.)

tapage. Ici, les assiégeants ont avancé près du rempart une grande bastide, d'où ils sortent munis d'échelles
et armés jusqu'aux dents ; là, dans l'espace qui fait le fond du tableau, on aperçoit aux prises les troupes
du roi de Hongrie qui étaient venues secourir la place révoltée, et l'armée des Vénitiens, dont l'infanterie
serrée affronte les charges de cavalerie, sous une nuée de flèches que font pleuvoir des bandes d'archers,
pendant que les galères de la République vomissent de nouveaux combattants qui vont faire un horrible
carnage des Hongrois Mais le peintre, sur ces confuses mêlées, a soin de détacher çà et là quelque figure
pittoresque, comme, par exemple, celle d'un archer qui décoche une flèche avec une élégance naturelle, et
qui forme un épisode agréablement pittoresque dans ce poëme tumultueux, dont l'héroïque désordre est

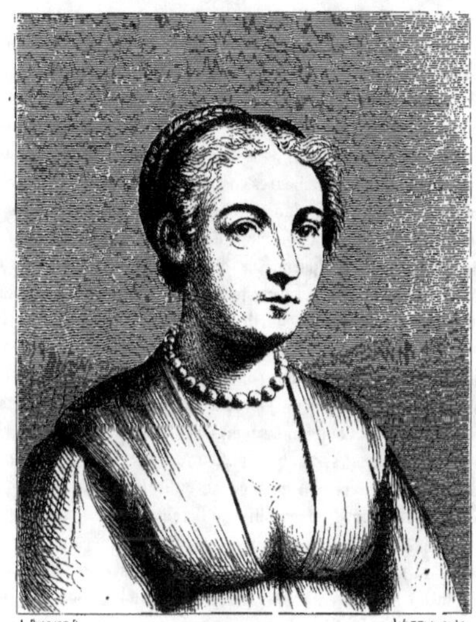

TINTORETTA.

augmenté par des cavaliers en fuite, des armures brisées, des roues en pièces, des enseignes déchirées et
perdues, qui remuent encore la composition et en achèvent la terreur.

Il nous souvient qu'un abbé grisonnant qui nous conduisait dans le palais ducal, nous fit remarquer que
le portrait de Marino Faliero ne se trouvait pas dans la *Prise de Zara* (qui aurait dû l'immortaliser autant
que sa mort tragique), le sénat ayant défendu au Tintoret de peindre l'effigie de ce traître, dont la tête avait
été coupée par le bourreau, *decapitati pro criminibus*. Il me souvient aussi de la réponse que je fis au
custode : «Si le doge avait trahi la République, était-ce une raison pour la République de trahir à son tour la
vérité ?»

On passerait un mois entier au palais ducal à contempler les innombrables peintures qui s'y trouvent.
Toute l'école vénitienne y est pompeusement représentée, à l'exception de Titien, dont on ne voit là qu'un

saint Christophe colossal peint à fresque au bas d'un escalier. En somme, les maîtres qui se disputent l'admiration du visiteur, et qui en sont vraiment dignes, sont Paul Véronèse, Palme le Vieux, Battista Zelotti, de Vérone, et Tintoret. Bien qu'en général, Véronèse l'emporte sur tous par la gaîté et l'opulence, la finesse et le blond de son coloris, Tintoret l'a surpassé peut-être, ou du moins égalé, dans une des peintures qui décorent la Salle du grand conseil. Le compartiment central du soffite, qui a la forme d'un parallélogramme, est un *Triomphe de Venise*, par Tintoret, voisin d'un autre *Triomphe de Venise*, par Véronèse. A côté d'un coloriste aussi brillant et aussi rare, Jacopo a fait effort cette fois pour concilier le ressort de l'ensemble avec la transparence des ombres et soutenir la concurrence d'un voisin redoutable, par des tons curieux, reflétés et d'une harmonie piquante. Le groupe d'en haut, Venise entourée de figures volantes et de cercles d'or, est tout à fait charmant. La draperie de Venise est d'un bleu rompu et fané. Au-dessous, le doge da Ponte et des sénateurs reçoivent les hommages des vaincus. Un grand escalier à trois faces conduit au trône. Les types des plus fiers bourgeois de la cité de Saint-Marc, des plus fins diplomates vénitiens et un historiographe replet occupent la partie inférieure, qui est sombre, car le tableau s'obscurcit à mesure que la composition descend. *Opera di gran carattere*, nous disait l'abbé grisonnant, notre custode.

Bien qu'il en reste encore un nombre incroyable, beaucoup d'ouvrages de Tintoret ont péri par le feu ou par la négligence des fabriques, ou bien sont devenus méconnaissables, tantôt par le fait des restaurations, tantôt par la mauvaise qualité des couleurs, qui, dans les ombres, ont tourné à l'encre. Heureusement que des graveurs habiles nous ont conservé ses meilleures compositions, notamment le *Christ porté au tombeau*, qu'il avait peint à San Francesco della Vigna, dans la chapelle des Bassi, et qui a été parfaitement rendu par Lucas Kilian, d'un burin mâle et serré. Une troupe d'Allemands et de Flamands étaient venus dans ce temps-là s'établir à Venise. On remarquait parmi eux ce Lucas Kilian, dont nous venons de parler; Jean Sadeler, qui avait amené avec lui son frère et deux jeunes neveux, dont l'un fut Egidius Sadeler, si connu des amateurs; Jean Rottenhamer, de Munich; Martin de Vos, natif d'Anvers, et Paolo Franceschi, c'est ainsi que son nom avait été italianisé par les Vénitiens, qui l'appelaient aussi *Paolo Fiamingo*, Paul le Flamand. Ces hommes du nord avaient été éblouis par le génie impétueux de Tintoret. Quelques-uns d'entre eux, qui arrivaient de Rome, étant allés le voir un jour, lui montrèrent des académies dessinées à la sanguine avec beaucoup de propreté et de fini. « Combien de temps vous a-t-il fallu, leur dit Tintoret, pour dessiner ces morceaux? » L'un répondit : huit jours, l'autre : dix, un autre : quinze. « Vraiment, dit Tintoret, on ne pouvait y passer moins de temps » et, prenant un pinceau qu'il trempa dans le noir, il fit à l'instant et en quelques coups, *in breve colpi*, une figure en grisaille qu'il rehaussa de blanc, d'une touche sûre et fière ; puis, se retournant vers eux, il leur dit : « Nous autres, pauvres Vénitiens, nous ne savons dessiner que de cette manière. » Nos Flamands furent stupéfaits d'une telle prestesse, et la plupart, pleins d'admiration, entrèrent dans son école. Martin de Vos, en particulier, devint l'ami de son maître, et les Sadeler furent pour lui de très-utiles graveurs, parce qu'ils traduisirent ses ouvrages sans trop charger leurs planches de travaux, et qu'en les tenant claires, ils en ont écarté le défaut qui attriste aujourd'hui les peintures originales, je veux dire le noir opaque des ombres.

Du reste, parmi les graveurs de Tintoret, il y en eut quelques-uns d'Italiens tels que Odoardo Fialetti, bolonais, qui, élevé dans son école, a laissé une assez bonne estampe in-folio des *Noces de Cana*, peintes par le maître dans le réfectoire des *Padri Crociferi*, et qui sont aujourd'hui placées dans la sacristie de la Salute, en face des fenêtres. Nous avons vu ce tableau célèbre, il perd à être réduit; nous y avons retrouvé le vrai Tintoret, le grand Tintoret de l'Académie des Beaux-Arts, et sa façon magistrale de composer et de peindre. La disposition du tableau est hardie, et le clair-obscur en est fort intéressant. La table s'enfonce dans la perspective et se couvre d'une vive lumière qui fait briller les mets du festin et rayonner les visages des convives. A droite, ce tableau est enveloppé d'une heureuse demi-teinte, où l'on distingue les serviteurs qui portent les pains et les viandes et qui versent l'eau changée en vin, avec des mouvements dont l'élégance conserve encore un certain naturel. La peinture de ce grand morceau est plus fine, plus discrète qu'à l'ordinaire, et mieux conservée. Lorsqu'elle décorait le réfectoire des Pères qui l'avaient commandée, cette peinture y produisait une illusion charmante, parce que la perspective observée dans le tableau, en faisant la continuation du réfectoire, et en perçant la muraille, figurait comme une rallonge où les bons pères voyaient assis à leur table le Christ et la Vierge avec les disciples de Galilée, qui buvaient fraternellement le vin du miracle.

Pour dire tous les travaux du plus fécond des peintres vénitiens, l'espace nous manque et peut-être la patience du lecteur nous manquerait-elle aussi. Mais nous ne pouvons passer sous silence une des plus étonnantes machines de cet artiste inépuisable : c'est la *Gloire du Paradis*, qui occupe dans l'immense

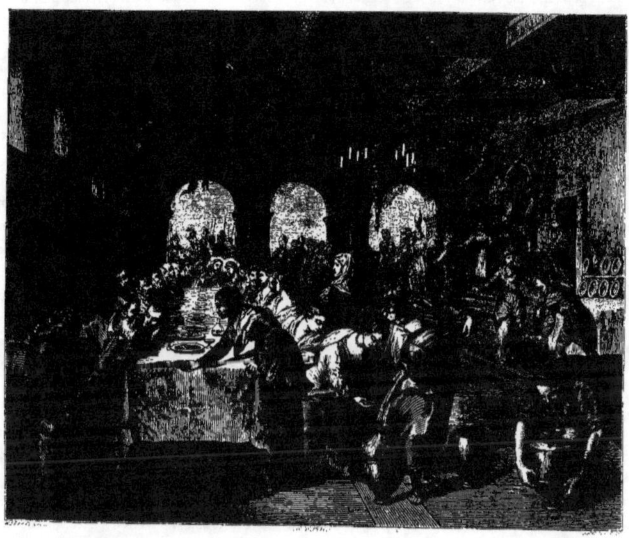

LES NOCES DE CANA

Salle du Grand-Collége, au palais ducal, le seul des quatre murs qui ne soit pas percé de fenêtres, le côté où trônait le doge. Si les ombres n'en étaient pas devenues si épaisses, une telle peinture, avons-nous dit dans les *Notes au crayon*, aurait quelque chose de sublime ; mais ce ciel sans transparence, dont les lumières mêmes sont d'une couleur basanée et cuite, a plutôt l'air d'un érèbe éclairé que d'un paradis. Quatre cents figures se mêlent et se remuent dans cette composition démesurée, les unes entièrement nues, les autres drapées, mais drapées uniformément d'un rouge banal et d'un bleu dur qui forment (aujourd'hui du moins) autant de taches en quelque sorte symétriques. La manière est intrépide, un peu lâchée et surmenée, mais en somme elle est magistrale. Les modèles ne sont pris ni dans la nature ni dans l'idéal ; ils sont dessinés de

★ ★ ★

pratique pour la plupart, et n'offrent, en général, que des airs de tête sans beauté, sans individualité, sans finesse. Les anges s'agitent comme des diables, et le tout, assez rude d'exécution et peu riche de pensées, est très-imposant néanmoins par la masse, le mouvement et le nombre. C'est l'image saisissante d'une multitude en l'air, d'une cohue dans les cieux, ou, pour mieux dire, dans le purgatoire. Le fougueux peintre n'était pas homme à mettre du calme et de la sérénité, même dans le paradis. Il était vieux, cependant, quand il peignit cette décoration, qui a trente pieds de haut sur soixante-quatorze pieds de large, et qui aurait consumé trente ans de la vie d'un autre. Les artistes vénitiens et les sénateurs admiraient une telle générosité de pinceau dans un vieillard; ils ne revenaient pas de leur surprise de voir un si grand ouvrage mené à bien en si peu de temps, car il n'y mit guère plus de trois ou quatre ans, l'ayant commencé vers la fin de 1588, plusieurs mois après la mort de Véronèse, et l'ayant terminé, avec la seule collaboration de Dominique, son fils, bien avant 1594. La Seigneurie émerveillée lui demanda quelle récompense il désirait, mais il ne voulut ni fixer lui-même le prix de son travail, ni accepter celui qu'on lui assigna, le jugeant, dans sa modestie, trop considérable.

Avant d'être posée et marouflée sur la muraille, la toile avait été divisée en plusieurs morceaux et peinte dans la Scuola della Misericordia, le seul endroit de Venise qui pût servir d'atelier pour une pareille besogne. La composition du sujet, Tintoret la chercha et la retourna de plusieurs manières. Une des esquisses qu'il en fit est au Louvre, — c'est probablement celle que possédaient à Vérone les comtes Bevilacqua et dont parle Ridolfi; — une autre est à Venise dans un des palais de la famille Mocenigo[1]. Il prit modèle pour les attaches des muscles qui devaient se montrer dans certains mouvements de ses figures aériennes; il copia aussi fidèlement les habits des religieux qu'il se proposait de canoniser, et il suivit l'ordre des Litanies pour la disposition des personnages, mettant, au milieu du ciel, la Vierge en prière devant son Fils; rangeant ensuite, autour du trône de Dieu, les anges et les archanges; puis, des deux côtés, les apôtres, les évangélistes, les martyrs, les confesseurs, les vierges. Enfin, pour diviser les groupes et en rompre la monotonie, il eut soin d'introduire çà et là de petites figures d'enfants qui, par le tendre de leurs carnations, formaient une diversion agréable, un gracieux repos.

Primitivement, le *Paradis* avait été confié à Paul Véronèse, qui devait l'exécuter en compagnie de François Bassan; mais comme les styles de ces deux artistes étaient trop différents pour être associés dans une même œuvre, et que d'ailleurs Véronèse mourut avant d'y avoir mis la main, on dut faire un autre choix, et Tintoret, malgré son grand âge, fut jugé seul capable d'une aussi colossale entreprise. Un jour qu'il en causait avec des sénateurs : « Accordez-moi le paradis dans cette vie, leur dit-il, car je ne suis pas bien sûr de l'obtenir dans l'autre. » Il était connu, du reste, à Venise, pour la promptitude de ses réparties et la vivacité de son caractère peu tolérant. Comme il travaillait à cette toile du *Paradis*, il reçut la visite de quelques évêques et de quelques nobles qui, le voyant promener sa brosse brutalement et à grands coups, lui demandèrent pourquoi Jean Bellin, Titien et autres, prenaient soin de finir leurs peintures, tandis qu'il rudoyait les siennes (*strapazzava il mestiere*). « Cela tient, leur dit-il, à ce que les vieux peintres opéraient à leur aise, n'ayant personne autour d'eux qui leur rompît la tête. » Une autre fois, il vit entrer chez lui un mauvais plaisant qui lui dit : « J'ai entendu parler de vous, et j'éprouve le désir d'avoir mon portrait de votre main; mais, comme je suis un peu rustre, j'aimerais être peint dans quelque posture extravagante. — Eh bien ! répondit Tintoret, allez-vous-en trouver le Bassan, il vous peindra au naturel. »

A l'âge de quatre-vingt-deux ans, Tintoret tenait encore la palette. La confrérie des marchands, les églises de Sainte-Marguerite et de Sainte-Catherine eurent ses derniers ouvrages. Peu de jours avant sa mort, qui arriva le 19 mai 1594, il commençait une suite de dessins pour exprimer les fantaisies et les pensées qui occupaient encore son esprit. Ainsi, la mort seule put éteindre la flamme de son génie. Mais, quels que fussent ses dons naturels, Tintoret ne laissa pas de travailler toute sa vie et de se faire de temps à autre écolier pour rester toujours maître. Maître, il l'a été de premier ordre, quand il a pu, selon

---

[1] *Notice des tableaux du Louvre* (école italienne), par M. Villot.

le mot du président de Brosses, ordonner sans furie, dessiner sans rudesse et colorier sans noirceur. Prompt à céder aux entraînements de sa verve, il eut soin de préluder à ses improvisations par des études approfondies. Coloriste parfois merveilleux, comme il le fut dans le *Miracle de saint Marc*, il eut cependant une prédilection marquée pour le dessin, pour l'anatomie, pour la justesse des emmanchements et des mouvements. Sa science acquise, et son extrême facilité à s'en souvenir, ne l'empêchèrent point de consulter la nature là où il craignait de la mal connaître, et malgré l'ardeur d'un tempérament qui paraissait

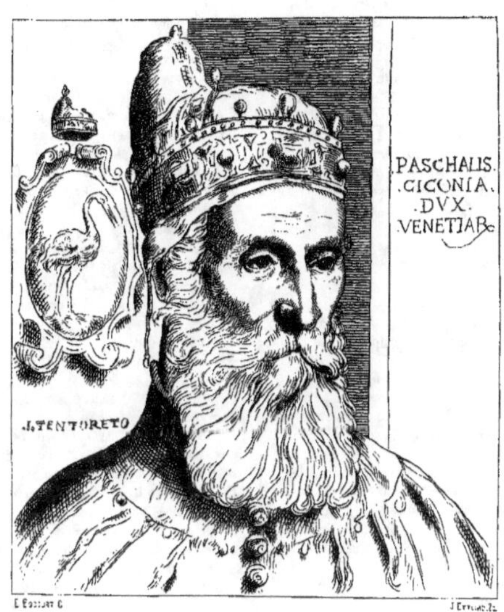

LE DOGE PASCHALIS CICONIA . fac-similé d'une eau-forte de Tintoret .

indisciplinable, il sut jusqu'au bout s'assujettir à l'observation des formes et au respect de la vérité, sacrifiant avec esprit le détail à l'ensemble, c'est-à-dire la petite vérité à la grande. C'est de lui, de cet homme qu'on eût dit impatient de tout frein, qu'est ce mot remarquable : « Les plus belles couleurs sont le noir et le blanc, parce qu'elles donnent le relief aux figures par la lumière et par l'ombre. » C'est lui, enfin, qui répondit à Fialetti, son élève, lui demandant ses derniers conseils : « Dessinez, dessinez encore et toujours dessinez. »

CHARLES BLANC.

L'œuvre du Tintoret est immense; nous ne pouvons indiquer ici que ses principaux ouvrages.

Musée du Louvre. — *Suzanne au bain.* Elle est assistée de deux femmes, dont l'une la peigne, l'autre lui coupe les ongles.

Le *Christ entre deux anges.* C'est le petit tableau gravé ici en tête de chapitre.

Le *Paradis*, esquisse de 3 m. 62 sur 1 m. 43. C'est une composition différente de celle qui est au palais ducal à Venise.

Portrait du Tintoret. Il a les cheveux courts, la barbe blanche. Il est signé Jacobus Tentoretus, pictor venetius.

Portrait d'homme, à longue barbe. Il est chauve, vêtu d'une robe noire; il tient un mouchoir d'une main, un bonnet de l'autre.

Venise.—Au palais ducal, dans la salle du grand-conseil, le *Paradis*, composition de 10 mètres de hauteur environ sur 24 de large. Dans le compartiment central du plafond, un *Triomphe de Venise* et divers octogones, entre autres la *Prise de Gallipoli*, la *Victoire de Contarini sur l'Asserato*, la *Défaite de Sigismond d'Este*, la *Défense de Brescia*, etc.

A la Libreria, un *Diogène* et d'autres figures de philosophes.

Dans la salle du scrutin, la *Prise de Zara*, fait d'armes de Marino Faliero.

Dans la salle *delle quattro porte*, tout le soffite.

A l'Académie, le *Miracle de saint Marc.* C'est le chef-d'œuvre du maître.

A la Scuola di San Rocco, huit grandes toiles détériorées et noircies; dans l'escalier, une *Visitation*; dans la grande salle d'en haut, où sont les sculptures en bois de Brustolon, toutes les peintures sont du Tintoret; dans la salle de l'Albergo, le grand *Crucifiement*, morceau capital, daté de 1565 (il est gravé par Augustin Carrache); puis un *Saint Roch ravi au ciel*; enfin, dans l'église attenante à la Scuola, diverses peintures, entre autres la *Piscine*, gravée par Valentin Lefebvre. Les peintures de San Rocco ont été gravées aussi par Carrache, Lucas Kilian et Gilles Sadeler.

A la Salute, les *Noces de Cana*, qui sont ici reproduites. C'est un des plus beaux tableaux du Tintoret. Il a été gravé par Fialetti. Plus une *Ascension de la Vierge.*

A la Madonna dell'Orto, l'*Adoration du veau d'or* et le *Jugement dernier*; sur les portes de l'orgue, la *Présentation de la Vierge au temple*, et dans la chapelle des Contarini, le *Miracle de sainte Agnès.*

A San Mosè, un *Jésus lavant les pieds des apôtres.*

A San Francesco della Vigna, le *Christ porté au tombeau.* C'est la très-belle peinture qui est gravée par Kilian et reproduite dans la présente notice.

A Santa Maria Giubenico, le *Seigneur planant dans l'air*, avec les figures de *Sainte Justine* et de *Saint François de Paule.*

A San Benedetto, une *Annonciation* et la *Samaritaine.*

A San Giovanni e Polo, deux *Mises en croix* et deux *Vierges avec des saints*, la *Victoire de sainte Justine.*

A San Severo, le *Crucifiement*, ouvrage remarquable.

Aux Procuratie Vecchie, deux tableaux de l'histoire de saint Marc et *Saint Joachim chassé du temple.*

A San Silvestro, le *Baptême du Christ*, beau morceau du maître.

Au Magistrato del Sole, cinq portraits de sénateurs dans des niches.

A Santi Gervaso e Protaso, une *Cène*, gravée par Sadeler et par Lovisa; la *Tentation de saint Antoine*, gravée par Augustin Carrache.

Au Redentore, la *Flagellation du Christ* avec une gloire, et l'*Ascension du Christ.*

Aux Jésuites, une *Assomption*, qui a été gravée par Savisa, et dans la sacristie, une *Circoncision*, dans la manière de Schiavone.

A San Felice, une *Madone* avec cinq saints, dans le goût de Jean Bellin; un *Christ au jardin*, une *Cène*, une *Annonciation* et un tableau représentant *Saint Demetrius armé.* Morceau rare.

Aux Dismesse, trois tableaux : les *Mages*, la *Présentation au temple* et la *Femme adultère.*

A San Giorgio Maggiore, une *Résurrection* et plusieurs portraits de sénateurs, une *Lapidation de saint Étienne*, la *Manne au désert*, le *Couronnement de la Vierge* et la *Cène.*

On voit encore une *Cène* du Tintoret à Santa Ermacora et une autre à San Simon Profeta.

Rome. — Il y a un tableau du Tintoret au palais Salviati; un portrait de doge au palais Corsini, et divers morceaux dans l'église San Marco et au palais Chigi, et un *Christ chez le Pharisien* au palais Doria.

Florence. — Au palais Pitti, neuf tableaux ou portraits, entre autres une *Descente de croix*, une *Résurrection*, une *Madone* et l'*Amour né de Vénus et de Vulcain*, et le portrait de Vincenzo Zeno.

Gênes. — Une *Conception de la Vierge* dans l'église Saint-François.

Naples. — Au musée Bourbon, une *Vierge au milieu d'un chœur de chérubins.*

Turin. — A la galerie royale, le *Christ sur la croix*, à mi-corps, avec le Père éternel et des anges.

Munich. — A la Pinacothèque, une petite *Nativité*, un *Ecce Homo* en figurines et *Madeleine chez Simon.*

Vienne. — Au Belvédère, sept portraits d'hommes, parmi lesquels on distingue celui de Sébastien Veniero; un *Portement de croix* de petite dimension, mais excellent, et une *Suzanne surprise par les vieillards.*

Dans la galerie du comte Czéánini, un portrait de doge.

Dresde. — Dans la galerie, une *Vierge glorieuse* adorée par des bienheureux : elle est connue sous le nom de *Vierge au croissant*; un *Parnasse*, où sont rassemblées les Muses et les Grâces, avec Apollon; un *Concert champêtre* exécuté par des femmes nues; un *Portrait de vieillard assis*, écoutant un jeune homme penché sur son fauteuil.

Berlin. — Au Musée, deux portraits de procurateurs de Saint-Marc et un groupe de trois seigneurs priant devant l'image de saint Marc.

Madrid. — On ne compte pas moins de trente-quatre morceaux du Tintoret au Musée de Madrid, dont plusieurs portraits, entre autres celui de Sébastien Veniero; mais nous pouvons affirmer qu'il ne s'y trouve rien de capital, rien de comparable aux belles œuvres de Venise, et que dans le nombre il y a quelques répétitions et quelques copies.

PARIS — IMP. POITEVIN, RUE DAMIETTE

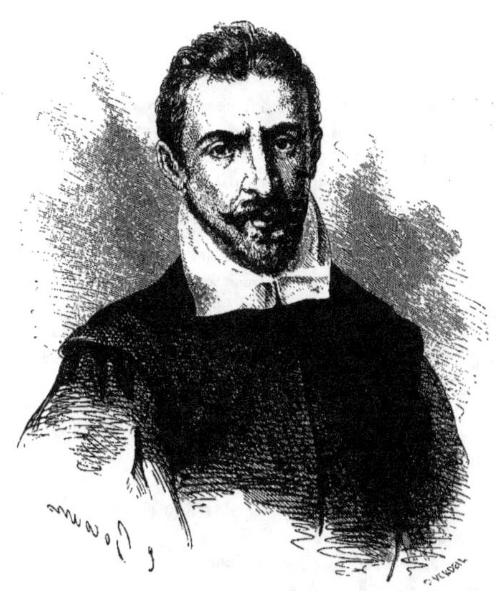

GIUSEPPE PORTA, DIT SALVIATI

NÉ VERS 1520; MORT EN 1575.

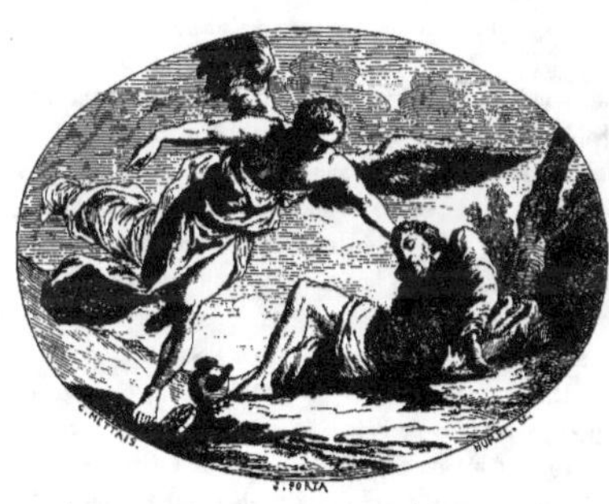

Contemporain de Vasari, mais de quelque dix ans plus jeune que lui, Giuseppe Porta a été mentionné très-honorablement, par cet illustre biographe, dans la vie de Francesco de' Rossi, dit Salviati, peintre florentin. Les deux pages que Vasari a consacrées à Porta, et qui renferment en raccourci presque toute la vie de ce dernier, ne parurent que dans la seconde édition des *Vite de' Pittori*, c'est-à-dire en 1568. Giuseppe avait alors quarante-huit ans environ, étant né vers 1520, à Castelnuovo della Garfagnana. Cette date de 1520 n'est qu'approximative. Elle est établie sur ce fait qu'en l'année 1535 Giuseppe Porta était un *giovanetto*, ce qui, sous la plume d'un Italien, signifie un garçon de quatorze à quinze ans.

En cette année 1535, Giuseppe Porta, au dire de Vasari, fut conduit à Rome par un vieux parent, qui était secrétaire de Mgr Onofrio Bartolini, archevêque de Pise, et qui entra en arrangement avec Francesco de' Rossi, dit Salviati, pour mettre l'enfant sous sa direction. En peu de temps Giuseppe apprit de son maître non-seulement à bien dessiner, ce qui était de rigueur chez les Florentins, mais à bien manier les couleurs. De même que Francesco de' Rossi avait été surnommé Salviati, du nom du cardinal Salviati, son protecteur, de même Giuseppe Porta prit le nom de son maître et fut appelé Salviati. En voyageant de Rome à Florence, de Florence à Bologne et de Bologne à Venise, Francesco avait été suivi par Giuseppe, qui était attaché comme élève à sa personne, et l'on peut dire, selon les usages du temps, à son service (*creato*).

Lorsqu'ils arrivèrent à Venise, le maître et son disciple furent accueillis avec affabilité par le patriarche Grimani, pour lequel ils avaient sans doute une recommandation, et qui s'occupait alors de faire décorer les murs et les plafonds de son palais, où Camillo Mantovano avait peint des guirlandes de fleurs et de fruits, et Minsocchi de Forli quatre tableaux relatifs à la fable de Psyché. Sur l'invitation du patriarche, Francesco Salviati se mit immédiatement à l'œuvre, et peignit dans un octogone, au milieu de ces quatre tableaux, une composition représentant Psyché entourée d'hommages et encensée comme une déesse, morceau d'une grande beauté, que Vasari, dans sa partialité pour les Florentins, déclarait être le plus bel ouvrage de peinture qu'il y eût dans tout Venise, « *la più bella opera che sia in tutta Venezia.* » Ce n'est pas ici le lieu de noter ce qu'il y a d'excessif en un tel jugement, que l'on peut du reste reviser aujourd'hui, car le tableau de *Psyché* est, je crois, encore à sa place, dans le palais Grimani, devenu l'hôtel des Postes. Quoi qu'il en soit, Giuseppe Porta, ayant noué de hautes relations parmi les gentilshommes vénitiens, par l'entremise de Grimani et de son maître, résolut de se fixer à Venise et d'en faire sa patrie[1]. Cette ville lui plaisait autant qu'elle avait déplu à Francesco Salviati. Celui-ci se trouvait sans doute mal à l'aise, lui dessinateur excellent, au milieu d'une école où la couleur passait avant le dessin. Il éprouva donc un irrésistible désir de retourner à Rome, et vers l'année 1541 il se sépara de Giuseppe, qui, s'étant marié à Venise, ne voulait pas, au contraire, en sortir.

Lanzi a remarqué judicieusement que le séjour de Venise pouvait être plus favorable à un dessinateur que ne le pensaient Vasari et son ami Francesco Salviati, puisque Giuseppe Porta y avait si bien réussi. Giuseppe, en effet, tenait par son éducation à l'école florentine et par ses habitudes à l'école romaine, qui l'une et l'autre dédaignaient le coloris et recherchaient, on le sait, la finesse du contour, le grand goût du dessin, la pureté, le style. Très-jeune encore, puisqu'il n'avait guère que vingt ans, le second Salviati devait naturellement subir l'influence d'une école que dominait Titien, où brillait Véronèse, et c'est ce qui lui arriva. Tout en conservant un dessin serré, voulu et ressenti, chargé dans l'accentuation des muscles, Giuseppe observa les coloristes, s'enquit de leurs secrets et s'efforça de concilier la beauté du ton avec la sévérité des lignes et des formes. Ce mélange de deux éléments dont l'accord est si difficile fut regardé à Venise comme un hommage rendu à l'école indigène par un Romain que ses préjugés abandonnaient. Cela le fit bien venir de tout le monde.

C'était alors un usage très-répandu que de faire peindre l'extérieur des maisons aussi bien que l'intérieur. Salviati, qui, élevé à Rome, était fort habile à manier la fresque, peignit dans ce procédé, si familier à l'école romaine, la façade du palais des Loredani, au Campo San Stefano, et celle du palais Bernardi, à San Polo, et ses fresques furent jugées belles et de bonne manière. On admirait surtout la façade d'une maison située derrière San Rocco; mais, à vrai dire, un artiste qui était avant tout savant dessinateur devait exceller plutôt à peindre en clair-obscur, parce que l'unité du ton fait mieux triompher le choix des formes et des mouvements et cette dignité du dessin qui est déjà le style. Aussi Giuseppe fit-il de préférence en camaïeu les grandes peintures dont il décora trois autres façades, l'une à San Moisè, l'autre à San Cassiano, la troisième à Santa Maria Zebenigo. Malheureusement ces peintures, ainsi que toutes les autres fresques extérieures exécutées à Venise, ont péri par l'action de l'air salin qui règne sur les lagunes. La disparition de ces beaux ouvrages nous fait juger convenable de conserver la courte description qu'en a écrite Ridolfi, au dix-septième siècle, lorsque le temps ne les avait pas encore détruits. La plus belle

---

[1] Fu allievo di Francesco Salviati Giuseppe Porta da Castelnuovo della Garfagnana, che fu chiamato anche egli, per rispetto del suo maestro Giuseppe Salviati. Costui *giovinetto*, l'anno 1535, fu condotto in Roma da un suo zio segretario di monsignor Onofrio Bartolini, arcivescovo di Pisa, fu acconcio con Salviati, appresso il quale imparò in poco tempo non pure a disegnare benissimo, ma ancora a colorire ottimamente. Andato poi col suo maestro in Venezia, vi prese tante pratiche di gentiluomini, che, essendovi da lui lasciato, fece conto di volere che quella città fosse sua patria. E così presa moglie vi è stato sempre e ha lavorato in pochi altri luoghi che a Venezia. Vasari, *Vita di Francesco detto Salviati, pittore fiorentino.*

fresque de Salviati, celle du palais Lorédan, au Campo San Stefano, représentait Lucrèce avec ses suivantes, au moment où survient son mari; Clélie traversant le Tibre avec ses compagnes, malgré les sentinelles du roi Porsenna; Mutius Scevola tenant sa main dans le brasier. Les couleurs employées par Salviati étaient agréables et vives, même du temps de Ridolfi, et produisaient l'effet d'une peinture à l'huile. Cela tenait, dit cet écrivain, à ce que Giuseppe, curieux d'alchimie, rencontrait parfois dans ses bocaux et ses cornues des couleurs que le hasard des mélanges y avait formées, et il s'en servait habilement pour sa fresque, utilisant

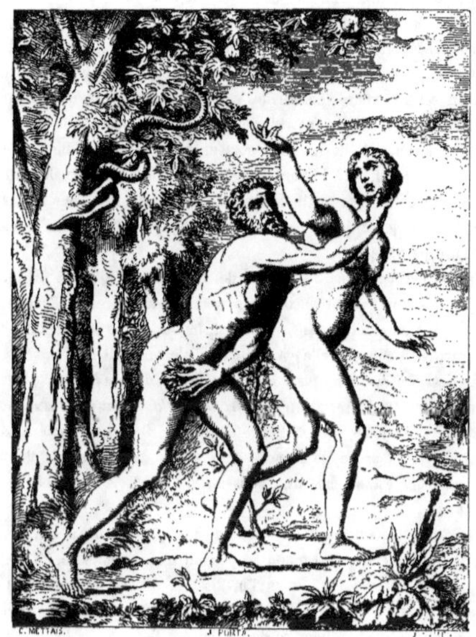

ADAM ET ÈVE (Musée du Louvre).

ainsi sa curiosité pour les sciences naturelles. Six ovales avaient été ménagés au décorateur dans les trumeaux de l'entre-sol. Il y peignit les quatre Vertus cardinales et deux figures de Fleuves à l'ocre jaune (*terretta gialla*), et il relia le tout par des arabesques et des festons de fleurs et de fruits; ces festons, traversant des cartouches, étaient imités avec une vérité et une vivacité rares. Aussi dit-on que, pour le rendu de ces accessoires, Salviati fut aidé par un certain dal Zallo, qui possédait un talent tout spécial en ce genre d'ornementation, et qui, depuis, obtint des travaux considérables. Toutes ces choses seraient aujourd'hui précieuses pour nous, et le vernis des siècles y ajouterait du prix, mais les Vénitiens, accoutumés à voir sur tous les murs de pareilles fresques, y attachaient beaucoup moins d'importance. Ridolfi nous apprend que la façade du palais Bernardi, où l'on admirait Endymion échangeant d'amoureux regards avec Diane, Vénus en pourparler avec l'Amour, et Bellérophon aux prises avec la Chimère, fut détruite par le propriétaire du palais, pour faire place à des fenêtres qu'il voulait percer.

Le vieux Titien, qui était alors à Venise le patriarche de l'art, vit de bon œil le jeune Florentin à demi converti aux pratiques vénitiennes, et il le prit en affection. Lorsque le sénat eut chargé le grand peintre de choisir les artistes qui devaient décorer la Bibliothèque de Saint-Marc, dont la voûte écroulée venait d'être reconstruite par le malheureux Sansovino et à ses frais[1], Salviati fut le premier désigné sur la liste dressée par Titien, liste où figuraient, nous l'avons dit ailleurs, Paul Véronèse, Battista Zelotti, Zuane de Mio, Giulio Lizzini, Romain, Battista Franco et Andrea Schiavone. Chacun eut à remplir trois compartiments du plafond. Ceux qui échurent à Salviati étaient les trois ronds du sixième rang, à partir du fond de la salle, et ils existent encore. L'un représente la Vertu qui se moque de la Fortune ; l'autre, la Physionomie (l'Art sans doute), avec Mercure et Pluton ; le troisième, divers personnages, parmi lesquels on remarque la Guerre sous les traits d'une figure nue, assise sur un canon et qui est peinte grassement, avec douceur et morbidesse, qualités acquises par Salviati dans la fréquentation et le voisinage de ses concurrents, les Zelotti, les Schiavone, les Véronèse. Il n'est cependant pas nécessaire d'avoir l'œil bien exercé pour reconnaître que les peintures de Salviati sont d'une autre provenance que celles de ses rivaux les Vénitiens, et découlent d'un autre principe. Plusieurs fois, dans la présente *Histoire des Peintres*, nous avons eu occasion de le remarquer, le dessin et la couleur ne peuvent être bien associés, je veux dire de manière à frapper un coup décisif, qu'à la condition que l'un de ces deux éléments sera subordonné à l'autre. Il faut ou que la couleur, simple auxiliaire du dessin, intervienne pour le mieux montrer, ou bien qu'elle triomphe résolûment, au point que le dessin ait été conçu, assoupli et, au besoin même, quelque peu sacrifié, pour le mieux faire paraître.

Zanetti retrouva au siècle dernier, dans un compte de dépenses daté du 14 février 1556, le chiffre des sommes payées aux peintres qui avaient décoré le plafond de la Libreria. Chacun d'eux reçut d'abord 40 ducats. Mais il paraît que Salviati et Véronèse reçurent, le jour même ou plus tard, 20 ducats de plus que les autres. Voici la note relative à Salviati ; elle est écrite en dialecte vénitien : *Laus Deo*, 1556, 23 *sedtembre. Per Ser Iseppo Salviati depentor contadi a lui a bon conto de duc. 60. che l'ha fatto mercado de far tre tondi nel cielo della Fabbrica nuova* (la Libreria) *all'incontro del Palazzo, tutti tre duc. 60... duc. 20.* « Gloire à Dieu, 1556, 23 septembre. Au sieur Joseph Salviati, peintre, il a été compté à bon compte 60 ducats, qui sont le prix auquel il a fait marché de peindre trois ronds dans le soffite du nouveau bâtiment (la Bibliothèque de Saint-Marc) qui est en face du Palais-Ducal. Les trois ensemble 60 ducats... Soit pour chacun d'eux... 20 ducats. [2] »

Cependant, Francesco Salviati étant mort à Rome en 1562, le cardinal Emulio, qui avait la haute direction des choses d'art au Vatican, jugea qu'on ne pouvait mieux remplacer le premier Salviati que par le second. Il écrivit donc à Giuseppe Porta pour l'inviter, au nom et par ordre du pape Pie IV, à venir prendre part aux travaux de peinture qui se poursuivaient dans le Vatican. Il s'agissait de peindre à fresque la chambre destinée aux ambassadeurs, chambre dite Salle des Rois, *Sala Regia*, et qui sert de vestibule à la chapelle Sixtine. Salviati devait s'y trouver en concurrence avec plusieurs artistes célèbres de ce temps-là : Perino del Vaga, Daniel de Volterre, Taddeo et Federigo Zucchero, Marco de Sienne, Girolamo

---

[1] Sansovino, accusé de malfaçon, par suite de l'écroulement de sa voûte, fut mis en prison et condamné à une amende.

[2] Voici le très-curieux passage où Zanetti rend compte de sa découverte dans la *Pittura veneziana*, liv. III, p. 249 :

« Io cercando più chiare notizie di questi uomi, m'abbattei in un conto di spese fatto dall' Exc. Procuratia di *suprà*, in occasione appunto della Libreria sotto li 14 febbrajo 1556, in cui si annoverano i pittori tutti che dipinsero sul soffitto, e gli accordi nel mode che segue :

Per Iseppo Salviati, duc. 40. (Le compte du 23 septembre rectifie ce chiffre en celui de 60 ducats.)

Paulo da Verona, duc. 40. — Duc. 60.

Battista (Zelotti) *da Verona, duc. 40.*

Zuane de Mio, duc. 40. (C'est celui qu'on pense pouvoir être le Fratina.)

Julio Lizini, duc. 40. (Celui-là était Romain.)

Battista di Franchi (Franco), *duc. 40.*

Andrea Schiavone, duc. 40. »

Sicciolante da Sermoneta, et Samacchini, de Bologne. Les deux plus grands morceaux de la décoration furent
confiés à Salviati, qui se mit à l'œuvre en commençant par l'histoire de Frédéric Barberousse qui baise les
pieds du pape Alexandre III. Ce sujet lui convenait à merveille, parce que la scène devait se passer à

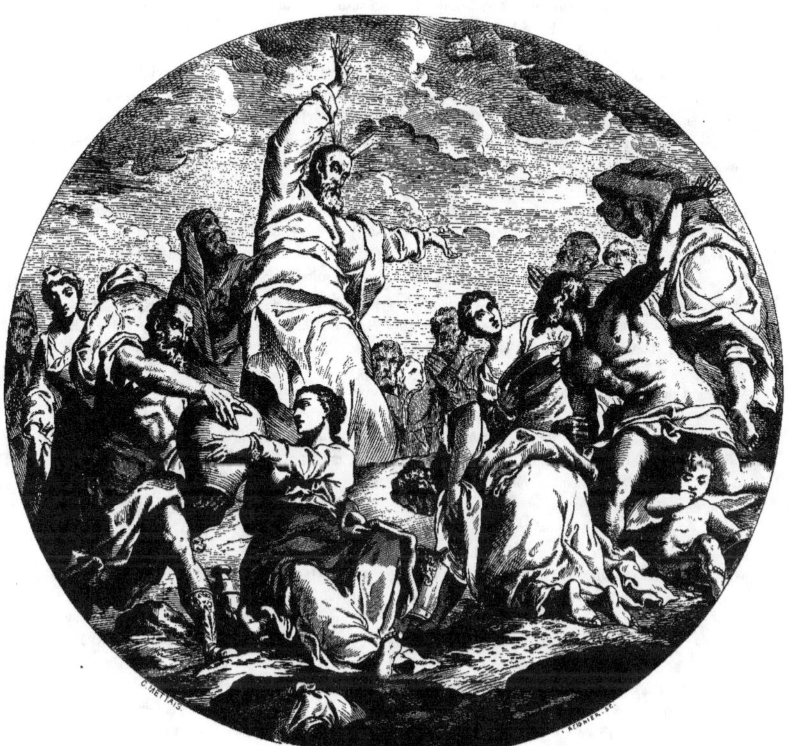

LA MANNE DANS LE DÉSERT.

Venise, devant la basilique de Saint-Marc, en présence du doge Ziani, des cardinaux et des principaux
personnages de la Seigneurie. Salviati, qui revenait à Rome un peu modifié par les habitudes vénitiennes,
ne manqua pas de déployer dans sa peinture la pompe des costumes, l'opulence des accessoires, et de faire
jouer un rôle magnifique à l'architecture byzantine de Saint-Marc, venue si à propos pour servir de fond
à son histoire. Toutefois il laissa désirer dans cet ouvrage quelque chose qui est justement ce que les
Vénitiens entendent le mieux : l'effet. L'intelligence du clair-obscur fut toujours étrangère à Salviati, comme
à ceux auxquels il devait son éducation première. Il ne connaissait qu'une chose : choisir de belles couleurs

bien voyantes pour les appliquer sur un dessin maniéré déjà, mais savant et châtié; en un mot, il savait modeler séparément chaque figure, mais il ignorait l'art de modeler le tableau. Cet art consiste à démêler dans le choix des couleurs ce qui se rapporte à la distribution des lumières et des ombres et à former un tout harmonieux, vibrant et saillant, qu'aucune localité de ton n'empêche de saisir dans son ensemble. Il appartenait, comme ses rivaux, du reste, à une race dégénérée et affaiblie (si on la compare aux grands maîtres), et en qui le génie de l'art s'était alangui chez les uns, tandis que chez les autres il tournait à l'affectation et à la pure rhétorique.

Toutefois, parmi les peintres employés à la *Sala Regia*, Salviati fut un des plus remarquables et le plus remarqué. Selon Vasari, ce fut Taddeo Zucchero qui l'emporta dans l'estime du pape : « Quand tous eurent mené à fin leur ouvrage, dit-il, le pape voulut voir toute la chambre, et faisant découvrir toutes les fresques, il reconnut (et ce fut l'avis des cardinaux et des meilleurs artistes) que Taddeo avait le mieux réussi, bien que chacun eût d'ailleurs honnêtement accompli sa besogne[1]. » Mais cette assertion de Vasari, qui, du reste, n'était pas présent à la visite du pape, car il ne travailla que plus tard à la Chambre des Ambassadeurs, cette assertion est contredite par Lanzi, sur d'autres témoignages, et nous en croyons d'autant plus cet écrivain, que, d'après un exemplaire de Vasari annoté par Federigo Zucchero, il est évident que le cardinal Émulio, qui dirigeait les travaux du Vatican, laissait voir une grande partialité en faveur de Porta. « La vérité est, dit Frédéric Zucchero, que le cardinal favorisait Salviati et ne souffrait pas qu'on le mît en parallèle avec mon frère Taddeo[2]. » Lanzi va plus loin : il assure que la cour pontificale fut tellement charmée du morceau peint par Salviati, qu'on fut sur le point de jeter à terre les autres fresques, pour lui donner à repeindre toute la chambre à lui seul : *Che fu in punto di atterare le altre pitture, perchè tutta la sala fosse dipinta da lui solo.*

La mort du pape Pie IV, survenue en 1565, amena sans doute quelque changement dans la surintendance des arts au Vatican; et en tout cas cette mort détermina le départ de Salviati, qui laissa ébauchée une seconde fresque, Vasari ne dit pas laquelle. De retour à Venise, Porta fut chargé par la Seigneurie de quelques peintures destinées pour la salle des *Stucchi*, près la chapelle du Collége, et il les exécuta, chose étrange! avec le pressentiment qu'elles ne dureraient point. Il se piquait en effet d'astrologie et d'une certaine faculté de divination, mais il n'eut pas la douleur ou, si l'on veut, la satisfaction de voir ses pressentiments se réaliser, car les peintures de Salviati, consumées par l'incendie du Palais-Ducal en 1577, ne périrent qu'après la mort de l'auteur. Il ne reste aujourd'hui dans ce palais qu'un tableau de Porta, *le Christ mort*, qui, parmi les magnificences dont le spectateur est ébloui, demeure inaperçu ou du moins produit peu de sensation. C'est dans l'église et la sacristie de la Salute que sont les ouvrages les plus estimés de Salviati. Ils avaient été primitivement commandés à l'artiste pour l'église Santo Spirito, mais lorsqu'on éleva un monument à la Santé, *la Salute*, en mémoire de la peste, la Seigneurie ordonna qu'on y transporterait les plus belles toiles qu'on pourrait enlever à des églises obscures. Plusieurs tableaux de Salviati furent de ce nombre, ainsi que les trois fameux Titien de Santo Spirito : *la Mort d'Abel, le Sacrifice d'Abraham, le Triomphe de David.* Ces trois compositions, où le génie du maître éclate dans toute sa grandeur, dans toute la plénitude de ses forces, causent beaucoup de tort aux tableaux de Salviati, à ceux du moins qui ornent maintenant la sacristie, et qui sont *la Cène du Christ avec les apôtres*, au-dessus de la porte, et les figures d'Aaron et de Josué, entre les fenêtres. Tant qu'il est mis en regard du vieux Palma ou du Tintoret, Salviati conserve sa valeur, affirme la supériorité de son style et ne leur cède que pour l'entente du coloris et le généreux de l'exécution ; mais la présence du Titien le subordonne, parce que l'ampleur, la richesse,

---

[1] Poi dunque che tutti sopradetti ebbono condotte le lor opere a buon termine, le volle tutte il papa vedere; e così fatto scoprire ogni causa, conobbe (e di questo parere furono tutti i cardinali ed i migliori artefici) che Taddeo s'era portato meglio degli altri, come che tutti si fossero portati ragionevolmente. Vasari, *Vita di Taddeo Zucchero.*

[2] *La verità è questa, che l'Emulio favoriva il Salviati, ne volevali metare Tadeo a paragon con lui.* Note de Frédéric Zucchero sur un exemplaire de Vasari que possède le chevalier Alexandre Sarracini, de Sienne, et qui est cité dans la dernière édition de Florence.

la majestueuse liberté d'un tel maître éclipsent Porta et le font paraître timide et mince, sans lui ôter
pourtant la dignité et le savoir. Partout ailleurs, à Padoue, par exemple, à la Misericordia, où il eut pour
concurrents les Balestra et les Pietro Rizzi, Salviati serait jugé grand, presque grandiose : à la Salute, il
est écrasé par le terrible voisinage du Titien, de même qu'au Vatican il est condamné à l'oubli par le
voisinage plus terrible encore de Michel Ange. Il nous souvient pourtant que *la Cène* est un morceau qui
se ressent du grand goût florentin et qui rappelle les traditions les plus hautes. Nous savions qu'il existait

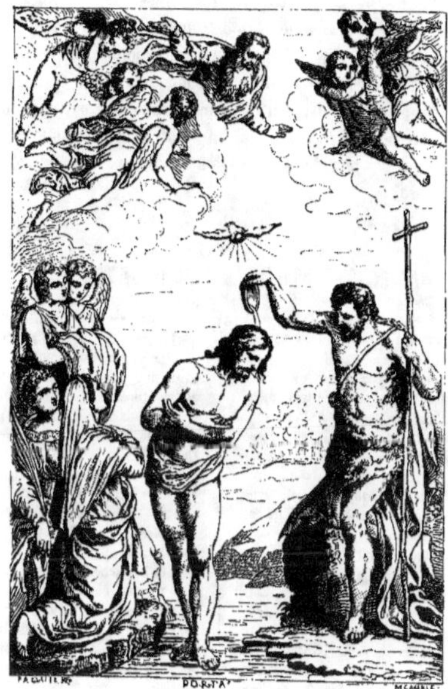

BAPTÊME DE JÉSUS (Académie de Venise).

des Salviati à San Francesco della Vigna, mais la fatalité voulut qu'il nous fût impossible de les voir, cette
belle église étant alors en réparation. Heureusement, aux Frari, on nous montra ce qu'on disait être le
chef-d'œuvre de Porta, une *Purification de la Vierge*, avec quatre figures de bienheureux et sainte Hélène,
et là il nous fut démontré que Salviati, déplacé à Venise, serait plus admiré dans un autre milieu, pour le
grand caractère de son dessin, mis en relief par l'énergie du ton, et pour les allures d'un artiste allaité
par le maître suprême.

Mathématicien, géomètre, architecte, Joseph Salviati avait gagné par là les bonnes grâces de Jacopo
Sansovino, qui le fréquentait. Il recevait quelquefois la visite du vieux Titien, et les gentilshommes de Venise
recherchaient sa conversation. L'un d'eux lui demandant quelles étaient les couleurs les plus précieuses,
« L'outre-mer et la laque, » répondit Giuseppe. « Eh bien ! reprit l'autre, peignez-moi une Vierge avec un œil

d'azur et un autre de laque; je vous payerai ce que vous voudrez. » Ce fut lui, Porta, qui inventa une nouvelle et meilleure manière de tracer la volute de l'ordre ionique, et il en publia la découverte en un petit livre fort rare imprimé à Venise en 1572. Veut-on avoir tout le talent de Salviati, il faut connaître les planches gravées en bois sur ses dessins, les gravures de sa *Lucrèce occupée avec ses suivantes à des travaux d'aiguille*, celles des trois compartiments qu'il peignit à la Salute dans le plafond du chœur ; *la Manne au désert, Élie nourri par l'ange, Daniel nourri dans la fosse aux lions par Abacuch*. Ces planches mettent en lumière le dessin mâle, élégant et ferme qu'il possédait à fond. Il a également fourni des cartons aux mosaïstes de Saint-Marc et illustré de ses inventions plusieurs livres, notamment une édition des *Philosophes* de Diogène Laerce, les *Cent Nouvelles* recueillies par François Sansovino, fils de son ami, un ouvrage d'astrologie, les *Sorti di Marcolino da Forli*, et un ouvrage relatif à l'astrologie. Cette science lui fut chère, et il y croyait d'autant plus que plusieurs prédictions qu'il y avait puisées se vérifièrent de son vivant, entre autres des événements qu'il avait prophétisés à ses fils. Un jour que son tailleur lui apportait un habit : « C'est trop tard, dit-il; je n'en jouirai pas. » Il le mit cependant, et comme il sortait il rencontra sur le Rialto un portefaix, un *facchino*, qui lui versa un baril d'huile sur cet habit. On ne dit point si Joseph Salviati avait prévu le jour de sa mort, qui arriva peu après, 1572, lorsqu'il avait environ cinquante-deux ans.

CHARLES BLANC.

RECHERCHES ET INDICATIONS

Giuseppe Porta, dit *Salviati*, passait pour avoir gravé plusieurs estampes en bois; mais il n'a fait qu'en donner les dessins. En voici l'énumération :

La Manne au désert, Élie nourri par l'ange, Abacuch apportant à monger à Daniel dans la fosse; ces trois morceaux d'après les peintures de Salviati à la Salute. Deux sont de forme ronde, le troisième est de forme ovale. Les mêmes ont été gravés par Andrea Zucchi, dans la suite du Lovisa.

Un *Crucifix :* celui qui était peint dans le Palais-Ducal.

Lucrèce avec ses femmes. Crozat en avait le dessin avec quelques changements, et Mariette l'acheta à la vente de cet illustre amateur.

Quelques paysages, très-beaux, dit Mariette, sont attribués au Titien, bien qu'ils soient de Salviati.

Ce peintre a aussi donné le dessin des planches en bois qui ornent le livre intitulé : *Le sorti di Marcolino da Forli,* in-folio. Une partie de ces planches a servi à l'illustration des *Vite di Filosofi* de Diogène Laerce. Venise, 1611, in-4°. En 1610 parut à Venise le livre in-4° intitulé *Cento novelle sielte,* de Francesco Sansovino, « avec les figures du chevalier Salviati à chaque nouvelle. » *Aggiuntovi le figure,* etc.

Silvestre de Ravenne a gravé une *Assemblée d'hommes et de femmes qui s'attachent à l'astrologie;* annoncée par erreur d'après *Fr. Salviati* (lisez : *Giuseppe Salviati*).

Le même sujet se trouve en tête des *Sorti di Marcolino.* On y voit, sur une petite table, la marque SK., qui est celle d'un graveur nommé Karolus et non celle de Silvestre de Ravenne, bien que les deux burins aient de la ressemblance. Mais ce Silvestre Ravenne a gravé, on le croit du moins, d'après Salviati, la pièce qui représente un homme à genoux jetant un laurier sur un feu qui consume des livres.

MUSÉE DU LOUVRE. — *Adam et Ève.* Ils s'éloignent avec effroi de l'arbre de la Science. Ancienne collection.

VENISE. — Aux Frari, *la Purification de la Vierge,* avec cinq figures de saints et saintes.

A la Salute, trois compartiments du plafond dans le chœur (ceux que nous avons mentionnés); dans la sacristie, *la Cène* et les figures de Josué et d'Aaron.

Au Palais-Ducal, un *Christ mort,* dans la salle de' Stucchi.

A San Zaccheria, *la Guérison d'un infirme par saint Cosme et saint Damien.*

A San Francesco della Vigna, *Madone avec deux saints,* entre un *Prophète* et une *Sibylle.*

Aux Servites, une *Assomption.* — Aux Incurables, une *Annonciation.* — A Santa Maria Giubenico, une autre *Annonciation.*

A la bibliothèque de Saint-Marc, trois ronds du soffite.

A Murano, dans l'église des Anges, *le Christ apparaissant à Madeleine,* et, dans l'église Saint-Pierre, *le Christ en croix avec les Maries et Nicodème.*

PADOUE. — A la Misericordia, une *Madone avec saint Sébastien, Saint Jean-Baptiste,* et, sur l'orgue, une *Annonciation.*

A Santa Giustina, *le Christ et la Madeleine à ses pieds.*

A San Francesco, *Saint Pierre* et *Saint André.*

A Sant Andrea, une *Vierge avec plusieurs apôtres.*

ROME. — Dans la Sala Regia, au Vatican, avant d'entrer à la chapelle Sixtine, on trouve la grande fresque de Salviati.

Le Trésor de la Curiosité nous fournit les renseignements qui suivent :

VENTE CROZAT, 1741. — *La Purification de la Vierge,* dessin du tableau qui est aux Frari de Venise; il a appartenu à Rubens, qui l'a restauré. 25 livres.

VENTE AUGUSTE MIRON, 1823. — *La Circoncision,* et plus bas *l'Horoscope du Sauveur reconnu dans les livres saints.* Ce morceau, qui a appartenu à Rubens, a été restauré par lui. Il provient du président Haudry.

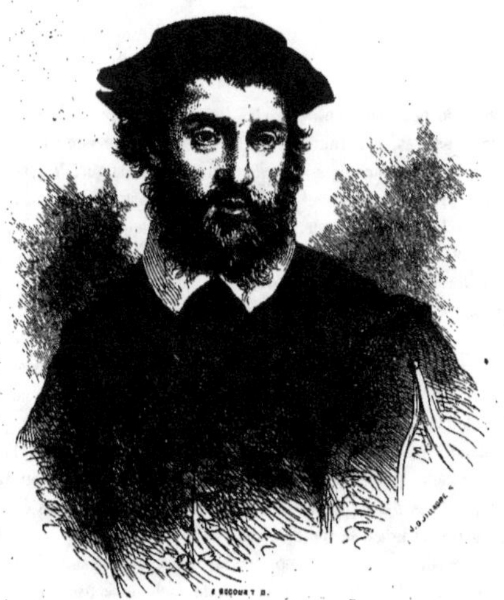

ANDREA SCHIAVONE

NÉ EN 1522. — MORT VERS 1582.

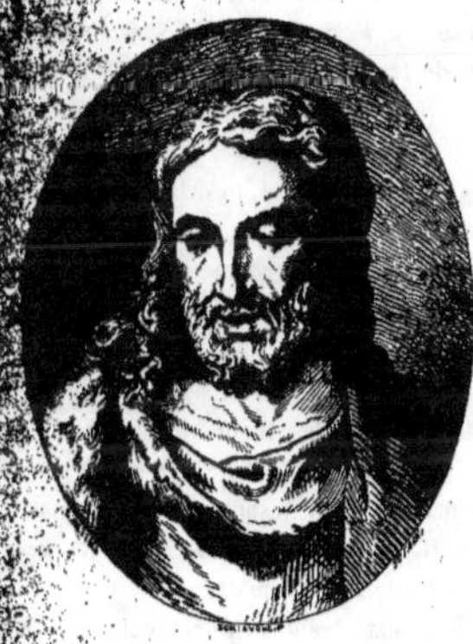

En sa qualité de Florentin, Vasari attachait beaucoup plus d'importance au dessin qu'à la couleur, et le talent purement pratique, celui de la touche, l'intéressait fort peu, si peu, qu'il a parlé avec mépris du Schiavone, dont le principal mérite consistait dans le maniement du pinceau et le ménagement des couleurs. Voici en propres termes ce qu'il en dit à la fin de la notice consacrée à Battista Franco. « Il y a eu aussi de nos jours en cette ville (à Venise) » un bon peintre, Andrea Schiavone : je dis bon parce qu'il lui » est arrivé quelquefois par hasard de faire de bons ouvrages, et » parce qu'il a toujours imité de son mieux les manières des bons » peintres. Mais comme la majeure partie de ses œuvres sont des » tableaux disséminés dans les palais ou les maisons particulières, » je mentionnerai seulement celles de ses peintures qui sont » exposées en public. Dans l'église Saint-Sébastien, à Venise, il a » peint pour la chapelle des Pellegrini, un *Saint Jacques avec deux* » *pèlerins.* Au Carmine, dans une coupole, une *Assomption* avec » beaucoup d'anges et de saints, et dans la même église une *Présentation* dont les figures étaient autant de portraits. La meilleure qui s'y trouve est une femme qui allaite son enfant et qui porte sur le dos une draperie jaune. Elle est peinte d'une certaine manière décorative qui se pratique à Venise, et qui consiste à ébaucher seulement et à donner à un ensemble de taches adroitement combinées l'apparence d'une peinture finie [1]. En l'an 1540, George Vasari lui fit peindre à l'huile une grande toile représentant la

---

[1] La quale è fatta con una certa pratica, che s' usa a Venezia, di macchie ovvero bozze, senza esser finita punto. » *Vasari.*

» bataille qui s'était livrée un peu avant entre Charles-Quint et Barberousse. Cette toile, une des meilleures
» que Schiavone ait jamais peintes, est vraiment une très-belle chose : elle est aujourd'hui à Florence, et
» elle appartient aux héritiers du magnifique Octavien de Médicis, auquel Vasari l'offrit en présent. »

Voilà tout ce que nous apprend incidemment sur Schiavone l'illustre biographe qui parle ici de lui-même à la troisième personne, selon son habitude. Les Italiens ont appelé de ce jugement, qui est en effet beaucoup trop sévère. Ce qui a manqué au Schiavone, c'est la première éducation et le loisir d'étudier son art à fond avant de l'exercer. Né à Sebenico, en Dalmatie, de parents très-pauvres, il avait été amené à Venise tout enfant, *piccioletto*, et il avait passé sa première jeunesse avec les mariniers qui font le service des marchandises sur les felouques. En vaguant sur les quais ou par les rues de Venise, ce petit garçon s'arrêtait de préférence devant les peintures qu'il rencontrait, et, rentré à la maison, il s'ingéniait à dessiner sur le papier ou sur les murs, ce que voyant, son père le mit au service d'un maître peintre qui l'employa comme domestique, ou, selon l'expression d'alors, comme *garzone*, et qui lui prêta quelques dessins à copier et quelques gravures. Quand il fut en état de discerner et de choisir, il se sentit de l'attrait pour les estampes du Parmesan, surtout pour celles gravées en camaïeu, dont les épreuves commençaient alors à circuler, et en les copiant il prit le goût des figures sveltes, des airs de tête gracieux, des élégantes désinvoltures. Ce goût contracté de bonne heure, il le garda toute sa vie.

Cependant, comme les estampes et les dessins ne lui apprenaient pas la peinture, Andrea Schiavone étudiait les tableaux de Giorgion, de Titien, et au moyen de quelques conseils que lui donnèrent sans doute les maîtres qu'il servait, il se forma de lui-même une manière de peindre grasse, onctueuse et ferme, semblable à celle des maîtres qui l'avaient séduit, de Giorgion surtout; mais il se la rendit propre en donnant à son pinceau des allures plus libres, et en procédant plutôt par touches là où Giorgion avait fondu ses empâtements. Il est probable, au surplus, que la nécessité de gagner sa vie fut pour beaucoup dans le choix de cette manière expéditive et heurtée particulière aux décorateurs, et qui, si elle exige de la pureté et du savoir, abrége au moins le travail parce qu'elle dispense de finir. La peinture, en effet, fut pour lui tout d'abord et forcément un métier, un véritable gagne-pain, car son père était fort misérable, et, loin de pouvoir lui venir en aide, avait plutôt besoin d'être secouru par lui. Andrea se mit donc à la besogne sans attendre d'avoir suffisamment étudié le dessin. Impatient de travailler, et de travailler à tout prix, Schiavone recherca l'amitié des maîtres maçons, *muratori*. C'était l'usage dans ce temps-là de décorer à fresque les façades des maisons, et le plus souvent les maçons avaient l'entreprise de la peinture, de sorte que devenir l'ami d'un maître maçon, cela pouvait faire la fortune d'un peintre[1]. Malheureusement, le prix qu'on payait alors pour ce genre d'ouvrages était si mince qu'il dépassait à peine le salaire d'un portefaix de la marine. La peinture extérieure était presque assimilée à un simple badigeonnage. Au dix-septième siècle cet usage de peindre les devantures des maisons tomba en désuétude parce que l'on s'aperçut que l'eau de la mer et les vents humides s'incorporaient avec la chaux et ruinaient l'enduit. Les architectes eurent alors la pensée de remplacer les fresques extérieures par des incrustations de marbre. Pour en revenir au Schiavone, il obtenait quelquefois du travail chez les peintres employés par les tabletiers et les ébénistes, lesquels, en vertu d'un antique privilége, avaient leurs demeures sous les portiques de la place Saint-Marc. Il peignait pour leur compte des boîtes et des coffres qu'il décorait d'historiettes, de rinceaux, de grotesques et d'arabesques. Mais comme ces sortes de travaux venaient parfois à lui manquer, il en était réduit à solliciter de son compère Mastro Rocco della Carità, l'emploi d'une journée qui lui était payée vingt-quatre sols.

Quelques-uns de ces coffres peints par Schiavone existent encore soit dans les galeries de Venise, soit à l'étranger, où on les a transportés comme des choses rares. Du temps de l'auteur, on en faisait peu de cas : on n'estimait que les tableaux religieux de Jean Bellin et les morceaux finis de Giorgion, de Palme le Vieux et de Titien, et l'on en décorait les lieux publics aussi bien que les palais, tandis que les peintures d'Andrea, touchées pourtant avec esprit et d'une belle facture, ne plaisaient qu'aux gens de l'art. Eux seuls

---

[1] « . . . si che lo havere il maestro amico, cogionava la fortuna del pittore. » Ridolfi, *Delle Maraviglie dell' arte.*

comprenaient ce qu'il faut d'habileté pour réussir dans la manière *strapassée*, dont la négligence apparente veut être calculée très-juste pour produire d'un peu loin son effet. Une chose contribuait aussi à l'indifférence du public pour les ouvrages de Schiavone, c'était le triste état où on le voyait réduit. Le monde ne croit pas au talent s'il n'est accompagné d'un certain luxe. Le génie mal vêtu lui fait pitié.

Grâce aux maîtres maçons dont il avait gagné la bienveillance, Andrea Schiavone eut à couvrir quelques murailles, notamment la façade d'une maison à Sant' Andrea, où l'on ne voyait déjà plus, cent ans après, que les restes de deux figures, Apollon et Mars. Une autre maison, à San Giovanni Nuovo, fut décorée par lui,

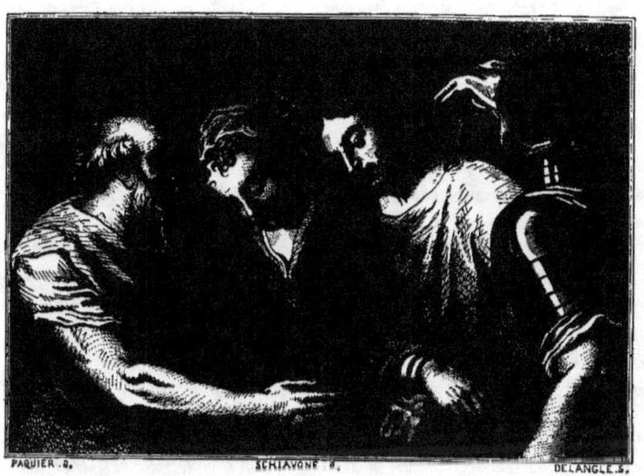

LE REPENTIR DE SAINT-PIERRE.

et la description qu'en fait Ridolfi donne lieu de penser que Schiavone avait de lui-même pris soin de s'instruire, et que, privé de toute éducation, il avait pourtant les connaissances mythologiques indispensables à un peintre. On voit sur cette façade, dit Ridolfi, *La Vertu portée dans les airs par Mercure ;* elle regarde un philosophe déguenillé qui tient un livre à la main, et semble résolue à remonter dans le ciel en se voyant si maltraitée sur la terre. Deux palmes couronnées symbolisaient la pensée de l'artiste, qui avait représenté au-dessus, comme une lointaine allusion peut-être à sa destinée, la *Dispute d'Apollon avec le Satyre* et le *Jugement de Midas.* En cette même manière hardie, facile et fière qu'il s'était formée, Schiavone peignit à fresque, sur la maison des seigneurs Zeni, près des Pères *Crociferi,* les trumeaux des hautes fenêtres. Un Neptune à longue barbe et à chevelure bizarre y figurait accompagné de Tritons, et le tout était peint d'une agréable et savante couleur.

. Le pauvre Schiavone, cependant, menait une vie misérable, et il n'aurait pas eu l'occasion de mettre la main à une œuvre de quelque importance, si le Titien, chargé par les procurateurs de Saint-Marc de désigner les peintres qui devaient décorer les plafonds de la Bibliothèque, construite sur la Piazzetta, n'eût compris dans sa liste le nom de Schiavone. Les parties de la décoration qu'on lui assigna furent les trois ronds du soffite, du côté qui regarde le campanile. Les sujets indiqués étaient la Force militaire, la Souveraineté et le Sacerdoce. Façonné comme il l'était à la peinture murale, coloriste habile aux effets, Schiavone se trouvait propre à la nouvelle besogne que Titien venait de lui procurer. Il sentit néanmoins qu'ayant à se mesurer avec les principaux maîtres de Venise, tels que Paul Véronèse, Giuseppe Salviati, Battista Franco, Battista Zelotti et le Fratina, il lui fallait apporter plus de soin à son travail et modifier sa manière expéditive. Le dessin, nous l'avons dit, était sa partie faible; il chercha donc à donner le plus de relief possible à sa peinture, et s'efforça de sauver ses incorrections par l'intérêt du clair-obscur et de la couleur. Le premier compartiment devait représenter une allégorie de la Force guerrière : Schiavone y figura des cavaliers triomphants et des vaincus renversés par terre. Le second tableau devait symboliser le Commandement : Andrea y peignit un roi assis sur son trône et distribuant à des soldats des honneurs et des récompenses. Dans le troisième rond, les vertus du Sacerdoce, dont la plus chrétienne est la Charité, furent exprimées par la figure d'un évêque entouré de pauvres auxquels il fait l'aumône. Ces trois morceaux, exécutés rudement en apparence, mais avec beaucoup d'application, étaient rehaussés de vives lumières et ressortaient sur des ombres résolues, *ombre gagliarde;* on y admirait surtout le laisser-aller de la touché dans certaines barbes de vieillards qui paraissaient exprimées avec une heureuse négligence. En somme, il ne manqua pas de gens à Venise pour dire que Schiavone pouvait dans cette circonstance disputer le prix à tous les autres. Mais ce fut Paul Véronèse qui le remporta, l'on sait comment. Titien et Sansovino, nommés juges du concours, imaginèrent, pour éviter tout reproche, de reporter sur les concurrents eux-mêmes la responsabilité d'un jugement aussi délicat : chacun des candidats fut invité à désigner celui de ses rivaux qui lui paraîtrait le plus digne du prix. Chacun se désigna naturellement en première ligne; mais la majorité des seconds suffrages décerna le prix à Véronèse, qui le reçut des procurateurs de Saint-Marc.

Bientôt, du reste, le Tintoret, qui avait été exclu du concours par l'inimitié du Titien, eut sa part dans les travaux de la *Libreria.* Il peignit sur la muraille des figures de philosophes, entre autres un *Diogène nu,* qui, par la vigueur, l'entrain de l'exécution et le relief, ne le cédait point aux plafonds de Schiavone. Plus savant dessinateur, plus juste dans ses proportions et plus fin dans les contours de ses figures, dont il empruntait souvent les grandes tournures à Michel-Ange, Tintoret n'avait pas une aussi belle touche que Schiavone ni autant de charme. Lui-même il reconnaissait la supériorité de son confrère en cette partie de l'art. Il avait coutume de dire qu'un peintre était blâmable de n'avoir pas toujours devant les yeux un tableau de Schiavone pour apprendre à manier le pinceau et les couleurs; mais qu'il serait blâmable également de ne pas dessiner mieux que Schiavone, dont l'éducation sur ce point était par trop négligée. Et, pour donner l'exemple, Tintoret avait accroché aux murs de son atelier une peinture de ce maître représentant les *Cyclopes.*

Peu serré en effet dans son dessin et fort peu correct, Schiavone eut au moins cet avantage sur le Tintoret et sur beaucoup d'autres Vénitiens, que ses inventions n'eurent jamais rien de banal, qu'il rechercha l'élégance des attitudes sans aller jusqu'à l'affectation, et que ses draperies, au lieu d'être ajustées de pratique et apprises par cœur, comme le sont trop souvent celles de Tintoret, ont de la grâce, du goût et de l'imprévu. On jugea pourtant que Tintoret l'avait emporté sur lui lorsqu'ils furent appelés à peindre en concurrence, dans l'église des Padri Crociferi, l'un la *Visitation,* l'autre la *Purification de la Vierge.* S'appropriant à merveille la manière de son rival, je veux dire cet art de tout exprimer au moyen de taches que la distance est chargée de fondre, et dont l'expression est ainsi complétée par l'interposition de l'air, Tintoret sut combattre cette fois et vaincre le Schiavone avec ses propres armes. Du reste, quand il voulut imiter la charmante hardiesse d'Andrea et ses touches calculées et décisives, Tintoret en vint quelquefois à lui ressembler au point que les plus habiles s'y trompèrent, témoin Vasari, qui attribue au Schiavone une *Circoncision* peinte par Tintoret au Carmine. Aussi, en décrivant les peintures de cette église, Ridolfi ne fait-il aucune mention du tableau dont Vasari avait parlé. Il signale seulement comme des morceaux enlevés avec une verve surprenante l'*Assomption de la Vierge,* peinte au milieu des anges, dans un cadre de forme ronde inscrit dans un carré, et les figures d'évangélistes qui occupaient les quatre angles de la composition; mais pour bien jouir d'un tel ouvrage et de la magistrale façon dont il est touché, dit le biographe vénitien, il faudrait plus de reculée au spectateur, afin que les coups de pinceau ne fussent pas aussi visibles qu'ils le sont de près : *distinguendosi per la vicinanza troppo le pennellate.*

Toujours pauvrement vêtu et vivant de même, Andrea n'était guère en rapport qu'avec les marchands de tableaux et les peintres qui lui donnaient à décorer, pour un salaire misérable, des coffres, des cassettes et des boîtes. Un jour qu'il portait deux peintures de lui dans une boutique dont il était le client, il fut rencontré par Alexandre Vittoria, le fameux sculpteur, qui, lui ayant demandé à voir les peintures, lui en offrit

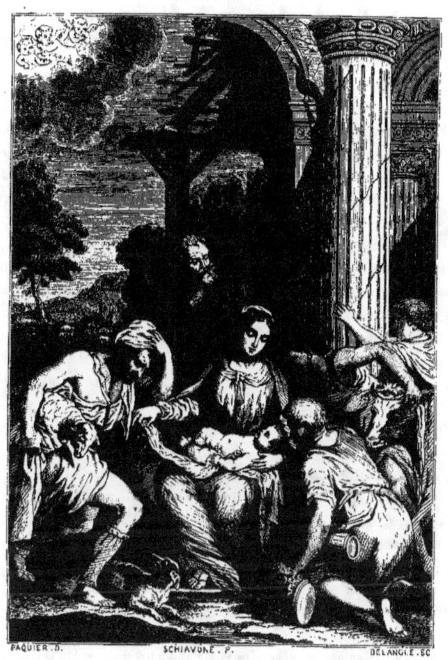

ADORATION DES BERGERS (Belvédère, Vienne).

sur-le-champ un prix supérieur à celui de la boutique, et eut quelque peine à les obtenir, Andrea les trouvant peu dignes d'un aussi grand artiste. A la mort de Vittoria, ces morceaux tombèrent dans les mains de Bartolomeo delle Nave, avec de nombreux dessins du Parmesan, et passèrent en Angleterre, ainsi qu'un bois de lit sur lequel Schiavone avait peint l'*Histoire d'Énée*, sa fuite de Troie lorsqu'il emporta son père sur ses épaules; son arrivée à Carthage, les *Amours de Didon* et d'autres épisodes de Virgile. Ce bois de lit, dont les sujets furent peints peut-être pour vingt-quatre sols chacun, décore aujourd'hui la chambre de quelque financier ou de quelque lady, qui, probablement, ne le céderait point pour cinq cents livres sterling. Il existe aussi des coffres tout couverts des peintures de Schiavone, qui se plaisait à y représenter non-seulement les histoires de Rachel et de Jacob, *Tobie conduit par l'ange*, *Suzanne au bain*, ou *Moïse sauvé*, mais encore des paysages, des architectures et tout ce qui pouvait intéresser le regard d'une femme qui ne trouve jamais trop belle la cassette où elle renferme ses parures intimes et le secret de ses pensées.

Rarement Schiavone eut affaire aux seigneurs vénitiens. Ridolfi cite pourtant le chevalier Gussoni et Dominique Ruzini, sénateur, comme ayant fait travailler Andrea. Le chevalier avait de sa main une *Présentation* et *Sainte Cécile jouant de l'orgue à genoux*, assistée de deux anges pleins de grâce. Pour Ruzini, Schiavone avait peint une *Sainte Famille* et la *Reine de Saba venant offrir des présents au roi Salomon*. Il fut employé aussi à San Salvadore, dans le palais des seigneurs Conti Colalti, qui lui firent peindre à fresque une partie de la façade, et à l'huile le soffite d'une chambre où l'on voyait entre autres fables celle de Danaé séduite par la pluie d'or. La fraîcheur des nus, la palpitation provoquante de la chair y étaient exprimées au point d'éveiller des pensées d'amour. La même grâce poétiquement sensuelle se retrouvait dans une figure de Vénus couchée parmi les fleurs, de laquelle on voyait s'approcher un amour et un satyre ravis de sa beauté. Nous ne savons si ces ouvrages se sont conservés; quant aux fresques de Schiavone, elles ont péri presques toutes, notamment celles qui couvraient les murs extérieurs de la Casa Bozza, à Sante Marino, sur le canal. C'était, au surplus, dans la pratique de la peinture à l'huile que Schiavone se distinguait, même à Venise, où abondaient alors les praticiens excellents; mais, comme il arrive si souvent, on attendit sa mort pour le proclamer un des plus fins coloristes de cette école vénitienne vouée au culte de la couleur. Personne ne savait manier le pinceau avec plus de facilité, de bonheur et de verve. Des râclures de palette lui suffisaient à peindre des carnations qu'il savait rendre vivantes. Volontiers il en glaçait les ombres avec de la laque et du bitume, leur donnant ainsi une chaude transparence. Guidé, en un mot, par la sûreté de son instinct, il arriva aux effets les plus heureux par un rapprochement en apparence fortuit de tons rudement posés, qui, étonnés de se trouver ensemble, composaient toutefois une harmonie piquante et en quelque sorte épicée. Toujours dominé par le goût du Parmesan, il mettait du charme dans ses figures de femmes, qu'il dessinait de préférence en profil, et il leur imprimait des mouvements gracieux ou leur donnait des attitudes d'un maniérisme aimable. Les gens du métier admiraient son talent à exprimer la barbe grisonnante des vieillards par un badinage de touches bizarres mais indicatives, dont le secret ne s'enseigne point, et qui fut, en effet, chez Schiavone, un pur don de la nature.

Ici se présente une question qui a été grandement controversée. Andrea Schiavone est-il le même qu'Andrea Meldolla, auquel nous devons une centaine d'estampes gravées à l'eau-forte ou en clair-obscur, la plupart d'après le Parmesan ou dans son goût, quelques-unes d'après Raphaël? Au siècle dernier, les connaisseurs les plus habiles, Zanetti et Mariette, avaient soutenu l'identité de Schiavone et de Meldolla. Zanetti s'appuyait sur un document écrit, et Mariette (dans l'*Abecedario*), sur une suite d'inductions qui révèlent une fois de plus la finesse et la justesse de son sens critique.

L'ensemble des raisons données par Mariette avait été un moment renversé par un passage obscur de l'abbé Zani et par les affirmations de Bartsch, qui, remarquant une différence sensible entre les estampes de Meldolla, ordinairement lavées sur l'épreuve ou rehaussées de blanc à coups de pinceau, et les deux suites d'eaux-fortes incontestablement gravées par Schiavone, les unes d'après Titien, les autres d'après l'antique, en avait conclu que Schiavone et Meldolla étaient deux personnages différents. De nos jours, M. Renouvier, dans les *Types et Manières des maîtres graveurs*, avait adopté l'opinion de Bartsch, et à notre Cabinet des estampes le volume de Meldolla se trouvait depuis fort longtemps séparé des quelques gravures qui composent l'œuvre de Schiavone. La question paraissait donc tranchée dans le sens de Bartsch, lorsque les commentateurs de Vasari ont vérifié et remis en lumière, dans le tome IX de l'édition Lemonnier, publiée en 1855, le document que Zanetti avait précédemment découvert, et duquel il résulte que : « le 22 mai 1563, cinq peintres furent désignés par les procurateurs de Saint-Marc pour donner leur avis sur les mosaïques exécutées sous la conduite des frères Zuccati, dans le vestibule de la basilique; que ces cinq peintres étaient Titien, Tintoret, Paul Véronèse, Jacopo Pistoia et *Andreas Sclabonus dictus Medula*. » A ces preuves s'ajoute la signature qui se lit sur une estampe gravée par Schiavone et représentant saint Héliodore : *Andreas Sclavonus Meldola fecit*. La question est donc tranchée de nouveau en sens contraire, et tranchée cette fois d'une manière irréfragable : Andrea Schiavone et Andrea Meldolla ne sont qu'un même artiste, comme l'avait établi M. Ernest Harzen, de Hambourg.

Reste maintenant à expliquer la différence qui se remarque entre les estampes parmigianesques de Meldolla et les eaux-fortes signées *Andrea Schiavon fecit*. Il suffira, pour s'en rendre compte, d'observer que les premières sont gravées à la pointe sèche et ramenées à l'aspect d'un lavis, soit par une salissure opérée sur la planche au moment de l'impression, soit après coup, par une teinte donnée au pinceau sur

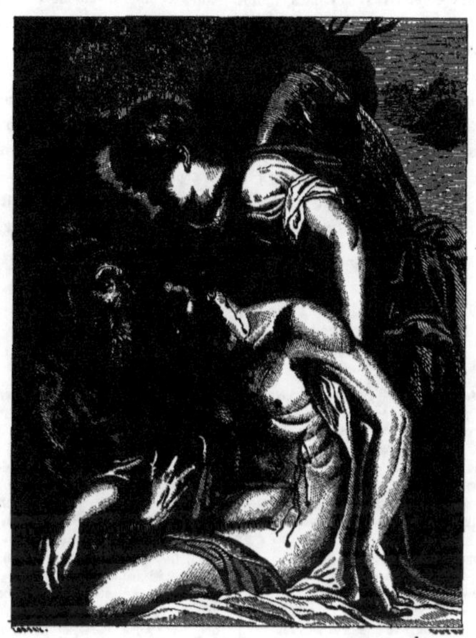

LE CHRIST AU TOMBEAU (Musée de Dresde).

l'épreuve, tandis que les secondes sont de pures eaux-fortes ayant par conséquent un tout autre aspect. Les unes, d'ailleurs, gravées d'après les pensées du Parmesan ou pour traduire les dessins personnels de Schiavone, se ressentent nécessairement du style maniéré de ces deux maîtres; les autres, au contraire, faites d'après Titien ou d'après des marbres et des bronzes antiques de Rome, ont conservé le caractère des originaux, c'est-à-dire l'aspect résultant d'un dessin mâle et robuste dont les proportions plutôt courtes et la fermeté nette s'éloignaient beaucoup de l'élégante afféterie et de la sveltesse un peu mignarde de Parmesan ou de son imitateur.

Malgré tous ses travaux, malgré tout ce qu'il aurait pu recueillir des cent trente-quatre estampes qu'il avait gravées, le Schiavone vécut jusqu'à la fin très-pauvre : il était si grossièrement vêtu, si modeste et si simple, qu'on n'eût jamais soupçonné, dit son biographe, tant de talent, et un talent si délicat, sous une telle enveloppe. Il prit du reste sa pauvreté en patience, et, après une vie laborieuse qui dura soixante ans, il mourut en 1582, sans laisser de quoi se faire enterrer. Il y fut suppléé par la pieuse charité de ses amis, qui le firent inhumer dans l'église San Lucca, et un noble Vénitien, Pietro Michiele, lui composa une épitaphe en vers italiens, où il est dit : « Dans ce tombeau étroit et obscur, repose Andrea Schiavone; il ne peignit point, il créa : *Già creò, non dipinse.* » Schiavone fut, en effet, remarquable par des qualités neuves et par un vif sentiment de la couleur et de la vie. Si on le jugeait d'après les gravures flamandes ou germaniques, on se formerait de son talent une fausse idée, et très-incomplète. Dans les estampes des autres, Schiavone perd tout son charme. Ses défauts de proportion, ses bras courts, ses jambes souvent déjetées et pauvres, ses têtes, tantôt petites comparativement aux mains, tantôt grosses relativement à la hauteur totale du corps, ses extrémités mal dessinées, ses plis qui n'accusent point ou accusent mal les formes de dessous, que le peintre n'a pas eu le loisir d'étudier, tout cela devient choquant sur la planche du graveur, surtout quand ce graveur n'est pas Schiavone lui-même. Mais lorsque l'on est en présence de ses peintures, les défauts du maître sont dissimulés par le prestige d'une couleur onctueuse et imbibée de soleil; on ne voit plus que ses chairs vivantes et reflétées, ses beaux fonds de paysages, les tons riches, curieux et rares de ses draperies changeantes; on est sous le charme de son exécution, qui, de près, semble n'être qu'un facile badinage de pinceau, tandis que d'un peu loin, ses touches heurtées, mais grasses, ses hardies indications par taches colorées de clair et d'ombre, se fondent dans un excellent accord, sans perdre l'intérêt qui s'attache aux libres allures et aux accents fiers.

CHARLES BLANC.

RECHERCHES ET INDICATIONS

Andrea Schiavone dit *Meldolla* a gravé cent trente-quatre estampes qui sont décrites par Bartsch, en deux articles, l'un au nom de Meldolla, l'autre au nom d'Andrea Schiavone.

1-12. *Les douze Césars,* suite de douze estampes, d'après Titien. Ils sont tous représentés en buste, vus de profil, au milieu d'une décoration. On y lit les mots *Titiano V.* (*Vecelli*).

13-33. *Panneaux d'ornements,* suite de vingt et une estampes, les unes en hauteur, les autres en largeur. Il en existe des épreuves avant la lettre, très-rares. Ces pièces ont pour titre : *Raccolta de' disegni e compartimento, etc., etc.*

13, 14, 15. Bustes de jeunes femmes en profil.

16. Un *Jugement de Páris.*

17. Une femme, accompagnée d'un enfant, console une autre femme qui pleure et qui a derrière elle deux servantes.

18. Un jeune héros donne la main à une femme assise.

19. Trois femmes debout auprès d'une quatrième assise.

20. Judith et une servante qui porte la tête d'Holopherne.

21. Clélie traversant le Tibre, assise à cheval, ayant une de ses compagnes en croupe.

22. Un homme à cheval courant au galop écrase une femme.

23. Un cavalier combattant une amazone à cheval.

24. Deux femmes retiennent leur compagne armée d'une massue qu'elle lève pour donner un coup à une autre femme.

25. La Sibylle de Cumes obtenant du Soleil que le sable qu'elle porte soit changé en or.

26. Un homme couché par terre près d'une vieille et d'une jeune femme qui boit dans une écuelle et qui est suivie d'un amour conduisant un âne par la bride.

27. Une femme assise met la main sur l'épaule d'un vieillard qui est à genoux et tend l'autre main à un autre vieillard.

28. Coronis voit Aglaure et ses sœurs ouvrir la corbeille que Minerve leur avait confiée.

29. Un homme offrant, à genoux, un plat rempli d'argent à un roi assis sur son trône, à la droite de l'estampe.

30. Trois femmes debout et un jeune homme à genoux, assemblés autour d'un homme qui est assis sur une butte.

31. Buste de jeune femme, vue de profil, tournée vers la droite et couverte d'une espèce de bonnet de dessous lequel tombe une tresse de cheveux sur chaque épaule.

32. Six femmes romaines, debout des deux côtés du buste colossal d'une déesse vue de profil, dirigée vers la droite.

33. Combat de cavaliers, parmi lesquels il y en a un à droite qui lance un javelot sur un ennemi tombé de cheval.

Les cent une estampes, attribuées jusqu'à présent à Meldolla (qui est le même que Schiavone) ont été décrites au long par Adam Bartsch. Schiavone était dans l'habitude de retoucher ses épreuves et d'en faire ainsi comme des [illegible] différents, mais sans toucher pour cela à la planche [illegible] moins selon les apparences, de sorte que ses épreuves [illegible] tées au pinceau deviennent de véritables dessins.

Musée du Louvre. — *Saint Jean-Baptiste;* en [illegible]

Venise. — Dans la Bibliothèque de Saint-Marc, trois [illegible] du plafond de la grande salle, et des portraits de phi[illegible]

A l'Académie : Une *Circoncision; Saint Jean-Baptiste* [illegible] désert. *Le Christ pleurant sur Jérusalem. La Vierge* et [illegible] saints.

Gênes. — Au palais Balbi, la *Naissance d'un roi* et [illegible] autres tableaux.

Florence. — Au palais Pitti, la *Mort d'Abel.*

Vienne. — Au Belvédère, une *Adoration des Bergers.*

Dresde. — Le portrait de Schiavone, par lui-même.

Nous avons décrit dans notre petit volume : *Trésors de l'Art à Manchester,* un singulier et charmant tableau de Schiavone.

Vente Mineau, 1848. — Paysage où l'on voit la *Scène d'Apollon et Marsyas.* 300 francs.

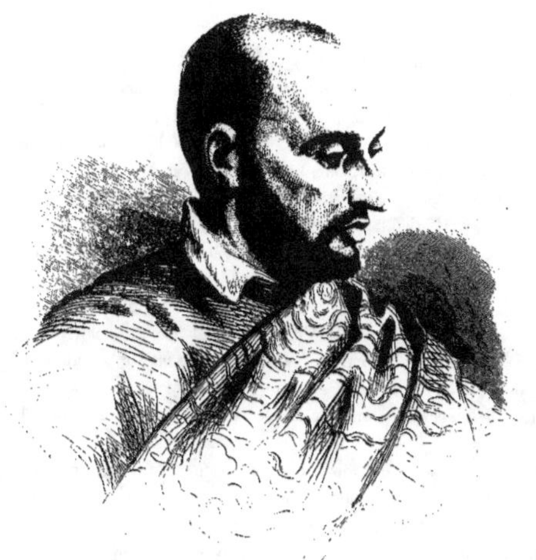

PAUL VÉRONÈSE

NÉ EN 1528. — MORT EN 1588.

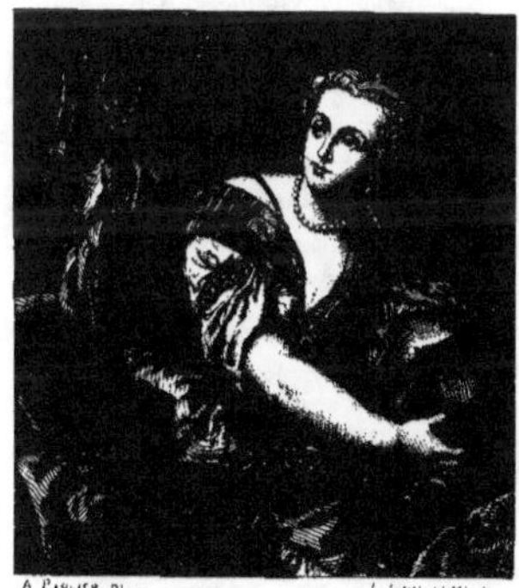

A. PANNIER DEL.   J. GUILLAUME SC.

Semblable à ces femmes charmantes auxquelles il arrive de séduire ceux-là même qui les veulent moraliser, Véronèse, en se jouant des règles dictées par la raison ou imaginées par les pédants, enchante les érudits autant que les simples et ne permet à l'historien comme au critique d'autre sentiment que celui de l'admiration. Pour peu qu'on aime la peinture, en effet, c'est un ravissement continuel que de voir les œuvres de ce grand artiste. Le soleil et la joie y brillent de toutes parts. Des femmes pleines de santé, de jeunesse et de grâce s'y montrent parées de leurs plus beaux atours. L'humanité, l'histoire n'y apparaissent qu'en habits de fête, et la religion elle-même y prend une figure souriante. Si Véronèse représente le Fils de l'homme, c'est lorsqu'il change l'eau en vin aux noces de Cana, ou bien au milieu du repas chez Simon le Pharisien, ou dans le festin qu'il accepta chez Lévi, ou bien encore à table avec les disciples d'Emaüs. Dans ses tableaux, l'antique se couvre du costume moderne sans gaucherie, et les héros de son temps s'y trouvent mêlés avec les grandes figures de l'Évangile sans paraître aucunement surpris de s'y rencontrer ensemble, car les convenances de la chronologie ne l'embarrassent pas plus que celles des habillements et des coutumes. Pourvu que la scène représentée soit pittoresque, il lui importe peu qu'elle soit traitée conformément aux exigences de la philosophie, de la vérité historique, de la morale; Véronèse n'est ni un penseur, ni un historien, ni un moraliste : c'est tout simplement un peintre, mais un grand peintre.

Comme l'indique le nom sous lequel il est si connu, Paolo Caliari Véronèse naquit à Vérone, non pas en 1530, ainsi que l'ont dit Carlo Ridolfi et d'autres biographes, mais en 1528, suivant les registres de la paroisse de San Samuele, où il demeurait, à Venise, registres dans lesquels Zanetti a lu lui-même que Véronèse était mort en 1588, âgé de soixante ans[1]. Gabriel Caliari, père de Paul, était sculpteur[2], et naturellement il lui enseigna son art, mais tout en apprenant à modeler des figures d'argile, *Paolino* montrait tant de goût pour la peinture, qu'on le fit entrer dans l'école d'Antoine Badile, son oncle, peintre habile et gracieux qui était alors en grande réputation à Vérone. Ce fut là son unique maître, suivant Ridolfi; mais Vasari, qui écrivait quatre-vingts ans plus tôt, assure que Paul fut aussi l'élève de Giovanni Caroto, peintre véronais, et l'on n'en peut douter, puisque Vasari tenait le fait de Caroto lui-même, avec lequel il était en relations d'amitié.

Il est singulier qu'un peintre qui devait avoir tant de souplesse et d'ampleur dans ses draperies, ait appris à les dessiner d'après les estampes d'Albert Durer et de Lucas de Leyde, où elles sont si raides, si métalliques, si anguleuses, et pourtant il est certain que les gravures de ces illustres maîtres furent les premiers modèles que copia Paul Véronèse dans ses loisirs d'écolier. Ces gravures et quelques dessins du Parmesan dont il goûta l'élégance, les grandes tournures et le sentiment, contribuèrent à éveiller ses pensées, et bien que l'étude lui fût moins nécessaire qu'à d'autres, doué qu'il était du plus facile génie, on le vit travailler avec ardeur, mettre à profit toutes les fatigues que pouvait endurer un corps robuste, et cultiver le dessin qui était en général la partie de l'art la plus négligée, à Vérone comme à Venise. Antoine Badile avait été le premier à faire entièrement disparaître les dernières traces de l'art gothique ; il avait donné l'exemple d'une touche franche, d'une peinture pleine de morbidesse, d'un style aimable, riche et gracieux. Paul Caliari suivit les errements de son maître, et il n'eut pour cela qu'à s'abandonner à ses propres inclinations. Chargé de peindre une *Vierge* dans l'église de San Bernardino de Vérone, où Badile avait déjà peint un Lazare ressuscité, il y fit briller les premières lueurs de son génie et s'annonça comme un artiste qui allait orner richement tous ses tableaux, habiller pompeusement toutes ses idées, toutes ses figures.

Il était fort jeune encore, lorsque le cardinal Hercule Gonzague le fit venir à Mantoue avec trois autres peintres véronais déjà célèbres dans leur pays : Battista del Moro, Paolo Farinato degli Uberti et Domenico Riccio, surnommé le Brusasorci, et regardé comme le Titien de Vérone. Il s'agissait de décorer la cathédrale de Mantoue qui venait d'être rebâtie par Jules Romain. Le cardinal, établissant une espèce de concours entre ces quatre Véronais, leur fit faire quatre tableaux, qui devaient être mis en regard l'un de l'autre. Celui de Paul représentait les *Tentations de saint Antoine*. On y voyait le saint abbé bâtonné par le démon, tandis que l'esprit malin cherchait à le séduire sous les traits d'une femme provoquante. Caliari, dans ce morceau, l'emporta sur ses concurrents; c'est du moins l'opinion de Vasari[3]; mais de retour à Vérone, il

---

[1] É qui da notarsi che nel *necrologio* della parrochia di San Samuele, dove abitava Paolo, sta scritto che egli morì nel 1588, il dì 19 aprile, in età d'anni 60, e non 58, come scrisse il Ridolfi. Zanetti, *Della Pittura veneziana*, tom. I, p, 269, *seconda edizione, in Venezia*, 1792.

[2] Nous avons vu à Vérone, dans l'église Sainte-Anastasie, un curieux morceau de sculpture qui est l'ouvrage de Gabriel Caliari : c'est la figure qui soutient l'un des deux bénitiers de la basilique. Cette figure représente un pauvre en haillons, de grandeur naturelle, sculpté en marbre de deux couleurs, en marbre blanc pour les chairs et en rouge de Vérone pour les draperies. La sculpture de Gabriel est absolument telle que son fils Paul Véronèse l'aurait conçue et exécutée, s'il eût manié l'ébauchoir : elle est tendre, facile, purement décorative et du style le plus familier. On dirait une de ces figurines moitié en ivoire moitié en poirier, qu'a imaginées plus tard Brustolon, et que le sculpteur aurait copiées dans des proportions naturelles. Belle pensée, d'ailleurs, et toute chrétienne, que celle de faire de deux pauvres les Atlas de l'église évangélique !

[3] Ridolfi dit également : *Prevalendo in valore a i concorrenti.*

s'aperçut qu'il aurait là plus de peine qu'ailleurs à obtenir le premier rang, et que l'on n'est pas facilement un grand peintre dans son pays. Il passa donc à Tiene, dans le Vicentin, accompagné de Battista Zelotti,

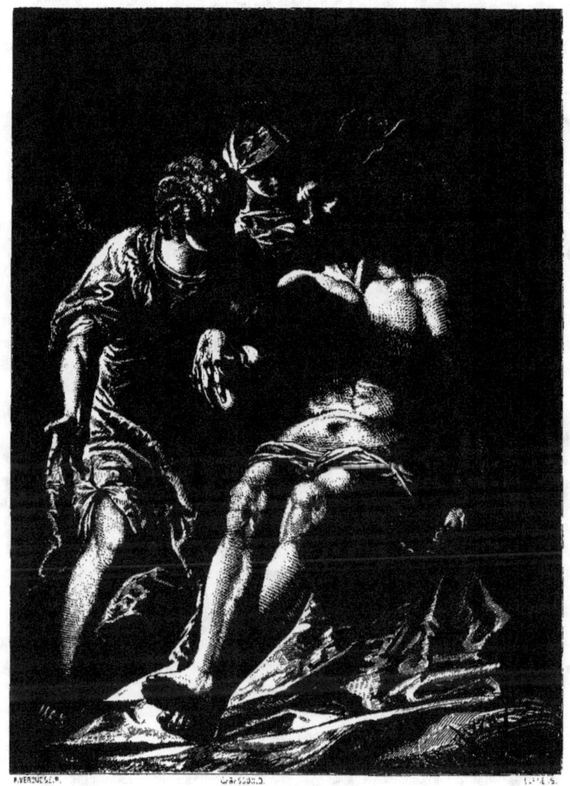

LE CHRIST AU TOMBEAU.

son condisciple, et ensemble ils peignirent dans le palais du collatéral Portesco [1], des assemblées de joueurs.

[1] Le collatéral était le magistrat qui tenait les registres et les comptes de la milice. Cette charge avait été créée en 1509, à l'occasion de la ligue de Cambray. Portesco est le nom de famille du magistrat, mais Ridolfi appelle cette famille les comtes

des chasses, des banquets, des danses et aussi quelques sujets tirés de la mythologie ou de l'histoire, *les Amours de Vénus et de Vulcain*, *le farouche héroïsme de Mutius Scœvola*, *les Festins de Cléopâtre*, et cette belle *Sophonisbe* qui, vengeant par sa beauté les Numides vaincus, devint l'épouse de leur vainqueur. Toutes ces peintures, adaptées aux divers compartiments des murailles, étaient séparées par des figures en grisaille. Zelotti, élevé à la même école que Véronèse, avait de plus étudié à Venise sous les yeux du Titien. Moins habile que Paul dans la peinture à l'huile, il le surpassait dans la fresque, au jugement de Véronèse lui-même ; et sa collaboration lui était d'autant plus précieuse que Zelotti corrigeait ce qu'il y avait de trop capricieux dans les compositions de son ami, en même temps qu'il mettait à son service un sentiment plus élevé du style, un pinceau léger et des tons pleins de chaleur. Les deux amis, aidés d'un jeune artiste vicentin, Antoine Fasolo, qui était comme l'élève de Véronèse (*che all' hor giovinetto studiava dalle opere sue*), s'associèrent encore pour peindre à fresque la maison du sieur Emi, au village de Fanzolo, dans le Trévisan : puis ils se séparèrent, Zelotti ayant été appelé à Vicence, et Caliari, impatient de se produire sur un plus grand théâtre, ayant eu le désir d'aller à Venise.

Sans connaître au juste l'époque où Véronèse fit ce voyage, on est certain qu'il n'avait pas encore vingt-cinq ans. A ce moment Titien en avait plus de soixante-quinze , et il ne se doutait guère qu'il s'élèverait après lui un artiste capable de maintenir la peinture vénitienne dans l'état de splendeur où lui Titien l'avait mise. Du reste , il faut croire que Véronèse demeura quelque temps obscur à Venise, car, en 1557, Louis Dolce écrivait dans son *Dialogue sur la peinture*, ouvrage qui a pour titre le nom de l'*Aretin* et qui fut inspiré par ce poète : « Pour le présent, je crains bien que la peinture n'aille se perdre de nouveau, car on ne voit aucun de nos jeunes gens qui prenne l'essor et qui fasse présager un talent supérieur, et ceux qui pourraient y parvenir, paraissent entraînés par le goût de l'argent beaucoup plus que par l'amour de la gloire [1]. » Il semblait en effet qu'après le Titien, il ne restait plus rien à faire à l'école vénitienne dans la voie que Giorgion lui avait ouverte. Le vieux peintre dut donc éprouver une grande surprise quand il vit pour la première fois les vastes et prodigieuses peintures qu'improvisait un artiste sorti d'autre part que de son école. Et nul doute qu'à son tour, Véronèse, en mettant le pied à Venise, n'ait été ébloui du spectacle de cette ville opulente, la plus magnifique alors de l'univers, de cette ville toute colorée des fresques du Giorgion, des savoureuses peintures du vieux Palme, des toiles merveilleuses du Titien. Pour un homme qui était surtout sensible aux choses extérieures, c'était un séjour enchanté que celui de Venise. Ces palais de marbre, avec leurs légers balcons et leurs fenêtres arabes, les élégantes façades de Palladio , les dômes blancs se détachant sur l'outre-mer du ciel, ces églises pavées de mosaïques, revêtues de bas-reliefs tour à tour grecs, byzantins ou moresques, allaient servir de fond aux populeuses toiles que rêvait le génie de Paolino. Les places, les quais et les ponts lui offraient une multitude toujours mouvante d'Arméniens, de Grecs, d'Esclavons, de Barbaresques, et tous ces marchands, qui faisaient briller au soleil leurs étoffes de taffetas, leurs pesants camelots, chamarrés de toutes couleurs, leurs beaux turbans, leurs armes incrustées de turquoises et d'émeraudes, étaient comme autant de modèles qui seraient venus tout exprès de l'Orient pour se faire peindre par Véronèse.

Paul avait trouvé à Venise un compatriote dévoué, le père Bernardo Torlioni, prieur du couvent des Hiéronymites de Saint-Sébastien. A la recommandation de ce bon père, les moines chargèrent Véronèse de décorer la sacristie de leur église, ensuite le plafond de la nef qui était divisé en caissons. L'artiste y représenta la comparution d'Esther devant Assuérus, son couronnement et le triomphe de Mardochée; puis

Porti « ...*andatosene à Tiene nel Vicentino, ove nelle case de' Conti Porti dipinse à fresco nella sala in partimenti divisi da figure à chiaro scuro, huomini e donne, che giuocano ad una tavola ; un convito di Cavalieri, e di Dame: una caccia, et un ballo : e nella cornice cartelline, bambocci et festoni.*

[1] *Percioche de giovani non si vede risorgere alcuno, che dia speranza di pervenire a qualche honesta eccelenza , e quei che potrebbero divenir rari, vinti dalla avaritia , poco o nulla si affaticano nelle opere loro.* Ludovico Dolce. *Dialogo della pittura, intitolato l'Aretino, Venegia*, 1557. Il est probable que dans la pensée de l'auteur, cette phrase s'appliquait au Tintoret, le grand faiseur de Venise.

dans les compartiments accessoires, il figura des balustres et des enfants avec des guirlandes de fruits, et les peignit en camaïeu d'un bistre pâle, pour mieux faire ressortir l'éclat des couleurs voisines. Nous avons visité cette église Saint-Sébastien, située à Venise dans le quartier du Dorso-Duro, et il nous souvient d'y avoir passé une journée presque entière à regarder les peintures du Véronèse, d'autant plus intéressantes que les unes appartiennent à sa jeunesse, les autres aux dernières années de sa vie. Celles du plafond de la nef ont toute la fraîcheur, toute la grâce d'un génie jeune, sans avoir encore cette liberté d'allures et cette manière de voir la vérité en grand, qui distinguèrent le peintre dans son âge

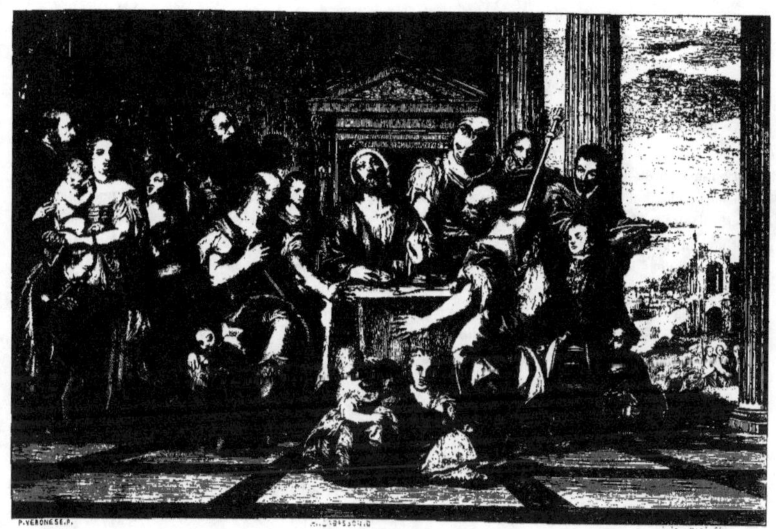

LES DISCIPLES D'EMAÜS.

mûr. Elles sont en trois compartiments principaux, un carré et deux ovales. *Esther couronnée par Assuérus* occupe le caisson du milieu. Sa tête, éclairée seulement par des reflets, ressemble à un masque de verre. La belle reine est vêtue d'une robe verte formant une consonnance agréable avec le vêtement lilas de sa suivante, qui tranche à son tour, mais harmonieusement, avec un manteau orange. Le roi est placé sous un dais. Un personnage armé et un grand levrier blanc (le même qui figure si élégamment dans toutes les compositions de Véronèse) s'appuient sur la corniche qui sert de cadre au tableau. Dans l'ovale qui est près du chœur, on voit le *Triomphe de Mardochée*, remarquable surtout par deux magnifiques chevaux, l'un gris, l'autre bai-brun, que mènent des écuyers semblables aux rudes guerriers de la colonne Trajane. L'ovale près de la porte, *Esther devant Assuérus*, nous parut le moins beau d'exécution, peut-être parce qu'il a été indiscrètement restauré.

Quand la voûte fut découverte, on vint l'admirer de toutes parts, dit Ridolfi [1], et les Pères de Saint-Sébastien, voyant le concours de monde que ces peintures attiraient dans leur église, en conçurent une haute idée de Véronèse et lui firent peindre sans désemparer le soffite de la chapelle principale, le chœur, la tribune, et bientôt après les volets de l'orgue, en dehors et en dedans. Cette fois encore, l'artiste sut faire valoir la coloration de ses fresques par des morceaux en clair-obscur et il peignit tout autour de l'église des colonnes torses ornées d'arabesques et de feuillages avec cette richesse, cette pompe qui étaient déjà inséparables de son style. Une de ces fresques, celle qui représentait saint Sébastien amené devant l'empereur, ayant été détruite par un accident, Véronèse la remplaça par une peinture à l'huile. On fit cette comique observation que dans le tableau voisin où l'on voit saint Sébastien frappé à coups de bâton, Caliari s'était abstenu d'introduire des chiens, comme il avait coutume de le faire dans toutes ses compositions, sans doute par ce motif que l'on ne voit guère de chiens là où se donnent des coups de bâton : *Dove si trattano bastoni, non si veggono cani*, dit Pietro Bassaglia [2].

Sous le pinceau de Paul Véronèse, les animaux, le paysage, l'architecture et les costumes prenaient de l'importance, et cela devait être. Quand le peintre s'occupe avant tout de réjouir les yeux, il est naturel qu'il donne une plus grande place aux accessoires. A mesure qu'il s'éloigne des régions supérieures de l'esprit, il pénètre plus avant dans les couches inférieures de la nature. Rien ne se prête mieux d'ailleurs aux caresses du pinceau que ces beaux détails de nature morte : vases, meubles, armes, ustensiles, fruits et fleurs, ces draperies rehaussées d'or et chamarrées de toutes couleurs, ces chiens au pelage tacheté et voyant dont Véronèse se plaisait à embellir ses tableaux, et qu'il rendait d'une touche si brillante, si légère, si résolue. Aussi, dès qu'il était le maître de choisir les données de sa composition, il prenait plaisir à y étaler tous les échantillons de son opulence de peintre. Il faut voir dans Ridolfi la description des fresques exécutées par Véronèse, d'abord dans le palais de la Soranza, près de Castel-Franco, patrie de Giorgion; ensuite à Masiera, dans le Trévisan, chez le seigneur Daniel Barbaro, patriarche d'Aquilée. Il peignit à la Soranza toutes les divinités de la Fable, des enfants tenant à la main des bouquets de fruits, des animaux, de gais paysages, des colonnades en perspective, et sur des balustres, deux figures assises, dont l'une, en pourpoint et en barette, passe pour être le portrait de Véronèse lui-même; enfin de magnifiques chiens, tout vivants et haletants, comme ceux que nous verrons paraître tant de fois dans son œuvre. Ce même luxe de détails, Véronèse le déploya chez le patriarche d'Aquilée, qui habitait, à Masiera, un beau palais, bâti sur les dessins de Palladio. Il y représenta les Muses avec leurs attributs; il se plut à ouvrir sur les murailles des vues de riants paysages; à sa décoration, il mêla des trophées militaires, des rinceaux, des guirlandes de fruits et de fleurs; et comme pour ajouter une architecture de fantaisie à celle déjà si riche de Palladio, il figura de fausses portes auxquelles semblaient se tenir des laquais et des pages. Aux impostes, il feignit des masques de bronze. Sur le côté de l'une des salles du palais, dessinée en croix, il supposa un ordre d'architecture surmonté d'une galerie où l'on voyait des dames et des gentilshommes tenant à la main des livres et des instruments de musique, et paraissant avoir interrompu leurs divertissements pour admirer les planètes. Par allusion à la dignité de la famille des Barbaro, Véronèse fit entrer dans l'ornementation du palais les figures de l'Honneur, de la Noblesse, du Commandement, et l'allégorie de la Magnificence, qui semblait être le symbole de son propre génie. Enfin, pour marquer la fertilité du délicieux pays qu'habitait le patriarche, il peignit dans les soffites, avec sa grâce accoutumée, Cérès, Flore et Vertumne, et l'indolent Bacchus s'enivrant de la liqueur dont il est le dieu.

Daniel Barbaro et son frère Antoine furent si éblouis du talent de Véronèse, qu'ils en parlèrent à

---

[1] Scoperte le pitture... vi concorso numeroso popolo ad ammirarle, dando immortali lodo all'autore, il che fu cagione che que' Padri, senza mettervi tempo di mezzo, vollero ch'egli proseguisse a dipingere la volta della capella maggiore... *Le Maraviglie dell'arte, overo levite de gl'illustri pittori veneti e dello stato, descritte dal cavalier Carlo Ridolfi. In Venetia.* 1648. Tome 1, p. 288.

[2] E vi si osserva una curiosità, che essendo solito Paolo in qualunque suo quadro introdurvi de' cani, in questo accortamente non vene fece perchè dove si trattano bastoni, non si veggono cani. Pietro Bassaglia, *Descrizione delle publiche pitture della città di Venezia, osia Renovazione delle Ricche Minere di Marco Boschini... in Venezia,* 1733.

toute la noblesse vénitienne et le recommandèrent vivement à la seigneurie. Et comme on songeait précisément, dans ce temps-là, à renouveler les vieilles peintures du palais ducal, Véronèse fut choisi pour y travailler avec Tintoret et Horace Vecelli, fils du Titien.

Pour un autre que Véronèse, c'eût été une redoutable concurrence que celle de ces deux peintres, l'un si vaillant, l'autre si fort, soutenu qu'il était par la secrète collaboration de son père, car le vieux

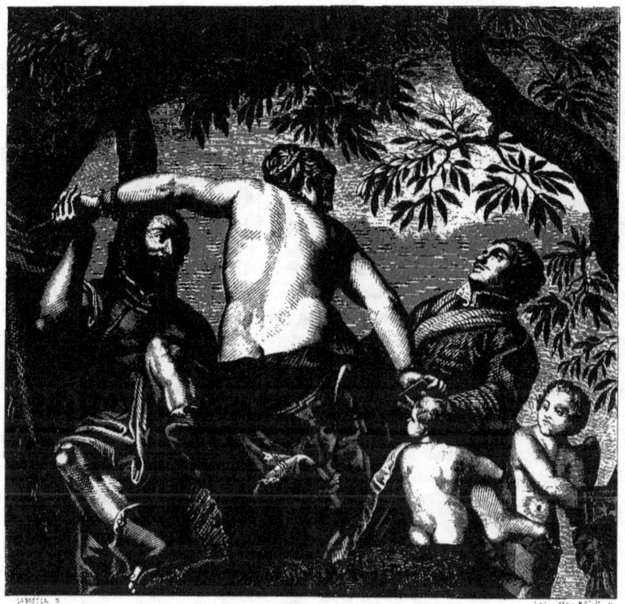

L'INFIDÉLITÉ.

Titien, en dépit de ses quatre-vingts ans, tenait encore le pinceau d'une main vigoureuse. Il serait impossible aujourd'hui de décider qui l'emporta de ces trois rivaux, puisque leurs peintures furent brûlées en 1576, dans l'incendie du palais ducal. Mais Caliari avait jeté un tel éclat, qu'il n'était plus permis de ne pas lui assigner le premier rang à Venise, après le Titien. Aussi, quand il fut question de décorer la bibliothèque de Saint-Marc, reconstruite par Sansovino, les procurateurs ayant chargé l'architecte de s'entendre avec Titien sur le choix à faire des artistes qui devaient concourir à cette décoration, Véronèse fut tout de suite désigné avec son ami Zelotti, Battista Franco, Giuseppe Salviati, le Schiavone, le Fratina. Le plafond de la bibliothèque était divisé en vingt-et-un caissons de forme ronde. Dans les trois compartiments qui lui échurent, Paul représenta la *Musique*, la *Géométrie* avec l'*Arithmétique*, et l'*Honneur*; mais ces froides abstractions prirent sous sa main les formes les plus aimables. Des femmes charmantes jouant de la viole ou du luth, en compagnie de l'Amour, de gracieuses figures noblement vêtues symbolisèrent l'harmonie et les arides sciences de la mesure et des nombres. L'Honneur, placé sur un piédestal, reçoit les hommages des philosophes, des historiens et des poètes qui lui offrent des guirlandes de lierre et de lauriers. Les procurateurs de Saint-Marc avaient décidé qu'il serait donné une marque de distinction à celui qui ferait les plus belles peintures dans la bibliothèque, et c'était encore Titien et Sansovino qui devaient décerner le prix. Après avoir consulté séparément les concurrents eux-mêmes [1], les deux juges, voyant que Paul Véronèse avait seul réuni les suffrages de tous ses rivaux, le proclamèrent vainqueur, et lui firent donner une chaîne d'or, qui était le prix de la victoire.

Après ce triomphe, le peintre, comme pour en faire jouir sa famille, alla passer quelque temps à Vérone. Il y fut retenu par les pères de San-Nazaro, qui lui donnèrent à peindre le grand réfectoire de leur communauté. C'est là que Paul fit un grand tableau du *Repas chez Simon le Pharisien*, à peu près semblable à celui qui fut donné à Louis XIV par la république de Venise, et qui est aujourd'hui au Louvre. La scène se passe sous un portique dont les colonnes portent un frontispice orné à la frise de bucranes et de guirlandes, et soutenu aux angles par des figures de satyresses, belles dans leur difformité. Les principaux personnages sont le Christ, la Madeleine, Simon et Judas. La blonde pécheresse est aux pieds du Sauveur; elle les oint de parfums et les essuie avec ses cheveux d'or. Simon la regarde avec admiration, étonné de sa beauté convertie, de son amour, de la grâce involontaire qui a survécu à son repentir; Judas, de l'autre côté de la table, semble déplorer la perte des précieux parfums que répand la Madeleine, tandis que de nombreux serviteurs distribuent les mets du festin, apportent de magnifiques vases, ou sourient aux gentillesses d'un singe que font jouer des bateleurs en livrée. Dans ce tableau, Véronèse inaugura le style qui vraiment était le sien, et que nous lui verrons déployer par la suite avec une pompe d'imagination sans égale.

De retour à Venise, il y trouva les pères de Saint-Sébastien plus fiers que jamais des peintures qu'il avait faites pour eux et désireux de lui voir terminer la décoration de leur église. Il reprit donc ce grand ouvrage avec une ardeur nouvelle, et mit la main au tableau du maître-autel, où parmi les saints groupés autour de la Vierge, il fit le portrait de son ami, le prieur Bernardo Torlioni, dans la figure de saint François. Il retoucha ensuite les volets de l'orgue, sur lesquels il avait peint extérieurement la *Purification de la Vierge*, et intérieurement la *Piscine Miraculeuse*. Ces deux morceaux furent dessinés suivant toutes les rigueurs de la perspective, pour la place qu'ils occupaient, c'est-à-dire en vue du spectateur placé sur le pavé de la nef. Véronèse, qui les avait enrichis, comme toujours, de colonnades, supposa son point de vue très-bas, de façon à contenter la logique du regard. Mais, suivant la remarque de Zanetti, le mensonge est préférable en pareil cas à la vérité, et un peintre qui s'est donné tant de licence, eût mieux fait peut-être de se permettre ici une infraction aux lois du bon sens que d'offenser les yeux par une perspective aussi étrange. Du reste, même en traitant les sujets religieux, Paul Véronèse était constamment préoccupé d'éviter le connu et le banal; il s'éloignait volontiers des arrangements consacrés par la tradition, et dont la symétrie prévue ne laissait que peu de marge aux variantes. Les Jésuites, que l'exemple des pères de Saint-Sébastien piquait d'émulation, s'étant adressés à lui pour les peintures de leur église, il leur fit, entr'autres ouvrages, une *Annonciation* toute brillante d'un luxe inouï de meubles et de couleurs. Au lieu de l'humble demeure dans laquelle on se figure la Vierge de l'Évangile, Véronèse représente Marie dans une chambre dont le plafond est soutenu par des colonnes torses richement enlacées de vigne vierge. Au lieu d'une modeste couche pudiquement enveloppée de rideaux simples, ce fut un lit somptueux, aux courtines élégantes et ramagées, dont la magnificence le disputait

---

[1] ... Perche non vollero esser tenuti partiali, giudicarono bene lo interderlo da medesimi concorrenti che richiesti dellor parere sopra le opere de compagni (eccettandosi le loro convenerro che Paolo ne havesse riportato il pregio. *Ridolfi.*

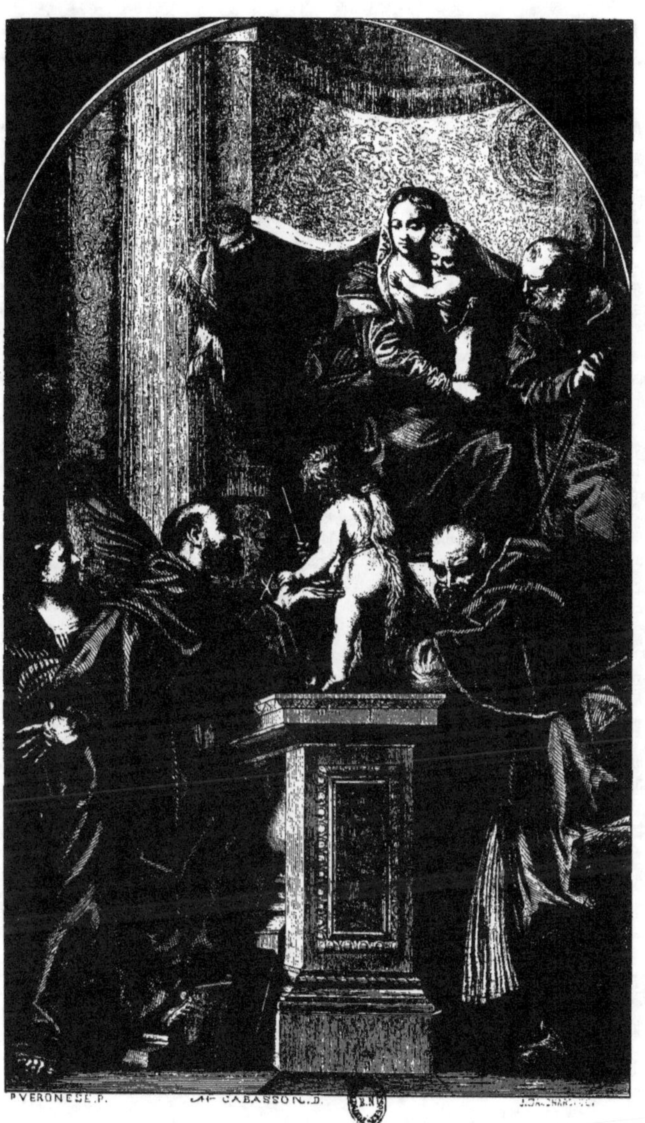

LA SAINTE FAMILLE, SAINT FRANÇOIS, SAINT JÉROME ET SAINTE JUSTINE Académie des Beaux-Arts à Venise.

aux draperies de l'ange doucement soulevées par l'air, et aux couleurs de ses ailes, plus belles que l'écharpe d'Iris, *più belle dell' Iride*, dit le biographe italien.

Et ce goût pour rajeunir les sujets rebattus, Véronèse l'a manifesté plus d'une fois, non-seulement par le côté neuf de ses inventions, mais encore par écrit, car il lui arrivait souvent de se rendre compte à lui-même de ses idées en les écrivant sur une feuille d'études, ou bien au verso d'un de ses projets de composition. Ridolfi mentionne et décrit, comme ayant appartenu aux frères Muselli de Vérone, trois dessins, derrière lesquels Véronèse avait écrit de naïves réflexions touchant la monotonie des *Vierges*, particulièrement dans l'œuvre d'Albert Durer, et les manières diverses dont il serait possible de concevoir Marie et l'Enfant sans autre compagnie que celle des anges [1]. Une de ces inscriptions est curieuse à rapporter : « Si j'ai jamais le temps, dit Véronèse, je veux représenter un repas somptueux dans une superbe galerie, où l'on verra la Vierge, le Sauveur et Joseph. Je les ferai servir par le plus brillant cortége d'anges qui se puisse imaginer, occupés à leur offrir, dans des plats d'argent et d'or, des viandes exquises et une abondance de fruits superbes. D'autres s'emploieront à leur présenter, dans des cristaux transparents et des coupes dorées, des liqueurs précieuses, pour montrer le zèle des esprits bienheureux à servir leur Dieu. [2]. » On le voit, tout ce qui traversait l'imagination de Véronèse était riant, pompeux et imprévu. Il nous apprend lui-même, dans une note manuscrite, mise au revers de l'un des deux dessins de la vente Crozat, qu'il a composé, pour sa propre maison, un tableau où l'on verra autour de Jésus et de sa mère, des groupes d'anges portant des couronnes d'étoiles et des couronnes d'épines, celui-ci un phénix, celui-là un pélican, d'autres le soleil et la lune, tandis que la terre se couvrira de fleurs et de fruits.

Des hommes de la trempe de Véronèse ne se modifient pas facilement ; ils vivent toute leur vie sous l'influence de la constellation qui les fit peintres. Quand il eût achevé ses tableaux de l'église des Jésuités, Paul fut emmené à Rome, par son ami Girolamo Grimani, procurateur de Saint-Marc, que la République envoyait en ambassade auprès du pape. Il n'est pas besoin de dire que la vue des grandes images de l'art antique et des chefs-d'œuvre de la Renaissance émerveilla Véronèse ; mais tant de belles choses ne firent que donner un plus grand essor à son imagination ; sa manière resta la même, ses idées n'en reçurent aucune altération. Il copia cependant quelques bas-reliefs, quelques-unes des statues fameuses, il recueillit de vives impressions, et fit provision de souvenirs ; mais il revint à Venise, tel qu'il en était parti, l'esprit tout plein d'ingénieux caprices et de brillantes figures, coloriste radieux, peintre aimable, absurde et triomphant.

Les premiers ouvrages qu'il eut à faire à son retour, furent divers morceaux de peinture dans la salle du Conseil des Dix et dans celles du Collége et de l'Anti-Collége. Lui, l'artiste gracieux et gai par excellence, il dut décorer le plafond de ce lieu redoutable, dont le seul nom faisait trembler Venise. Cela fait sourire de voir Véronèse froncer le sourcil pour peindre les *Vices foudroyés par Jupiter* [3]. Mais, dans un autre ovale du même plafond, il revint à son style propre, en représentant Venise qui reçoit des

---

[1] Deux de ces dessins figurèrent dans la vente Crozat, et furent décrits par Mariette, dans le catalogue de cette vente célèbre. L'un est au Louvre, l'autre a fait partie de la collection Thibaudeau. Voir le tome II de notre *Trésor de la curiosité, tiré des catalogues de vente de tableaux, dessins, estampes, marbres, bronzes, ivoires, etc., et autres objets d'art.* Paris, Veuve Renouard, 1857-1858.

[2] Se io haverò tempo giammai, voglio rappresentare sontuosa mensa sotto à nobil loggia, ove entri la Vergine, il salvator, e Gioseppe, facendogli servire col piu ricco corteggio d'Angeli che si possa imaginare ; che gli somministrino in piatti d'argento, e d'oro regalate vivande, e copia di pomposi fratti. Altri siano implicati in recar in tersi cristalli, et in dorate coppe pretiose vivande... *Ridolfi*, tome I, page 307.

[3] Ce tableau fameux, d'un style mâle et fier, fut détaché du plafond dans lequel il avait été encastré, et devint une des conquêtes de notre armée d'Italie. Il est aujourd'hui à Versailles dans la chambre à coucher de Louis XIV, dont il décore le plafond. Faute d'avoir remarqué qu'il s'y trouve une tête de femme, plusieurs auteurs ont défini le tableau *les Titans foudroyés par Jupiter*. Mais certains vices, rigoureusement punis par le Conseil des Dix, sont trop bien caractérisés par le peintre, pour qu'il soit permis de s'y méprendre.

mains de Junon des couronnes, de l'or, des joyaux et la corne ducale, symbole de suprême honneur. On peut remarquer seulement un certain agrandissement dans sa manière, des ombres plus énergiques, plus de caractère dans les nus et quelques traces de son récent voyage de Rome, par exemple, la réminiscence de la tête de Laocoon dans la figure de Jupiter foudroyant.

Quant aux peintures de l'*Enlèvement d'Europe* et aux allégories sur Venise qu'il fit pour la salle de

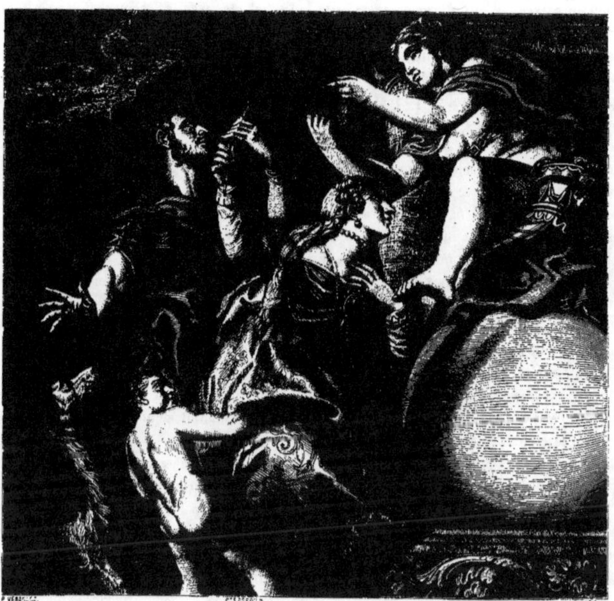

l'Anti-Collége (qui était la salle d'attente des ambassadeurs) et pour le Collége, où la seigneurie les recevait, on nous permettra de reproduire ici ce que nous en avons dit ailleurs, d'après des impressions recueillies sur place, en présence des œuvres dont nous parlions : « Avant tout, il faut être sincère : l'*Enlèvement d'Europe* est à mon sens un des moins heureux tableaux du maître. L'expression en est à peu près nulle, si ce n'est pourtant dans l'action de Jupiter qui lèche amoureusement les pieds de la belle. L'héroïne est mal posée sur son taureau, qui a l'air d'un veau : le modelé est mou, rond, boursouflé, au point que nous avons cru, mon compagnon et moi, que c'était là peut-être une copie du tableau dont il existe en d'autres endroits des répétitions, notamment à Rome, au Capitole. Quant à la magie des couleurs, si elle n'a pas disparu, elle est du moins bien altérée, et cela se conçoit : quand il fut transporté à Paris, ce tableau y fut restauré (comme l'ont été imprudemment d'autres Véronèse) sans qu'on eût égard à la façon particulière dont ce grand peintre avait opéré. Préparés à la gouache comme des décorations de théâtre, les tableaux de ce maître conservent dans les demi-teintes une légèreté, une transparence, une gaîté ravissantes, que leur fera perdre celui qui aura la malheureuse idée de les emboire d'huile ou de tout autre corps gras, et d'étouffer ainsi la limpidité de la détrempe dans toutes les parties où le peintre l'avait ménagée [1]. »

En revanche, on ne peut trop admirer les peintures de Caliari dans la salle du Collége. Elles rivalisent de magnificence avec les autres ornements de cette salle opulente, avec les colonnes de la porte qui sont en vert antique et en marbre cipolin, avec un pavage semé de pierres précieuses, avec le trône du dogé et les stalles des membres du Collége qui sont en cèdre du Liban du plus précieux travail, enfin avec les moulures du plafond, qui sont le chef-d'œuvre d'Antonio da Ponte. Ce plafond se divise en vingt et un compartiments, dont quatre ne portent que des inscriptions latines et dont plusieurs sont peintes en camaïeu vert. Les peintures de Paul Véronèse remplissent les trois caissons principaux, un ovale et deux carrés. C'est en les contemplant d'un œil ébloui que nous écrivions sur notre album : « Le coloris en est délicat et splendide, blond, caressant, d'un harmonieux éclat, d'une fraîcheur virginale. Rien de plus merveilleux que la figure de Venise sur son trône. Sa tête, dans une pénombre suave, ne s'éclaire que de reflets ambrés. Deux figures allégoriques semblent l'adorer comme une déité de l'Olympe. A ses pieds est couché le lion de Saint-Marc. Le bleu du ciel est tempéré par quelques nuages gris et roses. Le luxe des draperies est à son comble : l'hermine, le velours, les brocarts d'or, la soie cerise y sont d'une couleur asiatique. Une robe orange légèrement glacée de vert, une écharpe d'un ton émeraude adouci y enchantent le regard. Véronèse a pillé le vestiaire d'une fée... On voit, sur le cadre du milieu, la Foi, vêtue de blanc, encensée par des thuriféraires, richement costumés comme toujours et parmi lesquels on distingue le portrait du vieux Titien; puis, dans le troisième cadre, près de la porte, Mars et Neptune, avec des petits génies, d'une grâce ineffable. »

Tous ces travaux avaient enrichi Véronèse, malgré la modération des prix qu'il mettait à ses ouvrages. Il se trouvait alors avoir 6,000 sequins déposés à la banque. Naturellement rangé dans sa vie et fort économe, qui le croirait? *parco di spese*, il ne dépensait guère son argent que pour acheter les belles étoffes que les Lévantins promenaient dans les rues de Venise. Il avait chez lui tout un riche vestiaire de draperies brochées d'or et de soie, de camelots opulents, d'épais velours. C'était d'après nature qu'il peignait avec tant de complaisance ces dalmatiques rugueuses qui, par leurs cassures, font ressembler Paul Véronèse à un Albert Durer assoupli, et ces rideaux à grands ramages, qui entouraient si étrangement le lit de la Vierge, ou qui ornaient de leurs pesants lambrequins le trône d'une déesse changée en reine du ciel, enfin ces fastueux brocarts dont il enveloppait les abondantes carnations de ses Vénitiennes, ou qu'il jetait, avec une négligence pleine de grâce, sur leurs fraîches épaules. En revanche, Véronèse fut avare d'outremer, couleur qui était fort rare et d'un très-grand prix. Aussi quelques-unes de ses peintures en ont-elles souffert, surtout dans les ciels. Chaque jour, cependant, il augmentait sa fortune par une fécondité prodigieuse, par un infatigable labeur, et le vieux Titien, laissant à peu près le champ libre aux peintres de Venise, c'était Véronèse qui partageait avec le Tintoret les plus importants travaux. Il couvrait des toiles immenses, et cherchait dans l'histoire sacrée ou profane, tout ce qui pouvait se prêter à la mise en scène d'un magnifique spectacle.

C'est ici qu'il faut parler de ces festins que Paul Véronèse a tant de fois recommencés, qu'il a variés de tant de manières, et parmi lesquels on en distingue quatre qui sont ses plus beaux titres de gloire. On les appelle ses grandes *Cènes*. La première est celle qu'il fit pour le réfectoire des pères de Saint-George-Majeur, dans une île délicieuse, située vis-à-vis le palais ducal. C'est le superbe tableau des

___
[1] *De Paris à Venise, notes au crayon.* par M. Charles Blanc : 1 vol. in-16; Paris, Hachette, 1857.

Noces de Cana, que nous avons au Louvre. Sous le rapport de la peinture proprement dite, il n'en est guère de plus étonnante dans tout le royaume de l'art. Cent trente figures environ s'y meuvent à l'aise, en plein

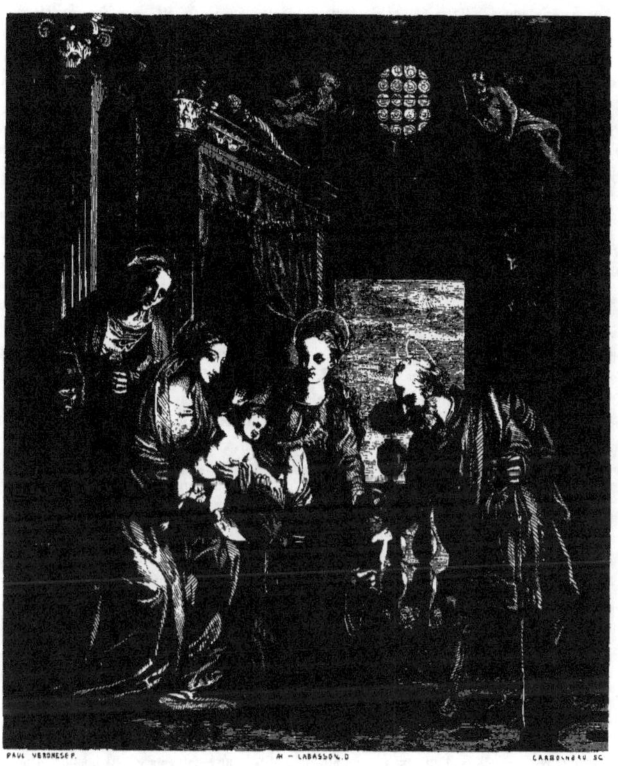

SAINTE FAMILLE. SAINT FRANÇOIS. SAINT GUILLAUME (Tableau du Louvre.)

air, au soleil, non pas sous l'âpre ciel de la Palestine, mais sous le ciel tendre de Venise. Le banquet est servi dans la cour intérieure d'un palais de marbre, à deux pas d'un portique en brocatelle rose de Vérone. Au loin, par delà une terrasse à balustrade, on aperçoit un campanile et d'autres palais ornés de statues, qui forment, avec le ciel, un encadrement des plus nobles. Le peintre nous fait arriver au moment où s'accomplit le miracle qui changea l'eau en vin. Jésus-Christ est assis dans le fond, au centre de la table, qui revient en fer à cheval, sur le devant de la composition. A cette même table, sur la gauche, figurent les souverains illustres du seizième siècle, François Ier, Charles-Quint, le sultan Achmet II, la reine Marie d'Angleterre. Le marié, beau jeune homme à barbe noire, vêtu de pourpre et d'or, est représenté sous les traits d'Alphonse d'Avalos, marquis du Guast, et la mariée est le portrait d'Éléonore d'Autriche, sœur de Charles-Quint et reine de France. Plus loin, se fait remarquer une femme élégante, qui tient un cure-dent; on la nomme Vittoria Colonna, marquise de Pescaire; à droite, sont des cardinaux et des moines, plus surpris, sans doute, d'être assis à la table de Jésus-Christ, que d'un miracle dont la foi leur interdit de s'étonner. Au premier plan de ce vaste tableau, qui n'a pas moins de trente pieds de long sur vingt de hauteur, on distingue un groupe de musiciens aux physionomies pleines de caractère et d'intelligence; ce sont les grands peintres de Venise. Le vénérable octogénaire qui tient une contrebasse, la tête penchée sur le cahier de musique, s'appelle Titien; le vieux Bassan joue de la flûte; Paul Véronèse s'est peint lui-même en habit blanc, jouant du violoncelle, et à côté de lui, le Tintoret, sur un instrument semblable, paraît jouer sa partie dans ce quatuor illustre. Celui qui, debout près de Véronèse, et vêtu d'une robe de brocart, tient une coupe de vin, est, dit-on, Benedetto Caliari, frère du peintre [1]. La salle du festin est remplie de serviteurs en mouvement, qui versent dans des vases précieux ou distribuent aux convives cette liqueur généreuse que vient de créer la parole d'un Dieu. Un nègre en présente une coupe aux mariés. Sur la galerie découverte, qui s'élève en face du spectateur, passent et s'agitent des valets empressés, qui portent des plats fumants, découpent des viandes, ou vont chercher au buffet de la vaisselle d'argent et d'or. Oui, ce tableau des *Noces de Cana* est le triomphe de Paul Véronèse, et peu s'en faut que ce ne soit le triomphe de la peinture. Ah! sans doute, une pareille composition n'est point pour satisfaire l'esprit, pour toucher le cœur, comme la *Cène* sublime du grand Léonard. La religion, l'histoire, les convenances, n'ont rien à voir ici · tout est insensé et ravissant. La principale figure se remarque à peine; les accessoires n'ont pas moins d'importance que les personnages, les costumes sont aussi intéressants que les têtes. Tel nègre, tel nain, tel couple de levriers blancs, se voyent presque autant que le dieu du festin. Il semble que le peintre ait pris plaisir à renverser toutes les lois de l'art. Mais quelle pompe de décoration! quel air de fête dans ce banquet plein de bruit, plein de joie, plein de monde! Comme les groupes sont ingénieusement liés entre eux et pourtant se distinguent! quelle variété de physionomies toutes vivantes! quelle vérité dans ces têtes, sans aucune pauvreté de détail, et quel ressort pittoresque ont fourni à l'artiste ces colonnades de marbre, ces palais, ces curieux accrochés à tous les angles de l'architecture, et surtout ces draperies splendides, dont les beaux tons, brillants ou sombres, légers ou profonds, forment, par la diversité de leur valeur, tout le clair-obscur du tableau.

Paul Véronèse avait trouvé là le véritable secret de son génie. Aussi, quand on eût découvert à tous les yeux cette grande machine, ce fut l'objet d'une admiration universelle, surtout parmi les peintres. On juge quelle impression durent faire les *Noces de Cana* sur d'aussi vaillants praticiens que Bassano et Tintoret. Titien ne rencontrait plus Véronèse dans les rues de Venise, qu'il ne l'embrassât comme un fils. Chaque communauté voulut, dès-lors, faire peindre son réfectoire. Le bon père Torlioni réclama d'abord pour le couvent de Saint-Sébastien, déjà tout resplendissant des peintures du maître. Caliari fit donc pour ce monastère, en 1570, le grand tableau du *Repas chez Simon le Pharisien*, qui représentait la Madeleine aux pieds du Christ, au milieu d'un banquet somptueux. La couleur y était encore plus chaude et le pinceau plus nourri que dans ses autres ouvrages. On peut en voir la composition dans la grande estampe en deux feuilles de Mitelli. C'est la seconde *Cène* de Paul Véronèse. La troisième, le *Repas chez Lévi*, fut peint trois ans plus tard, dans le réfectoire des pères dominicains de Saint-Jean et Paul, pour remplacer le *Cénacle* du Titien, qui avait péri par le feu. Véronèse donna, dans cette circonstance, une preuve de son désintéressement. Frère Andrea de Buoni, qui était sans doute le prieur ou le trésorier du couvent,

---

[1] Tous ces renseignements furent recueillis par Zanetti, dans le monastère même de Saint-George, où l'on en conservait la tradition écrite. *In questo illustre monastero io ebbi di tutto questo una tradizione in iscritto*, dit Zanetti.

ne disposait que d'une très-faible somme, amassée à force d'aumônes et de pénitences imposées aux fidèles dans la confession [1] Et à ce prix modique, il ne pouvait ajouter que quelques tonneaux de vin [2]. Frère André fit humblement sa proposition au Véronèse, et celui-ci, touché de la naïveté du religieux et de l'amour qu'il témoignait pour la peinture, accepta gracieusement le prix inacceptable qu'on lui offrait. Le Louvre a possédé ce tableau, qui est maintenant à l'Académie des Beaux-Arts à Venise, et qui ressemble beaucoup, pour l'ordonnance, aux autres Cènes du peintre, sauf que l'architecture occupe ici une trop grande place. Non seulement elle remplit tout le haut de la composition, et la divise en arcades dont les tympans sont ornés de figures de femmes en bas-reliefs; mais elle se continue encore dans le bas du tableau, où l'on voit, comme toujours, des pages qui jouent avec de grands levriers, sur les marches d'escaliers à balustres, des nègres qui portent des aiguières, et de blondes Vénitiennes aux cheveux d'or. Nul autre peintre, si ce n'est le Poussin, n'a fait un si constant usage de l'architecture dans ses tableaux; mais les fabriques du peintre français sont grecques ou romaines, c'est-à-dire simples, sévères et conformes à la dignité de ses intentions, tandis que les palais de Véronèse portent le cachet du génie capricieux de la Renaissance. La pure et calme grandeur des monuments antiques ne lui aurait point suffi. Il avait besoin que des colonnades imprévues, des balcons, des rampes, des galeries en perspective vinssent continuer l'arabesque mouvementée de sa composition et se lier à l'heureux désordre de ses figures.

Le quatrième, enfin, des grands festins de Paul Véronèse, fut celui qu'il exécuta pour le réfectoire des pères Servites, et qui fut donné à Louis XIV par la République de Venise, en 1665. Il représente encore le *Repas chez Simon*, et décore aujourd'hui le Musée du Louvre, après avoir décoré le salon d'Hercule à Versailles. Les gravures de Valentin Lefebvre, ces gravures savantes, colorées à si peu de frais, nous dispenseront cette fois de toute description. Nous dirons seulement que ce fut le premier tableau que le gouvernement de Venise laissa sortir du territoire de la République [3]. L'exécution de ces grandes toiles ne faisait, du reste, que développer les qualités décoratives du talent de Véronèse. Là, surtout, on pouvait remarquer l'absence du sentiment moral, l'insignifiance ou même la nullité de ses expressions. Et dans ses petits tableaux, on le retrouvait encore plus occupé de faire briller ses tons en les accordant, que d'exprimer une pensée. De même que l'antique aimait encore mieux rester inexpressif que de déranger la beauté du visage et celle des lignes, de même Véronèse, sacrifiant tout au plaisir des yeux, conserve une sérénité radieuse à ses figures même lorsqu'il les représente engagées dans une action tragique. On n'imagine pas avec quel épanouissement de joie, la belle Judith porte à la main la tête d'Holopherne, qu'elle vient de couper. Pas le moindre froncement, pas le moindre pli sur ce visage. On le prendrait pour celui d'une courtisane dans l'attente du plaisir, si on ne voyait à côté d'elle la tête sanglante du géant décapité. Mais il est un autre tableau de Caliari encore plus étonnant, s'il est possible, par l'absurdité de la conception, en même temps qu'il est admirable par l'opulence de la couleur : c'est *la famille de Darius devant Alexandre*, grand tableau qui était encore dans le palais Pisani, quand nous l'avons vu à Venise [4]. L'impression qu'il nous fit est consignée dans le livre que nous avons cité plus haut, et qui sous le titre de *Notes au crayon* renferme tous les souvenirs de notre voyage à Venise : « Non, il n'est pas possible d'être à la fois, plus absurde et plus charmant que Véronèse. Vous entendez bien que c'est la famille Pisani qui, sous prétexte de s'appeler la *famille de Darius*, vient se jeter aux pieds d'un anglais vêtu, je ne sais pourquoi, en Romain, lequel porte le nom d'Alexandre. Madame Pisani et ses filles ont mis leurs plus

---

[1] ... *Che avanzato di elemosine e di confessioni haveva*, dit Ridolfi.

[2] *Alquante botti di vino*, dit la *Descrizione di tutte le pubbliche pitture della città di Venezia*.

[3] *Si potrra dunque dire, che questa sia la prima pittura publica a cui sia stata permessa l'estrazione.* Boschini. le *Minere della pittura*, in *Venezia*, 1664. Ce fut du reste un très-heureux événement que ce don fait par la République à Louis XIV. car le *Repas chez Simon*, s'il fut resté dans le réfectoire des Pères Servites, y aurait péri consumé par les flammes qui dévorèrent cette partie du couvent, en 1769, comme Zanetti en fait la remarque.

[4] Voir aux *Recherches et Indications*.

belles robes pour la cérémonie, et au risque de les chiffonner, elles ont consenti à s'agenouiller devant le héros. Impassibles dans leur beauté, immobiles dans leur fraîcheur, ces jolies créatures ne dérangeront rien, ni aux plis de leur visage, ni aux plis de leurs robes de brocart, ravies qu'elles sont de se montrer, non pas au roi de Macédoine, mais au spectateur. L'une d'elles, la plus jeune, a voulu amener avec elle son singe, sans doute pour amuser le vainqueur !.. Inutile de dire que la scène se passe sur la terrasse d'un palais vénitien, que le soleil se joue dans les accidents d'une architecture à colonnes, à balustres et à balcons, et que nombre de figures se sont mises aux fenêtres pour assister à cette exhibition de costumes extravagants et magnifiques. Même dans l'école vénitienne, en général si peu expressive, on ne trouverait pas un tableau plus insignifiant ni un plus merveilleux décor : c'est une ravissante musique de couleurs. On raconte que Paul Véronèse ayant reçu l'hospitalité dans le palais Pisani, peignit ce tableau pour le laisser à ses hôtes en témoignage de reconnaissance; mais que voulant leur épargner la peine d'un remerciement ou la velléité d'un acte de discrétion, il roula sa toile et la glissa derrière son lit, de façon qu'on ne la découvrît dans sa chambre qu'après son départ. Cette généreuse délicatesse rachète bien quelques uns des anachronismes du tableau. »

Ce n'est pas à dire pourtant que Véronèse n'ait jamais rencontré l'expression ; mais il ne l'a guère trouvée que lorsqu'il étudiait un seul groupe, ou qu'il se recueillait pour dessiner une figure isolée. La religion, qu'il voyait toujours par le côté de l'onction et de la tendresse, l'a quelquefois inspiré très-heureusement. Il lui est même arrivé, une fois ou deux, de s'élever naïvement au sublime. Nous avons vu à Paris un dessin de Véronèse, sur papier bleu rehaussé de blanc, qui représente le Christ mort·étendu sur la pierre d'un sépulcre. Sous cette pierre est étendu aussi le squelette de la mort, qui paraît écrasé sous le poids de la tombe. Rien n'est plus saisissant et ne va plus à l'âme que cette image de la mort ainsi étouffée par le cadavre du Rédempteur[1].

Cependant Véronèse s'était marié, et il avait eu deux fils, Gabriele et Carlo ou Carletto, auxquels il apprit la peinture. Mais comme la manière du Bassan lui plaisait beaucoup, il les fit entrer à l'école de ce maître, donnant en cela un rare exemple d'esprit et de modestie : d'esprit, disons-nous, car personne ne pouvait enseigner la pratique de l'art mieux que le Bassan, qui poussait le *rendu* des objets plus loin que Véronèse lui-même. Celui-ci avait une exécution plutôt large que serrée. Bien qu'il eût toujours l'œil sur la nature, il ne tomba jamais dans le mesquin, parce qu'il la voyait noblement ; il savait l'embellir par la suppression des détails, qui le plus souvent la vulgarisent. De sorte que toutes ses figures, bien qu'elles eussent l'accent du vrai, le caractère de l'individualité et de la vie, et par conséquent la variété, touchaient à l'idéal par un certain air de grandeur qu'il leur donnait en n'accusant que les grands plans, au moyen d'une touche décidée et dont chaque coup portait. Et de cette franchise de pinceau venait la fraîcheur du coloris de Véronèse. Non-seulement il démêlait tout de suite dans un ton ce que les tons voisins lui communiqueraient de chaleur, d'éclat ou de finesse, mais il appliquait ce ton d'une main tellement sûre, qu'il n'avait plus besoin de revenir sur sa couleur, et ne risquait plus de la fatiguer, de la ternir par l'hésitation du travail. On conçoit qu'un tel maître aurait pu se dispenser d'envoyer ses fils à une autre école que la sienne propre. Ses qualités, au surplus, sont celles du génie, qui ne se transmettent guère. Aussi, disait-il à ses enfants et à ses élèves que de s'appliquer à la peinture sans un don naturel, c'était semer sur les ondes.

Répandues en Italie, et déjà gravées par Augustin Carrache, les peintures de Véronèse faisaient rayonner sa gloire dans tous les pays où l'art était en honneur. Le duc de Savoie, le duc de Mantoue, l'empereur Rodolphe II, voulurent avoir des tableaux de sa main. Il envoya au premier l'histoire de la *Reine de Saba*, visitant Salomon, accompagnée d'un cortége brillant et nombreux ; au second, un tableau de *Moïse sauvé*, et à l'empereur le sujet de *Céphale et Procris* et le poëme de Vénus, comme on disait alors, *la poesia di Venere*. Philippe II, roi d'Espagne, fit proposer à Véronèse de venir peindre les appartements de l'Escurial ;

---

[1] Ce desisn vraiment sublime a fait partie de la collection Thibaudeau ; il est aujourd'hui dans les portefeuilles de M. Nils Bark.

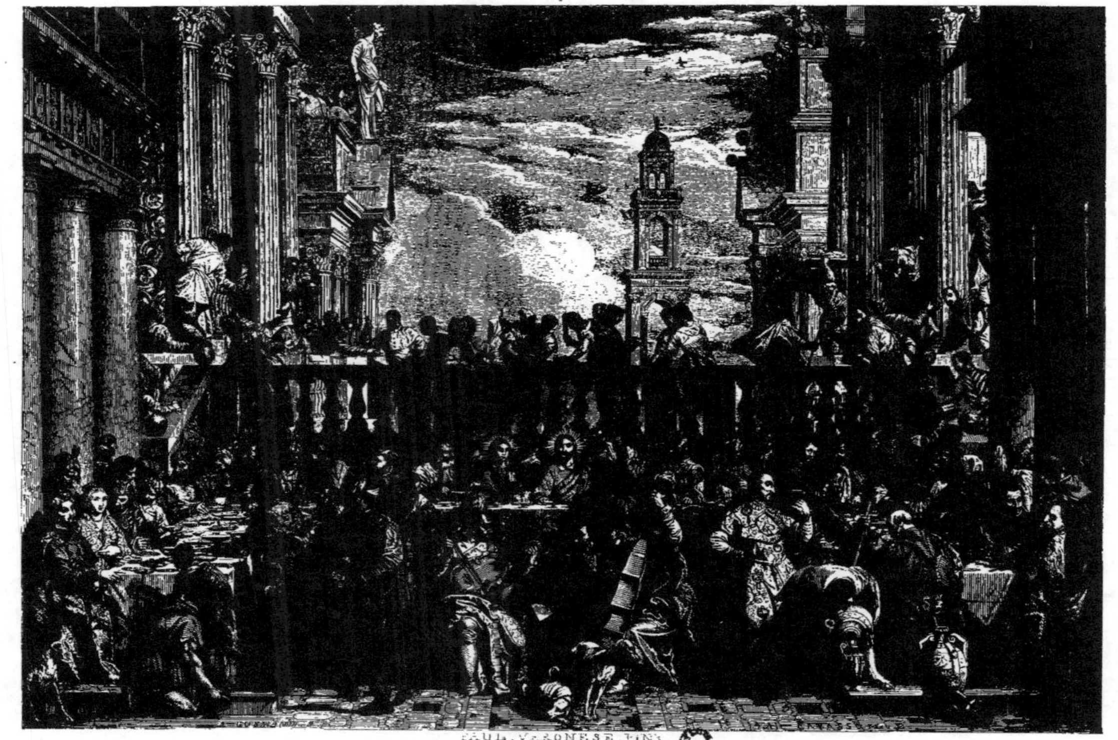

PAUL VERONESE. PINX.

LES NOCES DE CANA.

mais Paul, qui aimait Venise, comme devait l'aimer un artiste dans ce temps où elle était si belle, s'excusa sur ce qu'il avait de grands ouvrages dans son pays, et il fit partir à sa place Frédéric Zuccaro. Il était vrai, du reste, que d'immenses travaux retenaient alors Véronèse à Venise. Tintoret et lui se partageaient l'héritage du Titien, et les églises, les communautés religieuses, les grands seigneurs vénitiens, se disputaient leur temps. Le cavalier Ridolfi a employé près de trente pages à mentionner ou à décrire succinctement les peintures que Véronèse fit ou envoya dans les îles voisines de Venise, telles que Murano et Torcello, dans la maison de campagne des Grimani, à Orlago; dans celle du duc de Toscane, à Artemino, et dans le palais des Pisani; puis à Vérone, à Vicence, à Brescia, au dôme de Montagnana, à Trévise; à Padoue, chez les pères Bénédictins; enfin à Venise même dans les églises de Sainte-Zacharie, de Saint-Silvestre, de Sainte-Sophie, d'Ogni-Santi, Dell' Umilta, de Saint-François della Vigna; à Sainte-Catherine, où il peignit un de ses plus charmants tableaux, le *Mariage de la Sainte*; et à San-Nicolo de' Frari, où il fit une *Adoration des Mages*, dans laquelle étincelait tout l'écrin de sa palette.

Mais la République avait encore besoin de lui. Une partie du palais ducal ayant été consumée par le feu, en 1576, comme nous l'avons dit, les salles du scrutin et du grand conseil, déjà peintes par Véronèse, Tintoret et Horace Vecelli, avaient été détruites dans l'incendie. Le sénat de Venise décréta que ces salles seraient reconstruites et décorées à nouveau, avec plus de magnificence que jamais, par des artistes que choisiraient quatre commissaires, au nombre desquels se trouvait Jacopo Contarini. Ceux-ci portèrent naturellement leur choix sur Tintoret et Véronèse, auxquels ils adjoignirent ensuite Palme le jeune et François Bassan, le fils du Titien étant déjà mort. Dans sa dignité naïve, Caliari s'était abstenu de faire aucune démarche auprès des commissaires, si bien que Jacopo Contarini, l'ayant rencontré, lui reprocha son peu d'empressement à servir la République, à quoi le peintre répondit que son métier n'était point de rechercher les honneurs, mais de les mériter; et qu'il s'entendait moins à solliciter des travaux qu'à les faire.

Dans les compartiments du plafond qui lui furent départis, c'est-à-dire dans les caissons latéraux et dans le grand ovale, Véronèse peignit la *Défense de Scutari*, par Scanderberg; la *Prise de Smyrne*, par Mocenigo, et le *Triomphe de Venise*. Ce dernier morceau est une de ses peintures les plus renommées. On y voit la République portée sur les nues, sous les traits d'une femme superbe que la Gloire couronne, que la Renommée célèbre, qu'accompagnent l'Honneur, la Liberté, la Paix, et Junon et Cérès. Au-dessous se dessine une noble architecture, qui, suspendue en l'air, *plafonne* comme les figures elles-mêmes, et qui porte des dames richement vêtues, des gentilshommes, des cardinaux, des évêques, témoins éblouis de l'apothéose de Venise. Dans le bas, c'est-à-dire au premier plan, sont groupés des guerriers à cheval, des prisonniers, des trophées, des étendards, le tout exécuté dans une manière moins impétueuse sans doute que celle du Tintoret, mais encore pleine d'esprit, de chaleur et de mouvement, et remarquable surtout par un éclat obtenu sans fortes ombres, sans repoussoir. Mais la *Défense de Scutari* et la *Prise de Smyrne* qui sont peints dans les compartiments octogones sont encore plus beaux : dans l'un, la couleur est harmonieuse, claire et gaie; dans l'autre, elle est sérieuse, discrète et profonde. Les fonds de paysage sont admirables.

A décrire ou même à indiquer seulement tant de tableaux qui ne fatiguèrent point le génie de Véronèse, on fatiguerait l'attention du lecteur. Et pourtant, ces innombrables travaux furent l'ouvrage d'une vie qui ne fut pas longue, et qui aurait pu se prolonger encore beaucoup, dans cette Venise où le Tintoret vécut quatre-vingt-deux ans, où le Titien venait de mourir centenaire. Sans sortir de cette ville si curieusement charmante, nous pourrions encore y trouver d'innombrables exemplaires du génie du maître, d'une beauté inégale sans doute, mais tous attachants par le prestige d'un coloris imprévu, caressant, joyeux, par le *brio* comme disent les Italiens. Sans parler du palais ducal, dont nous n'avons pu dire toutes les peintures, nous verrions encore des Véronèse dans l'ancienne bibliothèque de Saint-Marc, chef-d'œuvre de Sansovino, où sont les fameux plafonds qui valurent au peintre l'honneur d'une chaîne d'or; à Santa-Catharina, où il a peint au maître-autel le *Mariage mystique* de la sainte; dans l'église des Jésuites, où l'on admirait une *Nativité* qui a malheureusement beaucoup souffert; à San-Geminiano, autour de l'orgue, dans l'église dell' Umilta, dont le soffite, entièrement peint de la main de Paul,

représente une *Assomption de la Vierge;* à San-Jacopo dell' Orio, paroisse des prêtres séculiers, où
se voit un de ses chefs-d'œuvre, *Saint Jérôme, saint Laurent et saint Nicolas,* tableau dont la beauté
serait inconnue à cause du mauvais jour qui l'éclaire, si elle n'était certifiée par Zanetti, qui eut occasion
de le voir de près pour en faire un dessin. Nous pourrions rencontrer encore des Véronèse dans l'église
de San-Francesco della Vigna, qui est riche de trois magnifiques morceaux du maître; à San-Giuseppe, où
l'on montre une *Nativité* du caractère le plus gracieux et le plus noble; à San-Lucca, où le saint évangéliste,
patron de l'église, est peint assis sur son bœuf et contemplant la Vierge dans une gloire; à San-Giuliano,
où l'on conserve religieusement un *Christ mort soutenu par des anges;* à Saint-Pierre de Murano, où le
voyageur va voir le tableau de la *Victoire navale de* 1571 remportée par les Vénitiens contre les Turcs;
enfin au palais Trivizano, tout rempli des fresques mythologiques de Véronèse, à San-Mauro de Burano, et à
Saint-Pantaléon, et dans la sacristie du Rédempteur, et dans le couvent de Saint-Jacques à la Giudecca, et
dans l'église des Saints-Apôtres et dans celle des Saints-Anges.

Mais nous ne pouvons quitter Venise sans aller à l'Académie des Beaux-Arts, ne fut-ce que pour y regarder
avec bonheur un seul tableau de Véronèse entre tant d'autres, je veux parler de la *Vierge qui présente son
fils à saint Jérôme, sainte Justine et saint François,* une merveille de couleur. Le petit saint Jean qui, debout
sur un piédestal, prend la main de saint François, est un morceau délicieux de morbidesse, de grâce, de
fraîcheur. La composition est décousue et bizarre; les personnages sont juxta-posés sans aucun rapport
entre eux, sans se rien dire. La Vierge est une belle femme insignifiante, mais l'Enfant Jésus est tout à fait
adorable... et puis que de vie dans les têtes! quel enchantement inexplicable! quelle irrésistible magie!...

Paul Caliari s'étant échauffé un jour à suivre une procession jubilaire instituée par le pape Sixte V, fut
saisi d'un refroidissemt subit, et emporté par une fièvre aiguë, au mois de mai 1588. On l'enterra dans
cette même église Saint-Sébastien, toute brillante de ses glorieuses peintures. Ses fils et son frère firent
placer près de l'orgue son buste en marbre sculpté par Carnero, et sur la pierre de sa tombe fut gravée
cette simple inscription :

Paolo Caliario Veron. Pictori celeberrimo

Fily, et Benedic. Frater Pientiss.

Et sibi posteris que

Decessit XII Kalend. may MDLXXXVIII.

Bien qu'elle enchante tout le monde, la peinture de Paul Véronèse est surtout de la peinture pour les
peintres. Eux seuls peuvent comprendre comment il a pu être si éclatant sans crudité, et si transparent sans
fadeur. Eux seuls peuvent apprécier dignement l'art infini avec lequel il a su parvenir à l'effet par le seul jeu
des couleurs locales, c'est-à-dire par le seul choix du ton de ses draperies, et comment il a fait pour obtenir
une si belle lumière, sans la soutenir par des masses d'ombres décidées. Souvent, il est vrai, ses clairs sont
éparpillés et ses rares vigueurs placées sans économie; je veux dire qu'au lieu de faire valoir les principales
masses de lumière, elles ne soutiennent que les moindres; mais ces défauts ne rendent que plus surprenants
les résultats obtenus par un peintre qui a méconnu la loi des sacrifices, qui est la loi du clair-obscur. C'est
au second plan, et non au premier, que Véronèse met ses vigueurs, et il reflète les devants de son
tableau, évitant ainsi de marquer aux yeux cette sombre limite, qui, chez les autres, sert de repoussoir.

Moins intime, moins profond que celui du Titien, le génie de Véronèse est tout entier à la surface, et il
en est de sa manière de sentir, comme de sa manière de peindre. Au lieu d'être recueillie, mêlée et mystérieuse, comme celle du Giorgion et de Titien, l'exécution de Véronèse est écrite, pour ainsi dire, avec
tant de franchise que l'on pourrait compter ses coups de pinceau et reconnaître quels furent les premiers et
les derniers. Cette peinture légère, mince et ferme, brillante et transparente, où l'on retrouvait partout la
demi-teinte qui avait servi de base générale à son ébauche, Véronèse la pratiquait avec délices, dans
l'unique but de surprendre et de charmer le regard. C'est pour cela qu'il allait toujours chercher dans
les régions de sa fantaisie, des nègres, des chameaux, des chiens, des nains grotesques, de jolis pages, tout

ce qui fait peinture. Et cette prédilection pour les grands accidents d'architecture venait de l'horreur que lui inspirait le style plat, et du besoin qu'il avait de mettre à tout prix du ressort dans sa composition. De là venait aussi le luxe immodéré de ses draperies, ou plutôt de ses étoffes, car elles sont tellement spécialisées, qu'on les pourrait nommer par leur nom. Brochées d'or, doublées de satin, semées de pierres précieuses, chamarrées, ouvrées de cent manières, ces étoffes remplissent magnifiquement les vides de la composition, ajoutent à la pompe des festins où le peintre les étale, et jouent un rôle optique, qui dans d'autres ouvrages serait choquant, mais qui devient d'un à propos merveilleux là où le tableau n'est qu'un drame de couleur et de lumière, un éclatant concert de tons, un spectacle. Oui, c'est un spectacle que la peinture de Véronèse; et sans y regarder de bien près, on y peut découvrir le germe de la décadence. Encore quelques pas dans cette voie, et l'école vénitienne verra venir les Ricci et les Tiepolo. En attendant, qui pourrait résister à la fascination qu'exerce la peinture de cet aimable magicien, peinture à grand orchestre, tout-à-fait semblable à une symphonie qui enchanterait l'oreille sans remuer le cœur..?

CHARLES BLANC.

RECHERCHES ET INDICATIONS.

Les ouvrages de Paul Véronèse sont trop nombreux et trop célèbres, pour qu'il ne s'en trouve point dans les grands musées de l'Europe.

LE MUSÉE DU LOUVRE est un des plus riches en tableaux de ce maître: on y en compte douze.

1. *Loth et ses Filles*, tableau de chevalet. Il a fait partie du cabinet du duc de Liancourt.

2. *Suzanne au bain*, de la collection de Louis XIV. Il en existe une répétition chez le duc de Devonshire, avec quelques variantes.

3. *L'Évanouissement d'Esther*, de la collection Louis XIV.

4. *La Vierge et l'Enfant, avec sainte Catherine, saint Benoît et saint Georges*, même collection.

5. *La Vierge et l'Enfant, avec saint Joseph, sainte Elisabeth, la Madeleine et une religieuse*, même collection.

6. *Jésus-Christ guérit Taberthe*. Ce tableau, sur papier, collé sur toile, n'est qu'une esquisse.

7. *Les Noces de Cana*. Il en est parlé dans cette biographie. C'est le tableau qui était dans le réfectoire de saint George-Majeur, à Venise. Il fut peint en 1563, et payé à l'artiste 324 ducats d'argent seulement, outre les dépenses de bouche.

8. *Le Repas chez Simon*. C'est le tableau qui ornait le réfectoire des pères Servites à Venise, et qui fut donné par la République à Louis XIV, en 1665.

9. *Jésus portant sa croix*, tableau inachevé, de la collection de Louis XIV.

10. *Le Christ entre les Larrons*, même collection.

11. *Les Pèlerins d'Emaüs*. On lit sur ce tableau, en lettres d'or : PAOLO VERONESE; collection Louis XIV.

12. *Portrait de Femme*, provenant de la galerie Bevilacqua, à Vérone. Musée Napoléon.

VENISE. C'est encore là que sont le plus grand nombre des Véronèse, et les plus fameux avec ceux de Paris. Dans l'église Saint-Jean-et-Paul, *la Nativité*, un de ses chefs-d'œuvre; à San-Francesco della Vigna, une *Résurrection du Christ*; à San-Jobbe, un *Christ mort*: il est soutenu par des anges, (Ce tableau a été endommagé par les restaurations), et une *Cène*; à Saint-Luc, *saint Luc peignant la Vierge*, au maître-autel; à Sainte-Catherine, un des plus beaux morceaux du maître, le *Mariage de sainte Catherine*; à Saint-André, un *Saint Jérôme* : c'est un morceau où Véronèse s'est distingué dans le nu; à San Giacomo dell' Orio, au Soffite, près de la porte latérale, les *Vertus théologales*, avec les quatre Pères de l'Église; et dans une chapelle, *Saint Jérôme et Saint Nicolas*; à Saint-Silvestre, l'*Adoration des Mages*, riche composition; à Saint-Paul, le *Mariage de la Vierge*; à Saint-Barnabé, un petit tableau de *Sainte Famille*, délicatement peint; à Saint-Pantaléon, le miracle du saint qui guérit un enfant, et dans la même église, *Saint Pantaléon à Sienne*; à Saint-Sébastien, dans la chapelle principale, trois morceaux du maître : 1° La *Vierge avec les Saints*; 2° *Saint Sébastien se préparant au martyre*; 3° *Marc et Marcellin*, martyrs encouragés par saint Sébastien, suivis de leur mère, et rencontrés par leur père, que soutiennent des serviteurs; dans la sacristie, le *Couronnement de la Vierge*, qui fut le premier ouvrage de Paul à Venise; dans l'église, au-dessus de la chaire, *Sainte Catherine*, qui offre une colombe à Jésus, et le portrait d'un frère (sans doute Torlioni, le prieur); dans une chapelle, le *Baptême de Jésus-Christ*, et dans le plafond de l'église, l'*Histoire d'Esther*.

Au Palais ducal, dans l'Anti-Collége, l'*Enlèvement d'Europe*; dans la salle du collége au soffite, *Venise sur un trône*; dans la même salle, le *Sauveur, Venise, la Foi* et des anges qui donnent des palmes à Sébastien Veniero, vainqueur à Curzolari; plus les deux figures de saint Sébastien et de sainte Justine, en clair-obscur; le plafond est tout entier de la main de Véronèse, qui y a représenté Venise puissante sur mer et sur terre, Venise amie de la paix, Venise attachée à la religion.

Dans la salle du Conseil des Dix, au plafond, les *Vices foudroyés*. (Ce tableau est aujourd'hui à Versailles, dans la chambre à coucher de Louis XIV.) Dans la salle du Grand-Conseil, aujourd'hui transformée en bibliothèque, dans deux des octogones du plafond, la *Défense de Scutari* et la *Prise de Smyrne*; et dans l'ovale du milieu, *Venise triomphante*; entre deux, le *Retour du doge Contarini*, vainqueur des Génois. Dans la vieille bibliothèque de Saint-Marc, dans un des compartiments du plafond, la *Musique*, la *Géométrie* et l'*Honneur*. Ce sont les morceaux qui valurent à Véronèse une chaîne d'or.

Aux Procuraties neuves, l'*Institution du Rosaire*, gracieuse composition.

Au palais Pisani, se trouvait la *Famille de Darius devant Alexandre*. Ce tableau fut fait par Paul Véronèse, dans une maison de campagne des Pisani, où le peintre avait reçu l'hospitalité. Il eut la délicatesse de le laisser roulé sur son lit, le jour de son départ, en guise de remerciement. La famille Pisani l'a vendu l'an dernier (1857) au gouvernement anglais pour la Galerie nationale de Londres, moyennant 350,000 francs.

A l'Académie des Beaux-Arts, le *Souper chez Lévi*, grand tableau qui fut peint pour le réfectoire des religieux de Saint-Jean-et-Paul, en 1573. C'est une des quatre grandes *Cènes*, dont deux sont à Paris; l'autre est *un Repas chez Simon*, peint pour le réfectoire de Saint-Sébastien; une *Sainte-Famille*, composée dans le goût fastueux du peintre; une *Annonciation*, où l'auteur a déployé un grand luxe d'architecture et des fonds de jardins; *Sainte Christine*, battue de verges; la fameuse *Vierge au piédestal*, avec saint Jean, saint Jérôme, saint Antoine et sainte Justine (c'est le tableau dont nous donnons plus haut la gravure), et enfin plusieurs autres tableaux moins importants ou moins remarquables et quelques grisailles.

L'espace nous manque pour énumérer tous les ouvrages de Paul Véronèse, répandus dans les divers musées de l'Europe. Il s'en trouve à Florence, à Milan, à Modène, à Vérone, à Bologne, à Rome, à Madrid, etc.

La Galerie de Dresde n'en compte pas moins de seize.

Le Belvédère, à Vienne, renferme vingt tableaux du maître.

On ne trouve aucun Véronèse dans les musées d'Amsterdam, de la Haye et d'Anvers; mais il y en a quatre au Musée de Bruxelles, notamment une intéressante esquisse des *Noces de Cana*, du Louvre.

Il y en a trois dans la Galerie Nationale de Londres.

La grande exhibition de Manchester, en 1857, nous a fait connaître ce que l'Angleterre possède de plus précieux en tableaux de Véronèse. Nous y avons vu les quatre grandes toiles qu'on appelle le *Respect*, l'*Amour heureux*, l'*Infidélité* et le *Dégoût*. Ce sont de fort belles peintures qui proviennent de la galerie d'Orléans et qui avaient appartenu à la reine Christine de Suède. Elles ont été gravées par Cathelin, Couché, Beljambe et Pierron; elles appartiennent à lord Damby.

On voyait encore à Manchester une esquisse de *Diane et Actéon*, envoyée par M. Angerstein, un *Mariage de Sainte Catherine*, provenant de l'église du Christ, à Oxford; les *Vendeurs chassés du Temple*, une *Rebecca au puits* et une *Nymphe tirant une épine*, appartenant à lord Yorborough, enfin le *Sauveur et saint Jean*, tiré du cabinet de M. Peter Norton, et une *Madeleine aux pieds de Jésus* provenant du palais Durazzo, à Gênes, et devenue la propriété de miss Burdett Coutts.

On peut se renseigner sur la valeur de ces tableaux en lisant les deux livres publiés sur l'exhibition de Manchester : l'un par M. W. Burger, sous le titre de *Trésors d'art* à Manchester; Paris, Renouard, 1857; l'autre, par M. Charles Blanc, sous le titre : les *Trésors de l'art à Manchester;* Paris, Pagnerre, 1857.

Les tableaux de Véronèse que l'on voit figurer dans les ventes sont ordinairement des tableaux de dimension relativement moyenne ou des morceaux de chevalet, les autres étant immobilisés dans les collections nationales ou particulières.

Vente du comte de Fraula, 1738. *Europe enlevée par Jupiter* et onze autres figures. (50 pouces sur 57). 325 florins.

Vente Crozat, 1741. *La Vierge accompagnée d'anges qui portent les attributs de ses vertus.* Dans un écrit qui est au verso de ce dessin, le peintre se rend compte à lui-même de cette composition. Ridolfi en a fait mention dans la vie de Paul Véronèse. 325 livres. *Un repos en Égypte,* gravé par Van der Borcht, et deux autres sujets. 102 livres. *Le Christ et sa mère à table,* servis par les anges, décrit par Ridolfi; et une *décoration* pour un plafond. 62 livres.

Vente Carignan, 1742. L'*Apparition de Notre-Seigneur*

à la *Madeleine*, et une *Annonciation*, deux pendants, 2,001 liv.

La *Femme adultère*, composition de plusieurs figures. 3,700 liv. (ou 5,700).

Vente La Roque, 1745. Un très-beau tableau peint sur toile, au bas duquel est écrit : *Verona fatta nel monasterio Angolo anno* 1581. Ce tableau singulier, le seul peut-être que Véronèse ait daté, présente deux sujets l'un sur l'autre. Celui de dessus paraît être une toile feinte qui, roulée dans le haut, laisse apercevoir le sujet d'une *Fuite en Égypte*, où on ne voit que les têtes de Joseph et de Marie et les cimes des arbres. Sur la toile roulée est peint un beau *paysage* orné de figures et d'animaux; la ville de Vérone est dans le lointain; le ciel est orageux, le tonnerre éclate. Au moment où Véronèse peignait cette *Fuite en Égypte,* un orage étant survenu, il l'aurait peint par-dessus son premier tableau. (33 pouces sur 39). 120 livres.

Vente du prince de Rubempré, 1765. *Le Seigneur avec les Pharisiens.* (54 pouces sur 73). 700 florins.

Vente Pontchartrain, 1747. La *Présentation de Jésus-Christ au Temple,* huit figures de grandeur naturelle, 8,500 liv.

Vente Pasquier, 1755. La *Vierge présentant l'Enfant Jésus à Siméon,* 2.761 liv.; adjugé au roi de Prusse.

La *Vierge assise,* vue de face, tenant l'Enfant; 6,600 liv. (aliàs 8,600 liv.) Adjugé aussi au roi de Prusse.

Vente Tallard, 1756. La *Vierge à genoux* présente l'Enfant au grand prêtre, 15,101 liv.

Vénus et l'Amour qui pleure. Figures de grandeur naturelle. Ce tableau vient de la vente Carignan (où il fut adjugé pour 1,800 livr.) 1,200 liv.

Vente Jullienne, 1767. *Le Baptême de Jésus-Christ;* trois anges, dont un à genoux; en haut, le Saint-Esprit en colombe; nombre de figures dans l'éloignement; deux anges tiennent une légende : *Hic est filius meus*... Cuivre. (28 pouces sur 22). 845 livres. Le duc de Proslin.

Repos en Égypte; la Vierge assise tient l'Enfant debout, ils ont chacun un morceau de pain; à droite saint Joseph de profil; un ange apporte une branche d'olivier; l'âne est derrière la Vierge. (41 pouces sur 32). 2,305 livres. Remy.

Vente Lauraguais, 1772. *Le Centenier aux pieds de Notre-Seigneur.* Composition de douze figures, petite nature. (52 pouces sur 76). 1,800 livres.

Vente Mariette, 1775. *Un beau sujet,* en hauteur, où se trouve la sainte Vierge tenant l'Enfant Jésus debout, prêt à l'habiller, environnée de plusieurs anges et autres figures, formant concert; fait à l'encre de Chine, rehaussé de blanc, d'une conservation parfaite. La composition en est des plus agréables et neuve. Au verso de ce dessin, il était écrit en italien que les représentations qu'on avait de la sainte Vierge étaient presque toujours les mêmes, c'est pourquoi l'artiste avait voulu varier sa composition. 401 livres.

Une tête de nègre vu de profil, faite très-librement, à la pierre noire, un peu mêlée de sanguine; c'est une étude faite d'après nature et qui a été employée par l'auteur dans son tableau célèbre du *Martyre de sainte Justine,* qui existe à Padoue. Quoique cette tête ne soit faite qu'aux deux crayons, elle paraît aussi colorée que si l'auteur l'avait peinte. 280 liv.

Vente Neyman, 1776. *Une Adoration des bergers;* à la plume et au bistre. (14 pouces sur 9). Les *Noces de Cana;* au bistre, rehaussé de blanc. (15 pouces sur 13). Ensemble. 415 livres.

Vente Fournelle, 1776. *Trois Pères de l'Église,* dessin capital à la plume, lavé et rehaussé de blanc au pinceau. 143 livres.

Vente Lebrun, 1777. *Départ d'Adonis pour la chasse.* Vénus essaie de le retenir, les chiens sont à gauche arrêtés par l'Amour. Il vient du cabinet de Lassay. (46 pouces sur 65). 1,510 livres.

Vente Randon de Boisset, 1777. Les *Amours de Vénus et*

d'Adonis, figures de grandeur naturelle, sept pied de haut sur cinq de large. 2,401 liv.

VENTE DU PRINCE DE CONTI, 1777. *La Femme adultère*, composition de seize figures ; c'est celui qui figurait à la *vente Carignan*, 5,000 liv.

Une *Adoration des Mages*, l'un d'eux baise les pieds de l'Enfant. 2,965 liv.

Les deux tableaux de l'*Annociation* et de son pendant, provenant aussi de la vente Carignan, 3,000 liv.

Le *Serviteur d'Abraham arrivant avec des présents*. Petit tableau, 2,000 liv., etc.

VENTE D'ARGENVILLE, 1779. *Les États vénitiens rendant hommage à saint Marc*. Grand dessin en travers, de trente-trois figures. 400 livres.

VENTE POULLAIN, 1783. Les deux pendants des ventes Carignan et Conti, 1,250 fr. Lebrun.

VENTE DU COMTE MERLE, 1784. *La Femme adultère*, composition de seize figures d'environ quatre pieds de proportion. (58 pouces sur 72). Provenant de la galerie du prince de Conti ,5,010 livres) et de la vente du prince de Carignan (3,700 livres), 2,100 livres.

VENTE DU COMTE DE VAUDREUIL, 1784. Deux pendants : une *Annonciation* où se voient la Vierge à genoux et le Père Éternel entouré d'anges, et l'*Apparition de Jésus-Christ à la Madeleine* ; les saintes femmes entourent son tombeau. (36 pouces sur 27). Des cabinets de Carignan et Conti (3,000 liv.). 2,000 livres.

VENTE PERREGAUX. 1841. *Jeune Vénitienne*, à mi-corps, tenant un écureuil. (100 centimètres sur 78). 2,510 fr.

VENTE AGUADO, 1843. *La Vierge, l'Enfant, sainte Catherine d'Alexandrie et sainte Lucie*. 3.200 francs.

VENTE DU COMTE THIBAUDEAU, 1857. *La sainte Vierge tenant l'Enfant Jésus, en compagnie de sainte Anne*. Composition de douze figures. À la plume, légèrement lavé et rehaussé de blanc. Dessin capital ; il provient des collections de Crozat, de Tessin et de Nils Bark. 950 fr.

PIÈCES GRAVÉES D'APRÈS VÉRONÈSE,

Par AUGUSTIN CARRACHE. — *Le Martyre de Sainte Justine*. Cette estampe est composée de deux pièces jointes l'une au-dessus de l'autre. Celle d'en bas représente la Sainte à genoux, entourée de plusieurs bourreaux, parmi lesquels on remarque sur le devant à droite, un nègre tenant un chien à la lesse. La pièce d'en haut fait voir le Sauveur assis entre la sainte Vierge et un autre saint qui l'adorent à genoux. La marge contient la dédicace suivante : *Clar^{mo} Viro jacobo contareno patricio veneto*. La *Sainte Famille avec Sainte Catherine et Saint Antoine*. La sainte Vierge tenant l'Enfant Jésus près de saint Joseph et de saint Jean-Baptiste, élevés sur un piédestal, au bas duquel on voit à gauche sainte Catherine assise, à droite saint Antoine l'ermite debout. On lit au milieu d'en bas : *Paulli Caliarij Veronensis opus in Ecclesia sancti Francisci avinina*. Les lettres *A. C. F.* qui signifient : *Augustinus Caracci fecit*, sont marquées sur la roue brisée de sainte Catherine.

Le Mariage de Sainte Catherine. La Vierge assise sur une espèce de trône, et ayant sur ses genoux l'Enfant Jésus qui va mettre un anneau au doigt de sainte Catherine agenouillée à droite, et accompagnée d'un ange qui tient sa palme de martyre. À gauche sont trois autres anges qui jouent de divers instruments.

On a de ce morceau de premières épreuves avant les mots : *Pauli Calliari inuen*.

Les épreuves postérieures portent à la droite d'en bas : *Agustino Caraci*, et plus bas cette adresse : *Antonius Carensanus fo*.. mais elles sont très-faibles.

Autre Mariage de sainte Catherine. On lit au bas de la gauche : *Paulli Caliarij Veronensis opus. in ecclesia D. Caterinae Venetijs*, et à droite : *Agu ; Car. fe.* 1582.

Cette estampe a été gravée d'après le tableau qui se trouvait sur le maître-autel de Sainte-Catherine à Venise ; c'est une des plus belles pièces d'*Augustin Carrache*.

Le Corps mort de Jésus-Christ. La Vierge soutenant par les aisselles le corps mort de Jésus-Christ mis sur son séant. Elle est accompagnée d'un ange qui relève la main gauche du Sauveur pour en montrer la plaie. La couronne d'épines est jetée à terre sur le devant à gauche. Au bas de ce même côté est écrit : *Agu. Car. fe. — Paolo Calliarj Véronèse inue. Oratio Bertelli for.* 1582. Très-belle pièce.

Les épreuves postérieures portent cette autre adresse : *Giacomo Franco Forma.*

La Vierge protégeant deux confrères. La Vierge recevant à bras ouverts deux confrères qui se mettent sous sa protection, et qui sont à genoux, l'un à la gauche, l'autre à la droite de l'estampe. Ce dernier a la main droite sur sa poitrine.

Dans la marge d'en bas sont huit vers italiens dont, suivant Gori, Augustin est lui-même l'auteur, et qui commencent ainsi : *Color che unite*, etc. — *Horatio Bertelli for.* Augustin a gravé cette estampe avec bien de l'art, et vraisemblablement pendant son séjour à Venise.

Par JACQUES MATHAM. — La *Vierge saluant sainte Elisabeth* à qui elle vient rendre visite. *Zachariae Christi genitrix*, etc. — *P. Verones. in. J. Matham sculp. J. C. Vischer excudit.* Ce morceau est cintré par le haut.

Sainte Famille avec le Mariage de Sainte Catherine, et deux anges qui font de la musique. Le petit saint Jean sur le devant présente l'anneau à l'Enfant Jésus. Au burin, gr. in-fol. en travers.

Par JEAN SAENREDAM. — *Jésus-Christ assistant à un banquet chez Simon le pharisien* ; d'après le fameux tableau qui est dans le réfectoire du monastère de Saint-Jean et de Saint-Paul à Venise. *Suprema Christus cœli*, etc. — *P. Vérones inne. — J. Saenredam sculp.* Grande estampe de trois morceaux assemblés en larg.

Le repas du Sauveur chez Lévi le publicain. Le tableau est à l'Académie de Venise. L'estampe a trois feuilles collées ensemble. Au bas six vers latins. *Seconde* estampe des quatre grands banquets du *Véronèse* ; c'est aussi la plus belle et la plus rare.

Par CHARLES SACCHI. — *L'Adoration des Mages*. Les Mages adorant l'Enfant Jésus entre les bras de sa mère, et lui offrant des présents. Gravé à l'eau-forte en 1649 d'après le tableau de Paul Véronèse, qui est à Venise dans l'église de St-Sylvestre. À gauche d'en bas, sur un degré, on lit : *Paolo Veronensi In.* La marge d'en bas contient une dédicace de Sacchi à Donat Coregio.

L'Adoration des Rois, grande composition, où l'étable est pratiquée dans un vaste édifice ruiné. Gravé légèrement à la pointe dans le goût des peintres. *San Gio Battista di Paolo Veronèse sopra la portella dell' organo di San Giminiano in Venetia.* Gr. in-fol. ceintré.

Venise dominatrice personnifiée, au bas Hercule et Neptune avec l'inscription : *Venezia nel trono, Hercole, e Nettuno*, etc. *Silvestre Manaigo del Andr. Zacchi sc.* Gr. in-fol. en travers, à quatre angles.

Par J. M. MITELLI. — La *Nativité*, où la Sainte Vierge montre aux pasteurs l'Enfant Jésus qu'ils viennent adorer. D'après un des tableaux qui ornent le plafond de l'église des religieuses de l'Humilité à Venise. On lit en bas à gauche : *Paulus Callearis Veronensis Inventor*, à droite : *Joseph M. Mitellus del et sculp.*

Le *Repas du Sauveur chez Simon le pharisien*, avec la

Madeleine qui? oint les pieds du Christ. Le tableau à l'église de Saint-Sébastien à Venise. L'estampe, dédiée au signor Gioseffo Canobio, est gravée en 1660 à l'eau-forte par *Gioseffo Maria Mitelli*. *Troisième* des grands banquets du *Véronèse*.

Par VALENTIN LE FEBRE. — Cet artiste a gravé d'après Véronèse un certain nombre de pièces, qui ont paru à Venise en 1680, sous le titre : *Opera selectiora, quæ Titianus Veccellius Cadubriensis, et Paulus Calliari Veronensis inventerunt et pinxerunt; quæque Valentinus le Febre Bruxellensis delineavit et sculpsit.* En 1682, il en a paru une seconde édition, et en 1749 une troisième; avec les planches retouchées par *Jean-Adam Schweiykart* de Nuremberg.

Le *Repas de Jésus chez Simon le Lépreux*, où la Madeleine accroupie joint les pieds du Sauveur, fameux tableau qui se voyait autrefois à l'église des Servites de Venise, et dont la République avait fait présent à Louis XIV. On ignore la destinée ultérieure de ce tableau. Il a été gravé à Venise par *V. le Febre*, en deux feuilles collées ensemble. C'est le *quatrième* des grands banquets du *Véronèse*.

La *Présentation au Temple*. Gr. in-folio cintré.

Saint Jérôme dans le désert, à genoux aux pieds d'une roche. À l'eau-forte. In-fol.

L'Enlèvement d'Europe, sur un riche fond de paysage héroïque. Gravé à l'eau-forte avec les lettres renversées, Gr. in-fol. en travers.

Le même sujet dans le sens opposé, pièce marquée : *Paolo Calliari invento e dispense. Valentino le Febre disegno. Gattifredo Saiter scolpi.* Gr. in-fol. en travers.

Valentin le Febre a gravé une cinquantaine de pièces à l'eau-forte, que *Gottfried Saiter* devait terminer au burin, mais l'entreprise n'eut pas de suite.

Six feuilles de sujets de plafonds, représentant des figures allégoriques de femmes largement drapées et accompagnées d'attributs. *Paulus Caliari Veronensis invent. et pinx. V. le Febre del et sc.* In-fol. presque carré en angles.

Venise, figure allégorique avec un sceptre, recevant de Junon les emblèmes de la royauté et des richesses. Il y a des épreuves marquées : *Paulus Calliary Veronensis inv. V. le Febre del. et sculp.* et d'autres sans marque. In-fol.

Venise personnifiée, couronnée par la Victoire, environnée de toutes les vertus républicaines, au milieu sur un balcon les ordres de l'état civil, tout au bas des guerriers à pied et à cheval, avec quantité de trophées; magnifique composition qui est peinte au salon du grand-conseil. Grand ovale.

Par PIERRE BREBIETTE. — Le *Martyre de saint Georges* et le *Martyre de sainte Catherine*.

Par JEAN TROYEN. — L'*Adoration des Rois*, in-fol. en travers.

Jésus guérissant les malades, in-fol. en travers.

Nos Premiers parents chassés du paradis terrestre, habitant une terre inculte : Adam puise de l'eau à une source, Ève toute nue, allaite un de ses enfants, in-fol. en travers. De la galerie de Bruxelles.

Par WENCESLAS HOLLAR. — Intérieur d'une partie de la galerie de l'archiduc Léopold: on distingue dans le haut sept portraits d'après Giorgion, Titien...; la *Reine de Saba visitant Salomon*. d'après Paul Véronèse...; du côté opposé de l'estampe, une chaise sur laquelle est appuyé un tableau dont on ne voit que la bordure.

Esther devant le roi Assuérus, grande composition, dont l'estampe retouchée avait été insérée dans la galerie de l'archiduc à Bruxelles.

Par EDME JEAURAT. — *Moïse sauvé des eaux*, d'après P. Véronèse, tableau du cabinet du roi de France, très-grand in-folio, en travers.

L'Enlèvement d'Europe, sur un riche fond de paysage héroïque, au bas huit vers français. *Id. pinx Edmundus Jeaurat sculp.* Anno 1709. gr. in-fol. en travers.

Par LOUIS DESPLACES. — *Paul Véronèse entre le Vice et la Vertu*, tableau du *Véronèse*, dans le cabinet du duc d'Orléans. In-fol. recueil de Crozat.

La *Sagesse, compagne d'Hercule;* d'après le tableau du même cabinet. Pendant du précédent.

Le *Respect;* du même cabinet. In-folio en carré.

L'*Amour heureux;* du même cabinet. Pendant du précédent.

Léda et Jupiter changé en cygne. in-folio. Et *Enlèvement d'Europe*, du même cabinet, grand in-folio en travers.

Par CORNEILLE VISSCHER. — La *Résurrection*, sans nom de peintre ni de graveur; mais il est sûr que c'est d'après *Paul Véronèse*. Au bas de l'estampe il y a une banderolle sur laquelle est écrit : *Ego et Pater unus sumus.* Du cabinet de Reynst.

Par FRANÇOIS VILAMÈNE. — La *Présentation au Temple*, cette pièce a été commencée par *Aug. Carrache* et achevée par *Vilamène*. Grand in-folio en travers. Rare.

Par MICHEL LASNE. — *Jésus-Christ dans sa gloire, accompagné de saint Pierre et de saint Paul.* Grand in-folio.

Par les KILIAN. — Lucas Kilian a gravé, la *Résurrection*, in-fol.

La *Transfiguration du Christ sur le Thabor.* Au bas l'inscription : *Domine, bonum est hic habitare.* Gr. in-fol., ceintré.

Wolfgang Kilian : le *Baptême de Jésus-Christ.*

Philippe Kilian a gravé l'*Adoration des Rois*. Grand in-folio en travers. De la Galerie de Dresde.

Repas du Sauveur chez les Juifs, où Jésus se voit à table, lui quatrième avec la Madeleine à ses pieds, belle composition de 15 figures. Belle gravure au burin, tr.-grand in-fol.

Par THÉODORE VAN KESSEL. — *Flagellation. Jésus attaché à la colonne.* Tableau du musée de Bruxelles. In-fol. en travers.

Par VOSTERMAN. — *Vénus et Adonis avec l'Amour*, qui ôte la draperie de sa mère, dans un paysage bouché. Petit in-fol.

Sainte Hélène assise au pied d'une colonne, en profonde méditation vis-à-vis de la sainte Croix, portée dans les airs par deux anges. Gr. in-fol. Belle estampe.

Par A. DELLA VIA. — La *Vierge dans une gloire d'anges*, au bas le *Martyre de saint Sébastien*, entouré de sainte Catherine et de sainte Justine, ainsi que de saint Jean-Baptiste, de saint François et de saint Jérôme. Gr. in-fol. ceintré.

Par JACQUES COELEMANS. — *Sujet allégorique* avec l'inscription : *Que la Fortune est bizarre et ennemie de la Vertu, de n'élever le mérite au plus haut degré de la gloire que par et avec dédain.* Gr. in-fol.

Par SIMON THOMASSIN. — *Jésus-Christ à table à Emaüs avec ses deux disciples*, d'après le tableau qui était dans le cabinet du Roi de France à Versailles, grande composition de toute une famille vénitienne. Très-grande pièce en travers.

Par J. B. JACKSON. — La *Vierge assise sur un trône élevé, l'Enfant dans ses bras, et à ses pieds le petit saint Jean tenant une petite croix.* Au bas sainte Catherine avec la palme, saint François et deux Pères de l'Église. Très-grande pièce en clair-obscur. Tr.-gr. in-fol.

Moïse sauvé des eaux par la fille du roi Pharaon. Superbe composition en hauteur. *J. B. Jackson del sculp. et excud.* Clair-obscur d'un grand effet. Très-grande pièce gr. in-fol.

La *Présentation au Temple*, gravé dans le sens contraire. Beau clair-obscur. Gr. in-fol. en ceintre.

Par L. DE BOULOGNE. — Le *Martyre de saint André*, il est étendu sur un lit de bois et assommé à coups de bâtons. *Paulle Veronaise painx, à Venise.* Eau-forte très-rare Gr. in-fol. en travers.

Par J. HOUBRACKEN. — *Portrait d'un noble vénitien*, à la barbe carrée et en robe fourrée, tableau de la Galerie de Dresde. In-folio.

Par J. MEYRAU. — *Maîtresse de Paul Véronèse*, peinte par lui-même.

Rebecca recevant les présents d'Éliézer serviteur d'Abraham. Musée du Louvre. Grand in-folio.

Par P. LISEBETIUS. — *Abraham prêt à immoler Isaac son fils unique, est arrêté par un ange dans les nues*. In-folio en travers. *Ibid*.

Par BENOIT AUDRAN. — *Loth et ses filles sortant de Sodome*. De l'ancienne galerie du duc d'Orléans. Recueil de Crozat. In-folio en travers.

Le *Christ ressuscité allant à Emmaüs avec les deux pèlerins*, gravé d'après le tableau original. Du cabinet du comte de Bruhl; gr. in-fol. cintré.

Par DE PRENNER. — Deux pièces de la Galerie de Vienne, qui se font pendant : *Judith et Holoferne*. Gravé en contre-partie. Au bas seize vers latins. *Lucrèce prête à se percer le sein d'un poignard*. Au bas, vingt vers latins. *De Prenner del et incidit* 1733. Petit in-folio.

Jeune homme à mi-corps, tenant un grand chien dans ses bras, de la Galerie de Vienne. *Paolo Caliari Veron. pinx. von Prenner del et incid.*, petit in-folio.

Par A. BLOOTELING. — *Suzanne au bain dans son jardin, épiée par les deux vieillards, l'un à droite, l'autre à gauche*. Pièce à la manière noire. In-folio, rare.

Par BARTSCH. — La *Salutation Angélique*; la Vierge agenouillée à droite, l'Ange debout à gauche. Gr. in-4°. De la galerie de Vienne.

Par W. VAILLANT. — Le *Christ porté au tombeau*, accompagné de saint Jean, de la Vierge et de la Madeleine; dans le lointain paraît Joseph d'Arimathie. En manière noire. In-folio.

Par COCHIN. — Le *Médecin Erasistrate découvre l'amour d'Antiochus pour la reine Stratonice sa belle-mère. Le père excité par l'amour paternel cède sa femme à son fils. Paternus amor exorium superans*. Petit in-folio en travers. — *Alexandre dans la tente de Darius console la Reine et les princesses*, grande composition avec le titre : *Alexander Darii Victor*, etc. Gr. in-fol. en travers. Rare. — *Jésus aux noces de Cana en Galilée*, estampe dédiée à Michel de Marolles, célèbre amateur du temps de Louis XIII. *H. Mauperchi excud.* In-folio en travers. Rare.

Par G. B. VANNI. — *Jésus aux noces de Cana*. Le tableau est au Louvre. L'estampe est dédiée par le graveur au grand-duc de Toscane. C'est le premier des quatre grands banquets de P. Véronèse.

Nous devons à l'obligeance de M. le baron Feuillet de Conches la communication d'un autographe de Paul Véronèse, qui fait partie de sa célèbre collection, et dont nous donnons ici le *fac-simile*.

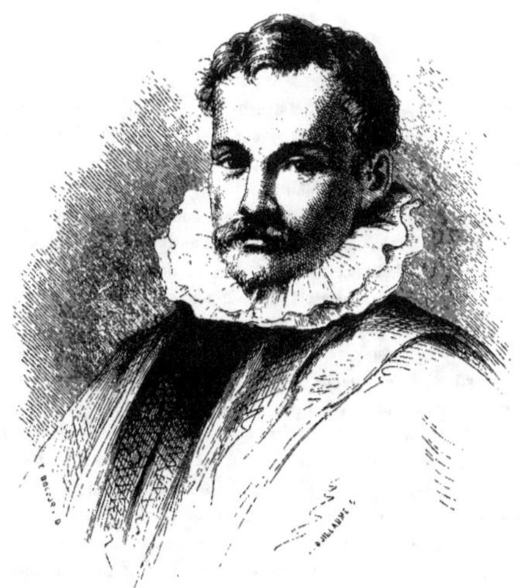

GIROLAMO MUZIANO ou MUTIANO

NÉ EN 1530. — MORT EN 1592.

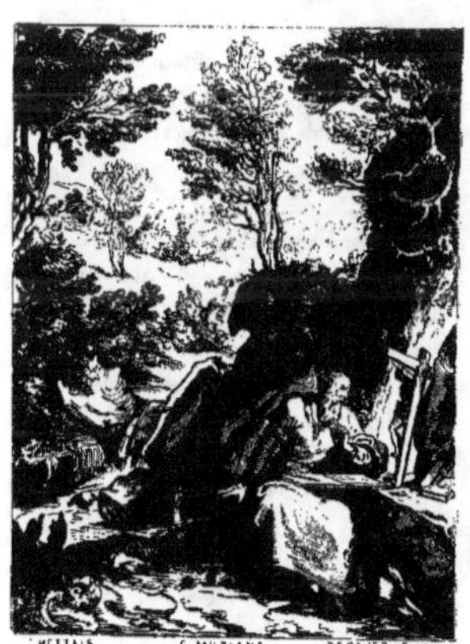

Girolamo Mutiano ou Muziano, que Vasari appelle Mosciano, pourrait être placé dans l'école romaine aussi bien que dans l'école vénitienne, car il appartient par son style à l'une et à l'autre; si nous le rangeons parmi les Vénitiens, c'est à raison de son éducation première et de sa naissance. Il était né à Acquafredda, sur le territoire de Brescia, non pas en 1528, comme le dit Ridolfi, mais en 1530, suivant l'épitaphe qui est gravée sur son mausolée, à Rome, dans la basilique de Sainte-Marie-Majeure. Sa famille se disait originaire de Rome et se prétendait d'une noblesse historique; mais cela importe assez peu à la gloire du peintre. Son maître fut Girolamo Romanino, de Brescia, chez lequel il ne demeura que peu de temps. Tout jeune, il se rendit à Venise pour y étudier les peintures de Titien, qui vivait encore, et il se forma, d'après les ouvrages ou d'après les conseils de ce maître, une manière de peindre ferme et haute en couleurs.

Cependant la curiosité de voir Rome lui fit quitter de bonne heure l'école vénitienne. Il avait à peine vingt ans, au dire de l'historien Baglione, lorsqu'il vint dans cette ville, *giovinetto di venti anni in circà*. Les premières choses qu'il y produisit furent des paysages. Il avait appris de Titien à rendre les mouvements d'un terrain cahoté, les roches sauvages, les arbres tourmentés et noueux, et le ciel du Frioul, qui était le pays où Titien avait étudié le paysage, et il s'était composé une si abondante provision de souvenirs, qu'il crut sans doute n'avoir plus besoin de consulter la nature, car celle qu'il a représentée est toujours la même. Il savait surtout exprimer le feuillé des arbres, d'une touche gaillarde, animée et légère, qui en donnait plutôt l'indication spirituelle que l'imitation précise. C'était une nouveauté à Rome que le paysage, personne encore ne s'étant avisé de le peindre avec quelque importance et autrement que comme une échappée de vue pour égayer le fond d'un tableau. Ce talent spécial et rare le fit donc remarquer, et on l'appela « le jeune homme aux paysages, » *il giovane de' paesi*. Toutefois, peu de temps après son arrivée, il fut employé à peindre des figures décoratives feintes de bronze, dans la chapelle des Gabrielli, à la Minerve.

Tout entier au désir d'arriver à une grande réputation et surtout de la mériter, Mutiano, qui voulait devenir habile justement dans les parties les plus hautes de l'art, dans celles qu'il plaçait lui-même bien au-dessus des paysages, Mutiano, dis-je, se mit au travail avec une ardeur extrême, dessina toutes les antiques de Rome, statues et bas-reliefs, étudia tous les grands peintres modernes, particulièrement Michel-Ange, et, comme s'il eût craint de n'être qu'un imitateur maniéré, il eut soin de mêler constamment à ses travaux l'étude du modèle vivant. Une circonstance singulière favorisa son goût naturel pour le travail : étant devenu amoureux et très-malheureux de son amour, il prit la résolution de s'enfermer dans sa chambre, et, pour s'ôter l'envie d'en sortir, il se fit raser complétement la tête et se donna l'air d'un forçat. Tout le temps que ses cheveux mirent à repousser, Mutiano ne cessa de dessiner et de peindre, faisant ainsi tourner au profit de l'art les chagrins de son cœur. Ces détails nous sont donnés par Baglione.

Au sortir de cette studieuse retraite, il peignit un tableau de *la Résurrection de Lazare*, qu'il exposa dans le palais de San Marco, où vinrent le voir tous les dilettanti et tous les artistes de Rome. Michel-Ange se trouvait du nombre. Il fit l'éloge du tableau, dans lequel il lui était facile de reconnaître, à la figure de Lazare, un peintre qui avait étudié la Sixtine; or cet éloge venu d'un tel maître commença la réputation du peintre bressan. Quand on voit cette peinture dans la répétition en petit que nous en avons au Louvre, on s'explique pourquoi elle dut plaire à Michel-Ange. Le dessin en est correct, châtié, su et voulu. La science anatomique s'y fait voir. L'attitude de Lazare n'est pas celle d'un homme qu'on vient de rappeler à la vie ; elle est contrastée avec un soupçon d'élégance. Les draperies se ressentent du goût que lui, Michel-Ange, avait inauguré dans ses terribles figures de sibylles et de prophètes; les plis, au lieu d'être multipliés et cassés finement comme les présente une étoffe souple, sont simples, en petit nombre et offrent de grands partis comme font les plis des camelots épais. Les qualités de convenance, de geste et d'expression ne sont pas ici dominantes; mais ce qui eût frappé Raphaël n'était pas ce qui préoccupait Michel-Ange; il estimait, avant tout, un dessin mâle, serré et ressenti, et il en trouvait les caractères chez Mutiano. Voilà pourquoi il fit publiquement l'éloge de ce peintre.

La Résurrection de Lazare que nous avons au Louvre, et qui, par parenthèse, n'est pas la même qui était à Sainte-Marie-Majeure et ne peut en être qu'une copie ou une répétition en petit, est d'une couleur peu choisie, mais forte et soutenue. Les chairs sont d'une coloration sanguine très-animée, à l'exception de Lazare, dont la carnation est naturellement pâle, jaunie, exsangue et à demi cadavérique. Les draperies varient du bleu sourd et du rouge brun au rouge cerise, qui devient, dans les lumières, d'un orangé très-pâle. Les airs de tête ne sont pas sans distinction et les mouvements sans une intention de fierté. Une chose remarquable, c'est la manière fine, minutieuse et gothique dont les cheveux sont rendus. On les dirait exprimés par un pinceau taillé en peigne, qui les détaille et permet de les compter. Cette délicatesse, déplacée dans un tableau d'histoire, n'est pas même justifiée par la dimension du chevalet, et j'y vois une raison de croire que la peinture du Louvre est une réduction exécutée par un élève de Mutien. Toujours est-il que ce petit tableau, d'un mètre vingt-cinq de hauteur, ne saurait être le *gran quadro* qui fut exposé au palais de San Marco et que Michel-Ange alla voir avec tout le monde, *da tutti veduto*.

Ayant une fois connu et apprécié le jeune peintre, Michel-Ange le présenta au cardinal Hippolyte d'Este, qui le prit, comme on disait alors, à son service et lui confia non-seulement la décoration de son casino à

Montecavallo, où Mutien peignit de vastes paysages, mais les peintures du palais que la maison d'Este avait élevé à Tivoli. Le patronage d'une maison aussi puissante et l'appui de Michel-Ange étaient plus que suffisants pour recommander Mutiano à l'attention des Romains. Aussi, dès qu'il fut retourné à Rome, les travaux lui arrivèrent de toutes parts. Il fut appelé d'abord à Santa Catarina della Ruota, église paroissiale qui dépendait du chapitre de Saint-Pierre, pour y décorer à fresque la première chapelle à main droite. Il y représenta, dans un bel effet de nuit, *le Repos de la Sainte Famille en Égypte*. C'est un morceau exécuté avec beaucoup d'habileté et de franchise, *con gran franchezza*, dit Baglione. Néanmoins, Vénitien qu'il était,

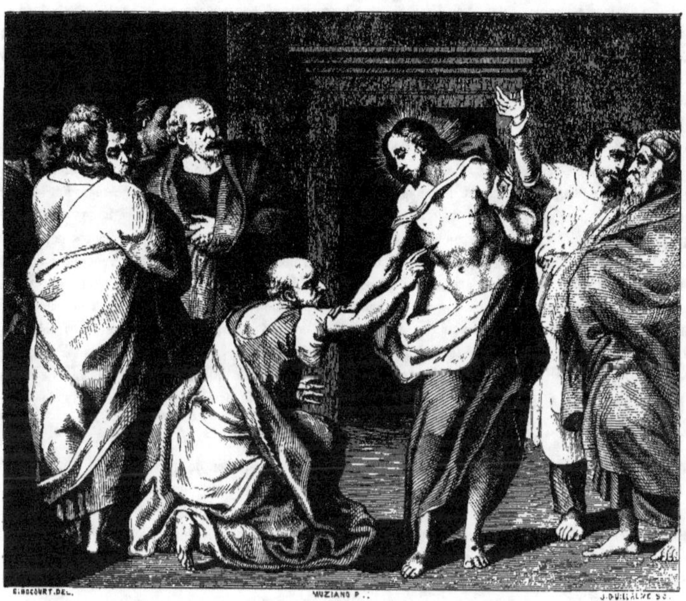

INCRÉDULITÉ DE SAINT THOMAS (Musée du Louvre).

Mutiano maniait encore mieux et plus volontiers la peinture à l'huile que la fresque. Ce fut dans son procédé favori qu'il peignit pour l'église du Gesù, appartenant aux Jésuites, une *Circoncision*, regardée comme un de ses meilleurs ouvrages, et pour l'église Sant'Agostino, une *Sainte Apolline* qui est dans la première chapelle de droite, et un *Saint Augustin avec sainte Monique*, sa mère, tableau destiné à l'ornement de la sacristie. Il nous souvient qu'étant allé visiter l'église Sant'Agostino, nous fûmes attiré par une fresque célèbre de Raphaël, *le Prophète Isaïe*, qui est une figure conçue dans le style imposant de Michel-Ange, et que cette figure absorba notre attention au point de nous faire oublier les peintures de Mutiano, que le sacristain voulait absolument nous faire admirer, pour accomplir sa besogne en conscience. Il est permis à un peintre quelconque de se laisser éclipser par Raphaël.

A moins d'habiter Rome pendant quelques années, il est impossible d'y connaître, même sommairement, les innombrables peintures qui remplissent les innombrables églises de cette ville immense. La seule exploration des ouvrages que les grands maîtres y ont laissés demande un temps considérable. Il en résulte que tel artiste éminent qui dans son pays, à Brescia, par exemple, ou à Trévise, ou à Bergame, serait fort remarqué et frapperait un coup sur la mémoire, passe inaperçu à Rome, où toutes les écoles sont représentées par des chefs-d'œuvre. Cette observation s'applique à Mutiano, qui serait plus connu et plus estimé si ses œuvres n'étaient pas noyées dans l'océan des peintures romaines. Les tableaux de lui qu'on distingue le plus aisément sont ceux qui comportaient de grands paysages, comme le *Saint François recevant les stigmates*, à l'Annuntiata du Collége romain, sujet qu'il a répété avec quelques variantes aux Padri Capuccini, dans un tableau dont Lanzi fait le plus grand éloge. Des anachorètes en prière, saint Jérôme en méditation, la Madeleine pénitente, saint Hubert qui aperçoit un cerf la croix sur la tête, allant comme un bois vivant à travers les bois, telles sont les données qu'il préfère, parce qu'il peut y faire entrer à son aise des contrées sauvages, des chutes d'eau, des torrents, des troncs abattus par les tempêtes, des rocs percés en arcade par la nature, des précipices boisés, des solitudes affreusement belles. Il est vrai que ce côté de son mâle talent fut celui qui frappa le plus ses contemporains, et que l'illustre graveur Corneille Cort entreprit une suite de planches d'après les tableaux de Mutiano, dans lesquels le paysage jouait le principal rôle. Ces planches, gravées à peu de frais, sont d'un faire sec et rude, mais de grande manière. L'artiste y a beaucoup ménagé la blancheur du papier et y a même laissé trop de vide, mais il a reproduit les vrais accents de l'original; il a exprimé avec tant de vérité les feuillés simples, spirituels et larges de Mutiano, qu'on pourrait croire que l'estampe a été exécutée d'après un dessin du maître plutôt que d'après sa peinture. Et cela même est certain pour quelques-unes de ces planches dont les dessins figurèrent dans la vente Crozat. La gravure, alors, n'était pas encore en possession de ces procédés précieux, de ces tailles variées, tremblées, interrompues, nourries de points, carrément ou obliquement croisées, qui rendent aujourd'hui si sûrement les inégalités du terrain, le rugueux des écorces, l'aspect des rochers, le froid de la pierre, le gras de la végétation, le fouillis des buissons et des feuillages; mais elle représentait à merveille, par ses travaux libres, faciles, peu chargés, le degré d'importance que les grands peintres de l'école romaine attachaient au paysage, regardé par eux comme une partie accessoire, comme un simple jeu du pinceau, avant les succès de Mutien et d'Annibal Carrache.

Girolamo Mosciano, au dire de Vasari, après avoir passé sa jeunesse à Rome, fut invité par les fabriciens du dôme d'Orvieto à venir peindre à fresque une partie de la grande nef (où ils avaient fait construire des chapelles ornées de marbres et de stucs et enrichies de sculptures par Simone Mosca), et il y peignit deux tableaux à l'huile et quelques figures de prophètes, à fresque, « qui sont de bons ouvrages[1]. » On estime, en effet, non-seulement les tableaux dont parle Vasari, mais divers morceaux dont il ne parle point, et que Mutien a peints à fresque dans le Duomo : *le Christ au Jardin, la Flagellation, le Couronnement d'épines, la Marche au Calvaire*, ainsi qu'une *Résurrection de Lazare*, dont on sait au juste la date, 1576. Vasari ajoute : « Les estampes que l'on trouve dans la circulation, gravées de sa main, sont d'un bon dessin. » Sur ce point, Vasari s'est trompé, et déjà son erreur avait été relevée par Bottari. Il n'existe aucune estampe gravée par Mutiano; mais il y en a de bonnes, gravées d'après ses peintures ou sur son dessin, par l'artiste lorrain Beatrizet, sans compter celles de Corneille Cort, de Villamena et de Louis Desplaces. Le dernier de ces graveurs a reproduit d'un burin savant, souple, expressif, un grand tableau de Mutien, peint en détrempe sur toile, qui représente le Christ lavant les pieds aux apôtres et qui se trouvait à la cathédrale de Reims. Le dessin en est sans reproche, mais aussi sans beaucoup de caractère, comme l'expression est elle-même sans chaleur. L'ordonnance en est bizarre et ne manque pas d'un certain attrait par cela même. Rejeté au second plan dans une composition dont le point de vue est pris de haut,

---

[1] ...ed in Orvieto nella principal chiesa di Santa Maria, ha fatto due tavole a olio ed alcuni profeti a fresce che son buon opere, e le carte, che son fuori di sua mano stampate, son fatte con buon disegno. Vasari, *Vita di Girolamo da Carpi.*

et dont les plans se multiplient, la figure du Christ qui lave les pieds de saint Pierre dans un bassin, est
primée par les figures secondaires qui remplissent le devant du tableau; le tout est d'un style correct, mais
académique, et sent déjà quelque peu l'influence bolonaise et le goût des Carrache. Ce goût a été celui
de l'école française, depuis Lebrun jusqu'à Boucher, exclusivement. Aussi le duc d'Orléans, régent,
passant à Reims et voyant la peinture de Jérôme Mutien, la voulut posséder à tout prix. Il offrit aux
chanoines soixante mille livres et une belle copie : on lui laissa emporter le tableau; mais le régent étant

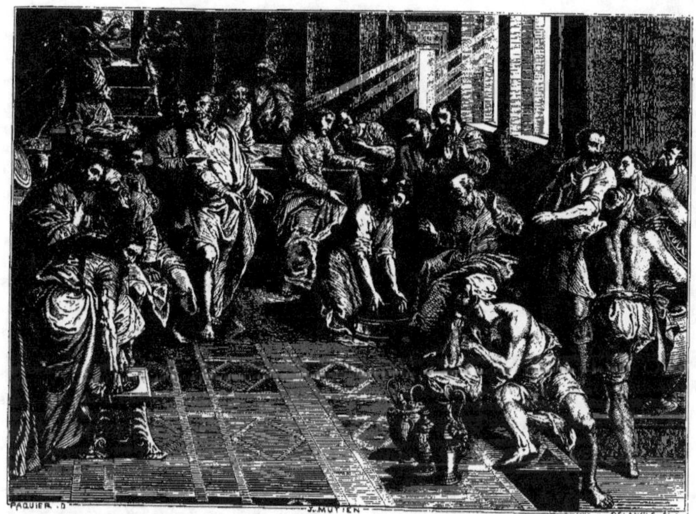

LE LAVEMENT DES PIEDS.

mort peu de temps après, sans avoir payé la somme convenue, la duchesse d'Orléans fit rouler la toile et
la renvoya au chapitre de Reims [1].

Nous savons par le biographe Baglione que Mutiano fut en grande faveur sous le pontificat de Grégoire XIII.
c'est-à-dire à partir de 1572. Nommé surintendant des travaux du Vatican, il peignit pour ce palais
Saint Antoine abbé et Saint Paul ermite rompant le pain que leur apporte un corbeau, en plein désert.
On admirait l'expression de recueillement et de dévotion profonde qu'il avait donnée à ces anachorètes,
qu'il paraissait avoir représentés à son image, car il avait lui-même un air grave, modeste et pensif. Par
ordre du pape, il dessina les ornements de stucs et toute la décoration de la galerie du Vatican. Il fit
aussi les cartons des belles mosaïques dont le Saint-Père voulait orner la chapelle qu'il avait fondée dans
Saint-Pierre de Rome, sous l'invocation de son patron saint Grégoire, et qu'on appelait la chapelle
Grégorienne. Non content de fournir les dessins de ces mosaïques, il voulut travailler de ses propres mains

[1] Dargenville. *Abrégé de la Vie des plus fameux Peintres*, tome II.

avec les mosaïstes, et il exécuta quelques têtes et d'autres morceaux avec tant d'habileté, que Baglione a pu dire : Cette mosaïque est la plus belle qui ait été faite depuis l'antiquité jusqu'à nos jours : *e questo è il più bel musiaco che sia stato fatto da gli antichi in fin' ai nostro tempo.*

Dans cette même chapelle furent placés deux grands tableaux de Mutien, peints à l'huile. L'un représentait saint Jérôme avec d'autres ermites qui paraissaient attentifs au discours du saint, et c'était un morceau de la plus grande beauté, au dire de Lanzi. Malheureusement nous ne pûmes le voir lorsque nous visitions Saint-Pierre de Rome, parce que la toile, étant menacée de quelque détérioration, avait été transportée depuis longtemps à la Chartreuse et remplacée par une mosaïque, d'après *la Communion de saint Jérôme* du Dominiquin. L'autre tableau de Mutiano, dans la chapelle Grégorienne, retraçait l'histoire de saint Basile célébrant la messe selon le rite grec. Mais cette peinture était inachevée lorsque le maître fut surpris par la mort, et ce fut son élève, Cesare Nebbia, qui se chargea de la terminer. La mort de Mutiano arriva le 27 avril 1592, suivant l'inscription gravée sur son tombeau à Sainte-Marie-Majeure, où il voulut être inhumé, sans doute parce que là se trouvait le tableau de *la Résurrection de Lazare*, qui lui avait valu son premier succès et les éloges de Michel-Ange. Cette inscription, rapportée par Mariette, dans l'*Abecedario*, est ainsi conçue :

DOM. HIERONYMO MUTIANO BRIXI. CIV. ROM. NON PINGENDI MAGIS ARTE QUAM VITÆ PROBITATE CLARISSIMO. IDEM ENIM GREGORIO XIII PONT. MAX. CUJUS SACELLUM IN VATICANA BASILICA MUSIVO PRINCEPS OPERE EXORNABAT, CARISSIMUS FUIT ET A S. P. Q. R. OB INSIGNEM MORUM INTEGRITATEM ROM. CIVITATE DONATUS EST. OBIIT DIE XXVII MENS. APR. AN. MDLXXXXII, ÆT. 62...

Le testament de Mutiano est une pièce importante pour l'histoire. Ce digne peintre avait obtenu du pape Grégoire XIII le bref qui instituait l'Académie de Saint-Luc bref qui fut confirmé par Sixte-Quint. De plus, en 1588, il avait fait accorder à ladite compagnie de Saint-Luc, l'église Santa Martina, près l'arc de Septime Sévère. Cette Académie, qui lui était chère, il ne l'oublia pas dans son testament : il lui laissa deux maisons, et pour le cas où sa famille viendrait à s'éteindre, il voulait que tout son bien revînt à la compagnie et fût employé à fonder un hospice et un hôpital destinés aux jeunes gens qui, de toutes les parties du monde, viennent à Rome pour y étudier la peinture. Ce service ne fut pas le seul qu'il rendit aux arts. Il termina, au grand avantage des peintres, sculpteurs et antiquaires, la suite de dessins commencés par Jules Romain, d'après les bas-reliefs de la colonne Trajane, suite très-considérable et très-précieuse, qui fut gravée tout entière à Rome avec les savantes explications d'Alfonso Ciaccone. C'étaient là des titres bien suffisants pour lui mériter la qualité de citoyen romain, qui est consacrée dans son épitaphe. Mutien, du reste, ne quitta jamais la ville de Rome, si ce n'est pour aller peindre des chapelles à Orvieto, à Notre-Dame-de-Lorette et à Foligno, où il fit une *Sainte-Élisabeth soignant les malades*, qui a été gravée par Beatrizet.

Mutiano était l'ami de Taddeo Zucchero, qui travailla comme lui au dôme d'Orvieto. Des nombreux disciples qu'il eut, — et il dut être un excellent professeur, car il possédait justement tout ce qui se peut enseigner, — les plus notables furent Gio Paolo della Torre, gentilhomme romain, et Cesare Nebbia, d'Orvieto, qui avait été son collaborateur à la galerie du Vatican. Ces deux élèves lui payaient chacun six écus par mois, et Mutien n'avait pas d'autre ressource que ces douze écus lorsqu'il peignit sa *Résurrection de Lazare*. Généreux, du reste, et affable avec les jeunes gens, il n'exigeait aucune rétribution de ses élèves quand ils étaient pauvres, *con ogni carità ammaestrava*, et il leur disait : « L'artiste n'a pas de plus grand ami ou de plus grand ennemi que son ouvrage : faites que le vôtre vous soit ami et que je vous serve d'exemple, moi qui, à force de travail, suis arrivé aux honneurs et à la réputation où vous me voyez. »

Esprit calme, artiste savant et modéré, Mutiano se complaît dans un milieu raisonnable entre les imitateurs forcenés de Michel-Ange qui, dès la fin du quinzième siècle, infestaient la peinture de leur maniérisme élégamment prétentieux, et le style convenu, froid et maniéré dans un autre genre, auquel se rattachent presque tous les peintres du dix-septième siècle, du temps où l'on croyait donner de l'expression aux figures en les représentant les yeux écarquillés, les bras étonnés, les mains ouvertes, comme des pantomimes

de théâtre. Ce second maniérisme, moitié bolonais, moitié napolitain, il commence à poindre dans certaines
œuvres de Mutien, mais il y est encore contenu par le voisinage des maîtres, par le souvenir de Titien et
de Michel-Ange. La vulgarité qu'engendre l'emploi constant des modèles de profession, Mutiano n'y tombe
pas encore, mais il y incline doucement et se trouve ainsi comme à égale distance du naturalisme et du

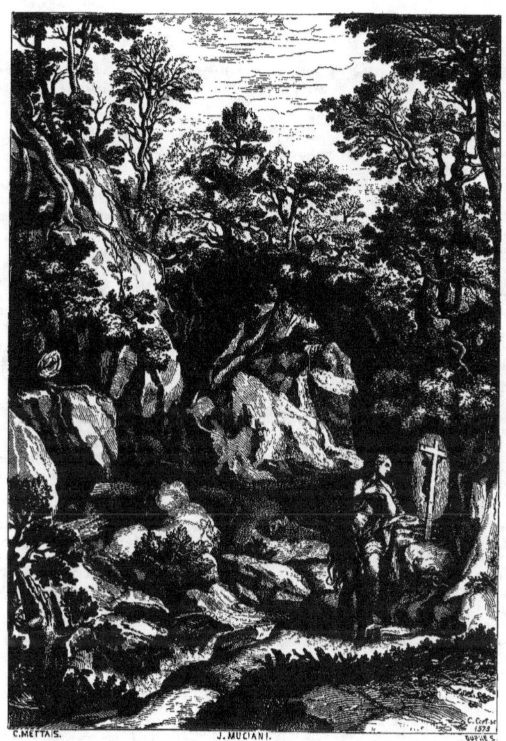

SAINTE MARIE L'EGYPTIENNE.

style. S'il n'avait pas vécu à Rome sous les yeux et sous l'influence souveraine de Michel-Ange, il eût
complétement tourné aux Carrache, c'est-à-dire à un style moyen, sage, éclectique, sans défauts, si l'on veut,
mais sans caractère et sans épice. Grâce à la bienveillance que lui témoigna Michel-Ange et à l'ascendant
qu'un si grand homme exerça sur tous ceux qui l'approchèrent, Jérôme Mutien cherchait des airs de tête
qui ne fussent pas communs, des tournures qui ne fussent pas banales. Mêlant le goût et le coloris vénitien

au dessin sec et fier du Florentin et à ses désinvoltures, mais à une dose mesurée, il tempéra une école par l'autre, et l'une et l'autre il les affaiblit, mais du moins il évita ainsi à la fois la platitude et l'affectation. Faute d'initiative, de personnalité et de mordant, il n'a pas laissé dans l'histoire une trace profonde, après avoir joué de son vivant un grand rôle. En combinant dans sa personne le génie de Titien et celui de Michel-Ange, Sébastien del Piombo sut rester un maître supérieur : Mutiano, dans la même voie, ne fut qu'un Sébastien del Piombo de seconde main.

CHARLES BLANC.

RECHERCHES ET INDICATIONS

Musée du Louvre. — Il s'y trouve deux tableaux de Mutien : *L'Incrédulité de saint Thomas*. Saint Thomas, vu de profil, tourné à droite et agenouillé, touche au côté le Christ, qui est debout au milieu de ses disciples. Collection Louis XIV.

La Résurrection de Lazare. En présence de ses disciples et de Marthe et Marie, Jésus, debout, à droite, ressuscite Lazare, qui est à demi couché à gauche, au-dessus de son tombeau. Musée Napoléon.

« Ce tableau, dit la Notice du Louvre, exécuté d'abord pour l'église Sainte-Marie-Majeure, à Venise, était placé autrefois dans l'église Saint-Louis-des-Français, à Rome. » Cette notice est erronée. Le tableau du Louvre, nous l'avons dit, ne peut être que celui qui était à Sainte-Marie-Majeure de Rome (et non de Venise), car ce tableau était « un grand tableau, » et l'on sait qu'il faut qu'un tableau soit bien grand pour qu'on le dise grand en Italie, où la peinture de chevalet est si rare. D'autre part, nous savons par l'abbé Titi (*Pitture di Roma*) que la *Résurrection de Lazare* fut tirée de Sainte-Marie-Majeure pour être transportée, non pas à Saint-Louis-des-Français, mais au Quirinal, dans le palais du pape, où il était encore en 1763.

C'est à Rome, dans les églises, que sont les principales peintures de Mutiano. En voici la nomenclature :

Saint-Pierre de Rome. Plusieurs mosaïques y sont exécutées sur ses dessins, notamment celles de l'autel de la chapelle de la Vierge et des angles de la petite coupole.

Sur l'autel dédié à saint Basile se trouvait le tableau que Mutiano laissa inachevé, et qui fut terminé par Cesare Nebbia; mais ce tableau ayant péri fut remplacé, au siècle dernier, par une mosaïque dont le peintre français Subleyras avait fourni le dessin. A Saint-Pierre se trouvaient encore deux tableaux de Mutien peints sur toile : *le Christ au Jardin* et *la Flagellation*; mais, à l'heure qu'il est, il n'y a plus de tableaux dans Saint-Pierre autres que des mosaïques.

San Paolo, *l'Assomption de la Vierge*.

San Giorgio e San Gio Battista, *la Décollation de saint Jean-Baptiste*.

Santa Catarina de' Funari, dans la chapelle construite par Vignole, *le Christ mort*, sur l'autel, et dans la voûte, divers miracles de Jésus-Christ.

Isola de' Mattei. Dans une chambre du palais Mattei, *le Triomphe de Jésus à Jérusalem*.

Santa Catarina della Ruota. La première chapelle à main droite est toute peinte à fresque par Mutien, lequel y a représenté, entre autres sujets, le *Repos de la Sainte Famille en Égypte*, par un effet de nuit.

Santa Maria della Vallicella, *l'Ascension de Jésus-Christ*.

Saint-Jacques-des-Espagnols, *saint Nicolas*.

Santa Maria sopra Minerva ; l'arc et les pilastres de la chapelle contiguë à celle de Santa Rosa ont été décorés par Mutien, au moyen de figures feintes de bronze.

Il Gesù, église des Jésuites, la *Circoncision* du maître-autel.

Santa Maria in Araceli. Il y avait là plusieurs tableaux du maître dans la chapelle des Mattei, entre autres *saint Jean l'Évangéliste avec l'ange*; mais ces peintures ont été restaurées et ne sont plus originales.

Dans la chapelle qui suit celle de Saint-Jacques, une *Ascension*.

Dans la chapelle dédiée à saint Paul, sur l'autel, un *Saint Paul* qui est une des meilleures œuvres de Mutien.

San Quirico, *la Nativité*, sur l'autel de la chapelle qui est près de l'orgue,

San Martino de' Monti, *Saint Albert*.

Sainte-Marie-Majeure. Dans cette église, où Mutiano est enterré, se trouvait la grande *Résurrection de Lazare* dont nous avons au Louvre une réduction, et qui, au siècle dernier, fut transportée au Quirinal, dans l'appartement dit des Princes.

Santa Maria degli Angioli. Là se trouve, dit l'abbé Titi, le tableau de Mutien qui était à Saint-Pierre et qu'on a remplacé par une mosaïque de *la Communion de saint Jérôme* du Dominiquin; mais ce renseignement n'est pas d'accord avec ce que dit l'abbé dans un autre passage, que le tableau remplacé par la *Communion* avait été transporté à la Certosa (Chartreuse).

Palais Pontifical de Montecavallo, autrement dit du Quirinal. Là se trouvait, au siècle dernier, en 1763, et se trouve encore (?) la *Résurrection de Lazare* qui avait été d'abord placée à Sainte-Marie-Majeure.

Saint-Antoine de Padoue, église des Padri Capuccini, *Saint François recevant les stigmates*.

San Bartolommeo de' Bergamaschi, *la Décollation de saint Jean-Baptiste*, accroché au mur d'une chapelle abandonnée.

Sant' Agostino, dans une chapelle, *Sainte Apollonie*; dans la sacristie, *saint Augustin avec sa mère*.

Santa Maria Traspontina, *la Conception de la Vierge*.

Académie de Saint-Luc. On y conserve précieusement le portrait du peintre qui fut le fondateur de l'Institution.

Le Trésor de la Curiosité nous fournit quelques renseignements précieux que voici :

Vente Crozat, 1741. — Trois paysages à la plume. On y voit *Saint Onufre*, *Saint Eustache* et *la Madeleine*. Corneille Cort les a gravés. Ils ont appartenu à Rubens, qui a dessiné quelque chose dans un de ces dessins. 31 liv. Fiquet.

Vente duc de Tallard, 1756. — *La Chananéenne implorant le Seigneur pour la guérison de sa fille*. Provenant du cabinet Crozat; trente et un pouces sur vingt-sept. 360 liv.

Le Christ et les saintes femmes. Dessin à la sanguine. On en connaît l'estampe par Corneille Cort. 24 liv.

Vente prince de Conti, 1777. — *La Chananéenne implorant le Seigneur*. Tableau qui provient de la vente du duc de Tallard. 1,999 liv. Basan.

PARIS. — IMPRIMERIE POITEVIN, RUE DAMIETTE, 2 ET 4.

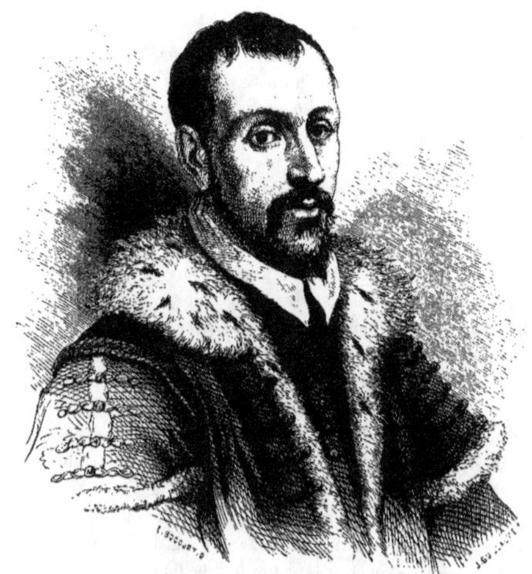

BATTISTA ZELOTTI

NÉ VERS 1530. — MORT VERS 1590

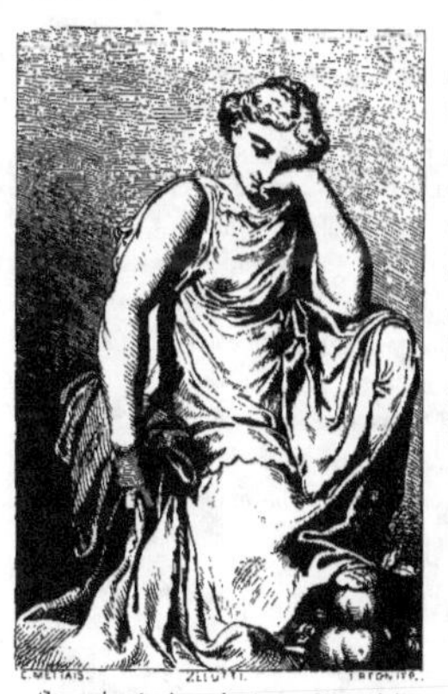

La Gloire n'a jamais tort, dit le proverbe. Il se peut, en effet, qu'elle n'ait jamais distribué ses couronnes aveuglément comme la Fortune distribue ses faveurs; mais il est certain que cette brillante divinité — je parle de la Gloire — pèche quelquefois par distraction, par oubli. C'est une fatalité singulière que Battista Zelotti soit si peu connu et qu'il règne tant d'obscurité sur ce qui le concerne, alors qu'il a été l'ami, le compagnon, le rival même de Paul Véronèse, et qu'il a travaillé à Venise, en concurrence avec lui, dans le Palais-Ducal et dans la Bibliothèque de Saint-Marc, où resplendissent ses plus beaux ouvrages. Vasari a connu Battista Zelotti, mais il l'appelle tantôt Battista de Vérone, tantôt Battista Farinato; de sorte qu'il est assez difficile de savoir si ces trois personnages n'en font qu'un, bien que Vasari nomme les deux derniers à propos des peintures qui décorent le plafond du Conseil des Dix, peintures qui sont connues à Venise pour être en partie de Battista Zelotti, et qui sont décrites sous son nom par Ridolfi et par Zanetti, dont l'autorité, en ce qui touche l'école vénitienne, est incontestable et incontestée.

Ce qui est sûr, c'est que Vasari l'appelle Battista da Verona dans la vie de l'architecte San Michele, et qu'il le nommé Battista Farinato dans les notices consacrées à Battista Franco, à Jacopo Sansovino et aux académiciens du dessin. Or ce nom de Farinato, qui n'est répété par aucun autre écrivain avec le prénom de Baptiste, ce nom, dis-je, paraît inconnu à Ridolfi, et il est corrigé en celui de Zelotti, non-seulement par le savant Bottari, mais par l'auteur très-compétent de la *Pittura veneziana*, Zanetti. Que signifie cette erreur, si c'en est une? Battista de Vérone était-il le frère ou le parent de Paolo Farinato, peintre véronais des plus renommés? Tout cela est incertain et demeure inexpliqué. Quoi qu'il en soit, voici en quels termes Vasari a parlé de celui que les Vénitiens appellent tous Zelotti :

« On estime également Battista da Verona, ainsi nommé et jamais autrement hors sa patrie, lequel, ayant eu pour premier maître, à Vérone, un de ses oncles, reçut à Venise les leçons du grand Titien et devint auprès de lui un excellent peintre. Étant jeune encore, il peignit, en compagnie de Paolino (Paul Véronèse), à Tiène, dans le Vicentin, une salle du palais Portesco, où ils représentèrent une infinité de figures qui les mirent l'un et l'autre en réputation et en crédit. Ensemble ils travaillèrent aussi aux fresques du palais de la Soranza, à Castelfranco, où les avait envoyés San Michele, qui les aimait tous les deux comme des fils. Avec le même Paul Véronèse, Battista eut à décorer la façade du palais Antonio Capello qui est à Venise, sur le Grand-Canal, et le soffite du Conseil des Dix, au Palais-Ducal, dont ils se partagèrent les compartiments. Peu de temps après, Battista fut appelé à Vicence, et il y fit nombre d'ouvrages, tant dans la ville qu'aux environs, et tout dernièrement il a peint sur la façade du Mont-de-Piété d'innombrables figures nues, plus grandes que nature, dans des mouvements divers et d'un fort bon dessin, et cela en si peu de mois, que tout le monde en a été émerveillé. Que s'il a déjà tant fait à son âge, — il n'a pas encore passé trente ans, — jugez ce qu'on peut attendre de lui, durant les années qu'il lui reste à vivre [1]. »

Ridolfi a été moins laconique au sujet de Battista Zelotti. Comme nous, il déplore que ce maître soit si peu connu, si injustement obscur, et il attribue son peu de renommée à cette circonstance que le plus grand nombre de ses œuvres se trouvent dans des villages rarement visités par les connaisseurs, sans compter que, par malheur, ses travaux ont passé bien souvent pour être de Véronèse, dont il avait été le condisciple et auquel il ressemblait [2]. Battista, dit-il, avait reçu les premiers rudiments de son art chez Antoine Badile, dont il suivit la manière (d'autres disent qu'il fut élève de Titien). Il débuta par quelques peintures décoratives à Serego, village du Vicentin, dans le palais Borselli et dans celui des Conti Porti; mais ces travaux ont été détruits par le vent du nord (*la tramontana*). Il fut le collaborateur de Paolo (Véronèse) à Tiène et à Fanzolo, et, recommandé ensuite par les seigneurs qui l'avaient employé, il obtint la décoration du Mont-de-Piété, à Vicence. — Ici le biographe donne quelques détails assez curieux touchant les peintures de Battista sur la façade du Mont-de-Piété : les sujets en étaient empruntés de la Bible; on y voyait d'abord Moïse frappant le rocher et le peuple juif buvant avec avidité l'eau jaillissante ; ensuite Moïse embrassé par Jéthro, prêtre de Madian; les trumeaux étaient remplis par des Prophètes ; puis, pour rompre l'austérité de ces sujets et de ces figures bibliques, le peintre avait eu la fantaisie (et ceci donne une charmante idée de la liberté dont jouissaient alors les artistes) de peindre en manière de trompe-l'œil une tapisserie pendante, sur laquelle étaient représentés des jeunes gens faisant de la musique au milieu d'un jardin avec de jolies femmes qui jouent du clavecin et du luth, tandis que des serviteurs leur apportent des paniers de fruits et d'autres rafraîchissements.

Sur la muraille en retour, Battista Zelotti continua l'histoire de Moïse entre les grandes fenêtres. Il peignit, entre autres morceaux d'une rare beauté, *l'Ange qui tue les premiers-nés de l'Égypte :* on le voit qui, saisissant le voile d'une mère en fuite, va percer de son épée flamboyante l'enfant qu'elle tient dans ses bras. Pour plus de terreur, la scène était traitée comme un effet de nuit; de sorte que,

---

[1] « ...E si tanto ha fatto in si poca età, che non passa trenta anni, pensi ognuno che di lui si può nel processo della vita sperare. » Vasari, *Vita di Michele San Michele.*

[2] « ...Aggiundosele ancora questa infelicità, che essendo stato condiscepolo di Paolo Calliari, e con simigliante maniera havendo dipinto, vengono le di lui opere tal' hor credute di quella mano, non essendo noto l'autore. » Ridolfi, *le Maraviglie dell' Arte.*

sur des ombres fières et ressenties, brillaient çà et là quelques rehauts de vive lumière. Entre les petites fenêtres étaient peintes, à chaque trumeau, deux femmes qui étaient là uniquement pour remplir l'espace et pour faire admirer ou une magnifique poitrine ou de belles épaules ou de beaux bras. Dans la partie inférieure, entre les trous circulaires de l'entre-sol [1], étaient figurées encore des tapisseries attachées à des

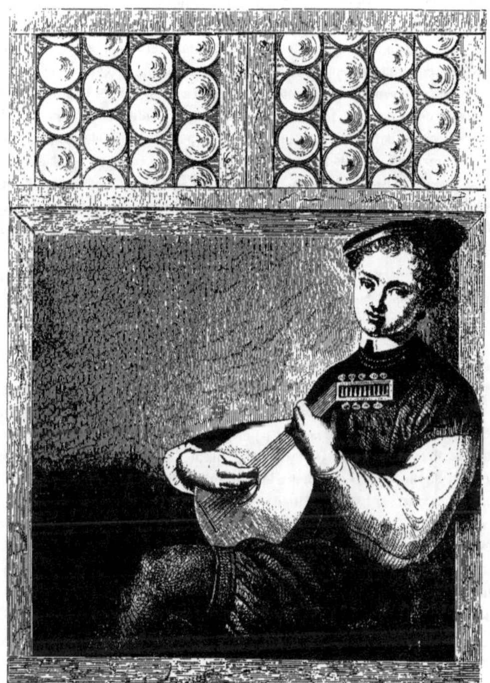

FRESQUE DU RECUEIL DE ZANETTI.

anneaux et servant de fond à des corps nus, variés de mouvements et d'attitudes, et d'un dessin superbe autant que d'une admirable couleur.

Au temps où Ridolfi écrivait, quelques-unes de ces peintures, entre autres *la Submersion de Pharaon*, étaient déjà altérées, effacées; mais les meilleures subsistaient encore, et le biographe raconte qu'elles firent l'admiration de Paul Véronèse, lorsqu'il vint à Vicence pour y apporter *la Cène de saint Grégoire*, destinée

---

[1] Nous traduisons ainsi le mot *mezzati*, parce que ce mot ne peut être ici que le pluriel d'un substantif, et que *mezzato* doit être un terme d'architecture signifiant la même chose que *mezzanino*, entre-sol.

aux pères de la Madonna del Monte. Après avoir hautement reconnu la beauté de ces fresques, il ne trouva qu'un reproche à faire à son condisciple, à savoir qu'il avait été bien mal avisé de courir les villages au lieu de s'établir dans une grande ville, où, une fois connu, il aurait eu mille occasions de montrer ses talents, et qu'il aurait dû ne pas s'attacher ainsi à peindre des murailles, *che giammai sapesse staccarsi da muri.* Zelotti, en effet, eut toujours un goût décidé pour la fresque, et cela par la raison qu'il y était d'une habileté rare, sachant y conserver le blond et la fraîcheur, en y mettant la saveur et la pastosité des peintures à l'huile. Paul Véronèse, du reste, connaissait parfaitement la supériorité de son ami en ce genre, et toutes les fois qu'il s'agissait de fresques, il voulait avoir Zelotti pour collaborateur. Quant à la peinture à l'huile, Battista la maniait moins bien que Véronèse, et il y paraît quand on compare à ses fresques l'exécution des tableaux, d'ailleurs très-remarquables, qu'il fit à Vicence dans le Duomo (la cathédrale), et dont l'un, *la Pêche miraculeuse,* est un morceau vanté pour le mouvement de la composition et la grâce d'une figure de femme qui, placée sur le rivage de la mer, est témoin de la pêche et en montre le miracle à sa petite fille.

Avant de quitter Vicence, Battista Zelotti fut chargé de peindre un soffite dans le palais des Chiericati, construit par le célèbre Andrea Palladio sur la place de l'Isola, et c'est Palladio lui-même qui nous l'apprend dans son second livre d'architecture, où il dit que « toutes les voûtes du palais sont ornées de compartiments en stuc modelés par le sieur Bartolomeo Ridolfi, sculpteur véronais, et de peintures par Domenico Rizzi et par Battista Veneziano, artistes d'un rare mérite en ce genre [1]. » Nul doute que ce Battista Veneziano ne soit le même que notre Zelotti, comme l'affirme d'ailleurs Ridolfi; mais il est singulier que Zelotti, appelé Battista de Vérone quand il était à Venise, ait été connu sous le nom de Battista Veneziano quand il était à Vicence. Vasari n'est donc pas exactement dans le vrai lorsqu'il dit du Véronais que, hors de sa patrie, on ne le nommait pas autrement que Battista de Vérone.

Quoi qu'il en soit, après quelques excursions à Leonedo et dans quelques autres villages du Vicentin, où il promenait son humeur voyageuse et son goût pour les libres improvisations de la fresque, Zelotti reprit le chemin de Venise. Il y était rappelé sans doute par les travaux que Titien lui avait fait accorder, car ce grand peintre avait été chargé par le sénat de choisir les artistes qui devaient décorer la Bibliothèque de Saint-Marc. Ceux que Titien désigna furent Giuseppe Porta, dit Salviati, Paul Véronèse, Battista Zelotti, Zuanne de Mio (qu'on suppose être le *Fratina*), Giulio Lizzini, et Andrea Schiavone. Le biographe Ticozzi, qui a écrit un si précieux livre sur Titien et sur toute la famille des Vecelli, place en 1548 l'élection faite par Titien des peintres de la *Libreria.* Mais il résulte d'un compte de dépenses retrouvé par Zanetti qu'au mois de février 1556, Salviati, Véronèse, Zelotti, Schiavone et leurs confrères reçurent, les uns 40, les autres 60 ducats pour les peintures exécutées dans les plafonds de la Bibliothèque. Or il est peu probable que des praticiens aussi habiles aient mis huit ans (de 1548 à 1556) à peindre les compartiments qu'ils avaient à remplir. Les trois ronds (*tondi*) qui avaient été assignés à Zelotti étaient ceux du troisième rang, à partir du fond de la salle. Il y représenta une allégorie de la Vertu et une allégorie de l'Étude avec des instruments de mathématiques, et ces deux morceaux existent encore dans la beauté de leur style et de leur couleur; mais le troisième, ayant été gâté par les pluies, fut remplacé, un siècle plus tard, par une peinture du Padovanino.

On pourrait croire que, si Battista Zelotti n'a pas conquis un nom illustre, c'est parce qu'il n'a été qu'un *exécutant* de première force et qu'il a manqué d'esprit d'invention et de cette poésie qui fait les grands artistes. Il n'en est rien cependant. Zelotti était plein d'idées : il avait à un haut degré l'imagination pittoresque, la variété, la verve. Il en fit preuve dans les fresques dont il orna le palais Capello, sur le Grand-Canal, en concurrence avec Paul Véronèse; le palais Trivisano, à Murano; le palais Cocina, près de Sant' Eustachio, à Venise, fresques dont il ne reste malheureusement plus rien que les gravures de Zanetti[2]

---

[1] Voici le curieux passage de Palladio : « Sono tutti questi volti ornati di compartimenti di stucco eccellentissimi da mano di messer Bartolomeo Ridolfi, scultore veronese, e di pitture di mano di messer Domenico Rizzi et di messer Battista Veneziano, uomini singolari di queste professioni. » *Quattro libri di architettura di Andrea Palladio.*

[2] *Varie Pitture a fresco dei Principali Maestri veneziani, ora la prima volta per le stampe pubblicate in Venezia* **MDLX.**

et les descriptions des *Maraviglie*. Les idées les plus abstraites, Zelotti les traduisait en vives images tirées
de la nature vivante, mais de la nature choisie. Certaines allégories d'une froideur inévitable et d'une

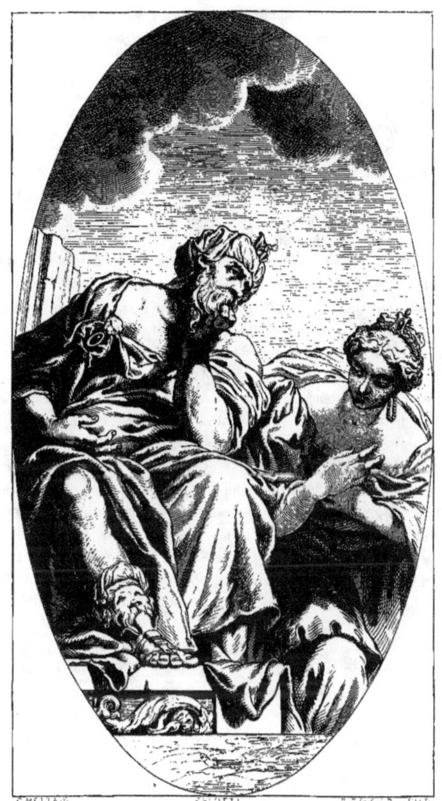

PLAFOND DU CONSEIL DES DIX, à Venise.

fastidieuse banalité, il les retrempait dans le vif et il les rajeunissait par l'étude de quelques beaux modèles
qu'il élevait à la dignité du type. Une superbe femme nue endormie dans les blés, un gracieux adolescent
près d'un buisson de roses lui servaient à symboliser l'été et le printemps. Il aimait d'ailleurs tout ce qui
enrichit les spectacles de l'art, non-seulement les vases, les trophées, les tentures, mais les animaux de
caractère, tels que le lion, la panthère, l'aigle, le cheval, les grands chiens. Il peignait les enfants avec

morbidesse, et il se plaisait quelquefois à percer sur le mur de fausses fenêtres, pour y feindre des figures qui au premier coup d'œil faisaient illusion. Son type de femme était celui que Giorgion et Titien avaient affectionné, type fort, voluptueux et imposant, aux allures calmes et majestueuses, aux cheveux d'un blond ardent, aux larges épaules, aux bras puissants, abondamment revêtus de muscles. C'est avec justesse que Zanetti apprécie le mérite de Battista lorsqu'il dit : « Paul Véronèse eut en partage la grâce séduisante, *leggiadria*, la noblesse, la fécondité des inventions et une science peu commune; Zelotti, non moins fécond, surpassa souvent son ami par la grandeur du style et la fierté du dessin : il ne lui fut inférieur que pour la grâce, la vénusté des airs de tête et d'autres charmes pittoresques. Paolo sut mieux que Zelotti peindre à l'huile, Zelotti fut plus habile que Paolo dans la peinture à fresque[1]. » Ce fut pour nous un étonnement heureux, un ravissement quand nous vîmes pour la première fois dans la salle du Conseil des Dix, au Palais-Ducal, les plafonds de Zelotti que Valentin Lefebvre a gravés sous le nom de Paul Véronèse. L'ovale du milieu était vide : il avait été rempli autrefois par le magnifique morceau de Véronèse, *les Vices foudroyés par Jupiter*, qui, de la chambre de Louis XIV, à Versailles, a été transporté au Louvre; mais les compartiments du côté des fenêtres, deux ovales et un tableau en travers, nous éblouirent par la grandeur des tournures, l'ampleur des formes et la fraîcheur d'un coloris haut et fier. Il nous parut que nous étions en présence d'un Rubens italien. Voici, du reste, les notes de voyage que nous écrivîmes sur place, en 1856 : « Ici se révèle un peintre peu connu en France, ou, pour mieux dire, inconnu, Battista Zelotti, qui fut l'ami, le compagnon de Véronèse, et qui, dans le plafond de cette chambre, est son égal. L'ovale du milieu est vide. Valentin Lefebvre a gravé comme étant de Caliari quelques-uns des compartiments du plafond, et il était permis de s'y tromper; mais ils sont tous (il fallait dire plusieurs) de Battista Zelotti, à l'exception d'un petit ovale qui représente un vieillard assis, parlant à une jeune femme d'un blond ardent, dont les deux joues sont caressées par la lumière qui laisse dans l'ombre le milieu du visage. C'est une délicieuse peinture. Des grisailles admirables, réparties dans le plafond, et une frise d'enfants, également en clair-obscur et d'un modelé tendre, plein de vie et de morbidesse, font ressortir la superbe couleur de Battista, particulièrement dans le tableau carré long de *Mercure et Venise*. On dirait d'un beau Rubens. Les chairs palpitantes de ce Mercure et son écharpe rouge, les draperies de Venise, qui sont d'un vert pâle et d'un ton orange cendré, s'enlèvent sur le doux bleu du plus charmant de tous les ciels[2]. » A ces notes écrites sur notre calepin, dans la chambre du Conseil des Dix, nous avons un amendement à faire et une addition. Tous les compartiments ne sont pas de Zelotti : celui qui représente Neptune sur un char traîné par des chevaux marins est de Bazacco (ou Bozaco) de Castelfranco, qui depuis se fit prêtre et devint monsignore ; le grand morceau en hauteur où l'on voit Junon qui verse des trésors, des joyaux et la couronne ducale dans le sein de Venise est de Paul Véronèse ; la frise d'enfants, en camaïeu, est de Zelotti, ainsi que l'ovale où est le vieillard assis parlant à une jeune femme.

Comme pour venger la mémoire d'un peintre si injustement rejeté dans l'ombre par l'indifférence de l'histoire et les caprices du sort, Ridolfi s'est complu à décrire longuement les décorations, suivant lui magnifiques (et on peut l'en croire), que Battista Zelotti exécuta, vers 1570, dans le palais de Cataio. Situé sur une riante colline des monts Euganéens, presque sur la cime de Bacchiglione, dans une contrée délicieuse, mais écartée et peu connue des voyageurs, ce palais avait été bâti par le seigneur Pio Enea degli Obizzi. Ce fut lui qui appela Zelotti à Cataio. Quatre vastes chambres y furent entièrement décorées, par le Véronais, de peintures à l'huile et de fresques. Il y peignit toutes sortes d'allégories, par exemple *la Démocratie*, sous les traits de Léonora Martinenga figurant la ville de Rome, armée d'une victoire et d'une lance et entourée de licteurs; *la Monarchie*, dans la personne d'un empereur couronné par la Fortune, commandant à des rois qui portent des étendards chrétiens et à des esclaves enchaînés sur les degrés du trône; *l'Aristocratie*,

---

[1] Paolo abbondò in leggiadria, in nobiltà, in fecondità d'invenzioni, con non volgare doctrina niente minore fu lo Zelotti nella fecondità, e superò molte volte l'altro nel disegno e nella grandezza di stile, restando nulladimeno vinto nella grazia, nella varietà, nella venustà delle fisonomie, ed in molti altri pittoreschi vezzi. — Zanetti, *Pittura veneziana*.

[2] *De Paris à Venise. Notes au crayon*, par M. Charles Blanc. Paris, Hachette et Renouard, 1857.

sous la figure du doge Mocenigo, couronné par la Prudence et environné par les plus illustres sénateurs de
ce temps-là : Pietro Foscari, Vicenzo Morosino, Paolo Tiepolo, Tomaso Contarini, procurateur de Saint-Marc.

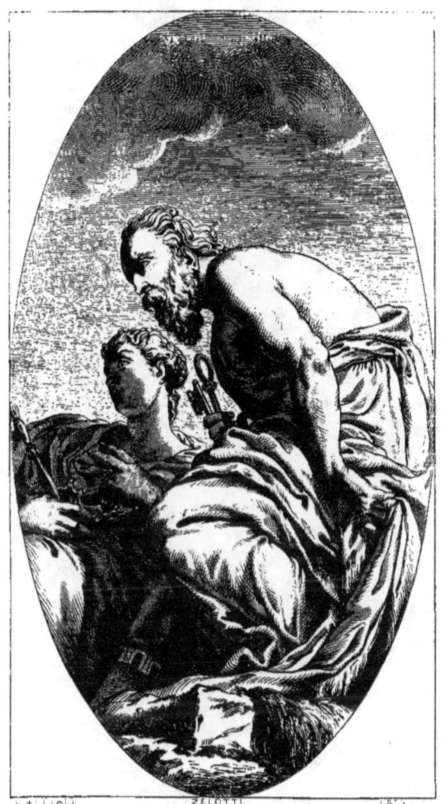

PLAFOND DU CONSEIL DES DIX (Venise).

et autres dignitaires de la République. Il va sans dire que l'histoire de la famille Obizzi tenait une place
importante dans ces vastes décorations. Cette famille Obizzi, alliée à la maison d'Este, avait dirigé le parti des
Guelfes. Elle avait gouverné à Lucques, elle avait eu des podestats à Padoue et à Parme, un marquis de
Ferrare, un général des Florentins. Zelotti mit en lumière tous les exploits de cette famille : les batailles
que les siens avaient livrées sur terre et sur mer contre les Visconti, les Scaliger et les Tudesques; la

conjuration de Lucques, dans laquelle un des Obizzi avait été massacré ; la prise de Gand par Philippe de Valois, roi de France, qui avait nommé pour son lieutenant dans le Gantois un Nicolas Obizzi ; la défense de Lucques par Tomaso Obizzi contre les Malaspini et les Gibelins. Enfin les rapports de la famille Obizzi avec les rois Robert de Naples, Jean de Bohême, Édouard III d'Angleterre étaient rappelés par de pompeux spectacles où l'on voyait flotter les étendards, bondir les chevaux, reluire les lances, les cimiers, les cuirasses. La magnificence des costumes jouait aussi un grand rôle dans ces peintures, vénitiennes au premier chef. Le peintre y avait étalé avec complaisance les manteaux d'or et d'azur, les simarres de taffetas, les brocards, les velours, les soubrevestes de pourpre, les robes vertes brodées d'or ; et au milieu de ces pompes et de ces tragédies, il avait habilement ménagé quelques scènes familières pour égayer et reposer la vue, par exemple, des soldats jouant aux dés sur un tambour.

Rien ne manquait à Battista Zelotti pour être considéré par la postérité comme un digne rival de Véronèse ; mais la fatalité a voulu que son génie brillant, généreux et fertile n'eût à se produire à l'aise que dans des palais retirés, que la renommée n'a point connus, parce qu'ils ne se trouvaient point sur le chemin de l'histoire. C'est ainsi que le palais Moranzano, construit par Palladio sur la Brenta, pour les Foscari, fut également décoré par Zelotti, qui épuisa sur les plafonds et les murailles les données de la mythologie. On y admirait, entre autres morceaux, une figure de l'Aurore, aussi vermeille, aussi rose, aussi fraîche, aussi ravissante que les poètes l'aient jamais peinte ; on y admirait aussi *le Combat des géants contre Jupiter*, traité dans des proportions colossales, avec une impétuosité superbe et d'une touche si fière, dit Ridolfi, que rien n'en saurait dépasser la perfection, *con si grande fierezza, che non pososno avvantaggiarsi di perfettione*. Qui le croirait ? ce peintre fort, ce vaillant coloriste, ce dessinateur savant et résolu, dont la tête était remplie d'idées et l'imagination pleine de fantaisies, il n'avait aucune estime de lui-même ni aucune ambition. Il travaillait sans bruit, et il ne réussit pas à s'enrichir, ou il n'y songea point. Peut-être la gloire ne l'aurait-elle pas oublié s'il avait pensé à elle ; toujours est-il qu'il mena une vie dure et laborieuse jusque vers 1590 (ou 1592), et qu'il mourut, à l'âge de soixante ans, obscur et misérable, sans avoir jamais connu le repos.

CHARLES BLANC.

RECHERCHES ET INDICATIONS

Il n'existe aucun tableau de Battista Zelotti au Louvre ni dans les divers musées de l'Europe, ce peintre n'ayant guère fait que des fresques et des peintures murales.

VENISE. — Dans la salle du Conseil des Dix, quatre compartiments du plafond. — Nous en avons parlé.

Au-dessus des tableaux de la muraille règne une frise d'enfants peinte en clair-obscur par Zelotti.

Les compartiments du plafond ont été gravés par Valentin Lefebvre comme étant de Paul Véronèse. Zelotti a peint aussi une partie du plafond dans la chambre haute du Conseil des Dix : c'est le compartiment au-dessus du banc des avocats.

Zelotti avait peint à Venise beaucoup de fresques qui ont péri, et dont nous avons aussi parlé.

Zanetti fit graver, au siècle dernier, ce qui restait de ces fresques et en publia quatre dans son précieux recueil *Varie Pitture a fresco dei Principali Maestri veneziani*. 1760.

Dans la salle de la Quarantia criminale, un *Christ mort*.

Dans la Bibliothèque de Saint-Marc, sur la Piazzetta, trois compartiments ronds du soffite, dont deux seulement existent encore, la *Vertu* et l'*Étude*.

VICENCE. — Zelotti a peint dans la cathédrale, sur les autels des familles Conti et Porti, les tableaux à l'huile de la *Conversion de saint Paul* et de la *Pêche miraculeuse*.

A San Rocco, l'*Invention de la croix par sainte Hélène* ; au Corpus Domini, la *Cène de Jésus-Christ*, et au cimetière de Santa Corona, la *Descente du Saint-Esprit sur les apôtres*.

Il avait décoré à fresque toute la façade du Mont-de-Piété et un soffite dans le palais Chiericati.

On doit voir encore de ses fresques, plus ou moins conservées, à Tiène, à Ponzolo, à Leonedo, dans le Vicentin.

CATAIO, dans la délégation de Padoue. — Le palais des Obizzi fut entièrement décoré de sa main. Ses peintures se trouvent dans la grande salle et dans les chambres dites du Pape, de Saint-Marc et de Florence.

MORANZANO, sur la Brenta. — Le palais des Foscari a été en très-grande partie décoré par Zelotti, et « c'est là, dit Zanetti, qu'il faut aller pour le voir grand et sublime. »

VÉRONE. — Le commandeur del Pozzo, dans ses *Vite de' Pittori veronesi*, publiées en 1718, signale quelques morceaux de Zelotti, savoir :

Dans le palais des comtes del Pozzo, une *Tentation de saint Antoine* ; dans la galerie des comtes Mescardi, à San Vitale, un *Christ porté au tombeau*.

A San Gio in Sacco, la voûte de l'église, compartie en divers ronds, est peinte à fresque par Zelotti, avec accompagnement de frises et d'arabesques et de figures d'anges.

PARIS. — IMPRIMERIE POITEVIN, RUE PAMIETTE. 2 ET 4.

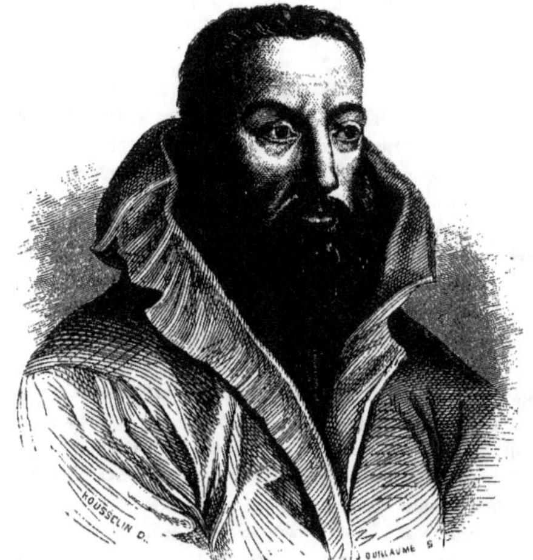

JEAN-BAPTISTE MORONI ou MORONE

NÉ VERS 1535; — MORT EN 1578.

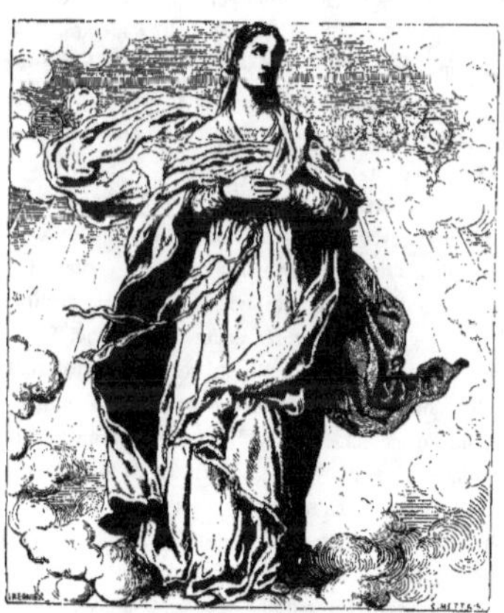

Les Français qui voyagent en Italie ne s'arrêtent guère que dans les principales villes, telles que Turin, Gênes, Milan, Vérone, Mantoue, Padoue, Venise (pour ne parler que de l'Italie septentrionale), et il en est peu qui aient le loisir de s'engager dans les routes de traverse pour aller visiter les villes secondaires, qui renferment souvent toute la gloire d'un maître. Quand on a vu tant et tant de belles choses des peintres du premier ordre, l'admiration est fatiguée; il ne reste plus aucun désir de connaître les artistes qui ont brillé d'un éclat moins vif et sur un plus petit théâtre. C'est pour cela que Jean-Baptiste Moroni n'a que la réputation d'un peintre de portraits, tandis que les Bergamasques le considèrent comme un peintre d'histoire. On trouve, en effet, dans quelques grands musées, des portraits de Moroni, mais c'est seulement à Bergame et dans les bourgs environnants que sont les tableaux de sainteté ou de décoration qu'il a peints en très-grand nombre.

Pas plus que les autres nous n'avons visité Bergame. Cependant, à en juger par les peintures de Moroni que nous avons vues ailleurs, il nous semble que la postérité n'a pas été absolument injuste envers lui en oubliant ses grandes compositions pour ne se rappeler que ses portraits. S'il fallait en croire Francesco Maria Tassi, qui a consacré un gros livre aux artistes de sa localité (*Vite de Pittori bergamaschi*, 1793), Moroni se recommanderait surtout par les ouvrages dont il a rempli les églises de Bergame, de Chignolo, de Ranica, de Rovetta, de Cevate, de Pavie, de Gaurina; mais il est hors de doute que le patriotisme de clocher entre pour beaucoup dans les éloges dont le peintre a été comblé par son compatriote.

Jean-Baptiste Moroni, né à Albino, à sept milles de Bergame, fut élève d'Alessandro Bonvicino, qui est connu dans l'histoire sous le nom de *il Moretto*. Celui-ci était élève du Titien, et les enseignements qu'il avait reçus de son maître, il les transmit à son élève, en y mêlant un goût particulier pour la recherche et la finesse du dessin. Ses études finies, Moroni revint à Bergame et s'y établit. Là, comme dans toute l'Italie, c'étaient les couvents et les églises qui employaient les artistes. Les tableaux sur toile ou sur mur, à fresque ou à l'huile, qu'il eut à peindre à Bergame et dans les environs sont énumérés complaisamment par son biographe; mais cette énumération n'étant accompagnée d'aucun détail curieux ou caractéristique, serait fastidieuse pour le lecteur. C'est toujours l'*Assomption de la Vierge* ou le *Couronnement de la Vierge*, ou la Vierge entre deux saints, qui font les frais de la composition. Il est juste d'ajouter néanmoins que toutes les fois qu'on lui demandait une répétition de ses tableaux, ce qui lui arriva souvent, il prenait la peine d'y introduire de notables variantes. On cite de lui, par exemple, trois *Assomptions* qui sont diversement conçues : l'une à San Benedetto de Bergame, l'autre à Palazzago, la troisième à la Madone de Misma. Cette dernière église est située sur la cime d'une montagne si haute et si escarpée, que bien peu de gens ont le courage de la gravir. « Je sais par expérience, dit Tassi, combien l'ascension en est difficile et la descente périlleuse. » Dans cette *Assomption*, la Vierge est portée au ciel par des anges, en présence des apôtres, dont quelques-uns sont des figures d'un beau caractère, notamment un saint Pierre à genoux, la tête appuyée sur sa main, le regard en haut, près d'un saint Jean qui tient son Évangile ouvert. D'après la description de Tassi, il y a une remarquable différence, en effet, entre le tableau de Misma et celui de San Benedetto, qui a été, depuis, transporté à Milan, au musée Bréra, où nous l'avons vu. La Vierge y est représentée seule et debout sur des nuages, sans animation, sans élan, assez lourdement drapée, et entourée d'anges respectueux qui l'adorent à distance. On dirait d'une apparition immobile plutôt que d'une assomption, et cela, parce que le peintre n'a pas observé une loi de la nature qui veut que l'action de l'air abaisse les draperies dans leur ascension et les retrousse dans leur chute. Les apôtres, d'ailleurs, sont maladroitement groupés, et ils ne forment ni un ensemble imposant par leur masse, ni des lignes heureuses par leurs mouvements. Si l'un d'eux, levant les bras au ciel, laisse devant lui du vide, un autre se penche tout exprès *pour boucher le trou;* c'est une alternance peu naturelle, ou du moins mal dissimulée, de figures qui se dressent et de figures qui s'agenouillent, là où un Titien, un André del Sarte et d'autres grands peintres ont su mettre une habile confusion, un balancement de formes dont le calcul ne se fait pas voir. Ce qui est remarquable dans la peinture de Moroni, c'est qu'il recouvre d'un empâtement onctueux et ferme un dessin dont le contour est arrêté avec précision, quelquefois même avec sécheresse. Ce contraste se trouvait déjà dans la manière de son maître Bonvicino, qui, voulant marier le style florentin à la pratique vénitienne, dessinait à peu près comme Fra Bartolommeo, et peignait à peu près comme Schiavone.

Il est vrai de dire que ce défaut n'est pas sensible dans les portraits de Moroni, qui sont et qui resteront, quoi qu'on en dise, son véritable titre de gloire. Il s'y est fait sans doute l'imitateur volontaire du Titien, mais à un degré de force qui équivaut presque aux avantages de l'originalité. Lui seul, en effet, parmi tant de peintres, est parvenu à tromper les connaisseurs, non par des copies, mais par des portraits de sa façon que l'on prenait et que l'on prend encore pour des morceaux du Titien, et ce n'est pas là un mince mérite. Du reste, le vieux maître vénitien le reconnaissait lui-même, selon le témoignage des biographes. Ridolfi rapporte que lorsque les gouverneurs de Bergame venaient à Venise, Titien leur recommandait de se faire peindre par Moroni, et Tassi raconte la même chose en ces termes : Un gentilhomme de la famille Albani étant allé demander son portrait au Titien : « De quel pays êtes-vous? lui dit le peintre. — De Bergame. « — Comment! vous êtes de Bergame et vous venez ici pour avoir votre portrait de ma main, quand vous « avez chez vous un Moroni qui s'y entend mieux que moi! » Ainsi congédié, l'Albani, quand il fut de retour chez lui, s'empressa d'aller rapporter à son compatriote les paroles du Titien, et l'on juge combien

Moroni fut flatté d'un pareil propos et à quel point il en fut stimulé. Pour mériter une approbation si haute, il s'appliqua au portrait de ce même gentilhomme, et il en fit un chef-d'œuvre : c'était un vieillard à longue barbe ; il le représenta au naturel, en robe noire doublée d'une fourrure blanche et il mit tous ses soins à exprimer par la touche le caractère de ces vêtements. C'était là surtout qu'il brillait.

Sans doute, si l'on confrontait Moroni avec le Titien, on verrait sur-le-champ la différence qui existe entre un simple maître et un grand maître, je veux dire entre un artiste qui est à la hauteur de sa tâche et un

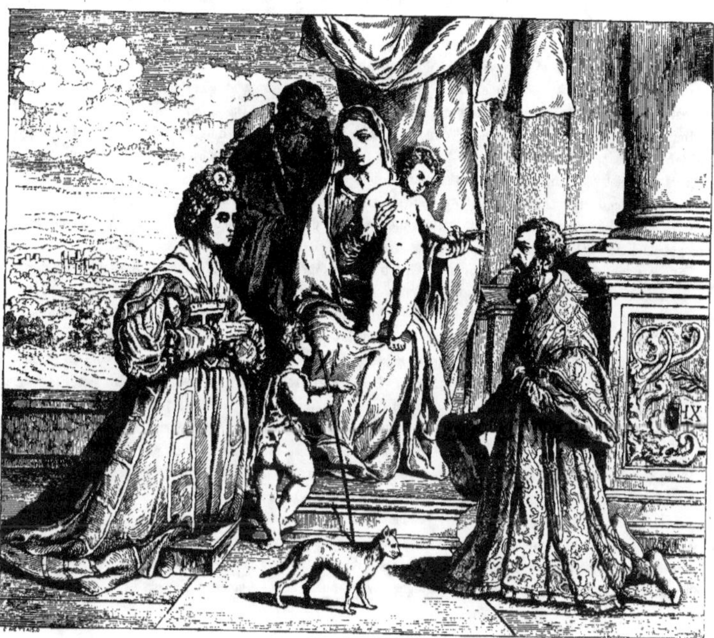

SAINTE FAMILLE (Galerie Leuchtenberg).

artiste qui reste supérieur à son œuvre. Le grand maître, il se reconnaît, chez Titien, à la tournure, au choix de l'attitude, à une certaine aisance dans la fierté de ses modèles, qui annonce la gentilhommerie du peintre autant que celle du personnage. Ses mains, particulièrement, révèlent un grand goût : tantôt elles sont posées avec une distinction facile, tantôt elles tombent abandonnées avec une négligence qui suppose les distractions de l'esprit. A moins qu'elles ne soient sacrifiées dans l'ombre pour y faire un faible écho à la lumière du visage ou pour accompagner le clair secondaire d'une manchette, il est très-rare qu'elles n'ajoutent pas à l'expression du portrait et n'achèvent pas de le particulariser. Moroni, sous ce rapport, n'est pas de la force du Titien, parce qu'il n'est pas vraiment un peintre d'histoire et qu'il n'a pas cette faculté de voir en grand qui donne du prix à tous les détails en y faisant pénétrer la signification de l'ensemble. Il sait mieux peindre son modèle que lui trouver une attitude saisissante ou dont la simplicité même ait été choisie. Où il est excellent, c'est dans le maniement du pinceau, dans le rendu des étoffes et des chairs, dans le mouillé du regard, dans l'expression de la vie, non pas de la vie qui pense, mais de la vie qui respire, en d'autres termes, dans cette ressemblance physique à laquelle un grand peintre ajoute toujours la ressemblance morale. Au temps de Moroni, tout le monde était, sur son compte, de même avis que Titien, et comment ne pas en être? Comment appeler d'un jugement prononcé par un tel juge?

Les portraits de Moroni étaient donc, dans son pays, très-estimés. On citait parmi les plus beaux les portraits de l'archidiacre Terzi et du chanoine Moroni, celui d'Antoine Navagiero, podestat de Bergame, et celui de Vettor Michele, podestat de Cluzone. Chez les religieuses de Sainte-Anne, il avait peint, en 1557, la fondatrice de leur couvent, la dame Lucrezia, fille d'Alexis Aleardi; dans le monastère du Saint-Esprit, le portrait d'un célèbre écrivain bergamasque, l'abbé Zanchi, chanoine de Latran, et à Borgo San Antonio, le cardinal Albani, lorsqu'il n'était encore que le collatéral général de Bergame. On montrait de sa main quatre têtes admirables (*stupende*) dans la maison Tomini, et une demi-figure historiée d'un paysage où l'on voit à quelque distance le Baptême de Jésus-Christ. Enfin, chez le signor Pighetti, le portrait de monsignor Bartolomeo Pighetto, prélat renommé pour ses connaissances de légiste, et, dans la maison Bettame, un *Vieillard assis dans un fauteuil*, morceau tout à fait digne du Titien. A Venise même, où abondaient les chefs-d'œuvre en ce genre, la famille Grimani conservait comme une peinture des plus précieuses le portrait d'Hercule Tassi, tenant un livre sur lequel est écrit : DE MORTE. *Hercules Tassus, philosophus, annum agens* 29.

Et cependant ce n'est pas comme peintre de portraits que Moroni était le plus employé, non-seulement par les communautés religieuses et les églises, mais par les riches particuliers. Étant tout jeune encore, en 1549, il avait peint, à Albino, dans le palais Spini, une chambre qu'il décora capricieusement de figurines, de paysages et d'animaux, et une autre où il représenta les armoiries de la famille soutenues par un groupe d'enfants.

Le dernier ouvrage de Moroni fut le *Jugement universel*, qui est placé dans l'église paroissiale de Gorlago. Ce grand tableau, attribué par erreur à Lorenzo Lotto, a été restitué à son véritable auteur par Francesco Maria Tassi, qui a découvert le contrat original passé, le 29 avril 1577, entre la paroisse et le peintre. Le prix stipulé était de cent quatre-vingts écus d'or, payables en trois termes, et le tableau, large de neuf brasses et demie, haut de huit brasses, devait être terminé en quinze mois. Mais peu de jours après avoir reçu le second terme de payement, Moroni ressentit les atteintes d'une maladie qui le força de renoncer au travail, et qui l'emporta le 5 février 1578, dans la force de l'âge, *nell' eta virile*. Il laissa donc inachevé son *Jugement universel*, où l'on admire, dit Tassi, une couleur terrible et les figures de condamnés qui remplissent la partie inférieure de la composition, figures dessinées dans les plus difficiles raccourcis, sans doute en souvenir de Michel-Ange. Le tableau ayant été plus tard très-faiblement achevé par une main étrangère, cette fâcheuse disparate donna lieu au proverbe : « A Gorlago, il vaut mieux être en enfer qu'en paradis. »

CHARLES BLANC.

RECHERCHES ET INDICATIONS

Le MUSÉE DU LOUVRE ne renferme aucun ouvrage de Moroni.

On trouvera, dans l'ouvrage plus haut cité de Tassi, l'énumération des tableaux du peintre qui se voyaient, en 1793, dans les églises de Bergame et des environs.

Quant aux portraits, il faut ajouter à ceux que nous avons cités plus haut, les portraits mentionnés par Tassi : dans la Casa Grumelli, un homme vêtu à l'espagnole; dans la maison Rivola, une demi-figure, vêtue également à l'espagnole; sept portraits chez le comte Giacomo Carrara; un en demi-figure dans la maison Asperti; deux chez le chevalier Carlo Albani, à Borgo Sant'Antonio; dans la galerie du chanoine J.-B. Zanchi, le portrait d'un vieillard assis au milieu de beaucoup de livres, avec cette inscription : *Jo Bapt. Mor. pinxit quem non vidit*, 1562. Il s'en trouvait un dans la galerie de Léopold de Toscane.

L'Assomption qui était à San Benedetto, à Bergame, est aujourd'hui au Musée Brera, à Milan.

Quelques beaux ouvrages de Moroni se trouvent en Angleterre : à Stafford-House, où l'on voit le portrait d'un jésuite (payé 800 liv. st.), à Warwick-Castle, à Hamilton-Palace, à Panshanger, chez lord Cowper, et dans les collections Baring et Labouchère.

On en voit deux dans la Pinacothèque de Munich.

PARIS. — IMPRIMERIE POITEVIN, RUE DAMIETTE, 2 ET 4.

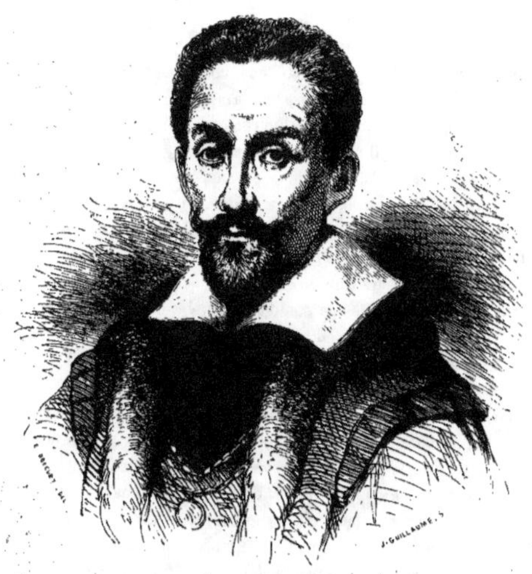

LEANDRO DA PONTE, DIT LÉANDRE BASSAN

NÉ EN 1558; — MORT EN 1623.

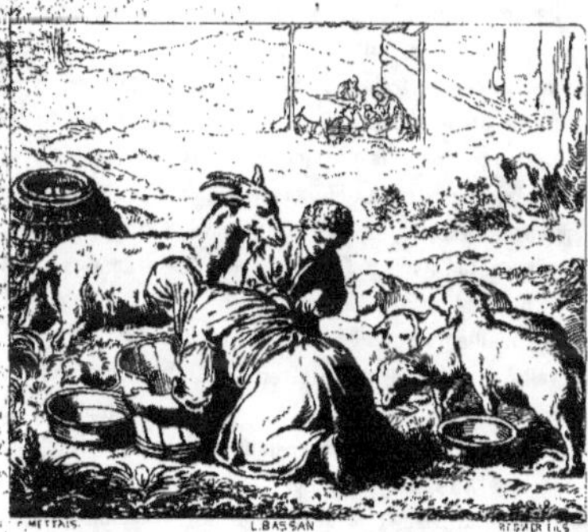

Le vieux Jacopo Bassano se vantait d'avoir quatre fils, tous habiles dans quelque partie de la peinture : Francesco, qui était l'aîné, excellait, selon lui, dans l'invention; Gio Battista et Girolamo avaient une grande pratique de l'art et savaient à merveille copier les œuvres de leur père; Leandro, qui était le troisième, avait un talent particulier pour le portrait. Leandro da Ponte, qui a reçu comme tous les siens le nom de sa ville natale, et que nous appelons Léandre Bassan, eut en effet le don des portraitistes, c'est-à-dire la faculté de bien peindre d'après nature, de serrer de près son modèle et de le rendre avec précision. Il le fit, il est vrai, d'une manière un peu étroite, qui se rapprochait plus du style allemand que de l'ampleur vénitienne, mais du moins son fidèle attachement à la vérité le sauva des extravagances du maniérisme contemporain, et il a cet avantage sur Frédéric Zuccaro, Palma le jeune, l'Aliense, Vicentino, et les autres, que ses figures paraissent simples et naturelles, comparées à celles qui se tourmentent avec tant de recherche et de bizarrerie dans les tableaux ou les décorations de ces peintres.

Avant d'avoir fait un premier voyage à Venise, nous ne connaissions de Léandre Bassan que son nom et sa biographie. Ce fut donc avec une vive curiosité que nous allâmes voir au musée de .l'Académie sa peinture la plus estimée, la *Résurrection de Lazare*, qui avait orné jadis l'église della Carità.· Ce qui nous frappa, ce fut le côté pittoresque de cette composition nombreuse, étoffée, remplie de force et de· relief, travaillée avec soin, finie avec amour. Il ne s'y trouve sans doute aucune aptitude à exprimer les affections de l'âme, aucun soupçon même des sentiments qu'il fallait supposer et traduire; mais on sent que l'artiste est un élève du grand praticien Jacopo Bassano, son père, et que, s'il avait reçu du ciel un esprit plus ouvert, une âme plus facile à émouvoir, il eût été bien supérieur à tous les Vénitiens qui florissaient de son temps. La fermeté de l'imitation n'est pas le talent le plus élevé du peintre, assurément ; toutefois, la peinture est un art si vaste, si complexe, et d'une difficulté si haute, qu'il suffit de posséder pleinement quelques-unes des qualités qu'elle exige pour avoir droit à une mention honorable dans les écritures de l'histoire. Léandre Bassan poussa le mérite de l'exécution jusqu'au point de se faire pardonner ce qui manque d'intelligence à ses airs de tête et d'expression à ses personnages. Sorti de l'école bassanesque, il peignit, contrairement aux habitudes de cette école, des figures un peu plus grandes que nature et il sut en composer sans confusion et sans embarras un tableau de quatre mètres de hauteur sur deux mètres et demi de largeur. Le héros humain du drame évangélique, Lazare, tout pâle de sa mort récente, les genoux fléchis, la main tremblante et maigre, n'a recouvré la vie qu'à moitié. Sa contenance et son geste sont à peu près les mêmes que l'on admira plus tard dans la *Communion de saint Jérôme* du Dominiquin ; mais le Jérôme du peintre bolonais, au moment de perdre la vie, est encore plein d'âme; le Lazare de Léandre Bassan, au moment où la vie lui est rendue, paraît encore engourdi du sommeil de la mort. Jésus et les assistants, hommes et femmes, sont, du reste, des figures peu expressives, si peu, que si on les transportait telles quelles dans une autre toile, elles pourraient prendre part à une action tout autre. Chacune est posée, chacune se remue ou gesticule, non pas tant selon les convenances morales que suivant les besoins du clair-obscur. Celle-ci s'agenouille parce que celle-là est levée, ou bien elle penche vers la droite parce que celle-là penche vers la gauche. Le peintre a été occupé avant tout du spectacle, satisfaisant pour les yeux, que peut offrir une peinture bien éclairée, bien ménagée, bien remplie, où les objets se détachent l'un sur l'autre, et tous en masse sur le fond, une peinture où le relief des parties n'empêche point l'accord de l'ensemble. Le plaisir des yeux a passé avant l'émotion, ou plutôt l'émotion du spectateur est impossible, parce que le peintre a retracé le miracle comme il eût fait d'un événement ordinaire, sans plus de vibration dramatique et sans aucun sentiment du merveilleux. C'est la poésie de l'Evangile traduite en prose, et en prose vulgaire. On dirait que la scène s'est passée dans la famille da Ponte; car on y retrouve, entre autres portraits, ces blondes et robustes fermières, vêtues de soie cerise, que Jacopo et ses fils ont si souvent peintes dans les *Marchés*, les *Vendanges* ou les *Moissons* qu'ils ont tant et tant de fois répétés. Les têtes courtes à la physionomie naïve et rustique sont celles des paysans de Bassano, qui figurent ici, les uns dans leurs beaux habits des dimanches, les autres avec leurs coiffures et leurs accoutrements encore sauvages. Mais ce qui affaiblit le caractère que peuvent avoir de pareilles têtes, c'est que le modelé en est accentué avec petitesse et que les draperies, trop minutieusement détaillées, présentent des plis cassés à la manière allemande.

La *Résurrection de Lazare* fut un des premiers et des meilleurs ouvrages de Léandre à Venise. Il y était venu en 1591 (et non pas en 1594), après avoir travaillé à Bassano et à Molvena dans le Vicentin, pour achever quelques peintures que laissait inachevées son frère Francesco, mort en cette même année. Léandre avait alors trente-trois ans, étant né en 1558. Il s'agissait de terminer dans la Salle du Conseil des Dix, au Palais-Ducal, la rencontre du doge Ziani avec le pape Alexandre III. Les figures du cortége, peintes d'après nature, représentaient au vif les grands seigneurs vénitiens, et la distinction des physionomies fut cette fois imposée au peintre. Lui-même, il figurait dans la suite du pape sous les traits d'un des dignitaires qui portent le parasol. Sa tête est commune : il a le front fuyant, les cheveux noirs, drus et courts, et dans toute sa personne quelque chose du paysan déguisé en gentilhomme. On sentit en quoi consistait son talent, et le doge Marin Grimano, qui sur la toile jouait le rôle de Ziani, voulut avoir son portrait de la main de Bassan. Ce portrait valut à Léandre un collier d'or et la croix de chevalier. Protégé par le doge, il obtint de décorer dans la salle du Grand-Conseil un des panneaux au-dessus des fenêtres; il y peignit le pape donnant un cierge au doge, qui le reçoit à genoux, assisté des sénateurs, et tous ces patriciens lui fournirent l'occasion d'une nouvelle série de portraits. Du reste, tous les princes de l'Église, tous les personnages célèbres qui

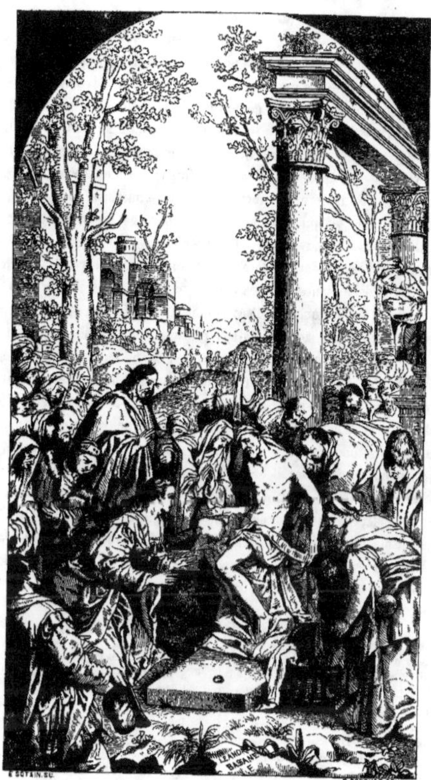

LA RÉSURRECTION DE LAZARE (Académie des Beaux-Arts, à Venise).

arrivaient à Venise étaient conduits par la renommée dans l'atelier de Léandre et s'y faisaient peindre. Ridolfi donne le nom des hommes illustres qui posèrent chez le Bassan. C'étaient des cardinaux, des jurisconsultes, des littérateurs, des notables de la cité, et les doges Donato et Prioli, ce dernier ami intime du peintre.

Transportés dans les diverses cours de l'Europe, les portraits de Léandre le firent connaître au dehors. L'empereur Rodolphe II, pour lequel il avait peint quelques princes de la maison d'Autriche, voulut essayer de l'attirer auprès de lui et lui donna un médaillon d'or à son effigie; mais le peintre ne voulut pas quitter Venise. Il y était occupé autant qu'avaient pu l'être les hommes de la grande race auxquels il succédait. Les églises de San Zanipolo, della Pace, de San Giuliano, de San Cassiano, de Santa Lùcia, de Santo Stefano in Murano, de Santa Maria Formosa, la Scuola de San Vincenzo lui demandèrent des tableaux religieux, qu'il traita simplement avec son naturalisme ordinaire. Il ne manquait point, pour peu qu'il en trouvât le prétexte, d'y introduire les paysages et les animaux qu'il avait appris à dessiner chez son père. Ici, c'est un jeune paysan à cheval assistant au passage miraculeux d'un fleuve par saint Hyacinthe; là, c'est l'Enfant prodigue au milieu des pourceaux. Léandre ne négligeait pas non plus de mêler à ses compositions quelques-uns de ces ustensiles qu'il aimait à rehausser d'une touche libre et vive, à l'exemple de son père. Enfin les procurateurs de Saint-Marc voulant continuer la décoration de la basilique, dans laquelle il restait à peindre en mosaïque l'autel de la Vierge, ce fut Léandre Bassan qui dut fournir les cartons aux mosaïstes. Les sujets donnés étaient le *Pèlerinage* et la *Cène d'Emmaüs*. Le dernier ouvrage de l'artiste lui fut commandé pour l'église del Sepulcro. Il y représenta en deux tableaux les funérailles de la Vierge et le miracle par lequel un Juif eut les mains séchées pour avoir interrompu la cérémonie funèbre.

Malgré les honneurs et les richesses qui venaient à lui, Leandro da Ponte avait conservé une mélancolie qui lui était naturelle. La peinture l'ennuyait souvent, et volontiers il allait entendre de la musique pour se distraire. Il aimait le chant et il savait jouer du luth. Sa maison, fréquentée par les patriciens de Venise, était magnifiquement tenue et sa table toujours bien servie. Il y admettait ses nombreux élèves, et comme s'il eût craint d'être empoisonné, il voulait que l'un d'eux goûtât les viandes avant lui. Mais il arrivait parfois que les jeunes drôles, sous couleur de déguster les plats, y pratiquaient des brèches illicites et s'attiraient les gronderies du maître. Quand il se promenait par la ville, ses élèves lui faisaient cortége, l'un portant son épée de chevalier à poignée d'or, l'autre le mémorial où il inscrivait les visites qu'il avait à faire. Quoique simple d'esprit, il avait par moments des réparties heureuses. Un jour l'ambassadeur d'Espagne lui demanda s'il consentirait à peindre la prise d'une ville récemment tombée au pouvoir des Espagnols : « Justement, dit Léandre, il me reste un bout de toile sur lequel j'ai retracé naguère la prise d'une autre ville par les vaincus d'aujourd'hui ; je pourrai m'en servir pour célébrer le vainqueur. » L'ambassadeur garda le silence.

Léandro da Ponte mourut en l'année 1623, âgé de soixante-cinq ans. En lui s'éteignait cette famille des Bassan qui fut presque une école, car elle représenta dans la peinture italienne des intentions toutes flamandes; elle en revint à ce naturalisme primitif qui écrit l'histoire des événements passés avec les portraits des personnages présents et vivants. Par elle, le tableau de genre se glissa dans le grand art. C'était le génie tudesque empiétant sur le territoire italien.

CHARLES BLANC.

RECHERCHES ET INDICATIONS

Le Musée du Louvre, après avoir possédé la *Résurrection de Lazare*, qui est ici gravée, ne renferme plus aucun ouvrage de Léandre Bassan, ce tableau ayant été repris en 1815.

VENISE. Au Palais-Ducal, les tableaux décoratifs dont nous avons parlé. A l'Académie des Beaux-Arts : 1° La *Résurrection de Lazare*; 2° Buste de *saint Thomas d'Aquin* en costume de dominicain; 3° Portrait d'un Doge; 4° L'*Incrédulité de saint Thomas* (ce tableau provient de la Scuola de San Vincenzo); 5° L'*Adoration des Bergers*; 6° *Lucrèce*; 7° la *Prière de Jésus au Jardin*; 8° *Pastorale*.

Nous avons donné plus haut l'énumération des églises de Venise où se trouvent des ouvrages de Léandre. Il peignit aussi, dans la salle du Conseil, la *Madone*, entourée des Patrons de la ville et adorée par le Recteur et ses Fils.

BASSANO. Il s'y trouve plusieurs tableaux de Léandre, entre autres un morceau, précieusement fini, le *Mariage mystique de sainte Catherine* dans l'église de ce nom.

VICENCE. A Santa Corona, *Saint Antoine*, archevêque de Florence, faisant l'aumône à la porte d'un temple.

A MERLARA, ville du Padouan, la *Naissance de la Vierge*.

A VÉRONE, le *Songe de Nabuchodonosor*.

A FLORENCE, aux Offices, se trouve le portrait de Léandre par lui-même. Au palais Pitti, une scène pastorale.

A MOLVENA, ville du Vicentin, une *Madone* avec deux saints évêques et *Saint Sébastien*.

GÊNES. Galerie Balbi, un *Marché*, grande et bonne toile, dit M. Lavice, dans les *Musées d'Italie*.

Galerie Spinola, les *quatre Saisons*.

NAPLES, au Musée, une répétition de la *Résurrection de Lazare*.

ROME, au palais Doria, six tableaux, dont l'*Arche de Noé*, l'*Enfant prodigue*, le *Repas d'Emmaüs*.

Il existe aussi des peintures attribuées à Léandre Bassan dans les Musées de Vienne, de Munich et de Berlin.

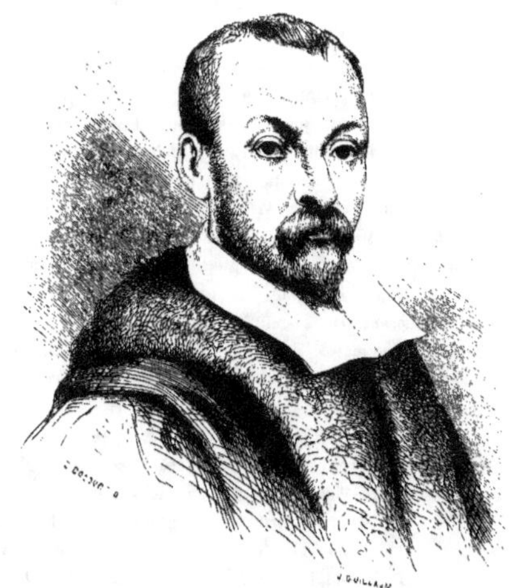

JACOPO PALMA DIT PALMA LE JEUNE

NÉ EN 1544. — MORT EN 1626.

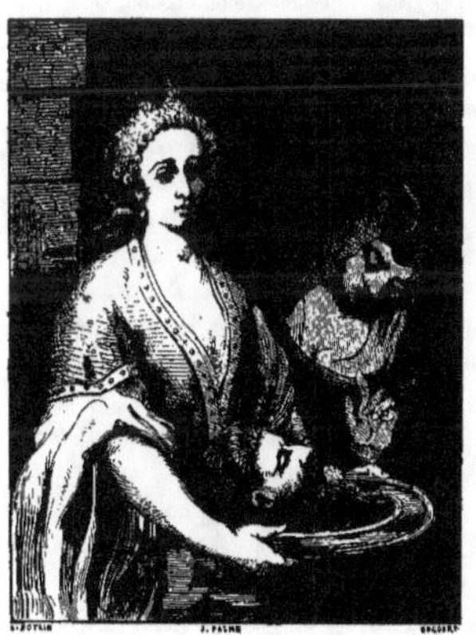

Jacopo Palma, dit Palma le jeune, était le neveu de Jacopo Palma, dit le vieux. Il était né à Venise en 1544, dans le temps où son oncle vivait encore. Toutefois, en comparant les deux peintres, on les croirait séparés par un intervalle de plus d'un siècle. L'un est un maître expressif, ému et sincère; l'autre est un artiste, j'allais presque dire un faiseur inépuisable, un praticien qui volontiers fait parade de sa facilité merveilleuse, acquise d'ailleurs par de longues études, et comme qui dirait un des plus brillants manufacturiers de la peinture. Entre l'oncle et le neveu, il existe autant de distance qu'entre la maëstrie et le maniérisme, entre l'éloquence et la rhétorique.

Palma le jeune, en italien *il giovine*, après avoir reçu les premières leçons de son père, Antonio Palma, commença ses études de peintre par copier, à l'âge de quinze ans, le *Saint Laurent* de Titien, qui était dans l'église des *Padri Crociferi*, à Venise. Le duc d'Urbin, Guido Ubaldo II (par abréviation Guidobaldo), venait souvent dans cette église et prenait plaisir à le voir travailler. Un jour que Guidobaldo entendait la messe, Jacopo, caché dans un coin, fit le portrait du duc, lequel en fut charmé et voulut avoir non-seulement son portrait, mais la copie du *Saint Laurent*. Cette circonstance valut au jeune peintre l'amitié de Guidobaldo, qui le prit à son service et l'emmena avec lui à Urbin. Cependant, comme l'éducation de Palma n'était encore qu'ébauchée, le duc eut la bonté de l'envoyer à Rome finir ses études, sous la protection du cardinal della Rovere, son frère. Jacopo y passa huit ans, qui furent consacrés à dessiner les statues antiques et à copier les maîtres les plus sévères et du style le plus fier, Polidore de Caravage et Michel-Ange. Il avait pour le premier une prédilection, parce qu'il lui trouvait de la ressemblance avec les grands Vénitiens, bien qu'à dire vrai cette ressemblance ne soit pas frappante, Polidore n'étant rien moins qu'un coloriste et n'ayant guère peint que des camaïeux empreints du goût mâle, rude et imposant des bas-reliefs romains.

Après quelques tableaux faits à Rome dans les salles du Vatican, et aux Padri Crociferi près la Fontaine de Trevi, Jacopo, âgé de vingt-quatre ans, éprouva le désir de retourner à Urbin. Il avait appris d'ailleurs que des malveillants l'avaient desservi auprès du prince et il était impatient de détruire ces mauvaises impressions. Il apportait d'innombrables dessins, une copie du *Jugement dernier* (car nous devons croire que Ridolfi veut parler de cette fresque en disant *le carton* de Michel-Ange, *il cartone*) et ses études d'après les clairs obscurs de Polidore. Le duc l'accueillit avec faveur et lui permit d'aller à Venise pratiquer son art. L'église des Crociferi, où il avait si heureusement débuté, eut sa première visite et les prémices de son talent. Il peignit dans le dortoir de cette communauté une Viérge adorée par des anges, et dans leur escalier, sur un mur de fond, l'*Invention de la Croix par sainte Hélène*. Malheureusement, Venise était encore remplie de peintres renommés, et toutes les places y étaient prises. Jacopo Palma, découragé, alla chercher fortune à Rome; mais là il n'était non plus ni assez appuyé ni assez connu pour travailler autrement que sous un maître. Il y resta donc peu de temps et il reprit le chemin de Venise : ce dut être vers 1572.

Deux hommes illustres, Paul Véronèse et Tintoret, tenaient alors le premier rang à Venise, et c'était à eux que les grands travaux se donnaient. Titien vivait encore, mais il avait quatre-vingt-quinze ans et il se reposait, ne faisant plus que promener sa main tremblante sur des toiles qu'il voulait améliorer en les retouchant ou qu'il ne devait pas finir. Cousin germain de la Violante, Palma connut Titien dans les dernières années de sa vénérable vieillesse, et puisqu'il fut chargé de terminer les peintures que Titien laissa inachevées, il est permis de croire qu'il fut désigné d'avance pour cette honorable mission. Quoi qu'il en soit, Palma eût trouvé avec peine à employer son talent, d'une facilité prodigieuse, s'il n'eût gagné l'estime et l'amitié d'un artiste tout-puissant à Venise, le célèbre sculpteur Alexandre Vittoria. Pour se venger de Tintoret et de Véronèse, qui ne voulaient pas reconnaître son influence et la dédaignaient, Vittoria prit sous sa protection Palma le jeune et il chercha toutes les occasions de le produire. Il lui fit d'abord obtenir à *San-Zanipolo* (Saint-Jean et Paul) la peinture à fresque du tombeau de Girolamo Canale, fameux capitaine de mer. Palma y représenta les figures allégoriques de Mars et de Neptune, une Renommée volante avec sa trompette d'or, et, autour d'une pyramide, des prisonniers assis, des soldats vaincus et des attributs militaires. Il eut ensuite à peindre à San-Jacopo dell' Orio, sur l'autel de saint Laurent, le martyre du saint, et dans la sacristie quantité de sujets bibliques, entre autres *Elie secouru par un ange*, la *Manne au désert*, le *Serpent d'airain* et le *Passage de la mer Rouge*. Quelle que fût la diversité des tableaux ou des décorations dont il était chargé, Palma y suffisait avec une étonnante vivacité d'esprit et une faconde pittoresque dont personne peut-être ne fut doué à ce point, si ce n'est pourtant le Tintoret. Aussi Jacopo avait-il une inclination irrésistible pour cet homme extraordinaire. Il ne se lassait point d'admirer le feu de ses improvisations, son génie toujours prompt et toujours prêt, et il ne concevait rien au delà de cette faculté de traduire à l'instant même toute pensée en vives images. Il faut le dire, au surplus, Palma n'était pas arrivé sans travail à cette facilité spirituelle qui le distingue. Il avait appris tout ce qu'un peintre doit apprendre et il savait parfaitement *son métier*. A force de dessiner d'après les grands maîtres, il était devenu capable d'inventer sur l'heure toute sorte de figures nues ou drapées, en mouvement

ou en raccourci, d'agencer des groupes, de concevoir l'ordonnance d'une scène et d'en improviser l'effet,
semblable à ces rhéteurs qui, sans préparation, peuvent parler abondamment et avec esprit *de omni re.*

Grâce aux incessantes recommandations de Vittoria, Jacopo n'eut bientôt plus un moment de relâche.
La fortune, qui ne fait rien à demi, le comblait maintenant de ses faveurs. Venise, qui renferme presque
autant d'églises qu'il y a de jours dans l'année, se remplissait des peintures de Palma. On en voyait à la
Trinité, à Saint-Jean in Bragora, à Santa-Maria Giubenico, à Saint-Jacques de Murano, à Santa-Maria

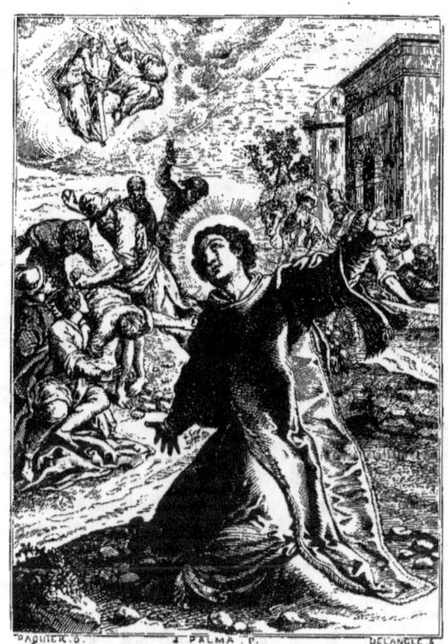

SAINT ETIENNE.

Formosa, à San-Giuliano et dans la Scuola de Saint-Jean l'Evangéliste, où Carpaccio et Gentil Bellin avaient
laissé de si beaux ouvrages; enfin à San-Antonino et à San-Nicoletto dei Frari. Cette dernière église
renferme, à la droite du chœur, un des meilleurs morceaux. de Palma, son *Christ aux Limbes.* Le
coloris en est blond. Les nus sont d'un assez bon choix et bien rendus. La plupart des figures sont
des portraits et représentent les amis du peintre. Ces portraits, qui sont ceux, entre autres, de Titien,
de Vittoria, de Jean d'Udine, musicien, il les a introduits dans plusieurs de ses tableaux, notamment à
la Scuola della Giustizia, dans un plafond de seize mètres de long sur douze de large, où, sans craindre le
voisinage d'une grande toile du Tintoret, il peignit la Vierge conduite par son Fils au Père éternel, adorée
par des anges qui tiennent encensoirs et flambeaux, et par les vingt-quatre vieillards de l'Apocalypse.

Le plus grand honneur qu'un artiste pût recevoir à Venise était d'être employé aux décorations du palais ducal. Palma eut cet honneur. Dans la salle du Grand-Conseil, dont le plafond venait d'être peint par Tintoret et Paul Véronèse, il fut appelé à peindre une de ces figures de Venise triomphante que les décorateurs du palais ne se lassaient point de multiplier. Assise sur un trône couvert d'un baldaquin rouge, Venise, le sceptre en main et la tête rayonnante, est couronnée par la Victoire. A ses pieds veille le lion de saint-Marc, qui la contemple. Plus bas, des soldats vainqueurs lui amènent des prisonniers, hommes et femmes, dont les nus bien modelés et, par exception, d'un assez bon caractère, font contraste avec le ton des draperies et des drapeaux, de même que les attitudes des figures sont contrastées entre elles, les unes étant agenouillées ou debout, les autres couchées ou assises. Quand ils n'ont plus à remplir qu'un simple cadre de décoration, les Vénitiens même de second ordre y suffisent à merveille. Palma le jeune est, dans ce nombre, un des plus habiles, parce qu'il a l'esprit meublé de motifs pittoresques, de réminiscences heureuses, et qu'il entend bien ce qui appartient aux effets purement optiques de la peinture, à la dextérité du pinceau, à l'empâtement des couleurs, qu'il maniait dans le goût titianesque, et à l'élégante hardiesse des raccourcis, qu'il avait appris par cœur à force de copier les Michel-Ange de la Sixtine. Ce qui lui manquait, c'était le fond même de son art, je veux dire le recueillement de l'esprit, l'intensité et la vérité du sentiment, la chaleur de l'âme. Il était riche, étoffé, abondant, mais un peu vide. Il faisait avec le corps humain, qu'il savait par cœur, ce que font les calligraphes avec les lettres de l'écriture et les rhéteurs avec la phrase.

En ce même palais ducal où le vieux Tintoret avait brossé d'une main vaillante son immense *Paradis*, Palma brûlait de se mesurer avec ce maître dont la gloire l'empêchait de dormir. Il obtint de représenter un *Jugement dernier* dans la salle du Scrutin, sur le mur, au-dessus du trône où siégeait le doge, et, à l'exemple du Tintoret, il voulut y faire entrer tout un peuple de figures; mais il évita d'y mettre les taches noires que Robusti avait employées sur le devant pour donner du ressort à sa composition et en approfondir la perspective. Son *Jugement dernier* reste plus transparent et aussi moins confus, car il eut soin de séparer en deux grandes masses la foule des morts ressuscités : les élus, que des séraphins enlèvent pour les présenter à Dieu; les réprouvés, que des anges précipitent dans les flammes. Parmi les bienheureux, on distingue une sainte qui semble avoir vaincu les démons à coups de dague, et parmi les damnés, une jolie pécheresse dont les blondes et fraîches carnations sont livrées aux griffes des diables. Tintoret vivait encore quand cette vaste toile fut achevée. Il l'alla voir et dit à Palma qu'on pourrait améliorer beaucoup son ouvrage sans y rien ajouter, « qu'il suffirait d'en faire sortir quelques figures, *levarle alcune figure.* » Ce qu'il y a de plaisant, c'est que Tintoret, lorsqu'il avait peint son *Paradis* dans la salle du Grand-Conseil, avait encouru et subi le même reproche.

Palma, au surplus, s'il avait tous les défauts de Tintoret, avait aussi quelques-unes de ses qualités. Quand nous visitions le palais ducal, il nous parut que Palma était le plus habile de ceux qui ont travaillé en concurrence avec lui dans cette fameuse salle du Grand-Conseil, à l'exception, bien entendu, de Robusti et de Véronèse, et qu'en somme il avait été plus heureusement inspiré que les Vicentino, les Giulio del Moro, les Aliense et même les Zuccari. La *Prise de Constantinople*, bien que devenue aujourd'hui opaque et noire, et la *Prise de Crémone*, que les Vénitiens appellent le tableau des Barques, *il Quadro de' Barchi*, sont encore des morceaux préférables aux banalités des artistes que nous venons de nommer, et il n'y a guère là que Dominique Tintoret qu'on puisse opposer à Palma le jeune. La *Victoire remportée par Bembo devant Crémone* est une peinture très-animée, pleine de lignes contrastées, d'épisodes piquants et de raccourcis, et le mouvement naturel d'un combat fait disparaître ici une affectation qui ailleurs serait choquante. Vues de bas en haut, les figures des soldats et des marins s'enfoncent mieux dans la toile; le raccourci qui les précipite avec plus d'élan au milieu de la mêlée ajoute au remué de la composition. Un matelot qui grimpe par une échelle de cordes sur un mât, coupe le tableau d'une façon pittoresque; mais ce motif était emprunté du Tintoret, qui s'en plaignit : « Celui-là, dit-il, m'a volé mon invention : *costui mi ha rubbata l'inventione.* » En effet, quelque temps avant, Palma avait rencontré le vieux maître et lui avait demandé où il en était du *Combat naval* qu'il achevait de peindre à côté de la *Prise de Crémone*. « Je suis

occupé en ce moment, dit l'octogénaire, à modeler des figures de matelots qui grimpent sur les mâts. »
A l'instant Palma vit ses figures avec les yeux de l'imagination et il en improvisa une semblable.

Les peintres, comme les écrivains, doivent être jugés en partie d'après le milieu dans lequel ils ont vécu
et dont l'influence, presque toujours décisive, a été favorable ou funeste à leur génie. La seconde moitié

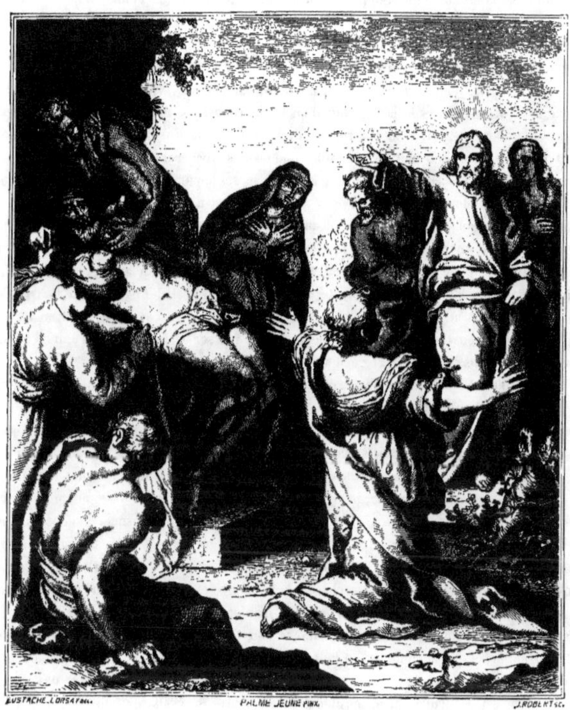

RESURRECTION DE LAZARE

du seizième siècle fut en Italie une époque de décadence, surtout en fait de peinture, car la statuaire se
maintint à un niveau plus élevé, grâce au privilége que possède le marbre de se défendre par sa gravité
contre les folies d'un art corrompu. Vittoria, par exemple, était, comme sculpteur, infiniment au-dessus de
son ami Palma le jeune. Celui-ci néanmoins était entouré d'une considération presque égale à celle dont
avaient joui Véronèse et Tintoret au temps de leur gloire la plus brillante. Il arrive un moment où les
œuvres des grands maîtres cessent d'être comprises et sont comme non avenues. On a des yeux pour les
voir et on ne les voit point : *oculos habent et non videbunt*. Les contemporains de Palma lui trouvaient

du génie et ne soupçonnaient point qu'il pût y avoir une manière beaucoup meilleure que la sienne. Parmi les graveurs illustres qui florissaient alors à Venise, la plupart venus des Pays-Bas ou de l'Allemagne, tels que les trois Sadeler, Henry Goltzius, Lucas Kilian, Andrea Zucchi, il n'en était pas un qui n'ambitionnât l'honneur de graver un tableau de Palma. C'est une chose à remarquer d'ailleurs, en passant, que les chefs-d'œuvre de la gravure ont été faits en général sur des ouvrages très-secondaires, comme si l'infériorité de l'original était une condition de beauté pour le traducteur. Du vivant de Palma, Raphaël Sadeler publiait d'après lui des estampes fermes, sobres et correctes : le *Christ en croix*, dont la planche fut dédiée à Tedaldo ; la *Flagellation du Christ* et le *Mauvais riche* tourmenté dans les flammes par les démons et implorant une goutte d'eau, tableaux dont il semble avoir mitigé la manière dure ; Egidius Sadeler gravait le *Martyre de saint Étienne*, dont la peinture avait été faite pour Cividale, ville du Frioul, et *Saint Sébastien* qu'on attache à un arbre ; Lucas Kilian gravait d'un burin robuste et fier une *Nativité* qui n'était sur la toile ni fière ni robuste ; Andrea Zucchi reproduisait avec beaucoup d'effet et de couleur la *Prise de Crémone*, et Henri Goltzius burinait de ses tailles ondoyantes, recherchées, pompeuses, et cette fois bien appropriées, le *Saint Jérôme en méditation* qu'il a dédié au sculpteur Alexandre Vittoria, ami commun du graveur et du peintre. Palma en avait envoyé la peinture au duc d'Urbin François-Marie.

Un amateur qui ne serait pas allé à Venise et qui n'aurait vu aucun ouvrage de Palma, — il n'en existe pas au Louvre et il y en a fort peu en France, — pourrait se faire une assez juste idée du maître d'après ces gravures. Il y verrait ce que l'art était devenu à Venise vingt ans après la mort du Titien. Le pédantisme avait succédé au savoir. Les terribles allures de Michel-Ange avaient tourné la tête aux artistes les mieux doués. On ne passait pour un habile homme qu'à la condition d'outrer les caractères, de charger inconsidérément les muscles, de violenter et de fausser les attitudes, surtout de les contraster. Si une figure avançait le bras droit et reculait le bras gauche, elle devait avancer la jambe gauche et reculer la jambe droite. Si la tête penchait sur une épaule, cette épaule se haussait infailliblement pour contraster avec l'inclinaison de la tête et avec l'autre épaule qui s'effaçait. On appelait cela de la maëstrie, de la désinvolture. Les yeux s'écarquillaient pour plus d'expression, et il était convenable qu'une main présentât deux doigts ouverts, deux doigts fléchis et le pouce retroussé, ou bien qu'elle fût gracieusement tourmentée comme celle du virtuose qui pince les cordes d'un violon. L'action la plus simple devenait le prétexte d'une rodomontade. Une femme, pour caresser un enfant, porter un vase ou ramasser une flèche, prenait des postures difficiles, terribles, et dont la fierté touchait au grotesque. Il faut voir avec quelle prétention à l'élégance, le saint Étienne de Palma se met en mesure d'être lapidé. Un pauvre berger vient-il adorer Jésus dans sa crèche, l'artiste lui donne la pose du gladiateur. L'ange vient-il annoncer à la Vierge le mystère de l'Incarnation, sa démarche est prétentieuse et apprêtée comme celle d'un danseur sur le théâtre. Un autre travers dans lequel tombaient les maniéristes, à Venise comme ailleurs, c'était d'allonger outre mesure les proportions, et par malheur tout le monde ne savait pas y mettre la sveltesse héroïque du Parmesan. Les personnages de Palma ont ordinairement huit têtes et plus. Un trait auquel on peut encore les reconnaître, c'est qu'ils ont des genoux engorgés et saillants sur des jambes minces et pauvres. La chose est particulièrement sensible dans ses figures de vieillards, qui ressemblent à celles qui furent un peu plus tard gravées par l'Espagnolet.

Mais ces défauts, qui aujourd'hui nous offusquent, passaient inaperçus. Toute l'école respirant le même air, personne ne réclamait contre cette peste du maniérisme, qui, du reste, ravageait en ce temps-là l'Italie entière. Est-il surprenant que la peinture eût baissé, à Venise, de Titien à Palma le jeune, quand à Florence, à Rome, à Milan, elle était descendue de Michel-Ange à Vasari, de Raphaël à Zuccaro, de Léonard aux Procaccini ? Comment s'étonner dès lors que le neveu du vieux Palma fût tenu en plus haute estime que ne l'avait été son oncle et eût acquis une réputation plus étendue ? Son succès d'ailleurs fut favorisé par cette circonstance que ses rivaux moururent avant lui : c'étaient le chevalier Contarini, Leonardo Corona de Murano, Andrea Vicentino et l'Aliense, qui vécut, il est vrai, jusqu'en 1629, mais qui fut trop indolent pour disputer à ses confrères la confiance publique. Il se trouva donc que Palma fut en possession de tous les travaux et tellement chargé de commandes que, malgré son extraordinaire facilité, il pouvait à peine satisfaire aux désirs des communautés et des fabriques de Venise, bien qu'il fût à la besogne du matin au soir et pendant l'hiver jusqu'à cinq et six heures de l'après-midi. Soixante-neuf églises sont remplies de ses peintures, et l'on n'attend pas de nous que nous prenions à tâche de les décrire : ce serait mettre à une trop rude épreuve la patience du lecteur et la nôtre. Il nous serait également impossible de suivre les tableaux de Palma dans toutes les villes d'Italie où il dut en envoyer : à Trévise, à Padoue, à Arqua, à Vicence, à Segiano, à Brescia, à Vérone, à Salo, à Bergame, à Mirandolo dans le duché de Modène, à Florence enfin et à Rome. Sa réputation s'étant répandue à l'étranger, on lui écrivait de toutes parts pour

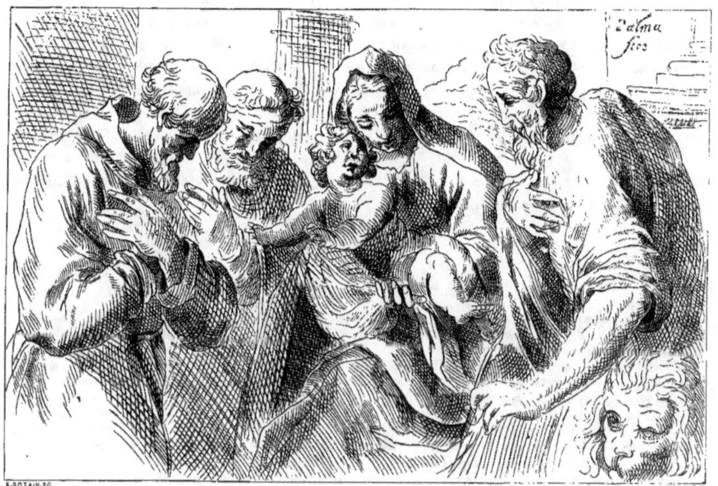

MADONE ET SAINTS.

avoir des ouvrages de sa main. L'empereur Rodolphe II lui demandait un *Bain de Diane;* Sigismond, roi de Pologne, la *Fable de Psyché;* la cathédrale de Varsovie, un *Christ au Jourdain;* le duc de Savoie, le *Combat de Cresentino.* Il fit aussi quantité de peintures pour les grands seigneurs de l'Allemagne, qui étaient ravis de sa manière, et même pour les peintres allemands, notamment pour un artiste d'Augsbourg, Henri Walchenburg, auquel il envoya une *Galathée.* Il va sans dire que les patriciens de Venise ne laissèrent pas inactif un talent si fécond et tant admiré. Le chevalier Gussoni, sénateur, Luigi Barbarigo, dont la famille avait été liée avec Titien, les Grimani, les Conti Vidmani, le grand chancelier Marco Ottobone, Francesco Bergoncio et Bartolo Dafino, qui possédait une précieuse galerie de tableaux vénitiens, obtinrent de Palma, celui-ci un portrait, celui-là une décoration murale, et Dafino une suite d'allégories de la vie humaine.

Tout ce qui sortait de la main du Palma était recherché à Venise. On attachait du prix à ses dessins et à ses eaux-fortes comme à ses peintures. Ridolfi raconte qu'un peintre, connu pour son avarice, Girolamo Gambarato, servait de modèle à son confrère, sous la condition d'avoir une copie de tous ses dessins. On les comptait par milliers : spirituels dans leur maniérisme, ils sont écrits ou crayonnés avec beaucoup de vivacité et de feu, ombrés avec des hachures données en tous sens, et mis à l'effet par un léger lavis de bistre. On y retrouve toujours le goût de ses draperies agitées et volantes, l'indication indécise mais rapide de ses contours tâtés et incorrects, et la tournure dégagée de ses figures longues qui souvent semblent tourner sur elles-mêmes comme des colonnes torses. Une semblable liberté caractérise ses eaux-fortes, qui ne laissent pas d'être intéressantes. Les vingt-sept planches gravées par lui et imprimées chez Giacomo Franco sont presque toutes consacrées à l'enseignement du dessin. Ces planches au surplus ne furent publiées qu'après sa mort, en 1636, et ne profitèrent qu'à ses héritiers. Les richesses qu'il avait accumulées par ses immenses travaux, Palma s'en fit honneur. Il recevait chez lui les plus illustres poëtes et littérateurs du temps, le Guarini, Stigliani, le cavalier Marino, qui fut l'ami du Poussin, et le Frangipane, sans parler de tous ceux que nous avons déjà nommés, auxquels il faut ajouter Jacopo Franco, le graveur, et Bartolommeo della Nave. Sain de corps, exempt d'infirmités et n'ayant jamais commis d'autre excès que l'intempérance du travail, il survécut à sa femme et à ses deux fils, et prolongea sa vie jusqu'à l'âge de quatre-vingt-quatre ans. Une telle longévité s'explique aussi par une sérénité d'humeur que rien ne put troubler, ni la mort de sa femme, dont l'enterrement ne l'empêcha point de se remettre le jour même à son chevalet; ni la nouvelle d'un naufrage qui venait d'engloutir une partie de sa fortune. Peu sensible aux railleries, il n'en était que plus habile à les relever. Cette longanimité d'âme et sa forte constitution le conduisirent jusqu'à l'année 1628. Ses funérailles furent pompeuses, et on l'inhuma dans l'église San Zanipolo, à la place où il avait élevé lui-même un monument à Palma le vieux et au Titien, dont il avait achevé la dernière peinture. Sur sa tombe fut placé un buste en marbre, sculpté par Jacopo Albarelli, son élève.

CHARLES BLANC.

RECHERCHES ET INDICATIONS

Jacopo Palma le jeune a gravé à l'eau-forte vingt-sept planches, que Bartsch a décrites dans le *Peintre-Graveur*.

1. La *Nativité*. Cette pièce est cintrée par le haut.

2-27. Estampes pour un livre de dessin. C'est une suite de vingt-six pièces faisant partie d'un livre qui contient quarante-cinq pièces à l'eau-forte, les unes dessinées par Jacopo Palma le jeune, les autres exécutées sur ses dessins par Jacopo Franco, graveur, et par Luca Ciamberlano.

Ce recueil est précédé d'un titre gravé sur cuivre et ainsi conçu : *Regole per imparar e disegnar i corpi umani*, etc...

2. Une feuille avec onze yeux, sept bouches, neuf nez, six oreilles, etc. — 3. Sept têtes d'hommes et deux têtes d'enfants. — 4. Trois têtes de vieillards et six têtes de femmes. Cette pièce, comme les deux qui précèdent, porte *Jacobus Franco Formis con privilegio*. — 5. Dix-huit mains sur une feuille. — 6. Seize pieds sur une feuille. — 7-8. Onze bras, quatorze bras d'hommes et de femmes. — 9. Onze jambes d'hommes. Cette pièce et les quatre pièces qui précèdent portent *Giacomo Franco Formis*... — 10. Douze jambes d'hommes avec l'adresse ci-dessus. — 11. Six études de corps d'hommes et en bas une tête de vieillard. *Jacobus Franco Formis con privilegio*. — 12. Six études de corps de femmes et en bas une tête de jeune femme. Même adresse. — 13. Neuf têtes d'hommes et de femmes et une tête d'enfant : plus trois yeux, une oreille et un nez. *Palma fecit*. — 14. Douze enfants nus en diverses attitudes. *Jacobus Franco Formis con privilegio*. — 15. Une feuille avec des études d'hommes vus de face, deux corps vus de dos, un bras, une jambe, un genou, deux pieds, etc. *Palma fece*. — 16. Feuille d'études. En haut saint Jérôme et le pape Damase; en bas, deux enfants, à droite la marque 12, et à gauche *Franco Formis*. — 17. La Peinture et la Sculpture sous les traits d'une femme et d'un jeune homme. Celui-ci tient une statuette de Jupiter. — 18. La *Renommée sonnant de la trompette*. On lit : *Jacobus Franco Formis con privilegio*. — 19. *Jean-Baptiste puisant de l'eau*; son agneau est devant lui sur la gauche. On lit de ce côté : *Palma*. — 20. La *Femme adultère*. Les figures sont à mi-corps. En haut : *Palma fece*. — 21. La *Madone adorée* par saint Jérôme et saint François; figures à mi-corps. On lit en haut : *Palma*. — 22. *Saint Thomas touche la plaie du Christ*, figures à mi-corps. On lit en haut : *Palma*. — 23. La *Déesse tutélaire de Rome*, assise sur des trophées et tenant dans sa main une petite Victoire. Cette pièce sert de frontispice au second cahier du livre de dessin dont le titre est : *Libro secundo. Venetia aput (sic) Jacobus Franco ad signum solis con privilegio*. — 24. Même sujet traité différemment. Sur le devant, Romulus et Remus auprès de la louve. — 25. *Judith mettant la tête d'Holopherne dans un sac. Jacobus Franco Formis con privilegio*. — 26. *Dalila coupe les cheveux de Samson*. A droite, on lit *Palma*, et à gauche, *Jacobus Franco*, etc. — 27. *Joseph et la femme de Putiphar*. Ce morceau a été retouché par Ciamberlano. On lit au bas, à gauche : *Palma*.

Il n'existe au Louvre aucun tableau de Palma le jeune, mais on en voit dans les musées de Venise, de Florence, de Milan, de Naples, à l'Académie de Saint-Luc, à Rome, et dans les galeries de Munich, Vienne et Dresde.

PARIS — IMP. SIMON RAÇON, 2 ET 4, RUE D'ERFURTH.

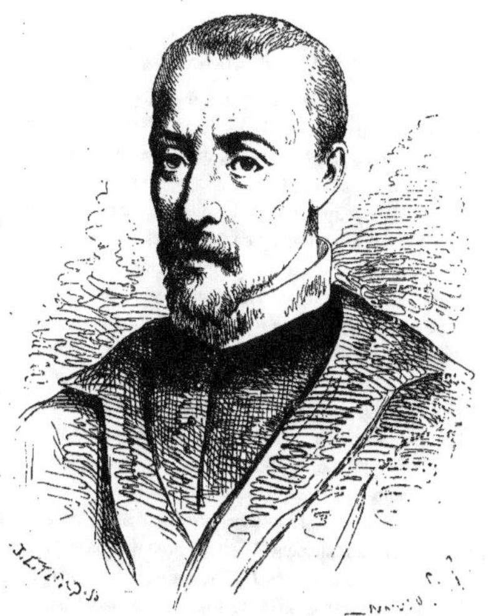

FRANCESCO DA PONTE DIT FRANÇOIS BASSAN

NÉ EN 1518. — MORT, EN 1591.

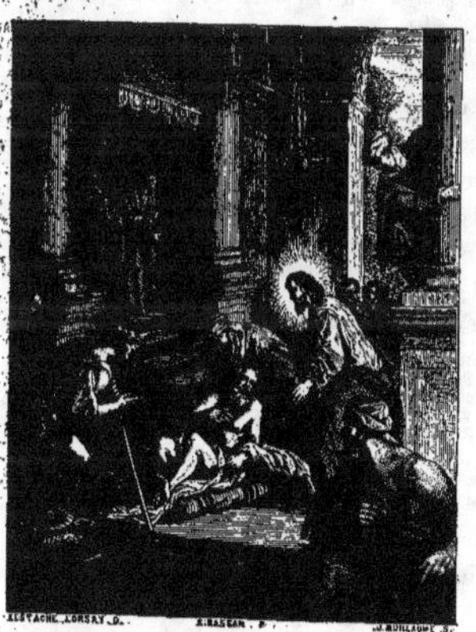

Des quatre fils de Jacques Bassan, deux seulement méritent de trouver place dans cette Histoire : François et Léandre. François était l'aîné ; il naquit en 1548 et fut élève de son père, qui s'en fit bientôt un aide et un collaborateur. Lorsqu'il se rendit à Venise, Francesco da Ponte était déjà rompu à la pratique de l'art. Il s'y trouvait précédé par un commencement de réputation. Curieux de nouveauté, les Vénitiens l'accueillirent avec une prévention favorable et il obtint sans peine des travaux. Tintoret et Véronèse tenaient encore le haut bout, mais ils étaient vieux l'un et l'autre. D'ailleurs l'accent de réalité qui distinguait les œuvres du second Bassan, sa manière gaillarde et rehaussée de rendre les scènes domestiques, son habileté à peindre les choses naturelles, les animaux surtout, attirèrent sur lui l'attention et le firent rechercher. Ses premiers ouvrages, qu'animait la fraîcheur de la jeunesse, furent faits pour l'église delle Zitelle alla Giudecca, pour Sainte Sophie, pour San Jcaopo dell' Orio. C'étaient une *Prédication du Christ*, une *Présentation de la Vierge au temple*, morceau bien réussi, et une *Prédication de saint Jean au désert*, où il avait pu introduire, à l'exemple de son père, des figures rustiques, dont plusieurs étaient même une imitation flagrante du *Retour de Jacob*, tableau célèbre peint par Jacopo Bassano au Palais-Ducal. Malgré ces emprunts, le vieux Bassan reconnaissait dans son fils aîné une aptitude particulière à l'invention.

François, cependant, s'était insinué dans les bonnes grâces de Jacopo Contarini, surintendant des travaux d'art au Palais-Ducal. Ce personnage le chargea de décorer dans la salle du Scrutin un ovale du plafond et un des grands tableaux de la muraille. L'ovale du plafond, qui existe encore — l'autre morceau a péri — représente le siége de Padoue. Comme l'assaut avait été donné pendant la nuit, l'artiste se plut à faire briller dans l'ombre les armures, et il poussa vigoureusement son effet de manière à trancher sur les décorations environnantes. La sensation qu'il voulait produire, il la produisit, et Palme le Jeune étant venu peindre dans cette même salle son *Jugement dernier*, exprima la crainte que lui inspirait le voisinage d'une peinture aussi forte et aussi fière. Mais le Bassan eut affaire à des rivaux plus redoutables quand on le chargea de décorer, en concurrence avec Tintoret et Paul Véronèse, les murs et le plafond de la salle du Grand Conseil. A vrai dire, tant de peintures resplendissent au Palais-Ducal qu'on n'a pas le loisir de regarder aux moins belles, parce que les meilleures accaparent l'intérêt du spectateur, et ont fatigué son admiration avant qu'il ait tout vu. Il nous souvient toutefois que les octogones du plafond peints par François da Ponte nous arrêtèrent un instant, tout las que nous étions. Il y a représenté les victoires des Vénitiens sur le duc de Ferrare et sur le duc de Milan, Visconti. Le ressort pittoresque y est concentré sur telle ou telle figure, rehaussée d'une lumière vive qui tombe sur les épaules ou sur les reins, et la figure se penche tout exprès pour recevoir ce coup de lumière, qui est comme la signature des Bassan. Un épisode quelconque leur suffit à motiver ces voyants rehauts dont l'effet immanquable est de prêter le plus d'importance aux figures qui en ont le moins. Quelquefois, c'est la croupe d'un cheval blanc qui devient la note la plus aiguë de la gamme; ici c'est un artilleur qui pousse la roue d'un canon, tandis que des soldats montés sur la dune d'un vaisseau font feu sur les Ferrarais et que d'autres brûlent des tours de bois; là, dans la *Déroute de Visconti*, ce qu'on voit tout d'abord, c'est un valet qui tient un cheval par la bride et une belle femme qui s'est jetée dans un ruisseau, à demi nue pour échapper à la cavalerie vénitienne. Cette femme, que la frayeur a déshabillée et dont la robe flotte sur l'eau, livre ses épaules et sa poitrine demi-nues au coup de lumière obligé du peintre bassanesque. Mais l'épisode cette fois est digne d'intérêt, sans compter qu'il caractérise à merveille les horreurs de la guerre.

Avant d'achever ce dernier tableau, la *Déroute de Visconti*, François Bassan fit monter sa toile au plafond et la fit clouer provisoirement dans l'octogone qu'elle devait remplir. Il voulait prendre les avis de son père et juger lui-même de l'effet que produirait son tableau à la distance voulue. Le vieux Bassan tenait une glace à la main pour ne pas se rompre le cou à regarder en l'air, et il indiquait à son fils, du bout d'une baguette, les endroits à retoucher et les corrections nécessaires. Les figures du fond venaient trop en avant, il conseillait de les glacer d'ombre; celles du devant n'avaient point assez de relief, il voulait que son fils y donnât quelques réveillons de lumière, résolûment touchés. Il faisait mettre aussi de l'accord dans les couleurs, sans les affadir et en leur conservant de la franchise et de la fierté. Ce qu'il fallait à ce vieux maître, qui avait communiqué à ses enfants son génie ou plutôt son tempérament de peintre, c'était avant tout un spectacle capable d'intriguer vivement le regard et de l'étonner par le jeu piquant des couleurs claires et des couleurs sombres, par le nœud pittoresque des enfoncements et des saillies. Toujours prêt, du reste, à suivre les inspirations paternelles, François da Ponte allait tantôt affaiblissant, tantôt chargeant la manière de Jacopo. Il l'adoucit notamment dans un tableau qu'il fit pour l'église de Sant' Afra à Brescia, *Saint Apollinaire baptisant des catéchumènes pendant la nuit*. La scène est fantastiquement éclairée par les torches que tiennent trois anges et par des flambeaux que portent les néophytes. L'artiste, suivant son usage, s'est donné le plaisir d'attirer l'attention du spectateur sur l'épisode d'un enfant qui souffle un tison ardent et dont le visage est éclairé par l'incandescence du charbon. L'effet, bien que décidé, n'a point toute l'énergie qu'y aurait apportée le vieux Bassan. La même observation s'applique au tableau du *Paradis*, qu'il envoya de Venise à Rome aux Pères Jésuites. Ici, du moins, la vigueur de l'effet se trouvait tempérée à propos, puisqu'en fin de compte elle ne peut s'obtenir que par des repoussoirs ressentis, tout à fait déplacés dans le séjour de la divine lumière.

Une chose curieuse à remarquer, c'est que la réputation des peintres s'étendait alors avec une rapidité

extraordinaire sans le secours des feuilles publiques et sans les facilités de communication qui de nos jours
sont devenues si prodigieuses, Francesco da Ponte avait à peine débuté à Venise, que déjà il était connu à
Trévise, à Bergame, à Turin, à Rome. A la demande des princes, des communautés et des églises, il
envoyait dans toutes ces villes des tableaux religieux, où, sans regarder aux convenances, il introduisait
volontiers des animaux et ce qu'on appelle des natures mortes, poissons, viandes, épervier, piéges, filets,
ustensiles de cuivre. On peut voir tous ces objets fort bien rendus dans les estampes gravées par Wolfgang

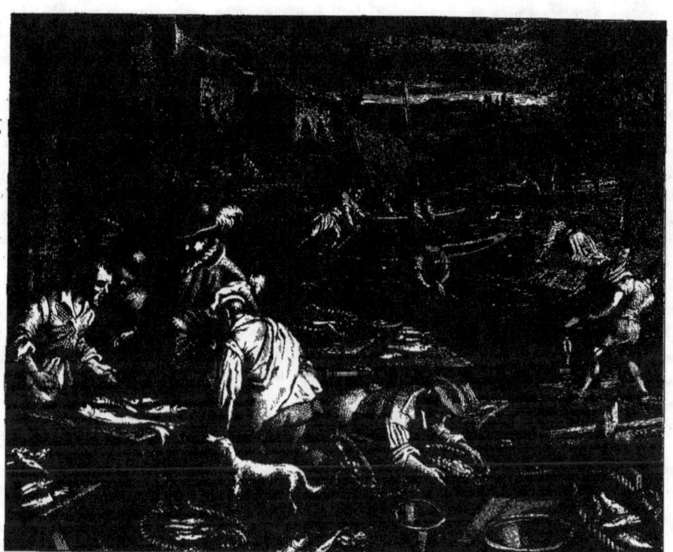

MARCHÉ AUX POISSONS AUX BORDS DE LA MER (Musée du Louvre).

Kilian, d'après la *Nativité* et la *Résurrection* que François Bassan peignit par ordre du sénat pour l'église
neuve des Capucins. Mais l'habileté du peintre en ce genre est encore plus visible dans le *Marché au
Poisson*, que nous avons au Louvre. Là, sans doute, il ne faut pas chercher la finesse d'un Ostade, la manière
précieuse d'un Weenix, ni l'esprit d'un Téniers; les Italiens n'ont point connu ces raffinements : ils ont
traité la nature morte en peintres d'histoire, c'est-à-dire largement et plutôt pour rendre l'impression de
la chose que la chose même. Les tableaux de cette espèce, où la figure humaine n'est plus qu'un accessoire,
étaient, par leur nouveauté même, fort recherchés dans ce temps-là par les marchands, qui les colportaient
pour les revendre. Francesco, ne pouvant suffire à toutes les demandes, faisait copier ses toiles par des jeunes
gens qu'il entretenait chez lui, et leurs copies lui étaient payées comme des originaux. Quand il en avait
touché le prix, son bonheur était d'aller porter l'argent à sa femme pour qu'elle vérifiât le compte, car lui,

homme naïf et simple, il connaissait peu la valeur des monnaies et n'y tenait pas le moins du monde. Plus prévoyante, sa femme épargnait soigneusement les ducats, et de temps à autre elle achetait du bien dans le Bassanais pour préparer une dot aux deux filles qu'elle avait eues de son mari.

Outre les octogones du plafond qu'il avait remplis dans la salle du Grand Conseil, François Bassan eut à décorer plusieurs trumeaux, entre autres le cinquième à droite du trône, où il dut représenter le pape Alexandre III remettant l'épée au doge Ziani, qui va s'embarquer. Nombreuse, animée, pleine de peuple, de hallebardiers en chapeaux à plumes, de trompettes qui sonnent, de sénateurs en simarre et de prêtres en grande cérémonie, la scène se passe sur la Piazzetta, entre le port et la colonne du Lion. L'on voit en perspective le Palais-Ducal d'un côté, de l'autre le Campanile et l'angle des Procuraties; au fond, la tour de l'Horloge. Vêtu de velours cramoisi, le doge porte le manteau en drap d'or et la corne ducale. Il fléchit légèrement le genou en recevant l'épée. Tout cela, il faut en convenir, serait d'une beauté plus frappante partout ailleurs que dans un palais où brillent tant de Véronèse aux merveilleuses couleurs, aux inventions si charmantes et si pittoresques.

François Bassan eut encore d'autres trumeaux à peindre; mais une mort prématurée interrompit son travail, et ce fut Léandre, son frère, qui termina ce qu'il laissait inachevé. Faible d'esprit, l'aîné des Bassan était sujet aux hallucinations les plus tristes. Il se croyait poursuivi par des sbires chargés de le mettre en prison. Sous l'empire de cette folie, il vivait dans les transes. Sa femme l'avait enfermé et le soignait doucement, espérant le ramener à la raison, lorsqu'un jour, entendant frapper violemment à la porte de sa chambre, il s'imagina que les sbires venaient l'arrêter; dans l'égarement de sa frayeur, il se précipita par la fenêtre et se fendit le crâne sur le pavé. Sa femme et ses enfants le ramassèrent agonisant. Au moment d'expirer, il reconnut sa folie. « Malheureux ! dit-il, qu'ai-je fait? que Dieu me pardonne un si grand péché! » Son corps fut porté à Bassano et enterré dans l'église des Frères Mineurs. Sa veuve lui fit ériger un mausolée, sur lequel on plaça le buste du peintre, sculpté par Girolamo Campagna, avec cette inscription :

Francisco à Ponte Bassano. Jac(obi) *f* (ilio) *paterna pingendo diligentia ac venustate assecuto, egregii operis tabulis quæ, cùm alibi tùm in reipubl. venetæ comitio ac curia spectantur immortalis nominis laudem adepto. Venetiis obeunte in patriam deluto. Justina uxor mœstissima H. M. P. C. Vixit ann*(os) *XLIII. men*(ses) *V. dies VIII. Obiit anno MDXCI, V. K*(alendarum) *Julii.* C'est-à-dire : « A la mémoire de Francesco da Ponte Bassan, fils de Jacopo, qui a suivi en peinture la belle manière de son père, et qui s'est acquis une gloire immortelle par les excellents tableaux que l'on voit de sa main, tant à Venise dans le palais du Sénat, qu'en d'autres lieux. Mort à Venise, il a été transporté dans sa patrie. Justine sa veuve désolée, lui a fait élever ce monument. Il a vécu quarante-trois ans, cinq mois, huit jours, étant mort le 5 des calendes de juillet. »

CHARLES BLANC.

RECHERCHES ET INDICATIONS

Musée du Louvre. — *Marché au poisson au bord de la mer.*

Venise. — Dans la salle du Grand Conseil, cinq tableaux. Dans la salle du Scrutin, *Prise de Padoue pendant la nuit.* A l'Académie, le *Christ garrotté* et une pastorale.

Au Palais Royal, trois morceaux : le *Christ portant sa croix,* la *Présentation au temple, saint Jean l'évangéliste à Patmos.* On trouve encore des ouvrages de Bassan dans les églises de Venise, à San Jacopo dell' Orio, à Santa Soffia, aux Zitelle de la Giudecca et au Rédempteur.

Padoue. — Dans la cathédrale, une *Adoration des Mages.*

Turin, Galerie royale. — *Déposition de croix* : éclairée par un flambeau. Cette scène a été souvent répétée par les Bassan.

Florence, aux Offices. — *Petit Crucifiement.*

Madrid, Musée royal. — On y compte onze tableaux attribués à François Bassan. Mais la plupart sont de ces copies qui ont été fabriquées dans sa famille et dont les sujets se retrouvent dans presque toutes les galeries.

Berlin, dans la Galerie royale. — Un *Samaritain* en très-petites figures.

Vente Crozat. — Dix-neuf dessins de François Bassan et de son père, avec l'*Adoration des mages* que Sadeler a gravée, 50 liv.

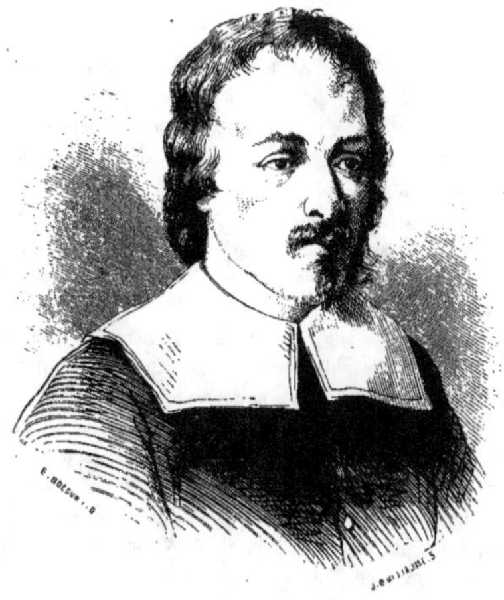

ALESSANDRO TURCHI DIT ALEXANDRE VÉRONÈSE

NÉ EN 1582; — MORT EN 1650.

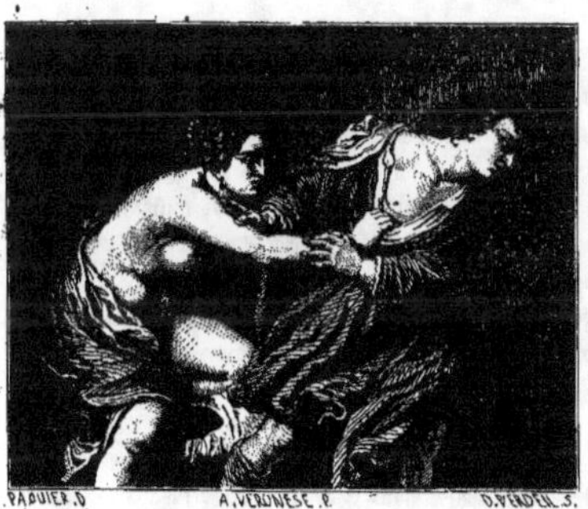

ÉCOLE
vénitienne

Jean-Baptiste Passeri, dans le recueil de biographies qu'il avait composé sur les peintres morts à Rome de 1641 à 1673, recueil qui a été publié en 1772, a consacré quatre pages à la notice d'Alessandro Turchi ou Turco, qui fut son contemporain et que certainement il avait connu à Rome. Alessandro était de Vérone. On lui avait donné le surnom de l'*Orbetto* (petit aveugle), parce que, dans son enfance, il avait, disait-on, servi de guide à un aveugle, qui, selon Passeri, était son père. Mais l'auteur de la *Description de Padoue* (*Pitture di Padova*), Pietro Brandolese, a fait observer que le portrait de Turco, qui a été gravé d'après un original appartenant à la famille Vianelli, représente ce peintre comme presque aveugle de l'œil gauche, d'où il suppose que serait venu le nom de l'*Orbetto*. Quoi qu'il en soit — et cela importe assez peu — Alexandre naquit à Vérone en 1582, et, encore enfant, il entra comme apprenti chez le peintre Felice Riccio, dit Brusarsorci, qui l'employa d'abord à broyer ses couleurs, mais qui ne tarda pas à reconnaître en lui un naturel supérieur à d'aussi humbles occupations. Turchi, ayant appris son art tant bien que mal, était âgé de vingt-trois ans quand son maître mourut. Cette circonstance lui fit quitter Vérone pour aller s'établir à Venise, où florissait alors Carletto Caliari, fils du grand Véronèse. Alexandre, qui ne croyait pas son éducation achevée, se mit quelque temps sous la direction de son compatriote, et, tout en complétant ses études, il fut le collaborateur de Carlo Saracini, élève de Caravage, qui travaillait alors à Venise. Dans l'école de Carletto, Alexandre connut un autre Véronais, un coloriste charmant; le Padovanino, qui lui donna des conseils.

De retour à Vérone, Turco y retrouva deux camarades d'atelier, Antonio Bassetti et Pasquale Ottini, qui avaient terminé avec lui quelques ouvrages que leur maître avait laissés inachevés, entre autres le tableau de *la Manne*, qui est à Saint-Georges, et celui de *Saint Raimond*, qui est à Sainte-Anastasie. Nos trois jeunes peintres ayant formé le projet d'aller à Rome, partirent ensemble et ils arrivèrent au but de leur voyage dans le temps où le cavalier *Marini*, poëte aimable et célèbre, se composait une galerie de peintures dans le palais Crescenzi. Turchi, à sa demande, fit un tableau qui représentait Polyphème lançant le rocher sur Acis, et il sut y mettre beaucoup de grâce dans la figure de Galathée. Payé par les recommandations du poëte, qui exerçait à Rome une influence décisive sur les cardinaux et les grands seigneurs amis des lettres, Turchi obtint sur-le-champ des travaux qui le mirent en vue et lui permirent de retourner bientôt à Vérone, déjà riche de renommée. Mais il est bien rare qu'un artiste qui a vécu à Rome puisse quitter une telle ville sans esprit de retour. Au bout de quelque temps, Turchi revint s'y fixer et il n'en sortit plus Il y recevait, du reste, une pension des marquis Girardini, de Vérone, qui l'avaient pris en affection.

Un de ses premiers ouvrages dans Rome fut une *Fuite en Égypte*, qu'il eut à peindre pour l'église Saint-Romuald, appartenant aux Camaldules. Un ange, légèrement vêtu d'une draperie blanche et volante, qui laisse à découvert son bras droit et sa poitrine, conduit par la bride la monture qui porte le jeune Dieu, amoureusement pressé sur le sein de sa mère. Le vieillard paraît effrayé et il précipite la marche de la famille sainte vers un pays dont la géographie est indiquée au loin par un obélisque. Il y avait dans ce tableau un certain charme de couleur qui en rachetait les défauts et les faisait aisément pardonner. Mais Turco avait à lutter, dans cette même église, avec un rival plus habile que lui, Andrea Sacchi, lequel, mieux inspiré, fit là son chef-d'œuvre, la *Vision de saint Romuald*, tableau admirable dont le meilleur nous est connu par une belle gravure de Frey.

Au moment où Alessandro vint s'y établir, Rome était livrée aux maniéristes. La décadence y régnait sous différentes formes. La grande peinture était tombée de Raphaël aux Carrache, et l'influence dominante appartenait à l'école caravagesque et aux Bolonais. Dans ces circonstances, Alessandro Turchi chercha une sorte de compromis entre tant de manières. Il s'appropria des qualités diverses, ou ce qu'il prenait du moins pour des qualités : le dessin académique des Carrache et un certain goût de draperie que l'école romaine, depuis les élèves immédiats de Raphaël, laissait devenir banal et convenu; tout cela mêlé avec un amour de la couleur qu'il avait contracté à Venise et à Vérone, lui, le contemporain et le disciple de Carletto Véronèse. De ce mélange sortirent des tableaux incomplets, quelquefois heureux, toujours soutenus par de beaux morceaux, toujours déparés par quelque faute de goût et surtout par quelque défaut d'ensemble. Nous avons au Louvre des peintures de l'Orbetto qui témoignent de cette disposition à l'éclectisme et d'après lesquelles on peut sainement apprécier l'auteur. La *Mort de Cléopâtre* est la plus importante de ces peintures. La composition, divisée en deux, est mal agencée, mal conçue. Sur le devant, le cadavre de Marc-Antoine, gisant sur une sorte de brancard, forme une grande ligne horizontale qui vient contrarier à angle droit celles que dessinent les figures debout des suivantes de la reine. Cléopâtre, décidée au suicide, se fait mordre le sein par un aspic. Elle n'est qu'à demi assise et toute sa personne offre des lignes sans harmonie avec celles du cadavre, alors qu'il eût été si facile et si convenable de rappeler dans cette figure de Cléopâtre, qui va mourir, la direction horizontale que présente Marc-Antoine mort. Supposez le corps de la reine couché du même côté que celui de son amant, quelle expression saisissante fourniraient ces deux horizontales répétant l'idée de repos, l'idée de mort qui s'attache à l'horizontalité des figures ! Au temps où vivait Turchi, pour quiconque n'était pas, comme Poussin, un homme de génie, le contraste était une loi sacrée: Il suffisait qu'un personnage fût debout pour que l'autre fût assis; si l'un se tournait vers la gauche,

l'autre affectait de se tourner vers la droite. Alessandro Turchi faisait pour son tableau ce qu'il avait fait
pour son talent : il le composait de pièces et de morceaux. Il ne savait pas le modeler, comme disent les
peintres, c'est-à-dire le concevoir comme un seul tout dans lequel l'intérêt des parties est subordonné à
l'intérêt de l'ensemble. Séparées, ses figures sont d'un peintre qui sait bien son métier; réunies, elles sont
d'un artiste qui ne sait pas bien son art. Ce qui manque à ce coloriste, ou plutôt à cet amant du coloris,
c'est l'entente des *valeurs*. Il ne s'inquiète pas si telle draperie d'un bleu sombre sur le cadavre de

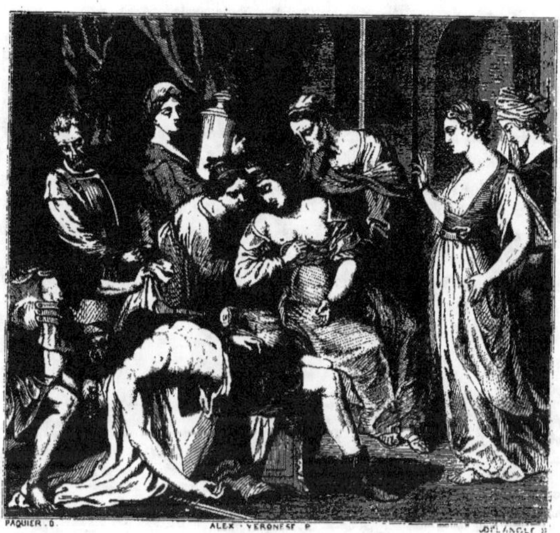

MORT DE MARC-ANTOINE. (Musée du Louvre.)

Marc-Antoine n'y fait pas un trou et ne recule pas cette partie du corps au fond du tableau, tandis que le
corps est sur le devant. Il ne calcule pas que la robe de Cléopâtre, d'un jaune mordoré, la fait venir, pour
l'œil, à un plan où le peintre ne l'a pas mise; il ne s'aperçoit point que le rouge blond du corsage — ce
rouge particulier à Turco et qui sert à le distinguer — est de la même valeur que le jaune étouffé de la
robe, c'est-à-dire contient la même somme de lumière et empêche que le modelé de la figure ne se précise
par la distinction des plans. A côté de ces couleurs, qui sont fines et rares, le peintre choisit des verts
rompus pour la figure de la belle suivante qui occupe le côté droit du tableau, figure gracieusement noble,
qui serait digne d'être employée par un grand maître; mais ces verts tièdes, dont l'émeraude a pâli, ils se
trouvent avoir encore une valeur à peu près égale à celle des draperies de Cléopâtre, de sorte que le tableau
ressort, là où il devrait fuir, et s'enfonce là où il devrait avancer. Lorsqu'il arrive qu'Alexandre Véronèse
échappe à ces défauts de construction et de clair-obscur — et cela lui arrive par bonheur plutôt que par
réflexion — il demeure un peintre séduisant et l'on s'explique alors pourquoi, de son temps, on osa le

mettre en parallèle avec Annibal Carrache. Bien inférieur à ce maître, qui après tout en est un, et de toute lignée, Alexandre Véronèse a un charme que n'a point l'illustre Bolonais. Ce charme tient aux qualités attrayantes de son coloris. Nous le savons par la notice de Passeri, Turco attachait une extrême importance au choix des couleurs, à leur manipulation, à leur beauté. Il broyait lui-même ses bleus et ses laques, épurait ses huiles, il purifiait la céruse, le jaune, le cinabre, et il consultait les chimistes pour savoir quels ingrédients pouvaient amener l'adultération des couleurs et l'assombrissement de la toile. Aussi peignait souvent sur marbre noir.

Bien qu'il ait demeuré à Rome une grande partie de sa vie, ce n'est pas là que se trouvent ses meilleurs ouvrages. Ils sont à Vérone, à San Stefano, où l'on montre *la Passion des Quarante Martyrs*, et à l'église de la Miséricorde, où l'on voit le Christ mort avec la Vierge et Nicodème. Nous n'avons vu qu'un seul de ces tableaux, celui de San Stefano, et l'impression, d'ailleurs assez vague, qui en est restée, n'est pas tout à fait conforme à ce qu'en dit Lanzi, lequel y vante une riche combinaison de divers styles; mais il vaut mieux s'en rapporter au jugement de ce docte connaisseur l'impression d'un voyageur fatigué de voir et déjà rassasié d'admiration. Le côté vraiment remarquable d'Alexandre Véronèse, c'est le rendu de la chair, le sentiment de la vie. Bien qu'il y ait dans ses tableaux beaucoup de ces modèles communs qu'Annibal appelait des *figures à louer*, il y introduit des individualités curieuses, des portraits qu'il peint vivants. Homme aimable et d'assez bonne mine, il eût dans le regard une sorte de loucherie, Alessandro Turchi mourut à Rome, au printemps de l'année avec la réputation d'un peintre « de quelque estime, » dit Passeri, éloge assez froid, mais aussi assez juste, qui ne s'accorde guère avec l'idée que l'on avait de Turchi en France, sous Louis XIV, lorsque son petit tableau du *Déluge* avait l'insigne honneur d'être gravé par un maître du burin, l'illustre Gérard Edelinck.

CHARLES BLANC.

RECHERCHES ET INDICATIONS

Musée du Louvre. — Le *Déluge*, gravé par G. Edelinck.
Samson et Dalila. Figures de grandeur naturelle.
La *Femme adultère*. Petites figures.
Le *Mariage mystique de sainte Catherine*. Figures à mi-corps, de grandeur naturelle.
Mort de Cléopâtre. Neuf figures de grandeur naturelle.
Vérone. — A San Stefano, la *Passion des Quarante Martyrs*. On y voit une multitude de figures.
A l'église de la Miséricorde, le *Christ mort*.
Chez les Girardini, une *Épiphanie*, dont l'esquisse est à Bologne, dans la maison Fattorini.
Rome. — A Saint-Romuald des Camaldules, une *Fuite en Égypte*, à l'autel de droite.
A Saint-Antoine de Padoue, église dite della Concezione, *Saint Félix avec l'Enfant Jésus*.
A San Lorenzo in Lucina, la *Madone avec saint Joseph*.
A San Salvatore in Lauro, dans la seconde chapelle, *Saint Charles Borromée* avec d'autres saints.
Au palais Colonna, quatre jolies femmes symbolisant la Peinture, la Sculpture, la Musique et la Poésie.
Milan, au musée Brera, Vierge glorieuse, dite *Madone à la neige*.

Madeleine couchée, une croix de bois dans la main.
Le *Trésor de la Curiosité* nous fournit ce qui suit
Vente Crozat, 1741. — L'*Enlèvement des Sabines*, une estampe d'Ottini. 37 liv.
Vente prince de Conti, 1777. — L'*Incrédulité de saint Thomas*; douze figures touchées avec esprit. 3,470 liv. Boileau.
Vente Poullain, 1780. — Le tableau ci-dessus.
Vente Sollier, 1781. — *Diane au bain changeant Actéon en cerf*. 35 pouces sur 49. Six figures. 995 liv.
Vente Bourlier de Saint-Hilaire, 1793. — *La Madeleine à genoux* auprès de Jésus à la colonne. 42 pouces, marbre noir — et *Jésus aux Oliviers*, sur marbre noir. Les deux : 720 liv.
Vente de Vaudreuil, 1784. — L'*Incrédulité de saint Thomas*, provenant des ventes Conti et Poullain.
Vente Lambert et Duporail, 1787. *Sainte Agnès* mi-corps, la main sur son agneau.
Vente Lebrun, 1810. — *Judith* allant couper la tête d'Holopherne, gravé dans la *Galerie Lebrun*. 582 fr. Laneuville.
Le *Christ au sépulcre*, huit figures sur marbre noir, dans la *Galerie Lebrun*. 1,005 fr. Maurice.

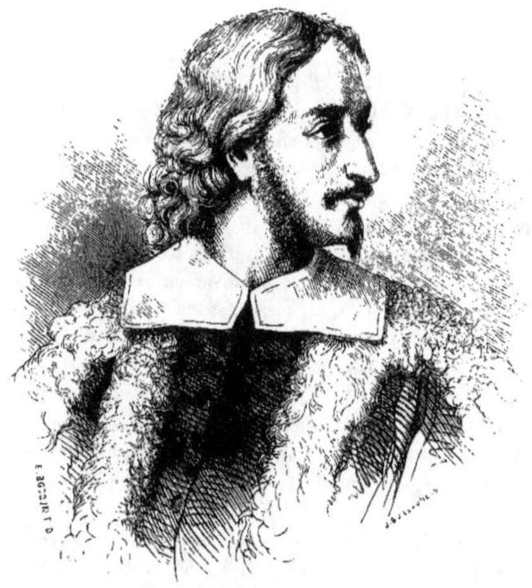

ALESSANDRO VAROTARI

DIT IL PADOVANINO OU LE PADOUAN

NÉ EN 1590; MORT EN 1650

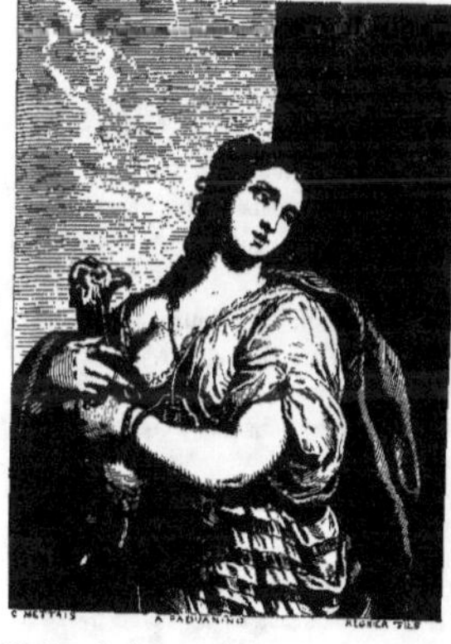

A côté des grands peintres, quand ils ont un génie robuste et viril, il y a ordinairement quelque imitateur qui est leur second, mais qui les imite et les reproduit par le côté tendre, féminin et gracieux. Alessandro Varotari a été un exemple de ce phénomène assez fréquent dans l'histoire des arts. On peut le regarder comme un Titien du sexe féminin.

Titien fut en effet la première admiration et le premier modèle de Varotari, car celui-ci, orphelin dès l'âge de six ans, ne put apprendre la peinture de son père, Dario Varotari, artiste véronais, qui était, comme tant d'autres, architecte en même temps que peintre[1]. Suivant Ridolfi, Dario descendait de la famille patricienne et catholique des Varioter de Strasbourg, qui, se voyant persécutés par les luthériens, dès le commencement du protestantisme, abandonnèrent leur pays et se réfugièrent en Italie, où ils choisirent pour résidence la ville de Vérone. C'est à Vérone que Dario Varotari était né et qu'il avait reçu les leçons de Paul Véronèse; mais lorsque ce grand maître alla se fixer à Venise, Dario, qui était valétudinaire, alla lui-même s'établir à Padoue, cherchant un climat favorable à

---

[1] M. Villot, dans sa première *Notice des Tableaux du Louvre*, avait dit avec raison, à l'article du Padovanino : « Son père, Dario Varotari, peintre et architecte, étant mort en 1596, lorsqu'il n'avait encore que six ans, ne put lui enseigner les éléments de la peinture. » M. Mundler, dans son *Analyse critique* de la Notice des tableaux italiens, fit observer que presque tous les historiens disaient le contraire, notamment Zanetti, qui, dans la *Pittura veneziana*, appelle expressément Dario Varotari

sa débile santé[1]. Là naquit Alessandro Varotari, qu'on appela pour cette raison le petit Padouan, *il Padovanino*, surnom qui lui est resté toute sa vie et que l'histoire lui a conservé.

Titien, dans une courte excursion qu'il fit à Padoue en 1512, avait laissé dans la Scuola di Sant'Antonio, ou, comme l'on dit à Padoue, *del Santo* (du saint par excellence), trois fresques merveilleuses qui réunissaient à la transparence et à la franchise de la fresque la pastosité et le charme de la peinture à l'huile. Ce sont les trois morceaux fameux qui ont été gravés par les soins de Caroline Patin et à ses frais[2]. La beauté de ces fresques frappa le jeune Alessandro Varotari, et cela seul témoignait de sa vocation pour la grande peinture. Il les copia si fidèlement, avec un sentiment si juste, que ses copies firent et font encore aujourd'hui l'étonnement des peintres, *furono e sono la stupore de' professori*, dit Lanzi. On les jugea d'autant plus surprenantes que l'auteur était fort jeune quand il les fit. Décidé à étudier les autres grands ouvrages du Titien qui abondaient à Venise, Alessandro se rendit dans cette ville en 1614, lorsqu'il était encore, selon le mot de Ridolfi, un tout jeune homme, *giovinetto*, expression qui ferait croire que Varotari était né postérieurement à 1590 et qu'il avait moins de vingt-quatre ans, car les Italiens n'appellent pas *giovinetto* un homme de cet âge. Cependant la date de 1590 est celle que donne Pozzo, l'historien des peintres véronais.

Établi à Venise, le Padovanino s'attacha plus que jamais à l'imitation de Titien, et il ne s'en tint pas à une imitation superficielle; il fit de ce maître une étude à fond; il entra peu à peu dans ses secrets. Il cherchait à pénétrer et il pénétra heureusement les mystères de cet excellent style. Il s'appropria la manière nourrie et tendre de Titien, son habileté à ménager les demi-teintes, et à faire jouer les contrastes, la chaleur savoureuse de ses carnations, la rondeur, c'est-à-dire le relief de ses formes, et il ne lui restait à obtenir qu'un peu plus de vivacité dans sa peinture et dans l'expression de la vérité[3]. Mais le Padouan étudiait aussi les ouvrages de Paul Véronèse, qui avait été le maître de son père, et il en prit un certain goût pour la pompe décorative, le mouvement et le bruit pittoresque, ce qu'on pourrait appeler la fête des yeux. Au surplus, dès son arrivée à Venise, Varotari fut employé à peindre deux tableaux pour l'église Sainte-Justine, le Baptême et le Martyre de la sainte. Ces tableaux, exécutés avec l'entrain de la jeunesse et dans la fraîcheur du talent, sont regardés à Venise, où abondent les belles peintures, comme des peintures fort belles. Je crois me souvenir, en effet, qu'elles étaient pleines de ressort et d'intérêt pittoresque, et qu'on y admirait beaucoup l'action d'un soldat à cheval qui arrête sainte Justine.

C'est particulièrement à Sainte-Marie-Majeure que se trouvent un grand nombre des ouvrages de Padovanino, et la plupart en excellente qualité. D'abord le caractère en est grand, et c'est un mérite d'autant plus louable que l'école vénitienne, au temps où florissait Varotari, était tombée dans une sorte de rhétorique insignifiante et avait perdu le sens de la peinture historique. Au milieu du maniérisme qui infestait Venise et qui même y triomphait dans la personne de Jacopo Palma le jeune, sans parler des Vicentino, des Aliense, le Padouan est encore plus remarquable qu'il ne le serait à une autre époque, par sa dignité, sa tenue, sa simplicité relative. La grâce qu'il y ajoute et qui lui était naturelle n'est pas gâtée

---

« il *padre* e il *maestro* di' Alessandro. » Cette observation n'infirmait pas le fait énoncé par Ridolfi, que Dario Varotari mourut en 1596, alors que son fils n'avait que six ans. Car le même Ridolfi écrit, quelques lignes plus bas, qu'Alessandro Varotari était un tout jeune homme en 1614. M. Villot, cependant, s'est rendu à l'observation de M. Mundler, et il a corrigé dans ses nouvelles éditions une erreur qu'il n'avait point commise. S'il a eu raison de céder quand il avait tort, il a eu tort de céder quand il avait raison.

[1] ... Teodorico, nel cui petto mantenevasi impresso il divino culto, favorendo la parte de' cattolici, fu perseguitato à segno da gli eretici, che fù costretto indì a partire : e pervenuto in Italia, si elesse per abitazione la città di Verona... *Ridolfi.* » Ce nom de *Varioter*, dit M. Mundler, semble être déjà une corruption de Weyrotter, nom d'une ancienne famille d'Augsbourg.

[2] *Tabulæ selectæ*, 1691.

[3] Entrò poi felicemente nei misterii di quell' eccelso stile : acquistò la tenerezza, l'utilissimo maneggio delle mezze tinte, l'arte de' contrapposti, il saporito calore nelle carnagioni, la forza, la rotondità ; e altro non gli restò da ottenere che vivezza maggiore e più precisa espressione di natura e di verità. » Zanetti, *Pittura veneziana*, pago 365.

par l'affectation, et, en somme, ses talents supérieurs, exempts de la corruption générale, antidatent son œuvre
en transportant le spectateur à l'époque de Titien, de Zelotti et de Véronèse. L'énergie n'est pas sans doute
ce qui le distingue, au moins dans l'exécution, et c'est par là que son infériorité se trahit quand il
traite un sujet qui comporte de l'éclat, de la vigueur, une touche fière, comme, par exemple, une bataille.
Celle qu'il avait représentée à Sainte-Marie-Majeure, — une certaine bataille gagnée sur les Normands par les
Camotesi, en vertu de je ne sais quel miracle, — présente ce défaut que la manière en est onctueuse, tendre
et *morbide* là où un Titien aurait tout enlevé d'un pinceau mâle et résolu. Cette bataille n'en est pas moins
un morceau très-estimé, qui montre d'ailleurs de l'invention, du savoir et du feu dans l'esprit.

Non loin de la bataille en question, au-dessus de la porte latérale qui mène au couvent des religieuses,

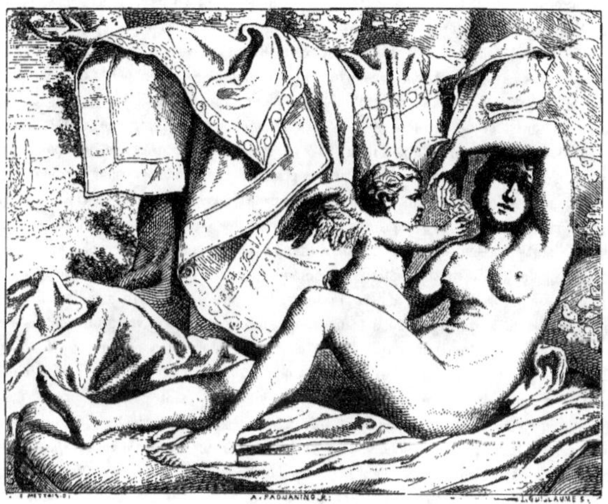

VÉNUS ET L'AMOUR (Musée du Louvre).

à qui appartient Sainte-Marie-Majeure, église supprimée, le Padouan avait représenté avec bonheur un
miracle de la Vierge en faveur d'une dame qui accoucha en mer. On y remarque, non sans quelque
surprise, une figure de femme, assise avec grâce sur un cheval blanc et vêtue de ce satin rayé qui plaisait
tant à Giorgione. Le tableau est signé : *Opus Varotari*, 1628. L'auteur était alors dans toute la force de
l'âge et du talent, et il y paraît bien. Ce qui est du reste bien frappant dans l'œuvre du Padovanino,
notamment à Sainte-Marie-Majeure dans le tableau où il a représenté des anges qui tiennent les symboles
de la Vierge, c'est une aptitude particulière à peindre les enfants. Les plus grands maîtres du seizième
siècle ont donné à leurs figures d'enfants des muscles ressentis, des allures viriles; ils en ont fait de
véritables hommes en petit. Titien lui-même, toujours si vrai, leur a imprimé un caractère de force et
de puissance. Varotari, plus près de la nature, a exprimé avec plus de vérité encore, mais sans minutie,
leurs formes engorgées, les bourrelets et les fossettes de leur chair rose, la fraîcheur et le gras du nu sur
des corps délicats dont la construction est dissimulée par la surabondance du tissu enveloppant.

De tous les ouvrages du Padovanino qui sont à Venise et à Padoue, — nous en avons vu plusieurs, — le plus important, le plus beau, le plus célèbre, celui qui s'est gravé le plus profondément dans notre mémoire est, sans contredit, les *Noces de Cana*. Le peintre a su y conserver de l'originalité tout en se rappelant les principaux motifs du grand artiste dont le souvenir était cette fois inévitable. La composition du Padouan est mieux ordonnée peut-être, mais elle manque aussi de ce bruit, de cet imprévu, de cette aimable confusion qui enchantent le spectateur dans le tableau du Louvre. Plus sage que Véronèse, qui avait placé Jésus-Christ sur un plan éloigné et les époux dans un coin de son immense toile, le Padouan a mis en vue Jésus-Christ d'un côté, les mariés de l'autre, en plaçant au centre de son ordonnance la table du festin, qui fuit en perspective et où se pressent des convives, servis par de jolies filles, jeunes et blondes. Il va sans dire que la scène se passe en plein air, dans un jardin planté d'arbres, environné d'un portique et fermé au fond par un petit temple tétrastyle, à fronton, d'ordre ionique. Le grand vide que devait laisser sur le devant le côté de la table qui est censé réservé au spectateur, le peintre l'a rempli par une superbe figure de femme dont le ton vigoureux, formant repoussoir à la table, la fait encore mieux s'enfoncer dans la perspective. Imposante par l'ampleur et la beauté de ses formes, par la majesté de sa taille et par la richesse de ses vêtements, drapés avec élégance et d'un grand goût, cette figure est certainement digne du Titien. Vue de dos, elle se tourne vers le Christ, et par ce mouvement elle montre son profil perdu en même temps que sa nuque dorée et le luxe de ses épaules. Divisant ainsi les deux groupes qui devaient tout d'abord captiver l'attention, celui du Christ et de sa mère et celui des deux époux, elle empêche que le regard ne soit indécis entre ces deux groupes, ce qui serait arrivé s'ils eussent été en présence et séparés par un vide. De cette manière, l'œil s'arrête successivement sur les principaux personnages, pour considérer ensuite, sur la gauche, le groupe des musiciens qui, accompagnés sur le clavecin, jouent du violon, de la harpe et du luth, et enfin, sur la droite, le groupe des serviteurs et des servantes, qui vont et viennent, portent et rapportent les viandes, passent entre les colonnes du portique et vont prendre les plateaux au dressoir, où brille une vaisselle opulente. Par une opposition bien entendue, dont Véronèse a oublié ou négligé la ressource, le Padouan a placé sur le premier plan, auprès de Jésus, la figure d'un pauvre mendiant à qui l'on donne chrétiennement sa part du festin, figure bien trouvée, qui forme par sa pauvreté un contraste moral avec la splendeur de la fête, en même temps que par le sens horizontal de sa posture elle fait contraste aux lignes montantes des peupliers voisins et aux verticales des colonnes, dont l'une est revêtue d'une draperie élégante pour mieux rompre ses perpendiculaires. Une attention du peintre, qu'on a remarquée, est celle d'avoir représenté les jeunes filles qui servent à table faisant passer des corbeilles de fruits, pour indiquer le moment où, selon l'Écriture, avait eu lieu le miracle, c'est-à-dire la fin du repas. Quant au miracle, il est mis naturellement en évidence par la figure, penchée et vue en raccourci, d'un serviteur qui verse du vin dans les amphores, et cette figure, à l'endroit où elle est, sert à lier très-heureusement le groupe des musiciens avec celui des convives.

L'abbé Lanzi, ordinairement si judicieux, a écrit sur ce tableau célèbre des observations peu justes. Il trouve que le nombre des figures n'est pas en proportion de l'espace à remplir, et chacun cependant peut juger, d'après la gravure ci-jointe, qu'un plus grand nombre de personnages eût encombré la toile et supprimé les quelques repos qui sont nécessaires aux compositions les plus mouvementées, et l'on peut dire surtout à celle-là. Le même écrivain reproche au Padouan d'avoir introduit des femmes dans un festin pour servir à table, contrairement à l'usage. En vérité, c'est là un reproche qui aurait certainement peu touché le Varotari. Qu'importerait ici l'usage? l'essentiel est de faire un beau tableau. Et comment égayer une telle fête, comment l'embellir, si l'on en doit exclure toutes les femmes, c'est-à-dire tout ce qui en est la grâce? Pour ce qui est du coloris, on ne peut nier sans doute qu'il n'ait un peu souffert et qu'il ne soit ni aussi brillant que celui de Véronèse ni même aussi beau que celui de quelques autres ouvrages du Padouan, tels que les *Miracles de saint Dominique* dans l'église Saints-Jean-et-Paul; mais il est incontestable aussi que la couleur des *Noces de Cana* paraît plus altérée qu'elle ne l'est en réalité.

Le Padovanino avait peint les *Noces de Cana* pour le réfectoire de San Giovanni di Verdara, de Padoue, monastère occupé par les chanoines réguliers de Latran; mais, à la suppression de ce monastère, la toile

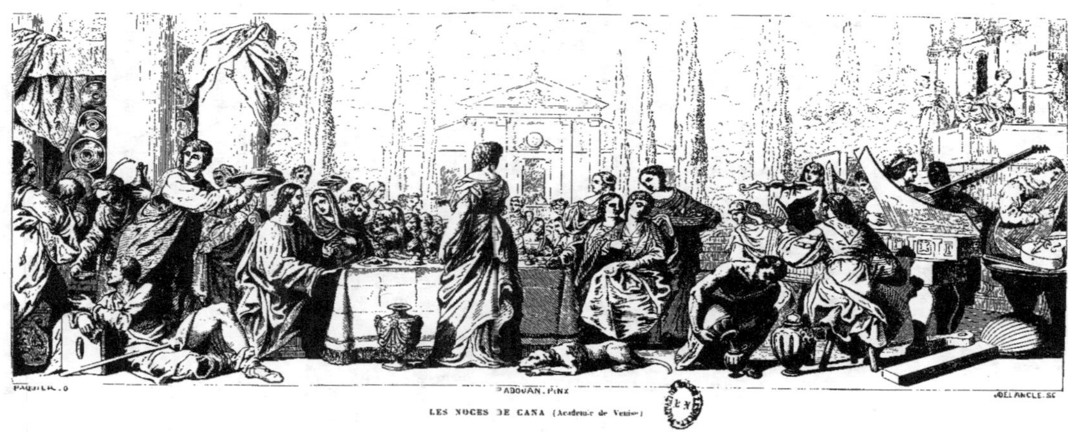

LES NOCES DE CANA (Académie de Venise)

fut transportée à Venise dans le chapitre della Carità, et depuis dans le Musée de l'Académie. Malheureusement pour le maître, les *Noces de Cana* sont placées dans la salle dite de l'Assomption, où se trouvent et où resplendissent, avec ce chef-d'œuvre de Titien, les merveilles de l'école vénitienne ; la *Madone aux six saints* de Jean Bellin et ce Tintoret prodigieux, *le Miracle de saint Marc*, qui est un des miracles de la peinture. Une telle confrontation', sans nul doute, est extrêmement défavorable au Padouan. A côté du bouillant Tintoret, Varotari paraît contenu et sage jusqu'à la froideur. Le voisinage du majestueux et vigoureux Titien, si énergique, si fier, surtout dans *l'Assomption*, qui occupe le fond de la salle, subordonne son imitateur et le fait nécessairement pâlir. Transportées dans une autre ville ou dans une autre galerie, les *Noces de Cana* du Padouan seraient un plus magnifique tableau, une œuvre que l'on verrait mieux, que l'on sentirait mieux, qui charmerait les yeux et l'esprit et qu'on prendrait pour un des chefs-d'œuvre de la peinture décorative et d'apparat, tandis qu'à Venise ce bel ouvrage semble n'être que le meilleur d'un excellent artiste qui, dans une route frayée par des maîtres illustres, a pu les suivre de près, les talonner, mais n'est arrivé que par moments à marcher presque leur égal.

Lanzi, qui a jugé trop sévèrement, selon nous, les *Noces de Cana* de Varatori, a écrit en revanche une belle page sur ce peintre, et en appréciant ses œuvres dans leur ensemble, il a eu à porter un jugement sain et ferme qui, sur certains points, est peut-être même très-favorable.

« Toute comparaison est odieuse, dit Lanzi (qui du reste a eu sous les yeux le livre de Zanetti), et j'estime qu'on doit beaucoup respecter ceux à qui les grands artistes ont communiqué de vive voix certaines règles brèves, solides et sûres touchant ce qu'il fallait faire ou ne pas faire pour leur ressembler. Cela vaut mieux que les ingénieuses spéculations d'un bel esprit sur les ouvrages de ces maîtres, et voilà deux siècles déjà que, la tradition des meilleurs coloristes s'étant perdue, on court après leurs secrets sans les pouvoir attraper ; *si corre dietro allor metodo, e ancora non si raggiunge*. Le Padouan a su mettre en œuvre tous les genres de composition traités par Titien. Il a été gracieux dans les sujets aimables, robuste dans les sujets forts, et grandiose dans les thèmes héroïques, et c'est particulièrement dans ceux-ci qu'il a surpassé tous les titianesques. *Les femmes, les chevaliers, les armes, les amours* (comme dit l'Arioste) et généralement les petits enfants, telles sont les données favorites de ses tableaux, celles qu'il a le mieux retracées et le mieux peintes, et l'on peut y ajouter le paysage, qu'il touchait à merveille, même en petit. Le Padouan a possédé la science des raccourcis, l'art de faire plafonner les figures, et il a montré en ce genre une habileté supérieure, à Sant Andrea de Bergame, dans les trois morceaux relatifs à la légende du saint, morceaux d'un bel effet qu'il a égayés par des motifs d'architecture et sur lesquels il a répandu de toutes parts les grâces de son génie. Il s'est également approché de son modèle pour la sobriété de la composition, le ménagement si difficile des demi-teintes, les oppositions, la couleur des chairs, la morbidesse et la facilité du pinceau. Mais Titien devait être un homme unique, et le Varotari est resté assez loin derrière lui pour les accents de la vie et l'expression de la vérité. Je ne crois pas d'ailleurs qu'il ait connu la vraie méthode titianesque de préparer les toiles et de les peindre, car ses tableaux ont poussé au noir par l'altération et l'assombrissement des ombres, comme on en peut voir un exemple à Florence, dans *le Christ mort* que le grand-duc a dernièrement acheté pour sa galerie. Quant au reste, il me semble que le Padouan a été à l'égard de Titien ce qu'était le Poussin à l'égard de Raphaël, qu'il a suivi sans l'atteindre, non-seulement parce qu'il ne le pouvait point, mais parce qu'il était jaloux de ne pas tomber dans une imitation servile... » La justesse de cette appréciation de Lanzi peut se vérifier, au moins en partie, même au Louvre, où nous n'avons pourtant qu'un seul tableau de Varatori, *Vénus et l'Amour*.

Le Padouan partagea sa vie et ses travaux entre Venise et Padoue. Ces deux villes sont les seules qui

---

1 « ...Ha posseduto la scienza di sotto in su nel qual genere à Sant Andrea di Bergamo ha forse dato il saggio migliore in tre istorie del santo bellissime, e con gaje architetture ; opera di bell' effetto, e sparsa di veneri da ogni lato. Si è parimenti avvicinato al suo esemplare nella sobrietà del comporre e nel tanto diffcil maneggio delle mezze tinte, nelle opposizioni, nel color delle carni, nella morbidezza, nella facilità del pennello. Ma Tiziano dovea esser unico, e il Varotari gli resta indietro non poco nella vivezza e nell' espressione della verità... » Lanzi, *Storia pittorica della Italia. Scuola veneziana, epoca terza.*

possèdent en abondance de ses peintures; partout ailleurs elles sont très-rares. On en trouve cependant quelques-unes à Bergame, à Vienne, à Vérone, à Modène. Dans le style religieux, ses ouvrages les plus estimés et les mieux conservés pour la couleur sont les *Miracles de saint Dominique*, peints dans le réfectoire de Saints-Jean-et-Paul, à Venise. Les Padouans, très-fiers de leur peintre, attachent un grand prix au portrait

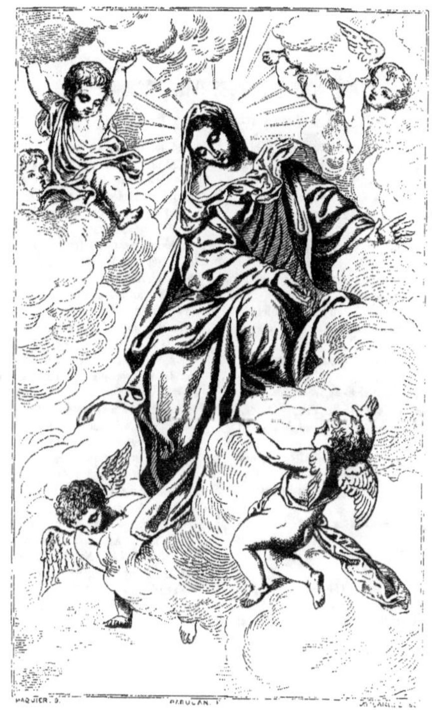

LA VIERGE (Académie de Venise).

d'Alessandro Varotari, peint par lui-même, qui se trouve dans la chambre des députés, *Stanza de' Deputati*. L'artiste s'est représenté assis, les yeux tournés vers le buste en marbre de Titien, qu'il désigne de la main droite au spectateur. Sa main gauche s'appuie sur une sphère armillaire. On voit dans le fond le torse du Belvédère en plâtre, un livre de géométrie ouvert, et des volumes fermés de Boëce et de Plutarque. Le nom de Plutarque sur un des volumes a fait croire que le buste en plâtre que le Padouan a devant lui était celui de ce philosophe. Le peintre donne ainsi à entendre qu'il était savant et lettré. Il paraît, au surplus, que Varotari cultiva les sciences aussi bien que la musique, et qu'il put, comme Véronèse.

peindre d'après ses amis le charmant groupe de musiciens qui joue si bien son rôle, j'allais dire sa partie dans les *Noces de Cana* de Varotari. Admirable pour ses figures d'enfant, noble et naturel dans toutes les autres, fidèle au type de ces femmes robustes, aux opulentes carnations, aux fières épaules, que Titien peignit avec sérénité et que Giorgion adora jusqu'à en mourir, Alessandro Varotari fit revivre un instant, au dix-septième siècle, les grandes traditions du seizième. En lui se refléta la grâce de Véronèse; en lui reparurent, adoucies et affaiblies, l'ampleur du Titien, son exécution nourrie et mystérieuse, sa manière de voir tout en grand, même la couleur.

CHARLES BLANC.

RECHERCHES ET INDICATIONS

Musée du Louvre. — *Vénus et l'Amour.* Vénus, couchée sur un lit de repos, joue avec l'Amour. Ce tableau fut acheté à M. Sapey, le 14 janvier 1829, au prix de 2,000 francs. Il faisait partie, en 1812, de la galerie de Lucien Bonaparte, et il a été gravé à l'eau-forte dans le livre de cette galerie.

Padoue. — Dans la Stanza de' Deputati, le portrait d'Alexandre Varotari par lui-même.

A Santa Chiara, sur le grand autel, une *Madone, saint Joseph et l'Enfant qui joue avec sa croix.*

Aux Padri riformati, dans le chœur, au maître-autel, le *Christ en croix, entouré d'enfants et soutenu par le Père Éternel.*

Dans le même chœur, sur la porte qui mène au couvent, *l'Adoration des bergers.*

A San Benedetto Vecchio, *le Frappement du rocher*, dans la grande chapelle. Signé des initiales A. V. F.

A San Giacomo, parrocchia, *l'Histoire de saint Jacques et de saint Jean.*

A la Scuola del Carmine, *la Résurrection d'un enfant par saint Valentin.*

A Santa Giuliana, *Saint Eligio, évêque, revêtu de ses habits épiscopaux par des anges.*

Au Spirito Santo, *la Descente du Saint-Esprit sur les Apôtres*, morceau gravé.

A San Matteo Evangelista, *l'Annonciation* et *Saint Matthieu percé par un gentil.*

A San Tomio, *l'Incrédulité de saint Thomas.* Ce tableau porte une date précieuse : 1610.

A San Biagia, église des Bénédictins, *la Vierge avec saint Benoît et saint Jérôme.*

Venise. — A l'Académie, les *Noces de Cana.* C'est le grand tableau que nous avons décrit; il est gravé dans le recueil de Caroline Patin et dans la *Pinacoteca* de Zanotto.

La Femme de Darius; elle tient une épée et un poignard.

Un *Diacre en prière*, provenant de Santa Maria Maggiore.

La Vierge dans une gloire d'anges, provenant de la même église; morceau gravé dans la *Pinacoteca* de Zanotto.

L'Enlèvement de Proserpine. Judith. (Cette figure de Judith a été gravée dans la galerie de l'archiduc Léopold publiée par Téniers.)

Un *Enfant. La Vanité. Orphée et Eurydice.* Le poëte saisit Eurydice, qui semble lui glisser des mains et tomber. *La Mère juive au siége de Jérusalem.*

A la bibliothèque de Saint-Marc, — aujourd'hui le Palais-Royal, — dans un des ronds du soffite, *Atlas portant le Monde.* Ce morceau remplace celui de Zelotti, qui avait été gâté.

On voit des ouvrages du Padouan dans plusieurs églises de Venise : à Santa Giustina, à San Pantaleone, aux Carmini, à la Salute, à San Zanipolo, dans l'hospice; à San Jacopo dell' Orto, à Sant' Agnese, à Sant' Apollinare, aux Théatins, aux Incurables, à Santa Maria Nuova, à San Daniello, à San Pietro e Castello, à San Cosmi e Damiano et à San Maffeo de Murano.

Florence. — Le *Portrait du peintre*, aux Offices.

Naples. — Au musée Bourbon, *Sainte Famille.*

Londres. — A la National Gallery, *Cornélie et ses enfants.* Tableau offert à la galerie par le lieutenant-colonel Ollney.

Vente Lebrun, 1778. — *La Religion*, représentée par une femme tenant un vase dont elle verse l'eau dans une urne; derrière elle, une autre femme avec une croix dans ses bras; un enfant tient un calice. 44 pouces sur 52; 260 livres.

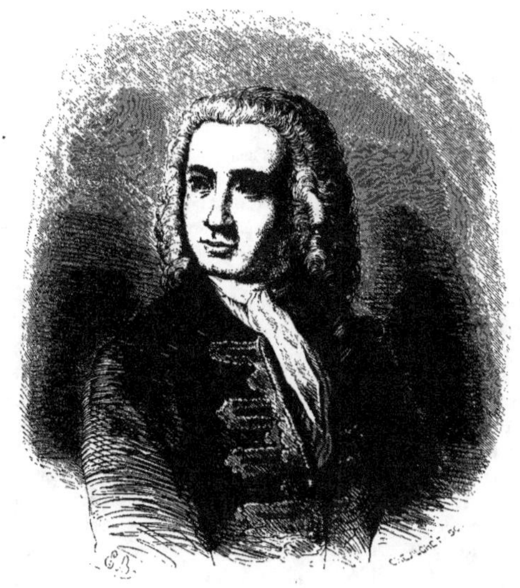

ANTONIO CANAL (DIT CANALETTI)

NÉ EN 1697. — MORT EN 1768

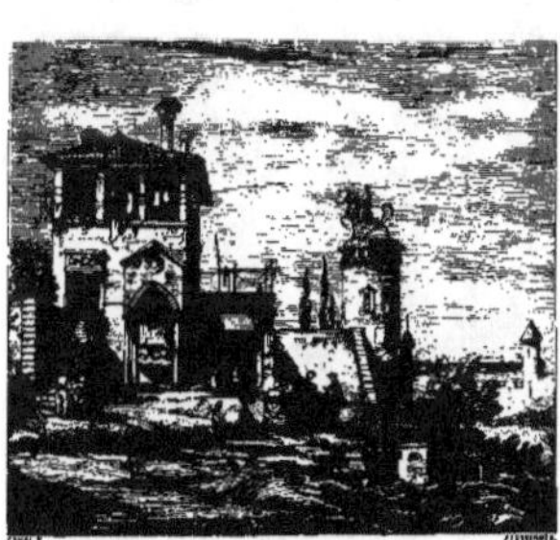

Combien de personnes n'ont jamais vu Venise et croient
cependant la connaître comme s'ils l'avaient vue! Nos Parisiens,
surtout, savent par cœur l'église et la place Saint-Marc, le palais
Ducal et l'escalier des géants, le pont du Rialto, le pont des
Soupirs, le grand canal, les gondoles et la douane de mer.
La peinture et les estampes les ont tellement familiarisés avec
l'aspect de Venise et la physionomie de ses monuments, qu'ils
en parlent presque aussi aisément que de Paris même. C'est
au peintre vénitien Canaletti qu'est due cette connaissance
universelle de Venise. Le premier il a fait de sa ville natale
un modèle de prédilection, l'objet principal de tableaux
innombrables. Imité depuis par son illustre élève Francesco
Guardi, et de nos jours par des peintres à qui cette spécialité a fait un nom, tels que M. Joyant, Antoine Canaletti
a pour ainsi dire reconstruit Venise, et il nous l'a si fidèlement reproduite, si bien conservée, avec l'originalité

de son architecture, le pittoresque de ses canaux, la splendeur du soleil qui revêt ses palais de marbre, que si elle venait à s'engloutir dans les lagunes, et à disparaître du rang des belles villes du monde, comme elle a disparu du rang des nations, on la retrouverait encore vivante, pleine de gaîté, de mouvement et de lumière, dans les tableaux et les eaux-fortes de Canaletti.

Zanetti nous apprend qu'Antoine Canal était le fils d'un peintre fort employé aux décorations de théâtre, qui s'appelait Bernardo et qui tirait son origine de la noble famille *da Canal* [1]. Dès sa première jeunesse, Canaletti, élevé dans l'atelier de son père, avait appris à manier la brosse du décorateur, excellente pratique pour dégourdir la main et pour éveiller l'imagination d'un jeune homme, en le forçant à inventer promptement et à peindre vite. Il fit donc, sous l'œil de son père, de fort beaux dessins de décor, *bellissimi disegni per gli scenarii*. Mais bientôt, fatigué des exigences des poètes dramatiques, il résolut d'abandonner le théâtre et de chercher ailleurs la fortune et la renommée. Ce fut vers l'année 1719 que, suivant sa propre expression, il excommunia les coulisses, et s'en alla droit à Rome [2]. Il avait alors vingt-deux ans, étant né en 1697.

Bien qu'il eût renoncé à la scène, Canaletti ne fit dans Rome que les études du genre qui devait le rendre célèbre : il resta peintre de décors. Il dessina facilement les monuments antiques, les ruines des temples païens, les églises chrétiennes, il en saisit avec joie les tons chauds et violents; mais il ne poussa pas plus loin sa curiosité ni son désir d'apprendre. Les fresques des maîtres ne l'occupèrent pas un instant. Lui, peintre, il ne vit dans Rome que l'architecture. Les pierres du Vatican, le dôme de Saint-Pierre, les obélisques, les tombeaux, les statues, les jeux de la lumière dans les colonnades, les restes imposants de ce théâtre colossal que nous appelons le Colisée, et que les Romains appellent si justement le Colossœum, l'intéressèrent beaucoup plus que les Loges et les Chambres de Raphaël, tant il est vrai qu'il était, de sa nature, purement et simplement un peintre de surfaces, un véritable décorateur.

Canaletti dut rencontrer à Rome un artiste dont les goûts avaient une parfaite similitude avec les siens : je parle de Jean-Paul Panini, qui était du même âge et s'exerçait dans le même temps à l'étude des ruines romaines. Doué d'une imagination vive et du sentiment de la poésie, Panini retraçait l'image des grands édifices mutilés, dans des proportions assez grandes pour leur laisser le premier rôle dans le tableau. Ordinairement les peintres avaient réservé pour les derniers plans de leurs compositions ces nobles ruines. Poussin et le Guaspre en avaient orné les fonds de leurs paysages, et s'en étaient servi pour asseoir de grandes lignes à l'horizon. Panini, en les faisant avancer sur le premier plan, voulait y attacher le principal intérêt de sa peinture, trouvant ces colonnes abattues, ces arcs de triomphe dégradés, ces bas-reliefs couverts de mousse et de fleurs, assez éloquents, assez poétiques pour n'être plus de simples accessoires dans la scène représentée. Canaletti apportait à Rome les mêmes tendances. On le vit donc concentrer toute son attention sur l'architecture; mais il n'avait ni le goût délicat de Panini pour le choix et l'arrangement des ruines, ni, je pense, un esprit assez cultivé pour sentir tout le prestige des monuments antiques et des souvenirs qui s'y rattachent. Notre Vénitien n'avait, du peintre, que les qualités purement plastiques; il avait l'œil et la main. Ses regards étaient frappés des phénomènes de la lumière et de l'éclat des tons, et son pinceau excellait à les traduire. Aussi ne parle-t-il jamais qu'aux yeux du spectateur. S'il y a de la poésie dans ses tableaux, on peut dire qu'elle est involontaire, et que l'artiste l'a trouvée presque à son insu dans le seul talent d'une admirable imitation.

Il faut croire que Canaletti n'eut pas à Rome autant de succès que Panini, ou qu'il fit la connaissance de quelque riche voyageur anglais qui lui promit de l'emploi et de la vogue, car il quitta Rome pour se rendre en Angleterre, où il eut en effet de grands travaux, et où sa manière, goûtée de tout le monde, lui fit gagner des sommes considérables. Il est à regretter vivement que George Vertue, et Horace Walpole, son spirituel

---

[1] Zanetti, *Della pittura Veneziana libri V*. Venise, 1771, in-4°.

[2] Lasciato poi il teatro, annojato dalla indiscretezza de' Poeti drammatici (ciò fu circa l'anno 1719 in cui *scommunicò*, così dicea egli, solennemente il teatro) passò giovinetto à Roma, e tutto si diede a dipingere vedute al naturale. *Ibidem*.

éditeur, qui ont renseigné l'histoire sur tous les peintres étrangers qui étaient venus en Angleterre, n'aient rien su du séjour de Canaletti à Londres, et se bornent à nous apprendre la date de son arrivée, 1746. Zanetti lui-même, qui parle de son compatriote comme d'un homme qu'il a connu, ne donne aucun détail sur ce voyage de Canaletti, et se borne à dire qu'il le fit deux fois : « *passò due volte in Londra dove dimorò e dipinse molti anni, e acquistò gloria e danari.* »

C'est du reste dans sa patrie qu'il faut suivre et admirer le peintre vénitien. C'est là qu'est le théâtre de ses triomphes d'artiste. Le nom de Canaletti est tellement lié à celui de Venise, qu'on ne peut l'entendre prononcer sans qu'aussitôt ne vienne se peindre à l'esprit l'image de cette ville unique, reine de la mer, encore superbe

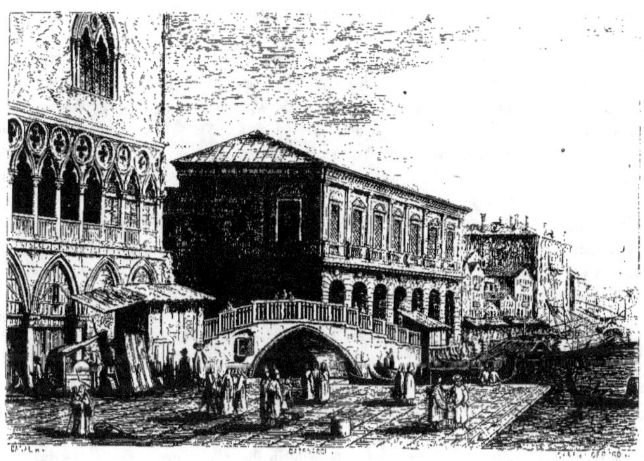

LE QUAI DES ESCLAVONS, A VENISE.

alors, aujourd'hui découronnée, mais aussi belle peut-être dans sa désolation présente que dans son ancienne splendeur. Décrire les tableaux de Canal, c'est donc décrire Venise, Venise sous tous les aspects, à toutes les heures du jour et de la nuit. Et il va sans dire que le peintre ne nous a montré, de cette ville étonnante, que le côté extérieur, la face pittoresque, séduisante et gaie. Comme un cicérone fidèle et qui sait par cœur tout ce qu'il doit dire aux visiteurs étrangers, Canaletti nous fait voir successivement les beautés de Venise, ses monuments, ses palais, ses places publiques, ses canaux, ses ponts, ses gondoles voilées, ses habitants travestis, et jusqu'à ces quartiers misérables, mais curieux, où la richesse inattendue des couleurs contraste avec la pauvreté des maisons qui se lésardent et des guenilles qui pendent.

L'architecture, cependant, est toujours, pour Canaletti, la partie essentielle de son tableau. Mais il ne lui arrive jamais de peindre l'intérieur des édifices, d'y ouvrir des *perspectives* comme en faisaient Henri Steenwyck et Peter Neefs. Il suppose toujours le spectateur en dehors, sur le pavé des rues, sur un pont qui fait premier plan, ou dans une barque. Jamais il ne lui laisse franchir le seuil des palais ni le portail des églises, jamais il ne pénètre avec lui dans ces demeures somptueuses où se cachaient des tyrans silencieux, ni dans ces prisons où gémissaient des victimes inconnues, ni dans la salle redoutable du Conseil des Dix, tribunal secret d'où l'accusé sortait, par la porte fatale, pour n'être plus vu ni entendu. Encore une fois, ce que nous voyons dans l'œuvre de Canaletti, c'est le masque de Venise, masque souriant qui invite au plaisir et promet l'amour. Aussi nous ramène-t-il le plus souvent sur la *Piazza,* qui est le théâtre ordinaire des divertissements de Venise. Mais là, ce qui nous frappe avant tout, c'est l'église de Saint-Marc, étrange et incomparable monument que l'on prendrait à la fois pour une mosquée, pour un temple, pour une cathédrale. Tous les styles, tous les ordres d'architecture sont confondus dans cette autre Babel. Il semble que des Grecs, des Mores, des Goths aient travaillé tous ensemble à bâtir ce dôme, sans pareil au monde, et se soient entendus dans des langues différentes, pour achever de concert un édifice barbare et superbe. L'ouvrier du moyen âge y a construit son ogive; le grec y a rangé ses colonnes, le more y a dessiné ses arabesques élégantes et planté ses minarets. Enfin le luxe oriental y a mêlé l'albâtre et le porphyre, y a semé des incrustations d'or et d'outremer; de sorte que si nous entrions dans la nef, nous pourrions y voir sans surprise un musulman, aussi bien qu'un chrétien, dire sa prière à genoux sur un pavé merveilleux, coloré de mosaïques où sont enchâssés, le croirait-on, des onyx, des turquoises et des émeraudes. Au pied de l'église, sur une place que baignent les vagues pendant la marée, Canaletti s'amuse à grouper des figures sans nombre, que varie à l'infini son imagination ou plutôt la seule connaissance des rues de Venise. On y distingue des Arméniens, des Grecs, des Juifs, des Barbaresques, venus là pour échanger les épices de l'Arabie contre les diamants de l'Inde, contre les velours, les soies, les armes, les miroirs des manufactures vénitiennes; car à l'époque où peignait Canaletti, on donnait encore des perles pour un grain de verre. Tantôt la place est animée par la présence d'un marchand d'images ou d'un charlatan; tantôt c'est le carnaval qui passe, ou bien ce sont de graves sénateurs qu'on salue, des dames qui se promènent, des gondoliers qui se disputent; et devant ce tableau, dont l'architecture est le motif dominant, on peut demeurer longtemps à regarder des figurines qui ne sont ici que des accessoires, de simples indications de la vie des grandes cités.

C'est là le tableau que Antoine Canaletti a recommencé le plus souvent. Quelquefois il nous fait tourner à angle droit du côté de la mer, et nous conduit sur la *Piazzetta,* où nous admirons la charmante façade moresque du palais Ducal, qui rappelle les prodiges de l'Alhambra, puis les beaux édifices élevés par Sansovino dans le style de la Renaissance, et les deux fameuses colonnes de granit, conquises en Grèce par la République, il y a plus de six cents ans, et qui terminent le plus étonnant décor d'architecture qu'il y ait peut-être dans l'univers. Ces deux colonnes sont surmontées, l'une de la statue de saint Théodore, l'autre de l'image de saint Marc, patron de la cité, sous la forme d'un lion chimérique et fier, à la crinière flottante et aux ailes déployées. Le peintre nous embarque ensuite sur le grand canal dans une gondole drapée de noir, et alors, mollement portés sur ce véhicule silencieux, nous regardons passer à côté de nous des rangées de palais magnifiques, vêtus de marbre, percés de fenêtres arabes, garnis de légers balcons, et qui semblent reposer par enchantement sur la surface de l'eau. Çà et là des jardins artificiels, semblables à des îles flottantes de verdure, apparaissent comme une ironie dans ce paysage aquatique. Ici c'est le pont du Rialto, arche unique et majestueuse qui fut, dit-on, bâtie sur les dessins de Michel-Ange. Là s'élève, sur un îlot, le dôme de l'église de Saint-Georges, dont Palladio fut l'architecte; plus loin l'église du Rédempteur, qui est son chef-d'œuvre. Mais bientôt la scène change, et nous voici devant le grand arsenal de Venise, flanqué de tours, hérissé de forteresses, et dont le vaste bassin, où tant de flottes furent lancées, garde le Bucentaure qui doit porter le doge à son épouse l'Adriatique. Et tous ces monuments, qui se réfléchissent dans l'eau, y dessinent une seconde ville dont les formes sont à chaque instant troublées par le frissonnement du canal. Que si le peintre fait un tableau de Venise au clair de lune, la ville du plaisir prend alors un aspect de tristesse et peut réveiller les sombres impressions qu'en ressentit Corinne : « Ces gondoles noires, qui glissent sur l'eau, ressemblent à des berceaux et à des cercueils, à la première et à la dernière demeure de l'homme.... Le soir, quand les lanternes s'allument, on croit voir passer des ombres guidées par une petite étoile. »

Les qualités pittoresques de Canaletti, nous les retrouvons presque entières dans ses jolies eaux-fortes.

Elles sont remplies de lumière. Le travail en est large; les tailles écartées laissent transparaître le blanc du
papier, c'est-à-dire la lumière même de la gravure. Le peintre se plaît et s'entend fort bien à rendre, par
des travaux tremblés, mais sans exagération, les murailles des vieilles maisons de Venise et de Padoue, les
briques disjointes que laisse voir çà et là le crépi tombé. Les ciels sont traités simplement par des travaux
conduits dans le sens horizontal, mais d'une main libre et souple qui ne s'astreint pas à des hachures
froidement régulières, et s'interrompt de temps à autre pour suivre de capricieuses inflexions, indiquant de
légers nuages. Les figures de Canaletti, et c'est là qu'on voit bien qu'il savait les faire lui-même et pouvait

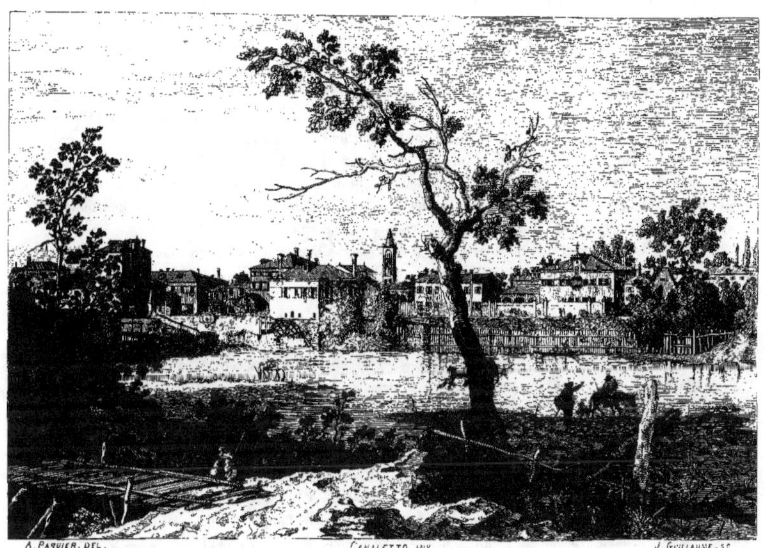

PAYSAGE d'après une eau-forte du maître

se passer du secours de Tiepolo, sont gravées par des tailles qui en suivent les formes et les suivent peut-être
trop servilement. Il est des endroits où la gravure doit se borner à faire un ton, sans que l'on puisse remarquer le mouvement de tailles avec lequel ce ton est obtenu. En revanche, Canaletti est un vrai modèle pour
la manière de graver l'architecture et de rendre le clapotement des eaux. On sait combien il est difficile
d'exprimer en gravure ce clapotement. Beaucoup d'artistes, et particulièrement Brustoloni, ont figuré de petits
flots superposés comme le seraient des pièces de monnaie : Canaletti, par un jeu de pointe spirituel, reproduit
ces petits brillants que présente une eau légèrement ridée, sans en effacer la transparence générale,
c'est-à-dire que la masse d'eau, malgré les plis innombrables du liquide, continue de réfléchir l'image
tremblante des palais, des clochers, des maisons et des rares arbrisseaux qui s'élèvent sur le rivage.

A l'économie des travaux qu'il emploie, on voit tout de suite qu'Antoine Canal est un habile homme. Il fait *travailler le papier*, comme on dit dans les ateliers de gravure. Ses estampes, sous ce rapport, ressemblent beaucoup à celles de Tiepolo; elles ont la même saveur, le même brillant. Les arbres y sont gravés de main de maître et les terrains aussi. On devine, dans la touche du feuillé, que le peintre a vu les dessins à la plume du Titien. Cependant les eaux-fortes de Canaletti ont un défaut; elles sont gravées trop largement. La lumière y est trop éparpillée et ne présente pas de ces belles masses qui font les effets. On voudrait sur certains édifices, des secondes tailles qui les feraient avancer ou fuir à propos. Canaletti n'emploie jamais les *secondes*. Il se contente de fortifier son premier travail par une nouvelle morsure d'eau forte, et ce procédé n'est pas toujours le meilleur, parce qu'il laisse du vide dans la gravure et confond les plans.

Un côté précieux de ces eaux-fortes, c'est celui des costumes, des mœurs, des allures du peuple vénitien ou padouan. On y reconnaît sur-le-champ à leur démarche, à leur ajustement, quelque éloignés qu'ils soient, le porte-balle, le douanier, le moine, le prêtre, le gondolier, la grande dame. Trois coups de pointe ont suffi pour les indiquer. La forme des voitures qui traversent ces lumineuses estampes, en projetant leur ombre transparente sur le pavé, est encore un renseignement curieux en même temps qu'un élément pittoresque. Les choses aussi bien que les personnes ont ici une couleur locale intéressante. Callot est plus arrêté, plus précis, mais il n'est peut-être pas plus juste dans l'attitude et la pantomine de ses petits personnages. La Belle seul a plus de grâce que Canaletti et il est plus agréable, ne fût-ce que par la finesse du travail. Sa pointe acérée pénètre dans les détails du costume, accentue les armures et les harnais, fouille les plumes du feutre et la crinière des chevaux, se joue enfin spirituellement et délicatement dans mille accessoires qui sont de mise lorsqu'on traite la gravure en petit, et qu'il est désagréable de voir gravés d'une pointe grosse qui aura servi à exprimer le rivage raboteux d'un canal ou les pesantes roues d'un chariot attelé de bœufs.

D'autres artistes ont attaché leurs noms à la mise en scène des monuments de l'architecture des divers pays. En France, par exemple, Israël Silvestre est devenu célèbre pour avoir seulement dessiné et gravé avec goût les maisons royales et un grand nombre de *Vues*. Sans même sortir de l'école vénitienne, Marco Ricci et Carlevaris s'étaient distingués dans le même genre, mais, comme dit Lanzi en citant un mot de Dante, ces peintres furent chassés de leur nid par Antonio Canal. Personne, si ce n'est Guardi, n'a égalé ce maître dans l'art de représenter en peintre les beaux édifices, dans l'observation de la perspective aérienne, dans le rendu de l'eau clapoteuse. En copiant les bâtiments les plus réguliers, Canaletti sait racheter adroitement la froide symétrie des pierres, l'ennuyeuse égalité des parties correspondantes, par une touche libre, leste et spirituelle, qui indique tout et n'achève rien. Cette indécision calculée nous fait sentir la présence de l'air ambiant, qui dévore les contours saillants, adoucit les lignes anguleuses et nous avertit de la distance des objets. L'eau n'est jamais peinte dans les tableaux de Canaletti comme un miroir uni et immobile que le pinceau peut alors facilement imiter, mais comme une surface légèrement ridée par le moindre vent et qui d'ailleurs, dans une ville telle que Venise, doit être constamment ondulée par les innombrables gondoles qui la sillonnent. Rien n'est plus difficile à exprimer en peinture que ces petites lames répétées à l'infini, qui font ressembler une masse d'eau à de la moire verte, et cependant Canaletti a été d'une habileté prodigieuse dans l'expression de ces détails. Quant à sa couleur, elle est à la fois éclatante et rompue; elle réunit à la douceur de l'harmonie la vivacité du ton local trouvé juste, posé franchement, et s'accordant de lui-même avec les tons voisins, sans que le peintre ait besoin d'y revenir. Il a aussi sur sa palette des tons pâles qui enchantent l'œil. S'il représente le Palais-Ducal, on distingue dans la teinte dominante du monument, mille accidents de couleur, des marbres roses, des nuances saumon, des gris fins, produits par quelques dégradations partielles, des taches vertes qui sont occasionnées sans doute par le voisinage de l'eau.

Les figures de Canaletti, nous l'avons dit plus haut, sont groupées avec esprit et distribuées suivant les convenances optiques de la composition, l'artiste n'a pas craint de les revêtir de ces costumes riches et voyants qui égayaient dans ce temps là les rues de Venise. Quelquefois c'est Tiepolo qui a peint les figures dans les tableaux de Canaletti, et il faut convenir qu'on ne pouvait associer deux hommes dont les talents fussent mieux assortis, car ils ont à peu près la même touche séduisante et facile, la même entente de l'effet, le même art d'être brillants sans crudité et fermes sans pesanteur. Pour mieux saisir le mouvement de ses figures, pour obtenir sans trop de peine une parfaite exactitude dans ses *Vues*, Canaletti faisait usage de la chambre obscure; mais il s'en servait discrètement, avec intelligence et précaution, en corrigeant les défauts de ce procédé auquel un artiste ne peut se fier entièrement, surtout pour les teintes aériennes [1]. Toutefois malgré son goût pour la vérité, il se permit souvent des licences et avec des éléments connus il composa des vues imaginaires, mais tellement vraisemblables qu'on les dirait copiées sur nature. Il fut ainsi tout ensemble un imitateur

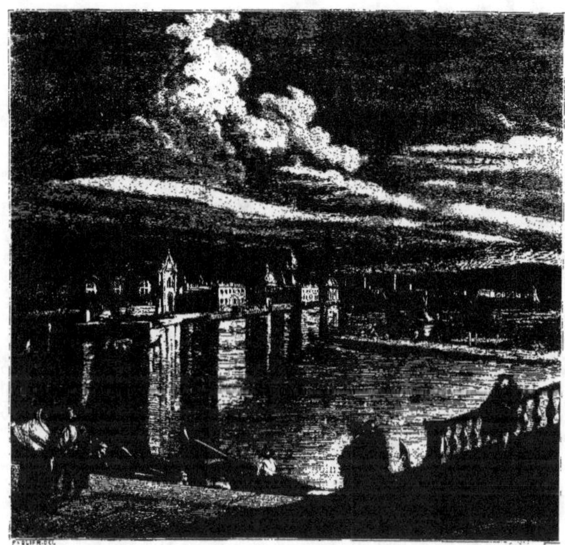

VUE DE VENISE.

fidèle et un inventeur ingénieux, comme le fait observer son biographe dans les quelques lignes qu'il lui a consacrées, et il sut si bien confondre ces deux qualités, que là où le vulgaire croit ne voir que la vérité bien comprise et bien rendue, le connaisseur admire les plus heureux mensonges de l'art.

Venise n'est pas la seule ville dont Canaletti ait fait le portrait. Il peignit également et grava à l'eau forte des vues de Padoue. Il paraît même qu'il fit une excursion en Allemagne ou du moins qu'il traversa ce pays lorsqu'il revint de Londres, car il existe dans la galerie de Munich, un tableau de cette ville peint par Canaletti

---

[1] Insegnò il Canal con l'esempio il vero uso della camera ottica, a conoscere i difetti che recar suole a una pittura, quando l'artefice interamente se fida della prospettiva che in essa camera vede, e delle tinte spezialmente delle arie, e non sa levar destramente quanto puo offendere il senso. Il professore m'intenderà. Zanetti, *Della pittura Veneziana*, page 164.

sur les lieux mêmes. Voilà tout ce que nous savons touchant la vie d'un peintre qui fut à peu près le dernier représentant de la grande école des coloristes. Il mourut à Venise le 20 avril 1768, dans la rue Saint-Léon où il demeurait, *in contrada di San Lio, dove abitava*, dit Mariette. C'est dans les tableaux de ce peintre aimable que Venise a jeté son dernier éclat. Il semble qu'assistant au déclin de sa patrie, il ait voulu retracer une splendeur qui allait finir. Là est le secret du charme inexprimable que nous trouvons à contempler ses ouvrages, et de la poésie que leur prêtent notre imagination et nos souvenirs. Quelque jour, peut-être, cette féerique architecture s'enfoncera sous les lagunes; les vagues de l'Adriatique se refermeront sur les palais des Falieri et des Barbarigo; mais il subsistera quelque part, ne fût-ce qu'une épreuve des eaux-fortes de Canaletti, pour apprendre aux générations futures ce qu'était cette ville enchanteresse, que la chanson du gondolier compare à Vénus, parce qu'elle était née, comme la déesse, de l'écume des mers.

CHARLES BLANC.

RECHERCHES ET INDICATIONS.

Canaletti a gravé, nous l'avons dit, une suite d'eaux-fortes qui représentent des vues de Venise, de Padoue et des environs. Elles sont au nombre d'une trentaine, et elles ont pour titre *Vedute altre prese da i luoghi altre ideate da Antonio Canal e da esso intagliate*. C'est d'après ses dessins que Visentino a publié un livre d'estampes sous le titre : *Urbis Venetorum prospectus celebriores, in tres partes, Venetiis*, 1742. — Fletscher a aussi gravé d'après Canaletti, diverses vues de Rome.

Le Musée du Louvre renferme un seul tableau bien authentique de Canaletti, deux autres étant attribués à son neveu Bernardo Bellotto, qui imita parfaitement sa manière, et auquel on a donné aussi le surnom de Canaletto. Ce tableau est une vue de l'église appelée la *Madona della salute*, à Venise, c'est-à-dire la Madone de la santé. Cette église fut élevée par ordre du sénat en mémoire de la cessation de la peste qui avait ravagé Venise en 1630. Le tableau fut un des cinq morceaux achetés par Louis XVIII, au comte de Claparède, pour la somme de 18,000 francs.

Musée de Dresde. On y compte six tableaux d'Antoine Canaletti : 1. *Vue du grand canal de Venise*; elle est prise du théâtre Saint-Angelo et finit dans le lointain au pont du Rialto; 2. autre *Vue du grand canal*, elle est prise dans le sens opposé : on remarque à droite l'église de la Madona della salute; 3. la *Place et l'église San Giacomo à Venise*, près du pont du Rialto qu'on voit au fond des loges des orfèvres; 4. *Vue de la petite place Saint-Marc*, dite *Piazzetta*; à droite s'élève le palais du doge vu du côté de la mer; 5. *l'église et la place Saint-Marc*, à Venise; on voit des deux côtés les *Procuraties*, c'est-à-dire le palais du procurateur de Saint-Marc; 6. *Vue du grand canal de Venise*, plus près de la Madona della salute que sur le tableau n° 2, ci-dessus : tous ces tableaux sont peints sur toile.

Pinacothèque de Munich. *Vue de Munich*, du côté de l'est, sur toile.

On trouve quelques tableaux de Canal en France, dans nos musées de province; par exemple au Musée de Lille : *Vue d'un pont de pierre* sur un canal. Ce tableau, dit le catalogue, fort bien rédigé par M. Ed. Reynart, conservateur, fut acheté par la ville en 1837.

Les ouvrages de Canaletti ne se rencontrent pas fréquemment dans les ventes publiques; mais ils s'y paient aujourd'hui beaucoup plus cher qu'autrefois.

Vente Julienne, 1767. *La Place Saint-Marc*, à Venise, avec beaucoup de figures, 12 pouces sur 20 de large environ, 150 livres.

Vente Mariette, 1775. On n'y trouve que des dessins de Canal et ses eaux-fortes. En voici les prix :

Vue de la place des Jésuites à Venise, où l'église se voit latéralement, ornée de plusieurs petites figures ; à la plume et lavé d'encre de la Chine, et une autre vue, en travers, du pont de Padoue, ornée de bateaux et de figures, 271 livres 19 s.

Deux très-jolis paysages mêlés d'architecture et ornés de diverses figures, également faits à la plume et lavés d'encre de Chine, 75 livres.

Vingt-sept vues, gravées à l'eau-forte par le même, les unes d'après nature, les autres de génie, 9 liv.

Vente du comte C., 1847. Une *Vue de Venise*, 1,000 fr.

Vente Guillaume II. *La Haye*, 1850; deux *Vues de Venise* : 4,156 et 4,107 francs.

Vente Norblin, février 1855, un beau dessin de Canaletti, lavé de bistre et représentant la proue d'une galère, 63 fr.

Dans un exemplaire de l'ancienne édition des *Anecdotes of painting* de Walpole, exemplaire interfolié, enrichi de notes manuscrites par M. Mols, d'Anvers, et qui a figuré dans la belle vente Renouard, nous avons lu la note suivante :

« Dans une vente publique de tableaux venus de Flandre, « faite à Londres en 1771, il y avait deux belles *Vues de Vé-* « *rone*, de 53 pouces de hauteur sur 90 pouces de large. Elles « furent vendues 525 livres sterling, soit 13,125 francs. » Ces deux *Vues* de Vérone pourraient bien être celles que nous avons vues au musée de Dresde et qui sont attribuées à Bellotto, également surnommé Canaletti, et qui était le neveu de ce peintre.

Nous reproduisons ci-dessous la signature qu'on trouve au bas des eaux-fortes de Canal. Le tableau que possède le Musée du Louvre n'est pas signé.

A. Canal. F.

Impr. Bénard et Comp., rue Damiette, 2.

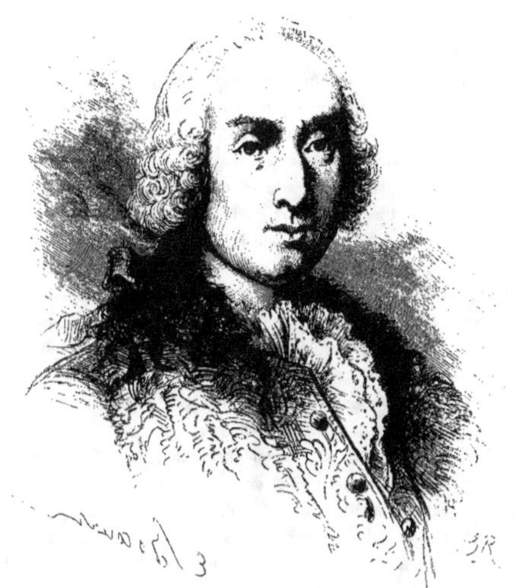

LES TIEPOLO

JEAN-BAPTISTE TIEPOLO
NÉ EN 1697. — MORT EN 1770.

JEAN-DOMINIQUE TIEPOLO
NÉ VERS 1726. — MORT 1777?

LAURENT TIEPOLO, GRAVEUR.

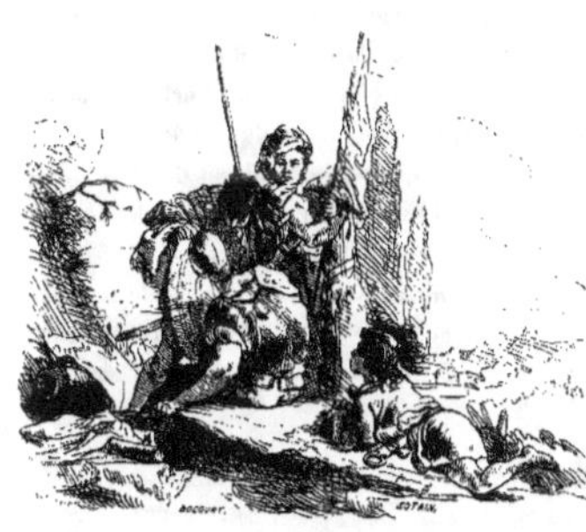

Entre Jean-Baptiste Tiepolo et Dominique son fils, il y a une telle ressemblance, une telle communauté d'esprit, d'intention et de faire, qu'on ne saurait les séparer dans l'histoire des peintres, pas plus qu'ils ne se sont eux-mêmes séparés dans leur vie et dans leurs œuvres, car le père et le fils ont toujours vécu et travaillé ensemble, le père donnant le ton à son fils, le fils gravant les œuvres de son père.

Il faut convenir que Jean-Baptiste Tiepolo fut un homme heureusement doué, animé au plus haut point du feu pittoresque, plein de facilité, d'abondance et de verve; mais, à vrai dire, ce feu n'est qu'un feu d'artifice; cette abondance tient plus au tempérament qu'à l'esprit; cette facilité dégénère en intempérance; cette verve, si fertile en images, est stérile en sentiments et en idées, et parce qu'elle ne vient pas de l'âme du peintre, elle ne dit rien à l'âme du spectateur. On pourrait croire que l'éducation y fut pour quelque chose et que si Jean-Baptiste était né au temps de

Véronèse et de Titien, il eût été un Tintoret ; mais l'influence des maîtres contemporains, celle du climat,
celle de l'époque où l'on vit et du monde environnant ne vont pas jusqu'à enlever à un peintre ses facultés
natives. Tiepolo le père a été au dix-huitième siècle à peu près ce qu'il eût été dans tous les temps, un
improvisateur prodigieux, un décorateur infatigable, satisfait de briller, heureux d'éblouir.

Au surplus, s'il eût été possible de contenir cette fougue naturelle et désordonnée, d'obtenir quelque
recueillement de cette intelligence vive, mais légère et superficielle, le premier professeur de Jean-Baptiste
y serait parvenu. Ce professeur, c'est bien ainsi qu'il faut l'appeler, était Gregorio Lazzarini, peintre sage et
contenu jusqu'à la froideur. Lazzarini était dans l'école de Venise comme Carle Maratte dans l'école romaine,
un artiste réfléchi et consciencieux, un dessinateur correct, plus habile sur le carton que sur la toile, porté
à la sévérité des études, tout entier au respect des grands maîtres, mais impuissant à faire revivre
les hautes traditions, parce qu'il lui manquait la verve, l'entrain, la flamme, justement tout ce qui
débordait dans Tiepolo. Celui-ci était le fils d'un négociant armateur, si l'on doit traduire ainsi les mots
mercatante di negozj da nave. Il naquit le 5 mars 1697. C'est donc par erreur que Zanetti, dans une note
de son cinquième livre (*Pittura veneziana*, p. 465), dit que Gio Battista Tiepolo mourut en 1769, à
l'âge de soixante-dix-sept ans, et il y a deux erreurs dans cette erreur : d'une part, en 1769, Tiepolo
n'avait que soixante-douze ans, et d'autre part la date de sa mort est 1770, suivant la mention qui en est
faite sur le catalogue imprimé de ses eaux-fortes et de celles de son fils.

Bien qu'il eût montré une rare promptitude de coup d'œil et une prestesse de main plus rare encore, il
travaillait avec autant d'ardeur que s'il n'avait pas eu de facilité et il ne cessait d'étudier d'après nature,
ainsi qu'en témoigne Zanetti, qui le connaissait. Parmi les peintres alors en renom, celui qui le séduisit tout
d'abord, ce ne fut point Lazzarini, ce fut Piazzetta, lequel était, comme on le sait, une espèce de Caravage
vénitien, c'est-à-dire un violent *clair-obscuriste*, s'il est permis d'employer cette expression, depuis qu'elle
s'est trouvée quelquefois dans la bouche de Louis David. Comme Piazzetta, dont il était le contemporain
plus jeune, Jean-Baptiste Tiepolo ne voyait dans la réalité et ne transportait dans la peinture que des
lumières et des ombres, et, à l'exemple de son modèle, il recherchait les lumières les plus étroites et les
ombres les plus fortes[1]. Bientôt cependant il comprit ce qu'il y avait de chargé et de dur dans cette manière
de pure convention ; il vit que la nature n'est pas noire ; qu'elle est toujours plus ou moins reflétée ; qu'elle
conserve au sein même des obscurités qui semblent épaisses je ne sais quelle mystérieuse profondeur, qui est la
transparence de l'infini. Tiepolo en vint donc peu à peu à égayer une si triste manière ; il rendit sa peinture
plus légère en rendant sa lumière plus diffuse ; il tempéra le noir de ses ombres, il mit de l'eau dans son
encre.

A dix-neuf ans, Jean-Baptiste fut employé par l'église de l'hôpital *dell'Ospedaletto*, et il fit des figures de
Prophètes d'une touche spirituelle, expéditive et résolue, comme si la dignité du style ne devait pas ici passer
avant les hardiesses et les coquetteries du pinceau. A vingt ans, il exposa, le jour de Saint-Roch, un tableau
du *Passage de la mer Rouge*, qui enleva tous les suffrages. Peu après, il fut chargé de peindre à fresque,
aux Carmelitani scalzi (Carmes déchaussés), la voûte d'une chapelle, celle qui est spécialement dédiée à sainte
Thérèse, et il y représenta la sainte portée au ciel dans une gloire d'anges, dont le coloris chaleureux,
vivement éclairé et contrasté, est encore soutenu par l'opposition que produisent des symboles et des
cartouches en clair-obscur. Ces ornements, touchés avec bravoure et liberté, sont attribués par le nouveau
Boschini, publié en 1733, à Mengozzi Colonna. En 1860, dans un second voyage à Venise, où nous ne
faisions que passer pour aller en Grèce, nous avons vu ce plafond, qui est à la fois magnifique et absurde.

---

[1] Felice pittore fu il Tiepolo per natura ; ma non fu perciò ch' ei non coltivasse con assidue cure il fecondo suo spirito ; io ne
son testimonio. Nel naturale ei fece i maggiori studii suoi ; e sopra tutto seppe veder con buon occhio gli accidenti più opportuni
delle ombre e dei lumi, e rappresentarli con maravigliosa facilità... Se imitò giovinetto l'ordine dell' ombreggiare con forza usato
dal Piazzetta, lo rallegrò in appresso, e gli aggiunse quella vaghezza, che vide mancargli e che da piacere a ognuno. Zanetti,
Pittura veneziana, p. 464 et suiv.

Sur une architecture en ruines, un religieux incliné reçoit le scapulaire que lui apporte un ange. Cet ange

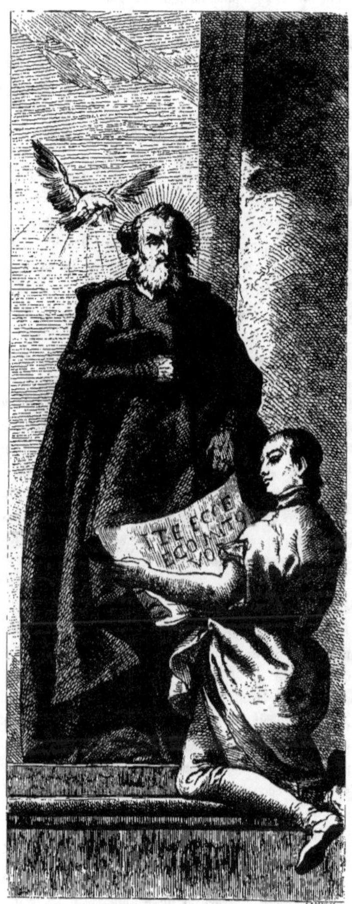

SAINT JÉROME MIANI (ÉMILIEN).

se détache d'un groupe qui ravit au ciel sainte Thérèse. Dans un coin, les âmes du purgatoire, énergiquement
ombrées, font repoussoir à la masse lumineuse sur laquelle s'enlèvent et la gloire d'anges et la figure du

vieillard qui personnifie l'ordre des Carmes déchaux. A ne voir que l'ensemble, le bouquet total des tons éclatants et des tons sombres, ou, si l'on veut, la gerbe de lumières qui remplace la voûte de l'édifice, ce plafond a quelque chose de triomphant; mais pour peu qu'on l'examine, l'esprit est désenchanté : l'expression est nulle, les figures sont dépourvues de caractère. Dessinées à la hâte et de pratique, par un homme qui en sait par cœur la construction générale, elles ont servi uniquement à une combinaison amusante de taches heureuses. Là où Michel-Ange eût manié, tourmenté le corps humain comme une arabesque vivante et sublime, Tiepolo traite l'anatomie humaine comme un simple motif de clair et d'ombre. D'une masse de draperies artistement chiffonnées ou, pour mieux dire, cassées en plis fermes, anguleux, rares et de bon goût, l'on voit sortir, pour les besoins de l'effet optique, ici un bras, là une jambe, là une tête de chérubin. Tel membre s'avance pour recevoir un coup de lumière, tel autre recule pour donner lieu à une vigueur. Tous les personnages sont là comme autant d'occasions que le peintre s'est ménagées d'étaler ou de rappeler un ton brillant, de frotter une demi-teinte, de frapper une touche vive. L'homme n'est que le prétexte du rayon. Quant aux âmes du purgatoire, qui sont représentées en colosses grimaçants, ces colosses, placés à l'avant-plan, y forment une masse fière dont le seul objet est de faire mieux fuir les groupes plus élevés et plus éclairés qui sont l'essentiel du tableau; de sorte que ces prétendues âmes qui griment la douleur, jouent simplement un rôle optique et sont plutôt des objets que des figures.

Les Italiens, qui ont créé avec tant de naïveté et d'esprit la langue des arts, appellent ces sortes de peintures décoratives en grand, des *machines*. On ne pouvait trouver un mot plus juste pour exprimer le côté mécanique et matériel qui domine dans ces vastes ouvrages, car ils parlent d'ordinaire si vivement à la vue et si peu à l'âme, qu'ils sont l'œuvre d'un machiniste plutôt que d'un peintre, quand tout y est à ce point sacrifié au jeu du soleil, à l'effet, au décor. Comment, d'ailleurs, jouir de ces peintures autrement que par un coup d'œil rapide? Il nous souvient, à ce propos, qu'après nous avoir montré la chapelle dédiée à sainte Thérèse, aux Carmelitani scalzi, on voulut nous faire admirer, dans la même église, la voûte de la nef. Mais, à force de tenir la tête renversée et les yeux en l'air, nous fûmes saisi d'une sorte d'éblouissement qui nous fit perdre connaissance, et si le bras de notre compagnon ne nous eût promptement retenu, nous serions tombé évanoui sur le marbre du pavé. Un tel accident nous suggéra des réflexions amères touchant ce qu'il y a de forcé, de violent, de peu naturel à solliciter l'attention des visiteurs pour la porter sur des voûtes qu'ils ne peuvent regarder attentivement sans se rompre les vertèbres du cou. Plus tard, nous sûmes que la voûte dont la contemplation nous avait donné sitôt le vertige représentait la maison de Lorette portée par des anges.

Un certain génie s'était fait jour dans les premiers ouvrages de Jean-Baptiste Tiepolo, et l'on put croire que ce bouillant jeune homme, une fois calmé, s'élèverait à un sentiment plus noble de la nature, en viendrait à la recherche du style et de la beauté ; mais il n'en fut rien, ou du moins il lui arriva très-rarement de se rasseoir, et il conserva, en grandissant, la physionomie première de son génie capricieux et bizarre, le goût des spectacles agités, brillants et vibrants, l'amour du ressort, du tapage, c'est-à-dire des mouvements imaginés pour le plaisir des yeux, pour intriguer le regard en l'amusant. Au fond, Tiepolo ne changea point ou ne changea guère. Il fut, sa vie durant, à peu de chose près, le même qu'il avait été au début. Cependant l'école vénitienne était tombée dans une telle décadence que Tiepolo fut regardé et traité comme un nouveau Véronèse. Zanetti lui-même, juge si compétent d'ailleurs, et connaisseur si érudit, exprimait l'opinion générale de son temps lorsqu'il écrivait : « Il n'y a jamais eu parmi les nôtres un artiste qui, plus que Tiepolo, ait réveillé les grâces endormies de Paolo Caliari. Les teintes de Tiepolo et ses draperies ne sont pas moins belles que celles du Véronèse, ni moins heureusement peintes. Ses airs de tête ont tout autant de grâce et de beauté; mais les critiques sévères ne veulent pas permettre qu'on reconnaisse dans notre contemporain l'âme et la vie que respirent les œuvres de l'ancien grand maître [1]. »

---

[1] Non vi fu pittore fra' nostri che più di lui risvegliasse le sopite felici leggiadrissime idee di Paolo Caliari. Niente men belle

Au moment de ses premiers succès, qui furent éclatants, Tiepolo fut invité par le doge Cornaro non-seulement

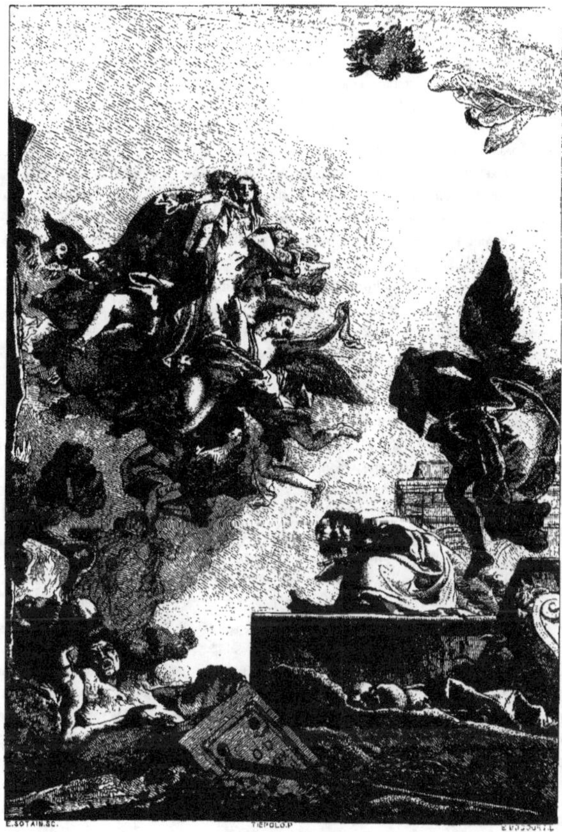

à peindre plusieurs portraits, entre autres celui du doge lui-même, et quelques dessus de porte dans le

sono le tinte e le pieghe de' panni del Tiepolo, di quelle del Veronese, e niente meno felicemente dipinte. Le forme delle teste non sono d' inferior grazia e bellezza; ma non vogliono permettere i critici severi che dicasi aver esse anima e vita, come hanno quelle dell' antico maestro. *Pittura veneziana.* p. 464.

riche palais Cornaro, qui appartint depuis aux Mocenigo, mais à diriger toute la décoration de cette splendide demeure. Ces travaux lui en amenèrent d'autres chez les Baglione, qui avaient un palais à San Cassiano, où ils lui donnèrent à couvrir de fresques toute une grande salle. Bientôt, sa réputation s'étant répandue hors de Venise, il fut appelé d'abord à Vascon, dans le Trévisan, pour y décorer le soffite de l'église, où il dut représenter l'histoire de sainte Lucie ; ensuite à Biadeno, dans le même pays, pour orner de fresques. l'église de l'Assomption, élevée par le procurateur Pisani. Mais les plus grands ouvrages de Jean-Baptiste dans le royaume lombard-vénitien furent faits à Udine, pour la galerie du patriarche Delfino, à qui Tiepolo avait de la reconnaissance à témoigner, pour les bons offices que lui avait rendus la famille de ce seigneur en l'aidant de mille manières à étudier et à cultiver son art, quand lui, Tiepolo, était encore tout jeune [1]. Mû par un sentiment aussi honorable, le peintre se surpassa, et il peignit dans une fresque, comparable, pour l'exécution, à celles des plus habiles maîtres anciens, l'histoire de Sara et d'Abraham, et celle de Laban, accompagnées d'ornements en camaïeu. Des compartiments étaient ménagés à des statues allégoriques dessinées dans le goût romain et peintes d'un pinceau très-adroit. Sur les murs, aussi bien qu'au plafond, couraient des ornements et arabesques. Quant à l'architecture, elle fut dessinée, non par Tiepolo, mais par un collaborateur expert en ce genre de décorations. Le plafond représentait l'*Échelle de Jacob*, le *Sacrifice d'Abraham*, l'aventure d'Agar. Sur le soffite de l'antichambre étaient peints à fresque le *Jugement de Salomon*, composition nombreuse, et, aux angles de la salle, quatre Prophètes. Enfin, au plafond de l'escalier était comme suspendue, dans le raccourci le plus extraordinaire et le plus hardi, la *Chute de Lucifer*. Avant de quitter la ville d'Udine, Tiepolo y fit une chapelle dont la peinture n'est pas décrite, mais qui était remplie dans les niches d'anges en clair-obscur, et dont tous les espaces libres étaient ornés également de camaïeux.

C'était un véritable jeu pour Jean-Baptiste Tiepolo que de peindre des plafonds. Il y déployait toutes les ressources de la perspective, dont la connaissance lui était familière, et loin de modérer l'emploi de la science optique, il s'en servait à outrance. Sans s'inquiéter de la déformation des corps ni des bizarreries monstrueuses que devait produire l'inexorable géométrie, il recherchait les raccourcis les plus extravagants, les rapprochements les plus inattendus : dans telle figure les genoux touchent au menton, dans telle autre les hanches partent des clavicules ; ici la tête d'un ange est accolée à la plante d'un pied qui vient on ne sait d'où, là c'est un Mercure qui vole la tête en bas et dont le pied droit semble sortir de la fesse gauche. Des enfants s'élèvent dans les airs ou retombent parmi les nuages comme feraient les fusées d'un feu d'artifice, et la forme devient ce qu'elle peut dans ce dévergondage d'effets optiques, approuvés peut-être par le perspecteur, mais condamnés par le goût et hostiles au regard. Les laideurs qui en résultent sont d'autant plus déplorables que l'artiste montre partout ailleurs une certaine préférence pour la grâce des airs de tête et la sveltesse des formes. Ses types de femmes et d'adolescents ont de la distinction, sinon de la beauté ; les mains sont fines et longues, et les têtes d'un galbe choisi. On sent que les modèles de Tiepolo ont été pris, au commencement de ses études, dans une classe où, les formes n'étant pas altérées par la fatigue ou prononcées par un travail rude, conservent de l'élégance et présentent des contours coulants. Du reste, Jean-Baptiste Tiepolo possède par excellence l'aptitude malheureuse, la qualité funeste que, dans le langage des ateliers, on appelle familièrement le *chic*, c'est-à-dire cette facilité prétentieuse à reproduire les objets de mémoire, d'après une habitude prise, et suivant un certain modèle de convention

---

[1] Je tire ce fait et beaucoup d'autres détails sur Tiepolo d'une brochure rare, *Vita di Gregorio Lazzarini, scritta da Vicenzo da Canal*, publiée pour la première fois en 1732. qui fut réimprimée à Venise en 1809, et que j'ai eu la chance de trouver chez le libraire Paoletti, sur le Grand-Canal, à Venise. Il y est dit, dans une note à la fin du volume : « Il che mons. Belgrado, conoscitore perito delle belle arti, mi fece avvisato che G. B. Tiepolo à bensì eseguito in Udine tutte le qui accennate opere, e in *guisa di vincere se stesso, per dare un incontrastabile argomento di sua riconoscenza all' Eccellentiss. Casa Dolfin, che tanti modi gli avea porto di coltivare i suoi talenti nell' arte.* » Il est ajouté dans cette note une importante rectification au texte de la brochure, à savoir que Tiepolo n'a point, comme le dit Canal, restauré à fresque la grand'salle du palais à Udine, attendu que cette salle n'avait jamais reçu aucun ornement de peinture, *la quale non fu giammai fregiata di alcuna pittura.*

qu'on a dans l'esprit et que l'on répète à satiété. La monotonie qu'elle engendre et l'absence de tout

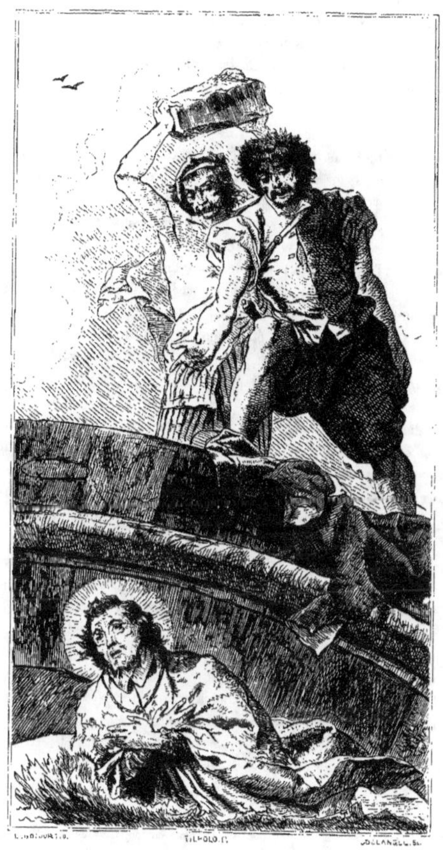

MARTYRE DE SAINT JEAN NÉPOMUCÈNE.

caractère sont le châtiment de l'artiste qui aime mieux se souvenir vaguement de la nature que de l'étudier
sérieusement, et qui, au lieu d'idéaliser les formes en les rendant à leur accent primitif par la suppression

des accidents qui l'ont défigurée, des alliages qui l'ont corrompue, les affadit par l'uniformité et les rend banales en leur ôtant toute signification et toute saveur.

Quoi qu'en disent les Vénitiens, et particulièrement Zanetti, Jean-Baptiste Tiepolo est loin, bien loin de Paul Véronèse comme coloriste. Ce qu'il entend à merveille, c'est la distribution animée des taches de lumière et des taches d'ombre. Son coloris est excellent sous le rapport du clair-obscur; mais il est peu agréable par la qualité du ton. En d'autres termes, les valeurs sont bien ménagées [1], mais les teintes en elles-mêmes manquent de finesse et de charme. Un jaune banal y domine, soutenu par des bruns lourds, des rouges communs et des bleus sales. De temps à autre, il est vrai, quelques couleurs d'un beau choix viennent relever ces tons malpropres, mal broyés, et donner à l'ensemble un éclat d'emprunt. Néanmoins, telles que nous les voyons, aujourd'hui que le temps les a peut-être altérées, les couleurs de Tiepolo sont dépourvues de fraîcheur, de rareté et même de montant, parce qu'elles n'ont d'autre brillant que celui du clair sur le sombre. De nos jours, un artiste rompu à la peinture de plafonds, un coloriste merveilleux, Eugène Delacroix, a su employer des couleurs qui étaient sales sur la palette et qui, sur les courbes de la voûte, paraissent tendres, fraîches et gaies. Cela tient à une connaissance approfondie de la loi des complémentaires. Il y a, par exemple, dans la petite coupole de la Bibliothèque, au palais du Luxembourg, un torse de femme vue dans l'ombre, dont le ton demeura terne et triste jusqu'au moment où le peintre le fit sabrer brutalement par un élève (lui, surveillant d'en bas l'opération) de quelques hachures d'un vert clair qui, exaltant le rose des carnations, leur prêtèrent la plus aimable transparence et les firent paraître d'une fraîcheur exquise. Ces secrets n'ont pas été connus de Tiepolo, ou du moins il n'y paraît point dans les plafonds que nous avons vus de lui à Venise, bien que le talent d'opposer les bruns et les demi-bruns aux masses lumineuses y produise un effet très-éveillé, une grande animation de clair-obscur.

Il est si vrai que l'intelligence de la lumière fait le principal mérite des peintures de Tiepolo que, lorsqu'on les regarde dans les estampes qui en ont été gravées par lui ou par ses fils, on y trouve beaucoup plus d'éclat qu'elles n'en ont sur la toile ou sur la pierre des églises. Je ne sais si Jean-Baptiste fut l'inventeur du genre de gravure qu'il a mis en œuvre et qu'il a si bien enseigné à ses deux fils, Jean-Dominique et Laurent Tiepolo, mais il est sûr que Jean-Baptiste l'a manié en peintre, avec une supériorité véritable et au point de faire école. Ce procédé consiste à n'employer qu'une seule taille ou, pour parler plus exactement, à ne croiser que très-rarement les premières. Il en résulte un certain scintillement de lumière qui est tout à fait agréable et, comme auraient dit Cochin ou Diderot, plein de *ragoût*. La blancheur du papier qui transparaît au travers de ces tailles libres et interrompues, est encore avivée par l'opposition continuelle de ces traits noirs, plus ou moins creusés par l'acide. En évitant de les croiser, Jean-Baptiste Tiepolo (et comme lui Canaletti à Venise, Thomas Wyck à Rome) laisse à la lumière toute sa vibration, et se comporte à l'inverse de Rembrandt. Ce grand maître assourdit la lumière sur presque toute la planche pour y exprimer ou la mélancolie de ses pensées ou la poésie du mystère; il salit ses épreuves, soit au moyen de barbes soulevées par la pointe sèche, soit en prenant soin d'essuyer incomplétement le cuivre à l'impression, et il se ménage ainsi, sur certains points rares, des clairs vifs, des coups de lumière sublimes. Tiepolo, au contraire, ménage le noir, et il le ménage autant que Rembrandt le prodigue; il tient lumineux les trois quarts de la gravure. Frémissante, légère et brisée, la taille de Tiepolo produit dans les demi-clairs un gris argenté qui est plein de charme, un *blond* ravissant. Il semble alors que l'eau-forte a caressé le cuivre au lieu de le mordre. Mais

---

[1] On entend par *valeur*, en peinture, la somme de clair que renferme un ton. L'orangé, par exemple, étant plus clair que le rouge, a plus de valeur. Il peut arriver que deux tons très-différents par la couleur soient égaux en valeur. Tel bleu peut être exactement de la même valeur que tel vert. Il en résulte que le graveur chargé de traduire les couleurs d'un tableau sur une estampe monochrome devra faire abstraction de la couleur pour ne s'attacher qu'à la valeur, exprimer le jaune par une plus grande dose de clair que le rouge ou le bleu, et donner la même importance, c'est-à-dire le même degré de vigueur ou de douceur à deux tons qui seraient de valeur égale. Rubens fut le premier qui fit cette observation, ou plutôt il fut le premier qui en conseilla l'application aux graveurs. On sait quelle école il forma, et comment les Bolswert, les Vosterman et les Pontius firent jouer un superbe rôle de coloration au clair-obscur de leurs estampes.

pour faire valoir ces gris et pour décider le triomphe de la lumière, le peintre vénitien obtient çà et là quelques noirs vifs et profonds, mais presque toujours par un redoublement de morsure, plutôt que par un croisement de tailles, afin de conserver quelque transparence, même aux ombres de la dernière vigueur. Chose étrange ! ce sont les estampes de Jean-Baptiste Tiepolo, c'est-à-dire des tableaux sans couleurs, qui le proclament coloriste, mieux encore que ses peintures; tant il est vrai que ce n'est pas la qualité propre de ses tons qui est remarquable dans sa couleur, mais bien le jeu séduisant du clair-obscur [1].

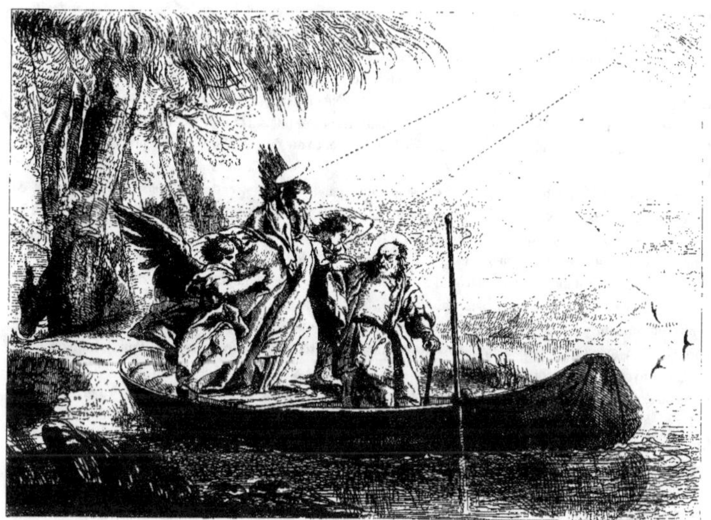

LA FUITE EN ÉGYPTE.

Tiepolo fut-il l'inventeur de ce procédé (si tant est qu'on puisse donner le nom d'invention à ce qui n'est

[1] Le catalogue des estampes de Jean-Baptiste Tiepolo n'a jamais été dressé. Celui que ses fils firent imprimer après sa mort est très-incomplet. Bartsch n'a pas prononcé le nom de Tiepolo; Huber et Rost ont parlé de lui très-sommairement, comme toujours. Nagler seul a décrit, mais incomplétement, l'œuvre des Tiepolo. C'est Nagler que nous suivons ici, en ajoutant à ses renseignements ceux que nous avons puisés au Cabinet des estampes ou ailleurs.

ESTAMPES GRAVÉES PAR JEAN-BAPTISTE TIEPOLO :

1. *L'Annonciation*, d'après le tableau peint par lui-même au couvent d'Aranjuez, en Espagne: pièce in-folio.

2. *L'Adoration des Rois*, d'après le tableau peint par lui-même au couvent d'Aranjuez. Le premier état se distingue à l'absence du nom de *Tiepolo*; grand in-folio. Ce morceau est regardé comme le chef-d'œuvre du maître.

3. Le *Baptême de Constantin*, d'après son tableau: pièce cintrée.

qu'un simple moyen, une nuance dans le travail du graveur)? Je l'ignore ; mais cela est probable, parce que sa manière de graver est une suite naturelle de sa manière de peindre. Antoine Canaletti, qui était né la même année que Tiepolo et qui était son ami, a gravé, lui aussi, d'une seule taille et s'est contenté, pour le noir, de fortifier son travail par une seconde et une troisième morsure. Il est d'ailleurs moins habile graveur que Tiepolo, parce qu'en espaçant beaucoup trop ses tailles, il a produit du vide là où Tiepolo a obtenu du frémissement et de l'éclat. On peut dire que Jean-Baptiste a exagéré cette qualité et l'a convertie en défaut dans la suite des *Divers Caprices* (*Vari Capricci*), qu'il a inventés et gravés je ne sais en quelle année, mais qui furent publiés pour la première fois (je crois) après sa mort, en 1785, et dédiés à Girolamo Manfrin. A force de trembler sa taille, de l'arrêter et de faire dévier la pointe pour éviter la froideur d'une marche régulière, il imprime à sa gravure un caractère singulier de grignotis. S'il traduit un de ses tableaux religieux, comme, par exemple, l'*Annonciation* qu'il avait peinte au couvent d'Aranjuez, ou l'*Adoration des Rois* qui passe pour la pièce capitale de son œuvre, sa main est un peu plus contenue parce qu'elle suit forcément les formes et l'économie de la composition originale. Mais s'il laisse courir sa pointe sur le vernis pour obéir aux fantaisies de son imagination déréglée, comme il l'a fait dans la suite des *Vari Capricci*, son travail se ressent de la fièvre qui le possède ; rien n'y est ferme, arrêté et voulu; la main tremble partout, et partout elle exprime des formes inégales et embrouillées, des objets ruinés et une sorte de vibration lumineuse. Le terrain frémit, le feuillage frissonne, le ciel remue, les draperies ont l'air de guenilles ; les marbres sont frustes, les trônes déchirés, les livres en lambeaux. Tout est fripé, éraillé, écorné, fêlé, rongé, meurtri.

Elle est du reste incompréhensible et conséquemment indescriptible, cette suite de *Caprices*. Tantôt ce sont des allégories obscures qui ne s'expliquent pas même par les symboles que l'artiste y a multipliés. Tantôt ce sont des inventions comme en rêvait le génie fantasque et attristé de Salvator Rosa. Ici, des femmes, des vieillards et un guerrier armé à l'antique regardent avec une curiosité effrayée la Mort qui tourne les feuillets d'un livre; là, parmi des guerriers pensifs, une jeune fille, une Herminie, une Clorinde, agite un drapeau. Dans une autre planche, c'est un cavalier espagnol qui a mis pied à terre pour se défendre contre un ennemi qu'on ne voit point ; dans une autre, c'est une magicienne qui se penche avec mystère à l'oreille d'un aventurier richement vêtu et portant sur la tête une fourrure ornée d'un joyau; ou bien, c'est une nymphe qui tient dans son giron un satyre enfant auprès d'une chèvre; ou bien encore, ce sont des soldats romains qui semblent s'être endormis en lisant l'inscription d'un obélisque en ruines.

Le même dévergondage d'imagination se retrouve dans toutes les peintures purement décoratives de Tiepolo, particulièrement dans ses plafonds; mais il est beaucoup moins sensible, il faut en convenir, et souvent même il disparaît dans ses tableaux religieux, où sa fougue naturelle a été quelque peu contenue, tant par le caractère grave des sujets que par le procédé de la peinture à l'huile, moins rapide et moins entraînant que la fresque. Toujours préoccupé du pittoresque, le peintre a très-rarement recherché l'expression, et c'est exceptionnellement qu'il l'a rencontrée. Algarotti, qui était l'ami de Tiepolo, fait le plus

4. Un religieux à genoux, auquel apparaît un ange tenant l'ostensoir; pièce cintrée par le haut (elle est *attribuée* à Tiepolo.

5. *Saint Pascal*, d'après le tableau peint par l'auteur au couvent d'Aranjuez; in-folio.

6. *Saint Charles*, d'après le tableau peint par le même au couvent d'Aranjuez; in-folio.

7. *Sainte Famille*. On y voit deux anges qui sont comme à cheval sur le berceau de l'enfant Jésus; in-folio oblong en travers.

8. Groupe de différentes têtes d'études pour le *Portement de croix*, tableau de l'auteur, pièce in-8°.

9. *Saint Joseph* avec l'enfant Jésus, demi-figures. Au bas de la droite, le monogramme de J.-B. Tiepolo; in-8°.

10. *L'évangéliste saint Matthieu*. On voit en bas le monogramme du peintre, composé d'un *J*, d'un *B* et d'un *T* entrelacés. Cette pièce fait partie d'une suite des quatre évangélistes dont les trois autres sont gravés par les fils du peintre.

11. Un magicien auprès d'un monument; pièce in-folio.

12-36. *Scherzi di fantasia, in num° 24 dal celebre signore Gio Batta Tiepolo, veneto pittore*, etc. Tel est le titre d'une suite de vingt-quatre pièces numérotées. in-4°, contenant des sujets mythologiques, emblématiques et autres. Cette suite a été réimprimée, en 1785, à Venise, sous ce titre : *Vari Capricci inventati ed incisi dal celebre Gio Battista Tiepolo, novamente pubblicati e dedicati al nobile signore l'ill^{mo} J. Girolamo Manfrin MDCCLXXXV.*

grand éloge du *Martyre de sainte Agathe*, morceau très-admiré d'ailleurs, qui est dans la fameuse église Saint-Antoine, le *Santo*, à Padoue. Au milieu des tourments, pendant que les bourreaux lui arrachent les seins avec des tenailles, la belle martyre exprime la joie de s'unir à Dieu. Pour adoucir l'horreur du spectacle, le peintre a placé auprès de la sainte une figure de jeune fille qui jette gracieusement un voile sur ce sein déchiré et sanglant et, en sauvant la pudeur de la victime, semble diminuer la cruauté du supplice. Mais, encore une fois, l'expression est une qualité si rare chez Tiepolo, qu'on n'en peut parler que pour en déplorer l'absence. Il est assez rare aussi que le peintre vénitien conserve de la tenue et de la dignité, même dans les compositions qui en demandent le plus. Il est donc permis de regarder également comme une exception la belle ordonnance du tableau qui est à Padoue, dans l'église San Giovanni in Verdara, et qui représente la guérison d'un infirme par saint Patrice, évêque d'Irlande. La figure du malade renversé sur le devant forme une opposition de lignes et de couleurs tout à fait heureuse avec celle du prélat qui, revêtu de ses habits pontificaux et assisté par un rayon de lumière d'en haut, apporte au malheureux la santé et la vie. L'expression, ici, est toute matérielle, pour ainsi dire, car elle n'est sensible que dans ce coup de soleil qui est descendu, comme un regard du ciel, sur le miracle du saint évêque, et qui rehausse par un air de triomphe toute la scène qui en est éclairée. A l'exemple de Rembrandt, Tiepolo a tiré cette fois un effet moral des simples jeux de la lumière.

On s'attend bien qu'un artiste organisé comme l'était Jean-Baptiste Tiepolo a dû produire des ouvrages innombrables, car le trait le plus frappant de son génie était une facilité prodigieuse. Pour donner une idée de cette facilité, plus surprenante qu'enviable, Vincenzo da Canal, biographe du Lazzarini, rapporte que Tiepolo fit un jour le pari, qu'il gagna, de peindre en dix heures, et en figures demi-nature, les douze Apôtres recevant la communion des mains de Jésus-Christ. Du reste, on voit de ses œuvres en quantité, non-seulement à Venise et dans le royaume lombard-vénitien, mais en Bavière, où il fut appelé à peindre les chambres et l'escalier du palais épiscopal de Wurtzburg (*Herbipolis*). On en voit aussi à Milan, dans l'église Saint-Ambroise, où il est difficile de ne pas remarquer le *Naufrage de saint Satire*, tableau reprochable pour l'incorrection du dessin et qui, dramatisé par le clair-obscur, se ressent encore de l'imitation du Piazzetta. Enfin, c'est à Madrid que se trouvent un grand nombre de peintures et de fresques exécutées par Tiepolo. Appelé en Espagne, probablement vers 1759, à l'époque où le trône échut à Charles III, prince libéral et artiste, il s'y était rendu avec ses deux fils Domenico et Lorenzo, qui, en peinture ou en gravure, reproduisaient à merveille la manière paternelle. Mariette écrit dans ses notes : « La cour d'Espagne luy a fait un parti très-avantageux, et Dieu sçait combien de plafonds et de murailles vont estre couverts de leurs peintures[1]. » Tiepolo, en effet, ne resta pas inactif. Il peignit tout d'abord, au couvent d'Aranjuez, plusieurs tableaux d'autel : *l'Annonciation*, *l'Adoration des Rois*, *Saint Pascal*, *Saint Charles*, toutes compositions qu'il a pris soin de graver lui-même à l'eau-forte. Il était déjà en grande faveur à la cour, où il partageait la confiance du roi avec Gioaquinto Corrado, lorsqu'en 1761, Raphaël Mengs, sur l'invitation de Charles III, vint travailler dans les résidences royales, en concurrence avec ces deux artistes. On dit que Mengs eut la faiblesse de se montrer jaloux de Tiepolo : nous n'en croyons rien. Ce qu'on aura pris pour de la jalousie était sans doute le mécontentement légitime d'un peintre grave et digne, qui se voyait, lui rattaché aux grandes traditions et tout entier à la philosophie de son art, mis en parallèle avec un génie malsain et bizarre, un improvisateur lâché et incorrect, un décorateur sans frein, sans mesure et sans convenance, en un mot avec un artiste qui devait lui paraître extravagant. Que devait penser, je le demande, un homme aussi grave que Mengs, d'un peintre capable de placer dans un plafond parmi les saints ou les anges, tantôt un hibou perché sur une branche enveloppée d'une draperie volante, tantôt un perroquet dont les couleurs naturelles viennent former une tache que

34.-46. Autre suite de caprices en dix feuilles contenant des ruines et des figures peu intelligibles.

Nota. — Huber et Rost portent au nombre de cinquante-six les pièces gravées par Jean-Baptiste Tiepolo. Nous n'en trouvons que quarante-six.

[1] *Abecedario de P.-J. Mariette et autres notes inédites de cet amateur*, ouvrage publié par MM. Ph. de Chennevières et de Montaiglon. Paris, Dumoulin, 1858-1859.

Tiepolo trouve charmante dans les harmonies optiques de son orchestre? Quoi qu'il en soit, la concurrence entre ces deux hommes si profondément dissemblables, Tiepolo et Mengs, fut maintenue, et le Vénitien eut à décorer les plafonds du château royal de Madrid, la salle des Gardes et même, si j'ai bonne mémoire, quelques chambres de l'Escurial. Cependant Raphaël Mengs eut le titre de premier peintre de la chambre, *primero pintor de camara;* c'est ainsi que l'appelle son biographe, le chevalier d'Azara. Mengs ne resta que deux ans en Espagne, soit pour raisons de santé et de famille, soit parce qu'il lui déplaisait d'être en rivalité avec des artistes plongés en pleine décadence. Il demanda et il obtint la permission de retourner à Rome, et il laissa le champ libre à Tiepolo. Celui-ci demeura en Espagne jusqu'à sa mort, arrivée à Madrid le 27 mars 1770, date inscrite sur le catalogue de ses estampes, imprimé par ses fils.

De ces deux fils, un seul, je crois, a été peintre : c'est Jean-Dominique. Bien qu'il soit connu surtout comme graveur, Dominique, doué des mêmes facultés que son père et imbu de son esprit, a peint dans son genre et a reproduit sa manière assez fidèlement pour qu'il soit possible de s'y méprendre. Comme son père, il eut beaucoup d'aptitude et de goût pour la peinture de plafonds. Il y apporta la même abondance, le même désordre, le même tapage de lumière et de couleurs, la même énergie de mouvements. Sa *Lapidation de saint Étienne* que deux hommes achèvent à coups de pierre, au pied de l'arche d'un pont, est un morceau plein d'animation et de chaleur, à en juger par l'estampe. On montre à Venise un plafond de sa main, et à Brescia la coupole de l'église San Faustino et san Giovita, où il fut aidé par Mengozzi Colonna, peintre d'architecture et d'ornement. Lui-même a gravé plusieurs de ses plafonds, entre autres, le *Triomphe de Vénus, la Vérité et la Sagesse,* l'*Apothéose d'Hercule.* Poussant aussi loin que son père, et plus loin, s'il est possible, l'ostentation du raccourci, Dominique a pris plaisir à estropier ses figures dans les règles, à les déformer selon les exigences de la perspective. Ses dieux plafonnants, ses divinités volantes se montrent sous l'aspect le plus malséant, font voir des cuisses engagées dans les clavicules, des talons qui sortent de la poitrine, des têtes encravatées dans les pectoraux. L'*Apothéose d'Hercule* représente ce héros sur un char traîné par des centaures qu'on voit par le ventre, comme les chevaux de Jules Romain au palais du Té, et qui menacent le spectateur de s'abattre sur le pavé du palais. Semblable à son père sous tous les rapports, Domenico Tiepolo a eu plutôt le sentiment du clair-obscur que celui de la couleur : aussi peut-on dire qu'il est tout entier dans ses gravures, qui, pour le brillant de l'ensemble, le bonheur des morsures et le ton argenté du gris, l'emportent sur celles de Jean-Baptiste [1].

[1] ESTAMPES GRAVÉES PAR DOMENICO TIEPOLO, D'APRÈS SON PÈRE :

1. Prédication de saint Jean au désert.
2. Le *Baptême du Christ.*
3. Les *Noces de Cana.*
4. L'*Assomption de la Vierge.*
5. La Sainte Vierge apparaît à sainte Thérèse.
6. La Vierge apparaît à saint Antoine de Padoue et à saint Antoine ermite.
7. La Prédication de saint Ambroise.
8. *Saint Martin.*
9. Saint Jacques à cheval, avec un nègre enchaîné.
10. Sainte Thérèse apparaît à saint Ambroise et à saint Roch.
11. Les saints de la famille Crotta (*procerum familiâ Crotta sanctorum icones*); suite de portraits sur la même feuille.
12. *Tarquin et Lucrèce.*
13. *Cléopâtre et Antoine* qui lui fait des présents.
14-15. *Les Vertus humaines* et *les Vertus divines;* deux pièces rondes in-4°.
16. *La République de Venise reçoit les présents que lui apporte Neptune;* pièce oblongue en travers.
17. L'*Apothéose de la Peinture et de la Sculpture;* plafond.
18. *Vénus et les Grâces* auprès du Temps, qui tient sur ses genoux l'Amour; plafond.
19. *La Vérité triomphe du Mensonge.*
20. Un homme assis, couronné de lauriers et appuyé sur un lion : au-dessus de lui, la Renommée volante.

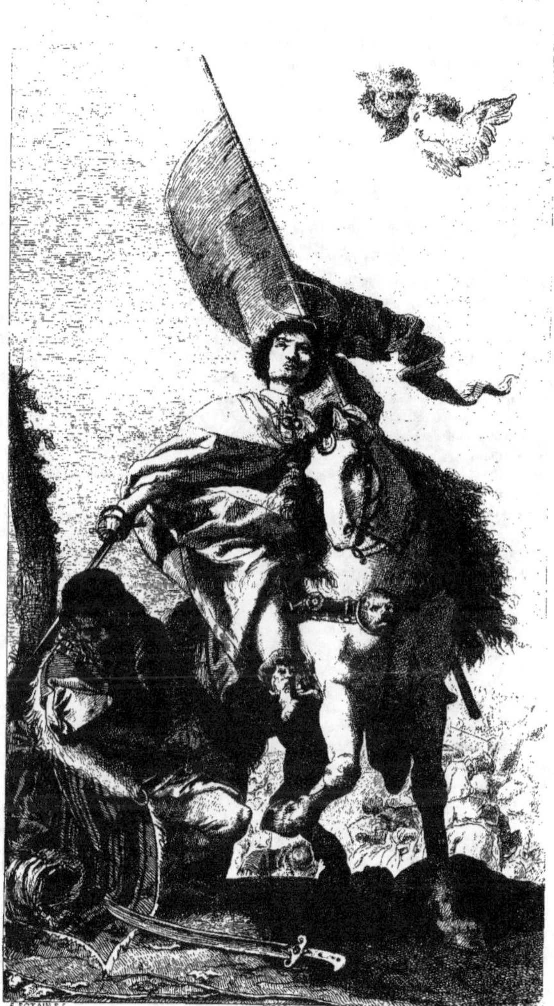

SAINT JACQUES A CHEVAL, AVEC UN NÈGRE ENCHAINÉ

Une idée singulière de Dominique Tiepolo est d'avoir représenté de vingt-cinq manières différentes la *Fuite en Égypte*. Il n'existe peut-être pas dans l'histoire des peintres d'autre exemple d'une fantaisie pareille, et rien ne laisse mieux voir ce qu'était la peinture, en sa décadence, pour ces artistes d'une fécondité stérile, qui la considéraient comme un thème à variations, et, contents de vocaliser brillamment sur un motif quelconque, s'en tenaient au côté instrumental, c'est-à-dire à la surface de leur art. On dirait que Dominique

21. Un jeune homme, armé d'un bouclier, debout devant un vieillard; à droite, en bas, le caducée.

22. Un Fleuve, accompagné de deux femmes et de l'Amour, qui vide l'urne du fleuve.

23. Trois sujets symboliques sur la même feuille; motif de plafond.

24. Deux hommes dans un paysage.

25. Un homme assis parterre, et devant lui une paysanne debout.

ESTAMPES GRAVÉES PAR DOMENICO TIEPOLO, D'APRÈS LUI-MÊME :

26. La *Fuite en Égypte*, pièce à part de la suite dont nous allons parler.

27-54. La *Fuite en Égypte*, suite de vingt-sept pièces, y compris le titre et la dédicace. Les vingt-cinq planches gravées sont des variantes du même sujet retourné de vingt-cinq manières différentes. Le titre est ainsi conçu : *Idee pittoresche sopra la Fugga in Egitto di Giesu, Maria e Giuseppe, opera inventata ed incisa da me Gio Domenico Tiepolo, in corte di Sua Altezza Reverendissima, anno 1753*. L'altesse dont il est question dans ce titre est l'évêque de Wurtzbourg (Herbipolis), duc de la Franconie orientale et prince du saint-empire romain, auquel la suite d'estampes est dédiée en ces termes : *A Sua Altezza Reverendissima Mgr Carlo Filippo, principe del sacro romano Impero, vescovo d'Herbipoli, duca di Franconia orientale*. Le frontispice fait voir une ville et un palais, qui sont la ville et le palais de Wurtsbourg.

55. La Vierge avec l'Enfant et des anges, dans une chambre où saint Joseph entre par la droite.

56. La Cène de Jésus-Christ avec les Apôtres.

57-63. Les *Stations* ou la *Voie de la Croix*; seize pièces (y compris deux titres) d'après les peintures exécutées par l'auteur à San Polo de Venise.

64-67. Les *quatre Évangélistes*. (Nous avons vu qu'une de ces quatre pièces, *Saint Matthieu*, avait été gravée par Jean-Baptiste Tiepolo.)

68. La *Lapidation de saint Étienne*. C'est le morceau dont nous avons parlé.

69. Le *Ravissement de saint Pierre*. Il est porté par deux anges. Dans le fond on aperçoit une ville.

70 *Saint Jérôme Émilien* à genoux devant l'autel.

71. Le *Miracle de saint Jérôme Émilien*.

72. Le *Miracle de saint François de Paule guérissant un moribond*.

73. *Saint Vincent Ferrerio;* demi-figure.

74. *Saint Stanislas Kotska.*

75. *Saint Aloys et sainte Thérèse.*

76. Une sainte à genoux devant un crucifix.

77. Un jeune homme à genoux se confessant à un moine.

78. Un guerrier mourant auquel des anges montrent le ciel.

79. L'*Apothéose d'Hercule;* plafond. — 80. Le *Triomphe de Vénus*. — 81. *La Vérité et la Sagesse*. Grandes pièces.

82. Allégorie sur la gloire d'un prince. Au bas d'une pyramide on voit un tombeau.

83. Une femme portée sur des nuages et couronnée par un génie ailé.

84. Un philosophe entouré de divers attributs.

85-92. Divers sujets de Satyres, de Bacchantes, de Turcs et d'Arabes; suite de huit pièces.

93-102. *Raccolta di teste*. Recueil de têtes dont quelques-unes sont gravées dans le goût de Rembrandt, les autres dans la manière de Castiglione. On en compte trente, y compris les titres et la dédicace.

ESTAMPES GRAVÉES PAR LAURENT TIEPOLO, D'APRÈS SON PÈRE :

1. *Dieu le Père* dans une gloire d'anges apparaît à une Sainte qui l'implore pour des pestiférés; grand in-folio.

2. *L'Enfant Jésus*, soutenu par des anges sur des nuages, est adoré par deux saints. Dans le haut, apparaît Dieu le Père.

3. *Ulysse* sur les genoux de Calypso.

4. Plafond mythologique où l'on voit, entre autres figures, Mercure et le Temps, plus un perroquet perché sur une ruine.

5. Grand plafond avec un obélisque et nombre de figures, parmi lesquelles une Renommée, plus un hibou.

6. *Armide et Renaud* dans un paysage. Au fond, les deux guerriers qui viennent chercher Renaud.

7-11. Cinq pièces, grand in-4°, relatives au roman de l'Arioste, *Angélique et Médor*. Cette suite est-elle complète? Nous

Tiepolo a fait la gageure de ne pas fatiguer le spectateur en lui présentant vingt-cinq fois de suite la même scène différemment éclairée, différemment conçue. Cette gageure, il ne l'a pas entièrement gagnée, car ses variantes, tout ingénieuses qu'elles sont, finissent par lasser le dilettante. Et à ce propos, il nous souvient qu'étant à Venise, chez M. Corniani d'Algarotti, cet amateur, héritier médiat de l'illustre Algarotti, nous montra environ cinq cents dessins de Jean-Baptiste et de Dominique Tiepolo. Parmi ces dessins, que les Tiepolo avaient improvisés le soir, à la lampe, sur la table d'Algarotti, se trouvaient de nombreuses esquisses, lavées au bistre ou à l'encre de Chine, et qui ont été gravées par Dominique dans le cahier des *Fuites en Égypte*. Avant d'avoir tout vu, nous fûmes pris, mon compagnon et moi, d'une lassitude inexprimable, parce que le regard se fatigue bien vite de ce qui ne touche pas le cœur ou ne parle pas à l'esprit. Cette sainte Famille, surtout, qui reparaissait continuellement avec l'âne et avec un ange ou des anges, devenait comme un groupe d'objets mouvants, que le peintre avait tournés et retournés à la lumière et au gré de son caprice. Les fugitifs sont représentés tantôt dans un paysage héroïque, orné de statues païennes à demi mutilées, tantôt dans une campagne agreste et montueuse où grimpent des chèvres, tantôt au moment où ils s'embarquent avec une troupe d'anges, parmi les cygnes du fleuve, tantôt enfin escortés par un troupeau de moutons que le berger pousse devant lui, ou bien poursuivis par les prêtres et les femmes des villages où ils ont fait halte. Çà et là volent des chérubins dont la présence divinise les voyageurs, et des palmiers qui s'élèvent par intervalle marquent la géographie du voyage. Bien que le côté pittoresque soit le mérite presque unique de ces eaux-fortes, où la lumière scintille, où vibre l'esprit de la pointe, il y a pourtant dans les figures d'anges une certaine grâce qui tient lieu de sentiment, et dans les draperies une simplicité qui rappelle les gravures en bois d'Albert Dürer et ses camelots roides, aux plis rares, nets et de bon goût.

De Laurent Tiepolo, nous ne savons rien, si ce n'est qu'il a gravé plusieurs pièces d'après son père, et quelques autres morceaux qui, ne portant pas le nom de l'original, ont peut-être été exécutés par lui sur son propre dessin. Hormis l'estampe d'*Armide et Renaud*, qui est gravée dans la manière vive et claire de Dominique, Laurent nous paraît moins habile graveur que son frère; il a un travail moins aisé et moins net ; il est plus embrouillé dans ses morsures, plus lourd dans ses noirs. Toutefois ses gravures ne déparent pas l'œuvre des deux Tiepolo. Cet œuvre précieux pour les peintres, parce qu'ils y voient tous les drames du clair-obscur, est aussi une excellente école pour les graveurs à l'eau-forte, qui peuvent y apprendre l'art de ménager leurs planches et de briller à peu de frais. Jean-Baptiste et Dominique Tiepolo sont les derniers astres de la décadence italienne. Au nombre des estampes gravées d'après Jean-Baptiste, se trouvent de jolis tableaux de conversations, de mascarades et de charlatans, qui ne sont pas sans intérêt sous le rapport des mœurs et des costumes de Venise, costumes et mœurs qui sont encore plus exactement peints dans l'œuvre de Pietro Longhi. L'école de Venise, comme toutes les autres, a fini, dans la personne des Tiepolo, par la recherche des qualités purement extérieures; elle a fini par l'esprit et la coquetterie de la touche, par le sacrifice du dessin aux jeux brillants et optiques de la couleur, et par une peinture insignifiante qui se réduit à n'être qu'une amusante combinaison de lumières et d'ombres.

CHARLES BLANC.

pérons, aucun catalogue n'ayant été dressé des estampes de Laurent. Quelques-unes de ces pièces sont plus mal dessinées que les autres, particulièrement celle qui représente le chevalier venant délivrer Angélique. On peut supposer que Laurent est l'auteur de celles-là. Elles sont toutes, au surplus, d'un caractère plus rassis et plus calme que les estampes composées par Jean-Baptiste et Dominique.

JEAN-BAPTISTE TIEPOLO.

Il n'existe au Musée du Louvre aucun tableau de Jean-Baptiste Tiepolo ; les toiles de ces deux peintres sont d'ailleurs fort rares, parce qu'ils ont travaillé surtout à fresque et qu'ils ont fait beaucoup plus de plafonds que de tableaux. On trouve en revanche beaucoup de leurs dessins, lavés de bistre, chez les amateurs et les marchands.

La princesse Mathilde, dans son hôtel de la rue de Courcelles, possède de J.-B. Tiepolo deux tableaux de chevalet, représentant des mascarades vénitiennes, tableaux de la plus jolie couleur et pleins d'esprit.

VENISE. — Aux Carmelitani Scalzi, le plafond de la chapelle de sainte Thérèse, la chapelle du Crucifix et le grand plafond de l'église, sont de la main de Jean-Baptiste. Le plafond représente la maison de Lorette portée par des anges.

A Sant'Apollinare, dans la chapelle del Carmine, *la Vierge et plusieurs saints* de l'ordre des Carmes, avec les âmes du purgatoire.

A San Polo, *Saint Paul devant le tyran* ; c'est un des premiers tableaux de Jean-Baptiste.

A San Eustachio, *le Martyre de saint Barthélemy.*

A San Teodoro, les figures de *saint Pierre* et de *saint Paul.*

A l'Ospedaletto, dans l'église, deux *Prophètes* et le *Sacrifice d'Abraham.*

Dans l'église des Dominicains *alle Zattere*, le soffite, peint par Tiepolo, représente saint Dominique distribuant le rosaire à diverses personnes. Dans la même, un tableau de la Vierge avec trois saints de l'ordre de saint Dominique.

A San Giuliano, *la Vierge et saint Joseph* sur le pilastre du maître-autel.

A la Trinità, un *Saint François.*

A Santa Maria di Conzolazione, *Sainte Anne avec la Vierge et saint Joachim*, ouvrage très-estimé.

Aux Santi Apostoli, *la Communion d'une sainte.*

A Sant'Alvise, dans la chapelle majeure, *le Christ au Calvaire ;* à gauche, la *Flagellation* avec le *Couronnement d'épines.*

A la Scuola del Carmine, tout le plafond : la *Vierge glorieuse* avec divers compartiments remplis de pieuses allégories.

A San Cosma e San Damiano, tout le chœur, le *Serpent d'airain.*

A L'ACADÉMIE DES BEAUX-ARTS, le plafond, où est représentée l'Invention de la Croix, et qui avait été peint primitivement aux Capucins, à Castello.

AU PALAIS DUCAL. — Dans la salle des Quatre Portes, *Venise reçoit les présents de Neptune*, tableau oblong en travers, qui fut peint pour remplacer une ancienne peinture ruinée par le temps.

On voit encore des ouvrages de Tiepolo le père dans d'autres églises : à San Martino, *Sainte Cécile avec des anges ;* à Sant'Antonino, dans la voûte, *Saint Jean et saint Luc ;* à Santa Trinità, un *Saint François aux stigmates.*

Au palais Dolfino, près San Pantaleone, dix grands tableaux : les *Batailles* et les *Triomphes de Coriolan.*

Au palais Sandi, dans le plafond, quatre allégories de *l'Éloquence*, et un tableau d'*Ulysse découvrant Achille chez Lycomède.*

Au palais Buglioni, à San Cassiano, une salle peinte à fresque.

Chez Jacopo Zorzi, aux Zattere, se trouvait en 1809 un *Enlèvement des Sabines.*

Dans la maison Zenobio, diverses histoires dans une salle divisée en compartiments, ouvrage de la jeunesse du peintre.

PADOUE. — Au Santo (c'est-à-dire à l'église Saint-Antoine), le *Martyre de sainte Agathe.*

A San Prodoscimo, église des Bénédictins, *Saint Joseph* tenant l'enfant Jésus sur un piédestal.

A San Giovanni di Verdara, à casa di Dio, *Saint Patrice*, évêque d'Irlande, guérit un infirme.

A Santa Lucia, une figure de *Saint Luc* sur la porte du Campanile.

A San Massimo, *Saint Jean-Baptiste au désert*, sur l'autel à droite ; sur l'autel en face, le *Repos en Égypte* (gravé par Crivellari) ; sur le maître-autel, le saint évêque titulaire priant devant le roi Oswald.

UDINE. — Dans la cathédrale, des figures d'anges en clair-obscur et autres décorations.

Dans la galerie Dolfino, le tableau que nous avons indiqué dans la notice.

VASCON. — Dans le Trévisan, l'histoire de sainte Lucie sur la voûte de l'église, ouvrage qui n'est pas mentionné dans les *Memorie Trevigiane.*

BIADENE. — Même contrée, un ouvrage à fresque dans l'église de l'Assomption, ouvrage qui n'est pas non plus mentionné dans les *Memorie.*

MILAN. — Dans l'église Saint-Ambroise, le *Naufrage de saint Satire.*

DOMINIQUE TIEPOLO.

Le Louvre ne possède aucune de ses peintures.

VENISE. — A San Polo, la suite des stations en quatorze tableaux (ils ont été gravés par le peintre), plus le plafond de l'église.

PADOUE. — A Sant'Agnese, *la Vierge et l'Enfant* avec saint Joseph et deux saintes. Tableau signé : *Dom. Tiepolo F.* 1777.

BRESCIA. — Dans l'église San Faustino et San Giovita, les peintures de la coupole ; elles furent exécutées en 1745.

LAURENT TIEPOLO.

Nous ne connaissons de lui que des gravures.

VENTE HEINECKEN, 1757. — Le *Triomphe de Flore*, tableau de Jean-Baptiste. (Il est mentionné dans le *Trésor de la Curiosité*, comme ayant 27 pouces sur 36.) 1200 livres.

VENTE POULAIN, 1803. — Deux dessins de Tiepolo (lequel ?) représentant des martyrs : ils sont à la plume, lavés de bistre et larges d'effet, et proviennent du cabinet Vassal Saint-Hubert. 110 francs.

PARIS. — IMPRIMERIE POITEVIN, RUE DAMIETTE, 2 ET 4.

APPENDICE

DE L'ÉCOLE VÉNITIENNE

LUIGI VIVARINO (L'ancien)

FLORISSAIT EN 1414.

Quatre peintres ont illustré le nom de Vivarino, et l'un des quatre et même les deux derniers, Bartolommeo et Alvise, ont été des artistes d'un grand mérite. Mais l'histoire de la peinture vénitienne a été écrite à des époques où l'on n'avait aucune estime pour les peintres primitifs, parce qu'on les regardait comme ces fruits verts dont on redoute l'âpreté. Aussi les biographes de Venise, Boschini, Ridolfi, Moschini, Zanetti, n'ont-ils parlé des Vivarino que très-sommairement.

Le plus ancien de ce nom était Luigi Vivarino, qui florissait au commencement du quinzième siècle, et qui, né dans l'île de Murano, était l'élève d'Andrea de Murano. Il existe dans la sacristie de l'église Saints-Jean-et-Paul (*San Zanipolo*), à Venise, un tableau de Luigi qui porte sa signature avec la date de 1414. Mais comme ce tableau a été restauré et agrandi, on a révoqué en doute l'authenticité de l'inscription, et Lanzi a pensé que l'artiste qu'on y appelait Luigi Vivarino pouvait bien être un autre Luigi du même nom qui s'était fait connaître vers la fin du quinzième siècle. Maintenant, les doutes de Lanzi paraissent avoir été éclaircis par Zanotto, lequel, après avoir vérifié soigneusement l'inscription du tableau de 1414, en compagnie de quelques experts, a reconnu avec eux que le restaurateur chargé d'agrandir le panneau avait pris soin de rétablir sur la droite l'inscription ancienne, dont l'authenticité était incontestable. Au surplus, Ridolfi n'hésite pas à constater l'existence de Luigi Vivarino l'ancien et lui attribue le tableau de 1414, qui représentait le *Christ portant sa croix*, tableau qu'il avait vu avant qu'on ne l'eût restauré. Le même écrivain mentionne un autre ouvrage de Luigi, placé dans la scuola di San Girolamo. On y voit saint Jérôme caressant son lion et regardant ses frères qui s'enfuient épouvantés dans leur monastère, d'architecture romaine. Au loin, on aperçoit une belle église devant laquelle passe un fleuve. « Les figures, dit Zanetti, sont bien inventées, bien distribuées, et elles portent leurs habits avec beaucoup de naturel. Luigi était vraiment né pour la peinture, comme le prouve ici l'expression vive et pittoresque du fait représenté. Toutefois, bien que son génie, encore emprisonné dans la barbarie du vieux style, en eût conservé les accents durs et l'insipide couleur, *sciapito modo di colorire*, il serait grand dommage que ce morceau de Luigi Vivarino, un des premiers qui aient été peints sur toile, fût entièrement perdu, après avoir été si endommagé, car il constate, entre autres choses, que la bonne architecture parmi nous était déjà renaissante au commencement du quinzième siècle, ainsi que le prouve la perspective, dont la notion s'était rapidement propagée. »

Dans la même église, Luigi Vivarino l'ancien peignit en cinq compartiments le maître-autel, ensuite le plafond; puis il exécuta tout autour de la scuola une frise de rinceaux en clair-obscur; mais ces ouvrages ont péri, sauf les figures de saint Jean et de saint Augustin qui faisaient partie des peintures de l'autel, et un Père éternel qui s'est conservé dans la voûte, malgré les réparations qu'on y a faites.

Indépendamment des tableaux que nous avons mentionnés ci-dessus, Zanetti signale un ouvrage de Luigi Vivarino l'ancien comme se trouvant dans l'église San Basilio, à Venise. Ce sont deux figures de saints qui avaient décoré les portes du vieil orgue et qui avaient été signalées déjà par Boschini.

GALERIE BRERA, à Milan. — Un *Buste du Christ*, grandeur naturelle.

ANTONIO VIVARINO

FLORISSAIT DE 1444 A 1451.

Suivant Ridolfi, Antonio Vivarino avait un frère nommé Giovanni qui était son collaborateur. Mais il paraît aujourd'hui constant que ce prétendu Giovanni n'est autre que Giovanni d'Alemania ou Alemanus, c'est-à-dire Jean l'Allemand. Il existe, en effet, tant à Venise qu'à Padoue, plusieurs ouvrages qui sont signés de ces deux noms, Jean d'Allemagne et Antoine de Murano. D'autre part, Brandolese, l'intelligent auteur du *Guide de Padoue*[1], a établi, avec la plus saine critique, dans un opuscule mentionné par Lanzi[2], que l'existence de Giovanni Vivarino était fort douteuse. Pour la certifier, on s'appuyait sur un tableau de la galerie Molin, à Venise, qui portait l'inscription : *Johannes Vivarinus*. Mais au commencement de ce siècle, Lanzi, assisté de quelques connaisseurs dont l'autorité était reconnue, expertisa soigneusement la signature en question, et il fut avéré que l'inscription en caractères tudesques mêlés de romains, était l'œuvre d'un faussaire assez maladroit, qui avait copié presque tous les caractères d'après une pièce écrite en gothique sur le tableau même.

Il serait, au surplus, bien peu vraisemblable qu'Antonio Vivarino eût travaillé constamment en collaboration, tantôt avec Jean son frère, tantôt avec un autre Jean qui serait Jean d'Allemagne. Ce qui a pu faire naître l'erreur que Lanzi et Brandolese ont fortement combattue, c'est qu'un tableau représentant le *Couronnement de la Vierge*, à San Pantaleone de Venise, est signé (outre le nom du sculpteur Cristofolo de Ferara, qui a taillé les ornements) *Zuane e Antonio de Muran pense 1444*. Mais la preuve, au moins selon nous, que ce Zuane n'est pas un Vivarino, c'est que son nom reparait l'année suivante, toujours associé à celui d'Antonio, dans la signature que voici : *1445, Johannes de Alemania et Antonius de Murano p.* Il y a plus : l'église San Francesco Grande, à Padoue, renferme une *Nativité* à compartiments peinte en 1447, et sur laquelle on lit (encore avec le nom du sculpteur ou graveur Cristofolo de Ferara) *MCCCCXLVII, Antonio da Muran e Zoane Alemanus p.* Il n'est donc guère permis de douter que ce Jean d'Allemagne, dont le nom embarrassait Zanetti, ne soit précisément le même peintre qu'on appelait Jean Vivarino.

Pour ce qui est d'Antonio, il est assez probable qu'il était le fils de Luigi Vivarino l'ancien, à en juger par les quelque trente ans qui les séparent. Antonio, du reste, ne mourut pas en 1440, comme l'assure par erreur Ridolfi, qui le dit enterré dans l'église Saint-Apollinaire, *Sant' Aponale*, puisque les trois tableaux signés par Jean d'Allemagne et par lui furent peints en 1444, 1445 et 1447. Enfin une quatrième inscription, à la date de 1451, et dont nous parlerons plus bas, constate qu'il vivait encore en cette année-là. Quant à son talent de peintre, on ne peut le comparer ni à Bartolommeo Vivarino, son frère, duquel nous allons nous occuper, ni à Luigi Vivarino, qui fut sans doute son père ou son oncle. Antonio reste inférieur à tous les deux. Il se distingue par une heureuse disposition des figures et par un fini précieux qui adoucit et parfond les couleurs.

Les raisonnements de Lanzi, déjà combattus par Moschini dans un opuscule sur l'île de Murano[3], l'ont été de nouveau par Zanotto dans son grand ouvrage sur les tableaux de l'Académie de Venise[4], et les savants commentateurs de l'édition florentine paraissent s'être rangés à l'opinion de ces deux critiques; mais ni les arguments des uns, ni l'adhésion des autres, ne nous ont pour notre part convaincu.

---

[1] *Pitture, Scultore e Architetture di Padova.* In Padova, 1795.

[2] *Dubbi sull' esistenza del pittore Giovanni Vivarino, da Murano, nuovamente confermati, et confutazione d'una recente pretesa autorità per confermarli.* Padova, 1807.

[3] Ce très-rare opuscule est intitulé : *Dell' Isola di Murano, narrazione di G. Moschini, nelle nozze Varano. Dolfin.* Venezia. Palese. 1807.

[4] *Pinacoteca dell' Accademia Veneta delle Belle Arti illustrata.*

Aucun ouvrage de ce maître et de son collaborateur constant ne se trouve au Musée du Louvre.

Venise. — A l'Académie, *le Couronnement de la Vierge*, avec une infinité de saints et de saintes. On lit au bas sur un ruban volant : Joanes et Antonius de Murano. P. mccccxxxx. Ce tableau, gravé dans la *Pinacoteca* de Zanotto, est celui qui fut donné à l'Académie par Ascanio Molin, et dont la signature fut expertisée par Lanzi et déclarée fausse.

A San Pantaleone, autre *Couronnement de la Vierge*, au milieu de plusieurs saints dans le paradis. On lit : Cristofolo de Ferara intaia c'est-à-dire Christophe de Ferrare a taillé les ornements, Zcan e Antonio de Muran pense 1444.

A San Zaccharia, un tableau à trois compartiments, riche de sculptures et d'ornements en or. Celui du milieu, représentant *Notre-Dame du Rosaire* couronnée par les anges, avec saint Dominique et sainte Rose, est un ouvrage moderne. Dans les compartiments latéraux, *Saint Marc* et *Sainte Élisabeth* ; aux extrémités, deux statuettes sculptées et revêtues de vêtements dorés. Un fragment d'inscription porte les noms de Jean et Antoine de Murano ; mais la date n'y est plus. La face de derrière est également peinte et se divise en quatre rangs, qui sont eux-mêmes divisés en trois, en sept, en huit compartiments, et l'ordre inférieur est orné aux angles d'un enfant à chaque côté, avec le nom de Joanes. Ces compartiments sont occupés par des figures de saints et de papes. L'ordre supérieur représente une *Déposition de croix*, avec un ange qui recueille le sang du Christ dans un calice, et dans chacune des parties latérales, un ange en adoration.

Le tableau qui est à l'autel de droite est divisé en deux ordres de compartiments. Le milieu du rang supérieur représente un *Ange* sur une petite porte ; il tient dans sa main l'inscription : *Hic est sanguis Christi*. Dans le rang inférieur, saint Sébastien vêtu en chevalier, portant ses flèches à la main ; puis saint Jérôme, et au milieu sainte Sabine saluée par quatre anges. Johanes et Antonivs de Mvrano pinxervnt. 1445. mense octobris. Cet ouvrage fut commandé par Marguerite Donato, abbesse du monastère.

A un autre autel sont deux peintures sur fond noir qui portent la même signature avec indication de la même année et du même mois.

A San Giorgio Maggiore, on voyait dans la sacristie *Saint Georges* et *Saint Étienne*, figures séparées, de grandeur naturelle. Les deux inscriptions réunies formaient Johannes de Alemania et Antonivs de Mvrano. p. Ces deux morceaux, mentionnés par Zanetti, ne sont plus dans l'église.

A l'Académie de Venise, la *Vierge* sous un baldaquin soutenu par quatre anges, entourée des Pères de l'Église. Ce tableau provient de la scuola della Carità. Il est signé et daté de 1446. Johanes est appelé *Alemanus* au lieu de *de Alemania*. Zanotto l'a fait graver dans son grand recueil.

Antonio Vivarino a travaillé aussi en collaboration avec son frère Bartolommeo, comme nous le dirons tout à l'heure.

BARTOLOMMEO VIVARINO

FLORISSAIT DE 1451 A 1498.

C'est le plus habile des Vivarini. Qu'il fût le frère d'Antonio, cela est prouvé par l'inscription d'un tableau de 1451, qui est à Padoue dans l'église San Francesco Grande, inscription ainsi conçue : mcccli. Antonivs et Bartholommevs frater de Mvrano pinxervnt hoc opvs. Ce tableau est divisé en deux ordres superposés de cinq compartiments, contenant chacun une figure de saint, et au-dessus desquels est peint un Christ mort. On n'était pas encore délivré de la gothique méthode qui consistait à emprisonner les personnages, un à un, dans les divisions d'un cadre, faute de savoir les grouper dans une ordonnance. Mais si Bartolommeo n'eut pas l'art et la hardiesse de composer autrement que les peintres primitifs, en revanche, il sut mettre beaucoup de caractère dans ses héros chrétiens, et de la grandeur. Il nous souvient qu'à notre seconde excursion à Venise, résolu cette fois à étudier de préférence les maîtres incunables que nous avions négligés dans notre premier voyage, nous allâmes visiter l'église des Frari, particulièrement pour y voir quelques célèbres morceaux de Bartolommeo. A distance, un de ces morceaux, celui de la chapelle Cornara, nous produisit l'effet d'un Mantegna, et quel plus grand éloge en pouvons-nous faire ? Nous ne fûmes détrompé qu'en montant sur des tables pour examiner de près la peinture. On y lit distinctement : Opvs factvm Bartolommeo Vivarini de Mvrano. mccclxxiv. C'est un triptyque dont le panneau central représente saint Marc, assis sur une espèce de trône, au pied duquel deux anges assis font de la musique ; circonstance remarquable, car suivant l'usage des vieux peintres, les concerts de séraphins étaient exclusivement réservés à la Madone. Saint Jean et saint Jérôme d'un côté, saint Paul et saint Nicolas de l'autre, accompagnent le principal personnage. Ce sont des figures caractérisées profondément, avec un mélange de candeur et de fierté, hautes en couleur, dessinées d'une main mâle et cernées de ces contours encore tranchants, qui écrivent la forme avec résolution, et la gravent dans l'esprit avec énergie. La majesté imposante de saint Marc et des apôtres, la grâce des anges, la consistance et l'éclat du tout ensemble, nous frappèrent au point que voulant prendre une note rapide de nos impressions, nous écrivîmes sur notre calepin de voyage ces seuls mots : *de toute beauté*.

Bartolommeo ayant commencé de peindre avec son frère aîné Antonio, au moins en 1451, devait être du même âge que Jean Bellin. Zanetti estime qu'il était même plus âgé, car il dit : « Ce Vivarino mérite un rang honorable parmi les premiers qui peignirent à l'huile. Soit qu'il tînt le secret de Jean Bellin, soit qu'il lui fût venu d'autre part, il précéda ce maître, étant plus âgé que lui : *Dee questo andar avanti, per essere maggior d'età.* » Le fait est que son premier tableau à l'huile, qui est dans l'église Saints-Jean-et-Paul, est daté de 1473. Il est divisé en dix compartiments, dont quatre ronds et six rectangulaires sur deux rangs. Si ce tableau n'est pas la plus ancienne peinture à l'huile faite par un Vénitien, c'est du moins une des plus anciennes ; mais ce n'est pas le meilleur ouvrage de Bartolommeo [1]. On préfère avec raison le triptyque de Santa Maria Formosa, qui est daté de l'année 1473. L'artiste, par exception cette fois, ne s'est pas borné à peindre ses figures une à une et isolées dans un cadre à part ; il a représenté dans un des volets la rencontre de sainte Anne et de saint Joachim, dans l'autre la naissance de la Vierge, le tout conçu avec assez de goût, exécuté avec amour et d'une belle couleur.

Presque tous les tableaux de Bartolommeo étant signés, on peut suivre les progrès de sa manière, qui ne cessa de s'améliorer. La dernière date connue de ses œuvres est 1498 ; elle était encore lisible, au temps de Boschini, sur une *Résurrection du Christ* qui appartient à l'église San Giovanni in Bragora, et qui est placée à gauche du maître-autel. Le dessin en est élégant et même svelte. Les couleurs y sont plus doucement fondues et le clair-obscur en est mieux compris. Il était du reste arrivé à une grande réputation, et il ne fallait rien moins que Jean Bellin, Giorgione et Titien pour le faire oublier.

Par allusion à son nom de Vivarino, qui signifie en italien *chardonneret*, Bartolommeo a souvent introduit cet oiseau dans ses peintures. C'est une autre manière de les signer. Dans les commencements, il peignait sur fond d'or.

Le Musée du Louvre ne possède aucun ouvrage de Bartolommeo Vivarino.

VENISE. — A l'Académie, un tableau à compartiments, au nombre de cinq. La *Vierge* au milieu ; saint Jean-Baptiste et saint Pierre d'un côté, saint André et saint Dominique de l'autre. Peinture en détrempe, sur fond d'or, excessivement finie, signée : OPUS BARTOLOMEI VIVARINI DE MVRANO. MCCCCLXXIII, et provenant de l'église de la Certosa (Chartreuse', île voisine de Venise.

Sainte Marie-Madeleine, morceau provenant de l'église San Geminiano, et peint, selon Zanetti, en 1490. Cette date n'est pas énoncée dans le catalogue de l'Académie. — *Sainte Barbe*, morceau provenant du couvent dei Miracoli. Il est signé et daté de 1490, et paraît avoir été séparé du précédent, car dans la description de Zanetti, les deux saintes sont réunies et désignées comme se trouvant à San Geminiano.

Sainte Claire, provenant du même couvent dei Miracoli.

A San Zanipolo (église Saints-Jean-et-Paul), le *Saint Augustin* au milieu de plusieurs saints en divers compartiments. C'est le tableau qu'on regarde comme la première peinture à l'huile exécutée à Venise. Il est daté de 1473 (et non de 1422).

La même église renferme un grand tableau d'autel en neuf compartiments, qui a beaucoup de parenté avec les ouvrages de Mantegna, au point que le Christ mort avec des anges, peint par ce grand peintre dans une composition qui est au musée de Berlin, se trouve répété ici avec de très légères différences seulement.

Dans cette église sont des vitraux qui ont été peints sur les cartons des Vivarini, et particulièrement de Bartolommeo.

A l'église des Frari, *la Vierge et l'Enfant* dans un panneau central, entre saint Pierre et saint Paul, saint André et saint Nicolas. Tableau signé et daté de 1487, selon Zanetti, de 1482, selon le *Guide* de Bassaglia, et selon les annotateurs florentins du Vasari de Lemonnier.

Dans la chapelle des Cornaro, *Saint Marc assis*, avec quatre saints. Tableau signé et daté, comme nous l'avons dit plus haut, de 1474.

A Santa Eufemia della Giudecca, une *Vierge en gloire* sur fond d'or ; au-dessous *saint Roch*. (Selon Zanetti, ce tableau est de trois compartiments, contenant *Saint Roch, Saint Sébastien* et *Saint Louis* : sa description n'est donc pas d'accord avec celle des annotateurs actuels de Vasari, auxquels nous empruntons cette variante.)

A San Giovanni in Bragora, *la Résurrection du Christ* tableau cité par Lanzi. Au temps de Marco Boschini, on y lisait la date de 1498, mais déjà, au siècle dernier, cette date était perdue.

A Santa Maria Formosa, *la Vierge protégeant des fidèles*, elle les recueille sous son manteau. *La Naissance de la Vierge*, dans le compartiment de gauche ; *la Rencontre de*

---

[1] Boschini donne par erreur à ce tableau la date de 1422, qui est une date impossible, puisqu'à cette époque, en supposant que Bartolommeo fût déjà né, la peinture à l'huile n'était pas encore importée en Italie. L'erreur de Boschini provient de ce que en lisant MCCCCLXXIII il a pris un L (cinquante) pour un I.

saint *Joachim et de sainte Anne*, dans celui de droite. Peint en 1473, suivant les annotateurs déjà cités, et en 1475, selon Zanetti.

Dans l'église degli Angeli, à Murano, une *Madone avec des anges*.

Dans la galerie de Gasparo Craglietti, se trouvait une *Madone avec l'Enfant endormi* sur un trône avec plusieurs saints à droite et à gauche, entre autres sainte Lucie et sainte Catherine, à genoux. Deux anges couronnent la Vierge, et le Père éternel apparaît au milieu d'une troupe d'anges. Signé et daté de 1475. La galerie Gasparo Craglietti ayant été vendue, on ne sait où est passée cette peinture.

PADOUE. — A San Francesco Grande, tableau divisé en deux ordres de compartiments, avec cinq figures de saints dans chacun, et au-dessus *le Christ mort*. Il a été peint par Barthélemy, en collaboration avec son frère Antoine, en 1451, comme le dit l'inscription : MCCCCLI. ANTONIVS ET BARTHO-LOMEVS FRATRES DE MVRANO PINXERVNT HOC OPVS.

Dans l'église de la Certosa, à deux milles hors de la porte Codalunga, un tableau signé : *Opus factum Venetiis per Bartholomaeum Vivarinvm de Mvrano, 1475*. Selon Moschini, ce morceau fut acheté par le consul anglais en 1775 et expédié à Londres. On en a perdu la trace.

NAPLES. — Au musée Royal, la *Vierge sur un trône* avec son Fils endormi sur ses genoux, entre quatre saints, plus une gloire où sont quatre bustes de saints et saintes. On y lit : *Opus Bartolomei Vivarini de Mvrano, 1465*, d'autres ont lu 1469. Gravé par Rosini dans la planche LXVII de son *Histoire de la Peinture italienne*.

BOLOGNE. — A la Pinacothèque, autre *Vierge avec l'Enfant endormi*, et sept ou huit saints, avec l'inscription : ANNO DOMINI MCCCCL, HOC OPVS INCEPTVM FVIT VENETIIS ET PERFECTVM AB ANTONIO ET BARTHOLOMEO DE MVRANO. NICOLAO V PONT. MAX. OB MONVMENTVM R. P. D. NICOLAI CARD. TIT. SANCTÆ CRVCIS. Cet ouvrage, donné par le pape Nicolas V à la Chartreuse de Bologne, en mémoire du B. Nicolo Albergati, a été gravé par Rosini dans la planche LXI de son *Histoire*.

LONDRES. — A la National Gallery, *la Vierge et l'Enfant*. L'Enfant est sur un coussin dans les bras de sa mère. Derrière eux, debout, de chaque côté, *saint Paul* tenant son épée, et *saint Jérôme* tenant un livre. Figures de grandeur naturelle, sur fond d'or. On lit au bas : *Opus Bartolomei Vicarini de Mvrano*. Cette peinture, en détrempe sur bois, provient de la galerie Contarini; elle est décrite amplement dans les *Atti dell' Accademia Veneta*, 1817, page 53. Elle a été achetée à Venise du comte Bernardino Corniani d'Algarotti, en 1855.

CARLO CRIVELLI

NÉ VERS 1425. — VIVAIT ENCORE EN 1495.

Bien qu'on ne sache rien de précis touchant la naissance et la mort de Carlo Crivelli, on peut, d'après les inscriptions que portent ses tableaux, placer la date de sa naissance vers 1425, et la date de sa mort postérieurement à l'année 1495. Les mêmes inscriptions contenant toujours la qualification de *Venetus* (Vénitien), nous apprennent que ce peintre était de Venise. Selon Ridolfi, Crivelli fut l'élève de Jacobello del Fiore. Or, celui-ci étant mort, selon toute apparence, peu d'années après 1436 — il était déjà le doyen des peintres en 1415 — Carlo Crivelli, pour avoir pu recevoir ses leçons, devait être né au plus tard en 1425. D'autre part, des diverses dates inscrites par lui sur ses peintures, la dernière connue est celle de 1495. Elle est marquée sur un tableau de sa main qui est à Londres, dans la galerie Grosvenor. On peut donc supposer qu'il n'a pas de beaucoup survécu à cet ouvrage, d'autant que son style appartient tout entier au quinzième siècle, et rappelle même par certains côtés la barbarie des siècles précédents.

Je dis la barbarie, parce qu'il y en a certainement à incruster dans une peinture des objets en relief véritable, comme sont les bracelets et la couronne de la *Vierge* que Crivelli avait peinte pour les pères dominicains de Camerino, et qui est aujourd'hui à Milan, au Musée Brera. Rien n'est plus contraire aux lois du goût, rien n'est même plus horrible que ce mélange des choses réelles avec les choses feintes. Mais Crivelli n'a pas toujours commis cette faute, si tant est qu'il ne faille pas attribuer l'addition de ces reliefs à une autre main que la sienne. Il est des peintures de lui qui ne portent pas de semblables traces d'ignorance, notamment celles que possède la National Gallery de Londres. On y remarque des qualités qui ont pour nous de l'attrait, maintenant que nous sommes revenus avec tant de plaisir aux vieux maîtres, à ceux qu'on appelle les « précurseurs », savoir : un dessin voulu, ressenti et sec, qui sculpte en quelque sorte le contour; une rude élégance dans les figures jeunes, par exemple dans celle du saint Sébastien qui accompagne la *Vierge* dont nous venons de parler ; une certaine raideur solennelle dans les attitudes et dans les draperies aux plis anguleux, et avec cela un goût prononcé pour la richesse et la grâce des accessoires. Comme son maître Jacobello del Fiore, Crivelli se plaisait aux ornements d'or et au luxe des étoffes passementées; mais il avait de plus, comme Mantegna, une prédilection pour les guirlandes de fruits et de fleurs, qu'il peignait avec un soin délicat. Lui si sévère, si ascétique, même lorsqu'il enferme dans les compartiments de sa composition symétrique les images des saints ou des Pères de l'Église, saint Jérôme, saint Augustin, saint Antoine, saint Pellegrin, saint Jacques, il devient gracieux dans les figures de l'enfant Jésus, qu'il représente volontiers jouant avec un fruit ou souriant à un oiseau. La *Vierge* de la National Gallery, qui provient d'une église des franciscains à Matelica, ville des États du pape, s'appelle « la Madone à l'Hirondelle » *la Madona della Rondine*, parce qu'on y voit une hirondelle. L'artiste l'a signée CAROLUS CRIVELLUS VENETUS MILES PINXIT.

Carlo Crivelli nous fait savoir, par cette inscription, qu'il était chevalier, *miles;* son titre de noblesse lui avait été conféré en 1490, par Ferdinand II, roi de Naples. C'est en effet dans la ville d'Ascoli, sur la frontière du royaume de Naples, que le peintre vénitien passa la meilleure et la plus grande partie de sa vie ; c'est là qu'il fit ses travaux les plus importants. Là se conserve encore, dans les archives municipales, son diplôme de chevalier. Si les biographes vénitiens font si peu mention de lui, c'est qu'il existe bien peu d'ouvrages de sa main à Venise. Ridolfi n'en connaissait que deux, qui étaient dans la petite église de Saint-Sébastien, contiguë à celle de San Lorenzo. C'est, selon lui, *Saint Fabien pape,* et le *Mariage de sainte Catherine.* Mais du temps de Zanetti, vers la fin du dix-huitième siècle, on ne trouve mentionné, tant par lui que par les *Guides* de Venise, que l'histoire de saint Léon Bembo, peinte au-dessus de son mausolée, en trois compartiments, par Crivelli. Ces peintures nous ont échappé durant nos deux voyages à Venise, où il est impossible de tout voir, à moins d'y vivre plusieurs années.

Le musée le plus riche en ouvrages de Crivelli est la galerie Brera, à Milan. C'est là que nous avons vu le tableau d'une *Vierge* entourée de quatre saints, qui porte des bracelets en véritable relief, et, parmi les figures de saints, celle de saint Pierre qui tient des clefs en nature attachées à la toile et dorées. Ce tableau est peint en détrempe, *a tempera,* comme tous les morceaux du maître. Il est probable que lorsque Antonello de Messine vint enseigner publiquement à Venise la peinture à l'huile, Crivelli avait déjà quitté cette ville pour aller s'établir dans les États du Pape, où il travailla non-seulement pour la ville d'Ascoli, mais pour les monastères ou les églises de Matelica, de Montefiore, près de Fermo, de San Silvestro à Massa, entre Fermo et Macerata. S'il existait assez de documents pour composer une biographie de Crivelli, ce peintre aurait mérité sans doute une notice développée, car en dépit des gothicités qui déparent ses peintures et du goût barbare qui lui a fait sculpter en relief sur la toile ce qu'il devait y peindre, il demeure intéressant par la fierté sauvage de son dessin et par une audace de coloris qui font de ses tableaux un spectacle amèrement agréable, et d'une âpreté qui éveille la curiosité du regard et le retient avec violence.

Le Musée du Louvre ne possède aucun ouvrage de Carlo Crivelli.

Zanetti mentionne comme existant à Venise, dans la petite église de Saint-Sébastien, attenante à San Lorenzo, la figure de san Leone Bembo et plusieurs petites compositions légendaires, mais il n'y a aucun tableau de Crivelli à l'Académie de Venise.

GALERIE BRERA, à Milan. — Tableau divisé en trois compartiments : au milieu, *la Vierge avec l'Enfant* ; à droite, *saint Pierre et saint Dominique* ; à gauche, *saint Pierre martyr et saint Géminien,* sur bois, figures plus petites que nature. On y voit plusieurs objets en véritable relief, tels que bracelets, fermoirs, clefs, etc.

Saint Jérôme et saint Augustin, figures grandeur naturelle, sur bois.

Saint Antoine, saint Jérôme et saint André, demi-figures très-petites, sur bois.

Saint Jacques, saint Bernardin et saint Pellegrin, demi-figures très-petites, sur bois.

La Vierge avec l'Enfant, de grandeur naturelle, sur bois.

Le Christ en croix, avec la Vierge et saint Jean, figures environ demi-nature.

MUSÉE DU VATICAN, à Rome. — Une *Pietà,* le Christ mort et la Mère de douleurs, avec Jean et Madeleine.

MASSA (entre Macerata et Fermo). — Dans l'église San Silvestro, tableau d'autel daté de 1468.

ASCOLI, dans les États de l'Église. — Cette ville et ses environs renferment des ouvrages de Crivelli. Voyez le *Guide* d'Orsini.

GALERIE NATIONALE, à Londres. — *Le Christ mort.* Deux petits anges tiennent son corps sur le bord de la tombe. Ce tableau provient de l'église des frères conventuels de Montefiore, près de Fermo. Acheté à Rome du cavalier Vallati en 1859 et signé CAROLUS CRIVELLUS VENETUS FINXIT.

Le bienheureux Ferretti, à genoux, en adoration, dans un paysage rocheux. La Vierge et l'Enfant lui apparaissent dans une gloire ovale. Sur le sol, devant lui, est un livre ouvert. Le fond, à droite, représente une rue de village, et le premier plan une pièce d'eau avec deux canards. Dans le haut de la peinture, une guirlande de fruits. Ce tableau est peint en détrempe sur bois, comme tous ceux du maître. La National Gallery l'a acheté de M. Alexandre Barker en 1861. Il est signé OPUS KAROLI CRIVELLI VENETI, en lettres penchées de gauche à droite.

La Madone avec l'Enfant, entre saint Jérôme et saint Sébastien. Ce morceau, enrichi de guirlandes de fruits et de fleurs, était connu en Italie sous le nom de la *Madona della Rondine*, c'est-à-dire la *Vierge à l'Hirondelle*. Dans la predella, au-dessous, *sainte Catherine, saint Jérôme au désert, la Nativité, le martyre de saint Sébastien, saint Georges et le Dragon*, sur bois, en détrempe. Tableau d'autel provenant de l'église des Franciscains, à Matelica. Il a été acheté au comte Luigi de Sanctis, de cette ville, en 1862. Il est signé CAROLUS CRIVELLUS VENETUS MILES PINXIT.

MARCO BASAITI

NÉ VERS 1450. — MORT VERS 1 20.

Ce n'est pas dans un appendice que devrait se trouver Marco Basaiti, un des peintres les plus touchants et les meilleurs de l'École vénitienne au quinzième siècle. Contemporain de Vittore Carpaccio et de Giovanni Bellini, il travailla quelquefois en concurrence avec eux et on put le regarder comme un digne rival de ces deux maîtres. Malheureusement, les circonstances de sa vie nous étant inconnues, nous n'avons pu lui consacrer une notice biographique dans la forme de celles qui composent l'*Histoire des Peintres*. On sait qu'il était né dans le Frioul, de parents grecs, mais on ignore la date de sa naissance, que l'on peut approximativement placer en 1450, à en juger par les dates de ses tableaux, dates dont la plus ancienne probable est 1470, et la dernière connue 1520.

Vasari, qui lui a consacré quelques lignes dans la biographie de Scarpaccia (Carpaccio), s'est trompé singulièrement à son égard, en signalant Marco Basarini d'abord, ensuite Marco Bassiti comme deux peintres distincts, tandis qu'il est bien certain, même d'après ce qu'il en dit, que ces deux peintres n'en font qu'un. En effet, de Marco Bassiti, Vasari ne cite qu'un tableau, *la Vocation de saint Pierre et de saint André*, qui est un des plus beaux ouvrages de Basaiti, et parmi les tableaux qu'il attribue à Marco Basarini, se trouve mentionné le *Christ au Jardin*, qui est le chef-d'œuvre du même maître.

Ces deux ouvrages, qui proviennent, l'un de l'église des Frati di Certosa (Frères chartreux), l'autre de l'église San Giobbe, sont maintenant à l'Académie de Venise, où ils font l'admiration des visiteurs étrangers, desquels Basaiti est fort peu connu. Il nous souvient de l'étonnement que nous causèrent ces deux peintures, surtout le *Christ au Jardin*. Le peintre nous y parut l'égal, ou à peu près, de Jean Bellin et de Carpaccio, et, du reste, ce fut en concurrence avec ces deux maîtres qu'il peignit dans l'église San Giobbe le tableau qui nous procura une émotion si imprévue. Basaiti avait là une grande difficulté à vaincre, car il s'agissait d'introduire dans sa composition quatre saints dont la présence était obligée : saint François, saint Dominique, saint Marc et saint Louis. Pour séparer ces quatre personnages d'une action à laquelle ils ne pouvaient pas être mêlés, l'artiste a imaginé de représenter le jardin de Gethsémani comme s'il était vu au travers d'une arcade dont l'architecture simulée semble faire partie de l'autel, et forme l'encadrement du paysage où l'on voit Jésus en prière et les apôtres endormis. En avant de cette arcade feinte, il a placé les quatre saints patrons de l'église, qui sont là comme des spectateurs de la scène. Vivement éclairées, ces figures, notamment celle de saint François, se détachent avec force sur les sombres pilastres de l'arcade, lesquels servent ainsi de repoussoir au paysage et aux figures du Christ et des apôtres, qui reculent dans la perspective de l'air et dans la perspective de l'histoire. Là se peut vérifier ce que dit Lanzi, qu'il n'est pas une qualité de Jean Bellin que Marco Basaiti n'ait possédée à l'égal de ce maître, ou peu s'en faut : *E generalmente non vi è pregio in Gian Bellini nel quale il Basaiti o non lo pareggi, o non li vada molto vicino.*

Par l'expression du sentiment religieux, il est aussi touchant que Bellini, et peut-être y a-t-il chez lui plus d'habileté à nouer une composition, à rendre, par la dégradation des plans, le lointain des campagnes. Ses personnages ont des proportions un peu allongées, et cette sveltesse ajoute une certaine grâce à leur dignité pieuse. En mémoire du pays rocheux et pittoresque où il était né, Marco Basaiti aime à creuser en paysage le fond de ses tableaux. Tantôt c'est une ville fortifiée qu'on aperçoit au loin sur des rochers, comme dans le tableau de *Saint Jérôme lisant*, qui est à Londres; tantôt c'est un monastère bâti sur une colline au milieu d'une contrée montagueuse. Mais le plus beau et le plus riche de ses paysages est celui qui représente le lac de Tibériade, avec des barques de pêcheurs, et, sur le devant, Jésus qui appelle à lui Simon Pierre et son frère et les fils de Zébédée. Un coteau boisé qui fuit en plage, une ville éloignée qui s'élève en amphithéâtre sur l'autre rive de la mer, forment un fond délicieux à cette peinture, d'ailleurs remplie de sentiment et tout imprégnée de la tendresse évangélique. Les figures des deux pêcheurs, André et Simon Pierre, expriment, par la forte naïveté de l'attitude et du geste, l'élan de leurs âmes subitement converties et la foi qui les éclaire.

Au lieu de répandre sur l'ensemble du tableau une lumière égale et diffuse, Marco Basaiti s'est avisé de concentrer une lumière dominante sur le principal personnage, qui est ici le Christ, et cette intention pittoresque, devenue depuis une convenance reconnue et même banale, était alors une nouveauté, car on ne la trouve ni dans Carpaccio ni dans Bellini lui-même, qui ne réservent pas de plus grands clairs pour la Vierge, par exemple, que pour les saints qui l'entourent, et, par cette indifférente distribution du clair-obscur, donnent la même importance à toutes les figures de leur tableau. En quelques-uns de ses ouvrages, Marco Basaiti garde encore un peu de la sécheresse et de la raideur propres à tous les peintres qui l'ont précédé. Mais stimulé par les progrès rapides qui s'accomplissaient de son temps à Venise, il ne tarda pas à se modifier, et tout ce qu'il peignit, particulièrement dans les dernières années de sa vie, c'est-à-dire de 1500 à 1520, se ressent de la manière onctueuse et plus empâtée que l'École vénitienne adopta vers la fin du quinzième siècle, sous l'influence de Giorgione, et qui séduisit Jean Bellin lui-même lorsqu'il était presque octogénaire. Toutefois, les perfectionnements inventés par ses contemporains, Basaiti se les appropria discrètement. Il mit sans doute du sang dans les chairs, de la chaleur dans son coloris, du tendre dans sa manière, mais il le fit comme un homme qui aurait craint de sacrifier au luxe du métier et aux richesses optiques de la couleur, l'expression des mouvements de l'âme et des sentiments chrétiens, expression qui est chez lui si profonde que le spectateur le plus froid peut en être ému.

Ce qui a nui à sa réputation, c'est que ses ouvrages, qui sont d'ailleurs en petit nombre, ne sont pas sortis de Venise pendant plus de trois siècles. De nos jours seulement quelques-uns de ses tableaux ont passé les Alpes pour aller décorer les galeries de l'Angleterre. Mais la renommée ne s'improvise pas quand une fois elle a été manquée. La gloire, lorsqu'elle est en retard, ne rattrape guère le temps perdu. Et cependant combien d'artistes ont été mis en lumière par l'histoire, bien qu'ils fussent très-inférieurs à l'obscur Zelotti, qui fut si près de Véronèse, et à Marco Basaiti, qui fut si près de Jean Bellin !

Nous ne possédons rien au Louvre de Marco Basaiti, et c'est grand dommage.

ACADÉMIE DE VENISE. — *La Vocation de saint Pierre et de saint André*. Ce tableau provient de l'église supprimée de la Certosa (Chartreuse); il est signé : MDX. M. BAXITI.

Le Christ au Jardin. Le tableau semble vu au travers d'une arcade feinte, en avant de laquelle sont les quatre saints dont nous avons parlé. Il provient de l'église San Giobbe, et il est signé 1510, MARCUS BASITUS.

Saint Jacques, signé MARCUS, provient du couvent dei Miracoli. — *Saint Antoine*, signé BASAITI F., provient du même couvent. Ces deux tableaux n'en faisaient qu'un seul autrefois, c'est pourquoi une partie de la signature est sur l'un, une partie sur l'autre.

Saint Jérôme. Don de l'amateur Molin, qui possédait une belle galerie de tableaux.

A San Pietro in Castello, il existait autrefois un tableau qui a disparu, *Saint George terrassant le Dragon* Il était daté de MDXX et peint sur bois.

A San Francesco della Vigna on voit encore, dans une petite chapelle, une *Déposition de croix* mentionnée par Vasari.

Dans l'église degli Angeli, à Murano, une *Assomption de la Vierge*; dans le bas sont groupés les apôtres avec saint Jean-Baptiste, saint Louis, saint Antoine abbé, et autres. — Cette peinture a été attribuée par Ridolfi à Jean Bellini et par Zanetti à Basaiti.

Au Rialto, dans le palais delle Ragion Vecchie, *Saint Marc*, entre saint André et saint François. Nous ne savons si ce tableau, signalé par Zanetti, est encore à la même place.

PADOUE. — Dans l'église Santa Madalena il existe un fragment de tableau qui paraît être le reste d'une *Déposition de croix* décrite par Ridolfi comme ayant été peinte par Basaiti pour cette église.

MUSÉE DE BERLIN. — *La Vierge et l'Enfant*, entre sainte Anne et sainte Véronique; en bas, saint Jérôme, saint Jean-Baptiste et saint François. — *Saint Sébastien*.

PINACOTHÈQUE DE MUNICH. — *Le Christ mort* sur les genoux de sa mère, entourés de femmes en pleurs et de saint Jean. A gauche, Nicodème et Joseph d'Arimathie parlent ensemble. Petites figures sur bois.

GALERIE DU BELVÉDÈRE, à Vienne. — *La Vocation de saint Pierre et de saint André*. Ce tableau est une répétition de celui qui est à l'Académie de Venise. Il fut peint cinq ans après et porte l'inscription : 1515, MARCUS BAXAITI F. Il a été gravé dans la galerie de l'archiduc Léopold, publiée par Teniers. NATIONAL GALLERY, à Londres. *Saint Jérôme lisant.* — Petite figure dans un paysage rocheux. Dans le lointain, une ville fortifiée. Panneau acheté de M. Marcovich, à Venise, en 1855.

Jésus enfant endormi sur les genoux de sa mère. La Vierge est assise dans une prairie; derrière elle passent des troupeaux. Dans le fond, un monastère sur une montagne. Sur la gauche, un aigle perché sur un arbre mort et surveillant un combat entre une cigogne et un serpent au pied de l'arbre. Sur bois. Acheté à Florence, de M. Achille Farina, en 1858.

LUIGI ou ALVISE VIVARINO (LE JEUNE)

FLORISSAIT EN 1480.

En parlant de Luigi Vivarino l'ancien, nous avons dit que son existence était contestée par des écrivains érudits et sérieux, notamment par Lanzi, qui, regardant comme apocryphe la date de 1414 inscrite sur le tableau d'un Luigi Vivarino, qui est à San Zanipolo de Venise, soupçonne que les deux prétendus Luigi Vivarino ne sont qu'un seul et même peintre, celui qui florissait à la fin du quinzième siècle. Zanotto a réfuté l'opinion de Lanzi, d'abord en s'appuyant sur l'autorité de Sansovino, de Ridolfi, de Boschini et de Zanetti, qui virent le tableau de San Zanipolo avant qu'il ne fût retouché et agrandi, ensuite en faisant remarquer la différence de style qui existe entre le vieux Vivarino et le jeune, l'un ayant une peinture sèche, un dessin dur et corné, une couleur uniforme et tranchée, *senza sfumatura*, l'autre étant exempt de ces défauts, qui avaient disparu déjà au temps où il vivait. Les annotateurs de Vasari ont adopté l'opinion de Zanotto et nous ferons comme eux cette fois. La différence de style est, en effet, la seule preuve décisive. Aussi, dans le *Manuel de la Peinture italienne*, par Kugler, traduit de l'allemand en anglais par une dame (lady Charles Eastlake?), sir Charles Eastlake, annotateur de l'ouvrage, a-t-il contesté cette différence de manière, affirmant que les peintures des Luigi Vivarino sont d'un seul et même artiste, *which are obviously by one and the same hand.* Mais le Vénitien Zanotto, qui a dû tant et tant de fois regarder ces peintures, nous parait plus croyable ici qu'un Anglais qui les aura vues en passant.

De Luigi Vivarino le jeune on a des tableaux signés et d'une signature authentique. Zanetti rapporte que dans une célèbre galerie — il ne dit point laquelle — il a vu une très-belle figure du *Christ bénissant*, avec cette inscription : ALVISIUS VIVARINUS DE MURANO p. MCCCCLXXXX. Ce morceau ressemblait beaucoup aux œuvres de Bartolommeo Vivarino, et il était, dit Zanetti, aussi beau, sinon plus beau que la meilleure peinture de Bartolommeo, dont Luigi était, comme on le voit, le contemporain. A ce témoignage de Zanetti s'en ajoutent plusieurs émanés de l'artiste lui-même, entre autres le tableau qu'il peignit en concurrence avec Giovanni Bellini et Carpaccio pour la scuola di san Girolamo (la confrérie de saint Jérôme) à Venise. Digne rival de ces deux maitres, il fut égal au premier et supérieur au second. Il représenta le saint anachorète caressant un lion et lui enlevant une épine, tandis que les autres moines, ses frères, s'enfuient épouvantés. Zanetti attribue cette composition remarquable à Luigi Vivarino l'ancien, à celui qui travaillait en 1414, « Les figures, dit-il, en sont bien inventées, bien distribuées; elles ont du naturel dans leur action et dans leur manière de porter leurs habits. » Lanzi, au contraire, et les annotateurs de Vasari regardent ce tableau comme un ouvrage d'Alvise Vivarino, c'est-à-dire comme ayant été exécuté vers la fin du quinzième siècle, à une époque où la peinture était devenue plus onctueuse, le coloris moins âpre et l'architecture plus élégante. Les amateurs en peuvent juger d'après la petite gravure qu'en a donnée d'Agincourt dans la planche CLXII de son *Histoire de l'Art par les monuments.*

En 1480, Alvise terminait une *Madone avec plusieurs Saints* pour l'église San Francesco de Trévise. Cette Madone est aujourd'hui à l'Académie de Venise; le style en est plus simple, plus dégagé, plus grand que celui des figures isolées peintes par Luigi l'ancien; les draperies présentent des plis moins nombreux, moins cassés, moins raides et d'un plus beau jet, et rien qu'à cette différence, on reconnait qu'il y a eu deux peintres du même nom, l'un plus ancien que l'autre de quarante à cinquante ans. L'inscription ALVIXE VIVARIN MCCCCLXXX ne laisse aucun doute sur la date et sur l'auteur qui a signé de la même manière en 1501 un tableau de plusieurs saints (entre autres saint Pierre et saint Jérôme) peint pour la scuola des Battudi, à Bellune, moyennant cent ducats d'or.

Vasari a décrit assez longuement les peintures faites dans la salle du Grand Conseil, au palais ducal, par un Vivarino, mais il ne dit pas lequel des Vivarini : nous savons aujourd'hui par un document très-précieux publié dans le *Carteggio* de Gaye, que c'était Alvise Vivarino, qu'il le commença le 24 mars 1492, et qu'il recevait pour salaire cinq ducats par mois[1].

Les décorations de la salle du Grand Conseil étaient relatives à l'histoire des querelles survenues entre le pape Alexandre III et Frédéric Barberousse. Alvise ne put y mettre la dernière main et Gian Bellini dut les retoucher en certains endroits, après la mort de Vivarino, qui arriva probablement peu après l'année 1501. Il mit donc plus de neuf ans à conduire ce travail, et cette lenteur serait inexplicable si l'on ne savait par Vasari qu'Alvise était d'une constitution maladive, *mala complessione*.

Les ouvrages de Luigi Vivarino le jeune sont très-rares : il n'en existe aucun en France.

VENISE. — A l'Académie, *la Vierge sur un trône*, tenant son Enfant debout sur ses genoux, entre, saint Bonaventure et saint Antoine de Padoue, à gauche ; saint Bernardin et saint François, à droite. Ce tableau provient de l'église supprimée de San Francesco, à Trévise. Il est signé, comme nous l'avons dit plus haut, et daté de 1480. Zanotto en a donné la gravure dans sa *Pinacoteca dell' Accademia veneta*.

Quatre saints peints séparément et provenant della Carità. Ce sont les saints Sébastien, Antoine, Jean-Baptiste et Laurent.

A la scuola di San Girolamo, le *Saint Jérôme* dont nous avons parlé et qui est gravé dans l'ouvrage de d'Agincourt.

BELLUNE. — Aux Battudi, se trouvait un beau tableau de plusieurs saints, mentionné par Lanzi et signé du peintre Ce morceau appartenait en 1815 au comte Marino Pagani, de Bellune.

VIENNE. — Au Belvédère, *la Vierge et l'Enfant*, auxquels deux anges font de la musique. ALVISIUS VIVARINUS DE MURIANO MCCCCLXXXVIIII.

BERLIN, au Musée royal, la *Vierge* assise dans une sorte de tabernacle, ayant à sa droite sainte Catherine, saint Pierre et saint George ; à sa gauche, Marie-Madeleine, saint Jérôme et saint Sébastien. Aux pieds du trône, deux anges jouent, l'un de la flûte, l'autre du luth. ALOWINE VIVARIN (sans date).

GIOVANNI MANSUETI

NÉ VERS 1450.

Vasari a fait mention de cet artiste, et il a pris la peine de décrire sommairement les principaux ouvrages qu'il avait vus de lui à Venise. Ceux qu'il a décrits se trouvent encore à l'Académie de cette ville, ainsi que d'autres dont il n'a point parlé. Giovanni, cité par Ridolfi comme élève de Vittore Carpaccio, se rattache plutôt à Giovanni et à Gentile Bellini dont il a imité la manière, sans être aussi grave que le premier ni aussi ingénieux que le second dans la disposition pittoresque. On peut juger au surplus en quoi son style ressemble à celui de Gentile Bellini et en quoi il en diffère, en examinant son tableau capital, *le Miracle de la Croix*, car Gentile Bellini avait déjà traité un sujet presque semblable.

Nous avons dit dans la notice consacrée à Gentile comment on racontait à Venise le miracle qu'il a représenté. Un morceau du bois de la vraie croix porté un jour en procession par la confrérie de Saint-Jean-l'Évangéliste, était tombé d'un pont dans le canal, où, par une grâce réputée miraculeuse, le chef de la confrérie avait eu seul l'honneur de le repêcher. Mais la même relique avait produit encore d'autres miracles. Un jour qu'on la promenait processionnellement dans Venise, une force inconnue arrêta tout à coup ceux qui la portaient, et comme il leur était impossible d'avancer, le curé de la paroisse accourut, et sans peine il porta la croix jusqu'à l'église voisine. C'est là l'événement que Giovanni Mansueti a mis en scène, et il l'a fait avec naïveté et vraisemblance, en ajoutant aux qualités de l'ancienne École, qui était la sienne, quelques-unes des qualités de l'École nouvelle. Nous avons encore présente à l'esprit cette composition animée,

[1] Voici le texte de ce document tel qu'il est imprimé avec l'orthographe vénitienne dans le tome II du *Carteggio inedito* de Gaye, à la page 75 : *Maistro Alvixe Vivarin, depentor in gran Conseio, comenza o di 24 Mazo 1492 à ducati 5 al mexe, da esser prontadi del suo lavor per termination di signori : a l'ano ducati 60*.

nombreuse et curieuse : des barques remplies de monde et poussées par des gondoliers bien vêtus, aux chausses collantes, comme ceux de Carpaccio; une foule serrée de spectateurs qui, sur le pont et sur le quai du canal, assistent au spectacle miraculeux, les uns debout, les autres agenouillés; la vue perspective des maisons qui composaient l'ancienne Venise, l'architecture de l'église dont le curé, le *piovano*, est justement le héros du miracle, et enfin les fenêtres auxquelles se montrent de gracieuses filles, soulevant la jalousie pour voir et pour être vues. Mansueti s'est peint lui-même sous les traits d'un personnage qui se tient debout à la tête du pont, sur la droite du tableau, tenant à la main un papier avec cette inscription : *Opus Joannis de Mansueti rectè sentientium Bellini discipuli*, inscription par laquelle le peintre veut faire entendre que dans l'année 1474 (l'année de l'événement), il était de ceux qui sentirent convenablement, *rectè sentientium*, c'est-à-dire qui eurent foi dans le miracle. Ce fut vingt ans après, en 1494, que fut peint le tableau.

Dans la même confrérie, *scuola*, le vieux peintre aurait traité, selon Ridolfi, un autre miracle de la croix, opéré en faveur d'un certain Antonio Riccio, qui, s'étant sauvé d'un naufrage, dit le biographe, est représenté recevant les félicitations de ses amis. Mais il est avéré aujourd'hui, d'abord que le tableau dont parle Ridolfi n'est point de Mansueti, mais de Lazzaro Sebastiani, digne élève de Carpaccio ; ensuite, que la composition, que Ridolfi croyait décrire exactement, se rapporte à un quatrième miracle, celui qui serait advenu dans la maison de Benvegnudo, qui, implorant la guérison de sa fille, l'aurait obtenue en la touchant avec un cierge allumé devant la vraie croix.

D'autres peintures de Giovanni Mansueti faites pour la scuola de San Marco, mais transportées à l'Académie de Venise, ont trait à la vie de saint Marc, et sont remarquables par le beau caractère des architectures dont ils sont ornés et par la variété des costumes ajustés avec grâce. On y voit saint Marc prêchant sur la place qui porte son nom, devant une multitude d'hommes et de femmes de nations diverses, Italiens, Grecs, Turcs, Esclavons, vêtus d'habillements bizarres et dans les poses variées de l'attention. Saint Marc guérissant un infirme — saint Ananio — ensuite le baptisant, et d'autres actions du même saint ont été l'objet de tableaux que Mansueti peignit pour la scuola di San Marco, tableaux peuplés de figures sans nombre et d'une beauté qui ne le cède guère à celle de Gentile Bellini. En somme, ce n'est pas trop que de placer le Mansueti parmi les meilleurs peintres de son temps, je veux dire parmi ceux de l'École bellinesque. Dans l'opinion des connaisseurs vénitiens, il mérite cette place par sa hardiesse à agencer de vastes ordonnances, par le naïf de ses intentions, et par la chaleur de son coloris, qui s'est en général très-bien conservé.

Les registres matricules de la scuola di San Giovanni Evangelista nous apprennent que Mansueti était boiteux, *zoppo*, mais il ne nous dit point en quelle année il naquit, en quelle année il mourut. Un de ses ouvrages qui se trouvait à Trévise dans l'église San Francesco et qui est maintenant à l'Académie de Venise, signé et daté, constate qu'il vivait encore en 1500. Il était âgé alors d'environ cinquante ans, car on suppose avec toute vraisemblance qu'il dut naître vers 1450.

Le Musée du Louvre ne possède aucun ouvrage de Mansueti, qui est tout à fait inconnu en France.

VENISE, à l'Académie.—*Un Miracle de la croix*, arrivé sur le pont de San Leone, à Venise, en 1474. On lit sur cette toile l'inscription : OPVS JOANNIS DE MANSVETIS VENETI RECTÈ SENTIENTIVM BELLINI DISCIPLI. Peint en 1493. Ce morceau provient de la confrérie supprimée de San Giovanni Evangelista.

Guérison de saint Ananie par saint Marc, tableau rempli de très-nombreuses figures, la plupart vêtues à la turque. Signé : JOANNES DE MANSVETIS. Il provient de la scuola di San Marco.

Diverses actions de saint Marc peintes sur une seule toile, signée : *Joannes de Mansvetis faciebat*. Provient de la même scuola.

Saint Sebastien avec saint Grégoire, saint François, saint Liberale et saint Roch. Ce tableau sur bois est signé : HOC ENIM JONANIS DE MANSVETIS OPVS EST, 1500. Il provient de l'église San Francesco, à Trévise.

Zanotto, dans son ouvrage sur l'Académie de Venise, signale une autre peinture de Mansueti, qui, après avoir appartenu à l'église Maffei di Mazorbo, ensuite, après la suppression de cette église, au peintre Sebastiano Santi, est maintenant chez les sieurs Comelo, de Venise.

BERLIN, au Musée royal. — Une figure du *Christ bénissant*, avec l'inscription : JOANNES DE MANSVETIS PINSIT.

LAZZARO SEBASTIANI

NÉ VERS 1450. — MORT APRÈS 1505.

En dehors de Venise, on ne connaît point Lazzaro Sebastiani, qui fut cependant un excellent élève de Vittore Carpaccio, et qui ne méritait pas moins que Giovanni Mansueti d'être honorablement mentionné par Giorgio Vasari. Le bon George a commis, du reste, une singulière méprise au sujet de ce peintre, qu'il a divisé en deux personnes, l'une du nom de Lazzaro, l'autre du nom de Sebastiani, lesquels étaient, dit-il, les frères de Carpaccio. Or, il est désormais bien constant, d'une part, que Lazzaro et Sebastiani ne sont qu'un seul et même artiste ; d'autre part, que cet artiste n'était point le frère de Carpaccio, mais seulement son élève.

Ridolfi a réparé l'erreur de Vasari. Il nous apprend que Lazzaro Sebastiani avait reçu les leçons de Carpaccio et qu'il fut son imitateur, ce qui est du reste évident pour ceux qui ont vu les rares œuvres de Lazzaro. Mais Ridolfi à son tour se trompe deux fois lorsqu'il attribue à Mansueti le tableau qui est maintenant à l'Académie de Venise, et qui représenterait, suivant le biographe vénitien, le miracle ou plutôt les suites du miracle par lequel Antonio Riccio, chancelier de l'Archipel, *cancelliere dell'Archipelago*, aurait échappé à un naufrage. Zanotto, dans son Illustration de l'Académie de Venise (*Pinacoteca dell'Accademia veneta delle Belle Arti illustrata*), relève cette double erreur. La plus grave des deux consiste dans l'attribution à Mansueti d'une peinture qui appartient à Lazzaro Sebastiani. Sans même avoir vu l'original, il suffirait de jeter un coup d'œil sur la gravure, pour reconnaître que l'auteur procède de Carpaccio et non des Bellini; que son dessin, par la sveltesse des proportions et par une élégance plus souple, se distingue de celui de Mansueti, qui, plus court, plus pesant et plus naïf, rappelle plutôt le style bellinesque.

En second lieu, Ridolfi a mal compris le sujet du tableau dont il méconnaissait l'auteur, lorsqu'il dit que Riccio, sauvé du naufrage et rentré dans sa maison, y reçoit les visites et les félicitations de ses amis. Aujourd'hui que le tableau, soigneusement nettoyé, est devenu lisible, il est clair qu'il a trait à un autre événement, savoir, la guérison prétendue miraculeuse arrivée dans la famille de Nicolo Benvegnudo di San Paolo, par la vertu de la sainte croix. La fille de ce personnage, qui, entre autres infirmités, avait les yeux tout blancs parce qu'on n'en voyait que la conjonctive, fut guérie par un cierge bénit qui avait brûlé auprès de la croix, et avec lequel son père la toucha au front. C'est le sujet principal de la composition, et il en occupe la moitié supérieure. La scène se passe dans une chambre qui paraît être le vestibule d'un palais vénitien et qui n'a que trois murs, celui du devant étant supprimé, comme dans une coupe d'architecture, pour laisser passer les regards du spectateur. Avec les marques de la dévotion la plus sincère et la plus ingénue, la famille en prière entoure la jeune malade, qui se lève sur son séant, tranquille et guérie. Le vestibule donne sur un grand escalier en plein air, dont le palier supérieur est surmonté d'une petite coupole, soutenue par des colonnes de style lombard. Cet escalier est tout rempli de personnages qui montent et descendent, et dont les jambes sont vues au travers d'une belle rampe à balustres. Les dernières marches aboutissent à un canal où passent des gondoles recouvertes de la *felce* (sorte de berceau qui fait toiture). Le va-et-vient de ces gentilshommes en simarre ou en veste collante à rayures, les broderies qui enrichissent leurs vêtements, les dorures qui rehaussent certains détails d'architecture, donnent du mouvement et de l'éclat à la partie inférieure du tableau, qui est grand par la dimension et plus encore par l'ordonnance.

Un coloris mâle, où sont employées toutes les variantes du rouge, assez habilement raccordées avec les autres teintes, rend le spectacle plus animé encore et plus chaleureux. Ce rehaussement de couleurs est un des caractères qui distinguent Sebastiani de son maître, auquel il ressemble d'ailleurs par l'élégance de ses figures un peu allongées et par un dessin heurté et sec. Quant au clair-obscur, il est au contraire plus doux et plus faible que celui de Carpaccio, c'est-à-dire que l'opposition des ombres et des lumières y est moins franche, moins résolue.

Lazzaro a signé Lazarus Sebastianus pinxit un tableau d'autel où sont groupés plusieurs saints avec des anges, tableau qui ornait l'église aujourd'hui supprimée du Corpus Domini. Vasari en possédait le dessin original, qu'il déclare très-beau [1]. Ici, le dépouillement des archives locales a fourni quelques renseignements sur Lazzaro. En 1508, il fut choisi avec Carpaccio et Vittore di Mattio pour expertiser la peinture à fresque faite par Giorgione sur la façade du Fondaco dei Tedeschi. Les trois experts estimèrent la valeur de cette peinture à 150 ducats. Un document puisé aux mêmes sources [2] nous apprend que Sebastiani fut chargé de peindre les grandes bannières de la place Saint-Marc, avec Benedetto Diana, et des portraits de doges dans la salle des Ventisavi, au palais ducal.

Il n'existe ni au Louvre, ni probablement en France, aucun ouvrage de Lazzaro Sebastiani.

Venise, à l'Académie. — *Un Miracle de la sainte croix.* C'est la guérison opérée par l'attouchement d'un cierge sur la fille de Nicolo Benvegnudo. Nous avons décrit ce tableau, qui provient de la confrérie supprimée de San Giovanni Battista. Il est gravé dans la *Pinacoteca* de Zanotto.

Don d'une relique de la vraie croix. Cette composition renferme un grand nombre de figures et des fabriques de la plus riche architecture. La donation est faite par un chevalier de Jérusalem. Malheureusement la peinture a beaucoup souffert et on a dû la reléguer dans les magasins.

Déposition de croix, avec les trois Marie et d'autres saints personnages, provenant de l'église San Severo. Zanetti dit que le maître n'a jamais rien fait de meilleur. Au contraire, les annotateurs de Vasari disent *cosa non bellissima.*

Dans l'église du Corpus Domini se trouvait le tableau que Vasari a décrit et dont il possédait le dessin : *santa Veneranda*, entourée d'autres saintes, reçoit une sérénade que lui donnent deux anges. Riche fond d'architecture. Mais l'église du Corpus Domini et le monastère de ce nom n'existent plus.

Murano, dans l'église Santa Maria e Donato. — Sur la porte latérale, une *Vierge* qui offre son enfant à un dévot que lui présente un évêque.

VINCENZO CATENA

NÉ VERS 1463. — MORT EN 1530.

Nous ne pouvons passer sous silence un homme dont les portraits sont déclarés si beaux par Vasari, et qui a produit, en effet, des morceaux de prix, tantôt dans le vieux style, tantôt, mais plus rarement, dans le style giorgionesque. Peut-être sa grande fortune, dont il fit d'ailleurs un noble usage, a-t-elle été cause que les biographes ne l'ont point oublié. Puissamment riche, Vincenzo Catena put se livrer, tout à son aise, à son penchant pour la peinture. D'après le caractère de ses ouvrages, on le croirait né bien avant Giorgione, c'est-à-dire bien avant 1477, bien qu'il ait sur la fin imité la manière de ce grand maître. Mais il est positif que Catena fut le contemporain de Giorgione, auquel, du reste, il survécut dix-neuf ans, n'étant mort qu'en 1530.

Il s'adonna d'abord aux portraits, et Vasari cite entre autres celui d'un Fugger, qui était alors établi à Venise dans le Fondaco dei Tedeschi. On sait que les Fugger, banquiers d'Augsbourg, étaient alors la plus opulente famille de l'Europe, et que cette famille, à force d'être riche, fut anoblie par Charles-Quint. Vasari vante ce portrait de Fugger comme merveilleux, *maraviglioso*, éloge qu'il ne faut pas, bien entendu, prendre au pied de la lettre, dans cette langue italienne si facilement tournée à l'hyperbole et toujours assaisonnée de superlatifs. Le portrait en question est probablement celui qui est au Musée de Berlin. Mais l'on ignore ce que sont devenus ceux de Francesco Zio, à mi-corps, et de Giovanni Ram, que mentionne l'Anonimo Morelliano. Il existe au Belvédère, à Vienne, un remarquable portrait de Catena, celui d'un chanoine vêtu de soie violette et qui tient des deux mains un missel ouvert. Il est signé Vincentius Catena

[1] *Di mano dei quali* (il fallait dire del quale, duquel) *e nella chiesa di Corpus Domini, all' altare della Vergine, una tavola dove ella e a sedere in mezzo a santa Catarina e santa Marta con altre santi e due angeli che suonano, e una prospettiva di casamenti, per campo di tutta l'opera, molto bella, dello quale n'avemmo i proprii di mano di costoro* (il fallait dire di costui, de celui-ci), *nel nostro libro.* Vasari.

[2] Gualandi, *Memorie delle Belle Arti*, série III, 90, 91.

PINXIT. On peut s'en faire à peu près une idée d'après les ouvrages du même genre, peints par Jean Bellin dans sa toute première manière.

Quant aux tableaux de sainteté, Catena les compose et les traite suivant le style de Bartolommeo Vivarino, dont on peut supposer qu'il fut élève, mais avec une certaine grâce aimable et naturelle qui lui est propre. Les peintures dans lesquelles il s'est rapproché de Giorgione par une exécution plus libre, plus large, plus mêlée, sont une *Adoration des Mages* appartenant à la galerie Manfrin, une *Madone* de la galerie Pesaro, mentionnée par Zanetti, Piacenza, Lanzi, Zanotto, et une *Vierge* avec plusieurs saints et un Donateur, que possède le Musée royal de Berlin. Ce sont des morceaux que l'on s'accorde à trouver dignes d'attention, d'estime et de mémoire.

Ce qui recommande à l'histoire le nom de Vincenzo Catena, c'est l'usage qu'il fit de ses richesses en faveur des artistes. Aux peintres pauvres, il laissa par testament d'abondantes aumônes et, pour la confrérie des peintres, il fonda un collége qui fut achevé de bâtir deux ans après sa mort, à Santa Sofia, et qui portait sur le frontispice l'inscription :

PICTORES ET SOLUM EMERUNT ET HAS CONSTRUXERUNT ÆDES BONIS A VINCENTIO CATENA PICTORE
SCO COLLEGIO RELICTIS. MDXXXII[1].

La réputation dont Catena jouissait à Venise, et à laquelle contribuèrent certainement sa générosité et sa fortune, était si grande, que dans une lettre écrite de Rome le 11 avril 1520, quand Raphaël venait de mourir et que Michel-Ange était malade, il est dit : « Que notre Catena se tienne sur ses gardes, car il est au nombre des excellents peintres. *Nostro Catena che se guardia, poiché el tocco alli eccellenti pittori*[2]. » Vincenzo fut enterré à Saints-Jean-et-Paul, conformément à sa dernière volonté.

Il existe au Louvre, parmi les ouvrages des *Inconnus*, un portrait qui, attribué d'abord à Carpaccio, passe maintenant pour être de Catena. C'est un buste de grandeur naturelle, tourné à droite, couvert d'une toque. De sa main gauche, le personnage tient une lettre sur laquelle on lit : *Dono* (Domino) *Bernardo di Salla*, et plus bas : in *dlo* (domicilio), c'est-à-dire au seigneur Bernardo di Salla, dans sa maison.

VENISE, à l'Académie. — *Saint Augustin*, provenant du monastère supprimé de Santa Giustina, et *Saint Jérôme*, provenant du couvent dei Miracoli. Ils sont gravés dans la *Pinacoteca* de Zanotto.

Le Christ à la Colonne, provenant de l'église supprimée de San Severo. Tableau restauré et endommagé.

La Vierge avec les saints Jean-Baptiste et Jérôme (ou Jacques), faisant partie du don fait à l'Académie par le dernier des Contarini.

La Madone et l'Enfant, entre saint François et saint Jérôme. Ce tableau provient du Magistrato del Sale ; il a été gravé dans la *Pinacoteca veneta* de Zanotto.

A Santa Maria Formosa, une *Circoncision*.

LIVERPOOL-INSTITUTION. — Une *Vierge entourée de saints* qui bénit un Donateur, et signée VINCENTIUS CATENA P.

MUSÉE DE BERLIN. *La Vierge et l'Enfant endormi*, avec quatre saints (dont sainte Catherine et saint Antoine de Padoue) et un Donateur.

Portrait de Raimond Fugger. C'est sans doute celui dont parle Vasari.

Autre *Vierge* entre sainte Catherine d'une part, sainte Madeleine et saint Paul de l'autre. L'enfant Jésus bénit un Donateur à qui la Vierge met la main sur le front.

BELVÉDÈRE, à Vienne. Le portrait d'un chanoine vêtu de soie violette, que nous avons mentionné.

L'Anonimo Morelliano cite un buste d'Apollon jeune jouant du chalumeau, morceau de Catena qui se trouvait dans la maison de Giovanni Ram.

Ridolfi dit avoir vu, chez Bartolommeo della Nave, une *Judith* tenant la tête d'Holopherne et une épée. Figure peinte par Catena dans le goût de Giorgione. Dans la chapelle San Francesco, aux Frari, ce saint en pied, entre saint Bonaventure et saint Louis ; et au palais ducal, dans la petite chapelle des Pregadi, un *Doge agenouillé* devant la Madone, avec saint Jean-Baptiste et saint Marc. Ces deux derniers ouvrages sont encore en place, si nous avons bonne mémoire.

---

[1] Les peintres ont acheté le terrain et ont construit cet édifice avec l'argent laissé par Vincenzo Catena, peintre, à sa confrérie. 1532.

[2] *Anonimo Morelliano*, nota 128. Cet ouvrage d'un auteur anonyme du seizième siècle a été publié par Morelli en 1800, sous le titre : *Notizie di opere di disegno, esistenti nella prima metà del secolo XVI, in Padova, Cremona, Milano, Pavia, Bergamo, Crema e Venezia*. Bassano, MDCCC.

BARTOLOMMEO MONTAGNA

NÉ VERS 1465? — MORT EN 1524.

Tous les connaisseurs recherchent les précieuses estampes de Benedetto Montagna, qui fut le frère de Bartolommeo, et c'est grâce à lui, surtout, que le nom des deux artistes demeure dans nos mémoires, car les ouvrages de Bartolommeo sont très-rares en dehors de l'Italie, et il n'en existe pas en France. De plus, sa biographie n'a été écrite nulle part, pas même par Ridolfi, qui s'est contenté de cataloguer en une page les œuvres de Montagna, au nombre de quinze ou seize. Vasari le nomme, en passant, dans la vie de Sansovino (où, par parenthèse, on lit Mantegna pour Montagna), et il lui consacre trois lignes dans la vie de Scarpaccia (Carpaccio), où il le dit né à Vicence. Il est aujourd'hui avéré que Bartolommeo naquit dans le territoire de Brescia, au bourg d'Orzo-Novi. Moschini, en dépouillant les actes des notaires, à Vicence, y a découvert le testament de Montagna, daté du 6 mai 1523, et dans ce testament, l'indication donnée par l'artiste lui-même de son véritable lieu de naissance. Il y est aussi constaté que le peintre bressan avait établi sa demeure à Vicence, et c'est pour cela qu'on le croyait Vicentin.

Selon Vasari, Bartolommeo Montagna fut élève d'Andrea Mantegna, et il habita toujours Venise. La seconde de ces assertions est inexacte, comme on vient de le voir; quant à la première, elle semble contredite par l'inscription suivante, qui se lit à Bologne sur un tableau de sainteté appartenant à la galerie Ercolani : 1507 *a dì 7 aprile Bartolamio scolare de Ze Be* (Zan Bellino), si tant est que le Bartolamio de l'inscription soit le même que Montagna, comme on le pense. De fait, les peintures connues de Bartolommeo sont plus près de ressembler à Bellini qu'à Mantegna. Sa composition symétrique est celle de tous les contemporains (j'entends ceux du quinzième siècle), et il est remarquable qu'il n'en ait pas changé, lui qui a vécu jusqu'en 1523, c'est-à-dire jusqu'à une époque où ce genre de disposition était abandonné, la peinture ayant déjà remué ses ordonnances et librement rompu ses symétries en quelque sorte hiératiques.

Nous avons vu à l'Académie de Venise un tableau de lui représentant la Vierge sur un trône, tenant son Enfant debout sur ses genoux, entre saint Jérôme et saint Sébastien ; ce dernier est une figure nue qui n'annonce pas, ce nous semble, le savoir, le *bene inteso* dont parle Lanzi, car les proportions sont incorrectes, les bras étant trop minces pour le torse, les jambes veules, et le reste du corps raide et maigre. Le coloris, sans avoir cette intensité robuste qui est si attrayante chez Bellini, ne manque ni de fraîcheur, ni d'harmonie. Plus heureux dans les figures d'enfants, Montagna y met de la grâce et de la souplesse. Mais son œuvre conserve toujours les traces de l'archaïsme dans lequel il fut élevé, soit par Bellini, soit par Mantegna. On y remarque particulièrement quelques détails rehaussés d'or, suivant l'antique usage, auquel on avait alors renoncé.

A Milan, le Musée Brera, si riche en vieux maîtres, renferme un tableau de Montagna, qui était jadis à San Michele de Vicence, et qui porte, avec la signature de l'artiste, la date de 1499, la plus ancienne des dates inscrites sur ses peintures. Les airs de tête y sont très-vulgaires, au moins celles de la Vierge et de l'Enfant, qui ont à leur droite saint André et sainte Monique, à leur gauche saint Sigismond, roi de Bourgogne, et sainte Ursule vierge. Trois petits anges leur donnent une aubade sur le violon, la viole et la mandoline, avec un air de touchante ingénuité. Ils seraient tout à fait charmants, n'était la lourdeur, l'ampleur excessive des robes longues dont ils sont vêtus, enveloppés et surchargés. On dirait des enfants qui portent les habits de leurs pères. Les draperies de Montagna présentent, comme celles du quinzième siècle, des plis cassés d'une façon un peu monotone; elles sont rigides comme des étoffes qui ont reçu l'apprêt, et collées par places aux formes de dessous qu'elles indiquent en les recouvrant: elles rappellent, sous ce rapport, les draperies de Mantegna; mais leur abondance indiscrète et la multiplicité de leurs plis les rendent moins belles, moins élégantes et d'un goût moins pur. Tel qu'il est, Montagna est un peintre dont les ouvrages sont précieux, parce qu'il a gardé pieusement la candeur et la physionomie des précurseurs, dans un temps où avait éclaté le génie des grands maîtres.

VENISE, à l'Académie. — *La Vierge sur un trône*, entre saint Sébastien et saint Jérôme. Signé : BARTOLOMMEO MONTAGNA DI dipinse . Ce tableau est gravé dans la *Pinacoteca veneta* de Zanotto.

Le Christ humilié, entre saint Roch et saint Sébastien. Signé. Provient de l'église de San Rocco, à Vicence.

PADOUE. — A Santa Maria in Vanzo, *la Vierge et l'Enfant*, avec saint Pierre, saint Paul et autres saints. On lit sur un cartel : OPUS BARTOLOMEI MONTAGN.E. Brandolese, si habile connaisseur, dit que ce tableau est un des plus beaux du célèbre peintre. Sur les piédestaux des colonnes (qui supportent la *pala*) se voient deux petits cadres de la même main, saint Laurent et un autre saint.

VICENCE. — Dans le *duomo* (la cathédrale), sur la grande porte, se trouvait une *Madone* entre plusieurs saints, mais ce tableau a péri lors de la reconstruction de l'église. Il était daté et signé de 1502.

Le *Guide* de Vicence publié en 1780 signale d'autres peintures de Bartolommeo dans les églises de la Madona del Monte Berico, de Santa Chiara, dei Padri Serviti, de San Bartolommeo, appartenant à l'hôpital, et dans la scuola de Santa Barbara ; mais le *Guide* ne désigne pas les sujets de ces peintures.

PAVIE. — A la chartreuse de ce nom, le tableau qui est sur la porte d'entrée de la sacristie, représentant une *Madone* entre saint Jean-Baptiste et saint Jérôme, avec trois anges qui font de la musique.

MILAN. — Au musée Brera, le tableau que nous avons décrit plus haut, signé et daté de 1499.

MODÈNE. — Chez le marquis Campori, une petite *Vierge avec l'Enfant*. BARTHOLOMEO MONTAGNA A. F. (Antonii filius) OPUS MCCCCCIII DIE XIII APRILI (*sic*).

BOLOGNE. — A la galerie Ercolani, une *Madone avec l'Enfant* sur un fond de paysage. On lit sur un papier : 1509, A DI 7 APRILE BARTOLAMIO SCOLARE DI ZE BE (Zan Bellino).

BERLIN. — Au Musée royal, *la Vierge* entre saint François et saint Uomobono, patron des tailleurs, lequel fait l'aumône à un pauvre. Fond de paysage. B... Montagna MD. Piacenza indique ce tableau comme provenant de l'église San Marco di Castello di Lonigo. Lui et Waagen interprètent ce B comme l'initiale de Bartolommeo, auquel ils attribuent la peinture.

GIROLAMO MOCETTO

NÉ VERS 1465? — MORT VERS 1514?

Il n'était guère connu en France, et le très-petit nombre d'amateurs qui savaient son nom le regardaient seulement comme un graveur ; mais il y a sept ans, un excellent travail de M. Émile Galichon parut dans la *Gazette des Beaux-Arts* qui jeta quelque lumière sur les ouvrages de Mocetto. Vasari en a dit un mot, il est vrai, mais un seul mot. Il raconte que Louis XII, passant à Venise, remarqua dans l'église San Francesco della Vigna un *Christ mort* de Jean Bellin, d'une telle beauté, qu'il supplia les religieux de le lui céder, ce qu'ils firent à regret, *mal volontieri*. Le tableau fut remplacé par un autre auquel on donna le même nom mais que l'on croyait être de Girolamo Mocetto, élève de Bellini.

Comme graveur, Mocetto ne pouvait être absolument ignoré, bien que ses estampes, gravées selon toute apparence, sur un métal mou, aient fort peu tiré et soient extrêmement rares. D'ailleurs Bartsch en avait décrit jusqu'à douze. Toutefois, personne n'avait encore parlé de ses peintures, lorsque M. Émile Galichon fit connaître aux amateurs qu'il existait dans la riche collection de M. de Janzé deux tableaux peints sur bois par Mocetto et représentant des scènes du *Massacre des Innocents*. « Ces deux panneaux, dit M. Galichon, plus hauts que larges, et de dimensions égales, paraissent être les volets détachés d'un tryptique. Dans le premier, Hérode préside au massacre ; assis sur un trône, au milieu d'un magnifique péristyle. Deux hommes s'apprêtent à égorger un enfant. Les figures de ces deux hommes semblent reproduire celle des sacrificateurs que l'on voit dans une estampe originale de Mocetto, intitulée *le Sacrifice*. Sur le piedestal d'une colonne, on lit HIEROLEMO MOCETTO P. Le second tableau représente une autre scène plus horrible encore du même drame. Au milieu du tumulte on remarque surtout une mère éplorée dont le mouvement superbe rappelle celui de la Madeleine dans *la Mise au tombeau* de Mantegna. Ces deux tableaux ont peu de mérite, sans doute ; les figures en sont courtes et manquent de distinction : l'exécution est lourde et pénible. Devons-nous en conclure que Mocetto fut un peintre médiocre ? ce n'est pas notre sentiment. L'artiste capable de graver la Judith, la Vierge en gloire et Bacchus et tant d'autres pièces merveilleuses, n'a pu être un artiste ordinaire ; et si ses tableaux ne sont pas à la hauteur de sa gravure, cela tient sans doute à ce que les meilleurs ont été attribués soit à Mantegna, soit à Jean Bellin, comme Vasari semble l'indiquer. »

Oui, on peut le dire, celui qui a gravé la Judith et le Bacchus, entre autres estampes, n'était pas un homme ordinaire[1]. Son burin sans doute est encore raide et rude, mais il est conduit par le sentiment des formes, il est plein d'expression, et les estampes de Mocetto sont l'œuvre d'un graveur déjà maître, dans un art qui n'est pas encore sorti de l'enfance. D'où était ce graveur? On ne le sait point d'une manière positive. Lanzi le croit né à Vérone parce qu'on y montre son portrait parmi ceux des peintres qui ont illustré cette ville. Il existe d'ailleurs à Vérone plusieurs morceaux de sa main dans l'église San Nazaro e Celso, savoir : une *Madone* entre deux saints, datée de 1493, et une fresque de l'*Adoration des Mages*, une tête de Christ et une tête de moine. A quelle date faut-il placer la naissance et la mort de Mocetto? Même incertitude. Il serait mort, suivant Lanzi, dans le quinzième siècle; mais cette assertion est formellement contredite par ce fait que M. Émile Galichon a le premier signalé, que Girolamo Mocetto avait illustré une description de la ville de Nola, publiée en 1514, et qui est conservée au Cabinet des Estampes de Paris. Il se pourrait toutefois que Mocetto fût mort avant la publication du livre.

Reste à savoir qui fut le maître de Girolamo. Les derniers commentateurs de Vasari disent que Marc-Antoine avait enseigné la gravure à Mocetto, et que Vasari, dans la vie de Marc-Antoine, a désigné ce même Mocetto sous le nom de Girolamo Mosciano de Brescia. C'est là une erreur étrange et une double erreur. D'abord il n'y a aucune apparence que Marc-Antoine, arrivé à Venise seulement en 1506, ait pu avoir pour disciple Mocetto, qui florissait au temps de Mantegna, et qui, par son style, appartient tout entier au quinzième siècle. Le Girolamo Mosciano dont parle Vasari, qui est le peintre bressan Jérôme Mutien, est trop connu pour avoir été confondu par le biographe avec un peintre-graveur vénitien dont le nom diffère essentiellement de Mosciano. Il y a dans la remarque des habiles commentateurs florentins une méprise qui, de leur part, nous paraît inexplicable. Toujours est-il que Mocetto fut à la fois un peintre, et un maître dans l'art de graver. A ce titre, il devait figurer dans notre Histoire. Les amateurs délicats ne nous pardonneraient point de l'avoir oublié.

Le catalogue dressé par Adam Bartsch des estampes de Mocetto n'en comprend que douze. M. Émile Galichon, restituant à Mocetto des pièces anonymes qu'il avait toute raison de lui attribuer, a reconstitué l'œuvre du graveur en vingt et une pièces, dont voici une indication sommaire :

1-3. *Combat des Israélites contre Amalec*, en trois feuilles. Bartsch et Ottley n'ont connu que la deuxième. La seconde et la troisième de ces pièces sont signées.

4. *Judith*. Cette pièce, sans marque, est gravée d'après André Mantegna.

5. *Saint Jean-Baptiste dans le désert*. Jules Campagnola a fait une copie de ce morceau en sens inverse et en changeant le paysage.

6. *Baptême de Jésus-Christ*. Waagen attribue l'invention de cette pièce à Francesco Zaganelli di Cotignola, peintre lombard qui peignit à Ravenne et à Faenza.

7. *La Résurrection de Notre-Seigneur*, pièce signée : HIERONIMUS MOCETUS. Tout porte à croire que cette estampe est gravée sur le dessin de Jean Bellin.

8. *La Vierge sur un trône*, pièce sans marque. M. Émile Galichon en attribue le dessin à Jean Bellin.

9. *La Vierge en gloire*, pièce marquée, au milieu du bas, par le monogramme du maître, renversé : elle est aussi gravée d'après une des plus belles œuvres de Jean Bellin.

10. *La Vierge et les huit Saints*, sans marque. On a souvent attribué cette estampe à Benedetto Montagna. Bartsch la croit de Mocetto. C'est aussi le sentiment de M. Galichon.

11. *Amymone changée en ruisseau*. On lit au bas de la droite sur les premières épreuves l'adresse d'ANT. SAL. (Antonio Salamanca).

12. *Bacchus*, sans marque. On croit que Montagna est l'auteur du dessin.

13-14. *Triomphe de Neptune*, en deux feuilles, sans marque. elles appartiennent aux commencements de l'artiste. Bartsch les avait classées parmi les maîtres anonymes.

15. *La Calomnie d'Apelles*, sans marque. Elle a beaucoup d'analogie pour le style avec la pièce suivante, dite le *Sacrifice*, qui porte la signature de Mocetto. C'est pour cela que Ottley a placé dans l'œuvre de ce maître la *Calomnie d'Apelles*, que Bartsch avait rangée parmi les pièces anonymes.

16-17. *Le Sacrifice*, en deux feuilles. On lit dans la seconde feuille le monogramme du maître.

18-21. *Plans et vues de la ville de Nola*. Ces quatre planches portent des inscriptions latines dont une constate que les illustrations du livre sont de la main de Hieronymus Mocetus.

Aucun musée ne possède, à notre connaissance, de peintures de Mocetto: nous avons décrit ou signalé celles qui appartenaient à M. de Janzé, et celles qui décorent l'église San Nazaro e Celso, à Vérone.

---

[1] Cette estampe est le n° 16 du nouveau Catalogue de Mocetto, dressé par M. Émile Galichon, dans la *Gazette des Beaux-Arts*, tome II, page 321 et suiv.

BENEDETTO MONTAGNA

NÉ VERS 1470. — MORT APRÈS 1533.

Benedetto Montagna, qui n'est renommé que pour ses gravures, a fait aussi quelques tableaux, mais inférieurs à ceux de son frère Bartolommeo. Il s'en trouve un à l'Académie de Venise, un autre à Milan, au Musée Brera. Lanzi suppose que si Vasari n'a point parlé de Benedetto, c'est qu'il avait coutume de passer sous silence les peintres qu'il croyait médiocres, *come suole de pittori che egli credeva dozzinali*. On peut dire cependant que Vasari a nommé des peintres qui ne valaient pas mieux que Benedetto. Ceux qui n'ont rien vu de ce maître, en fait de peinture, peuvent le juger d'après ses estampes. Le style en est encore raide, mais fier ; les formes y sont d'une élégance péniblement cherchée, énergiquement voulue. On y sent quelque chose de fort qui n'est pas suffisamment assoupli, et une grâce italienne qui ne s'est pas entièrement dégagée des traditions tudesques. Le choix de ses sujets annonce de l'élévation et le goût de la poésie. Ses contours sont ressentis ; son dessin est mâle ; ses têtes ont du caractère. Quant au travail du burin, il est, en général, bien conduit. La taille, aux approches de la lumière, se brise en points qui donnent du gras aux chairs et qui expriment l'*impasto* de l'École vénitienne. En somme, bien qu'il fût le contemporain de Marc-Antoine, Benedetto ne l'a pas égalé dans le sentiment des plans et des formes, non plus que dans la marche des tailles et la variété des travaux. Mais ses estampes, comme ses peintures, ont à la fois l'intérêt des accents primitifs qu'elles continuent, et le mérite des progrès nouveaux qu'elles annoncent.

Benedetto Montagna a gravé trente-trois estampes qui ont été décrites par Adam Bartsch dans le 13ᵉ volume du *Peintre-graveur* ; quelques-unes ne sont qu'*attribuées* au maître.

Il n'existe à Paris aucune peinture de Benedetto Montagna : mais le Cabinet des Estampes possède un très-bel œuvre de ce maître, œuvre dans lequel sont des pièces que Bartsch n'a point décrites.

VENISE. — A l'Académie, *la Vierge couronnée par des anges*, entre saint Sébastien et saint Roch, avec cette inscription : BENEDICTUS MONTAGNA PINXIT MDXXXIII. Provient de l'église San Rocco, à Vicence.

MILAN. — Au musée Brera, *la Vierge et l'Enfant*, avec saint Pierre et saint Paul, saint François et saint Antoine de Padoue, et un petit ange. Figures un peu moins grandes que nature. Signé et daté de 1528.

VICENCE. — Ridolfi fait mention de quatre tableaux peints par Benedetto Montagna à la Badia di San Felice, savoir : le *Massacre des Innocents*, *Jésus-Christ avec san Felice et san Fortunato*, *les saints Florian et Simplicien avec Prudence et Perpétue, leurs sœurs* ; enfin, d'autres saints groupés dans un quatrième tableau.

A l'église de Monte Berico, une *Adoration des Mages*.

ROCCO MARCONI

FLORISSAIT TOUT A LA FIN DU QUINZIÈME SIÈCLE.

Bien que Trévisan comme Giorgione, Rocco Marconi a sa place marquée dans l'École vénitienne, à laquelle il appartient par son éducation et par sa peinture. Ridolfi le dit élève de Palma Vecchio ; mais il est plus vraisemblable qu'il reçut les leçons de Jean Bellin, et c'est l'opinion de Zanetti. De même que son maître avait passé de l'ancien style à la manière giorgionesque, de même Rocco Marconi a conservé quelque chose des vieux peintres vénitiens, tout en se rattachant à la nouvelle école que Giorgion inaugura et dont il fut le chef avant Titien.

En visitant l'Académie de Venise, il n'est pas possible de ne pas s'arrêter devant la *Déposition de croix* de Marconi. C'est l'ouvrage d'un homme qui recherche la beauté et qui paraît se préoccuper de l'expression. Le coloris en est agréable, savoureux et tempéré, ou, pour mieux dire, effumé, *sfumato*. Mais il est vrai de dire que ce tableau renommé fait exception dans l'œuvre de Rocco Marconi, en ce sens que chez lui l'expression est en général faible et que ses airs de tête ont souvent de la trivialité. Où il est vraiment d'une habileté notable, c'est dans le maniement du pinceau et dans le ménagement des couleurs. Ce n'est pas que son dessin manque de fermeté et de correction, mais il présente un singulier mélange des vieilles habitudes avec les innovations que Giorgione avait introduites dans l'art de peindre. Ainsi Rocco arrête son contour, et donne de la rondeur aux milieux. On s'attendait à voir des formes dont le relief est si bien senti tourner vers le fond du tableau et perdre leur contour; au contraire, elles s'aplatissent sur le bord et finissent à une ligne précise, presque tranchante. C'est par l'intention d'accuser le trait jusqu'à la sécheresse que Rocco Marconi tient encore aux vieux maîtres, tandis que, par la *sfumatura*, il ressemble aux nouveaux, je veux dire à ceux qui étaient alors nouveaux.

Tel est le jugement que nous avons porté sur le peintre trévisan. Sauf l'inégalité de son talent dans le choix des modèles et dans l'expression, il est toujours le même ; toujours sa pratique est onctueuse, nourrie, empâtée ; toujours son coloris est attrayant sans intensité et harmonieux sans mollesse. On en serait même très-frappé si Giorgione et Titien n'existaient point. Mais le plus éclipse le moins. Cependant, malgré notre admiration profonde pour les princes de l'art, nous eûmes quelques moments à donner au tableau de Rocco Marconi qui représente Jésus-Christ entre saint Jean et saint Pierre, trois figures graves, d'une tranquillité, d'une monotonie solennelles. Il est un sujet que Rocco a traité de préférence : celui de la *Femme adultère*. Il y a réussi, parce qu'il pouvait y montrer à l'aise ses qualités de coloriste, ses carnations chaudes, ses draperies riches de ton et bien écrites dans leurs plis. Quant à l'expression, elle est généralement faible, disons-nous, dans son œuvre, et si tant est qu'il l'ait cherchée, il l'a rencontrée bien rarement. Les fonds d'architecture, qui lui étaient une ressource pittoresque, il les concevait et les traitait dans le goût archaïque, et lorsqu'il y substituait un paysage, c'était le paysage naïf de la primitive école. Rocco Marconi, qui rappelait cette école par l'insistance du contour, la rappelait aussi par sa signature, d'une latinité quelque peu gothique : *Rochus Marchonus*.

Le Musée du Louvre ne possède aucun ouvrage de Rocco Marconi, qui est à peu près inconnu en France.

VENISE. — A l'Académie, *Jésus entre saint Pierre et saint Jean*. Ce tableau provient de la sacristie de Santa Maria Nuova, église supprimée.

Le Rédempteur, — la Femme adultère. Il existe plusieurs répétitions de ce morceau, une entre autres à San Giorgio Maggiore, dans le chapitre ; une autre à San Pantaleone.

La Déposition de croix, avec deux figures de saints. Ce tableau, dont nous avons parlé et qui est très-remarquable, provient de l'église supprimée des Jésuites. Il est gravé dans la *Pinacoteca dell' Accademia veneta* publiée par Zanotto.

Dans l'église San Zanipolo (Saints-Jean-et-Paul), près la porte du cimetière, le *Sauveur* entre saint Pierre et saint André.

TRÉVISE. — A San Niccolo, sur l'autel des Pelletiers, un tableau qui est signé et daté de 1505, et qui représente les trois saints Jean-Baptiste, Tonisto et Léonard.

Sur l'autel des Maçons (*muratori*), saint Barthélemi et saint Prodocimo.

A Mestre, dans la chapelle de la famille Croce, à l'église paroissiale, un *Christ en croix*, qui est un des premiers ouvrages de Rocco. Marconi Rocco peignit surtout pour les particuliers, et ses tableaux de chevalet ne sont pas rares à Trévise et à Venise.

FRANCESCO VECELLI ou VECELLIO

NÉ VERS 1475. — MORT EN 1560.

Frère aîné du grand Titien, Francesco Vecelli était né avec d'heureuses dispositions. Il avait l'esprit ouvert, l'imagination vive et la main prompte à exprimer ses idées. A l'âge de douze ans, vers 1487, il fut envoyé à Venise avec son frère pour y apprendre la peinture. Ils suivirent d'abord les leçons du mosaïste Zuccato, ensuite celles de Gian Bellini. Mais d'après l'oraison funèbre prononcée sur la tombe de Francesco par Vincenzo Vecelli son parent, le frère de Titien abandonna l'école de Bellini pour se faire soldat, avant d'avoir appris à peindre et ne sachant encore que dessiner [1]. S'il en fut ainsi, on doit croire qu'il était bien jeune quand il entra dans la milice ou que les élèves de Jean Bellin restaient longtemps en apprentissage avant de toucher à la palette. Milicien, Francesco servit bravement contre les Français et les Espagnols.

---

[1] Cette oraison funèbre est imprimée dans l'Appendice VI de l'ouvrage publié par Ticozzi sur Titien et sa famille, sous le titre : *Vite di pittori Vecelli di Cadore*. Milano. 1817.

sous des capitaines renommés, tels que Macone et Serafin Caïense, et il reçut des blessures mortelles. Provoqué un jour par un soldat ennemi, il le terrassa dans un combat singulier, en présence et aux applaudissements de toute l'armée. A l'âge de trente-sept ou trente-huit ans, la Ligue de Cambrai ayant avorté, Francesco Vecellio quitta le service militaire et revint à Venise auprès de son frère, qui l'y avait appelé et chez lequel il recommença ses études de peinture.

Ses progrès furent rapides et si étonnants qu'ils excitèrent, dit-on, la jalousie du Titien. Les chanoines réguliers l'ayant chargé de décorer les portes de l'orgue dans leur église de San Salvator, il y peignit, sur les faces extérieures, la *Transfiguration* et la *Résurrection*, et, sur les faces intérieures, *Saint Augustin* entouré de prêtres, et un *Saint Théodore armé*, figure d'une manière si grande et si fière qu'on aurait pu la prendre au premier abord pour un Giorgione. Le saint tient d'une main une bannière, de l'autre un bouclier, et il tourne la tête vers un ange qui descend du ciel lui apporter la palme du martyre. Les figures de prêtres qui entouraient saint Augustin étaient les portraits frappants des chanoines qui avaient commandé la peinture. Placés dans une des églises les plus fréquentées de la ville, ces ouvrages de Francesco le mirent en vue. Il dut peindre une bannière pour la compagnie des bombardiers, une autre pour l'église Sant' Eustachio, une troisième pour la confrérie des boiteux (*scuola de' Zoppi*); celle-ci représentait une belle *Assomption*, au pied de laquelle on voyait deux estropiés, peints d'après nature avec une vérité criante.

Lorsqu'il fit cette bannière — ce fut en 1528 — Vecellio avait déjà quitté la peinture pour s'adonner au commerce. Quel fut le motif de cette détermination? Quelques-uns ont affirmé que Titien avait pris ombrage de son frère, en voyant une toile admirable de sa main à San Vito de Cadore, et qu'il l'avait poussé dans le négoce pour se débarrasser d'un rival. Mais il est prouvé que ce tableau, daté aussi de 1528, fut fait par Francesco quand il était déjà un négociant distingué de sa province. N'est-il pas d'ailleurs plus naturel de croire que Francesco Vecelli, se sentant incapable de s'égaler au Titien, abandonna volontairement un art que son frère devait tant illustrer? Toujours est-il qu'avant de quitter Venise, il fit deux belles œuvres qui furent comme ses adieux à la gloire : l'une pour l'autel de Saint-Louis dans l'église des Zoccolanti, à Campo Sampiero, l'autre pour la petite ville d'Oriago, sur la Brenta, à douze milles de Venise. Celle-ci représente l'apparition du Christ à la Madeleine, à quelques pas du sépulcre ouvert et des anges, au milieu d'un paysage si beau et si profond que l'œil le parcourt avec délices et va s'y perdre jusqu'à oublier les figures principales. Le Christ est vêtu d'une draperie azurée qui fait ressortir ses carnations sanguines contrastant avec les chairs blondes et délicates de la Madeleine; s'il n'avait pas les traits vulgaires d'un jardinier, le tableau serait digne du Titien.

C'est avant l'année 1527 que Francesco se retira dans sa patrie pour s'y livrer au commerce des bois de construction: car en cette année, la municipalité de Cadore demandait à la république vénitienne pour Francesco, fils de Gregorio Vecelli, l'autorisation d'extraire du Trévisan une quantité de blé qu'il devait importer et vendre dans le Cadorin[1]. L'année suivante, l'artiste, devenu marchand, eut un mouvement de retour à la peinture, et il fit alors ce tableau resté célèbre pour avoir éveillé la jalousie du Titien : san Vito, en habit de guerre, présente à la Vierge un prêtre à genoux, tandis que deux petits anges, avec une grâce adorable, cueillent des fleurs pour les offrir à l'enfant Jésus; saint Jean-Baptiste à demi nu, et un évêque en habits pontificaux — ce sont des portraits — occupent le côté gauche de la composition, qui est arrangée dans le goût titianesque avec la grave pondération et la dignité reposée qui caractérisent les ordonnances de ce grand maître. Si le tableau de San Vito est regardé comme le chef-d'œuvre de Vecelli, que doit être alors la *Nativité* qu'il peignit pour l'église San Giuseppe de Bellune, puisque cette peinture a passé pendant des siècles pour être du Titien et n'a été restituée à son véritable auteur qu'en vertu de documents authentiques, découverts il y a quelque soixante-dix ans?

Par l'entremise du Titien, Francesco avait obtenu en 1550 de Ferdinand, roi des Romains, frère de Charles-Quint, une exemption des gabelles et la permission d'extraire des bois du Tyrol. Loyalement

---

[1] Actes de la municipalité de Cadore, *Consiglio*, dépouillés et relatés par Ticozzi.

enrichi, et reconnu capable de gérer les affaires publiques, il fut successivement questeur, consul et censeur du conseil de Cadore, et il mourut en 1560, comblé d'honneurs civiques et laissant la réputation d'un magistrat intègre, d'un causeur aimable et lettré, et d'un peintre qui avait porté dignement le nom de Vecellio à jamais illustré par Titien.

Les rares ouvrages de Francesco Vecellio ne se trouvent guère qu'à Venise et dans le Cadorin.

Nous avons mentionné plus haut ceux qu'il fit pour les églises de San Salvator, à Venise, et des Zoccolanti, à Campo Sampiero, dans le Padouan ; pour les confréries des bombardiers et des boiteux, et pour l'église d'Oriago, sur la Brenta.

VENISE.— On trouve encore de lui, dans le Musée de l'Académie, une *Sainte Famille* et une *Annonciation* provenant de l'église supprimée de San Nicolò de' Barri, et non de' Frari, comme le dit par erreur le Catalogue de l'Académie.

Au Palais ducal, dans l'escalier qui conduit à la petite église San Nicolò, il existe, ou du moins il existait au siècle dernier, une *Résurrection* peinte à fresque par Francesco dans une demi-lune tout auprès d'une *Madone* peinte par Titien. Ces deux fresques étaient déjà en très-mauvais état en 1730.

CADORE. — A San Vito, le tableau que nous avons sommairement décrit ; il porte la date de 1528.

BELLUNE. — A San Giuseppe, *la Nativité*. Ce morceau, longtemps attribué au Titien, a été reconnu pour un ouvrage de Francesco, d'après des documents authentiques découverts par monsignor Doglioni.

A l'Ognarone, bourgade du territoire de Bellune, il y avait un *Saint Jérôme* dans l'église de ce nom ; mais il a disparu au commencement de ce siècle.

DRESDE. — Dans la Galerie royale, *le Christ présenté au peuple*, sur toile.

BERLIN. — Au Musée royal, *la Vierge et l'Enfant*, entre saint Pierre et saint Jérôme.

GIULIO CAMPAGNOLA

NÉ VERS 1481. — MORT EN .....?

Avant d'être illustré par des peintres, le nom de Campagnola fut porté avec beaucoup d'honneur par un des plus savants écrivains de l'Italie, un hébraïsant, Girolamo Campagnola. Aussi rompu aux lettres grecques et latines qu'à la littérature de son pays, Girolamo, qui avait touché à la peinture dans l'école de Squarcione, avait été un prédécesseur de Vasari en écrivant, sur les anciens peintres de Padoue, un ouvrage latin dont Vasari a profité, mais que par malheur on a perdu. Girolamo avait été magistrat à Ravenne, et sa famille avait joué un rôle en Italie. Ayant eu un fils nommé Giulio, il lui donna une haute éducation, semblable à celle qu'il avait reçue lui-même. Il lui enseigna le latin, le grec, l'hébreu, lui fit apprendre la peinture, la sculpture, la musique et le familiarisa de bonne heure avec la poésie.

Ce qu'était à douze ans Giulio Campagnola, nous le savons par une lettre de Matteo Bosso, ami de Girolamo, lequel Bosso, parlant du fils de son ami, s'exprime ainsi : « A peine entré dans son troisième lustre, il sait le latin et le grec, il chante en s'accompagnant sur le luth, fait des vers, et sait modeler l'argile aussi bien que peindre, au point qu'à mon sens, il ne le cède à personne dans toutes ces choses qu'il tient de la nature plutôt que de l'enseignement. » Tout jeune, messer Giulio avait copié en miniature, sur peau de chevreau (*quadretti di capretto*) une *Femme nue* par Giorgion et une autre *Femme nue arrosant un arbuste* avec deux enfants, par Benedetto Diana, et ces miniatures ornaient l'appartement d'un amateur raffiné, le célèbre cardinal Bembo. Mais quelles ont été les autres peintures d'un artiste qui fut si précoce et si bien doué? Nous l'ignorons. Il n'en reste aucune trace. Appelé en 1498 à la cour du duc de Ferrare, Henri Ier, il y figura très-honorablement, soit comme lettré, soit comme musicien, soit comme peintre, selon le témoignage de Pomponio Gaurico et de Panfilo Sasso, qui l'ont vanté dans leurs poésies. On n'a conservé de Giulio que des dessins et des gravures. Ses dessins rarissimes — on en connaît quelques-uns en Angleterre — sont dignes de Giorgion et de Titien. Celui que possède M. Émile Galichon, et qui a été gravé dans la *Gazette des Beaux-Arts*, a cela de particulier et de précieux qu'il atteste la collaboration de Giulio Campagnola et de son élève Domenico, dont nous parlerons tout à l'heure. C'est une figure en pied, copiée sur le *Saint Jean-Baptiste* de Mantegna, gravé par Mocetto, mais le personnage se détache sur un gracieux paysage fait par Giulio, pour servir de fond à la figure réservée en blanc, figure qui plus tard fut dessinée d'une plume hardie, et lavée de bistre par Domenico, héritier de Giulio Campagnola, dont il portait le nom.

Les gravures exécutées par Giulio sont au nombre de quatorze. Ses compositions sont empruntées le plus souvent de Jean Bellin, de Mantegna et surtout de Giorgione, dont il imite sur le cuivre la manière nourrie et la riche coloration. Mais ce qui lui appartient en propre, sauf un emprunt à Albert Dürer, ce sont les fonds de paysages; c'est aussi la façon tranquille et forte, harmonieuse et mordante à la fois, dont il conduit la lumière et fait tourner les formes; c'est l'art d'exprimer parfois le gras des chairs par un pointillé qui ressemble au travail de la gravure au maillet, *opus mallei*. Rien de plus rare et de plus recherché que les estampes de Giulio Campagnola. Le petit nombre de ses œuvres peut faire supposer qu'il ne vécut pas longtemps. Né, selon toute apparence, vers 1485, il vivait en 1513, puisqu'il composa un sonnet sur la mort du pape Jules II, arrivée le 13 février de cette année-là.

L'ouvrage de Girolamo Campagnola que Vasari a connu et consulté, était une lettre latine sur les anciens peintres de Padoue adressée à Leonico Tomeo, philosophe et amateur d'objets d'art; on ne la connaît que par des citations. Girolomo admirait beaucoup Mantegna, élève comme lui de Squarcione.

Il existe des dessins de Giulio Campagnola chez le duc de Devonshire, à Chatsworth. M. Turner Palgrave (cité par M. Émile Galichon) dit qu'il existe un dessin de cet artiste parmi ceux qu'un général Guise a laissés par testament à la collection de Christ Church, à Oxford, avec des conditions qui les rendent aussi inaccessibles que Ehrenbreitstein ou Gibraltar. Quant au dessin de Giulio et de Domenico, que possède M. Galichon, il a été gravé par ses soins dans la *Gazette des Beaux-Arts*, tome XIII.

Les catalogues dressés par Adam Bartsch et par Ottley, des gravures de Giulio, ont été corrigés et complétés par M. Émile Galichon, qui porte à quatorze le nombre des pièces, sans compter trois estampes attribuées à Giulio par le catalogue Buckingham, dont l'une semble gravée postérieurement à Giulio, par un Vénitien, et les deux autres sont inconnues à M. Émile Galichon.

Voici la nomenclature des quatorze pièces : 1. *Tobie*, signé JVLIVS CAMP PAT. — 2. *La Samaritaine*. — 3. *Saint Jean-Baptiste*; c'est une copie en contre-partie de l'estampe de Mocetto. — 4. *La Pénitence de saint Jean Chrysostôme*; c'est une copie d'après Albert Dürer, signé *Campagnola antenoreus* c'est-à-dire Padouan. — 5. *Saturne*. — 6. *Ganymède*, probablement gravée d'après Mantegna, avec un paysage tiré de la *Vierge au singe*, d'Albert Dürer, signée. — 7. *L'Enfant au chat*, gravure au pointillé, pièce unique. M. Émile Galichon l'a fait graver en fac-simile dans la *Gazette des Beaux-Arts*. — 8. *Le jeune Berger*, estampe dans le goût de Giorgione. Elle a été copiée par Augustin Vénitien. — 9. *Le Concert*, pièce doublement curieuse comme étant gravée à moitié par Giulio, sèchement et finement, à moitié par Domenico Campagnola, d'une pointe vive et libre. — 10. *La Jeunesse et la Mort*, belle estampe d'un grand style. — 11. *L'Astronome*, pièce datée de 1509 et copiée en 1514 par Augustin Vénitien. — 12. *Le vieux Pasteur*. Il en existe une copie par Augustin Vénitien, signée A. V. — 13. *La Femme courbée*, dans le goût de Giorgione; c'est peut-être une répétition de la miniature dont nous avons parlé. — 14. *Le Cerf*, signée JVLIVS CAMPAGNOLA F.

DOMENICO CAMPAGNOLA

NÉ VERS 1490. — MORT APRÈS 1550.

On avait cru longtemps que Domenico Campagnola était le fils de Giulio Campagnola, mais une note du manuscrit de l'*Anonyme* connu en Italie sous le nom de l'*Anonimo Morelliano*, parce que ce manuscrit fut publié en 1800 par Morelli, a fait connaître que Domenico était Vénitien et qu'il fut élevé par Jules Campagnola, dont il prit le nom, et dont il devint ainsi en quelque sorte le fils adoptif [1]. Il est vrai de dire que Zarabella, dans son *Histoire de Padoue*, parle de Campagnola comme d'un peintre padouan, et que Zani a lu sur une estampe du maître DNCS PATVS (Dominicus Patavinus). Quoi qu'il en soit, Titien fut le vrai maître de Domenico, qui s'attacha de préférence à la manière de ce grand peintre et l'imita au point d'exciter, dit-on, sa jalousie. C'est là sans doute un dire sans fondement, car Titien n'a dû être jaloux de personne; mais rien ne fait plus d'honneur à Domenico Campagnola que d'être soupçonné d'avoir porté ombrage à un tel homme.

On ne voit rien de lui à Venise, où il demeura peu de temps. En revanche, les églises de Padoue sont remplies de ses peintures. Le caractère en est mâle et vraiment titianesque, avec moins d'ampleur et de

[1] *Le teste dipinte nel sofütado della camera e li quadri nella lettiera ritratti da carte di Raffaello, furono de mano di Domenico Veneziano allevato da Giulio Campagnola.* Ainsi s'exprime l'*Anonyme* en décrivant les peintures du palais Alvise Cornaro, à Padoue.

dignité. En plus d'un endroit, notamment à la Scuola del Santo, l'on trouve les œuvres du disciple en regard
de celles du maître. Par malheur pour Campagnola, Titien, dans les fresques de la Scuola del Santo, est un
artiste incomparable, et nul n'aurait pu là se mesurer avec lui, car ces fresques sont prodigieuses; elles
furent inventées dans toute la force de son génie et exécutées avec une saveur, une bravoure et une autorité
sans exemple. Cependant Campagnola eut la gloire d'être choisi pour peindre au Santo, en concurrence avec
Titien, et c'est lui-même qui nous l'apprend. « M. Crozat, dit Mariette, a un grand nombre de ses paysages
« dessinés à la plume, à l'un desquels on trouve écrit au dos, en italien, de la propre main de Campagnola ;
« cette particularité remarquable : *En 1511, nous avons peint à fresque, en compagnie du Titien, dans la*
« *scola del Carmine, et de compagnie, nous sommes entrés dans la scola de Padoue* (c'est la scola
« del Santo) *le 24 septembre de la même année.* Sur le dos d'un autre dessin, il fait mention d'un de ses
« frères, peintre comme luy, nommé François, et d'Étienne dall' Arzere, peintre de Padoue. Ces dessins sont
« fort beaux. Vateau les copia tous étant chez M. Crozat, et il avouoit qu'il en avoit beaucoup profité. »
Puisqu'il est ici question de paysages dessinés, nous pouvons dire que comme dessinateur de paysages,
Campagnola est plus près du Titien que comme peintre. « Il a un maniement de plume tout à fait expressif
(c'est encore Mariette qui parle, et quel témoignage plus sûr pourrions-nous invoquer?) ; son feuiller est
léger et de bon goût ; ses lointains sont merveilleux pour leur richesse. Ces deux peintres ont pris pour
modèles les montagnes du Frioul. Mais le Campagnola n'a pas encore toute l'intelligence du Titien. Sa
touche est plus égale et les devants de ses paysages sont ordinairement pauvres. Il n'est cependant rien
de si ordinaire que de voir d'excellents connoisseurs prendre le change sur les dessins de ce maître en
les attribuant au Titien, et c'est assurément le plus grand éloge qu'on en puisse faire. »

En tant que peintre, Campagnola est plus fort à l'huile qu'à fresque ; l'exemple et le voisinage du Titien,
loin de l'abattre, l'ont soutenu et ont imprimé à son dessin un air de grandeur auquel il a de lui-même
ajouté une certaine élégance, une élégance voulue et résolue, qui ne va pourtant pas jusqu'au maniérisme. Ses
peintures en clair-obscur, notamment celles que nous avons vues à Padoue, dans le Salone, ont une allure
magistrale ; la nature y est vue moins en grand que chez Titien, elle est modelée d'une façon plus ressentie,
avec l'intention de bien marquer les attaches et d'écrire nettement les muscles. C'est là ce qui distingue
Campagnola, comparé au Titien, et il va sans dire qu'il lui est inférieur, tout en restant un de ses disciples
les plus robustes et les plus fiers.

Nous lisons dans l'*Anonyme de Morelli* que la riche collection réunie à Padoue par Marco Mantova
Benavidès, au seizième siècle, renfermait plusieurs peintures murales de Domenico Campagnola, des paysages
à la plume, un portrait à l'aquarelle d'Andrea Navagero (célèbre poëte vénitien, qui fut ambassadeur auprès
de Charles-Quint et de François Ier), un portrait à la plume de Pétrarque, et d'autres sortes d'ouvrages.
come d'altre sorte di lavoro. Il semblerait donc que Campagnola, que nous savons avoir été graveur, a
été aussi sculpteur. C'est à lui, du reste, que Morelli croit qu'on peut attribuer une médaille en bronze
frappée en l'honneur de Sigismond II, roi de Pologne, au revers de laquelle est gravée la légende : ANNO
D.XBI MDXLVIII DOMINICUS VENETUS FECIT. Cette médaille est conservée à la Bibliothèque de Saint-Marc.

L'œuvre gravé de Domenico se compose de quatorze estampes sur bois et de quinze estampes sur cuivre,
sans compter les morceaux douteux ; quelques-uns, notamment *la Ronde*, sont de la plus grande beauté.
Bartsch, Ottley et Passavant en ont donné des catalogues qui varient un peu quant au nombre des pièces.
M. Émile Galichon en a dressé un nouveau dans la *Gazette des Beaux-Arts*, où il a publié la *Ronde* en *fac-
simile* (tome XVII), et son travail, fait avec beaucoup de conscience et de sagacité, nous paraît être le meilleur
de tous sur la matière. « Pour traduire ses pensées, dit M. Émile Galichon, Campagnola a su trouver des
procédés personnels en harmonie avec son talent. Sa taille est colorée, brillante et vive jusqu'à l'affectation.
Elle flamboie dans les corps nus, qu'elle décharne trop pour faire preuve de science, elle court sur les terrains,
qu'elle transforme en torrents, elle sillonne les ciels, où elle change les nuages en flammes ; mais elle rend
à merveille le mouvement et la couleur, qualités voulues avant toutes autres, par ce *romantique* du seizième
siècle. » Domenico mourut après 1550, on ne sait au juste en quelle année. Il fut enterré, dit Brandolèse,

dans le cloître du couvent del Santo, sous l'arc de la famille Campagnola à laquelle il appartenait par son nom adoptif.

Il n'existe au Louvre, de Campagnola, qu'un dessin sur lequel sont écrites quelques indications. Il est décrit dans le récent catalogue de M. F. Reiset, travail plein de savoir et de saine critique.

PADOUE. Dans le Salone. les peintures en clair-obscur qui entourent les bustes en bas-relief de Tite-Live et autres célèbres Padouans.

A la Scuola del Santo, aux deux côtés de l'autel, *Saint Antoine et saint François*, et au-dessus des anges, sur la porte de la Scuola. le *Miracle d'un enfant ressuscité par saint Antoine*.

A San Zuanetto della Morte, à la pala du grand autel, le *Sacrifice d'Abraham* d'un côté: de l'autre *saint Jean l'évangéliste*. La peinture du milieu est attribuée au Squarcione.

A Santa Maria del Parto, l'oratoire du Chapitre, divisé en plusieurs compartiments, est accompagné d'arabesques en clair-obscur. Cet ouvrage, plein de fraîcheur et de jeunesse, fut peint en 1531, quand le peintre était lui-même dans la fraîcheur et la jeunesse de son talent.

A Santa Giustina des Bénédictins, en entrant dans la Récréation des novices, le *Christ au Jardin*, et des demi-figures sur les pilastres. — Dans la collection du prieur de ce monastère, une *Déposition de croix* sur un très-beau fond de paysage.

Au Redentore, en entrant dans l'église, les quatre saints protecteurs de la cité, peints à fresque sur la muraille.

A la casa dello Speciale, tout l'extérieur est peint à fresque par Campagnola et il en reste encore des morceaux dignes d'attention.

A la cathédrale. un *Ecce homo* entre Aaron et Melchisédech, plus deux tableaux latéraux : *saint Prodoscime et sainte Justine, saint Daniel et saint Antoine*, protecteurs de la cité.

A Santa Anna des Bénédictines, *la Vierge* avec sainte Anne, saint Pierre, saint Jean-Baptiste et autres. — Aux Pères réformés, les quatre saints protecteurs de la cité.

A Sant'Agostino des Dominicains, *le Sauveur* environné d'anges, et, en bas, saint Jean-Baptiste. — A San Pietro, *le Christ donnant les clefs à saint Pierre*, attribué par d'autres à Dario Varotari.

A la Scuola del Carmine, *l'Adoration des Mages* et la *Circoncision*. Ce sont les morceaux qui furent peints en concurrence avec Titien, d'après la note manuscrite citée plus haut.

A la Ca' (Casa) Giustinian, peintures à fresque traitées avec maëstria. d'après des dessins de Raphaël.

Pour ce qui est des pièces gravées par Domenico Campagnola, nous renvoyons le lecteur au catalogue de M. Émile Galichon.

DOMENICO BRUSASORCI

NÉ EN 1494. — MORT EN 1567.

Le surnom de Bruscasorci, dégénéré en Brusasorci, qui signifie preneur de rats, fut donné à Domenico Riccio par allusion à un piége à rats que son père avait inventé. Il débuta par sculpter en bois, et quelques-unes de ses figures ayant été vues par le peintre Carotto, celui-ci le prit pour élève et lui enseigna les éléments de la peinture. A peine dégourdi, il fut envoyé par son père à Venise, pour y étudier les ouvrages de Titien et de Giorgione (car le style de Carotto paraissait alors suranné), après quoi il revint à Vérone. Il y fournit sa carrière de peintre avec beaucoup de facilité et de verve, non sans tomber sur la fin dans le maniérisme qui commençait à infecter dans ce temps-là toutes les Écoles d'Italie.

Si nous avions à refaire la fameuse *Balance des peintres* si mal conçue par de Piles, nous donnerions à Brusasorci à peu près les mêmes chiffres qu'à Paolo Farinato, qui fut son contemporain, son compatriote et son rival. Riccio était cependant plus âgé que Farinato, car il était né, selon Ridolfi, en 1494, et il mourut en 1567. Lanzi l'appelle le Titien de l'École véronaise : c'est en faire un grand éloge. Brusasorci ne fut que l'heureux imitateur de ce grand maître, surtout dans les figures nues de Vénus et des nymphes, et ce qui prouve bien qu'il ne fut pas doué d'un génie de prime saut, c'est qu'après avoir imité Giorgion et Titien, il se laissa séduire par les tournures et les élégances du Parmesan. On s'en aperçoit aux tableaux qu'il peignit à Mantoue en concurrence avec Paul Véronèse, Farinato et Battista del Moro. Il avait été conduit dans cette ville par le cardinal Hercule Gonzague pour orner de peintures la cathédrale de Mantoue; mais il ne s'en tint pas au tableau de la Madeleine qu'il dut faire pour cette église ; il fut chargé encore de décorer au Palais ducal de Mantoue un appartement où il représenta en plusieurs petits cadres la fable de Phaéton (que d'autres attribuent à Santo Peranda, peintre vénitien), et qui, bien qu'endommagée par le temps, ne laisse pas de commander l'attention par l'abondance, la vivacité et la nouveauté des inventions, et par les difficiles raccourcis que l'auteur a pris plaisir à y exprimer.

Comme le plus grand nombre des peintres italiens, Brusasorci était plus propre à la fresque qu'à la peinture à l'huile. Son exécution était souple, facile et vaillante. Son chef-d'œuvre en ce genre est la *Cavalcade* du pape Clément VII et de Charles-Quint à Bologne, qu'il peignit sur les murs d'une grande salle dans le palais Ridolfi à Vérone et qui a été gravée. Le peintre y avait représenté la cour pontificale et le cortége de l'empereur, les gardes, les tambours, les trompettes, le train d'artillerie, ainsi que les gentilshommes véronais présents à la cérémonie, et dont il avait conservé l'effigie et les habillements. « On ne peut, dit Lanzi, voir un plus noble spectacle, et quoique de semblables sujets aient exercé le pinceau des plus habiles à Rome, à Venise, à Florence, aucune composition du même genre n'est aussi émouvante. On y admire le concours de la multitude, la belle distribution des figures, les mouvements bien observés des hommes et des chevaux, le caractère vivant des portraits, la variété des costumes, la splendeur, la pompe, la dignité, la gaieté propres à une si grande journée. » Mais il est un autre ouvrage de Brusasorci dont les Véronais font encore plus de cas ; c'est la décoration extérieure du palais Murari della Corte, bâti par un certain Florio, marchand de soie, et voisin du Ponte nuovo. L'artiste y peignit à fresque sur la façade qui regarde le fleuve, les *Noces du lac de Garde* avec la nymphe Charis, en s'inspirant du poëme de Giorgio Jodoco, intitulé *Benacus*, et aussi des vers de Catulle : *Cinge tempora floribus....* Un beau jeune homme couronné de fleurs y figurait l'Hyménée ; des enfants portaient des épis, des raisins, des fruits, des oiseaux, et au-dessous se dessinait dans une frise un Combat de tritons et de chevaux marins. Sur les trumeaux des fenêtres, il fit le portrait en camaïeu violet de Fracastoro, de Gio-Battista Montano, de Girolamo Verità, et d'autres littérateurs de Vérone. Du côté de la rue, étaient peints en camaïeu vert les Amours de Psyché et le Festin des dieux ; le tout surmonté d'une belle frise où sont entremêlés et entrelacés, en forme d'arabesques, des lions, des cerfs et des chiens qui se battent en se jouant. Une autre frise terminait en bas la décoration de la façade : c'était le Combat des centaures et des Lapithes. Brusasorci avait composé et conduit cette vaste peinture à peu près comme l'aurait conçue et exécutée, un demi-siècle plus tard, Annibal Carrache, si bien qu'un peintre bolonais, Angelo da Campo, passant à Vérone devant le palais Murari, s'écria : « Voyez donc ! notre Annibal a encore décoré cette belle ville ! » Quelle fut la surprise du Bolonais lorsqu'il apprit que l'auteur de ces peintures, et particulièrement de celle qui retrace le Combat des centaures, avait travaillé quelque cinquante ans avant Annibal Carrache. Le malheur a voulu que personne ne nous montrât le palais Murari, dont la décoration, bien que déjà fort dégradée en 1820, lorsque parut la *Descrizione di Verona*, conserve encore quelques vestiges dignes d'attention.

Quoi qu'il en soit, d'après ce que nous avons vu de lui, notamment à San Giorgio Maggiore, Brusasorci nous paraît avoir été un de ces peintres secondaires dont les œuvres sont des éditions fautives et affaiblies des grands maîtres. Semblable à ces rhéteurs qui, faute d'idées, cherchent à charmer l'oreille par une heureuse harmonie de paroles, il se préoccupe d'amuser les yeux par un spectacle pittoresque, faisant de son art non pas un moyen d'expression, mais un procédé de décoration pure.

Domenico eut un fils, Felice Brusasorci, qui ne suivit pas les errements paternels. Demeuré orphelin quand il était encore l'élève de son père, il alla continuer ses études à Florence chez Ligozzi, et il en rapporta dans son pays un style délicat, précieux, qui se ressentait des idées toscanes. Les églises de Vérone renferment beaucoup de ses œuvres, dont la plus belle est à Santa Elena, et représente sainte Hélène avec d'autres figures. Il n'eut pas comme son père le talent de la fresque, mais il peignit très-habilement sur des pierres de touche en se servant des couleurs mêmes de la pierre pour les ombres. Felice vécut soixante-cinq ans, et il mourut en 1605. Sa vie fut abrégée, dit Ridolfi, par des chagrins d'amour.

C'est surtout à Vérone que se trouvent les ouvrages de Brusasorci, dont le Louvre ne possède aucune peinture.

A Santa Eufemia, *saint Nicolas de Tolentino* et *saint Augustin*, en deux tableaux ; à San Lorenzo, un tableau relatif à la vie du saint, daté de 1566 ; au palais Canozza, une *Cène* ; à San Giuseppe, dans le réfectoire, une *Samaritaine au puits*, à fresque ; à San Zeno Maggiore, la *Résurrection de Jésus-Christ*, à fresque ; à Santa Caterina, église des Bénédictines, le *Sauveur* avec saint Benoît et saint Maur ; à Santa Trinità, trois peintures à l'huile et quatre à fresque, entre autres la *Conversion de saint Paul* ; au Teatro Filarmonico, le portrait de Cavazzola ; à San Fermo Maggiore, le *Martyre d'un évêque* et le *Christ en croix* avec la Sainte Vierge et la Madeleine ; au palais Serego, une architecture et des perspectives vues d'en bas : au palais Murari, les *Noces du lac de Garde*; ces peintures ont péri.

On voit encore des peintures de Brusasorci à San Paolo di Campo Marzo, à la galeria San Bonifacio, à San Nazaro, à Santa Maria in Organo, à San Stefano, à San Giorgio Maggiore, et dans plusieurs localités de la province véronaise.

Les églises de Vérone contiennent aussi de nombreux ouvrages de Felice Brusasorci.

ORAZIO VECELLIO

NÉ EN 1515. — MORT EN 1576.

Titien eut deux fils : Pomponio, qui fut chanoine à Milan, et Orazio, qui fut peintre. Celui-ci était né à Venise en 1515, selon Ticozzi, et, formé par son père, il était devenu un peintre très-habile. Il se distingua surtout dans le portrait, au point qu'il y fut parfois le rival de son père, *fino a gareggiar col padre in alcuni di essi*, dit l'abbé Lanzi. En 1545, il accompagna Titien à Rome, et il eut occasion d'y peindre quelques personnages de la cour pontificale, notamment Battista Siciliano, célèbre joueur de violon, et le portrait de ce musicien a été vanté par Vasari comme un excellent ouvrage. De retour à Venise, il s'y maria avec une jeune fille nommée Lucrèce, comme nous l'apprend une lettre de l'Arétin, écrite en avril 1547, peu de jours après les noces. L'année suivante, il fut amené par Titien à Augsbourg, auprès de Charles-Quint, et il fit encore, à la cour de ce prince, quelques portraits qui furent plus tard vendus comme étant de Titien lui-même. L'empereur, qui voulait attirer ce grand maître en Espagne, accorda gracieusement la naturalisation espagnole à son fils Horace, avec une pension de cinq cents écus.

Nous ne pouvons juger maintenant du talent d'Horace Vecelli dans la peinture historique, puisque la seule qu'il ait faite, et qui décorait la salle du Grand Conseil, au Palais ducal, fut consumée dans l'incendie de ce palais en 1574. Horace s'y était trouvé en concurrence avec Tintoret et Paul Véronèse, et le sujet qu'il avait traité était la bataille livrée par le peuple romain contre les soldats de Barberousse, sous les murs de Rome. On y remarquait un cheval tenu par un écuyer, groupe d'une beauté saisissante, au point qu'on croyait y reconnaître la main paternelle du Titien. Riche, dissipateur et indolent, Horace Vecellio a peu travaillé. Lorsque ses dépenses inconsidérées l'avaient mis à court d'argent, et qu'il n'osait plus en demander à son père, il s'adressait à l'Arétin, qui, plus d'une fois, le fit rentrer en grâce et lui obtint des subsides. Il paraît du reste qu'adonné à l'alchimie, il y fondit une partie de sa fortune. Il mourut de la peste en 1576, en même temps que son père.

Nous ignorons ce que sont devenus les portraits peints par Horace Vecellio, notamment celui du violoniste Battista Siciliano. Il est probable cependant que ce dernier ne s'est point perdu et qu'il existe dans une des galeries de l'Italie ou de l'Angleterre, où peut-être on le donne pour un Titien. Il est aussi fort probable que les autres portraits d'Horace figurent çà et là sous le nom de son père, et qu'il y en a plus d'un, soit en Allemagne, soit au Musée de Madrid, de ceux qu'il fit à Augsbourg, à la cour de Charles-Quint. C'est là ce qui explique pourquoi on ne rencontre nulle part des œuvres attribuées à Horace Vecelli, si ce n'est dans la basilique de Saint-Marc, où quelques mosaïques furent exécutées sur ses cartons.

PAOLO FARINATO

NÉ EN 1522. — MORT EN 1606.

Bien qu'il soit né à Vérone et qu'à proprement parler il fasse partie de l'École véronaise, Farinato est rangé avec les Caliari, les Brusasorci, les del Moro, parmi les peintres de l'École vénitienne, dans laquelle on peut dire que l'École véronaise s'est absorbée. C'est à Venise, en effet, que ceux de Vérone sont allés pour la plupart se former, et sauf quelques nuances locales, ils doivent leurs qualités essentielles aux Bellini, à Titien, à Giorgione, ou bien à Mantegna, de sorte que, par le caractère de leurs œuvres, ils sont presque tous plus ou moins vénitiens ou padouans.

Paolo Farinato descendait de la fameuse famille florentine Farinata degli Uberti, qui avait été, au treizième siècle, à la tête des Gibelins de Florence. Cette famille, plusieurs fois expulsée de Florence par le parti des Guelfes, se dispersa en Italie, et un de ses membres vint, en 1262, s'établir à Vérone, où il fit souche. Des personnages qui appartenaient à la branche véronaise des Uberti, le plus distingué fut Paolo Farinato. Il était né à Vérone, non pas en 1522, comme le dit Ridolfi, mais en 1524, d'après une épigraphe inscrite par le peintre lui-même sur son tableau de *la Multiplication des pains*, épigraphe ainsi conçue : A. D. CIƆIƆCIII PAULUS FARINATUS DE HUBERTIS ÆTATIS SUÆ LXXIX. F. Si Paolo avait 79 ans en 1603, il devait être né en 1524. Son premier maître fut Niccolo Giolfino (Vasari l'appelle Nicola Ursino), qui était surtout habile dans la peinture en petit. On dit qu'au sortir de chez Giolfino, il se rendit à Venise pour y étudier Giorgione et Titien ; mais, à la vérité, le style de Farinato ne ressemble guère à celui de ces grands maîtres. Il n'a rien qui rappelle leur dignité, ni leur manière savoureuse, ni leur coloris. Remarquable surtout par la maestrie de son dessin, qui est résolu et fier, il semblerait plutôt avoir reçu les leçons de Jules Romain à Mantoue, suivant l'observation de Lanzi, et la chose n'est pas impossible puisque Jules Romain ne mourut qu'en l'année 1546, quand Paolo avait dix-huit ans.

De toute façon il est certain que Farinato fit le voyage de Mantoue, mais quand il était déjà regardé comme un des plus habiles peintres véronais. Ce fut le cardinal Ercole Gonzaga qui l'emmena dans cette ville pour y travailler aux peintures du Dôme (cathédrale) en concurrence avec le Brusasorci, Battista del Moro et Paul Véronèse. Il va sans dire que dans ce concours, ce fut Véronèse qui l'emporta. Lorsqu'ils furent de retour à Vérone, Caliari s'y trouvant à l'étroit, quitta la ville pour aller chercher à Venise un plus brillant théâtre, et Farinato, se voyant alors délivré d'un rival aussi redoutable, devint bientôt l'artiste le plus occupé de Vérone. Il fut d'abord employé par l'église Santa Maria in Organo à peindre pour le chœur quatre tableaux à l'huile, parmi lesquels *le Massacre des Innocents*, daté de 1566, et le *Repas de saint Grégoire avec les pauvres* ; puis quatre autres tableaux pour la chapelle San Nazaro, où il représenta les principales actions de ce saint. Il en est qui sont imaginées et présentées d'une façon très-pittoresque, entre autres celle où saint Nazaire, partant de Rome pour Milan, distribue aux pauvres de larges aumônes. Des mulets chargés de bagages, des coffres recouverts de riches étoffes jettent dans ce tableau de la variété et une sorte de remuement optique.

En général, ce qu'on nomme le pittoresque, — c'est-à-dire les oppositions de lignes, les contrastes de mouvements, l'art d'intriguer les yeux et de les divertir par l'animation du spectacle, — est une qualité qui ne fait pas défaut à Paolo Farinato, non plus qu'à ses contemporains. Décorateur abondant, il travaillait avec la verve du tempérament plutôt qu'avec celle de l'esprit, et toujours d'un pinceau fécond et plein de bravoure, *ferace pennello*, disent les Italiens. Pendant cinquante années de suite, il tint la palette ; aussi a-t-il rempli de ses fresques et de ses peintures à l'huile les églises et les palais de Vérone, et il est facile de voir qu'il était moins fait pour la peinture à l'huile que pour la fresque. Lanzi, en quittant Vérone, disait de Farinato, que c'était le seul peintre dont il regrettât de n'avoir pas vu tous les ouvrages. Quelle que soit notre déférence pour ce judicieux critique, nous devons dire qu'après une rapide excursion dans Vérone, nous n'eûmes pas à exprimer le même regret. A la vérité, le hasard voulut que l'on nous conduisit dans l'église Sant' Anastasia, sur la Piazza dell' Erbe, sur la Piazza de' Signori, à San Giorgio Maggiore et en quelques autres lieux, où se trouvent justement les moins bonnes peintures de Farinato, celles de sa vieillesse. Son talent s'étant développé dans la seconde moitié du seizième siècle, il dut respirer l'air de la décadence, qui commençait alors à corrompre toute la peinture en Italie, et, à mesure qu'il avançait en âge, sa propre décadence venait s'ajouter à celle de l'art italien. En visitant l'église San Giorgio Maggiore, où l'on nous montra son tableau de *la Multiplication des pains*, nous écrivîmes sur notre portefeuille de voyage. « On peut comparer ces deux grandes machines (celle-là et *la Manne au désert* de Brusasorci) à des thèses de rhéteurs. C'est une stérile abondance de figures insignifiantes ; beaucoup de pédantisme dans le modelé, des gestes poncifs, des tournures contrastées, apprises par cœur, de la lourdeur dans l'imitation des grands maîtres vénitiens, une banalité à périr d'ennui. » Il faut dire que Farinato était octogénaire quand il peignit cette toile, et qu'il serait injuste de juger, sur une œuvre faite à cet âge, un homme qui, à force de donner carrière à sa fécondité naturelle, dut se fatiguer à la fin et tomber dans ces redites banales qui sont la rhétorique ou plutôt la phraséologie de l'art.

Paolo Farinato a immensément dessiné, mais dessiné de pratique, sans épurer ses premières idées, comme dit Mariette, qui l'appelle avec raison le La Fage de l'Italie. Sa manière de composer rappelle Véronèse. Sa plume est légère et maniée avec une assurance que Ridolfi prenait pour de la fierté, *certa fierezza*, et qu'il admirait beaucoup, car il raconte qu'il passa un jour (et un jour d'été!) à parcourir les innombrables dessins de Farinato recueillis par Cristoforo son fils. Paolo fut savant dans l'architecture civile et militaire. Il s'était construit à lui-même son tombeau, en 1594, à San Paolo di Campo Marzo (et non pas à San Fermo, comme le dit par erreur Ridolfi), et il y fut déposé en 1606, qui fut l'année de sa mort.

Le Musée du Louvre ne possède aucune peinture de Paolo Farinato, mais il s'y trouve des dessins de ce maître, au nombre de 85.

VÉRONE. — A San Tomaso, un *Saint Onufre* dont le corps nu est une réminiscence heureuse du Torse antique.

A Sant' Anastasia, *Saint Hyacinthe ressuscite un mort* et un tableau du *Christ* entre saint Pierre et saint Paul, daté de 1589. — Dans la même église, des ornements à fresque sur le mausolée de Francesco Miniscalchi.

A la Casa degli Accoliti, collège des clercs attachés à la cathédrale, une *Pietà* digne d'être indiquée à Lanzi, dit Persico, dans sa *Descrizione di Verona*.

A la cathédrale, *la Vierge avec l'Enfant* et saint Jean-Baptiste, en petites figures.

A San Giovanni in Fonte, *le Baptême du Christ*. — A San Pietro in Monastero, une *Annonciation*. Près de cette église, dans le palais *da Lisca*, une belle frise représentant la *Cavalcade de Clément VII et de Charles-Quint* à Bologne. Le dessin de cette cavalcade existait dans la collection qui fut montrée à Ridolfi par le fils de Farinato.

Au palais Carlotti, proche la Porta de' Borsari, un *Saint Michel*. — A San Bernardino, une *Annonciation* et une *Résurrection* peintes à fresque.

A l'hôpital, une *Vierge* avec saint Jean-Baptiste. — A la Trinità, sur la porte, une *Déposition de croix* peinte à fresque. — Au palais Marconi, un plafond peint en cinq compartiments. — Au palais Guarienti, peintures à fresque ; le guide ne dit pas lesquelles. — Au palais Rizzardi, des sujets sacrés et profanes.

Au palais Serego, une *Fuite en Égypte* signée *Paulus Farinatus fecit*, 1571. — A San Sebastiano, dans le plafond, *Moïse*, peint à l'huile, et dans une chambre contiguë à l'oratoire, une frise en trois compartiments : le *Siége de Béthulie*, *Judith après le meurtre d'Holopherne* et la *Défaite des Assyriens*. Persico remarque en passant que Farinato a représenté les assiégeants de Béthulie munis de canons.

Sur une maison qui fait face à la casa Beretta, une *Vierge* entre saint Sébastien et saint Roch, peinte à fresque en 1585, et sur une autre maison contiguë à celle de Curioni, une *Vierge*, peinte à fresque en 1594.

Sur la Piazza de' Signori, au-dessus d'une porte, la *Défaite de l'empereur Frédéric Ier*. — Sur la même place, la *Victoire remportée par les Véronais sur les Mantouans, l'an 1190*, à Ponte Molino.

Dans la maison dei Brognoligo, une frise à trois compartiments : *la Consécration de David, la Mort de Goliath* et le *Triomphe des filles juives*, bel ouvrage peint en clair-obscur, et, tout près de là, dans l'hospice annexé à San Giacomo, une fresque intérieure et une extérieure.

Au palais Giuliari, frises mythologiques, mêlées d'animaux et d'emblèmes en manière d'arabesques.

A San Paolo di Campo Marzo (là où le peintre fut enterré), une *Transfiguration* signée. — Au palais Marogna, sur la façade, *Dante et Virgile* rencontrant les trois bêtes sauvages. — Dans une maison vis-à-vis de celle qui appartenait au docteur Gaspari, une frise où l'on voit *la Défaite de Darius et la Famille de Darius dans la tente d'Alexandre*.

A Santa Maria del Paradiso, *l'Assomption de la Vierge*, avec les figures des douze Apôtres et *Saint Apollinaire*, martyr.

Au palais Murari, une *loggia* ornée de grotesques et d'arabesques, avec les *Amours de Vénus et Adonis*.

Dans l'église San Nazaro e Celso, une *Annonciation* peinte à l'huile, et dans la lunette au-dessus, *Adam et Ève* peints à fresque ; cette peinture est regardée comme le chef-d'œuvre du maître. — Plus, quatre tableaux relatifs à la légende de saint Nazaire, — plus, un *Couronnement de la Vierge* dans la voûte du chœur.

A Santa Maria in Organo, quatre tableaux, dont le *Massacre des Innocents*, mentionné par Vasari et daté de 1566.

A San Giorgio Maggiore, la *Multiplication des pains*, tableau signé AD. CIƆIƆCIII (1603), PAULUS FARINATUS DE HUBERTIS ÆTATIS SUÆ LXXXIX. Y.

On trouve encore des peintures de cet artiste inépuisable dans la province de Vérone : à l'église de Prun, dédiée à saint Paul, et où il a peint la conversion du saint ; à la Madonna di Campagna, où est un de ses bons ouvrages, une *Nativité* ; à la Villa della Torre, où l'on montre une chambre qui fut habitée par Farinato et qu'il a couverte de décorations : à l'oratoire de Gasolo ; à Villa Fontana, où il a laissé un *Saint Georges* à cheval et une *Décollation de saint Jean* ; à Roverchiara, à Lupatato, à San Giorgio in Salici, à Villafranca, à l'oratoire de San Stefano. Dans la cathédrale de Garda, le martyre du saint signé et daté de MDLX.

VENISE. — Dans l'église SS. Cosmo e Damiano, *Quatre évangélistes*.

PADOUE. — Dans l'église Santa Giustina, *Jésus-Christ aux Limbes*, et quelques autres morceaux, les uns sur pierre, les autres sur cuivre.

MILAN. — Au Musée Brera, le même sujet peint sur pierre de touche.

BAZACCO DA CASTELFRANCO

FLORISSAIT VERS 1550.

Un mot de Vasari a sauvé de l'oubli ce peintre robuste et fier que, cent ans après sa mort, l'on confondait avec un des plus grands maîtres vénitiens, et qui a eu cela de commun avec l'admirable Zelotti, que ses œuvres ont été gravées par Valentin Lefebre comme étant de Paul Véronèse. Vasari, qui l'appelle par erreur Brazacco, dit que ce peintre, protégé par les Grimani, fut chargé de décorer la grande salle des *Capi* (chefs) du Conseil des Dix ; mais que ne pouvant de lui-même mener à bien un tel ouvrage, il prit pour aides et collaborateurs Battista Farinato (c'est Battista Zelotti qu'il fallait dire) et Paul Véronèse. Le travail distribué entre eux, Bazacco se réserva deux des ovales du plafond et un des compartiments qui ont une forme rectangulaire oblongue. *Neptune*, sur son char traîné par des chevaux marins, remplissait un des ovales ; les deux autres compartiments étaient occupés chacun par deux figures faisant allusion à la grandeur pacifique de Venise. Les auteurs vénitiens sont d'accord pour attribuer à Bazacco le *Neptune*, mais ils ne s'accordent point touchant les deux autres peintures, vaguement indiquées par Vasari. Un des groupes à deux figures représente *Mercure parlant avec la Paix*. Zanetti le donne à Bazacco ; l'autre groupe, celui de *Venise assise sur un globe* avec un pied sur un lion, est attribué à Zelotti par Ridolfi et par Bassaglia (*Descrizione di tutte le pubbliche pitture di Venezia*, 1733), mais Zanetti le croit de Bazacco.

Quoi qu'il en soit, il suffirait du *Neptune* pour montrer dans Bazacco le feu pittoresque, un pinceau viril et généreux, et une couleur qui ne pâlit point à côté de deux coloristes aussi brillants, aussi entraînants que Zelotti et Véronèse. Les figures nues en clair-obscur qui accompagnent la décoration et la font valoir sont toutes de Bazacco, à l'exception de trois, et l'on y retrouve le style d'un artiste qui avait longtemps étudié à Rome, ainsi que l'affirme au surplus Vasari, *il quale era stato in Roma molti anni*. Pour voir d'autres peintures de Bazacco, il faut aller à Castelfranco. C'est là qu'il était né, comme Giorgione ; c'est là que Lanzi reçut du docteur Trevisani communication d'un document manuscrit constatant que Bazacco s'appelait Gio Battista Ponchino, que Bazacco était son surnom, et qu'il avait droit de bourgeoisie dans sa ville natale. Lanzi ajoute qu'il a vu de lui quelques fresques à Castelfranco, et le tableau des *Limbes* à San Liberale, morceau d'une telle beauté, que, sauf les peintures de Giorgione, il n'en est point qui excitent à ce point l'admiration des étrangers.

Marié, selon Lanzi, à une fille de Dario Varotari, peintre véronais, il habita avec elle tantôt Venise, tantôt Vicence, où il a laissé quelques ouvrages. Mais ayant perdu sa femme, il en fut si affligé qu'il embrassa l'état ecclésiastique et devint *monsignore*. Une lettre de l'Arétin, adressée en janvier 1546 au graveur parmesan Enea Vico, nous apprend que ce célèbre artiste a gravé *le Jugement dernier* de Michel-Ange, sur le dessin qu'on avait fait Bazacco.

VENISE. — Au Palais ducal, dans la chambre du Conseil des Dix, un ovale du plafond : *Neptune sur son char* traîné par des chevaux marins. Ce morceau est gravé par Valentin Lefebre. *Mercure et la Paix*. Dans un compartiment rectangulaire, *Venise sur un globe*, ayant un lion à ses pieds. Ridolfi attribue cet ovale à Zelotti. — Les figures nues en clair-obscur qui ornent les autres compartiments sont aussi de Bazacco, excepté les trois qui sont voisines de celui où Véronèse a représenté un vieux Persan. Dans la salle des *Capi* du Conseil des Dix, le compartiment dans l'angle du tribunal, à droite.

CASTELFRANCO. — A San Liberale, *les Limbes*, tableau qui avait été regardé comme un Véronèse, mais qui est de Bazacco, comme le prouve un document découvert dans les archives de San Liberale.

BATTISTA D'ANGELI ou BATTISTA DEL MORO

NÉ VERS 1490 ? — MORT VERS 1569

Puisqu'il est convenu que nous comprendrons dans l'École vénitienne les peintres de l'École véronaise, nous ne pouvons omettre ici Battista del Moro, qui fut le contemporain de Paolo Farinato et de Domenico

Brusasorci et qui ont eu l'insigne honneur de travailler à Venise et à Mantoue en concurrence avec Paul Véronèse.

Il s'appelait Battista d'Angeli et s'il prit le nom de del Moro, c'est qu'il avait épousé la fille du peintre Torbido del Moro, dont il devint l'héritier. On ignore les dates de sa naissance et de sa mort, mais on sait qu'il florissait au milieu du seizième siècle et qu'il mourut à Rome avant l'âge de trente ans, ce qui porterait sa mort à une époque antérieure à celle où mourut son beau-père. Comme peintre, Battista fut un imitateur éclectique de tout ce qui se faisait en Italie dans le temps où il peignait. C'est assez dire que sa peinture manque de caractère et d'originalité. Quelquefois, il ressemble à Jules Romain, dont on croit qu'il fut l'élève ; mais sous le rapport du coloris, il se rapproche de Torbido del Moro, qui tenait de son maître Giorgione une couleur forte et succulente (*succosa*). Ses ordonnances (c'est-à-dire ce qui lui appartient le plus) sont mal conçues et mal balancées. Les lignes ne s'y agencent pas heureusement et l'on y trouve de grands vides sans motifs. Il en est ainsi, par exemple, de son *Assomption de la Vierge*, dont il existe une estampe ; ses draperies, dessinées de pratique, sont conformes à tous les poncifs de son époque. Cependant, il fut grandement estimé dans son pays, à telles enseignes que la fabrique de Sainte-Euphémie, à Vérone, étant sur le point de démolir un mur où Battista d'Angeli avait peint un *Saint Paul devant Ananie*, on prit un soin religieux de sa fresque, qui fut sciée avec précaution et transportée à grands frais au-dessus de la porte, dans la même église. La réputation dont il jouissait à Vérone le fit choisir par le cardinal Ercole di Gonzaga avec Farinato, Brusasorci et Paul Véronèse pour aller peindre à Mantoue, dans la cathédrale. Le tableau qu'il y fit pour sa part et que Vasari a mentionné représente sainte Madeleine pénitente, et il est placé dans la sacristie. Plus propre à la peinture décorative qu'à la peinture expressive, il orna de fresques le palais des comtes Canossi, à Vérone, et il y représenta des batailles en forme de frises. Il eut à décorer aussi le palais des Pedemonti, dont il couvrit les murailles de figures mythologiques et symboliques, et la façade d'une maison qui avoisine le couvent de San Bartolommeo. Habile dessinateur, ou du moins rompu à la pratique du dessin, il aimait à peindre en clair-obscur des arabesques et des rinceaux avec des enfants et des satyres.

Étant passé à Venise dans le temps où Camillo Trevisano faisait décorer son palais de Murano par le sculpteur Alexandre Vittoria et par les peintres Battista Zelotti et Véronèse, del Moro fut employé en concurrence avec eux, et il peignit sous la corniche une frise en camaïeu jaune, et sur les trumeaux des fenêtres, en couleur de terre verte, *Pallas*, *Mercure*, *Mars* et *Diane*. Malheureusement pour sa mémoire, toutes ces fresques ont été rongées par le temps et par le vent de mer.

Comme graveur, Battista del Moro mérite considération. Ses meilleures pièces sont celles qu'il a gravées d'après Jules Romain et Parmesan. Il y a bien conservé, en effet, la svelte élégance de celui-ci et la fierté héroïque de celui-là. Quelques-unes de ses estampes sont faites sur son propre dessin, qui a parfois de l'analogie avec celui de Jules Romain. Vasari nous apprend que del Moro excellait à peindre des miniatures, et il en cite une entre autres qu'il dit d'une beauté rare. C'est la *Vision de saint Eustache*, à qui le Christ apparaît sur le bois d'un cerf, au milieu d'un paysage boisé d'une dégradation admirable. Cette miniature ayant été vue par Danese Cattaneo de Carrare, celui-ci en parla avec enthousiasme au frère Marco de Medici, qui avait été lié avec Torbido del Moro et qui réunissait une collection d'objets d'art. Battista sachant l'amitié qui avait existé entre son beau-père et Fra Marco, fit présent à ce dernier de la miniature que Danese avait tant admirée.

Battista eut un frère, nommé Giulio del Moro, qui eut la prétention d'être un artiste universel et qui signait ses œuvres en ajoutant à son nom les titres de peintre, sculpteur et architecte ; mais dans aucun de ces trois arts il ne s'éleva au-dessus de la médiocrité. Il y a des sculptures en marbre et en bronze de sa main dans les églises de Venise. Les meilleures sont celles qui ornent les mausolées de Priuli et de Dolfino, à San Salvatore. De son mariage avec la fille de Torbido del Moro, Battista eut un fils qui s'appela Marco et qui l'aida souvent dans ses travaux, notamment dans ceux qu'il fit à Vérone et à Murano. Comme son père, Marco mourut à Rome fort jeune. Il a gravé huit estampes, dont six de son invention et deux d'après

Parmesan et Titien. Sa pointe est moins libre que celle de Battista ; elle est plus propre, plus correctement conduite et plus froidement.

En dehors de l'Italie, les ouvrages de Battista del Moro, de son frère et de son fils, sont fort rares. Il n'en existe aucun au Musée du Louvre.

VÉRONE. — Sur les murs du petit palais des Bentegodi, n° 2903, l'histoire de *Coriolan et Véturie*

Dans la province de Vérone, à San Massimo, église paroissiale, une belle copie de Raphaël, exécutée à fresque par Battista del Moro ; c'est une *Vierge avec l'Enfant*.

Sur le palais Cossali, n° 2872, les médaillons des empereurs, en clair-obscur, peints par Marco del Moro.

VENISE. — Au palais ducal, dans la chambre de l'Armamento, *saint Marc* assiste quelques seigneurs vénitiens qui paient la solde aux miliciens de la République.

Dans la Procuratie *di supra*, un tableau cintré représentant la *Madone* avec saint Jean-Baptiste, saint Marc et deux enfants.

Dans le palais Trivisano, à Murano — ce palais a depuis appartenu aux Donato — des fresques en clair-obscur, vert et jaune, sur la façade qui regarde le jardin, avec diverses figures de divinités, et autres sujets.

Ridolfi attribue à Battista une *Madone*, avec saint Jean et saint Marc, ayant à ses pieds des personnages de la maison Marcello, mais cette belle peinture, qui est dans l'église Santa Maria Maggiore, serait de Francesco Alberti, selon Boschini.

A San Bartolommeo, un tableau de tous les saints dans le Paradis, par Marco del Moro.

A San Salvatore, au mausolée de Dolfino, on voit une statue du Sauveur, par Giulio del Moro. Elle est signée : *Julius Maurus veronensis. sculptor. pictor et architectus f.*

A Santa Maria Giubenico, *la Cène* du même Jules del Moro, elle est placée au-dessus de la grande porte.

Dans l'église des Saints-Jean-et-Paul, la *Nativité de la Vierge* et le *Miracle de la Madone* par lequel saint Jean Damascène recouvra la main que les hérétiques lui avaient coupée.

A Sant' Apollinari, le *Martyre des quatre saints couronnés*, par ledit Jules del Moro, tableau signé.

A San Stephano, de Murano, un tableau de *saint Sébastien*, par le même.

Dans la salle du Scrutin, au Palais ducal, Giulio del Moro a peint la *Prise de Caffa* et un trait de courage du doge Dandolo, ambassadeur de Venise à Constantinople.

BENEDETTO CALIARI

NÉ EN 1538. — MORT EN 1598.

Nous le connaissons tous ; nous l'avons tous vu cent fois au Louvre dans le tableau des *Noces de Cana*. Il est debout, vêtu d'une robe de brocart, dans une attitude élégante. Il tient à la hauteur de son œil une coupe de vin, et avant de la boire, il semble en contempler la couleur avec délices. Comme Paul Véronèse, dont il était le frère, Benedetto Caliari avait une physionomie ouverte, un air de franchise et de bonté. Plus attaché à sa famille que jaloux de gloire, il vécut toujours avec son frère, dont il fut le collaborateur dans toutes ses grandes machines. Savant en architecture, rompu à la perspective, ce fut lui qui dessina les magnifiques palais, les colonnades, les escaliers, les balustrades qui remplissent les fonds de Véronèse ou enrichissent les premiers plans de ses festins évangéliques et de ses pompeuses ordonnances. L'architecture, qui tient une si belle place dans les *Noces de Cana*, y est mise en perspective avec une heureuse licence qui consiste à employer une double *ligne d'horizon*, en considérant cette ligne, non plus comme un trait sans épaisseur, mais comme une zone qui permet deux points de concours, l'un plus élevé que l'autre. Nous avons dit, dans la *Grammaire des Arts du dessin*, pour quelles raisons les deux peintres s'étaient permis une telle infraction aux lois mathématiques de la perspective. « Ils l'ont fait, d'abord, parce que les hautes architectures du tableau eussent présenté des lignes trop plongeantes dont la direction vers un point unique eût été précipitée et sans grâce ; ensuite, parce qu'en présence d'une scène aussi vaste remplie d'épisodes et sans unité rigoureuse, puisqu'elle ne devait exprimer que la joie générale et le désordre d'un grand festin où Jésus lui-même n'est qu'un simple convive, le spectateur, intéressé successivement par les différents groupes, se promènerait devant la toile plutôt que d'aller mettre son œil au point de vue. »

Ce fut seulement après la mort de son frère, survenue en 1588, que Benedetto commença de travailler pour lui-même. Fidèle imitateur de Paul, il ne s'éloigna jamais de sa manière aimable, de son coloris clair, de son goût pour la richesse des compositions ; mais s'il réussit parfois à peindre des têtes de femmes si charmantes qu'on les croirait retouchées par son frère, il n'en est pas moins vrai qu'il eut une exécution pesante, une invention bornée, et que son talent, trop inégal dans les figures, ne se soutint que dans la décoration où l'architecture devait jouer le plus grand rôle, comme celle dont il orna la cour du palais

Mocenigo, à San Samuele, et la façade du palais Barbaro, à la Giudecca. Moins habile à manier la peinture à l'huile que la fresque, Benedetto excellait à ce genre de décoration, où il creusait volontiers des perspectives en trompe-l'œil servant de cadres à des sujets mythologiques ou tirés de l'histoire romaine. Ordinairement c'était en clair-obscur qu'il peignait, mêlées de figures, ces architectures feintes. Au palais Morosini, à San Stefano, il imita la couleur de la pierre qui, longtemps exposée à l'air, a été verdie par la pluie. Dans le salon du palais Morosini, il feignit une colonnade en forme de galerie avec des statues dorées, conduisant à un berceau sous lequel des dames écoutaient des musiciens.

L'Académie de Venise possède deux tableaux de Benedetto : en premier lieu la *Cène*, qui est un Véronèse affaibli et dont la composition est coupée en deux, le sujet principal ne tenant que la moitié du premier plan, l'autre moitié étant vide sur le devant et remplie, dans le fond, par un *Lavement de pieds* en petites figures ; en second lieu, le *Christ devant Pilate*, où les gestes du grand maître dégénèrent en mimique théâtrale et où ses qualités mêmes sont converties en défauts.

Ridolfi nous apprend que Benedetto Caliari fut un homme intelligent et lettré ; qu'il composa des poésies et des satires contre les mœurs du temps, et qu'il mourut à soixante ans, en 1598, de sorte que, né dix ans après son frère, il lui survécut dix ans.

VENISE. — A l'Académie, *la Cène*, provenant de l'église supprimée de San Niccolò de' Frari. — *Le Christ devant Pilate*, même provenance.

A la Scuola de' Mercanti, à Santa Maria dell' Orto, toile oblongue représentant la *Naissance de la Vierge*. Elle est placée tout près d'une belle *Annonciation* de Paul Véronèse, et l'on peut ainsi comparer facilement les deux maîtres.

MURANO. — Dans l'église degli Angeli, *Sainte Agathe en prison* avec saint Pierre et un ange qui tient une torche allumée.

Les ouvrages de Benedetto au palais ducal dans la salle du Scrutin, où il avait représenté la victoire gagnée sur les infidèles par le doge Doménico Michele, ont été détruits par les intempéries de l'air, ainsi que ses peintures décoratives au palais Mocenigo. Ridolfi mentionne d'autres peintures de Benedetto, notamment des décorations dans divers palais, à la Mira, dans le Padouan et dans la villa de Strà, appartenant à la famille Mocenigo, décorations relatives à l'histoire de cette famille.

Le même écrivain signale des fresques exécutées par Benedetto dans la grande salle de l'évêché, à Trévise, et dont les sujets étaient tirés des paraboles évangéliques. Le ciel du corridor voisin était orné d'arabesques et sur les parois s'ouvraient des architectures antiques et des fonds à demi cachés derrière un rideau soulevé par un petit page.

ANDREA VICENTINO

NÉ EN 1539. — MORT EN 1615.

S'il fallait passer sous silence tous les maniéristes de l'École vénitienne, l'histoire de cette École devrait s'arrêter à la seconde moitié du seizième siècle, et le Vicentino serait certainement condamné à l'oubli. Mais l'*Histoire des Peintres* doit une mention à tous ceux qui ont joué de leur vivant un rôle quelque peu brillant et par cela même historique.

Les biographes ne nous disent rien de ses commencements. On le croit élève de Palma le Jeune, et cela selon toute vraisemblance, bien qu'il fût un peu plus âgé que ce peintre, car, d'après Ridolfi, Andrea serait né en 1539, cinq ans avant son maître : sauf ce renseignement, on ne connait absolument rien touchant la vie de Vicentino, si ce n'est ses ouvrages, dont les principaux sont ceux qui ornent le Palais ducal de Venise. Ce fut un seigneur de la famille Cicogna qui lui fit obtenir ces travaux importants. Nous avons vu de sa main le plafond de la salle du Scrutin, où il a peint la victoire navale remportée par les Vénitiens sur les Pisans, en 1098, et, sur la muraille, le siége de Venise par Pépin, fils de Charlemagne. Ce tableau représente un fait curieux : les Vénitiens, pour faire croire à l'assiégeant qu'ils vivaient dans l'abondance, jettent dans son camp des quantités de pain au bout de leurs arbalètes. Un autre épisode du siége fait l'objet de la peinture voisine : c'est la défaite d'un parti d'assiégeants qui, voulant attaquer la ville sur des embarcations légères, furent mis en pièces dans le canal appelé depuis *Canal Orfano* (Canal Orphelin).

Nous n'avons pas oublié non plus la toile de Vicentino qui surmonte la porte conduisant de la salle du

Grand Conseil à celle du Scrutin. On y voit le doge Ziani qui présente au pape Alexandre III le jeune Othon, fils de Barberousse, fait prisonnier par les Vénitiens. Il va sans dire que les magnifiques plafonds de Véronèse et de Tintoret, qui brillent sur la tête du spectateur, dans cette salle fameuse, éclipsent aisément tous les morceaux secondaires. Mais il faut déjà quelque mérite pour n'être pas absolument écrasé par d'aussi redoutables voisins. Ce qui fait passer les œuvres de Vicentino, c'est une certaine abondance facile et emphatique, une sorte de faconde pittoresque. Ses compositions, rapidement conçues et peu étudiées, sont dignes à la fois de critique et d'attention. L'ensemble en est assez décoratif, et l'on sent bien, à les voir, qu'il n'a manqué au Vicentino, pour faire mieux, que de vivre dans un autre temps et d'appartenir à une école plus sévère.

Son meilleur tableau, celui du moins qui nous a le plus frappé, c'est l'*Arrivée de Henri III à Venise*. Le roi de France et de Pologne est reçu par le doge Mocenigo et par le patriarche. Il passe sur un pont de planches et se dirige vers un arc de triomphe que Palladio avait élevé tout exprès. Cette composition nombreuse et pompeuse est rehaussée encore par les accidents que forment les barques et brigantins dont elle est traversée. On y distingue, à la droite du roi, le cardinal San Sisto; parmi les gentilshommes qui portent le dais, Jacopo Soranzo, Marc Antonio Barbaro, Paolo Tiepolo, procurateur de Saint-Marc, et parmi les sénateurs, Jacopo Foscarini, autre procurateur de Saint-Marc, et Antonio Canale, pilote de la galère royale, qui fut créé chevalier à cette occasion et embrassé par le roi de France.

Quant aux peintures de Vicentino qui ornent les églises, elles ont laissé bien peu de traces dans notre souvenir. Personne, du reste, ne songeait à nous les signaler; le sentiment religieux y manque et surtout l'originalité. Là comme ailleurs, Vicentino met en scène des *figures à louer*, comme les appelait Annibal Carrache, et il les prenait partout, même dans les ouvrages du Bassan, qui pourtant, selon la remarque de Lanzi, est difficile à piller, tant ses inventions sont bornées et uniformes. Mais ces éléments d'emprunt, il savait les mettre en œuvre dans un ensemble animé, quelquefois imposant, au moins pour le regard. Ses toiles ayant poussé au noir, il n'est pas facile de voir aujourd'hui si sa couleur fut primitivement tendre et savoureuse, comme le disent les biographes qui nous ont précédés. Un trait auquel on peut encore le reconnaître, c'est qu'il aimait à meubler d'architectures et de perspectives les fonds de ses tableaux, et qu'il choisissait volontiers les sujets où il lui était permis d'introduire des barques, des gondoles, des serviteurs à livrée, des costumes variés, riches et bizarres, enfin tout ce qui peut amuser les yeux. On peut juger, du reste, que la peinture, considérée comme un pur spectacle, l'amusait infiniment lui-même, car il travailla sans relâche et sans lassitude jusqu'à l'âge de soixante-quinze ans, c'est-à-dire jusqu'à l'année 1614, qui fut celle de sa mort. Il laissa un assez faible continuateur de sa manière dans la personne de Marco Vicentino, son fils.

Il n'existe en France aucun tableau d'Andrea Vicentino, du moins à notre connaissance.

VENISE. — A l'Académie, *la Déposition de croix*, tableau provenant de l'église supprimée de Santa Croce, à Bellune, gravée dans la *Pinacoteca veneta* de Zanotto. — *Saint François* entre deux saints; en haut la figure du Père éternel — provenant de l'église supprimée des capucins de Montagnana, gravé dans l'ouvrage de Zanotto.

Au Palais ducal, dans la salle du Grand Conseil, *le doge Ziani* présente au pape le fils de Barberousse. — *Reprise de Zara* par les Vénitiens. — *Alexis*, fils de l'empereur Isaac, présente des lettres au doge. — *Élection d'un nouvel empereur* par les princes de la Sainte-Ligue.

Dans la salle du Scrutin, *Siége de Venise* par Pépin, deuxième fils de Charlemagne. — *Défaite de Pépin* dans le canal Orfano. — *Victoire des Vénitiens* contre les Turcs, aux Curzolari. — *Prise de Cattaro*. — Au-dessus des siéges de la Seigneurie, des *Prophètes* dans un cadre cintré, et sur les fenêtres à droite, deux *Vertus*. — Dans un compartiment ovale du soffite, *Victoire des Vénitiens* sur les Pisans, dans le port de Rhodes.

Dans la salle des Quatre-Portes, l'*Entrée de Henri III à Venise*.

Dans la salle du magistrato della Bestemia (tribunal du blasphème?) le *Jugement de Salomon*, le *Baptême du Christ*, *Apparition de Jésus à la Madeleine*.

A San Zanipolo (Saints-Jean-et-Paul) le *Doge Tiepolo* cède aux pères dominicains le terrain de leur couvent.

A San Fantino, *la Cène*, morceau très-estimé.

Aux Frari, *Adam et Ève*, bonne peinture du maître. — *Le Christ en croix* et les *Vertus théologales*. — Sur les côtés du chœur, *le Jugement universel* et *le Paradis*. — Dans la chapelle de saint François, le saint entre deux anges. — Sous les orgues, *les Œuvres de Miséricorde* et autres histoires tirées des livres saints.

Dans l'église d'Ognissanti, *les Noces de Cana* et l'*Entrée de Jésus* dans Jérusalem: le premier de ces tableaux a été gravé d'abord par Noël Cochin, et une seconde fois par un anonyme.

A Santa Maria della Celestia, *les Dix mille Martyrs*, tableau renommé. A l'autel de l'Image miraculeuse, *le Père éternel* dans une gloire.

A Santa Catterina, divers sujets de l'Ancien Testament sur les arcs de la nef, avec des architectures et autres ornements.

Au Carmine, *Miracles de l'évêque Liberale*; à San Francesco della Vigna, *la Madeleine* aux pieds du Christ; à Saint-Jean l'Évangéliste, *le Couronnement de la Vierge*; à San Gregorio, *le Lavement des pieds* et *le Christ au Jardin*; dans l'église della Croce, une *Annonciation*; à San Niccolò, quatre *Miracles* du saint.

A San Barnaba, se trouvent deux peintures de Marco Vicentino, *le Martyre de saint Laurent* et quatre saints et saintes dans un même tableau : Catherine, Apolline, Jérôme et un évêque.—On voit aussi, une *Visitation* de ce peintre à San Cristoforo de Murano.

MARCO VECELLI et TIZIANELLO

NÉ EN 1545. — MORT EN 1611.   VIVAIT ENCORE EN 1648.

Marco était le fils de Toma di Tito Vecellio, lequel était cousin germain du Titien. Ce grand homme, déjà très-vieux, le prit à son école, en fit son élève de prédilection et le retint toujours auprès de lui, en mémoire d'Antonio Vecelli, auquel lui, Titien, il devait son éducation et qui était aïeul de Marco. Sous les yeux d'un tel peintre, Marco Vecelli devint bientôt un praticien consommé. Il suivit du reste la manière titianesque dans la première partie de sa vie, c'est-à-dire tant que Titien vécut. Étant né à Vicence, en 1545, il avait trente ans quand il perdit son maître. Depuis lors, il s'éloigna insensiblement de son premier modèle, et, voulant se créer un style propre, il rencontra la décadence. Les peintures de lui que l'on voit au Palais ducal, dans la salle des Pregadi, nous ont paru mauvaises; mais il est juste d'ajouter que Boschini les attribue à un élève de Marco. Celle qui décore une des murailles du Conseil des Dix est bien meilleure et d'une fort belle touche. Le peintre y a rassemblé tous les personnages qui concoururent à la paix signée à Bologne, entre Clément VII et Charles-Quint. La composition est nombreuse; elle forme un spectacle remué et pittoresque par les divers costumes que portent le pape, les cardinaux, les évêques, les gardes pontificaux, les ambassadeurs vénitiens et les pages. Mais il y règne une confusion malencontreuse et un morcellement contraire aux lois du goût. Tandis qu'un secrétaire de l'Empereur, debout et nu-tête, lit à haute voix le traité de paix, un dominicain fait une harangue, les tambours battent, les trompettes sonnent, et l'on aperçoit au loin deux chevaliers qui se précipitent, la lance au poing, dans un tournoi. Il est heureux, vraiment, que la peinture soit muette quand elle représente de pareils bruits. Évidemment la pratique, chez Marco, l'emportait sur l'art.

C'est en présence de la nature qu'il était habile, soit qu'il fallût exprimer le morbide des chairs, soit qu'il fallût rendre les jeux d'une draperie et la richesse de ses tons. Aussi, bien qu'il ait moins d'animation dans ses têtes et moins de chaleur que Titien, ses portraits sont-ils remarquables. Son ami Lionardo Donato, qui fut doge, se fit peindre par lui plusieurs fois, notamment à Saint-Jean du Rialto, sur la porte de l'orgue, et, au Palais ducal, dans l'antichambre du Conseil des Dix, où on le voit à genoux devant la Vierge. Marco Vecellio mourut à soixante-six ans, en 1611, et fut inhumé à Santa Marina, où on lui fit de pompeuses funérailles, car il était fort aimé de tout le monde et particulièrement des artistes, parmi lesquels il avait pour intimes amis Palma le jeune, Dominique Tintoret et Léandre Bassan. On savait du reste qu'il avait passé sa vie à travailler sans relâche pour soutenir dix frères et sœurs moins âgés que lui, et qui furent constamment à sa charge.

Marco laissa un fils auquel il avait donné le nom de Tiziano et que l'on appelle *Tizianello*. Celui-ci, né vers 1590, vivait encore en 1648, quand Ridolfi imprima son livre. Il florissait donc au commencement du dix-septième siècle, et il fut un maniériste achevé. Il travailla pour les églises de San Giorgio Maggiore, de San Pietro a Castello, de San Jacopo dell' Orio, de Santa Chiara, et des Servites, et l'on voit dans la basilique de Saint-Marc, des mosaïques exécutées d'après ses cartons; les martyres de saint Pierre et saint Paul, l'histoire de saint Thomas et quelques figures de sibylles d'une assez belle venue.

Le fatras pittoresque introduit dans l'École vénitienne par Jacopo Palma le jeune, et qui séduisit Marco Vecellio sur la fin de sa vie, a gâté les peintures et le talent, robuste encore, de Tizianello. Élevé dans un milieu plus sain, il aurait moins recherché les affectations de mouvements, de gestes et d'attitudes, qui furent le vice dominant de son siècle, et ces contrastes ressentis du clair et de l'ombre, dont la contagion fut répandue en Italie par le fier et ténébreux Caravage. Tizianello publia en 1622 une *Vie de Titien* écrite par un anonyme, et il en fit la dédicace à lady Arundel Surrey, qui avait acheté à Venise et porté en Angleterre plusieurs tableaux du peintre.

L'œuvre de Marco Vecelli est considérable, mais on ne trouve de ses peintures qu'à Venise, à Trévise et dans le Frioul.

VENISE. — Au Palais ducal, dans la salle du Scrutin, *la Victoire remportée par Jean et Renieri Polani sur Roger, roi de Sicile.* — Une imposante figure de *la Foi.*

Dans la vieille salle des Pregadi, *Saint Laurent Justinien* avec plusieurs saints et évêques. Boschini l'attribue à un élève de Marco. Au plafond, dans un ovale près de la porte. *la Monnaie,* où sont représentés les ministres de cet établissement et les maîtres de l'art.

Dans la salle des Quatre-Portes, une figure de *Prophète* et une figure de *Porte-Drapeau* pour accompagner *la Foi* peinte par Titien et sauvée des incendies de 1574 et de 1577.

Dans la salle de la Bussola, qui est l'antichambre du Conseil des Dix, le *Portrait* de Lionardo Donato présenté à la Vierge par saint Marc.

Dans la salle du Conseil des Dix, *la Paix conclue à Bologne entre Charles-Quint et Clément VII,* composition très-nombreuse.

Dans la salle du Grand Conseil, quatre *Vertus* peintes au-dessus des fenêtres, dont deux du côté de la place et deux sur les fenêtres de la cour.

A Saint-Jean du Rialto, le *Portrait* du doge Donato sur les portes de l'orgue, entre saint Marc et saint Jean l'Aumônier.

A San Jacopo du Rialto, une *Annonciation* dans le goût titianesque, et le *Mariage de la Vierge.*

A Santa Giustina, *le Christ au Jardin* d'un côté de la grande porte ; de l'autre, *la Flagellation.*

A San Zanipolo, dans le plafond de la sacristie, *le Christ fulminant* et la *Vierge* qui l'intercède, avec saint Hyacinthe et saint Dominique.

A San Domenico, une *Annonciation.*

A Sant' Antonio di Castello, *la Descente du Saint-Esprit* sur les Apôtres. Morceau bien conservé et des meilleurs.

Au magistrato della Moneta ia, la *Vierge* et quatre portraits de juges.

Au magistrato delle Ragioni vecchie, *la Madone* avec saint Jérôme, saint Marc, saint Antoine et autres saints.

Au magistrato delle Cazude, *la Madone* avec deux anges et trois portraits.

Au magistrato della Giustizia vecchia, *la Vierge et saint Joseph.*

Ouvrages de Tizianello.

Aux Jésuites, sur les portes de l'orgue : *Adam et Ève, David et Salomon.*

A San Jacopo dell' Orto, une *Flagellation.* — A Santa Chiara, une *Annonciation.* — A San Pietro a Castello, une *Vierge* avec une gloire d'anges et le Père éternel.

A San Giorgio Maggiore, la *Madone* qui est au-dessus de la porte. — A l'entrée du monastère, dans le plafond, le *Prophète secouru par l'ange,* et dans la chapelle voisine, une *Fuite en Égypte.*

ALIENSE (ANTONIO VASSILACCHI, DIT)

NÉ EN 1556. — MORT EN 1629.

Originaire de l'île de Milo, dans l'Archipel, ce peintre était né sans doute de parents italiens, puisqu'il portait le nom essentiellement italien de Vassilacchi. On ignore d'où lui vient le surnom de l'Aliense ; mais on sait qu'il était fils d'un patron de barque, lequel fournissait des vivres à l'armée chrétienne dans la guerre d'Orient, en 1571. Son père mort, Antonio témoignant quelques dispositions pour la peinture, ses deux frères le firent entrer dans l'école de Paul Véronèse, où il montra tout de suite une facilité extraordinaire pour l'imitation. Il eut bientôt pris en effet la manière de son maître, et un jour il copia un tableau du Bassan qui plus tard fut pris pour l'original.

Lorsque Henri III, roi de France et de Pologne, passa par Venise en 1574, Véronèse et Tintoret, chargés de peindre un arc de triomphe sur le Lido, se firent aider par Aliense, dont la promptitude les étonna. Celui-ci n'avait alors que dix-huit ans, mais déjà il accusait ce tempérament de peintre qui est assez commun en Italie et qui tourne aisément à la rhétorique de l'art, quand il n'est pas dirigé par une éducation sévère. Ridolfi, qui fut le disciple et l'ami de l'Aliense, insinue que Paul Véronèse ressentit comme une pointe de jalousie en voyant les progrès étonnamment rapides de son élève, et qu'il le contina dans les petits tableaux de chevalet ; mais cette insinuation est contredite par Ridolfi lui-même, car il raconte un peu plus loin qu'à la fête San Lorenzo, Aliense ayant exposé, sur le pont qui porte le nom de ce saint, une *Résurrection de Lazare,* Paul Véronèse, qui la vit sans savoir de qui elle était, en fit le plus grand éloge, et qu'ayant ensuite connu l'auteur, il le prit de nouveau en grande amitié.

Malheureusement, entraîné par sa prodigieuse facilité, Antonio abandonna bientôt les errements de Paul Véronèse pour s'attacher au maniérisme, qui faisait alors la fortune de Palma le jeune et qui marquait la décadence du Tintoret. Moins occupé de la qualité de ses œuvres que de leur nombre, il ne songea qu'à les multiplier et il en remplit tout Venise. Employé d'abord dans cette ville par Benedetto Caliari, frère de Paul Véronèse, ensuite à Padoue par Dario Varotari, il finit par travailler seul et il ne manqua jamais de travaux. La liberté, l'affectation, la bizarrerie, le caprice et quelquefois l'extravagance caractérisent ses peintures. On en voit au Palais ducal, dans la salle du Grand Conseil et dans celle du Scrutin, qui ne sont, à vrai dire, qu'une phraséologie pittoresque. Le peintre y a célébré les exploits de Carlo Zeno, de Bernardo Contarini, et d'Agostino Barbarigo, qui commandait les Vénitiens contre les Turcs, en 1571. Ce dernier morceau était peint en camaïeu, mais la couleur du camaïeu n'ayant pas convenu à la Seigneurie, Tintoret vint voir l'Aliense et voulut de sa main glacer en violet le clair-obscur de son jeune confrère.

La salle du Conseil des Dix, au Palais ducal, contient aussi une longue toile de l'Aliense, une *Adoration des Mages*, qui nous a paru tout à fait indigne de figurer dans cette salle, où resplendissent les plafonds de Zelotti et de Paul Véronèse. Toutefois, comme Ridolfi, et après lui un écrivain moins suspect de partialité, l'abbé Lanzi, parlent avec estime de cette *Adoration des Mages*, nous avons tout lieu de croire ou qu'elle a été défigurée par quelque restauration, ou que nous l'avons mal vue[1]. Il serait fastidieux, au surplus, d'énumérer les tableaux de ce praticien infatigable. La confrérie des marchands, celle de Saint-Jean l'Évangéliste, au Rialto, les églises de Santa Zaccheria, de Santa Giustina, de San Procolo, des Frari, de l'Ange-Raphaël, dans le quartier du Dorsoduro, des Zitelli alla Giudecca, et d'autres encore lui commandèrent des tableaux de sainteté. Les pères Jésuites lui firent peindre des sujets de l'Ancien Testament dans leur réfectoire. Les bénédictins de San Giorgio Maggiore, qui venaient de reconstruire leur église sur les beaux dessins de Palladio, lui confièrent la décoration du maître-autel, qu'ils voulaient rendre d'une magnificence sans égale. Aliense en fit le dessin, que l'on admira pour la pensée ingénieuse qu'il exprimait. Quatre évangélistes portaient un globe de bronze sur lequel s'élevait la statue du Père éternel. Le Saint-Esprit était représenté au milieu par une colombe. Au dessous du globe était ménagé le tabernacle qui devait renfermer le saint sacrement. La composition figurait donc à la fois le monde, la Trinité et l'Évangile. Pour rendre la matière moins pesante, Aliense conseilla de fondre le globe en cuivre doré avec des armatures intérieures en fer. Le prieur des bénédictins fut ravi de cette invention au point qu'il voulut un instant se l'attribuer. Comme on laissait au peintre le choix du sculpteur, il désigna Jérôme Campagna, au grand dépit d'Alexandre Vittoria, dont il se fit un ennemi. Nous avons vu et admiré comme tout le monde cette sculpture inventée par un peintre. Cicognara dit avec raison qu'elle est bien supérieure à la chaire de Saint-Pierre, élevée à Rome par le chevalier Bernin; mais, en vérité, ce n'est pas là beaucoup dire, car cette chaire de Bernin, d'un style tourmenté, tortillé, boursouflé, est certainement le chef-d'œuvre du rococo.

La réputation de l'Aliense s'étant répandue en Europe, Sigismond III, roi de Pologne, lui demanda quelques tableaux mythologiques, entre autres une *Diane et Calisto*, dont il fut charmé. Ce prince offrit à Vassilacchi une pension honorable pour l'attirer à sa cour. Mais le peintre, qui aimait Venise comme sa patrie, déclina les offres de Sigismond et lui envoya en son lieu et place Tomaso Dolabella, son élève, qui fit sa fortune en Pologne. Aliense refusa également la proposition qui lui fut faite par l'ambassadeur d'Espagne de le mener à la cour de Madrid. Enfin Henri Valchemburg, de la cité d'Augsbourg, voulut avoir des peintures du maître vénitien, entre autres un *Bain de Diane*, et un *Triomphe de Bacchus* avec le char attelé de panthères, et les bacchantes, et Silène ivre et les satyres.

On a peine à comprendre aujourd'hui le succès d'un peintre qui fut, il est vrai, assez inégal pour avoir

---

[1] Dans notre petit livre : *De Paris à Venise, Notes au crayon*, nous trouvons ces lignes écrites sur notre calepin dans la salle même du Conseil des Dix : « Ne pas regarder celui des trois tableaux de la muraille qui fait face aux fenêtres : Horrible croûte de l'Aliense. »

quelquefois de belles rencontres, mais qui n'en est pas moins un pur champion de la décadence. Au surplus, la dernière partie de sa vie fut assez triste. Non content de s'être marié deux fois, il épousa en troisième noces une femme qui lui apporta autant de charges que de dot. Il fut accablé de famille. Par allusion à son état, il s'est représenté lui-même, dans un dessin spirituel, portant sur ses épaules sa femme, une nourrice, un oncle, et un beau-fils qui, en échange de la dot reçue, avaient été mis, en effet, sur son dos. Le plus grand malheur de l'Aliense fut d'avoir des procès avec Palma le jeune, et de les perdre après avoir été déjà dévoré par la chicane.

Généreux et digne dans ses manières, il tenait sa maison sur un pied de luxe ; il l'avait ornée de peintures et y avait rassemblé une collection précieuse de dessins et d'estampes, collection particulièrement riche en dessins de Paul Véronèse. Plusieurs fois il reçut dans cette maison noblement meublée, *allestita di nobili supelettili*, des princes, des ambassadeurs et des peintres fameux, tels que Frédéric Zuccaro et le Josépin, qui admiraient son talent et vantaient surtout l'*Adoration des Mages* dont nous avons si mal parlé. Aliense mourut d'un asthme, le samedi saint de l'année 1629. Son élève et ami, Carlo Ridolfi le biographe, lui fit de pompeuses funérailles. Il fut inhumé le jour de Pâques, dans l'église San Vitale, où il avait peint une *Résurrection du Christ*.

Mais l'Aliense, qui ne voulait pas quitter Venise pour devenir, à l'étranger, le pensionnaire des rois et des princes, consentit à se rendre à Pérouse pour y terminer, à l'intention des Bénédictins, l'arbre de leur ordre, avec tous les pontifes, prélats et grands seigneurs qui en étaient sortis. De Pérouse, où il se lia d'amitié avec le chevalier della Lorgna, qu'il gratifia d'une très-jolie *Annonciation*, Aliense se rendit à Rome, où il n'admira rien tant que le *Jugement dernier* de Michel-Ange.

Le Musée du Louvre ne renferme aucun tableau de l'Aliense.

VENISE. — Dans l'église delle Vergini (des Vierges) le *Père éternel*, et, dans le bas du tableau, saint Marc, saint Augustin et sainte Marguerite. — *Le Martyre de saint Sébastien*, et au-dessous, une petite *Annonciation*. Ces trois peintures, la dernière surtout, sont dans le style de Paul Véronèse.

A San Marziale, une *Résurrection du Christ*.

Au Palais ducal, dans la salle du Conseil des Dix, une *Adoration des Mages*, celle dont nous avons parlé.

Dans la salle du Grand Conseil, *le Couronnement de Beaudouin*, empereur de Constantinople. — Au plafond de cette même salle, quelques morceaux en clair-obscur. — A la droite du siége ducal, *Bernardo Contarini* qui expose ses idées aux provéditeurs vénitiens. — Dans un autre tableau, Aliense a représenté la munificence des dames vénitiennes, et dans un autre, un heureux stratagème de Carlo Zeno.

Dans la salle du Scrutin, la *Prise de Tiro*. — Au plafond, dans un ovale peint en clair-obscur, *le Doge Ordelafo Faliero* à la prise de Zara.

Dans un autre ovale, un trait du doge Ziani, et dans les compartiments triangulaires, des *Vertus*, telles que la Clémence, la Libéralité, la Magnificence.

Dans la Scuola de marchands, à Santa Maria dell'Orto, les actions de saint Christophe en trois tableaux, cinq autres dans une salle du second étage, entre autres, l'*Adoration des Bergers*, *la Visitation*, et *la Circoncision*.

A San Giovanni du Rialto, *la Cène* et *le Lavement des pieds*.

A San Giovanni del Tempio, *le Martyre de sainte Catherine*.

A San Leonardo, *la Résurrection du Christ*.

A San Giovanni Evangelista, *saint Jacques*.

Aux Frari, deux tableaux des actions de saint François.

A Santa Giustina, des anges qui entourent la Madone de Lorette.

Dans l'église de l'Ange-Raphaël, l'histoire de la punition des serpents.

A Santa Zaccheria, *la Présentation de la Vierge* au temple et son *Mariage*.

A San Domenico a Castello, *saint Raymond*, marchant sur les eaux.

A San Paterniano, *le Christ en Croix* et *la Résurrection*.

A Sainte-Agnès, *Moïse qui fait jaillir l'eau du rocher*.

A Santa-Chiara, une *Annonciation*.

A San-Procolo, *la Manne au désert*, et deux autres sujets tirés de la Bible.

A San Vitale, *la Résurrection* du Christ et son *Ascension*.

Dans l'église de Zittelle alla Giudecca, *la Vierge* avec saint François et un Sénateur.

A San Bernardo de Murano, *saint Bernard* avec saint Jérôme et saint Augustin.

A Saint-Marc de Murano, *la Multiplication des pains*.

PADOUE. — A Sainte-Agathe, dans le plafond de l'église, les *Docteurs* et les *Prophètes*.

A Santa Maria in Vanzo, église du séminaire, *la Nativité de la Vierge*. Ce tableau est signé : ANTON. ALIENSIS OPUS. 1623.

PÉROUSE. — Dans l'église San Pietro, l'arbre des religieux bénédictins, avec les portraits des papes, évêques, et personnages illustres sortis de leur ordre.

DOMENICO TINTORETTO

NÉ EN 1562. — MORT EN 1637.

On peut dire de Dominique Tintoret qu'il commença par porter le nom de son père et qu'il finit par le traîner. Dans sa jeunesse, la manière robuste et passionnée de Jacopo le séduisit et l'entraîna. Il sut même l'imiter avec chaleur, et lorsqu'on a vu au Palais ducal et à Saints-Jean-et-Paul ses belliqueuses peintures, ses batailles navales des Vénitiens contre Barberousse et des chrétiens contre les Turcs, *la Prise de Constantinople, la Prise de Zara,* on se représente Dominique Tintoret comme un digne fils de Jacopo. Mais bientôt, à force de voir ses tableaux se reproduire en tous lieux avec une facilité banale et de pure pratique, on se fatigue du fils comme du père, et plus encore, cela va sans dire. En somme, il ne laisse guère dans l'esprit du voyageur que l'idée d'un excellent ouvrier, d'un vaillant *faiseur.*

Dominique Tintoret posséda pourtant tout ce qu'il fallait pour réussir dans la peinture, car il sut fort bien son métier, d'une part, et, de l'autre, il eut un esprit ouvert et des dispositions pour la poésie. Son éducation fut celle d'un lettré et sa compagnie fut recherchée des gentilshommes et de tous ceux qui se réunissaient alors dans des soirées littéraires. Ses tableaux tirés de l'Arioste sont vantés par Ridolfi. Nous ne les avons pas vus et nous ignorons s'ils existent encore au palais Molina, où il les fit; mais ses compositions décoratives au Palais ducal, ses peintures religieuses à San Gregorio, entre autres la *Multiplication des pains,* témoignent d'une rare énergie et sont brossées hardiment. C'est au point qu'on est tenté d'y voir l'intervention paternelle.

Là où son père ne l'a pas aidé, Dominique a moins d'emportement, plus de méthode et aussi moins d'imprévu dans l'invention. Du reste, il abordait sans crainte les plus grandes machines; il savait y réunir des accidents pittoresques et prenait ordinairement son point de vue d'assez haut, de manière à pouvoir développer à son aise l'action qu'il avait à peindre. C'est ainsi qu'en regardant la bataille navale contre Barberousse, on croit assister du haut d'un mât à cette mêlée, où trois cents figures frappent, se tordent et meurent. Il est impossible de ne pas se rappeler une toile aussi mouvementée et conduite avec un tel entrain, d'autant qu'elle remplit un vaste panneau dans la salle du Grand Conseil. Le peintre y a représenté le jeune Othon, fils de Barberousse, amené prisonnier devant le doge Ziani.

Ce qui donne partout de l'intérêt aux ouvrages de Domenico, ce sont les portraits qu'il s'est plu à y introduire, car il est remarquable que ce praticien à la main facile et prompte, qui, sur la fin de sa vie, devait tomber dans les redondances et les affectations du maniérisme, conserva toujours le talent du portrait, et qu'il étudia le plus souvent d'après nature les personnages historiques dont il avait à retracer les exploits, de sorte que les doges, les princes, les empereurs, les papes qui figurent dans ses tableaux sont la plupart du temps les effigies de ses amis ou de ses modèles.

Zannetti ose affirmer que, pour le portrait, Domenico fut l'égal de son maître : *E in ritratti ugagliò certamente l'onor del maestro.* C'est beaucoup dire, mais il est certain qu'à raison de leur ressemblance avec ceux de Jacopo, les portraits de Dominique Tintoret sont toujours vendus par les marchands et pris par les amateurs pour des ouvrages de son père. Ridolfi a donné une liste intéressante des évêques, cardinaux, doges, capitaines, ambassadeurs et gentilshommes de diverses nations qui se firent peindre par Dominique. On remarque dans ce nombre les doges Pascal Cicogna (dont Jacopo a gravé le portrait à l'eau-forte), Marino Grimano et la dogaresse sa femme, Marc Antonio Memmo, Nicolò Donato, Francesco Contarini, Giovanni Cornaro et le prince Louis d'Este, le connétable de Castille, gouverneur de Milan, et son fils, le comte d'Aron; Ottavio Rossi, général de l'armée génoise, les cardinaux Priuli, Valieri et Cornaro; Agostino Gradenigo, patriarche d'Aquilée, M. de Fresnes, ambassadeur de France, lord Dudley Carlton, le comte d'Arundel et la comtesse sa femme, le duc d'Oxenfort (ainsi que l'écrit Ridolfi), neveu du roi de Danemark.

Mandé à Ferrare par le connétable de Castille, Dominique Tintoret fit aussi le portrait de la reine Marguerite d'Autriche, lors de son mariage avec Philippe III, roi d'Espagne, célébré par Clément VIII. Il fut richement récompensé de cet ouvrage, dont les époux furent charmés, et à cette occasion il connut le duc Vincent de

Gonzague, qui, l'ayant amené avec lui à Mantoue, posa devant lui, revêtu d'un corselet magnifique, tout damasquiné en or. Ridolfi, qui, par parenthèse, eut aussi l'honneur d'être peint par Dominique, raconte que les officiers de justice, *Curiali*, étant venus chez le duc au moment où il posait pour son portrait, reçurent l'ordre d'exécuter des condamnés à mort, et que le peintre, ayant sollicité leur grâce, eut le bonheur de l'obtenir. Durant son séjour à Mantoue, Tintoretto peignit encore le portrait de la duchesse Marguerite, veuve d'Alphonse II, duc de Ferrare, et une *Madeleine*, qui a été gravée. Il reçut pour ses travaux, dont il fut, d'ailleurs, honorablement payé, une chaîne d'or avec le médaillon du prince, objet d'un grand prix.

A l'âge de soixante-quatorze ans, Dominique Tintoret eut une première attaque d'apoplexie qui le paralysa de la main droite et le contraignit à peindre, assez mal, de la main gauche. Il eut alors la pensée de laisser aux peintres de Venise sa maison avec tout ce qu'elle contenait de dessins, tableaux, plâtres et bas-reliefs, pour y instituer une Académie, où les jeunes gens viendraient étudier; mais ce généreux projet lui ayant valu, de la part de ses confrères, toute sorte d'ennuis et de dégoûts, il y renonça et institua pour son héritier Sebastiani Cassieri, son élève, allemand d'origine, qui l'avait servi pendant de longues années. Celui-ci, après la mort de son maître, devint le mari de la veuve, Ottavia Tintoretta, et finit par être également son héritier. Tintoretto mourut l'année suivante, c'est-à-dire en 1637.

Il est à remarquer que si nombreux que soient les ouvrages de Dominique Tintoret, il ne s'en trouve aucun ou presque aucun dans les galeries publiques ou privées, ce qui prouve bien que beaucoup de ses tableaux, beaucoup de ses portraits surtout, sont inscrits sous le nom de son père.

Le Musée du Louvre, qui possède cinq morceaux de Jacopo Tintoretto, n'en possède aucun de Domenico, à moins que la *Cène* attribuée au père ne puisse être attribuée au fils.

VENISE. — A l'Académie, *le Couronnement d'épines*, provenant de l'église Santa Croce, à Bellune. — Portrait d'un sénateur, provenant des Procuraties. — *La Résurrection du Christ*.

Au Palais ducal, dans la salle du Grand Conseil, la *Bataille navale* des Vénitiens contre Othon, fils de Barberousse. — *Seconde prise de Constantinople*. — La *Prise de Zara*.

Dans la salle de la Quarantia criminale, symboles de l'autorité du Conseil.

Dans l'Avogaria, *Venise tenant le sceptre*, sous une figure du Christ. La même salle contenait d'autres morceaux du maître et divers portraits; mais la décoration ayant été plusieurs fois remaniée, Zanetti lui-même ne s'y reconnaissait plus.

Dans le tribunal des Signori di notte (juges de nuit?), la *Justice* et autres allégories.

A la Zecca (la Monnaie), divers portraits dans la première grande chambre.

Dans la Scuola di San Marco, *l'Apparition du saint* à un grand nombre d'assistants. La plupart des têtes dans cette peinture étaient des portraits, et des portraits si beaux qu'ils furent enlevés et remplacés par des copies.

A San Zanipolo, dans la chapelle du Rosaire, *la Sainte Ligue* conclue entre le roi d'Espagne, le pape et les Vénitiens. On y voit le pape Pie V, le doge Luigi Mocenigo, le roi Philippe II et d'autres personnages, au-dessous d'une Madone entre sainte Justine et la Foi. — *Bataille navale* des Croisés sur les Turcs, en 1571, aux Curzolari. Ridolfi attribue ce remarquable morceau à Jacques Tintoret.

Dans les Procuraties, les portraits de divers procurateurs.

A San Giorgio Maggiore, *Saint Georges tuant le Dragon*; à San Jacopo di Rialto, *Tentation de saint Antoine*: à la scuola di San Giovanni Evangelista, une *Transfiguration*; à Saint-Jean du Rialto, *le Père éternel* et les portraits du doge Grimani et de la dogaresse; à Santa Maria dell'Orto, *la Nativité du Christ*; à Santa Soffia, *le Mariage de la Vierge*; à San Gregorio, *la Multiplication des pains*; à San Marziale, *l'Annonciation*; à San Simeone profeta, *la Résurrection du Christ*; à San Lionardo, un *Saint Charles*; à San Francesco della Vigna, une *Madone* avec trois saints, et *Marie intercédant* pour les pestiférés; dans l'église des Servites, *la Vierge de Lorette* avec saint Laurent, saint Jérôme, saint Roch et un portrait; à San Francesco di Paolo, *saint François de Paul* et *saint Charles Borromée*.

On trouve encore des peintures de Dominique Tintoret, dans les églises de San Lorenzo, de San Daniello, de Santa Maria della Celestia, de Sant' Andrea, de San Giovanni alla Giudecca, de San Jacopo alla Giudecca, delle Vergini, dell' Anconetta, de San Gervasio e Protasio, et dans les divers tribunaux (*magistrati*) de Venise.

PADOUE. — A San Benedetto Vecchio, *Jésus-Christ dans les airs*; et au-dessous, saint Pierre, saint Marc; plus bas, saint Jérôme, saint Dominique et saint Tecla.

A San Biagio, *Madeleine au sépulcre*.

VÉRONE. — A San Giorgio Maggiore, *la Descente du Saint-Esprit*.

DRESDE. — *Suzanne au bain*, copie d'après Dominique Tintoret.

CARLO ou CARLETTO et GABRIELE CALIARI

NÉ EN 1572. MORT EN 1596.   NÉ EN 1568. — MORT EN 1631.

Après la mort de Paul Véronèse, ses deux fils Carletto et Gabriele s'empressèrent de terminer les ouvrages que leur père laissait inachevés, entre autres le *Repas chez Lévy*, grande machine qui du réfectoire de San

Jacopo alla Giudecca, a été transportée à l'Académie de Venise. L'un et l'autre ils avaient été formés à l'école de Véronèse et presque toujours ils travaillèrent ensemble avec leur oncle[1]. Mais le plus habile des deux était Carletto et son nom est resté attaché à leurs œuvres communes. Ne voulant pas faire de lui un simple imitateur de la manière paternelle, Paul Véronèse l'envoya étudier chez Jacques Bassan, dans l'espoir qu'il pourrait devenir original par le mélange des deux styles. Le fait est que ces deux enseignements produisirent un résultat qu'on n'aurait pas attendu. Carletto en sortit plus naïf que ses deux maîtres, je veux dire moins recherché dans les contrastes de lignes et d'attitudes, exempt de la bizarrerie bassanesque, et plus sage que son père, mais aussi moins animé. En ce qui touche la pratique de l'art, il participa de l'un et de l'autre. A ses études chez Bassan, Carlo ajouta l'étude directe de la nature. Melchiori, dans un manuscrit de la Marciana (bibliothèque de Saint-Marc) raconte que Paul Véronèse ayant un domaine dans le Trévisan, Carletto alla s'y établir et s'y occupa pendant quelque temps à dessiner les paysans, les bergers, les troupeaux, les plantes, les fleurs, les instruments aratoires. Tous les dessins qu'il en fit se trouvaient encore au siècle suivant chez le sieur Caliari, son neveu.

En 1588, Paul Véronèse vint à mourir. Carletto n'avait alors que seize ans, car il était né, non pas en 1570, selon Ridolfi, mais en 1572, comme le prouve le nécrologe de San Samuele, sa paroisse, qui le dit mort en 1596, âgé de vingt-quatre ans. Abandonné de si bonne heure à ses propres forces, il ne laissa pas que d'entreprendre avec son frère de grands ouvrages, entre autres deux peintures décoratives pour la salle du Grand Conseil, au Palais ducal. Ici, Alexandre III est reconnu par le doge Sebastiano Ziani et la Seigneurie, dans le couvent de la Charité; là, le pontife s'entend avec le doge pour envoyer des ambassadeurs à Frédéric Barberousse. Il ne faut rien moins que les plafonds du prodigieux Véronèse et du terrible Tintoret pour subordonner et faire oublier les trumeaux ornés par Carletto et Gabriele. La première scène se passe dans l'église della Carità sur le grand canal. On y voit une multitude de peuple, des pêcheurs dans leurs barques et des paniers remplis de poissons, peints au vif. La seconde, animée par de nombreuses figures de sénateurs, de soldats et de prêtres, est égayée par la variété des costumes ecclésiastiques, militaires et civils.

Dans le réfectoire de San Sebastiano, où se trouve le célèbre *Repas chez Simon* de Paul Véronèse, Carletto ne craignit pas d'entrer en parallèle avec son père, par un tableau de la Vierge s'élevant dans les airs, entre saint Sébastien et saint Jérôme, au-dessus d'un paysage animé par quelques figures de religieux hiéronymites. Là on peut distinguer en quoi Carletto diffère de Véronèse. Sa composition est plus froide; son pinceau est moins léger parce qu'il est moins sûr; il a une pesanteur relative et un empâtement plein. Ses teintes, plus hautes, sont moins blondes, et bien qu'on rencontre dans l'œuvre du fils des têtes aimables, des ajustements de bon goût et le sentiment général du pittoresque, mais du pittoresque sans tapage, on sent bien qu'il lui manque la grâce ineffable de son père, cette grâce désinvolte, gaie, brillante et assaisonnée de bonhomie, qui est et qui restera inimitable.

Carletto mourut à vingt-quatre ans d'une étisie amenée par ses excès de travail. Gabriele survécut à son frère et à son oncle, jouissant en paix et honorablement de la fortune qu'ils lui avaient laissée, et de celle qu'il avait acquise dans le commerce, car il fut à la fois négociant et peintre. Il mourut de la peste, en 1631, âgé de soixante-trois ans.

Il n'existe au Louvre aucun ouvrage des fils de Veronèse, aucun du moins qui soit inscrit sous leur nom, bien que le Catalogue semble attribuer à Carletto le tableau de *Rebecca et Elieser*.

VENISE. — A l'Académie, *le Portement de croix*, signé CAROLUS CALIARIUS PAULI VERON. FIL. F. Ce tableau provient de l'église Santa Croce, à Bellune. Il a été gravé dans la *Pinacoteca* de Zanotto. — *Deux anges* qui sont peints séparément et qui portent l'un et l'autre des instruments de la passion. Ces deux toiles proviennent de l'église supprimée de San Niccolò dei Frari. — *L'Institution du secours*, provenant de l'église supprimée du Soccorso, à Venise. — *La Résurrection de Lazare*, signée CARLO C. V. F., provenant du Municipio de Padoue.

[1] Le *Carteggio* de Gaye renferme un document curieux, c'est une lettre sans date de Benedetto Caliari au chevalier Jacomo Contarini, par laquelle les trois Caliari lui envoient un tableau qu'ils ont fait en commun. Benedetto l'a dessiné, Carlo l'a ébauché, Gabriel l'a fini. *Da me designato, da Carlo abotiato e da Gabriele fini.o.*

Au Palais ducal, les deux sujets dont nous avons parlé, qui ornent la salle du Grand-Conseil. — Dans la salle des Quatre-Portes, des *Ambassadeurs persans reçus en audience par le doge* et un sujet semblable dans l'angle de la porte par où l'on passe à l'anticollége. — Dans la salle du collége, *Venise sur les nues* et une statue en clair-obscur.

A San Sebastiano, dans le réfectoire, en regard du *Repas chez Simon*, de Véronèse, la *Vierge* entre saint Sébastien et saint Jérôme. En bas, quelques religieux hiéronymites, entre autres, le bienheureux Pietro da Pisa. Les têtes de ce tableau sont fort belles et l'on soupçonne qu'elles ont été retouchées par Paul Véronèse.

A la Carità, dans la sacristie, une *Gloire d'anges*, au-dessous de laquelle *saint Augustin* et quelques figures de chanoines.

A San Giobbe, le *Christ mort* soutenu par des anges.

Dans l'église du Redentore, à la Giudecca, un *Baptéme du Christ*, composé et commencé par Véronèse et terminé par ses fils et son frère : *Heredes Pauli Caliari Veronensis fecerunt*. La collaboration de ces trois peintres ou des deux frères est encore signalée dans certains tableaux qui se trouvent à Santa Eufemia de la Giudecca, à San Vito, à Sant'Alvise, et à Padoue, dans l'église Sainte-Justine.

Quant aux ouvrages particuliers de Gabriele, il n'en existe aucun dans les lieux publics, au dire de Boschini, qui affirme l'avoir connu personnellement et pratiqué ; mais Ridolfi lui attribue un *Baptéme du Christ* dans l'église de la Madeleine, à Venise.

A la scuola dei Varotari, *Lazare ressuscité*, peinture dans le goût bassanesque, avec de belles figures nues, bien étudiées.

Ridolfi indique d'autres peintures de Carletto possédées par le sieur Giuseppe Caliari, par monsignor Melchiori, par Francesco Bergoncio, et d'autres encore au Fondaco de' Tedeschi. Toutes ces peintures sont religieuses ou mythologiques.

Murano. — Dans l'église degli Angeli, trois petits tableaux vantés par Boschini, une *Madone de douleur*, saint Jean-Baptiste et saint Nicolas. — Dans l'église des Dimesse, le *Christ à la table du Publicain*, tableau digne de Véronèse, à qui l'on est tenté de l'attribuer.

Trévise. — Dans l'église San Bartolommeo, *Saint Eustache* ; — dans l'église Sant' Agostino, un tableau de quatre jeunes vierges ; — dans l'église San Tonisto, le *Martyre de sainte Julienne* et celui de *sainte Catherine*, — et aux Monache d'Ognissanti, une *Adoration des Bergers*.

Vicence. — Dans l'église San Bartolommeo, les portes du Tabernacle.

Brescia. — Dans l'église Sant' Afra, en face de l'orgue, la *Nativité*, qui est un morceau que, pour sa beauté, on croit de Véronèse.

PIETRO VECCHIA

NÉ EN 1603. — MORT EN 1678.

Joshua Reynolds, quand il visita Venise, remarqua parmi tant de peintures splendides, un *Crucifiement* de Pietro Vecchia qui était placé dans l'église d'Ognissanti et qui est, du reste, un fort bel ouvrage de ce peintre. Dans ses notes de voyages il écrivit : « Admirable peinture. — Il y a là-dedans des têtes égales en beauté à celles de n'importe quel maitre. » Un pareil témoignage fait honneur à Joshua Reynolds autant qu'à Pietro Vecchia.

Cet artiste, né à Venise en 1605, mort à Venise en 1678, est très-peu connu en France, bien que nous ayons au Louvre un morceau de sa main, un portrait, si l'on veut, qui est d'une très-belle qualité, à telles enseignes qu'on l'a successivement attribué au Giorgione et à Palma Vecchio. Ainsi que le font observer M. Mündler, et, après lui, la Notice des tableaux du Louvre, cette dernière attribution vient de ce que le tableau, gravé par Lucas Vorsterman junior, est désigné dans la gravure comme étant de P. Vecchio (au lieu de *Vecchia*), que l'on a traduit par Palma le Vieux. A vrai dire, il y a bien quelque différence entre l'exécution de Pietro Vecchia et la manière du vieux Palma. Celui-ci a une couleur chaude, riche et, dans son intensité, harmonieuse ; celui-là, au contraire, recherche les contrastes décidés de brun et de clair : il se plait aux ombres ténébreuses, et particulièrement dans le tableau du Louvre, il oppose la vivacité du pourpoint en satin blanc au noir de la barrette et du fond. Heureusement que le temps a passé sur ces hardies oppositions un menu glacis d'ombre qui les tempère et dore légèrement le tout. Mais pour n'être ni de Palma le Vieux ni de Giorgione, la peinture de Pietro Vecchia n'en est pas moins dans son genre un morceau de prix.

Quel est le personnage représenté? On l'ignore, et il est probable que le tableau est moins un portrait qu'un héros de fantaisie, un simple motif d'éclatante et mâle peinture, un prétexte pour modeler et colorer le costume élégant du seizième siècle. Longtemps la peinture en question a passé pour être le portrait du chevalier Bayard. Cela tient sans doute à ce qu'il existait dans la galerie du prince de Carignan un tableau identique à celui-ci et décrit en ces termes par l'auteur du catalogue qui fut imprimé pour la vente, en 1742 : « *Un tableau sur toile représentant le chevalier Baillard qui tire l'épée, du Georgeon, de même grandeur* (c'est-à-dire « de quatre pieds six pouces de haut, sur trois pieds neuf pouces de large », dimensions qui sont bien celles de notre tableau, à quelques millimètres près . Il va sans dire que les

6

marchands n'eurent garde de rien changer à une dénomination aussi flatteuse et qui ajoutait tant de prix au portrait. D'autre part, ils persistèrent à l'attribuer, soit à Giorgione, soit à Palma le Vieux, parce que ces deux maîtres, contemporains de Bayard, avaient pu, à la rigueur, le peindre. Lorsque ce morceau fut vendu au roi, en 1776, par Ménageot père, marchand de tableaux, ce fut sous le nom de Giorgione et comme représentant le chevalier Bayard.

Par malheur, la peinture étant reconnue pour être incontestablement de Pietro Vecchia, il a bien fallu renoncer à ce nom de Bayard qui sonnait si bien, attendu que Pietro, né à Venise en 1605, florissait juste un siècle après la mort de Bayard. Quoi qu'il en soit, Pietro Vecchia est un robuste praticien, et il est naturel qu'on ait mis ses ouvrages sous le nom de Giorgione, car il eut une prédilection marquée pour ce maître, et il l'imita fort bien dans ses airs de tête et dans sa manière de vêtir ses personnages. Peu fertile en inventions, dit Zanetti (*non essendo assai fertile la di lui fantasia*), il eut en revanche un pinceau facile, une touche mâle et assez spirituelle; mais ses formes directement empruntées de la nature manquèrent de la noblesse et de l'élégance qu'un autre maître aurait su y ajouter. Son attention se porta volontiers sur le nu et il fit effort pour rendre la vérité et le tendre des carnations. Lorsqu'il allait à l'Académie, au lieu de dessiner le modèle, il en faisait tout de suite une étude peinte, exemple que l'on peut suivre avec quelque fruit. Son goût le plus prononcé était de représenter, sous quelque accident de lumière, des jeunes gens vêtus à la mode du quinzième siècle, avec des chapeaux à plumes, des habits rayés, ou des armures à la façon giorgionesque, et c'est dans ces sortes de peintures qu'il a le mieux réussi. »

Ainsi parle Zanetti, et pour en revenir au portrait du Louvre, qui est la seule peinture que nous ayons vue de Vecchia, M. Claudius Tarral, dans ses *Observations sur le classement actuel des tableaux du Louvre*, cite la description d'un tableau identique dans le poëme de Boschini, *la Carta del navegar pitoresco* (la Carte des navigations pittoresques).

> Con un pugnal là une figura tresca,
> E tien bizarro in testa un bareton,
> De raso bianco la veste un zipon;
> Figura in suma a ponto zorzonesca.

Ces vers en dialecte vénitien peuvent se traduire à peu près ainsi : « Il a un air féroce; il tient un poignard; il est coiffé d'une barrette bizarre et vêtu d'un pourpoint de satin blanc. En somme, c'est une figure tout à fait giorgionesque. » Boschini ajoute que si Giorgione l'eût vue, il aurait dit : Cette peinture est de moi, *questa xe mia*. Mais c'est là une pure licence poétique, suivant la remarque de M. Tarral. On ne saurait confondre Pietro Vecchia avec Giorgione, dont il ne fut, après tout, que l'habile imitateur.

VENISE.—Dans l'église d'Ognissanti, le *Crucifiement* dont Reynolds a parlé.

À Santa Catterina, deux tableaux relatifs à la légende de sainte Catherine. Dans l'un est représenté un miracle de la sainte rendant la vue à un aveugle; dans l'autre, son père qui, voulant former les images des faux dieux, les voyait se changer en figures du Christ. Dans le haut de la même église, un *Triomphe de la Virginité*.

À Santa Giustina, un des meilleurs ouvrages de Vecchia: il représente *Sainte Justine*, avec saint Jean et saint Joseph et un bel ange vêtu de blanc.

À Santa Maria del Pianto, *la Madone*, avec les saints Pierre, André et Barthélemy.

À San Bartolommeo, à droite, dans la chapelle du maître-autel, *la Mort de la Vierge*.

À San Liene, au maître-autel, un *Crucifiement*, avec beaucoup de figures.

À l'église du Rédempteur, à la Giudecca, dans une archivolte sur la porte, *la Madone* qui présente l'Enfant à saint Félix, capucin, avec une gloire d'anges.

À Santa Chiara, sur une toile déjà peinte par d'autres maîtres, les figures de saint François et de saint Charles, et les âmes du Purgatoire.

À Sant' Anna, toutes les peintures de l'orgue sont de sa main.

À San Giovanni Evangelista, quatre tableaux ornant le maître-autel : deux représentent l'*Annonciation*, deux autres les saints *Jean* et *Jean-Baptiste*.

À Sant' Antonio, *Noé, sortant de l'arche*, fait un sacrifice.

Dans l'hôpital des Saints-Jean-et-Paul, *la Décollation* des deux saints martyrs; elle faisait pendant à la *Cène* de Paul Véronèse, qui n'est plus dans cette église. — On trouve encore des peintures de Vecchia à San Bernardo de Murano et à San Jacopo, dans la même île.

À l'Académie, un *Christ à la Monnaie*.

DRESDE. — Dans la Galerie royale, un *portrait du chevalier Bayard* (sans doute la répétition du prétendu Bayard du Louvre), acquis de la casa Gheltof, à Venise; sur toile.—Une vieille femme avec trois enfants est sur le point d'en frapper un avec sa pantoufle; toile.—*Guerrier couvert d'une armure*, tenant un drapeau rouge, acquis par Bernardo Benzoni, à Venise, avec dix autres, au prix de 1,210 florins, en 1748;

toile. — *Saül avec la tête de Goliath, David derrière lui;* toile. Acquis par Mordax. Ancien inventaire de 1722. — *Un magicien;* sur bois.

Berlin. — Musée royal, *Jeune homme et jeune fille.*

Musée du Louvre. — *Portrait d'homme.* — C'est celui qu'on attribuait à Giorgione, et qui passait pour représenter le chevalier Bayard. Coll. Louis XVI. Acheté en 1776, au prix de 2,000 livres, à Ménageot père, marchand de tableaux.

Le chevalier PIETRO LIBERI

NÉ EN 1605. — MORT EN 1687.

Il était juif; mais, pour éviter sans doute les mauvais traitements auxquels ses coreligionnaires étaient exposés, il reçut le baptême et se convertit au christianisme, ou plutôt il fit semblant de se convertir, car il paraît qu'il vécut réellement et mourut dans la foi israélite. Né à Padoue en 1605, de parents pauvres, il alla fort jeune à Rome pour y étudier; mais il y arriva dans un tel état de misère, qu'il dut vendre ses hardes pour se procurer du pain et de quoi dessiner. Bientôt s'étant mis à peindre, il eut la chance de trouver un amateur qui lui commanda un tableau. Liberi avait déjà terminé sa besogne depuis quelque temps et il attendait son homme avec impatience, croyant le voir entrer chaque fois qu'on frappait à sa porte; un jour qu'il mangeait un plat de haricots pour son dîner, entendant frapper, il courut aussitôt sur le balcon pour voir qui c'était, et comme il tenait à la main son assiette, il la brisa et tous les haricots tombèrent sur la tête de l'amateur qui venait chercher sa peinture. Celui-ci, peu flatté d'une telle mésaventure, crut que Liberi était quelque peu fou, et il se retira en maugréant, tandis que le pauvre peintre, confus et désespéré, le regardait partir.

Comme on le voit, la jeunesse de Liberi fut très-dure. Il ne laissa pas d'étudier sérieusement à Rome d'après Michel-Ange et Raphaël, surtout d'après Michel-Ange, et il contracta dans cette étude le goût des allures hautaines et des attitudes superbes. Il ne fut pas sans regarder aussi aux antiques et il lui en resta quelque chose dans ses airs de tête et dans ses profils. Il est remarquable enfin qu'à une époque où l'École italienne était en décadence, Liberi fut naturellement porté vers les plus grands maîtres; et quand il voulut joindre à son dessin mâle et à ses intentions fières un coloris agréable, une exécution onctueuse et tendre, ce fut le Corrége qu'il prit pour modèle. Faute d'être un génie original, Liberi eut au moins de nobles inclinations et l'amour du grand; mais soumis tour à tour aux influences des maîtres souverains qu'il aimait, il changea de manière plusieurs fois. La première fut la meilleure; elle se ressentait de son admiration pour les fresques de la chapelle Sixtine, dont les figures revenaient à chaque instant sous son crayon ou sous sa plume. On voit à Venise quelques échantillons de ce style énergique et puissant, mais lourd, qui fut surtout celui de sa première jeunesse, notamment dans l'église Saints-Jean-et-Paul et dans la salle du Scrutin au Palais ducal, où il a peint une bataille des Vénitiens contre les Turcs dans les Dardanelles. On y montre une figure d'esclave dans l'action de tuer un Turc. Cette figure, fière et violente, selon le goût de Michel-Ange, a fait donner au tableau le nom de « *l'Esclave de Liberi.* » Mais l'imitation de Michel-Ange est surtout flagrante dans la grande composition que Liberi a gravée à l'eau-forte, en trois feuilles, et qui représente la guerre des coups de poing (*Guerra de' pugni*). Le Vénitien est là tout entier.

C'est une planche colossale qui ne contient pas moins de deux cent cinquante figures. La scène se passe sur un pont de Venise. Les combattants sont nus ou à moitié nus, n'ayant pour tout vêtement que cette espèce de caleçon dont s'habillent les soldats de Michel-Ange dans le célèbre carton de la *Guerre de Pise*. A l'instar de Michel-Ange, Liberi affecte de se jouer avec le corps humain, comme un jongleur indien avec des serpents. Il y a quelque chose d'étrange dans cette scène de pugilat, prise par le côté héroïque, mais qui, au fond, n'a été qu'un prétexte pour montrer la science anatomique du peintre. Pressés, mêlés, heurtés, enlacés les uns avec les autres, les pugiles prennent des tournures épiques dans leur défaite ou dans leur triomphe. Ici des grappes d'hommes accrochés sont précipitées du haut du pont dans l'eau des lagunes, comme les damnés du *Jugement dernier* de Michel-Ange; là, un beau jeune homme, semblable à une femme, se tient du bout des doigts au parapet du pont et va choir dans le canal, rappelant ainsi une figure de Raphaël dans l'*Incendie*. Toutes les postures imaginables sont employées, tous les mouvements possibles sont mis en scène. Vainqueurs et vaincus choisissent pour frapper ou pour succomber les attitudes les plus fières. Le sang jaillit çà et là ; les mâchoires sont brisées ; quelques lutteurs sont écrasés sous une avalanche de coups, et pendant que les spectateurs accumulés sur les rives ou sur des gondoles dévorent des yeux ce singulier spectacle, le ciel se hérisse de nuages menaçants et l'on voit au loin tomber la foudre et des torrents de pluie sur les édifices de Venise. Liberi ressemble ici à notre La Fage : mais son style, plus pesant, est aussi plus robuste et plus altier. Il va sans dire que tout est dessiné de pratique et de verve, à l'aide de quelques études partielles, et grâce à un grand fonds de savoir.

Malheureusement Liberi ne s'en tint pas toujours à ce style, qui était au moins de haute et noble provenance. Impatient de plaire et de s'enrichir, il se fit deux manières, ou plutôt, comme il disait souvent, il eut chez lui deux pinceaux : l'un destiné aux connaisseurs, l'autre aux ignorants. Pour ceux-là il peignait avec beaucoup de résolution, dans une manière heurtée et libre qui ne manquait pas de *maestria*. Pour les ignorants, il faisait ostentation d'un extrême fini, choisissait des panneaux de cyprès préparés avec le plus grand soin et semblait, en peignant chaque tête, avoir compté les cheveux, les sourcils, les poils de la barbe. Passant ainsi d'un extrême à l'autre, il se trouvait rarement dans les justes conditions de l'art. Sa peinture, sauf quelques exceptions heureuses, est ou minutieuse ou strapassée. Quoi qu'il en soit, la manière composite dans laquelle il essayait de tempérer le style de Michel-Ange par la tendresse du Corrége, plut infiniment en Allemagne. Liberi, grandement apprécié par les princes et les seigneurs allemands, reçut le titre de chevalier et celui de comte, et il revint à Venise jouir des richesses qu'il avait acquises et qui étaient considérables. Il s'y bâtit, sur le grand canal, un beau palais, dont l'architecte fut le Florentin Sebastiano Mazzoni, palais qui depuis appartint à la famille noble des Lissi. Il y vivait grandement, et s'y était formé un cabinet de médailles que l'antiquaire Vaillant a cité plusieurs fois à propos des impériales grecques.

Ce qu'il a fait à Venise, en panneaux ou plafonds, tant au Palais ducal, dans la salle du Scrutin, que dans les palais Rezzonico, Savorgnano et Smith, a poussé au noir et appartient du reste à la peinture purement décorative. Liberi conserve encore quelque tenue en ce genre de peinture, qui, plus tard, devait être conduit par les Tiepolo au dernier degré de l'insignifiance, et qui finit par n'être plus qu'un ensemble de taches agréables, obtenues avec des figures colorées en clair ou en sombre. Pour distinguer sa profession de celle des peintureurs, Liberi fonda le Collége des peintres et il en fut élu président le 13 janvier 1682. Il mourut à Venise, cinq ans après, le 18 octobre 1687, ainsi que le constate le nécrologe de l'église San Samuele, sa paroisse. Il laissait un fils, Marco Liberi, dont la manière tendit plutôt à la sveltesse et à l'élégance, mais dont les airs de tête présentent la même uniformité qu'on remarque dans les tableaux de son père. Le chevalier avait imité Michel-Ange en l'alourdissant comme l'aurait fait un élève des Carrache ou Charles Lebrun ; Marco descendit encore, en imitant son père, quelquefois jusqu'à la caricature.

L'eau-forte de Liberi, dont nous avons parlé, a moins d'un mètre de large. Elle est dédiée à Louis XIV. Les figures allégoriques qu'on y voit dans le ciel ont été imitées par Gérard lorsqu'il a peint celles qui déroulent la *Bataille d'Austerlitz*.

Le Musée du Louvre ne renferme aucune peinture de Pietro Liberi.

VENISE. — Dans l'église Saints-Jean-et-Paul, le *Père éternel*, avec le Christ en croix et des anges ; la Madeleine au pied de la croix. Ce tableau a noirci.

Dans l'église d'Ognissanti, le *Massacre des Innocents*.

Au Palais ducal, dans la salle du Scrutin, la *Bataille des Vénitiens contre les Turcs* (livrée en 1656). Là se trouve la figure dite *l'Esclave de Liberi*.

A la Salute, dans l'église, *Venise suppliante* devant saint Antoine de Padoue, et l'*Annonciation* ; dans la sacristie, une *Madone* avec saint Antoine.

A Santa Maria del Pianto, une très-gracieuse *Annonciation*.

A San Procolo, la *Vierge* avec saint Joseph et des anges qui forment une croix. — Une *Assomption* de la Vierge.

A San Mosè, l'*Invention de la Croix* par sainte Hélène.

Dans l'église des Carmes, *la Vierge* donnant l'habit à saint Simon, et *sainte Hélène* entre deux saints de son ordre, — et un beau tableau de *saint Albert*.

A San Pietro di Castello, la *Punition des serpents*.

A Saint-Jean-l'Évangéliste, le saint écrivant l'*Apocalypse*.

A San Stefano, la *Sainte Trinité*, avec saint Augustin et sainte Claire, et au dehors de l'église, une fresque représentant *la Vierge* avec saint Augustin et sainte Monique. Cette fresque a péri.

A San Samuele, un *Saint Joseph*. — Aux Servites, l'*Enfant Jésus* devant saint Antoine de Padoue. — Aux Jésuites, la *Prédication de saint François-Xavier*.

A Sant'Agostino, le *Christ en croix*. — A Saint-Côme et Saint-Damien, le *Martyre d'un Saint*.

Dans la loggietta du campanile de Saint-Marc, *le Doge Molino*, avec les figures de *Venise* et de la *Gloire*.

VÉRONE. — Dans la cathédrale, *Saint-Laurent*, diacre.

Dans la province de Vérone, à Santa Maria Improgno, il y a aussi des peintures de Liberi.

PADOUE. — Dans la sacristie du Santo, on trouve *Saint Antoine entrant dans le paradis*. Dans une chapelle, *Saint François*.

On trouve encore des peintures du chevalier, à la cathédrale, dans les églises de Sant'Egidio, des Dimesse, de Sainte-Justine, des Capucins, des Filippini. à San-Francesco, à Sant'Agostino des Dominicains.

BERLIN. — A la Galerie. *Diane et Actéon*.

DRESDE. — A la Galerie, le *Jugement de Páris*, et *la Jeunesse*, sous l'égide de la *Sagesse*.

SEBASTIANO RICCI ET MARCO RICCI

NÉ EN 1659. — MORT EN 1734.   NÉ EN 1679. — MORT EN 1729.

« Lorsque je l'ai connu, dit Mariette, Sebastiano étoit logé dans un appartement des Procuraties et vivoit à la grande. C'étoit un fort beau génie. Ses compositions sont heureuses et toujours riches, son coloris éclatant et agréable; il ne lui manquoit que d'avoir un meilleur goût de dessin. L'auteur du livre *Delle Pitture veneziane* (M. Zanetti, le bibliothécaire de Saint-Marc) le fait mourir en 1734, âgé de 75 ans. Le Ricci étoit grand ami de la maison Zanetti. Il faut croire que M. le bibliothécaire étoit suffisamment informé de son âge, et je pense qu'il faut s'en tenir à ce qu'il en dit. »

Ainsi parlait Mariette et il était bien de son temps quand il parlait ainsi, car il est douteux que, de nos jours, Sebastiano passât pour avoir un *fort beau génie*. De tels éloges paraîtraient énormes et sûrement on en rabattrait beaucoup. Pour son temps, Sebastiano Ricci était un génie, si l'on veut, car il possédait les qualités que l'on prisait alors, celles qui faisaient regarder Luca Giordano comme un grand homme, et qui constituent ce qu'on pourrait appeler l'extérieur de la peinture. Pour notre temps, Ricci n'est qu'un spirituel maniériste, un imitateur qui cache sa faiblesse sous une certaine faconde, d'ailleurs assez chaleureuse; mais combien sont rares ceux qui échappent à l'influence de leur siècle !

Né à Bellune en 1659, il fut élevé à Venise, où il eut pour maître Cervelli, peintre milanais, qui le conduisit à Milan, et lui communiqua un agréable sentiment de couleur et cette facilité pittoresque que les Italiens appellent bravoure (*bravura*). De là il passa à Bologne, où il travailla d'abord à tout prix, jaloux de développer ses talents plus encore que de faire fortune. Il revint ensuite à Venise pour s'attacher à l'étude des maîtres avec lesquels il avait quelque rapport d'inclination, tels que Bassan et surtout Véronèse; mais bientôt le goût des voyages s'empara de lui et il parcourut l'Italie entière, toujours prêt à s'emparer des idées d'autrui et à les peindre. Le duc Ranuccio de Parme le fit travailler à Plaisance et l'envoya ensuite à Rome pour y copier les peintures d'Annibal Carrache au palais Farnèse. Cette besogne terminée. Sébastien Ricci voulut comme tout le monde étudier les fresques de Raphaël; mais il fut saisi, dès le début. d'une singulière appréhension. Il pensa — c'est lui-même qui le disait à Zanetti — que la manière de Raphaël était capable de corrompre la sienne! « Il sentoit bien, ajoute charitablement Mariette, qu'il ne pourroit jamais atteindre à la pureté du dessin de Raphaël, et craignoit que son coloris faible ne gâtât le sien. Il n'avoit pas tout à fait tort. »

Une fois sauvé de la corruption qu'il redoutait, Sébastien recommença ses pérégrinations. Il voyagea en Allemagne et fut bien reçu à Vienne par le roi des Romains, qui le chargea de décorer le palais de Schœnbrunn. Il fut ensuite mandé à Florence par le grand-duc de Toscane pour y faire aussi des peintures décoratives. Sa réputation s'étant répandue en Europe, la reine Anne l'appela en Angleterre. Sébastien s'y rendit en passant par Paris, où il séjourna quelque temps. Ses façons de gentilhomme, son talent facile, son brillant maniérisme, de nature à plaire aux Français de la Régence, le firent agréer de l'Académie royale de peinture en 1718. Son morceau de réception est au Louvre; c'est une allégorie assez banale où figure la France sous les traits de Minerve, foulant aux pieds l'Ignorance et couronnant la Vertu.

Les tableaux qu'il peignit en Angleterre sont au château de Hamptoncourt. Ils ont été gravés par Liotard, aux frais de M. Smith, en 1719. On y trouve, comme dans toutes ses œuvres, une touche libre et assez spirituelle, un dessin précis mais de convention, un certain fracas optique et un chiffonnement de draperies qui occupe l'œil et l'amuse, une couleur qui, malheureusement, a noirci sur presque toutes ses toiles, mais qui était fraîche, blonde et avenante, et qui l'est encore dans les quelques morceaux de lui qui ont été mieux conservés.

Zanetti, qui fut l'ami intime de Sébastien, et, après lui, Lanzi, l'ont jugé avec beaucoup de justesse et un appoint d'indulgence. « Il a eu, dit Zanetti, une si heureuse aptitude à s'assimiler les idées d'autrui, qu'on ne peut pas dire qu'il les ait précisément dérobées. A force de voyager et d'admirer ce qu'il y avait de mieux dans les diverses écoles, il s'était rempli la tête de pensées et d'images qui lui revenaient à propos quand il avait à composer une de ces machines pittoresques pour lesquelles il se sentait une faculté naturelle. Il avait coutume de dire, au moment d'entreprendre un tableau : « Tel peintre aurait traité ce sujet de telle manière, et en vérité on ne saurait s'y prendre mieux qu'il ne l'eût fait. » Ce disant il se mettait à l'œuvre avec entrain, souvent même avec enthousiasme, et il ne laissait pas que d'y mettre quelque chose du sien, bien qu'on ne pût voir son tableau sans se souvenir du maître auquel il avait pensé ! Zanetti, qui a fait connaître cette habitude de Sébastien Ricci, ajoute : « Il faisait comme celui qui, invité à un beau dîner, transforme en sa propre substance les aliments qu'on lui a servis. »

En 1718, Sébastien Ricci était de retour à Venise et c'est à la fin de cette année-là que Mariette lui rendit visite aux Procuraties. Il y vécut riche et honoré jusqu'en l'année 1734, qui fut celle de sa mort.

Marco Ricci, neveu de Sébastien, était né comme lui à Bellune. Il fut toujours très-attaché à son oncle, l'accompagna en Angleterre et travailla souvent à ses tableaux, dans lesquels il peignait l'architecture et le paysage : « Il dessinoit de bonne manière, dit Mariette, et je me souviens d'avoir vu chez M. Zanetti, à « Venise, lequel étoit fort de ses amis, un nombre considérable de ses dessins qui me firent beaucoup de « plaisir. J'ai vu aussi plusieurs paysages peints par lui à gouasse, mais ces derniers me parurent un peu « crus de couleur et ressemblent trop à l'éventail. Presque tous ont été gravés et quelques-uns même l'ont « été par Marco Ricci lui-même, qui, ne sachant pas faire assez bien la figure, a emprunté dans ses « planches la main de Tiepoletto (Tiepolo), le père, pour s'en acquitter. Lorsque Bastien Ricci revint à « Venise, son neveu l'accompagna et ne se sépara plus de lui. Il est mort à Venise en 1727. Il étoit alors « âgé de cinquante ans. »

MUSÉE DU LOUVRE. — *Sujet allégorique*, la France, sous les traits de Minerve, foule aux pieds l'Ignorance et couronne la Vertu guerrière. — *Jésus-Christ donnant les clefs à saint Pierre.* — *Polixène devant le tombeau d'Achille.* — *Continence de Scipion.*

VENISE. — A l'Académie, le *Christ apparaissant aux saintes femmes*; à SS. Cosmo e Damiano, alla Giudecca. *Le Roi Salomon* qui parle au peuple dans le temple, — *Moïse frappant le rocher*, le *Triomphe de l'Arche* de l'Ancien Testament. Ces trois ouvrages passent pour les chefs-d'œuvre de Sébastien.

A San Geminiano : la *Résurrection* dans la chapelle du Christ ; dans l'église du Corpus Domini, la *Communion des Apôtres*, belle invention, et *Saint Dominique* brûlant un livre en présence des hérétiques; à la Scuola della Carità, un *Massacre des Innocents* ; dans l'église des Capucines, a Castello, le *Baptême du Christ* et la *Cène des Apôtres*; aux Carmini, une *Madone*; à San Vitale, une *Conception* ; à San Marziale, le *Père éternel* dans une gloire d'anges; dans l'église de l'Ascensione, l'*Ascension du Christ* au ciel; à San Basso, le martyre du saint; à San Giorgio Maggiore, une *Madone* avec plusieurs saints; à San Rocco, l'*Invention de la Croix* et un *Miracle de saint François de Paule*.

On trouve encore de ses peintures dans les églises de Sant' Eustachio, della Croce alla Giudecca, de San Sebastiano, dell' Angelo Custode et des Dominicains aux Zattere.

On voit enfin, au Palais ducal, des *Magistrats rendant hommage au corps de saint Marc*.

PADOUE. — A Santa Giustina, dans la voûte de la chapelle du Saint-Sacrement, le *Père éternel* peint à fresque avec une gloire d'anges et les apôtres, dans la même église, *Saint Grégoire* priant la Vierge pour les pestiférés de Rome.

Aux Dimesse, dans la sacristie, la *Cène*.

A Sant' Agata, église des Bénédictins, une gloire d'anges, peinte à fresque, ouvrage de la jeunesse du peintre.

TURIN. — Dans la galerie royale, *Moïse frappant le rocher* et *Madeleine* lavant les pieds du Christ.

ROME. — Dans l'église des Saints-Apôtres, l'*Ascension de Jésus-Christ*.

DRESDE. — Dans la galerie royale, un *Sacrifice* et un autre tableau du même sujet. Acquis en 1745, par Algarotti et Zanetti, à Venise, pour 1,000 sequins, l'*Ascension*, gravée dans l'ancien recueil des chefs-d'œuvre de la galerie, et provenant de l'église catholique.

Voici ce que nous fournit le *Trésor de la Curiosité*.

VENTE PELT, 1774. *Tarquin* veut empêcher Lucrèce de se poignarder, et *Cléopâtre* mourant dans les bras de deux de ses femmes. Tableaux se faisant pendants ; retirés à 5,000 l.

VENTE MARIETTE, 1775. *Jésus au milieu des docteurs*, belle composition en travers à la plume et lavée au bistre : 259 liv. 19 s.

L'*Assomption de la Vierge*, composition au bistre ; 250 liv.

L'*Ascension de Notre-Seigneur*, dessinée à la sanguine par Duranceau, d'après le tableau de Sébastien Ricci qui est dans l'église des Saints-Apôtres, et le portrait en caricature de Ranucci II, duc de Parme, à la plume et au bistre ; 36 liv.

VENTE DU PRINCE DE CONTI, 1777. L'*Assomption de la Vierge* provenant du cabinet Mariette ; 176 liv.

VENTE VASSAL DE SAINT-HUBERT. Le *Songe d'Esculape*, *Vierge*, gouache ; 202 liv.

ANTONIO BALESTRA

NÉ EN 1666. — MORT EN 1750.

La marche des écoles de peinture est partout la même, comme si quelque chose de fatal conduisait le génie humain dans cette branche des arts. Partout elles commencent par la naïveté et finissent par le maniérisme. Dans l'École vénitienne, la décadence s'est manifestée de la même manière que dans les autres. Ceux qui portent chez nous les noms de Vanloo et de Boucher s'appellent à Naples Luca Giordano, à Rome Pietro di Cortona, à Milan Procaccini, à Venise Balestra. Mais il faut convenir que ce dernier, bien qu'il nage en pleines eaux de la décadence, est un artiste aimable, qui ne va pas jusqu'à l'exagération et qui ne tombe pas dans toutes les pauvretés du naturalisme. Il a un pinceau leste et facile, mais il ne méprise pas son œuvre; il l'aime, il la caresse et il rencontre parfois des idées heureuses et des traits gracieux. Il me souvient que lorsque nous visitâmes l'église Sainte-Zacharie, à Venise, où l'on voit une *Nativité* de Balestra, cette réflexion nous vint que s'il n'y avait pas dans cette belle église le ravissant tableau de Jean Bellin, célèbre par la figure de sainte Agathe, nous eussions regardé un peu plus à la peinture de Balestra. D'après l'impression, d'ailleurs rapide, qui nous en est restée, ce peintre ressemble à Carle Maratte; sa manière est libre sans ostentation et savoureuse ; sa couleur (là du moins) est gaie, blonde, et son dessin, s'il manque de caractère, ne manque pas de science.

Né à Vérone en 1666, Antonio Balestra avait été l'élève de Bellucci, qui donnait dans les contrastes violents et les ombres fortes comme ceux que les Italiens appellent les ténébreux (*tenebrosi*) ; mais étant allé à Rome, il y entra justement dans l'école de Carle Maratte, et il s'y composa bientôt un style éclectique, naturellement un peu bâtard, mais qui ne laisse pas de plaire, si on le compare à celui des maniéristes de son temps. Zanetti, qui le connut à Venise et qui fut son ami, dit qu'il avait un génie gai, mais prudent et solide, *sodo nobile e allegro prudentemente*, et Lanzi, dont le jugement est ici moins suspect de partialité que celui de Zanetti, dit aussi qu'il y avait dans Balestra une solidité d'esprit de nature à le rendre respectable, *una sodezza di genio che fa respettarlo*.

En 1717, il habitait Venise chez un de ses frères, qui était négociant et qui demeurait dans le quartier de Santa Maria Mater Domini, qui était celui de Zanetti, et il se forma entre eux une liaison « qui fit honneur à l'un et à l'autre, » dit Mariette, et il ajoute : « la Rosalba en profita; elle prit des leçons de Balestra qui ne lui furent pas infructueuses. » Revenu à Vérone, Balestra y fut continuellement employé. Aussi les églises et les palais de Vérone sont-ils remplis de ses ouvrages; quelquefois il eut le tort de peindre avec de l'huile cuite qui a noirci et gâté ses toiles. Une des plus belles qu'il ait peintes est l'*Annonciation*, dans l'église des Scalzi. Les *Guides* italiens la disent « admirable, sublime », et c'est assurément beaucoup trop dire, d'autant qu'elle a aussi poussé au noir ; mais il s'y trouve, en effet, des qualités saisissantes et fortes. Il mourut à Vérone, le 21 avril 1740, âgé de soixante-quatorze ans.

VENISE. — A Sainte-Zacharie, la *Nativité du Christ*.

A la scuola della Carità, le même sujet et la *Déposition de croix*.

A San Geminiano, dans la chapelle du Christ, le *Christ mort dans les bras de sa mère*.

Aux Jésuites, la *Madone* avec divers saints de cet ordre.

A Santa Maria Mater Domini, la *Naissance du Christ*.

A San Cassiano, dans la sacristie, le saint martyrisé par ses disciples.

A Sant' Eustachio, *Saint Oswald* porté au ciel ; morceau renommé; au maître-autel, *Saint Jean* dans la chaudière.

A San Pantaleone, la *Parabole du Samaritain*.

A San Marziale, la *Mort de saint Joseph*

A la scuola del Carmine. l'*Ange* qui apparaît à Joseph.

PADOUE. — Dans le Santo, la *Vierge offre son Fils à sainte Claire mourante*.

Dans l'église de la Misericordia, des Bénédictines, le *Martyre des saints Côme et Damien*.

A la cathédrale, dans le chœur, la *Nativité du Christ*.

VÉRONE.—Les peintures de Balestra y sont très-nombreuses. On en trouvera l'indication dans la volumineuse *Descrizione di Verona* de Persico. Les églises et édifices qui renferment ces peintures sont : la cathédrale, San Zeno Maggiore, San Bernardino, les Scalzi, le Collége des Petites-Filles, San Nicolò, San Sebastiano, la Pinacothèque de la Piazza de' Signori, San Tomaso Cantuariense, Santa Maria del Paradiso, Santa Maria in Organo, et l'église de Soave dans la province véronaise.

GIO BATTISTA PIAZZETTA

NÉ EN 1682. — MORT EN 1754.

C'est un Caravage vénitien. Il avait du goût pour les éclats de lumière et les ombres fortes; mais ce goût ne fut pas précisément chez lui une imitation, une manière; il lui fut naturel et lui vint, selon toute apparence, de sa condition première. Il était fils d'un sculpteur en bois, originaire de Pederoba, dans le territoire de Trévise, et, tout enfant, il prenait plaisir à voir travailler son père, qui, le jour et la nuit, se servait d'une lampe, sans doute pour mieux se rendre compte des creux et des reliefs de sa sculpture. Ce spectacle continu des effets de lampe le frappa tellement, que sa jeune imagination, travaillée par les phénomènes du clair-obscur, en reçut pour toujours l'impression.

Piazzetta, le père — il s'appelait Valentino — étant venu s'établir à Venise, confia son fils au peintre Antonio Molinari, qui, justement, sans être un *tenebroso*, avait été élevé par le caravagesque Zanchi, et en avait conservé une tendance à charger les ombres. Mais la vocation de Piazzetta pour l'étude du clair-obscur fut décidée surtout dans un voyage qu'il fit à Bologne, où il entra en relation avec Crespi, dit le *Spaynuolo*, et fut séduit par la manière du Guerchin, conforme à celle qu'il portait lui-même dans son esprit.

Admis dans le Collége des peintres, fondé par le chevalier Liberi, il fut tout de suite employé dans les églises et dans les palais, et toujours il laissa voir que sa préoccupation la plus vive était d'éclairer les personnages de son tableau de façon à les enlever vigoureusement sur le fond, comme si la peinture n'eût été pour lui que l'art de feindre des reliefs sur une surface plane. Ce n'est pas qu'il ne mît parfois des intentions de poésie dans ces violents contrastes de parties éclatantes et de parties sombres et qu'il ne sût les faire tourner au profit de l'expression, toutes les fois que son goût naturel se trouvait d'accord avec le caractère du sujet et venait en aide à son vœu. C'est ainsi qu'ayant à peindre à Padoue la *Décollation de saint Jean-Baptiste*, en concurrence avec les meilleurs artistes de la contrée, il représenta l'exécution du saint, horriblement éclairée par un rayon comprimé dans une prison noire, et il l'emporta sur tous ses rivaux. J'ai souvenance qu'en visitant le palais Pisani, sur le grand canal, à une époque où l'on y voyait encore la *Famille de Darius*, tableau de Paul Véronèse, qui est aujourd'hui à la Galerie nationale de Londres, nous fûmes saisis d'étonnement, sinon d'admiration, à la vue d'une bataille de Piazzetta, peinture aussi terrible que celle de Véronèse était riante et blonde. Si j'ai bonne mémoire, c'était l'histoire de Josué arrêtant le soleil. A demi cachée par des ombres ressenties, les horreurs de la mêlée éclataient çà et là en sinistres lumières, et, malgré les ordres de Josué, l'astre ne jetait sur les combattants que ces derniers rayons enflammés et rougeâtres qui précèdent le triomphe de la nuit.

Bien qu'il peignit toujours à l'effet et par taches vives, il revenait avec précision sur ses contours, et il modelait ses figures dans la masse, les faisant tourner par des reflets justes de valeur et bien à leur place. Son talent et sa prédilection pour tout exprimer en ronde bosse, Piazzetta les portait avec le même bonheur dans ses dessins, qui avaient encore plus de valeur que ses tableaux, et qui n'étaient pas moins recherchés. On connaît de lui une quantité de têtes aussi grandes que nature et qu'il a dessinées à la pierre noire, d'après le modèle, sous un jour étroit ou aux lueurs de la lampe. Ces têtes firent tant de plaisir qu'elles furent gravées en grand nombre par Pitteri, Pelli, Monaco et autres, dont les estampes ont contribué à sa renommée beaucoup plus que ses peintures, qui, pour la plupart jaunies et noircies, attristent le regard par des clairs éteints et des ombres charbonnées. Un genre dans lequel il réussissait à merveille, c'était celui des caricatures. Parmi celles que possédaient les comtes Leopardi d'Osimo, il y en avait, dit Lanzi, qui auraient fait rire un chartreux.

Sur la fin de sa vie, Jean-Baptiste Piazzetta composa des dessins pour une édition de la *Jérusalem délivrée* que devait publier le libraire Albrizzi, son ami. « Il s'étoit engagé, dit Mariette, à les graver lui-même; mais comme il demandoit un trop gros prix, le marché ne se fit point et ce fut un malheur. » Il mourut le 28 avril 1754, à l'âge de soixante-douze ans, ne laissant pas de quoi se faire enterrer. Ce fut Albrizzi qui généreusement paya les frais de ses funérailles, qui eurent lieu dans l'église Santa Maria della Consolazione, dite della Fava, où il est inhumé. Il avait été directeur de l'Académie de peinture instituée à Venise ; ses principaux disciples sont : Antoine Manetti, dit le *Chiosotto*, François Capella, Dominique Magiotto, et Joseph Angeli, qui était le plus habile de tous, et qui donna la dernière main à une *Visitation* commencée par son maître dans l'église della Pietà.

Le Musée du Louvre renferme un tableau qui était attribué autrefois à Piazzetta, mais qui a été dans ces derniers temps restitué à son élève Joseph Angeli : c'est une petite toile intitulée *le Militaire et le Petit Tambour*.

VENISE. — Dans l'église de l'île di Pioggia, un *Miracle du Crucifix*, ouvrage de la première jeunesse de Piazzetta.

A San Zanipolo, dans la chapelle de saint Dominique, le saint dans une gloire, plafond estimé.

Dans l'église des Servites, *le Miracle d'un saint*.

A Santa Maria della Consolazione, dite della Fava, là où le peintre est enterré, *Saint Philippe de Neri et la Madone*.

Dans l'église San Vitale, *l'Ange Raphaël* et d'autres figures.

Dans l'église des Dominicains alle Zattere, trois saints de cet ordre. Ce tableau a été gravé par Bartolozzi.

Dans l'église della Pietà, *la Visitation* laissée inachevée par le maître et terminée par son élève Angeli.

A San Salvatore, un *Saint Nicolas*, morceau ébauché par Piazzetta, et achevé par son élève Dominique Maggiotto.

PADOUE. — Dans le palais du podestat, *la Cene d'Emmaüs*, tableau qui a noirci.

Dans le Santo, *la Décollation de saint Jean-Baptiste*, un de ses meilleurs ouvrages.

DRESDE. — *Le Sacrifice d'Abraham*, acquis en 1741, de la collection Wallenstein. — *David* avec la tête de Goliath et un *Jeune Enseigne*, achetés en 1743, à Venise, par Algarotti.

PIETRO LONGHI ou LUNGHI

NÉ EN . — MORT EN

« Pietro Longhi, dit Mariette, avoit commencé à modeler sous son père, fondeur en argent, et cela lui ouvrit la porte du dessin et de la peinture, qu'il étudia sous Balestra, et ensuite à Bologne, sous Joseph Crespi, dit l'Espagnol, et ce fut dans cette dernière école qu'il prit du goût pour les sujets de conversations, de fêtes et mascarades, et, pour tout dire en un mot, de tout ce qui se passe dans la vie privée. Il sut se rendre justice et juger qu'il ne réussiroit pas de même à traiter l'histoire dans le grand genre. Il se borna à celui-ci et il fut goûté. Il devint un autre Watteau et il fut fort employé. On a gravé plusieurs de ses tableaux à Venise. »

Tout cela est juste ; mais au lieu de comparer Longhi à Watteau, j'aimerais mieux le comparer à Lancret ou à Jeaurat, peut-être même à Chardin, car il a des points de ressemblance avec ces trois peintres. Pour être un Watteau, il faut avant tout de la fantaisie, de la poésie, quelque chose de romanesque et de brillant dans l'esprit. Longhi n'a rien de cela : c'est un observateur positif, vrai, mais terre-à-terre. Le charme de ses tableaux lui appartient moins qu'à ses modèles. C'est Venise elle-même, la Venise du dix-huitième siècle, la Venise de Casanova, de Bernis et de Jean-Jacques-Rousseau, qui s'est chargée de donner du prix et de l'attrait aux peintures de Pietro Longhi. En observant, ou, pour dire plus juste, en copiant avec bonhomie plutôt qu'avec esprit, les mœurs, les usages des Vénitiens de son temps, leur manière de vivre, alors si aimable, leurs meubles, leurs habits, leurs travestissements, il s'acquit une popularité sans égale. Son œuvre fut un miroir où ils se reconnurent. Il y raconta leur histoire, qui du reste ne fut à cette époque-là qu'un long carnaval, un carnaval moins bruyant que les nôtres, moins extérieur, moins franc et conséquemment plus mystérieux et plus délicat.

Longhi, au surplus, n'est guère apprécié qu'à Venise, parce que c'est là seulement qu'il est connu. Depuis quelques années, il est vrai, les Anglais ont acheté de ses tableaux et lui ont fait dans leur pays une certaine réputation ; mais en France, Longhi est généralement ignoré. Les pièces mêmes que l'on a gravées d'après lui sont chez nous fort rares, et le Cabinet des Estampes n'en possède qu'une douzaine, encore faut-il compter dans ce nombre les *Sept Sacrements*, qui donnent la plus triste idée du maître, et deux ou trois sujets de chasse, d'une lourdeur insupportable. La première fois que nous vîmes des peintures de Longhi, ce fut en visitant le Musée Correr, à Venise, avec nos amis Paul de Saint-Victor et Armand Baschet. Là sont les deux plus grandes toiles du peintre vénitien, — le plus souvent il ne dépasse pas les proportions de soixante centimètres environ sur cinquante. — L'une de ces toiles représente la fameuse salle du *Ridotto* (du Jeu dont il est tant parlé dans les *Mémoires* de Casanova. Elle est toute remplie de masques dans les mouvements et les postures les plus variés. Au fond de la gauche, un patricien coiffé d'une énorme perruque tient le jeu et répond des valeurs. De ce même côté, on voit un café où s'intriguent des masques en *baütta*. La baütta est une sorte de domino qui ne laisse rien soupçonner ni des agréments ni des défauts de celui ou de celle qui le porte. Quand un masque était ainsi enveloppé et que son visage était caché par un loup encadré dans un béguin de taffetas noir qui couvrait la nuque et les oreilles, il était à peu près impossible de le reconnaître.

L'autre tableau de Longhi au Musée Correr est l'image d'un de ces parloirs de couvent où les nonnes étaient visitées par les seigneurs et les grandes dames de leur famille ou de leur amitié. Ici, on leur donne, à travers les grilles, le spectacle des marionnettes. Pendant ce temps, un pauvre diable, le mandataire de Polichinelle, fait le tour du cercle des seigneurs pour recevoir leur obole. Cette scène de parloir est peinte comme Grosley l'a décrite : « Les religieuses, dit-il, toutes gentilles dames, allaient et venaient à deux grandes grilles, y faisaient la conversation et y distribuaient des rafraîchissements à des cavaliers et à des abbés, qui tous, l'éventail à la main, étaient en cercle à l'une ou à l'autre grille. » Qu'on lise la description de l'écrivain français ou que l'on regarde le tableau du peintre vénitien, l'impression sera la même.

Coiffée au dedans d'une jolie cornette, les épaules et la gorge nues, la jeune Vénitienne de Longhi porte au dehors un joli tricorne; elle est vêtue de jupes très-bouffantes, soutenues par de grands paniers, mode Louis XV. L'artiste se plaît à nous la montrer dans les divers exercices de son éducation privée. Ici elle reçoit une leçon de musique et son professeur paraît songer beaucoup moins à la cantate qu'à la beauté de son élève. Là elle prend une leçon de danse, ou bien elle est à son rouet, et avec un semblant de sagesse, elle accueille un jeune amoureux qui, la main sur son cœur, lui déclare « sa flamme » tandis que la vieille mère lit quelque bible, et que le petit frère, tenant un livre, regarde ailleurs.

Quelle que soit l'originalité des mœurs vénitiennes, il y a cependant de la ressemblance entre les tableaux de Longhi et ceux qui ont été peints chez nous par nos peintres de conversations. La jeune mariée que son époux admire, quand, au bord de son lit, elle se fait déshabiller par sa camériste, forme, avec tout ce qui compose l'intérieur de sa chambre à coucher, un tableau assez semblable à ceux de Jeaurat et rappelle même par une certaine froideur les compositions postérieures d'Aubry. Mais l'artiste français auquel Longhi ressemble le plus est certainement Lancret. Il a comme lui une certaine élégance bourgeoise, une distinction un peu courte, et il représente, en somme, une population qui a perdu de sa séve et de sa race, mais qui est encore intéressante par certaines différences ethnographiques et aussi par quelques points de ressemblance avec nous.

Pietro Longhi eut un fils, Alessandro, qui fut élève de Nogari et qui fit de bons portraits comme son maître. Il était né à Venise en 1735, selon Mariette. On lui doit un *Abrégé des Vies des Peintres vénitiens* du dix-huitième siècle, qui contient de froides et brèves notices sur ses contemporains et qui ne comprend pas les artistes antérieurs au dix-huitième siècle. Cet ouvrage fut publié en 1762, in-folio. On accuse Alessandro Longhi d'avoir gardé le silence, par un sentiment secret de jalousie, sur plusieurs maîtres dont il ne pouvait pas ignorer l'existence et le mérite, tandis qu'il n'avait oublié ni son propre portrait ni sa propre notice, dans laquelle il parle de lui-même avec beaucoup de complaisance. Il a gravé d'après son père quelques tableaux de conversations, et il a fait de son cru quelques eaux-fortes librement conduites, à la manière des peintres.

Il n'existe au Musée du Louvre aucun tableau de Pietro Longhi, non plus que de son fils Alexandre.

VENISE. — Dans l'église Santa Maria Mater Domini, une *Adoration des Mages*, dans la chapelle principale.

A l'Académie, dans le cabinet Contarini, six tableaux de Longhi, la plupart gravés. Ce sont : le *Devin*, le *Maître de Danse*, l'*Apothicaire speziale*, le *Tailleur*, le *Maître de Musique*, la *Toilette*.

Au Musée Correr, le *Ridotto*, fameuse salle de jeu à Venise, celle dont Casanova parle souvent dans ses *Mémoires*. — *Scène de parloir*, dans un couvent de Venise, au dix-huitième siècle. Ce sont les deux plus grandes toiles de Pietro Longhi.

Dans la salle des séances de l'Académie, un tableau représentant un *Philosophe* ; il est gravé par Alexandre Longhi, d'après son père.

Joseph Flipart a gravé, d'après Longhi le père, la *Leçon de Danse*, la *Leçon de Musique*.

On a aussi gravé à Venise, d'après ce peintre, les *Sacrements*, en sept feuilles.

Alexandre a gravé quelques sujets de genre, et les eaux-fortes qu'il a faites de son invention représentent entre autres une *Sainte Famille*.

PADOUE. — Dans la sacristie des Dimesse se trouve un tableau de Pietro Longhi, la *Pêche miraculeuse*.

ROSALBA CARRIERA

NÉE EN 1675. — MORTE EN 1757.

Nous n'avons pas à nous plaindre cette fois du manque de renseignements, car au sujet de Rosalba, ils abondent et depuis quelque temps les chercheurs et les chroniqueurs semblent nous dire : « *Je t'en veux accabler.* » Tout récemment, un volume de 569 pages et tout plein de petits faits intéressants, a été publié chez Techener, par M. Alfred Sensier, sur Rosalba Carriera. C'est le journal de cette artiste, son *diario*, qui fait le principal objet du livre ; mais ce journal n'est pas celui de sa vie entière ; il ne se rapporte qu'au temps de son séjour à Paris, qui fut d'environ douze mois. Encore ne possède-t-on les notes de Rosalba que depuis le mois d'avril 1720 jusqu'au 11 mars 1721, non compris les mois de mai et de juillet, dont les feuillets avaient été perdus et n'ont pas été retrouvés. A vrai dire, les douze mois pendant lesquels la Vénitienne habita la France sont, pour nous autres Français, la partie la plus curieuse de sa vie. A chaque ligne de son calepin de voyage, nous la trouvons en rapport avec les personnages les plus célèbres de la Régence, avec les amateurs et les artistes les plus illustres, et avec les grandes dames de la cour ; c'est-à-dire avec le Régent, le contrôleur des finances Law, le duc de la Vrillière, le prince de Carignan, M. le duc, Crozat, Mariette, de Caylus, Rigaud, Largillière, Antoine et Charles Coypel, de Troy, Claude Audran, Antoine Watteau, la duchesse de Charolais et sa sœur, Mlle de Clermont, la duchesse de Boufflers, qui fut plus tard la maréchale de Luxembourg, amie de Jean-Jacques, Mme de Parabère, Mme de Prie... et ce que Rosalba nous dit d'elle-même dans les brèves indications de ce journal[1] est encore moins curieux que ce qu'elle nous apprend sur les autres.

Mais pour commencer par le commencement, et sans vouloir faire ici une biographie en règle, il nous faut dire que Rosa Alba (par élision Rosalba) Carriera naquit à Venise le 7 octobre 1675. Elle était fille d'Andrea Carriera de Costantino, qui exerçait l'office de chancelier dans la petite ville de Gambararo, sur la Brenta, et qui fut ensuite capitaine de la milice, dans les possessions vénitiennes du Frioul. Ces emplois modestes d'Andrea Carriera ne suffisaient pas à l'entretien de sa famille, composée de sa femme et de trois filles : Rosalba, qui était l'aînée, Giovanna et Angela. La mère et sa fille aînée, pour subvenir aux besoins du ménage, se firent dentellières et travaillèrent aux *points de Venise*, jusqu'au jour où la mode en passa. Rosalba eut alors l'idée d'apprendre la peinture pour gagner quelque argent à peindre des miniatures sur tabatières, que l'on commençait à rechercher. Ce fut un artiste français, Jean Stève, qu'on appelait à Venise M. Jean, qui l'initia aux secrets de cet art en petit ; mais elle avait déjà pris les premières leçons de dessin d'un Hongrois, nommé Bencowich. Elle eut ensuite pour maîtres Antonio Lazzari, Diamantini et le Balestra. Dans ces écoles diverses elle apprit la peinture à l'huile ; mais elle y renonça bientôt pour s'adonner à la miniature et au pastel. Son goût pour le pastel lui vint de ses rapports avec un Anglais nommé Cole, qui lui-même pratiquait assez bien cette manière de peindre.

A l'âge de vingt-quatre ans, Rosalba était déjà connue, à Venise et au dehors, pour son double talent dans le pastel et la miniature. En 1703, elle était reçue à l'Académie *Clementina* de Bologne et en 1705 à l'Académie de Saint-Luc, à Rome, et les morceaux qu'elle envoyait à ces deux académies faisaient l'admiration du Bolonais Crespi et du Romain Carle Maratte, qui l'un et l'autre la comparaient à Guido Reni. Dans ce temps-là, comme toujours, la ville de Saint-Marc était visitée par la plupart des princes et des grands seigneurs de l'Europe. Le roi de Danemark, passant à Venise en 1709, veut avoir son portrait par Rosalba, et il lui commande en outre les portraits en miniature des douze jeunes filles les plus jolies de la ville. L'année suivante, l'Électeur palatin demande un pastel à notre Vénitienne et lui envoie en retour une médaille d'or suspendue à une chaîne pesant deux cents onces et renfermée dans une boîte en vermeil de 600 écus. Auguste III, électeur de Saxe avant qu'il ne devint roi de Pologne, la prend en affection et se fait peindre

---

[1] *Journal de Rosalba Carriera* pendant son séjour à Paris, en 1720 et 1721, publié en italien par Vianelli, traduit, annoté et augmenté d'une biographie et de documents inédits par Alfred Sensier. Paris, Techener. 1865.

par elle en habit rouge et en perruque, une croix sur la poitrine[1]. En 1713, un prince de la finance, le richissime Pierre Crozat, voyageant en Italie pour y former sa fameuse collection de dessins et de tableaux, rend visite à la Rosalba, s'éprend de ses pastels et l'engage à venir se fixer à Paris ou tout au moins à y faire un voyage, et il lui offre l'hospitalité dans son hôtel, à Paris. Vers la même époque, Rosalba se trouva en relation à Venise avec le financier écossais John Law, qui bientôt quitta l'Italie pour aller proposer au Régent ses idées, alors nouvelles, sur la valeur du papier considéré comme monnaie courante. Elle connut aussi Vleughels, artiste français, d'origine flamande, qui devint directeur de l'Académie de France à Rome, et fut liée d'amitié avec Antoine-Marie Zanetti, l'auteur si connu, et si souvent cité par nous, de la *Pittura veneziana*.

Célébrée à Venise et plus encore à l'étranger, vantée dans toutes les cours de l'Europe et préférée de beaucoup à Giovanna Fratellini, miniaturiste florentine dont elle éclipsa la gloire, la Rosalba pouvait à peine suffire aux commandes des amateurs. Ses deux sœurs, Giovanna et Angela, qui savaient peindre aussi, lui venaient en aide, lui ébauchaient ses pastels. Angela avait épousé le peintre Antonio Pellegrini, entrepreneur intrépide de décorations murales à grand fracas, improvisateur brillant et beau garçon. Pellegrini, appelé en Angleterre, y était occupé à décorer le château de lord Cadogan lorsqu'il apprit la mort d'Andrea Carriera, son beau-père, arrivée le 1er avril 1719. Il revint aussitôt à Venise par le chemin de Paris, et ce fut dans une visite qu'il rendit à M. Law que le nouveau contrôleur général le chargea de peindre le plafond de la Banque royale. De retour à Venise, il y trouva Rosalba fort affligée. « Elle avait alors quarante-cinq ans. Il « fallait à son esprit de la distraction et du soulagement, le reste ne lui manquait pas. Elle disait souvent : « Je n'envie la condition des hommes que sur un seul point : c'est qu'ils peuvent voyager à leur gré. » Elle « partit donc avec sa mère, ses deux sœurs et Antonio Pellegrini, son beau-frère. Ils quittèrent Venise au « commencement de mars 1720, arrivèrent à Lyon au commencement d'avril, et à Paris vers la fin de ce même « mois. Rosalba, sa mère et sa sœur Giovanna furent reçues chez M. Pierre Crozat, écuyer, grand ami de Rosalba « et grand admirateur de ses ouvrages. Il lui offrit l'hospitalité dans son hôtel, où l'attendaient un appartement, « la table et un carrosse. Angela et son mari vinrent loger près de l'hôtel Crozat, dans une auberge[2]. »

L'hôtel Crozat était situé rue de Richelieu au coin du nouveau cours. Il s'étendait depuis l'angle occupé aujourd'hui par le café Cardinal jusqu'aux terrains que limite la rue de Grammont. Le jardin dominait par une terrasse le nouveau cours, appelé maintenant boulevard des Italiens. C'est là que Rosalba passa une année entière, en compagnie de Mme de La Fosse, veuve du peintre de La Fosse, qui avait peint une galerie dans l'hôtel, et de Mlle d'Argenou (ou d'Argenon), petite-nièce du même artiste, lesquelles recevaient aussi l'hospitalité de Crozat. Le portrait de Mlle d'Argenou, qui était renommée pour sa belle voix, et celui du fils de M. Law furent les premiers que Rosalba fit à Paris. Ils sont datés l'un et l'autre du mois d'avril 1720. Law était alors à l'apogée de sa fortune. Il avait pour courtisans tous les grands seigneurs. Nous avons dit que dans un premier séjour à Venise, où il devait bientôt se réfugier, Law avait connu la Rosalba. Il ne faut donc pas s'étonner de voir le nom du contrôleur général revenir souvent dans les notes de la voyageuse. Amie d'un ministre tout-puissant, reçue et fêtée par Crozat, elle fut tout de suite connue et recherchée des grandes dames de la cour. Crozat, dont l'admiration pour elle allait jusqu'à l'enthousiasme, n'épargna rien pour jeter du lustre sur tous les talents de Rosalba, qu'il savait aussi bonne musicienne qu'habile peintre. Il donna des concerts où elle se fit entendre sur le violon, en concurrence avec Rabel, Paccini, et Antoine, le joueur de flûte. À ces concerts, où l'internonce joua de l'archiluth, assistaient, entre autres personnages marquants, M. de Caylus, M. de Jullienne, Watteau, Mariette, Hénin, l'abbé de Maroulle, « le connaisseur le plus judicieux et le plus éclairé de son siècle[3]. » Le Régent y vint lui-même, et ce qu'il y a de plus remarquable, c'est que Law, qui n'était pas en bons termes avec les Crozat, auxquels il avait succédé dans le privilége de la Compagnie du Mississipi, fut au nombre des invités et accompagna le Régent.

[1] Ce portrait à l'huile a été offert par le possesseur à François Ier, empereur d'Autriche. — Sensier, *Journal de Rosalba*.

[2] Ainsi parle le chanoine Vianelli dans l'Introduction au *Journal* de Rosalba, *Diario*, qui fut publié par lui en italien, en 1793.

[3] Dit Mariette. Maroulle dessinait et gravait. Il mourut en décembre 1726. On a son portrait peint par Coypel, et gravé. *Sensier*. Ce portrait fait partie de la précieuse collection de M. Walferdin.

Un dessin de Watteau, qui, de la collection Mariette est passé au Louvre, représente les principaux virtuoses de ce concert, avec leurs noms écrits par Mariette lui-même dans une inscription latine.

Les portraits que peignit Rosalba durant son séjour à Paris et dont la mention se trouve dans son journal, où manquent il est vrai, presque en entier, les mois de mai et de juillet 1720, sont au nombre de quarante-cinq, non compris les dessins, les petites têtes, et les compositions mythologiques, telles que deux *Vénus* pour M. Crozat, et un *Apollon et Daphné* pour Claude Audran, qui était concierge du Luxembourg et qui avait été le maître de Watteau. Parmi ces quarante-cinq portraits — auxquels M. Sensier ajoute avec raison celui d'Oppenor, architecte du Régent, portrait qui a dû être peint à Paris, dans l'hôtel Crozat, où demeurait Oppenor — nous remarquons les suivants : *Louis XV* en miniature pour la duchesse de Ventadour; un autre *Louis XV* en pastel et en petit; le ministre *Law*, *Antoine Crozat*, frère aîné de Pierre, qui demeurait place Vendôme, l'*abbé Crozat*, la *duchesse de Brissac*, *Mme de Parabère*, en pastel d'abord et ensuite en miniature, *Mme de Prie*, *Mlle de Charolais*, *Mlle de Clermont*, la *duchesse de Lorge*, la *marquise de Lautrec*, *Mlle Joinin*, « la très-belle et charmante fille, » comme l'appelle Rosalba, la *marquise de la Carte*, la *comtesse d'Évreux*, fille d'Antoine Crozat, le *père Jacques*, religieux augustin, premier architecte du roi, *Antoine Watteau*, le peintre, *Antoine Pellegrini*, beau-frère de la Rosalba, la *duchesse de Richmont* en pastel et en petit, *Mme Boit*, femme du peintre en émail. Le journal dit quelques-unes des sommes que valurent à Rosalba ses portraits. Celui du fils de Law fut payé 10 louis de 15 livres, ainsi que celui de M. d'Argouge de Fleury, lieutenant civil; celui de l'abbé Crozat, qui passait pour un chef-d'œuvre, 8 pistoles, les deux de M. de Parabère, 24 louis de 15 livres, celui de la duchesse de Brissac, 12 louis. Elle reçut de M. Gruin, trésorier du roi, 3,000 francs, et de l'abbé Perrot, précepteur du roi, 1,000 francs, plus une petite pièce de vin, *canocetta*. Enfin M. de Jullienne, l'ami de Watteau, offrit à Rosalba pour une petite tête qu'elle lui avait donnée, 200 livres et un morceau d'*écarlate :* c'était un drap beau et rare, dont il était le fabricant. Il est à croire que Rosalba fit aussi les portraits de Crozat et de Mariette, bien qu'on n'en voie pas la trace dans les parties conservées de son journal.

Le 26 octobre 1720, la pastelliste vénitienne fut agréée de l'Académie de peinture à l'unanimité, «personne n'ayant voulu mettre une boule noire,» dit Rosalba. Le 7 novembre, elle fut invitée à se rendre à l'Académie, et, le surlendemain, elle présenta un portrait de *Louis XV* au pastel, après quoi elle prit séance et fut complimentée par Antoine Coypel, directeur. Son morceau de réception, que nous possédons au Louvre, ne fut envoyé que le 10 octobre de l'année suivante. Rosalba le peignit à Venise. Elle y était retournée au mois de mars 1721, en passant par Strasbourg et le Tyrol. Elle rentrait à Venise dans sa petite maison du quartier Dorsoduro, près de San Vitto, et elle y rentrait magnifiquement payée, comblée d'honneurs, et de louanges en prose et en vers.

Il va sans dire que ses succès continuèrent de plus belle, toutes les cours de l'Europe étant jalouses d'imiter la cour de France dans son admiration pour Rosalba. En 1723, elle fut appelée à Modène pour y peindre les princesses de cette maison, auxquelles on voulait chercher des maris. En 1730, elle fut priée de se rendre à Vienne, par l'empereur d'Allemagne Charles VI, et l'impératrice régnante voulut être son élève. « Cela se met volontiers dans une vie d'artiste, quoique, apprécié à sa juste valeur, ce ne soit pas grand' chose; » la réflexion est de Mariette. Plus tard, le cardinal Albani lui écrivait des lettres infiniment aimables, lui envoyait du chocolat, et lui faisait compter nombre de sequins pour quatre tableaux d'elle, « le plus bel ornement de sa demeure, » entre autres une *Cléopâtre*. En somme, la vie de Rosalba, jusqu'à l'âge de soixante-dix ans, fut un long triomphe; elle n'eut qu'un chagrin : ce fut la perte de sa bien-aimée sœur, Giovannina, morte le 9 mai 1737. Elle-même perdit la vue en 1746, et fut opérée de la cataracte; mais, pour un instant guérie, elle retomba dans les ténèbres. Sa dernière peinture fut adressée à Mariette, qui la disait digne du Corrége.

Rosalba Carriera, devenue aveugle, passa les dernières années de sa vie dans une amère tristesse, ne laissant pas cependant d'écrire quelques lettres qu'elle dictait à sa sœur Angela, mais se cachant aux regards des étrangers qui étaient curieux de la voir. Elle mourut le 15 avril 1757, à l'âge de quatre-vingt-deux ans, et fut enterrée, selon sa dernière volonté, dans l'église San Vitto, sa paroisse, à côté de sa sœur Giovannina. Elle laissait à sa sœur Angela, octogénaire comme elle, sa fortune s'élevant environ à 120,000 francs de notre monnaie, qui vaudraient aujourd'hui le double. Elle donnait 200 ducats à Felicità Sartori, petite fille qu'elle avait recueillie, et qui, étant son élève, avait été mariée, en Saxe, à M. de Hoffman, conseiller de l'Électeur. Elle n'oublia aucun de ses parents, aucun de ses serviteurs et distribua ses bijoux à son notaire et à ses amis.

Les écrivains et les critiques du dix-huitième siècle ont été pleins de galanterie dans leurs jugements sur Rosalba. Pour nous, qui ne nous sommes tenu qu'à lui rendre justice, nous ne saurions partager ni l'enthousiasme de Crozat ni toute l'admiration de Mariette. Sans doute elle a su exprimer à merveille avec la poudre de ses pastels le tendre des carnations, le mouillé du regard, la fraîcheur de la jeunesse, la moiteur de la vie, mais elle a été bien faible de dessin et de modèle dans les emmanchements du cou, dans les attaches des épaules et des bras, dans tout ce qu'elle n'avait pas appris, pour ainsi dire, par cœur. Quand elle s'est bornée à peindre la tête, en cachant sous quelques ajustements les épaules, les clavicules, la poitrine, elle a été quelquefois, notamment dans le portrait de la comtesse Labia et dans le sien propre, l'égale de Latour, et c'est tout dire.

Musée du Louvre. — On y compte quatre pastels de Rosalba : 1° *Une Muse*; elle est blonde, coiffée de roses, le buste et les bras nus, et elle tient de la main gauche une couronne de lauriers; corsage bleu, draperie rose. — C'est le morceau de réception envoyé par Rosalba, de Venise, à l'Académie. 2° Portrait d'une jeune fille en costume de 1720. On présume que ce pourrait être celui de la fille de Law. 3° Portrait d'une jeune femme blonde. 4° Tête de jeune fille en buste, morceau douteux.

Venise, à l'Académie des beaux-arts. — Pastel d'un jeune patricien, provenant de la galerie Palladiana. Donné par Molin.

Dans l'église San Gervasio e Protasio, une *Madone*.

Dresde. — Ce Musée possède soixante-dix pastels de Rosalba, provenant pour la plupart de l'électeur de Saxe Auguste III, roi de Pologne. Il serait trop long d'en donner ici l'énumération. On y remarque le portrait de l'artiste, celui de l'abbé Métastase, et une quantité de figures allégoriques ou de caractère, telles que les *Saisons*, les *Éléments*, les *Parques*, les quatre *Parties du monde*, plusieurs *Vierges*, une *tête de Christ*, et une copie de la *Madeleine* du Corrège; elle fut achetée pour le roi de Pologne, par Algarotti. — A propos de cette *Madeleine*, le président de Brosse écrivait en 1739 à M. de Quintin, à la date du 26 août : « J'étois tenté « de faire faire mon portrait à la Rosalba, si je n'avois pensé « que ma figure ne valoit pas *trente sequins*. En récompense, « j'eus la folie de lui offrir vingt-cinq louis d'or d'une *Madeleine* « grande comme la main, qu'elle a copiée d'après le Corrège, « et par bonheur pour mes vingt-cinq louis, elle ne veut pas « s'en défaire. »

Le Musée de Dresde renferme encore seize miniatures de l'artiste vénitienne : ce sont des portraits et des figures mythologiques, *Diane*, *Apollon et Daphné*, *Vénus assise*.

Le chanoine Vianelli possédait un pastel de Rosalba et onze dessins à la mine de plomb et au crayon rouge, dont le détail se trouve dans le Catalogue de sa collection, publié par lui en 1790.

Voici les extraits de notre *Trésor de la Curiosité* :

Vente Pasquier, 1755. — Deux tableaux en pastel représentant la *Justice* et la *Paix*. Ils proviennent du cabinet de M. le cardinal de Polignac, qui les apporta de Rome. Ils sont sous glace; 2.416 liv.

Vente duc de Tallard, 1756.—Les mêmes, 2,800 liv.

Vente de l'électeur de Cologne. — Les *Saisons* représentées par des jeunes filles parées de fleurs et de fruits et par une jeune femme vêtue d'un manteau rouge doublé d'hermine; 3,800 liv.

Vente Jullienne, 1767.—*Portrait de Rosalba*, représentée en cheveux, tenant un crayon et une feuille de papier sur laquelle est dessiné un portrait; 721 liv.—Le buste du peintre Sébastien Ricci, de Bellune, sous glace.

Vente La Live de Jully, 1770. — *Portrait de Watteau*, assis et en buste; on ne voit que le haut de la chaise; 143 l.

Vente Mariette, 1775. — Le portrait en miniature de *nobil dona Foscari*, peinte à Venise en 1745; coiffée en cheveux, avec une aigrette noire et un bouquet au côté. Dans sa bordure en cuivre doré et son étui de galuchat garni en argent; 300 fr.

Vente Blondel de Gagny, 1776. — *Rosalba touchant du clavecin*, et accompagnée par un joueur de flûte; un enfant tient un livre de musique (miniature remarquée à la vente Caylus); 124 liv.

Vente Vassal de Saint-Hubert, 1779. — Une Anglaise vue de trois quarts, ayant des fleurs dans les cheveux, et vêtue d'une robe écarlate; 1,101 liv.

Vente E. P., 1836. — *Portrait de Frédéric-Auguste*, roi de Pologne; 250 fr. — Portrait de femme, 820 fr. — Autre portrait de femme, 65 fr. — Autre, 180 fr. — *Jeune fille* tenant une pêche, 125 fr. — *Jeune fille*, costume de la Suisse saxonne, 111 fr. — *Jeune fille*, même costume, 48 fr.

Vente Eugène Piot, 1854. — *Portrait de la comtesse Labia*, Vénitienne célèbre par sa beauté, et dont il est question dans les lettres du président de Brosse; 440 fr.

Vente Pourtalès. — *Portrait de Rosalba*, tête nue, une légère dentelle mêlée à ses cheveux poudrés et courts; pendants d'oreilles en perles : 1,750 fr.

POST-SCRIPTUM

PIETRO MALOMBRA. — C'était un citoyen de Venise. Il était né en 1556 dans une famille aisée qui lui donna une éducation distinguée, lui fit apprendre les belles-lettres, le chant, la musique et la peinture. Il eut pour maître dans cet art Giuseppe Salviati, dont nous avons raconté la vie. Son père, poëte renommé à

Venise, étant directeur de la chancellerie ducale, l'avait employé dans ses bureaux, et lui, tout jeune encore, il prenait plaisir à orner de grotesques et d'arabesques les pages des expéditions ducales. Mais un jour, à la suite de je ne sais quel revers de fortune, Malombra se trouva fort heureux d'avoir appris la peinture, et de changer en profession sérieuse ce qui n'avait été jusque-là qu'un délassement d'amateur.

Salviati, nous l'avons dit, était un maniériste achevé, qui tourmentait ses figures et en contrastait les mouvements pour la plus grande gloire de Michel-Ange : Malombra ne donna point dans cette exagération : il fut plus sage, plus contenu. Ses premières peintures lui avaient été commandées par la Seigneurie pour la décoration de plusieurs chambres au Palais ducal. Il représenta dans la sala dell' Auditor nuovo, les allégories de l'*Innocence*, de la *Concorde* et de l'*Équité*, proprement et assez froidement peintes ; ensuite, dans le Tribunal de nuit, la *Justice* qui met en fuite ses ennemis ; enfin, dans la Quarantia Civil Vecchia, *Venise* trônante et implorée par des vaincus suppliants, *Mercure* conduisant des prisonniers, le *Père éternel* dans une gloire et la *Vierge* entourée des magistrats du lieu.

Ces travaux le firent connaître et lui en valurent d'autres, tant à Venise et à Murano qu'à Padoue, dans le Padouan et dans le Frioul. Son esprit ouvert et cultivé lui fournissait d'heureuses inventions, qu'il disposait avec sagesse et qu'il exécutait avec une certaine délicatesse un peu timide. Quand il en trouvait l'occasion, et il la cherchait volontiers, Malombra introduisait des portraits dans ses compositions, car il était réputé habile en ce genre, au point que le doge Grimano, les dames de la famille Vendramina, beaucoup de sénateurs, et des médecins et des artistes, se firent peindre par lui. Il fit aussi le portrait du célèbre poëte Marino, qui était jeune alors, et ce portrait fut plus tard gravé pour la première édition des œuvres de Marino, qui, payant le peintre en monnaie de poëte, lui consacra deux sonnets. Malombra eut aussi beaucoup de goût pour la perspective. A l'exemple de Gentile Bellini et bien avant Canaletto, il retraça la place Saint-Marc et la Piazzetta, remplies de monde. On voyait dans la Piazzetta les sénateurs se faisant des politesses avant d'entrer au palais, des personnages de toute nation, Grecs, Esclavons, Arméniens, Turcs, Persans, Hollandais ; on y voyait aussi les funérailles du doge conduites avec la pompe accoutumée, et suivies par les diverses confréries portant chacune leur bannière. L'autre vue était animée par le spectacle de la procession qui se fait le jour de la Fête Dieu, procession à laquelle assistaient le doge et le nonce, l'ambassadeur de France, la Seigneurie et les *scuole* portant des flambeaux sur des chandeliers d'argent, des reliquaires, des drapeaux, des parasols de brocart et autres ornements. Malombra fut aussi le premier qui peignit la salle du Collegio, où le Sénat recevait les ambassadeurs. Ces curieux tableaux furent pour la plupart transportés en Espagne par don Alfonso della Queva, alors ambassadeur du roi catholique et, depuis, cardinal.

Une autre circonstance notable dans la vie de Malombra, c'est qu'il s'occupa de la décoration scénique et y apporta quelques innovations qui sont restées, notamment une manière d'éclairer la scène, qui en augmentait les effets. Malgré des travaux qui auraient dû l'enrichir, Malombra fut toute sa vie malheureux, et sa mauvaise fortune jointe aux soucis de sa vie intérieure le rendirent mélancolique. Les lettres, la poésie furent pour lui une consolation ; aussi un jour disait-il au cardinal Vendramini qui lui conseillait de consulter un théologien sur tel passage obscur de l'Écriture sainte : « C'est inutile, j'ai chez moi un théologien et un poëte. » Sa triste vie se termina en 1618. Il fut inhumé à San Zanipolo, dans le caveau de sa famille, qui était établie à Venise depuis trois siècles, et dont la souche avait été le comte Ricardo Malombra, jurisconsulte éminent.

PIETRO ROTARI. — Élève du Véronais Balestra, Rotari suivit d'abord la manière de ce maniériste aimable, dont il était le compatriote ; mais ayant voyagé en Italie, il se modifia quelque peu suivant les pays qu'il visitait. A l'âge de vingt ans, en 1728, il se rendit à Rome et y étudia quatre ans dans l'école de Trevisani. De là il passa dans celle du Napolitain Solimène, qui, en lui, se vit renaître. Rotari demeura trois ans à Naples ; il y a laissé quelques tableaux d'église. S'étant exercé au dessin avant de toucher à une palette, il avait contracté l'habitude de réduire ses peintures à une sorte de clair-obscur, où les couleurs locales s'éteignaient dans une harmonie cendrée qui parfois n'est pas sans charme, parce qu'elle endort ses figures sous une teinte mélancolique. Arrangées sans efforts, dessinées avec élégance et avec savoir, ses compositions ne sont pas dépourvues de grâce et il y a beaucoup cherché l'expression. Aussi vaut-il mieux les voir gravées que peintes. Tout ce qu'il y a de bon dans le tableau se conserve dans l'estampe, et la fermeté du burin corrige ce qu'il y a de trop flou et de fade dans l'exécution du peintre.

Nous avons vu de lui, chez une dame polonaise, à Paris, les portraits d'Auguste III, roi de Pologne, et de sa femme. Ces portraits ont été faits d'après nature. Ces deux personnages ont posé: ils sont modelés en conscience et ne manquent pas de physionomie, mais le ton des chairs est tellement terne et terreux qu'on a de la peine à le croire vrai, d'autant qu'il est aussi terreux et aussi terne sur les joues de la reine que sur celles du roi. A côté de ces portraits, s'en trouve un autre, celui d'un Rzewuski, cheveux poudrés, habit céladon, costume Louis XV. Celui-ci est plus clair, plus frais de couleur, plus vivant. Seulement, les contours en sont arrêtés autant qu'ils le seraient sur un dessin de graveur. Du reste, ce n'est pas comme peintre de portraits que Rotari mérite ici une mention particulière: c'est pour ses demi-figures de fantaisie, auxquelles il a donné le caractère des passions féminines, ou plutôt des sentiments féminins, tels que l'affliction, la curiosité, l'embarras, la jalousie, la rêverie. L'artiste véronais a su y ajouter la coquetterie de l'ajustement et ce que les diverses modes et les divers costumes de l'Europe présentaient de piquant et de pittoresque. C'était surtout par les accidents du clair-obscur qu'il les animait, et qu'il leur prêtait un relief qui en faisait quelquefois *des impostures innocentes*, comme on disait alors. Il se plaisait aux singularités de la lumière et aux éclairages à la Schalken. Hagedorn, qui avait connu Rotari à Dresde, où il fut assez longtemps employé par Auguste III, cite comme un morceau surprenant en ce genre un *Repos en Égypte*, qui a du rapport avec la *Nuit* du Corrége, et qui rappelle encore ce grand maître, par des expressions gracieuses et la douceur angélique des physionomies.

En 1750, Rotari, qui avait reçu à Vérone le titre de comte, d'ailleurs facile à obtenir, se rendit à Vienne. Il y fit la conquête de toute la cour et l'étonnement de l'impératrice en peignant un *voile* dont le rendu allait jusqu'au trompe-l'œil. Après avoir travaillé pour la maison d'Autriche, Rotari fut appelé en Russie et y devint un des artistes favoris de la cour. Il mourut à Saint-Pétersbourg, non pas en 1762 (selon Mariette), mais en 1770, ou tout au moins plusieurs années après 1762. Ce qui prouve, en effet, que cette dernière date n'est pas la bonne, c'est que ce fut surtout sous le règne de Catherine II (montée sur le trône en 1762), que Rotari fut le plus employé. Son compatriote Persico porte à trois'cents, et plus, le nombre des figures de caractères que cette impératrice fit peindre à Rotari dans le château de Peterhoff. C'est donc en Russie qu'on pourrait le mieux apprécier les talents de Rotari; mais si nous devions entreprendre ce voyage, ce serait pour y voir les œuvres d'un maître plus important et de plus haute lignée.

Ici finit l'histoire des peintres vénitiens, non pas que la liste en soit épuisée, mais parce qu'il faut une fin à toute chose. C'est une besogne toujours très-difficile que de faire un choix parmi tant de peintres qui sont à deux doigts de l'oubli et qui ne diffèrent entre eux que par des nuances imperceptibles en bien ou en mal. Il y a donc nécessairement un peu d'arbitraire et même un peu de ce que nous appelons heur et malheur dans la préférence que l'histoire donne à tel artiste sur tel autre, une fois qu'elle en est arrivée à certaines couches inférieures de l'art. Quelques noms ont eu la chance d'être plus souvent répétés que d'autres, on ne sait trop pourquoi, soit dans les catalogues, soit dans les livres de peinture, sans être portés cependant par des peintres supérieurs à ceux qu'on se résigne à effacer de ses souvenirs. Nous sommes donc forcé de trancher ces petites questions de préséance suivant notre impression personnelle. Après tout, sous peine de suivre et de développer encore l'immense *Dictionnaire* de M. Siret, où figurent des milliers et des milliers de peintres, il a bien fallu se décider à éliminer et à choisir.

CHARLES BLANC.

FIN DE L'ÉCOLE VÉNITIENNE.

ÉCOLE VÉNITIENNE

LISTE DES GRAVURES

INTERCALÉES DANS LE TEXTE

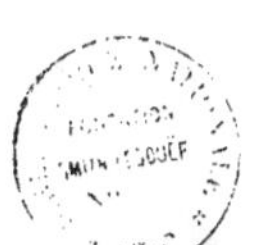

NOMS DES PEINTRES	TITRES DES SUJETS	DESSINATEURS	GRAVEURS
BELLINI (GENTILLE).	Son Portrait	F. HILLEMACHER.	J. ROBERT.
»	Médaille du Sultan Mahomet II.	E. BOCOURT.	E. SOTAIN.
»	Portraits de J. et G. Bellini	C. METTAIS.	J. GUILLAUME.
»	Miracle de la sainte Croix	A. PAQUIER.	J. GAUCHARD.
»	Réception d'un Ambassadeur de Venise à Constantinople	EUSTACHE-LORSAY	»
BELLINI (GIOVANNI).	Son Portrait	F. HILLEMACHER.	J. GUILLAUME.
»	Vénus.	E. BOCOURT.	J. ETTLING.
»	Pieta.	C. METTAIS.	F. SIMON.
»	La Circoncision.	A. PAQUIER.	J. ROBERT.
»	Vierge, Jésus et quatre Saints	C. METTAIS.	Launay et Marchand.
»	La Madone et les six Saints	A. PAQUIER.	A. DELANGLE.
»	La Madone et l'Enfant.	»	J. REGNIER.
»	La Madone.	E. BOCOURT.	J. GUILLAUME.
»	Saint Georges et saint Étienne	A. PAQUIER.	A. DELANGLE.
CARPACCIO (VITTORE).	Son Portrait.	E. BOCOURT.	J. GUILLAUME.
»	Portrait.	A. PAQUIER.	DUPRÉ.
»	Prédication de saint Étienne à Constantinople	EUSTACHE-LORSAY	J. ANSSEAU.
»	Les Ambassadeurs du roi d'Angleterre.	A. PAQUIER.	F. SIMON.
»	S. Joachim, Ste Anne, S. Louis et Ste Ursule	»	»
CIMA DA CONEGLIANO.	Son Portrait.	E. BOCOURT.	J. GUILLAUME.
»	Saint Jean et saint Luc.	»	E. SOTAIN.
»	La Vierge entre saint Jean et sainte Madeleine	C. METTAIS.	»
»	La Madone aux six Saints.	EUSTACHE-LORSAY	F. SIMON.
»	Le Rédempteur entre S. Thomas et S. Magne.	A. PAQUIER.	MÉAULLE.
TITIEN VECELLI.	Son Portrait	E. BOCOURT.	PONTENIER
»	Jeune Femme à sa toilette.	A. H. CABASSON.	J. GAUCHARD.
»	Sainte Famille		DUJARDIN.
»	Tableau votif de la famille Pesaro		Ligny-Pannemaker.
»	Mise au Tombeau.		W. BROWN.
»	Martyre de saint Pierre		COSTE.
»	Danaé.		J. GAUCHARD.
»	Le Christ au Roseau		CARBONNEAU.
»	La Fille du Titien.	GAGNIET.	A. DELANGLE.
»	L'Éducation de l'Amour.	A. H. CABASSON.	J. GAUCHARD.
LE GIORGIONE.	Son Portrait.	E. BOCOURT.	N. LAMBERT.
»	La Lecture.	A. PAQUIER.	DUPRÉ.
»	Hérodiade.	A. H. CABASSON.	PANNEMAKER.
»	Concert champêtre.	A. PAQUIER.	J. GUILLAUME.
»	L'Amour biqué.		A. DELANGLE.

NOMS DES PEINTRES	TITRES DES SUJETS	DESSINATEURS	GRAVEURS
PALMA le Vieux (Jacopo).	Son Portrait.	E. Bocourt.	J. Guillaume.
»	Sainte Catherine	A. Paquier.	Dupré.
»	Vierge, Jésus et Saints	»	A. Delangle.
»	Sainte Barbe.	Rousseau.	L. Chapon.
»	Adoration des Bergers	E. Bocourt.	E. Sotain.
LOTTO (Lorenzo).	Son Portrait.	E. Bocourt.	J. Guillaume.
»	Saint Jérôme.	C. Mettais.	Regnier, fils.
»	Mise au Tombeau	»	J. Gauchard.
»	La Femme adultère.	»	Regnier, père.
»	Sainte Vierge, Jésus, Ste Catherine et Jacob	A. Paquier.	»
PORDENONE.	Son Portrait.	A. Paquier.	J. Guillaume.
»	Judith.	»	F. Simon.
»	Sainte Justine.	»	Hildibrand.
»	Saint Laurent Giustiniani et Saints	»	J. Guillaume.
»	Hercule et Archélaüs	»	A. Delangle.
SÉBASTIEN DEL PIOMBO.	Son Portrait.	C. Mettais.	J. Guillaume.
»	Jeune Femme	Eustache-Lorsay	»
»	La Visitation.	C. Mettais.	A. Delangle.
»	Martyre de sainte Agathe.	»	J. Guillaume.
»	Lazare	Eustache-Lorsay	»
»	Résurrection de Lazare.	A. Paquier.	A. Delangle.
BONVICINO (Alessandro).	Son Portrait.	E. Bocourt.	J. Guillaume.
»	Portrait.	A. Paquier.	A. Delangle.
»	Saint Bonaventure, saint Antoine, saint Bernardin et saint Louis.	E. Bocourt.	»
»	Vénus pleurant Adonis	C. Mettais.	»
»	Vierge et Jésus	»	»
CALCAR (Jean).	Son Portrait.	E. Bocourt.	D. Verdeil.
»	Lettre G. de l'Anatomie de Vésale.	»	J. Ettling.
»	Portrait.	Gilbert.	J. Robert.
BONIFAZIO VENEZIANO.	Son Portrait.	E. Bocourt.	J. Guillaume.
»	Saint Bruno et sainte Catherine.	A. Paquier.	»
»	Adoration des Mages.	»	F. Simon.
»	Sainte Famille, Madeleine, saint François et saint Antoine	»	A. Delangle.
»	Le Mauvais Riche.	»	Regnier père.
PARIS BORDONE.	Son Portrait.	E. Bocourt.	L. Chapon.
»	Mars et Vénus.	A. Paquier.	A. Delangle.
»	L'Anneau de saint Marc.	»	F. Simon.
BASSAN (Jacques).	Son Portrait.	E. Bocourt.	N. Lambert.
»	Un Ermite.	A. H. Cabasson.	J. Gauchard.
»	Ensevelissement de Jésus	»	»
»	Retour de Jacob en Chanaan.	»	»
»	L'Annonciation des Bergers	»	Dupré.
TINTORET (Robusti dit le).	Son Portrait.	A. Paquier.	L. Chapon.
»	Christ mort et deux Anges.	Housselin.	A. Delangle.
»	La Femme adultère.	Carloni.	»
»	Le Miracle de saint Marc.	A. Paquier.	»
»	Le Massacre des Innocents.	»	»
»	Léda	»	L. Chapon.
»	La Voie lactée.	»	Hurel.
»	Le Christ au Tombeau	»	A. Delangle.
»	Tintoretta.	E. Bocourt.	J. Ettling.
»	Les Noces de Cana.	C. Mettais.	J. Robert.

NOMS DES PEINTRES	TITRES DES SUJETS	DESSINATEURS	GRAVEURS
TINTORET.	Le doge Pascali Ciconia.	E. BOCOURT.	J. ETTLING.
PORTA DIT SALVIATI (GIUSEPPE).	Son Portrait.	E. BOCOURT.	D. VERDEIL.
»	Élie nourri par l'Ange.	C. METTAIS.	HUREL.
»	Adam et Ève	»	J. ANSSEAU.
»	La Manne au Désert.	»	REGNIER PÈRE.
»	Baptême de Jésus.	A. PAQUIER.	MÉAULLE.
SCHIAVONE (ANDREA).	Son Portrait.	E. BOCOURT.	J. GUILLAUME.
»	Saint Jean-Baptiste.	C. METTAIS.	E. SOTAIN.
»	Le Repentir de saint Pierre	A. PAQUIER.	A. DELANGLE.
»	Adoration des Bergers.	»	»
»	Le Christ au Tombeau.	EUSTACHE-LORSAY	DUPRÉ.
VERONÈSE (PAUL).	Son Portrait	E. BOCOURT.	TRICHON.
»	Judith.	A. PAQUIER.	J. GUILLAUME.
»	Le Christ au Tombeau.	A. H. CABASSON.	DUPRÉ.
»	Les Disciples d'Emmaüs.	»	J. GAUCHARD.
»	L'Infidélité.	»	Ligny-Pannemaker
»	Sainte Famille, saint François et sainte Justine.	»	J. GAUCHARD.
»	L'Amour heureux.	»	DUPRÉ.
»	Sainte Famille.	»	CARBONNEAU.
»	Les Noces de Cana	»	A. GUSMAN.
MUTIANO (GIROLAMO).	Son Portrait.	E. BOCOURT.	J. GUILLAUME.
»	Saint Jérome.	C. METTAIS.	REGNIER FILS.
»	Incrédulité de saint Thomas.	E. BOCOURT.	A. DELANGLE.
»	Le Lavement des pieds	A. PAQUIER.	»
»	Sainte Marie l'Égyptienne	C. METTAIS.	DUPRÉ.
ZELOTTI (BATTISTA).	Son Portrait.	E. BOCOURT.	J. GUILLAUME.
»	Allégorie	C. METTAIS.	REGNIER PÈRE.
»	Fresque du Recueil de Zanetti.	E. BOCOURT.	A. DELANGLE.
»	Plafond du Conseil des Dix.	C. METTAIS.	REGNIER FILS.
»	—	»	REGNIER PÈRE.
MORONI OU MORONE (J.-B.).	Son Portrait.	HOUSSELIN.	J. GUILLAUME.
»	Vierge.	C. METTAIS	REGNIER PÈRE.
»	Sainte Famille.	»	E. SOTAIN.
PALMA LE JEUNE (JACOPO).	Son Portrait.	E. BOCOURT.	J. GUILLAUME.
»	Hérodiade.	»	E. SOTAIN.
»	Saint Étienne.	A. PAQUIER.	A. DELANGLE.
»	Résurrection de Lazare	EUSTACHE-LORSAY	J. ROBERT.
»	Madone et Saints.	E. BOCOURT.	E. SOTAIN.
BASSAN (FRANÇOIS).	Son Portrait	E. BOCOURT.	J. ETTLING.
»	Le Paralytique.	EUSTACHE-LORSAY	J. GUILLAUME.
»	Marché aux Poissons au bord de la Mer.	»	J. ANSSEAU.
BASSAN (LÉANDRE).	Son Portrait.	E. BOCOURT.	J. GUILLAUME.
»	La Fermière.	C. METTAIS.	REGNIER FILS.
»	La Résurrection de Lazare.	E. BOCOURT.	E. SOTAIN.
VERONÈSE (ALEXANDRE).	Son Portrait.	E. BOCOURT.	J. GUILLAUME.
»	Joseph et Putiphar	A. PAQUIER.	D. VERDEIL.
»	Mort de Marc-Antoine.	»	A. DELANGLE.
LE PADOUAN (VAROTARI DIT).	Son Portrait.	E. BOCOURT.	J. GUILLAUME.
»	Judith.	C. METTAIS.	REGNIER FILS.
»	Vénus et l'Amour	»	J. GUILLAUME.
»	Les Noces de Cana	A. PAQUIER.	A. DELANGLE.
»	La Vierge glorieuse.	»	

NOMS DES PEINTRES	TITRES DES SUJETS	DESSINATEURS	GRAVEURS
CANAL (Antonio).	Son Portrait.	E. Bocourt.	Chevauchet.
»	Port de Mer.	A. Paquier.	Predhomme.
»	Le Quai des Esclavons.	H. Catenacci.	Bara et Gérard.
»	Paysage.	A. Paquier.	J. Guillaume.
»	Vue de Venise.	»	Sargent.
LES TIEPOLO.	Son Portrait.	E. Bocourt.	Regnier père.
»	Soldats.	»	E. Sotain.
»	Saint Jérôme Miani.	»	»
»	Le Bienheureux saint Simon Stock.	»	»
»	Martyre de saint Jean Népomucène.	»	A. Delangle.
»	La Fuite en Égypte.	»	E. Sotain.
»	Saint Jacques à cheval avec un Nègre enchaîné.	»	

PARIS. — IMPRIMERIE POITEVIN, RUE DAMIETTE, 2 ET 4.

TABLE ALPHABÉTIQUE

DES

MAITRES DE L'ÉCOLE VÉNITIENNE

LES PEINTRES DONT LE NOM EST PRÉCÉDÉ D'UN * SONT CEUX DONT LA BIOGRAPHIE SE TROUVE
DANS L'APPENDICE PLACÉ A LA FIN DU VOLUME

TABLE CHRONOLOGIQUE

DES

MAITRES DE L'ÉCOLE VÉNITIENNE

1 Cette Table indique l'ordre dans lequel doivent être rangées et reliées les Biographies dont se compose le volume.